U0896591

Scientific Research of Cultural Heritage
文化遗产科学研究

杜金鹏 著

科学出版社
北京

内 容 简 介

本书系作者关于中国文化遗产科学研究论文集，涉及文化遗产科学体系建设研究和文化遗产保护利用理论、方法、技术等多方面研究，包括理论体系建设、考古学创新发展、考古资产保护利用、中国古代文明起源和早期发展、区域文化遗产资源调查和保护规划等专题。

本书可供考古学、文物保护和管理等方面专家以及文物、考古、博物馆、文化旅游等专业高校师生阅读、参考。

图书在版编目（CIP）数据

文化遗产科学研究 / 杜金鹏著. —北京：科学出版社，2017.6
ISBN 978-7-03-053421-7

Ⅰ. ①文… Ⅱ. ①杜… Ⅲ. ①文化遗产-科学研究-中国 Ⅳ. ①G122

中国版本图书馆 CIP 数据核字（2017）第 135603 号

责任编辑：刘 能/责任校对：邹慧卿
责任印制：张 伟/封面设计：美光设计

科 学 出 版 社 出版
北京东黄城根北街 16 号
邮政编码：100717
http://www.sciencep.com
北京教图印刷有限公司 印刷
科学出版社发行 各地新华书店经销
*
2017 年 6 月第 一 版 开本：787 × 1094 1/16
2018 年 5 月第二次印刷 印张：26 1/2
字数：627 000

定价：180.00 元

（如有印装质量问题，我社负责调换）

目　　录

第四编　文化遗产专题研究

绪论

从考古到文保

——十年学术创新历程回顾

一、转 型 发 展

1. 感触——考古一线的体验

1982 年，我大学毕业来到中国社会科学院考古研究所工作，分配在夏商周考古研究室二里头工作队。从此，便与偃师二里头遗址结下不解之缘，一干便是 13 个春秋。在这里，我们受到当地各村干部和村民的热忱款待和倾力支持，尤其是二里头村的党支部书记王荣焕（我们习惯尊称为“老支书”）、继任书记王中岳，对我们的工作和生活关怀备至。驻地四邻乡民，也多亲善和睦。

在此期间，我参加的田野考古工作，除了四区铸铜遗址的发掘和九区祭祀遗址的发掘属于主动性科研类发掘，其余基本上都是配合当地各类建设的被动型抢救发掘。在与当地群众的接触交流中，我深切感受到当地人民因遗址保护而受到的发展限制是那样的痛彻！但是作为考古人，保护遗址又是自己的天职！就在这千般矛盾与万种纠结中，我一直思考着这些问题——如何让遗址上的人民，与其他人一样享有发展权利？如何让遗址上的人民，享受到遗址带来的福利？如何在保障人民群众生活改善的同时，更好地保护遗址，更好地服务于考古科研？归纳为一句话，即如何做到考古遗址保护与经济社会发展、人民生活水平提高，两利共赢？

当时，我们想到的解决方案，就是通过遗址的展示利用，为当地人民造福。让人民群众和我们一样热爱遗址、珍惜遗址，为子孙后代多留下一些考古资产。

我们的想法与二里头村干部群众的心声相应。我们便与时任全国人大代表的二里头村党支部书记王中岳，共同策划二里头遗址的“开发利用”。我们设想，创建一个可供观光游赏的遗址园区，包括遗址北面的洛河，也成为人们游览的胜地。因此，我们为其起草一个全国人大提案，呼吁创建二里头遗址保护展示园区。可惜，在 20 世纪 90 年代初期，这个理念过于“超前”，未被重视，该提案便入水无声、销声匿迹了。那个花费我大量时间和精力手写的文本，已经下落不明，连个底稿也无从查找。

带着深深的遗憾，我于 1996 年奉调离开二里头遗址，到偃师商城遗址工作。

2. 践行——偃师商城的实践

刚到偃师商城考古队（中国社会科学院考古研究所河南第二考古工作队），我的任务是重新组建考古队，并立即投入两个重大科研课题的考古研究中：一是国家重大科技攻关项目“夏商周断代工程”之“偃师商城年代与分期”课题；二是《中国考古学·夏商卷》的撰写。其工作方法，则是通过有针对性的考古发掘，解决偃师商城遗址的文化分期、年代和夏商分界等。

偃师市商城是因洛阳首阳山电厂建设而发现的，随后进行了一轮主动考古勘探和发掘，重要收获是廓清了范围，同时摸清城址的主要建筑遗存位置和规模——找到城址的三面城墙和部分城门，发现了宫城和两座府库建筑群，发掘了一座城门、三座宫殿建筑基址等。未及消化这些资料，考古队便被迫进入繁忙的配合基本建设的抢救性考古工作中。这其中，有偃师县的城市建设，有首阳山电厂和其他国有、集体、私人企业的建设工程，也有城乡居民的住宅建设。总之，改革开放带来的建设与发展热潮，在这里更是滚滚向前、势不可挡！

因此，我到偃师商城赴任之后，面临两件重大而繁重的事情——一方面要完成两个重大科研项目，另一方面要与基本建设争时间、争地盘、抢救文化遗产！

工作的繁忙自不待言，因为考古人习惯于以苦为乐。真正烦恼的，是如何与地方政府、企业、民众打交道，让他们理解和支持遗址保护工作，理解和支持考古工作。在这个过程中，地方政府的苦衷，企业的苦恼，民众的苦楚——还有他们的愤懑甚至愤怒——当然有时也会有蛮横甚至违规、违法的行为，都让我感触很深，举措艰难……

于是，如何做到考古科研、考古遗址保护与经济社会发展、人民生活水平提高互利共赢，便又摆在我的面前。

1996～2000 年，偃师商城考古的重要收获主要有：在偃师商城大城东北隅偃师化肥厂办公楼建设工地的发掘，发现建造城墙时毁弃、破坏的铸铜作坊遗存，相关地层关系把城墙始建年代卡定在偃师商城商文化第 3 段；发现在大城之内还有小城，大城是在小城基础上扩建而成的，小城建造年代不晚于偃师商城商文化第 2 段；宫城内宫殿布局基本廓清，大体上分为东、西两路建筑物；东路建筑四号、五号宫殿均为独立四合院式建筑，西路建筑则是前后连通的三进四合院建筑；宫城的北部，是人工池苑，有石砌大型水池和渠道。水渠与宫殿之间是祭祀区，有沟状、坑状祭祀遗存。根据地层关系，最早宫殿建筑的始建年代不晚于商文化第 2 段，祭祀遗存（沟状祭祀遗存，俗称“大灰沟”）的底部遗存为偃师商城商文化第一期第 1 段，约当偃师二里头文化第四期偏晚阶段。

根据这些考古发现，我们把偃师商城商文化划分为三期 7 段，其第 2 段约当郑州商城二里冈下层 H9。大城城墙始建年代约当商文化第 3 段，小城城墙始建年代约为商文化第 2 段，宫殿建筑的始建不晚于商文化第 2 段，可能早至第 1 段时候。根据偃师商城的城市布局、文化内涵和建造、使用年代，我们认为偃师商城应是商汤灭夏之后营建的都邑，亦即后世所谓“西亳”。偃师商城的始建，可以作为夏商分界的界标。

上述考古发现和研究，被认为是当时最为重要的夏商考古成果！其中，宫殿建筑的发掘被国家文物局评为田野考古一等奖，小城的发现被写进国家文物局《文物要情》呈报中央领导，偃师商城分期与年代研究成果，被“夏商周断代工程”列为“标志性成果”，偃师商城的始建为夏商界标学说，被纳入“夏商周断代工程”成果报告中。根据国务委员、“夏商周断代工程”顾问李铁映关于“凡是‘夏商周断代工程’中具有重要学术意义的考古现场，一定要妥善保护、永久传承”的指示，我们计划将偃师商城大城东北隅考古发掘现场和整个宫城遗址都完整保存下来、展示出来。这个想法得到国家文物局的支持，时任国家文物局文物保护司司长的杨志军先生，促成将偃师商城遗址考古发掘现场保护列为国家文物局试点项目，拨出专款编制保护规划和保护方案，实施保护工程。由此才有了偃师商城东北隅的考古现场保护展示园（城市公园），有了偃师商城宫城遗址公园。也正因此，才在城市建成区保护下一段商代城墙遗址，在城乡结合部保护了一个完整的商代宫城遗址！偃师商城遗址保护局面，曙光初现！

在偃师商城，我努力扮演考古工作者和文物保护工作者两个角色，努力实践着考古人保护考古遗址的理想。

3. 反思——考古人的文保责任

考古人做好考古调查、发掘和研究，是天经地义的。但，仅只如此？可，不管你做多少其他事情，单位里是不会将这些计入你的工作量的，甚至被认为是“不务正业”。

在努力做好田野考古的同时，我常常思索：考古学与文物保护无关？考古学家只是考古遗址的利用者、消耗者？考古学家不应或不能参与考古遗址保护？

正像工人要有工厂、农民应有田地一样，考古人必须要有古代遗址。离开了遗址，考古人还能干什么呢？所以，保护考古遗址，当然是考古人的天职！

可是，我们中国的考古学经典论著，把考古学最高任务目标确定为探索、复原古代人类社会，探讨人类社会发展规律，服务于当今人类社会生活。但是，新中国历史上，考古工作从来未曾脱离文物保护，我们的法律明确规定了文物工作方针是“保护为主，抢救第一”，考古工作被视为文物工作组成部分，始终都在贯彻这一方针，大量的田野考古都是在为各种各样的基本建设服务，在基本建设中抢救文物。怎样看待、解释这个矛盾着的现象？有学者便试图把考古学与考古工作区别开来，把纯粹的考古科研与服务文物保护的考古工作区分开来——以此维持“考古学的纯洁性”。但在实践中，我们一直强调和提倡，即便是配合基本建设的考古调查和发掘，也要有高度的科研意识、明确的学术目标，因此许多具有重大学术价值的考古发现都是基本建设中的考古发现，就是说，中国考古学从来就没有所谓的“纯洁性”。其实，考古学也是发展的学科，考古学的任务、性质也是可以并且应该与时俱进。考古学家——至少其中的一部分——也应该“分心”做文物（遗址）保护工作。

我认为，新时代的新考古人，必须具备文物保护素养：第一，有文保意识。即在日常的考古调查与发掘中，时时刻刻高悬着文物保护的心思，小心谨慎，尽可能多地保存地下文化遗存，尽可能多地为后代考古留下余地。第二，有文保知识。即知道如何保护遗址、保护文物，遇到不同问题知道找什么专家协同解决。第三，有文保能力。即具有在发掘现场解决一般性文物保护问题的技能，不使遗址或出土文物因时间拖延而受损。

4. 转身——为了考古事业的永续

在认真思量并做了必要铺垫之后，我毅然决定放弃钟爱的田野考古，转向专业文保。

实事求是地说，我是热爱田野考古工作并且做出了深感自豪的成绩，在考古专业研究方面，也自认为比较努力且成果显著。在我转向文物保护工作方向时，有考古界朋友替我惋惜，说：你不做考古是考古界的一个损失！我们的夏商考古少了一位“干将”。我很感谢朋友们的抬爱，也着实为离开夏商考古阵线而痛惜！可是，我觉得值得——作为一名考古人，我个人的发掘和研究能力、成果，毕竟是有限的，何况，自己的研究成果，充数者颇多，能够传世的甚少，不少论著的学术生命力并不强，也不会很长。就是说，中国考古界减少我一个，无损毫发。可是，我转业为考古界的文物保护工作者，如果事业有成，便可以直接实现部分考古遗址等考古资源和其他资产的保护利用；如果能够带动考古界同仁们一道投入到考古资产的保护工作中，便可取得考古资产保护的更大成效！而我的最终目标，则是促进考古学转型发展，即向着可持续科研模式发展。

离开田野考古是为了更好地保障、促进田野考古。不再专注于考古学研究，是为了考古学研究更深入、更长远。

这个转型需要勇气，也需要实力。不怕失败，勇气自来；但要具备实力，我须加倍努力！严格讲，这是一次新的创业。我愿意接受这个挑战！

二、体 制 创 新

实践证明，考古界不可完全寄望或依赖别人保护考古遗址。可是，我国的考古科研机构长期以来不曾有专业的考古遗址保护部门。笔者服务的中国社会科学院考古研究所虽然设置有文物修复室，但完全是服务于考古研究。这种状况，显然不利于考古资产的保护和可持续利用。因此，在考古研究所创建专业的考古资产保护机构，确有必要。

作为从考古到文保的过渡，2004 年，我在夏商周考古研究室主任的任上，倡议创建了中国社会科学院考古研究所的非实体机构“大遗址保护研究中心”，由刘庆柱所长兼任主任，王巍副所长和我担任副主任。目标就是推动考古遗址保护，首先是大遗址的保护。

2007年，中国社会科学院科研局发文批准成立中国社会科学院考古研究所文化遗产保护研究中心，这是一个实体科研机构，由我担任主任。

从“大遗址保护研究中心”蜕变为“文化遗产保护研究中心”，名称的变化代表着科研理念的升华、科研目标的扩展。

俗话说“万事开头难”，创建一个新的科研机构并非易事，而运作好一个新的科研机构更加困难。人少而事多事杂，是最大的发展障碍。文化遗产保护研究，需要若干个学科的专业人才，而我们当初只有考古和文物修复方面的专业人员。因此，只有突破人员编制局限，才能满足工作需求。我们的对策，是体制创新。首先，摸索科研人员聘用制，即一些技术性岗位，聘用社会人员进行培训、培养，承担相应的工作。本所领导对此给予热忱支持和鼓励，准许我们“自聘、自养”部分必需的技术人才，从而解决了人手不足的问题。其次，囿于人才短缺、设备不全、场地不足，制约了一些科研项目的正常开展，我们摸索建立合作基地制度，与京外的兄弟单位（科研院所和院校）建立合作关系，设立科研基地，共同承担一些科研项目，既满足了我们的需求，又带动了其他兄弟单位的科研、教学工作。

目前，文化遗产保护研究中心设置有6个部门：实验室考古部、出土文物保护修复部、纺织文物保护修复部、文化遗产保护规划设计部、文化遗产保护理论研究部、文物保护实验室。

文化遗产保护研究中心的最初业务，主要有三项：第一项是“考古移动实验室”研究项目，这是一个由敦煌研究院牵头的车载考古现场文物保护设备集成项目，我们承担的是文物保护仪器设备和考古发掘清理设备工具的选择配置。该项目获得国家科技进步奖，目前正逐步推广中。第二项是福特基金项目“文化遗产保护与当代中国社会”，设置有“城乡建设与文化遗产保护”“大型基本建设与文化遗产保护”“新农村建设与文化遗产保护”“工业遗产保护”“文化遗产保护宣传教育”5个课题，这是文化遗产保护研究中心成立后主持的第一个大型综合性科研项目。第三项是文物保护修复项目，承担了一些本单位和兄弟单位的出土文物保护修复项目。

现在，本中心各个部门均已实现正常运转，各自承担着国内不同单位的文保业务，目前已是国内最具影响力的文化遗产保护专业机构之一。我们的支柱部门，充分体现了考古科研单位之文保专业机构的特色和优势：实验室考古，把考古与文保、把传统考古技术与现代科学技术有效结合，走出一条具有中国特点的考古发展之路；考古遗址保护规划设计，充分体现对考古资产内涵的深刻认识、对考古资产价值的正确评估，充分体现文物保护对考古学科建设的帮助和促进、体现考古人参与文物保护的必要性和重要性；纺织文物保护修复，展现了从田野考古发掘现场到实验室工作的连续性，一体化脆弱文物提取和保护、修复体系的独特性和优越性；出土文物保护修复，与实验室考古相对接，极大缩短考古发掘与出土文物保护修复的时间间隔，提高文物保护有效性，不仅直接服务和促进考古科研，也为文物保护和展示利用提供极大帮助。目前，国内尚无其他考古科研单位可与之比肩。

创建一个专业机构，有了一批专业人员，考古资产保护便有了更好的保障。但更为重要的是，我们具有了更好的文物保护理念，有了更高的考古遗址保护能力。

文化遗产保护研究中心的创建，实现了考古研究所向考古科研与文化遗产保护并举的转型，从而走在了全国考古机构科研体制改革的前面。

为了加强中国社会科学院考古研究所文化遗产保护研究中心的学术凝聚力和影响力，我推动创建了“中国考古学会文化遗产保护专业委员会”“中国文物保护技术协会遗址与出土文物专业委员会”“中国文物学会纺织文物专业委员会”等。

三、学 术 创 新

在我国，“文物保护”概念由来已久，近年升级为“文化遗产保护”概念。但是文化遗产保护作为一门学科，尚在建设中。换言之，文化遗产学科建设，刚刚起步，任重道远。

我是文保界的新兵，也对文化遗产学科建设心有向往，努力探索。

1. 文化遗产科学体系创新研究

2012 年，中国社会科学院启动“创新工程”，我申报的项目是“文化遗产科学体系创新研究”，试图探索文化遗产科学体系建设之路。

我初步认为，文化遗产科学体系应当包括文化遗产发掘整理、研究阐释、保护传承、展示利用等方面内涵，其支撑学科主要是考古学、文物保护学、博物馆学，此外还有历史学、宗教学、文学、艺术学、景观学、建筑学，等等。在此基础上，我就文化遗产科学的一些具体问题，进行思考研究：

在我国的大遗址保护理论与方法研究方面，提出了一些颇受重视的观念，尤其是把大遗址考古与遗址保护有机结合，指出了新形势下大遗址考古的发展方向。

就大遗址考古指导思想、工作模式、技术路线进行了研究论述，其成果被国家文物局采纳，发布为《大遗址考古工作指导意见》；研究设计了我国首个考古项目检查验收标准，被国家文物局采纳使用。

在考古与文保结合和双赢方面，积极思考探索，在理论创新和实践探索方面均有建树。创立“文化遗产保护类考古”新概念，倡导以服务于遗址保护为宗旨的考古新类型，已为考古界广泛接受；创立“实验室考古”新概念，推广融考古发掘、检测分析、保护处置、复原研究为一体的考古新理念，为考古学的可持续发展，提供一条崭新路线；对考古遗址公园建设做了专门研究，在辩明大遗址保护、展示与考古科研的辩证关系基础上，维护考古学界、考古学科的根本利益。

这些看似分散的课题，实际上都是围绕文化遗产科学体系而做的理论和实践探讨。

2. 奠定实验室考古理论基础

随着我国经济社会的发展，考古界对于文化遗产保护的认识空前提高，出现了对于考古学的反思、对未来考古学发展方向的思考。考古学应该贯彻科学发展观，珍视文化遗产，改变粗犷工作方式，推进精细化考古发掘，把文物保护工作前置于考古发掘现场，成为考古界共识。于是，注重以最少资源消耗获取最大信息量，把考古发掘和文物保护之科学技术手段运用至极致，融发掘、检测、保护、修复、研究、复原于一体的“实验室考古”应运而生。

实验室考古的基本理念，是把文化遗产保护传承作为神圣职责，把文物保护工作前置于考古第一现场，把考古发掘、文物保护熔融一体，推动中国考古学向着更加注重资源节约、更加注重科技投入、更加注重信息全面提取、更加注重文物保护的方向前进，走科学化、精细化的可持续发展道路，探索新型考古模式，创建具有中国特色的现代考古学。

实际上，实验室考古在我国已有将近 80 年的萌发和成长历史。在前辈考古人的实践基础上，我进行了总结、凝练和提升，在参与组织山西翼城大河口西周墓葬实验室考古等一系列项目的同时，提出了“实验室考古”的新理念，并试探着阐述其理论、方法，初步创建了实验室考古的理论框架。随后，又组织召开多次实验室考古学术会议和活动，在《考古》杂志推出实验室考古专号，大力宣传和推广实验室考古理念、方法。

目前，实验室考古在我国考古学界已被广泛接受并初步推开。国家文物局对于实验室考古给予高度评价，积极推广。最近，在对江西南昌“海昏侯墓”的考古发掘中，国家文物局专门设置实验室考古项目，责成我负责，体现了对于实验室考古的大力支持。

实验室考古是田野考古、水下考古的延伸，与田野考古、水下考古并列为新型的考古类型。它是中国考古学转型发展的标志之一，是中国考古学新的发展方向。

3. 倡导文化遗产保护类考古

考古遗址是考古人的田园，离开了遗址，考古学将无以立足、考古人将一事无成；包括古迹遗址在内的考古资产，不是考古界、考古人的“私产”，而是全民“共产”。考古人有天生的责任珍惜、保护遗址。在这样的认识、理念下，中国考古界有识之士便生产了要参与、甚至主导遗址保护的意识。笔者积极倡导和推广这样的思想意识。

作为中国社会科学院考古研究所文化遗产保护研究中心成立后组织的第一个全国性学术会议，“大遗址保护研讨会”于 2007 年 7 月在内蒙古呼和浩特市举行，来自全国 26 个省市自治区近 60 家科研、出版及文物管理部门的代表出席会议，就当前考古与大遗址保护、大遗址保护政策、理念、方法等问题进行研讨。这是考古界自行召开的考古遗址保护研讨会。会上，我发言指出：考古学与古代遗址保护展示，互为基础、互为表里；考古资料是遗址保护的科学依据和重要动力，遗址保护是考古学可持续发展的重要保障；应该欢迎、鼓励考古学家积极、切实地参与遗址保护工作；应大力倡导创建以遗址保护为主要目的的新型考古模式。这种新型考古模式，是以遗址保护为要旨，兼顾考古学研究，并为遗址展示提供方便。

经过充分讨论，大家达成了考古学家应积极投入考古遗址保护工作的共识，它代表着中国考古学界正式踏入“文保时代”。后来，我又专门撰文，倡导服务于文化遗产保护的“文保类考古”。如今，考古学可以、而且应该服务于文化遗产保护和展示利用之理念，已为考古学界所普遍接受。

4. 提出考古资产保护概念

在我国，考古遗址保护历来很受重视，考古资料的保护参差不齐，考古史料的保护则不尽如人意。重发掘轻整理，重文物轻资料，重“古”轻“今”，致使珍贵的考古资源不能被完整、正确地认识、理解、阐述。大量实践经验告诉我们，在考古工作中，人的学养、素养对于考古发掘的水平有巨大决定性。甚至，同样的遗址让不同的人发掘，会有不同的结果！因此，保护、研究考古发掘者的学术历程、工作过程、研究思路，对于正确理解和运用其提供的考古资料十分重要。有鉴于此，我提出全面保护考古资产——考古资源、考古资料、考古史料——的理念，三者兼顾不可偏废。

考古资产概念的提出，不仅有助于全面保护考古资产，而且对于正确利用各种考古资产，充分发挥其社会价值，有效推动文化遗产传承，意义重大。

5. 创立大遗址考古规范

大遗址承载着中国古代文明的核心内涵，体现着中国古代文明的核心价值。因此大遗址考古事关中国古代文明主脉络的重现。在强调文化遗产保护背景下，当今大遗址考古如何进行？受国家文物局委托，我主持起草了关于大遗址考古工作的规范性文件，国家文物局据此颁发了《关于大遗址考古工作的指导意见》《大遗址考古工作要求》。受国家文物局委托，我还主持制定了《考古发掘项目检查验收标准》，至今国家文物局仍在施行。以上工作对于推动大遗址考古和保护大遗址，发挥了积极作用。

6. 推动考古遗址公园建设

早在 20 世纪 90 年代后期，我主持偃师商城考古期间，负责编制遗址保护规划和方案，明确提出了创建考古遗址公园的概念，推动偃师商城宫城遗址进入“考古遗址公园”保护模式。这是我国依照考古遗址保护规划要求建设的第一个“考古遗址公园”。

后来，国家文物局大力倡导创建考古遗址公园，以此作为大遗址保护的突破口，很受社会各界欢迎。为了在轰轰烈烈的考古遗址公园创建过程中，确保考古遗址安全、确保考古科研可持续性，我撰文反复阐述考古遗址公园的任务和意义，呼吁考古工作者积极支持和参与考古遗址公园建设，强调考古遗址公园要有利于保障和促进考古科研，保护考古界利益。

7. 参与大遗址保护规划设计

我在偃师商城工作期间，积极推动遗址保护，参与《偃师商城遗址保护规划》编制工作，主持编制《偃师商城东北隅考古发掘现场保护方案》《偃师商城宫城遗址保护规划及第一期工程实施方案》，促成了偃师商城东北隅考古发掘现场保护展示项目、偃师商城宫城保护展示项目的建设，一举扭转了偃师商城遗址保护的被动局面，偃师商城遗址保护工作从此走上了健康发展的轨道。我在殷墟遗址申报世界文化遗产期间，积极参与遗址保护规划和展示工作，主持编制了《安阳殷墟遗址保护与展示方案》，实施后取得较好效果，为殷墟“申遗”做出了贡献，因此受到河南省政府嘉奖。

以上是我从事考古遗址保护规划设计工作的部分前期铺垫。

2004 年，受国家文物局委托，我参与“全国百处大遗址”推荐工作及《国家重要大遗址保护规划纲要》编撰工作，这是“十一五”“十二五”期间我国大遗址保护如火如荼局面的序幕。此后，我与中国建筑设计研究院建筑历史研究所合作开展考古遗址保护规划合作，先后有《偃师二里头遗址保护规划》和《偃师二里头遗址保护展示详细规划》等项目，与北京建筑工程学院（现为北京建筑大学）合作《偃师商城遗址保护规划》，与中国文化遗产研究院、北方工业大学等单位合作编制《偃师商城遗址保护展示方案》《偃师商城考古遗址公园建设规划》。近年主持的考古资产保护管理调研项目主要有“广州市文化遗产资源调研”“第一批考古遗址公园建设调研”“第二批考古遗址公园调研”等；主持的考古遗址保护规划设计项目主要有《安阳市文物保护规划（纲要）》《郑州大师姑遗址保护规划》《河南新密新砦遗址保护规划》《河南荥阳织机洞遗址保护规划》《河南濮阳戚城遗址保护规划》《河南濮阳西水坡遗址保护规划》《平江县委旧址保护规划》《湖南汨罗市罗子国规划及方案》《平和县庄上大楼保护规划》《河北献县汉墓群规划纲要》《湖南南县厂窖惨案遗址规划》《山西高平羊头山石窟保护规划》；主持的不可移动文物保护方案设计项目有《洛阳龙门石窟东山石窟保护方案》《西安大明宫丹凤门遗址保护展示方案》《濮阳五代城墙保护展示方案》，领衔主持的出土文物保护项目有“河北邺城遗址出土石佛像保护修复”“中国文字博物馆展品复制”；主持的其他文物保护项目包括有“安阳殷墟出土遗迹保护展示馆建设文物影响评估”“山西襄汾陶寺考古遗址公园文物影响评估”“河北献县汉墓群考古勘探工作方案”“南昌墎墩汉墓发掘现场回填保护方案”“偃师商城考古研究与遗址保护 30 年成果展”展陈设计等。

因为热爱考古，萌生了文保理想；因为热爱考古，选择了离别考古；因为热爱考古，盘桓于考古和文保两界——从事文保，是想对考古做出更大贡献。

从考古到文保，不是简单的转业、转型，而是考古学、考古人对自身价值的重新认识和定位。我的考古、文保跨界发展，在个体学人身上，体验和体现了考古与文保是文化遗产科学体系之两大支柱，二者互相依靠，互相支撑，不可或缺。

心中有灯，脚下有路

——中国考古网记者访谈

记者：您从山东大学考古系毕业之后的十多年间一直在二里头遗址从事考古发掘和研究，这对于一个学者而言一定是非常珍贵的经历，您能跟我们分享一下这段工作对您学术生涯的影响吗？

杜金鹏老师：1982 年至 1995 年，我在河南偃师二里头遗址工作。我大学毕业来到考古研究所投身考古事业后，就直接分配到偃师二里头遗址考古队，那时的二里头考古队人丁兴旺，郑光、杨国忠、张国柱、屈如忠、刘忠伏，再加上我，老中青三代结合，工作热气腾腾。还有一帮比我小几岁的技工王相锋、郭相坤、王宏章、郭献军、王法成、魏宝京、王丛苗、徐安民、郭淑嫩、靳洪芹等，大家相处得如同兄弟姐妹。相继，队里还来了一些更年轻的朋友，如岳洪彬、张立东、张良仁、曹楠、新华、施劲松、陈良伟等本所工作人员和研究生，以及杨菊华、张帆等外单位实习生、进修生。那时的工作和生活条件都是比较艰苦的，待遇也较低，但是我和大家都过得十分愉快，这是我在二里头遗址工作时的最大快乐。如今，物是人非，屈师傅（当时大家都这样称呼屈如忠先生）已经逝世了，郑光、杨国忠、张国柱三位先生退休了，其他工作人员也都离开了二里头。那些亲如兄弟姐妹的技工们，多数也已各奔东西，天南海北。每次回到二里头考古队，旧地遇故人是最大的欣慰，而原本熟悉的音容笑貌不再呈现，则不免掀起无限的惆怅……

二里头考古队的年轻伙伴

在二里头的日子，我充分享受了上苍的恩典。

其一，我遇到的师友、伙伴，给了我很大的支持、帮助、关爱。队长郑光先生对于考古事业极其忠诚，田野工作十分认真，文献功底深厚，对于夏商考古有着自己的见解。从他身上，学到了很多很多。那些技工弟妹们，对于我的支持是一贯的、忠实的。我感谢他们。有了这些师友们的支持、帮助，才有我在二里头的发展进步。

其二，我工作在一个独一无二的遗址上。考古学的魅力，在于它的神秘性，考古学家的工作就是破解一个个“谜”——有时看上去像是“猜谜”，其实最终是要“破谜”“解谜”。每个遗址都有无数的谜等待人们去破解，但是这些谜各有各的神采，各有各的价值。在当代中国考古学史上，没有比夏文化研究更招眼球的课题；在事关夏文化研究的遗址中，没有比二里头遗址更令人着迷的遗址！几十年来，它牵动着中国夏商考古学最敏感的神经，牵动着中国乃至世界学术界无数人的心弦！可以说，二里头是中国考古圣地中的至尊者之一（说独尊会有不同意见吧？）。1995 年，我策划请全国政协副主席、中国社会科学院院长胡绳先生为二里头遗址题词，勒石表彰，胡老让我拟词，我报出的是“天下第一都”！胡老照此写了，派秘书送到考古研究所来。可惜，那时因为我带着一个不该带的朋友见了一个不该见的同事说了几句被人告发为不当言论的话，考古所当权的人，就迁怒、扣留了胡主席的题词。两年前，任式楠先生把这份题词找出来送交有关部门，我建议把它保存到二里头考古队。目前，树立在二里头考古队门前的“华夏第一王都”碑石，论书法或许高于胡老题词，论意义却相差甚远了。

说二里头遗址独一无二，意思有四。第一，内涵独特，开创先河。它有若干个“最”，如最早的王都，最早的宫城和宫殿建筑，最早的以井字形城市干道分都邑为“九城”的帝都格局模式，最早的青铜器群，最早的青铜冶铸作坊，最早的双轮车（辙印），最大的国际都邑……第二，价值非凡，地位独特。它是中国古代文明从方国文明走向王国文明的转折点，是以中原为核心统一王朝的起始点。在夏商考古与历史研究方面，具有不可替代的作用和地位。第三，埋藏丰厚，地层复杂。兼具史前考古和历史时期考古的双重特点，最能锻炼和考验考古学家的发掘理念与技术。第四，资料丰富，热点凝聚。长期发掘累积大量考古资料，且围绕二里头遗址的研究论著相当丰硕，对于在二里头从事考古的人来说，十分有利。因此，让我到二里头遗址工作，是天赐良机！

由于天时、地利、人和三方面的条件具备，我在二里头遗址的考古生涯基本上比较顺利，也算成功。在这里，我慢慢掌握了考古发掘的理念和技术，学会了对于复杂地层和遗迹的辨认处理。逐渐领略了二里头遗址的风采，对于她的内涵、价值日益熟悉。从这里走进了学术殿堂，学会了考古科研的基本方法和套路。回顾这段历史，自认为贡献在于：对二里头遗址的保护和发掘做了力所能及的工作。尤其是在刘忠伏、屈如忠、张国柱、杨国忠等先生相继离开二里头考古队之后，队里只剩下郑光先生和我，日常工作需要我打理。1994、1995 年我领队主持发掘，在祭祀遗存方面有重要发现。此前的四区铸铜遗址、六区祭祀遗存和墓葬发掘等，我也献力甚多。此外，在改善科研条件方面，我付出了很大心血。包括考古队主楼建设、门楼与道路建设等，占用了我相当多的精力。

当时的我，在二里头考古队只是个配角。不能主导科研方向，不能决定工作重点，能做的就是很好地完成自己的工作任务。因此，我能贡献的毕竟很少很少。

尽管我捧着二里头遗址这个金饭碗，但是，在这个时段里我写出的文章，大多与二里头遗址无关。我参加了此间二里头遗址绝大多数发掘项目，执笔或参与署名的发掘简报只有 3 篇，这不取决于自己的意愿。但我发表的文章多与二里头无关，却是自己的选择。因为，对于二里头遗址和二里头文化，我所认识的毕竟很少很浅，言多必失，势必妨碍日后学术回旋。另外，只盯着一个遗址势必影响科研视角和层次。还有，这样做可以避免发生一些内部冲撞。

但是，二里头遗址对于我的学术研究生涯，实在太重要了。

在我离开二里头遗址之后，发表了一些有关二里头遗址和二里头文化的论文，这些研讨是从承担《中国考古学·夏商卷》开始的，自己认为满意的成果是：关于二里头文化和二里头遗址定性的见解，关于二里头遗址都邑布局规划的讨论，关于二里头宫城和宫殿建筑的研究，关于二里头遗址祭祀遗存（坛墠）的认定，关于“中国龙”的阐述。这些成果与我在二里头遗址的考古经历密切相关。

二里头遗址滋养了我的学术生命，我把青春献给了二里头遗址。

记者：*在您随后作为主持者参加的偃师商城的考古工作中，您又有什么不同于之前二里头遗址发掘时的出发点和认识呢？*

杜金鹏老师：1996 年，我奉调来到偃师商城考古队任队长，踏上了新的学术征程。走上这个岗位，并非我的意愿，因为我还深深眷恋着二里头遗址。但，组织决定还是要服从的。

来到偃师商城，身份变了，工作对象变了，合作伙伴变了，科研课题也变了。

来到偃师商城，也是上苍的恩赐。

在这里，我又入天时、地利、人和之佳境。

在这里，有我情同手足的伙伴。王学荣——为人厚道，德才兼备，作风稳重，勤奋敬业；张良仁——憨厚老实，钟情学术，吃苦耐劳，不计荣辱；谷飞——天性诚实，做人本分，清心寡欲，无私无畏；许宏——沉稳干练，功底厚实，思想活跃，学路宽阔；岳洪彬——爱岗敬业，技术纯熟，思路开阔，积极肯干。

时任考古研究所领导刘庆柱先生、夏商周考古研究室领导高炜先生，对于偃师商城考古工作给予了很多指导与支持。新任研究室主任王巍先生，为帮我腾出点时间完成《中国考古学·夏商卷》的写作任务，曾到偃师商城亲自挂帅任领队发掘宫殿基址。还有，已经退休的胡秉华、杨国忠、王杰等先生，也到偃师商城助战。

1997年陪同李伯谦先生考察偃师商城二号宫殿发掘

在这里，有个名扬天下的考古阵地。偃师商城是新近发现的商代早期都邑遗址，它与二里头遗址比肩而居，保存较好，布局清楚，考古潜力大，在夏商考古方面具有独特地位，因而深受学者关注。这样的遗址比较容易出科研成果。

在这里，适逢良好学术机遇。我初到偃师商城，与两个学术课题幸运相撞：其一，支持《中国考古学·夏商卷》的编撰。《中国考古学》是个事关考古学科发展的重大课题，为国家社科重点项目。我受命负责撰写《夏商卷》中关于夏文化、二里头文化等部分内容。课题组在杨锡璋、高炜先生带领下，就夏商考古学文化框架进行了反反复复的讨论，达成一致的认识是：以偃师商城的始建作为夏商文化的界标，从而勾勒夏商文化轮廓。那么，偃师商城始建于何时？这个问题就是我们要解决的紧迫课题。其二，国家启动了跨学科重大科学攻关项目“夏商周断代工程”，其中，“偃师商城的年代与分期”是工程的子课题之一。我有幸成为这个课题的主持人。接过这两面学术大旗，我把它们插在了偃师商城的城头上，组织大家展开了持续数年的攻坚战。

在这里，实践告诉我，在学术攻坚战中，人是第一位的。作为称职的考古工作者，必须具备优良的学术素养、浓厚的学术意识、积极的学术精神、娴熟的学术技能。要有个团结和谐、积极进取的团队。考古研究所把领导偃师商城考古工作的重任托付给我，我也就获得了展示才能的机会、贡献才智的机会、回报社会的机会。

与在二里头相比，我拥有了学术主导权、工作主动权，可以把自己和同事们的学术理念付诸实践。这是一种奉献，也是一种幸福！

在主持偃师商城考古工作期间，我始终秉持的原则是：每项发掘都必须与学术课题紧密相连，学术目的务必明确，工作目标务必清楚。即便是配合基本建设中的考古发掘，也必须设定明确的学术目标，以期解决相应的学术问题。考古发掘不只是动铲子，更要动脑子。

记者：能简单介绍一下您在偃师商城的考古工作中有哪些重要学术收获吗？

杜金鹏老师：首先，偃师商城的所有考古成果，都是大家共同努力的结果。不是某个人的独有成绩。

在我主持偃师商城工作期间，重要发掘项目有：大城北城墙的发掘、大城东城墙的发掘、大城西二城门的重新揭露、小城北城墙的发掘、小城东城墙的发掘、宫城中西部宫殿基址的发掘、宫城北部祭祀遗址的发掘、宫城北端池苑遗址的发掘。

1996年发掘偃师商城北城墙

这个时段的主要学术收获有：

关于偃师商城的文化分期。在综合新旧考古资料基础上，我们把偃师商城商文化分为三期7段，涵盖了偃师商城整个兴亡过程，且连续无间断。为有关遗迹现象的断代提供了标尺。

关于偃师商城的建造年代。对大城北城墙的发掘，首次以明确的地层依据，把偃师商城大城的建造年代卡定在很小的时间范围内，证明大城城墙的建造大体上应在偃师商城商文化第2、3段之际。大城东城墙的发掘进一步印证了这个认识。大城西二城门的重新揭露，证明小城早于大城。对西二城门内侧墓葬资料的重新整理，证明大城的建造应是商文化第3段。小城北城墙的发掘，以可信的地层证据，推定小城至迟在商文化第2段偏早时候已经建成使用。宫城内宫殿基址排水沟内出土陶片可早到商文化第2段，证明此时宫城已经初具规模。而在宫城北部祭祀沟内发现商文化第1段遗存，说明此时宫城已经存在。如此，偃师商城应该始建于商文化第1段时候。

关于关于偃师商城的内涵与布局。确认先后建有小城、大城两重城垣，大城是在小城基础上扩建而成。宫城位于小城中部，宫城的西南、东北方向各有府库建筑群。宫城的南面和西面，分布若干大型夯土建筑基址，应是重要宫室建筑组成部分。手工业作坊主要分布在城址东北部，包括铸铜、制陶等。偃师商城水利设施，除了围绕在城外的护城河之外，城内还有供排水体系的存在。给水系统主要是引自城西、灌注于宫城水池的渠道。排水则有宫城水池排水渠道和宫殿建筑下的排水渠道。

关于偃师商城的宫城布局和宫室制度。宫城内北端是以人工水池和渠道为主的池苑遗存。其南面为祭祀场，有祭祀沟、祭祀坑等。再南面是宫殿建筑。宫殿建筑大体分为东西二区，东区包括四、五、六号基址，西区包括二、三、七、八、九号等基址。或许，当时已有宫庙分置、前朝后寝制度。

关于偃师商城的性质。根据新的考古发现——城市布局、内涵、年代，我们主张它是商汤灭夏之后营建的都邑，即后人所谓西亳。与此前学者的偃师商城西亳说相比，我们在建城年代认定方面，有更加确凿、准确的依据。

关于“偃师商城为夏商界标说”的论证。我们提出以偃师商城的始建作为划分夏商文化的界标，起初是解决《中国考古学·夏商卷》建构夏商文化框架时提出来的，后来引入“夏商周断代工程”中，成为工程的标志性成果之一。尽管在偃师商城与郑州商城的年代关系上、在单界标还是双界标上，学者尚有争议，但是偃师商城可以作为夏商文化的界标，学术界基本上是普遍认可的。

1997年陪同国家文物局张文彬局长等视察偃师商城宫殿区考古发掘现场

就我个人而言，学术上的收获还有：把二里头遗址与偃师商城遗址、郑州商城遗址统合起来研究，在夏商文化认识方面产生重大转变，即放弃了一直以来坚持的夏商文化分界于二里头文化二、三期之间说观点，转而认为夏商文化分界，约在二里头文化第四期内，至迟在二里头文化第四期偏晚阶段，完成了夏商王朝的更替。早在二里头遗址工作时，我就关注偃师商城，写过两篇与偃师商城有关的文章，但是，其出发点还是立足于二里头遗址和夏商文化分界于二里头文化二、三期之间说。及至来到偃师商城，亲自从事发掘，亲手摩挲出土器物，从另外的角度审视问题，方才有了不同于以前的认识。

对于别人的观点，要敢于质疑；对于自己的观点，要勇于否定。

能到偃师商城工作，好幸运，好幸福。

记者：您的《封顶盉研究》和《商周铜爵研究》都获得了当时的全国青年优秀社科论文奖，您能谈一下当时创作这两篇论文的出发点和主旨吗？您对于类型学在考古中的应用有什么想法？

杜金鹏老师：这两篇小稿除获得全国青年优秀社科论文奖，还获得过首届“胡绳青年学术奖”“中国社会科学院第二届优秀科研成果奖”。

在我的学术论文中，曾经涉猎学术理论、古史传说、历史地理、宗教艺术、夏商考古、史前考古、古代建筑、酒具与酒文化等，希望通过“杂食”丰富自己的学术视野。

偃师商城考古20年座谈会接受央视记者采访

荣获首届胡绳青年学术奖

写这两篇文章的初衷，是摸索器物类型学研究方法。在我的学术实践中，曾经尝试对不同的学术课题、不同的研究方法进行探索。因此，虽然自己是从事夏商考古的，但对于史前考古也做过试探，对于文化、文物、文明等方面课题，分别进行研究。希望在学术研究方面多层面、多角度开展。

器物类型学研究，其目的首先是建立考古学文化的时间序列。从这个意义上讲，类型学是考古学研究的一个手段、一种工具。本身不是考古学研究的目的。此外，类型学研究也可以为文物学提供支持，用于说明文物造型的变化轨迹，揭示其变化的原因。

记者：据知，您担任夏商周考古研究室主任十年，这期间该研究室的考古科研有什么重要进展？

杜金鹏老师：夏商周考古研究室是个人才济济、特别能战斗的集体。在我主持该研究室工作期间，依靠考古所党委的支持和各位同事的努力，各个考古队都取得了可喜成果：襄汾陶寺发现龙山时代城址、大型夯土建筑遗迹（许多学者认为可能与天文观测有关）；偃师二里头遗址发现井字形城市干道、宫城城墙、手工业作坊围垣、绿松石器作坊遗迹、随葬绿松石龙的贵族墓葬、一组宫殿建筑基址；偃师商城发现小城、商王祭祀场、王宫池苑，发掘大城和小城城墙、多座宫殿建筑基址；发现安阳洹北商城，并发掘其一号宫殿基址；安阳殷墟发掘花园庄 54 号高级贵族墓、孝民屯商代铸铜遗址、小司空贵族家庙遗址、安钢车马坑群等；沣西遗址发现先周与西周文化的地层关系；周原遗址发掘云塘等西周宫殿建筑基址。这些考古成果对于解决一系列学术问题，提供了科学依据，在学术界产生重要影响。

作为中国社会科学院重点学科主持人，对夏商周考古学学科建设投入大量精力。从课题设置，到人才培养，从组织活动，到成果刊布，做了不少工作。在出人才出成果的总体目标下，采取若干措施，把夏商周考古研究室建设成了具有较强战斗力、在学术界享有很高声誉的科研集体。创办《三代考古》，为本研究室同仁开创了一块学术园地，推动了夏商周考古学学科建设。以本研究室科研人员为主编撰的《中国考古学 · 夏商卷》和《中国考古学 · 两周卷》，是九卷本《中国考古学》中最先出版的两卷，在学术界反映极佳。

记者：*在从事多年的田野考古工作之后，是什么促使您转向文化遗产保护事业？*

杜金鹏老师：这个问题很多人问过我了。一个考古工作干的还算不错的人，掉头干上别的事，总会让人觉得唐突、不解。

我投身文化遗产保护事业不是因为厌倦考古，而是因为太热爱考古。

2009 年在淅川考察南水北调渠首

在二十多年的考古发掘研究经历中，我目睹了考古遗址破坏之迅速和严重，考古遗址保护之艰难和困苦，那时就积极涉足遗址保护。在偃师二里头遗址时，保护工作十分困难，效果甚微。在偃师商城时，保护工作较前大有进步，但仍不能如意。对考古人来说，丢掉了遗址就等于丢掉了饭碗，破坏了遗址就等于破坏了学科前程。为了考古学的可持续发展，必须保护遗址！有谁会比考古人更珍视遗址呢？我们能指望别人来保护遗址吗？当然不能。于是，我就做这个事情了。

考古与文化遗产保护，本是姊妹学科。尤其是考古遗址和出土文物的保护，与考古学更是关系密切。以往，从事这两个学科的专家学者，是有不同身份界定的，真正跨学科的专家不多。这种情况限制了文化遗产保护学科的发展。实际上，对于考古遗址和出土文物的保护，没有考古人的全程深度参与，是做不好的。毕竟，考古遗址是他们日常耕耘的园地，出土文物是他们亲手收获的果实，对于遗址和文物的了解，无人能比。因此，考古人从事文化遗产保护，是十分必要的，也是十分可行的。我自愿放下考古，挑起文化遗产保护的担子。

把研究方向转向文化遗产保护的另外一个原因，缘于个人性格。我比较喜欢挑战自我，喜欢创新性的工作。在熟悉了考古学以后，希望有些新鲜的学术尝试。

中国社会科学院院长王伟光视察实验室考古

当然，我也不是完全放弃考古而专事文化遗产保护。现在是脚踏两只船，希望使两只船并肩前行。在我心中，有个更远的目标，就是考古学与文化遗产保护学的最终融合——“文化遗产学”。一般地，我们把考古学归为历史学范畴（理由：考古学研究的是人与社会），将来也许会有另外的归并办法。“文化遗产学”的任务主要有三项：其一，揭示文化遗产内涵、性质与价值，主要依靠考古调查、发掘、研究，此外还有古籍整理、非物质文化遗产的挖掘整理；其二，文化遗产本体和价值的保护、保存，主要是古迹遗址和出土文物保护、修复，古籍修缮等；其三，文化遗产价值的实现、传承、发展，主要包括古迹遗址和文物的展示、利用，古籍出版，非物质文化遗产推陈出新等。可见，考古、文化遗产保护、博物馆学科是文化遗产学的基本支柱。

记者：您能简单介绍一下您个人或者文化遗产保护中心承担过的文保项目吗？您对多学科合作及公众参与其中有什么想法？

杜金鹏老师：在考古研究所文化遗产保护研究中心成立之前，我承担过的文保项目主要有：主持制定《偃师商城东北隅考古发掘现场保护方案》《偃师商城宫城遗址保护规划及第一期工程实施方案》《偃师商城宫城遗址保护规划第二期工程实施方案》《安阳殷墟保护展示方案》，参与制定《偃师商城遗址保护规划》等。文保中心成立以来，我主持的文保项目主要有：受国家文物局委托，参与推荐“百处大遗址”名单，参与制定《百处大遗址保护纲要》；与中国文化遗产研究院和中国建筑研究院建筑历史研究所等单位合作，制定《偃师二里头遗址总体保护规划》《偃师二里头遗址保护详细规划》《偃师商城遗址保护方案》《隋唐洛阳城遗址总体保护规划》等；与王巍先生共同主持“文化遗产保护与当代中国社会”项目。本中心的其他文保项目还有：承担多家科研、文博单位的文物修复任务；承担多家考古单位的考古现场文物起取保护、遗址保护和实验室发掘任务；承担国家科委、国家文物局“文物保护科技支撑项目”之“考古发掘现场文物保护 · 考古移动实验室研发”课题；承担我院“国情调研”课题“大遗址保护的历史与现状调研”，完成对殷墟等 6 处大遗址的调研工作；承担我院国情考察活动“文化遗产保护考察”，完成丝绸之路文化遗产保护考察、西南地区（川、黔、渝）文化遗产保护考察、东南地区（福建、浙江）文化遗产保护考察；与清华大学合作承担科技部“指南针计划”之“古代人居环境研究预研究”课题。

文化遗产保护需要多学科专家的通力合作。多视角多层面研究，是本学科的突出特色。它至少涉及人文、社科、理工等诸领域的考古、文物、环境、景观、规划、建筑、信息、物理、化学、生物、艺术等学科。

公众参与文化遗产保护是历史的必然、事业的基础，应该大力宣传文化遗产保护的必要性、紧迫性，把公众吸引到文化遗产保护事业中来。虽然在我国，文化遗产保护主要是政府行为，但是公众行为应该日益加强。近年来，我致力于公众教育，是为了让更多的人了解考古，热爱文物。我支持考古发掘工地向公众开放，希望将来我们的考古工地上出现“考古义工”。

记者：目前中国的文化遗产保护事业中很多地方政府部门的参与都是以经济利益为目标，考古工作经常处于被动地位，您对这种现象有什么看法？您认为考古出身的学者应该在文化遗产保护中担任何种角色，负有什么责任？您认为中国目前大遗址保护或文化遗产保护现状如何？存在哪些问题？

杜金鹏老师： 在文化遗产保护工作中，地方政府看重经济效益，这是事实。如何看待？我觉得应有个正确的态度。首先，追求经济效益，在文化遗产保护中不应是排斥选项，文化遗产保护利用的目的，也包含着创造一定的经济效益、改善人民生活水平。其次，牢记文化遗产是全民资产，不是文物考古界的“私产”。任何国民，首先是当地居民，有权利从文化遗产保护利用中获取实际利益。另外，还要换位思考。目前，对于文化遗产保护事业，国家还不能做到“全包全揽”，地方政府也需有所投入，让遗产地自我造血也是一种办法。当然，对于文化遗产的任何利用都必须确保文化遗产自身的安全，这是个红线不能逾越。面对这种情况，我们考古人能做的，除了理解，就是要积极宣传，积极疏导，把好学术关口，守护好阵地。真正解决这种矛盾的出路，在于尽快制定有关文化遗产利用的法规，加大国家对于文化遗产保护的财政投入，把文化遗产保护与地方政府政绩考核挂钩，改革文化遗产保护管理体制。

考古工作者在文化遗产保护尤其是古迹遗址的保护中，承担着多重责任。第一，要对文化遗产的内涵、价值做出阐释——调查、发掘、整理、研究；第二，要适时、妥善保护文化遗产——修复、保护；第三，要向社会介绍文化遗产——宣传、教育。对于文化遗产保护、展示、利用，考古人应该积极支持，踊跃参与，献计献策，为文化遗产保护事业沿着正确方向可持续发展，贡献力量。

中国的大遗址数量多，种类杂，分布广，危机重，保护难度大。可以说是任重道远，但目前势头良好。国家对于大遗址保护空前重视，启动了大遗址保护工程，大遗址保护在全国已蔚然成风。但是，大遗址保护在理论思想、政策法规、组织领导、管理体制等方面，均有准备不足的缺憾，目前还在“摸着石头过河”阶段，这必然导致一些不足和失误。

记者： 近年来很多高校和中国社科院都相继开设了文化遗产保护专业，您对这个新兴学科的建设有什么想法，对学习这个专业的青年学生有什么建议？

杜金鹏老师： 文化遗产保护是个新兴学科，大学和科研机构设立文化遗产保护专业，必将为文化遗产保护学科建设之人才培养、理论创建、技术发展等起到积极的推动作用。

我的设想是，将来会建成“文化遗产学”，它由三个方面组成：一，文化遗产内涵与价值阐释——包括古迹遗址的调查、发掘、研究，古籍整理，民间艺术和工艺等非物质文化遗产的挖掘、整理；二，文化遗产价值保护——古迹遗址和文物的保护、修复，古籍修缮与复制，民间艺术和工艺的保存；三，文化遗产价值传承——古迹遗址和文物古籍以及非物质文化遗产的展示、利用，推陈出新。大体上涵盖了考古学、文物学、文化遗产保护学、博物馆学、古籍文献学、民间艺术学等。考古学、文化遗产保护学、博物馆学是其三大支柱。

值此文化遗产保护事业方兴未艾之际，投身文化遗产保护专业的青年学子，占得了学术先机，是个富有前瞻性的选择。在这个领域，广阔的原野任君驰骋，人才的匮乏，任务的繁多，会给有志于该专业的朋友以无限机会。但望进入该领域的青年朋友，脚踏实地，刻苦钻研，拓宽视野，夯实基础，将来在文化遗产保护事业上建功立业。

记者：您作为文化遗产保护研究中心的主任，对中心的发展和学科建设有什么想法？

杜金鹏老师：本中心的宗旨是利用本研究所在文化遗产保护领域的学术资源和交流网络，建立一个考古发掘、遗产保护、综合研究、开发利用等多方面互动交流的研究平台，弘扬中华传统文化，推动我国文化遗产的保护工作。目标是建成全国最具实力的文化遗产保护科学研究权威机构——建设中国考古发掘和文化遗产保护领域交流、合作的重要平台；成为中国文化遗产保护、尤其是遗址保护领域重要的思想库和信息库；成为中国遗址保护领域较权威的专家库和咨询机构；成为中国文化遗产保护领域较有特色的综合型研究和培训基地。主要任务是开展文化遗产保护政策法规、文化遗产保护科学与技术研究，指导和配合古代遗址考古发掘工作中的文化遗产保护工作，承担实验室考古发掘任务、文化遗产保护规划和实施方案的制定工作、出土文物修复和保护工程，进行中外文化遗产保护学术交流、培训等。

我们的近期目标是基本完成考古与文化遗产保护的学科整合，走出一条以考古发掘与研究为基础、遗址和文物保护相配套、传统技术与现代科技手段相结合的文化遗产保护新道路。初步建成满足基本科研需要的实验室、工作室。进一步优化科研队伍，提高科研能力和水平，使之成为国内一流文化遗产保护专业学术机构。

原载于《中国考古网》2009年9月23日

第一编　文化遗产科学导论

文化遗产科学导论

一、文化遗产的概念

（一）文化与遗产

文化遗产包含两个关键词——文化和遗产。

1. 文化

何谓“文化”？古指文治和教化。汉刘向《说苑·指武》曰：“凡武之兴，为不服也，文化不改，然后加诛。”可见，这里的“文化”是与“武功”相对应的，直至晚清，大抵都是这个概念。

西方的“文化”一词，来源于拉丁文 Cultura，含有耕种、居住、练习、注意等意思，引申为对人的性情陶冶和品德培养。英国文学家泰勒在其《原始文化》书中给出定义是：文化“包括知识、信仰、艺术、道德、法律、习俗和任何人作为一名社会成员而获得的能力和习惯在内的复杂整体”[1]。

而今，“文化”指人类社会发展历史过程中创造的物质财富和精神财富之总和，包括文学、艺术、教育、科学、宗教等各方面[2]。另外有种表述是：文化“一般是指人类社会在科学、技术、教育、精神生活以及其他方面所达到的总成就”[3]。或认为有广义与狭义之分，广义指人类在社会实践过程中所获的物质、精神的生产能力和创造的物质、精神财富的总和。狭义指精神生产力和精神产品，包括一切社会意识形式：自然科学、技术科学、社会意识形态。有时又专指教育、科学、文学、艺术、体育等方面的知识与设施[4]。

考古学有个运用广泛的专用名词叫“考古学文化”，用指古代人类生产、生活所遗留下来的物质遗存所反映和代表的人类文化形态，如仰韶文化、龙山文化等。《中国大百科全书·考古学》定义说：考古学文化“专门指考古发现中可供人们观察到的属于同一时代、分布于共同地区、并且具有共同的特征的一群遗存”[5]。《中国考古学大辞典》也说：“（考古学文化）是指存在于一定的时间和空间的一组具有特征的实物遗存，用以表示考古遗存中（主要是史前时期）属于同一时期、有地方特征的文化共同体。”[6]其实，中国考古学上的“文化”，除了“实物遗存”之外，也包括这些“实物遗存”所蕴含的非物质性文化因素。因此说，考古学所说“文化”比较贴近于我国学术界常用的“文化遗产”之概念含义。

2. 遗产

何谓“遗产”？所谓“遗”即遗留，如《左传·闵公二年》：“卫之遗民男女七百有三十人”，汉杜笃《首阳山赋》：伯夷叔齐自称“吾殷之遗民也”[7]。“产”则是财产。

英文“遗产”（heritage）原指“父亲留下的财产”。至20世纪下半叶，“遗产”概念发生很大变化，其内涵提升为“祖先留给全人类的共同文化财富”，是“历史的见证”，其外延扩展为看得见的“有形文化遗产——物质文化遗产”、看不见的“无形文化遗产——非物质文化遗产”、天造地设的“自然遗产”[8]。

（二）文化遗产

由于法律文件的规范性特点，我们讨论文化遗产概念主要应该从法规文件出发。

1. 国际公约中的文化遗产概念

“文化遗产”之概念，国际上始见于20世纪70年代初联合国教科文组织第十七次大会通过的《保护世界文化遗产和自然遗产公约》。该公约定义的文化遗产包括三大部分：

文物古迹——从历史、艺术和科学角度看，具有突出的普遍价值的建筑物、雕刻和绘画，具有考古意义的部件和结构物、铭文、洞窟、居住区以及各类文物的联合体；

建筑群——从历史、艺术或科学角度看，在建筑式样、分布或与环境景观协调方面，具有突出的普遍价值的单体建筑或建筑群落；

遗址——从历史、审美、人种学或人类学角度看，具有突出的普遍价值的人造工程或人造景观与自然景观合二为一的遗址以及考古遗址区。

显然，该公约所说文化遗产仅指物质文化遗产（有形文化遗产）。

2. 中国《文物法》中的“文物”

联合国教科文组织《保护世界文化遗产和自然遗产公约》：所界定的“文化遗产”，在我国法律中一般称之为“文物”。

《中华人民共和国文物保护法》（2002年10月28日第九届全国人民代表大会常务委员会第三十次会议通过）对“文物”范畴做如下规定：

第一，具有历史、艺术、科学价值的古文化遗址、古墓葬、古建筑、石窟寺和壁画、石刻；

第二，与重大历史事件、革命运动或者著名人物有关的以及具有重要纪念意义、教育意义或者史料价值的近现代重要史迹、实物、代表性建筑；

第三，历史上各时代珍贵的艺术品、工艺美术品；

第四，历史上各时代重要的文献资料以及具有历史、艺术、科学价值的手稿和图书资料等；

第五，反映历史上各时代、各民族社会制度、社会生产、社会生活的代表性实物。

其中，古文化遗址、古墓葬、古建筑、石窟寺、石刻、壁画、近现代重要史迹和代表性建筑，列为不可移动文物；历史上各时代重要实物、艺术品、文献、手稿、图书资料、代表性实物，列为可移动文物。

可见，我国法律中的所谓“文物”涵盖了《保护世界文化遗产和自然遗产公约》所说的“文化遗产”且有所扩展。但只是“物质文化遗产”范畴。

3. 政府文件中的文化遗产概念

1950年，中央人民政府政务院发布《禁止珍贵文物图书出口暂行办法》开宗明义说：“为保护我国文化遗产，防止有关革命的、历史的、文化的、艺术的珍贵文物图书流出国外，特制定本办法。”同时颁布的《古文化遗址及古墓葬调查暂行办法》指出：“我国所有名胜古迹，及藏于地下、流散各处的有关革命、历史、艺术的一切文物图书，皆为我民族文化遗产。”在这里，文化遗产包括了与革命、历史、文化、艺术有关的珍贵文物、图书，包含了古遗址、古墓葬以及名胜古迹，范围相当宽泛。其时代应该涵盖古代和近现代。

1997年发布的《国务院关于加强和改善文物工作的通知》，依然采用“文物”概念。

2005年国务院下发《国务院关于加强文化遗产保护的通知》，指出：“文化遗产包括物质文化遗产和非物质文化遗产。”这是中国政府第一次在正式文件中明确提出文化遗产包含物质文化遗产和非物质文化遗产两大部分。从“文物”扩展为“文化遗产”，这是思想理念上的飞跃。

4. 物质文化遗产

《国务院关于加强文化遗产保护的通知》指出：“物质文化遗产是具有历史、艺术和科学价值的文物，包括古遗址、古墓葬、古建筑、石窟寺、石刻、壁画、近代现代重要史迹及代表性建筑等不可移动文物，历史上各时代的重要实物、艺术品、文献、手稿、图书资料等可移动文物；以及在建筑式样、分布均匀或与环境景色结合方面具有突出普遍价值的历史文化名城（街区、村镇）。”与《文物法》之“文物”概念基本重合。

5. 非物质文化遗产

非物质文化遗产又叫做无形文化遗产。

在1950年颁布的日本《文化财保护法》中首次提出“无形文化财”概念，1962

年韩国颁布的《文化财保护法》也使用了“无形文化财”概念。20 世纪 70～80 年代，联合国文件中提到了“无形文化遗产”概念，并将之作为文化遗产两大组成部分之一[9]。

2003 年 10 月 17 日，联合国教科文组织颁布《保护非物质文化遗产公约》（也译为《保护无形文化遗产公约》），公约定义说，非物质文化遗产“是指那些被各地人民群众或某些个人视为其文化财富重要组成部分的各种社会活动、讲述艺术、表演艺术、生产生活经验、各种手工艺技能以及在讲述、表演、实施这些技艺与技能的过程中所使用的各种工具、实物、制成品及相关场所。”

在我国，无形文化遗产一般称为非物质文化遗产。

《国务院关于加强文化遗产保护的通知》指出：“非物质文化遗产是指各种以非物质形态存在的与群众生活密切相关、世代相承的传统文化表现形式，包括口头传统、传统表演艺术、民俗活动和礼仪与节庆、有关自然界和宇宙的民间传统知识和实践、传统手工艺技能等以及与上述传统文化表现形式相关的文化空间。”

《国务院办公厅关于加强我国非物质文化遗产保护工作的意见》（国办发〔2005〕18 号，2005 年 3 月 26 日）认为：“非物质文化遗产是各民族世代相承、与群众生活密切相关的各种传统文化表现形式和文化空间。非物质文化遗产既是历史发展的见证，又是珍贵的、具有重要价值的文化资源。”《国家级非物质文化遗产代表作申报评定暂行办法》阐述说：“非物质文化遗产指各民族人民世代相承的、与群众生活密切相关的各种传统文化表现形式（如民俗活动、表演艺术、传统知识和技能，以及与之相关的器具、实物、手工制品等）和文化空间。”可分两类，一类是文化表现形式，如民俗活动、表演形式、传统知识和技能等；一类是文化空间，即定期举行传统文化活动或集中展现传统文化表现形式的场所，兼具空间性和时间性。

非物质文化遗产的范围包括：口头传统，包括作为文化载体的语言；传统表演形式；民俗活动、礼仪、节庆；有关自然界和宇宙的民间传统知识和实践；传统手工艺技能；与上述表现形式相关的文化空间。

2011 年颁布的《中华人民共和国非物质文化遗产保护法》规定，非物质文化遗产“是指各族人民世代相传并视为其文化遗产组成部分的各种传统文化表现形式，以及与传统文化表现形式相关的实物和场所。包括：（一）传统口头文学以及作为其载体的语言；（二）传统美术、书法、音乐、舞蹈、戏剧、曲艺和杂技；（三）传统技艺、医药和历法；（四）传统礼仪、节庆等民俗；（五）传统体育和游艺；（六）其他非物质文化遗产”。

上述政府文件和法律文书的概念表述，尽管有一定差异，但涵盖内容基本一致。我们采用法律文书语言。

（三）相关概念

1. 文化财产

创立于1950年的日本文化遗产保护法《文化财保护法》，把“文化财”划分为有形文化财（有较高历史价值与艺术价值的建筑物、绘画、雕刻、工艺品、书法作品、典籍、古代文书、考古资料以及具有较高价值的历史资料等有形文化载体）、无形文化财（具有较高历史价值和艺术价值的传统戏剧、音乐、工艺技术和其他无形文化载体）、民俗文化财（包括与衣食住行、生产民俗、岁时年节等有关的风俗习惯和民间传统艺能等所谓有形民俗文化财；有形民俗文化财中被使用的各种物品）、纪念物（具有较高历史和学术价值的贝冢、古墓、都市遗址、城堡遗址、老旧宅邸；具有较高艺术和景观价值的庭院、桥梁、峡谷、海滨、山脉以及其他名胜古迹）、传统建筑群落（具有较高价值、与周边环境连为一体的可作为历史景观的传统建筑群落）。

1962年韩国颁布文化遗产保护法《文化财保护法》，其“文化财概念”与日本人基本相同，但未把“传统建筑群落”单列，而是分别纳入有形文化财或有形民俗文化财中。

日本、韩国所谓“文化财”实涵盖了一般所说的物质文化遗产和非物质文化遗产，但不包括自然遗产。

2. 文化资产

我国台湾地区现行《文化资产保护法》规定，“文化资产”指具有历史、文化、艺术科学等价值，并经指定或登录之资产，包括七个部分：①古迹、历史建筑、聚落，指人类为生活需要所营建之具有历史、文化价值之建造物及附属设施群；②遗址，指蕴藏过去人类生活所遗留具历史文化意义之遗物、遗迹及其所定着之空间；③文化景观，指神话、传说、事迹、历史事件、社群生活或仪式行为所定着之空间及相关连之环境；④传统艺术，指流传于各族群与地方之传统技艺与艺能，包括传统工艺美术及表演艺术；⑤民俗及有关文物，指与国民生活有关之传统并有特殊文化意义之风俗、信仰、节庆及相关文物；⑥古物，指各时代、各族群经人为加工具有文化意义之艺术作品、生活及礼仪器物及图书文献等；⑦自然地景，指具保育自然价值之自然区域、地形、植物及矿物。

可见，所谓“文化资产”包括了物质文化遗产、非物质文化遗产和自然遗产。亦即一般意义上的文化遗产和自然遗产。

（四）概念讨论

如果说“遗产”一定是指前人留存下来的物质或精神财产，那么，我们现在所说的“文化遗产”便突破了这个框架。

我国《文物法》把“与重大历史事件、革命运动或者著名人物有关的以及具有重要纪念意义、教育意义或者史料价值的近现代重要史迹、实物、代表性建筑”列入文物范畴，已经把文化遗产从时间上由“前代”扩展到“近代”“现代”，人民英雄纪念碑、人民大会堂、中国历史博物馆作为当代建筑物，已经成为“文物”因而是重要的文化财产。

就时间范畴而言，“文化遗产”概念已经不足以涵盖或不能恰当涵盖所有（古代、近代、现代）人类文化财富。

因此，日本、韩国的“文化财（文化财产）”，我国台湾地区的“文化资产”概念，或许更能完整概括既有人类文化财产。

其实，文化遗产还可派生出新的文化资产。

几乎所有的文化遗产，如要传承，都需进行调查挖掘、整理记录（语言、文字、图表、影像等各种形式），这就产生了所谓的“文化遗产资料”。如果说文化遗产本身是“原生”的文化财富，那么文化遗产资料便是“衍生（次生）”的文化财富。有时，文化遗产资料成为文化遗产保存和延续的唯一形式。如古迹遗址经过考古发掘，往往本身（至少其部分）便销声匿迹不复存在，证明其存在的只有发掘者的记忆和各种发掘记录。

因此，笔者认为并且强调，文化遗产保护应该将这些文化遗产资料一并纳入保护范畴中。或者，直接将其视为文化遗产的存在形式之一[10]。

因此，笔者认为对所谓“文化遗产”之最准确、最科学的概念表述应该是“文化资产”或“文化财产”。当然，考虑到约定俗成，在法律文书和学术论著中，目前我们还是可以使用“文化遗产”概念。只要其内涵清楚外延明确，使用什么名词并不太影响人们之间的交流。

有学者定义说：“所谓‘文化遗产’，即指人类社会所承袭下来的前人所创造的一切优秀文化。文化遗产又可细分为有形文化遗产和无形文化遗产两大部分。但由于自然遗产与文化遗产具有着天然的联系，人们也常将自然遗产一并纳入文化遗产行列实施同步保护。”[11]这个定义高度概括，简单明了，但是也有缺陷。首先是将创造对象限定在“前人”，因此也就将时间限定在“过去”，排除了近现代文化遗产。其次，文化遗产应是人类创造的所有文化的总和与整体，包括了“优秀文化”和“文化糟粕”。只不过，我们要保护、传承的只是“优秀文化”。

另有学者将“文化遗产”界定为“为国家、民族、群体和个人所拥有、掌握、控制或保护的，具有重大历史、艺术、科学价值的，含有特殊文化信息、基因及其无形传媒或有形介质或载体及其特殊文化环境所组成的，能带来潜在、间接或直接社会经济利益的，符合联合国或国家法规规定的各种无形或有形的文化资源”。包含五大要素，即文化遗产信息、无形文化载体、有形文化载体、文化景观环境、文化产业，它们之间存在着依次递进的包容关系。其中，文化信息是核心要素，是文化遗产价值源；无形文化载体（非物质）是初级载体要素，由文化信息和初级民俗文化载体相结合，构成“文化基因”；有形文化载体（实物）是多级载体要素，由文化信息、无形文化载体、有形文化载体相结合，构成文化资源的主体；文化景观要素，则是由文化信息、文化载体与环境要素相结合，构成完全的文化遗产资源整体；文化产业要素，含文化资产和文化市场[12]。上述定义试图全面、详细地概括和阐释，但有些修饰词并无意义，作者使用了“文化产业”和“文化资产”两个概念，认为“文化资产是文化遗产的经济价值形式”。把“文化资产”当做文化遗产的经济价值形式，把“文化产业”纳做“文化遗产”要素，恐怕需要认真斟酌。至今，在官方文件中没有这样表述过，在学术界也鲜有如此表达的。文化产业与文化遗产应该是两个并行概念，文化产业可以依托和利用文化遗产，但文化产业本身不应归入文化遗产。

（五）我们的定义

综上，我们所说“文化遗产”，包括前人创造并留存下来的文化财产和当代创造的价值突出的文化财产，以及关于这些文化财产的记录资料。此外包括文化财产所依存、寄托的自然资产。在这里，不是所有的自然遗产都包含，而是只包含与文化遗产有直接和内在联系者。

二、文化遗产的价值

（一）历史传统

我们祖先很重视文化遗产的整理和利用。

《尚书·多士》云：“惟殷先人，有典有册”，是说商代已经有书面文书档案。在安阳殷墟、陕西周原和北京房山等地发现的商周甲骨刻辞以及各地出土大量商周青铜器铭文，都证明商周时期已经使用相当成熟的文字记录具有重要价值的社会信息。

孔子非常重视文化遗产，将其视为治国兴邦的根本。据《史记·孔子世家》：“孔子之时，周室微而礼乐废，诗书缺。追迹三代之礼，序《书传》，上纪唐、虞之际，下至秦缪，编次其事。”

汉代史学家司马迁早年游学，“（年）二十而南游江淮，上会稽，探禹穴，窥九疑，浮于沅、湘，北涉汶、泗，讲业齐、鲁之都，观孔子之遗风，乡射邹、峄，厄困鄱、薛、彭城，过梁、楚以归”，其实就是实地考察文化遗产、搜集史料。后来利用职务之便，遍览皇家“石室金匮之书”，“罔罗天下放失旧闻，王迹所兴，原始察终，见盛观衰，论考之行事，略推三代，录秦汉，上记轩辕，下至于兹，著十二本纪”[13]，终于完成历史巨著《史记》，给我们留下一份独一无二的文化遗产。

在我国古代，有个显学叫做“古物学”，实际就是文物学、古文字学、考古学的前身，以收集、整理、研究、传习以青铜器为主的各种文物为目的。

许慎《说文解字 · 叙》谓："郡国亦往往于山川得鼎彝，其铭即前代之古文。"《汉书 · 郊祀志》载，汉宣帝时，美阳得铜鼎进献，宣帝命大臣们讨论处置方式，多以为应效法武帝置于宗庙。然张敞熟悉金文，根据铭文判断出其来历，认为该鼎体形小且有铭文，不宜放进宗庙中供奉。《后汉书 · 窦宪传》："南单于于漠北遗宪古鼎，容五斗，其傍铭曰'仲山甫鼎，其万年子子孙孙永保用'，宪乃上之。"是知汉代即已常见青铜器出土，并被学问家所认识。

宋哲宗元祐七年（1092 年）吕大临编纂《考古图》，创造性地把文物作为史料看待。他说："予于士大夫之家，所阅多矣，每得传摹图写、寖盈卷轴，尚病窾启，未能深考，暇日论次成书，非敢以器为玩也。观其器，诵其言，形容仿佛，以追三代之遗风，如见其人矣。以意逆志，或探其制作之原，以补经传之阙亡，正诸儒之谬误，天下后世之君子有意于古者，亦将有考焉。"王黼《宣和博古图》是奉赵佶之命编撰的古代青铜器图录，清乾隆年间编纂的《西清古鉴》收录宫廷藏品 1436 件。自宋代以来，此类图书不胜枚举，成为中国有别于世界的文化特点之一。

《大明律》明文规定："若于官私地内掘得埋藏之物者，并听收用。若有古器、钟鼎、符印异常之物，限三十日内送官，违者杖八十，其物入官。"即出土文物具有特殊价值，受法律保护，其公有性质不容侵犯。

可见，文化遗产价值认同，在我国有着悠久的历史。

多数文化遗产具有普世价值，即对人类发展具有共同价值——无论是直接作用还是间接借鉴。也有部分文化遗产主要对部分人群和特定地区具有重要价值，而对于其他人群和地区而言，价值不够彰显。

（二）价值判定

文化遗产判定标准，主要有两方面。一是在过去的人类发展史上曾经发挥过重要积极作用；二是对当今及将来的社会发展具有重要积极意义。

《墨子 · 耕柱》说："和氏之璧、隋侯之珠、三棘六异，此诸侯之所谓良宝也。可以富国家、众人民、治刑政、安社稷乎？曰：不可！所谓贵良宝者，为其可以利也。而和氏之璧、隋侯之珠、三棘六异，不可以利人，是非天下之良宝也。"和氏璧（卞和献玉故事见《韩非子 · 和氏》）、隋侯珠（隋侯医蛇得报明珠故事，见《淮南子 · 览冥训》高诱注）作为罕见珠宝玉器，均含有深刻的人文精神，自然为珍贵文物。所谓"三棘六异"一般解释为九鼎别称（棘，指鼎空足，即鬲式鼎，写作"翮"。异，亦作翼，指鼎耳），也是珍贵文化遗产。可见，墨子判定文化遗产（文物）价值的标准是能否利国利民，有社会价值。其标准似有道理，而其结论却有失偏颇不够全面。

在我国，一般认为文物价值主要有三条，即历史价值、艺术价值和科学价值。就文化遗产价值而言，上述三条似乎不能完全涵盖。至少，还应增加"社会价值"——

具有促进经济社会发展价值。

如《中华人民共和国文物保护法》认为“文物”价值除了“历史、艺术、科学价值”，还有“具有重要纪念意义、教育意义或者史料价值”；《国务院关于加强文化遗产保护的通知》指出，文化遗产具有历史、艺术和科学价值，蕴含着中华民族特有的精神价值、思维方式、想象力，体现着中华民族的生命力和创造力，是各民族智慧的结晶，也是全人类文明的瑰宝。保护文化遗产，保持民族文化的传承，是连接民族情感纽带、增进民族团结和维护国家统一及社会稳定的重要文化基础，也是维护世界文化多样性和创造性、促进人类共同发展的前提。加强文化遗产保护，是建设社会主义先进文化，贯彻落实科学发展观和构建社会主义和谐社会的必然要求。《中华人民共和国非物质文化遗产保护法》说，非物质文化遗产具有重大历史、文学、艺术、科学价值。《国务院办公厅关于加强我国非物质文化遗产保护工作的意见》认为：“非物质文化遗产既是历史发展的见证，又是珍贵的、具有重要价值的文化资源。”文化资源是文化产业的基础之一。

三、文化遗产科学之基本构架

（一）文化遗产科学概念

文化遗产科学是关于文化遗产调查、发掘、整理、研究、阐释、保存、保护、展示、传承、发展的科学体系。

文化遗产科学不是一门单纯的学科，而是跨学科的、开放式的学科集合体。它以人文社会科学为核心，以自然科学为支撑。

学术界有创建“文化遗产学”的尝试，但目前看，作为独立于考古、文物、博物馆诸学科的一级学科，“文化遗产学”还难以完善成立。

（二）文化遗产科学构架

1. 基本构架

文化遗产科学不是一堆学科的杂乱糅合，而是有主有辅，有纲有目。

我们所说的文化遗产科学，其基本构成是考古学、文物保护学、博物馆学。在这里，文物保护是广义的，涵盖文化遗产保护方方面面。

2. 涵盖学科

郭伟民《考古与文化遗产保护三论》一文中认为，文化遗产科学体系包含了发掘、研究、保护、管理、展示、利用、推广、传播等各个门类，涉及的学科也很复杂。广义的文化遗产学应该与考古学、人类学、民族学、宗教学、历史学、语言学、表演学、民间文学、建筑学、景观学、相关自然科学等多学科发生密切关系，目前还没有明确的文化遗产学的学科定义[14]。

文化遗产科学主要构成还包括历史学、古文字学、民俗学、民族学、社会学、科技史、园林景观学、测年技术、文学等，此外，地理学、环境学、宗教学、哲学、美学、古动物学、古植物学、古天文学、古人类学、气象学、社会学、化学、物理学、生物学、医学、农学、城市规划学、简帛古籍学等为外围学科。

必须指出，上述学科之于文化遗产科学，不是同等参与，而是深度不一、作用各异，故而不可等量齐观。

核心学科主要包括：考古学、文物保护学、博物馆学。他们涉及文化遗产价值挖掘与阐释、价值保护与保存、价值传播与利用，完成文化遗产科学的核心任务。

中层学科主要包括：民族学、民俗学、古文字学、历史学、文学……，它们直接提供部分基础资料和基础研究。

外围学科主要包括：古动物学、古植物学、古天文学、测年技术、科技史……，它们提供技术支持和外围支撑。

文化遗产科学体系学科构成可用下图示意（图一）：

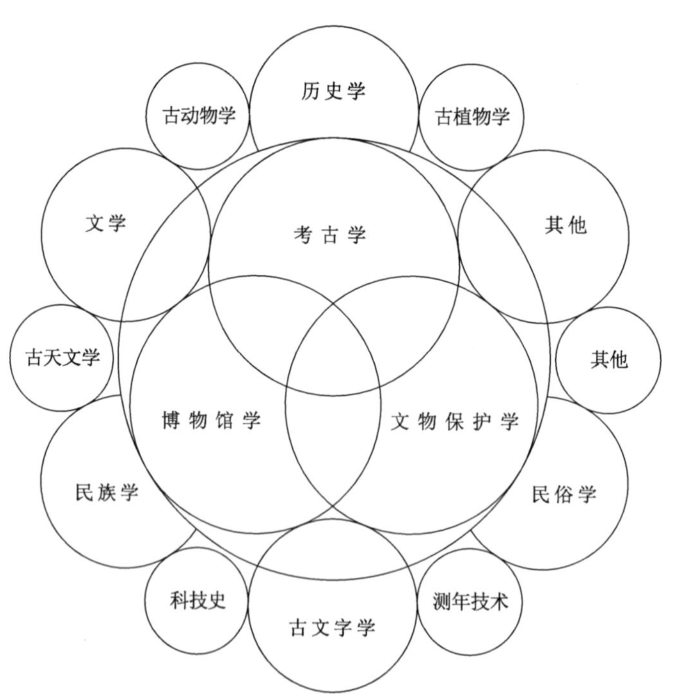

图一　文化遗产科学体系学科构成示意图

与之相应，与文化遗产管理、研究相关的专家也可分层。

顶层：文化遗产科学理论家，文化遗产管理者——具备系统科学思想，熟悉相关学科的理论和方法技术，掌握文化遗产科学基本构架。其中，思想理论家的专业知识应更广更深；管理者根据职位不同应有不同层级的专业知识。

中层：各学科领域带头人，驾驭本学科发展方向，有文化遗产科学观和相邻学科基础知识，主动参与文化遗产科学体系构建。

基层：各学科专家，有一定的本学科全局观，执著于学科某领域（理论或技术）工作，具有文化遗产保护理念，可兼顾相邻学科需求。

（三）人居环境科学借鉴

笔者提出“文化遗产科学”概念，系受我国著名学者吴良镛先生的启发，借鉴了他的“人居环境科学”概念。

1. 吴良镛与人居环境科学

吴良镛先生在《人居环境科学导论》中指出：“人居环境科学，从字面上说，是涉及人居环境的有关科学。”[15]表述简单而直白，但是，其内涵却十分复杂，思想理念的形成也有较长过程。

“人居环境科学”是吴良镛先生于1993年前后开始使用的学术概念，在认识上有如下发展历程：

由于经济、社会、城市的蓬勃发展和存在的问题，仅仅一般理解的建筑学与城市规划学等已经不能适应当前学术发展需要；对“广义建筑学”的提倡，是从建筑学科所作的拓展，属于“人居环境科学群”之内的一个组成部分；“人居环境科学”为涉及人居环境有关的多学科交叉的学科群组；将“人居环境科学”与“人类聚居学”区分开来，是基于我们结合中国情况，在理论与实践上做了一番工作后，发现虽然我们声称借鉴道氏学说，但至少在方法论或哲学基础上又有不一致处；“人居环境科学”“环境科学”“环境工程学”等既有联系又有区别[16]（图二）。

2. 人居环境科学概念借鉴

2008年，我有幸参与吴先生主持的“指南针计划”项目“人居环境研究”课题。当我来到清华大学吴先生办公室商讨课题事务时，吴先生赠予其宏著《人居环境科学导论》（图三）[17]。我有幸亲耳聆听了吴先生关于人居环境科学理论的讲述，尤其是仔细拜读过先生著作《人居环境科学导论》之后，深受启发，获益匪浅，从中体会到科学研究要有顶层胸怀、宏观目光，要善于把零散学科集约化、复杂问题简约化，才能由简入繁，再化繁成简，进而集简为繁。即，要有系统科学的思维意识，整体地、交织地、互动地看代问题。

因此，“文化遗产科学”要比“文化遗产学”的概念更广、更大一些。

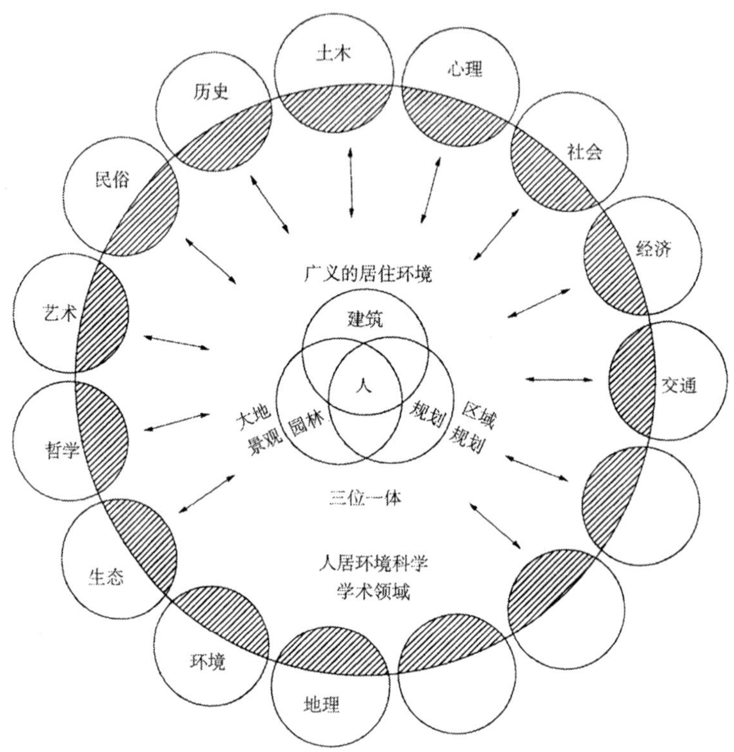

图二　开放的人居环境科学创造系统示意图——人居环境科学的学术框架

（1）各学科的选取以示意为主；（2）为示意方便，涉及的学科未做一、二级区分；（3）没有特别考虑外围学科之间的联系与区分；（4）箭头表示学科间相互提出要求与相互渗透；（5）空白圈为有待发展的相关学科

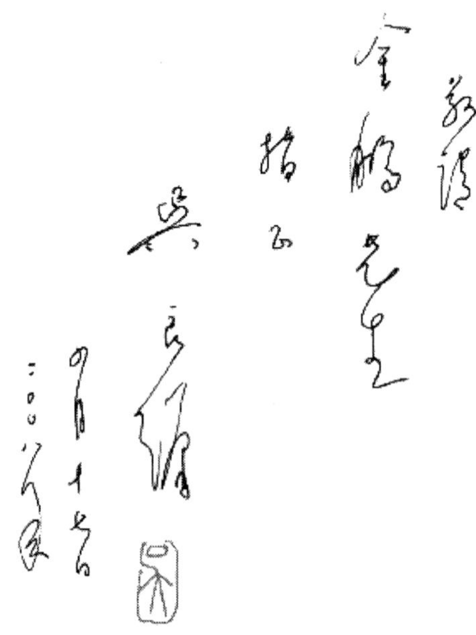

图三　吴良镛先生题签

四、文化遗产科学之主要任务

文化遗产科学的主要任务，是关于文化遗产的调查和发掘、研究和阐释、保护和利用以及传承和创新等。

文化遗产科学的所有任务，是围绕其价值展开的。

（一）文化遗产价值研究

1. 调查、发掘

文化遗产科学基础研究，也是文化遗产价值研究的基本任务，就是关于文化遗产的调查与发掘——首先是考古学方面的工作，也包括民族学等方面的工作。

文化遗产的调查，是广义的“田野调查”。包括真正的田野调查（城乡室外踏察、勘探、测绘等），同时也包括城乡人群的调查采访、文物采集。

发掘，则主要指考古发掘，通过揭露地下文化遗存获取古代历史文化信息，通过对出土文物的整理研究从中发现有用史料，也可视为一种史料“发掘”。

2. 研究、阐释

文化遗产价值的研究和阐释，是文化遗产研究的主要任务，也是文化遗产科学的主体任务之一。文化遗产研究范围，包括了文化遗产的时代、内涵、性质、特征、分布、源流、传播等基础问题，但根本问题还是其价值内涵的分析和认知。

只有知道某项文化遗产的主要价值所在，才能知道为何保护、如何保护以及怎样利用、怎样传承。

（二）文化遗产价值保存

1. 保存、保护

（1）保存。文化遗产的保存，主要是管理层面的问题。国家文化遗产管理机构，通过相关法律和法规，实施对文化遗产的管理，确保其完整性、真实性、安全性。

（2）保护。文化遗产保护，主要是法律和技术层面的问题。即通过法律措施和技术措施——包括保护规划、保护方案的编制及其落实，实现文化遗产的保护任务。

2. 修复、复制

（1）修复。无论可移动文物或不可移动文物，只要受到破坏、影响其价值体现和传承，就需要对其进行修复。文化遗产修复可视为文化遗产价值补充方式。

（2）复制。文化遗产的复制，是其价值阐释、展示和保存手段。对于非常脆弱、保存极差的文化遗产进行科学复制，不仅有利于其价值重现，也有利于其价值传承。一旦文化遗产的原生状态灭失，则保存了这一文化遗产可信信息的复制品——替代品便可成为新的文化遗产。

（三）文化遗产价值利用

1. 展示、利用

（1）展示。文化遗产展示，是其主要的利用形式之一，包括古迹遗址的现场展示——遗址公园和遗址博物馆，主要是面向公众的普及性展示。文化遗产展示并不是唯一的文化遗产利用形式。

（2）利用。文化遗产利用，是多方面、多层次的。首先需服务于科学研究，服务于教育宣传，另外也可服务于旅游观光，服务于文化产业发展。

2. 传承、创新

（1）传承。优秀文化遗产应该得到历史传承，使其精髓代代相传，助益人类社会发展。文化遗产传承，首先应该做好“承”，把优秀文化传统挖掘、继承和保存下来。其次，便是“传”，把优秀文化传统保护好、传播好、发扬好。

（2）创新。文化遗产的产生和延续，是个动态的创新过程；而文化遗产的传承，也应该是一个富有生命力的创新过程。即我们不但要传承原汁原味的古代文化遗产，更要在发扬光大基础之上创造富有新时代特质的新生文化产品。

（四）始终贯彻可持续发展理念

在进行文化遗产的发掘、研究、利用和传承过程中，要始终贯彻可持续发展理念。

1. 文化遗产特性

首先，古人遗留的文化遗产具有不可再生性。因此，我们始终需要保持一颗敬畏之心、敬仰之心，事事处处小心谨慎，敬惜我们接触到的文化遗产的点点滴滴，不可有一点马虎、半点浪费！

其次，古代文化遗产具有渐存渐灭性，任何形式的文化遗产都会随着时间的推移而磨灭丧失。所以，我们需要千方百计延缓与减小其磨灭的速度与力度，尽量保存得更好、更长。

其三，文化遗产具有独特性。不同时空条件下产生的文化遗产，均会留有地域、时代、族群等方面特质，从而具有独特价值点。

其四，文化遗产往往具有脆弱性，环境的破坏、人群的变更、载体的灭失，都会威胁到文化遗产的保存。

2. 可持续理念

基于文化遗产的上述特性，我们在落实文化遗产科学任务时，必须始终抱持可持续发展理念，敬惜文化遗产资源，以最小的资源消耗换取最大的利益获得。我们应该本着保护为主、抢救第一、科学管理、合理利用的原则，精打细算，万代相传。

五、文化遗产科学之方法论

（一）宏观史学论

由于文化遗产科学面对的主要是古代文化遗产，反映的是古代社会的方方面面，因此关于文化遗产的研究，具有天然的历史学使命，即通过对文化遗产的研究复原古代社会真实状况，探讨古代人类社会发展的一般规律，指导当代社会建设。

（二）价值中心论

文化遗产科学的任务目标、方法手段，一切都要围绕文化遗产之价值展开，包括价值挖掘、价值阐释、价值保护、价值利用、价值传承等。离开了文化遗产的价值，所谓文化遗产科学便毫无意义。

（三）系统科学论

文化遗产科学是一个科学体系，它所涉及的任何一门学科，都不能独自担当该科学体系的全部任务。其中，人文、社会科学与自然科学的全面结合，成为必然选择。

注　释

[1] 喻学才、王健民：《文化遗产保护与风景名胜区建设》，科学出版社，2010年，第12页。

[2] 《辞源（修订本）》上册，商务印书馆，1991年，第1356页；于明善主编：《中华现代汉语词典》，华语教学出版社，2011年，第1293页。

[3] 中国大百科全书《考古学》编辑委员会：《中国大百科全书·考古学》，中国大百科全书出版社，1986年，第253页。

[4] 辞海编辑委员会：《辞海》（1999年版普及本），上海辞书出版社，1999年，第4365页。

[5] 同[3]。

[6] 王巍总主编：《中国考古学大辞典》，上海世纪出版股份有限公司辞书出版社，2014年，第7页。

[7] 《艺文类聚》七。

[8] 顾军、苑利：《文化遗产报告》，社会科学文献出版社，2005年，第1～2页。

［9］ 1977 年，联合国教科文组织制定的《联合国教科文组织第一个中期计划》首次提到“无形文化遗产”，1984 年制定的《联合国教科文组织第二个中期计划》正式把无形文化遗产列为文化遗产两大组成部分之一。随后，1989 年联合国教科文组织颁布《保护民间创作建议案》，1998 年颁布《人类口头及无形文化遗产代表作条例》，2002 年，联合国教科文组织在土耳其伊斯坦布尔召开以“无形文化遗产——文化多样性的体现”为主题的文化部长会议，通过了《伊斯坦布尔宣言》，呼吁保护和发展无形文化遗产，促进文明多样化进程。

［10］ 杜金鹏：《论考古资产保护》，《考古》2015 年 1 期。

［11］ 同［8］，第 5 页。

［12］ 同［1］，第 14～16 页。

［13］ 《史记 · 太史公自序》。

［14］ 郭伟民：《考古与文化遗产三论——文化遗产视野下的考古与考古学》，《考古与文化遗产保护——理论与实践》，上海古籍出版社，2013 年，第 13 页。

［15］ 吴良镛：《人居环境科学导论》，中国建筑工业出版社，2001 年，第 68 页。

［16］ 同［15］，第 68～69 页。

［17］ 吴良镛先生赠予笔者《人居环境科学导论》一书时，亲笔题签“敬请金鹏先生指正”，因手边无印章，便向弟子索要红笔随手画了枚“吴”文印章，大家为之拍掌叫好，可见先生的谦虚、谦和、随性、幽默。

追寻中国特色文化遗产理论体系

——在中国文物报社“中国文化遗产科学体系论坛”上的发言

曹兵武：对中国文物报社这个系列开放论坛的宗旨，相信大家已经有所了解。文化遗产中国特色问题是2007年几次大的学术会议关注的重点，特别是5月份在北京举行的“东亚文物建筑保护理念与实践国际研讨会”上通过了《北京文件》，对东方尤其是中国古代土木结构文化遗产保护的理念与技术做了一些新的阐释，前几年还发布了《中国文物古迹保护准则》。党的十七大报告中特别强调中国特色社会主义理论体系对中国特色社会主义道路的理论指导作用。作为文化遗产保护从业人员，文化遗产保护、管理的中西差异，中国文化遗产本体、概念、理论及开展保护管理利用等工作的中国国情所决定的中国特色，中国考古和中国博物馆事业与文化遗产的关系及其中国特色，成为我们不得不考虑的内容。是否存在中国特色的文化遗产理论体系？如何构筑这个体系并以之来指导和提升我们的实践？我们今天这次论坛的目的就是要围绕这几方面话题展开讨论。

郭桂香：近年来，文化遗产的研究与保护涉及面越来越广，内容越来越丰富，影响越来越大，尤其是“申遗”带来的各种效应，文化遗产概念深入人心。文化遗产保护研究显现出方兴未艾之势，可以说已成为一门显学。有人说，文化遗产是一个民族的“根”，是民族的“魂”，或者说是一个国家、一个民族另外的一张身份证。那么，中国的文化遗产存不存在特色，主要表现在哪些方面，它是由于文化背景不同，还是理论背景不同，或者工艺不同，或者是别的原因引起来的？今天我们举行小型论坛，就是请你们从各自的角度就构建文化遗产保护理论体系谈谈自己的见解。

马清林：对文化遗产这几年我确实思考了一些，但不是很完整。党的十六大到十七大之间，中央重要领导人在重要场合所发表有关文化遗产保护的讲话，尤其是2005年国务院下发《关于加强文化遗产保护的通知》并设立中国文化遗产日。最近，博物馆又免费开放了。这一切表明，中国共产党和政府对文化遗产的重视。从博物馆工作“三贴近”的提出到2008年初实施博物馆免费开放，中间快4年时间过去了。李长春同志的“三贴近”就是要解决文化遗产为谁服务这个问题。2006年，李长春同志在北京考察文物工作时强调，要高度重视文物咨政育人、传承文明、普及知识、丰富生活的作用，强调要切实加强文物的保护、挖掘、管理和利用。要正确处理保护和利用的关系，在保护的基础上充分利用，通过利用促进保护。强调要加强科学研究，这实际上也是《文物保护法》的要求。

谈到文化遗产，第一个就是价值的发掘。目前，全国博物馆免费开放以后，要让老百姓看什么？如果文化遗产价值的发掘和展示不充分，对大部分民众来说，去博物馆参观的教育意义的实现，可能还是有问题。文化遗产价值的发掘，仅仅依靠文物系统的科技力量是不现实的。前几天，我参加民盟中央的新春座谈会，针对民盟成员以科学界人士和教育界人士为主，我提出要利用民盟的力量，鼓励著名科学家参与文化遗产研究。因为科技界人士的参与，一方面是对文化遗产行业做出贡献，另一方面也可提高他们个人的文化艺术修养，提高他们的生活质量。

曹兵武：遗产价值发掘方面有没有中国特色的问题？中国的文明特点之一是其连续性，老百姓与文物有血脉相连的关系，这算不算特色？

马清林：中国文物其实是很有特色的。前一段时间，我们在中国文化遗产研究院举办过一次活动，探讨大遗产保护，像大遗产保护方面我们的中国特色可能是比较明显。因为在全球环境里面考虑中国的地理位置时会发现，我国古代文明和比较发达的地区，当然也包括现在南方良渚文化，跟黄土沉积的农耕文明是有关系的。这种文明肯定是以材料为主体构建起来的，在材料方面它的中国特色就显示了、出现了，跟西方是不一样的。你到西方，比如说希腊罗马，他们以石灰岩为建筑材料的建筑保存得非常久远。但是中国以黄土或者以土质建筑材料这种形式保留下来的原始形状比较好的建筑还是比较少。在这个方面，可能从材料和技术方面可以看出特色，但是从理论启示上看，特色不是很明显。要谈中国特色的话，我们可以把《中国文物古迹保护准则》拿出来谈一谈。这个准则是国家文物局组织，澳大利亚、美国和中国专家参加，做了好多年形成的。这是一份非常重要的文件，是在《文物保护法》框架下形成的一个技术性的规范和文件，也是参考了世界遗产保护有关的公约、宪章，特别是《威尼斯宪章》《巴拉宪章》而形成的。

郭桂香：文明特色在材料选择和工艺制定上可以体现出来，可以谈谈吗？

马清林：对，当然这方面也可以拓展，可以在文化层面上去认识，因为材料和技术上最后体现出来更多的是人的创造意识，人是文明的创造主体，其文化特色也就自然出来了。这也是中华文明和别的文明的差别，或者有所区别的一个原因。

杜晓帆：最近，我一直在思考中国的文化遗产保护进程。从历史上来说，文化遗产保护理论可以分成这样几个大的阶段。第一阶段是新中国成立之前，此时仅有一些简单的考古发掘工作和营造学社做的一些古建筑的调查工作，至于文物保护的技术则完全不存在。这个阶段基本上没有形成近代意义上的科学保护理念。第二个阶段是上世纪50年代。随着考古工作的大量开展，出土很多新的文物，为保护这些文物，科技保护手段开始应用。中国历史博物馆（现中国国家博物馆）、故宫博物院、上海博物馆、南京博物院等开始有了专门的保护人才，但是总体来说不是特别多。当时，王丹华、胡继高被派到波兰学习技术。他们是科学地介入文物保护最早的人，是最早将西方理念带入国内的人。第三个阶段是60年代到70年代。此时最重要的发掘是马王堆汉墓发掘。该项发掘促使中国文物工作者投入大的力气保护丝织品及木质文物。第四个阶段是80年代到90年代初。这个阶段，建设有中国特色遗产保护理论被明确提出，代表人物是罗哲文先生。第五个阶段是90年代中期至今。建设具有中国特色的文化遗产保护理论体系进入实际操作阶段。其表象包括文化遗产概念的提出与广泛使用、文化遗产日的设立、文化遗产保护机构的纷纷成立，特别是去年在北京召开的东亚古代建筑保护会议，形成了《北京文件》，开始使得不仅是东方而且包括西方的文化遗产保护工作者开始探讨东方木构建筑保护的独特性。

马清林：从认识方面来说，我觉得文化遗产管理部门中，自然科学知识背景的人员或者高级管理者还是有点偏少。在西方，自然科学的发展从18世纪到现在已经有很长的时间了，自然科学的基本观点和理论已经被大多数受过高等教育的人所接受。大家对热力学第二定律有很好的理解，即一切自发的过程总是向自由能减少的方向进行。从这个方面来理解的话，文化遗产的自然毁坏是不可避免的。有这个认识以后，保存文化遗产，单从材料来说只能延缓毁坏进程或者是减缓损害的程度，而不可能永远将其保存下去。但是，我们可以通过科技手段认识文化遗产的各种价值，将其绝大部分信息提炼出来加以保存。这也是一个非常安全和理智的措施。比如，西方一些著名绘画的保存方面，数字化技术已经用得很多。敦煌研究院在壁画方面也开拓性地开展了工作，因为对照50年代和90年代的照片，有些壁画变化是很大的。从这个速度来推断，要长久的将敦煌石窟完整地保护下去和流传给后人，是不现实的，也是不可能的。但是通过数码信息采集技术，可以将信息传递下去。前面说到文化遗产价值的认知，这是东西方最大差距所在，现在中国也日渐注重起来。文化遗产价值认知问题，是首要而且重要的问题，包括遗产创造过程中人起了什么作用。把人的活动都贯穿进去以后，它的价值就体现出来了。

杜晓帆：说中国现在已经具有文化遗产保护特色的理论体系，可能还谈不上。但是大家在努力地做这方面的工作。而且建立这么一个体系，我觉得是必要的，也是可能的。为什么说必要的？我们所面临的文化遗产保护问题和西方发达国家，包括和我们东方邻国日本和韩国所面临的问题不是一样的。如果我们没有自己的保护理论体系，很难去做好保护工作。我们不能只看考古挖掘出来的文物，应该把文化遗产的体系放大到包括少数民族、民族地区，特别是像中国大量存在的一些近代村镇文化遗产，都应归纳到这个体系里面。（党的）十七大报告特别提出要重视“文物和非物质文化遗产的保护”。一个民族、一个国家中，最能体现特色的可能是在非物质文化遗产。遇到这个问题的时候，建立理论体系可能更是一个需要我们去做的工作。

曹兵武：我们对文化遗产保护的认识也是不断发展、丰富和深入的。

杜晓帆：是的，我们的认识在不断地变化，老百姓的关注点也在不断地变化。从1962年至今，国务院共公布了六批全国重点文物保护单位，其囊括的范围是逐渐扩展的。1987年中国第一次成功申报世界遗产的时候，几乎没有一家媒体报道。20年后的现在，中国对申报世界遗产已经形成一个热潮。虽然我们对使用文物还是用文化遗产概念还有不同认识，但是“文化遗产”这个概念对我们的认识形成的巨大影响已是不争的事实。

回顾《世界遗产公约》的形成，也可以看出中国特色。比如自然遗产和文化遗产原来是分开的。但1987年泰山申遗时，有了“混合遗产”这个概念，其他国家没有这样的东西。

杜金鹏：文化遗产保护理论体系有没有中国特色？我觉得这个问题很简单，有！但是如何界定这个体系的内涵、特质比较不好说。为什么说前面一个问题好回答呢？我可以从三个方面来讲：

第一，从哲学认识论的角度讲，任何认识都是不断发展变化的。文化遗产保护理论和别的理论一样，是和社会发展紧密结合的，随着时间变化也会有一些改变，甚至是重大的改变。

第二，从主体特质方面来讲，文化遗产本身作为一个研究对象，是一种文化的东西，具有浓厚的民族特色。

第三，从政治体制方面说，我们的体制跟别的国家的体制不一样，尤其是跟西方体制不一样，这是由我们民族传统所决定的。政治体制的不同决定了文化遗产保护管理理论跟西方也不可能一样。现在我们面临的这种模式是什么呢？

首先是精英宣传领导。我们有很多有识之士认识到文化遗产保护的重要性，并为实现这个社会价值不断地呼吁，不断地推动，最后领导认可。

说到文化遗产保护管理的中国特色，我重点谈谈其中考古项目的管理体制。现在有几个比较突出的问题，首先是考古项目的行政权与属地管理这个问题。中国实行的是文物属地分级管理。属地分级管理在考古方面的体现，就是所有发掘项目都要从地方上逐级地向上报。不管发掘单位是什么层次，无论是国家级也好，还是省级也好，都要从地方报起，这无形当中形成了下级管理上级的关系。我觉得将来属地分级管理应过渡到分类管理。比如，可以将遗址分成四个级别，将考古项目分类，把级别和发掘性质结合起来。第二个问题就是考古发掘项目的“严进宽出”。考古项目一般审批的时候很严，但一旦拿到项目，基本上就没人管了。你什么时候挖完，挖成一个什么样子，这些材料到哪儿去了，就很少有人再去过问了。国家文物局最近几年一直在督促发掘报告的出版问题，其实根源还在于考古项目的“严进宽出”上。第三个问题是考古项目的授予方式与竞争机制。这是由于文物属地管理演化出来的。一般的模式是这样，哪个地区的发掘项目由哪个地区的考古所包了，画地为牢，只要是我的圈里头，别人不能动。这跟境外的体制有很大不同。现在像港澳地区，某地有遗址要发掘，实行招标。只要你是资质单位，都可以参加竞标，优中选优，谁最适合发掘，就让谁发掘。我建议实行发掘资质的分级。现在的发掘资质分为两类：一类是单位资质，一类是个人资质。这两个资质都是不分等级的，一旦拥有就通吃天下。这样做的弊病很多，不同的人主持同一个工地会出完全不一样的结果。这在考古界并不是奇闻，因为人的能力不同，所擅长的方向也不同，而遗址和遗址的差别太大了。因此，建议按照遗址类别的不同和个人专长的不同分类、分级别授予考古发掘领队资质。第四个问题是考古项目的任务与类型，传统的考古发掘分为两大类：一个是主动发掘，一个是被动发掘。被动发掘又包括配合基建发掘和抢救性发掘。鉴于目前的实际，我们建议再增加一个类型，叫“文物保护类型”，这是个不完全有学术目的的发掘，为什么呢？因为，有时为了保护遗址是需要进行发掘的。最近几年，我通过参与遗址保护规划的工作越发深切地体会到，没有考古的发掘，就没办法进行保护规划。缺乏考古基础的规划是非常空洞的规划，所实行的保护也是没有价值的保护。

所以，我们现在说一定要提倡一种新型的考古，文保型的考古。这是为了保护遗址，做遗址保护规划，对这个遗址进行展示和利用而进行的发掘。这种发掘跟学术性的发掘有很大的区别。学术性发掘是一切到脚的，它是要全部、彻底、详细地了解你发掘范围里所有的信息，留个疑点都是很遗憾的。而保护性发掘需要考虑到日后的保护和展示问题，有的遗迹现象不能做掉。

郭桂香：考古人员素质不同，对文化遗产的认识也是不一样的。

曹兵武：考古和保护结合，确实有很多要探索的问题。考古是文化遗产保护的一个非常重要的内容。我记得原来在中国国家博物馆从事保护的同事讲，一些文物出土以后，在其出土的最初一个小时或半个小时受到了怎样的对待，很可能就决定了这个文物将来到底会是什么状态，即决定了它的终生命运。现场保护这个概念也是这些年才有，将来怎么做，还需要探索。

杜金鹏：现在要建立考古移动实验室，就是要解决这个问题，避免出现定陵发掘那样的悲剧。

杜晓帆：现在搞考古的特别回避甚至反对考古发掘现场的展示。比如广州市中心的南越王公署遗址公园，广州市投入了两个多亿，但多数考古专家的建议是把它回填了。回填当然也是一种保护，但是广州市拿出的这些钱，都是广州市民上交的税钱，这不是光用来写考古报告的。

杜金鹏：考古遗址不能成为考古学家的私有财产，就是这意思。遗址是咱们祖先留下来的共同的遗产，凭什么考古学界要霸占这个遗址，除了考古环节以外，不让别人用它，太霸道了。

郭桂香：这还是对遗产的认识问题。据说，有一个时期考古人员不希望有保护人员在考古现场，觉得碍事。

杜金鹏：要做好考古遗址尤其是大遗址保护，关键还是要调动地方政府和当地老百姓的积极性。我们得尊重当地人的利益，不能剥夺人家的发展权。要在确保遗址安全的情况下进行展示，这个必须是政府主导的，要进行投入。这是一个很现实的问题。

曹兵武：这实际上就是科学价值、历史价值、艺术价值、利用价值几大价值的权衡和统一的问题。

郭桂香：文化遗产领域有考古、博物馆、保护、管理等多领域的人在参与。但是怎样使大众认识到遗址的价值，使更多的人关心文化遗产，这在文化遗产理论的构架过程中如何体现？您刚才说在保证遗址安全的情况下，由政府主导去展示。那么政府怎么做，才能保证遗址是安全的呢？文化遗产理论能为政府提供什么样的建议？

杜金鹏：关键是要把类型搞清楚。

徐嵩龄：中国怎么发展自己的文化遗产理论体系呢？我想从几个方面谈谈。

第一，遗产类型。《世界遗产公约》是不变的，但是它的《操作指南》是不断变化的。虽然是不定期，但它可以说每两年都要变化。2005 年的变化是里程碑式的，就是遗产类型的增多，一个就是系列遗产，一个是复合遗产，再一个是跨境遗产。这几个概念是对中国最有好处的。自然和文化的交融性，其实是中国的一个特点。这三个概念现在已经提出来了。我再讲一个概念：活态遗产。我们国家已经为非物质（文化）遗产成立了一个规模很大的机构。非物质（文化）遗产的原则性和物质（文化）遗产的原则性不一样。因为非物质（文化）遗产是立体的、活态的，这是非常重要的一点。它要是死了，就不存在了。

系列遗产这个概念对我们国家最有利。我们的很多遗产都可以用系列遗产的方式去申报，这和《凯恩斯决议》《苏州决议》的规定是没有矛盾的。

跨境遗产对我们国家是争议最大的一个。什么叫跨境？我说两种，一是比方我们跟蒙古的跨境遗产，跟俄罗斯的关于清代的跨境遗产。二是在海外的华人遗产。

杜金鹏：现在的管理体制也不是很顺，文物局管的基本是物质文化遗产，自然遗产基本是建设部在管，非物质文化遗产文化部来管。

徐嵩龄：还一个就是农业遗产。联合国粮农组织有一个项目，叫“具有全球重要性的农业遗产系统”。入选的中国浙江稻田养鱼项目，据说已有一千多年历史了。这样的东西在中国还有很多。文物部门现在不是在进行全国文物普查吗？这样的东西都应该加进去。另外还要注意特殊遗产。遗产理论研究应该根据中国的遗产特点，进行遗产分类。

第二，遗产价值和功能。遗产价值功能好像没有什么争议，都讲历史价值、科学价值和美术价值。但实际上每个国家对它的价值定位是不一样的。比如，澳大利亚《巴拉宪章》突出的是社会精神价值，英国则把历史环境包括进去了。所以说，价值要根据我们国家的特点来定。

还有一个功能，我们现在往往只谈价值不谈功能，这是很遗憾的。不谈它的功能，是不好保护的。我想，文化遗产有这样几个功能：教育功能、经济功能、社会功能和政治功能。我们国家的教育功能绝对没用好。为什么？因为我们的展示是没有吸引力的。至于经济功能、社会功能、政治功能，在文化遗产保护领域是被忽视或歪曲的。没有人——包括我们的主管机关——直接去为这三种功能开出道路。比方说经济功能，文物单位的领导者、管理者应该承担文化遗产经营的责任，但事实上我们做这个时却羞羞答答。重视经营，并不是一定要你赚钱，而是一定要注意一些效益模式。我们现在有些文化遗产保护活动搞的是自然保护区的模式。我记得有一次到贵州去，看到一些生态博物馆，就是原样不动，自然保护区也是不动，当地人还保持原来的生活方式。你可以享受现代化的生活，而让当地的人还是保持原状，这是很不公平的事。我认为，保护文化传统应该用一种新的方式表现出来，而不是去脱离自己的传统。

杜晓帆：但是，生活方式改变的同时，人的这种传统关系同时改了，这种传统关系改变的时候，很多原来的特点也就没有了。

徐嵩龄：不能说一点不变，而是要像“798”那样使传统文化融入现代生活中。

第三，申遗战略。我们国家目前“世遗”的总数非常多，近年来每年都有项目入选，但就对国家的贡献而言，并不是说数量多贡献就大。如何发挥最大贡献？我建议应有一个全局性的战略眼光，要优先考虑有代表性的项目，要照顾西部、边远、贫困地区，优先考虑具有重大政治使命的遗产，优先考虑活态遗产与跨境遗产，用系列遗产方式、复合遗产类型突破条框限制。

第四，遗产科学。文化遗产学应超越考古学、史学、建筑学，要融合文化人类学、人文地理学、宗教科学，从新的遗产发展的方向把文化遗产学推到一个比较高的位置，要充分应用自然科学、技术科学和社会科学等多学科的成果，遗产保护讲究原真性和原整性，但如何理解呢？我们的保护思路不能老是跟着西方走，应该根据自己的条件，根据自己的资源特点来确立我们的保护思路。

第五，遗产管理体制。我们知道，几个英语国家的遗产管理机构涵盖范围都比较广，有自然遗产、文化遗产，原来是国家遗产局，现在很多是文化遗产部了。应提高整个社会的遗产意识，包括提高政府官员的遗产意识、社会精英的遗产意识和社会公众的遗产意识。目前很多人对传统文化过度挑剔，很多人认为中国的传统文化落后，在行动上是排斥传统文化的。我们应宽容，不要去以批判祖先为荣，而应该以批判现实为荣。

第六，遗产产业。这是我们国家文化遗产保护单位最突出的一个问题，我们遗产界的人不应该自己放弃这个资源，应该把这个资源首先利用起来。

杜晓帆：房地产商现在在利用大遗址，如西安大明宫、湖南长沙马王堆汉墓遗址博物馆都有他们的影子。

徐嵩龄：我赞成文物部门自己去主导这个问题，不要让别人来主导。

杜晓帆：最近，我在贵州、云南、四川和湖南一些少数民族村寨做调查。我看到很多寨子都是值得去保护的，但如何认清它们的文化中最值得保护的是什么？是我们帮他们去认识呢，还是让他们自己去醒悟？

比如说旅游开发，现在丽江就是开发比较好的地方。但一旦旅游开发过度的时候，纳西族在里边变成了什么？它已经不是文化，它是在表演。他们不是过自己的生活了，只是表演给旅游者看，并不是为了保留自身文化。所以又回到这个问题，我们保护的这些文化遗产，到底是为谁保护？是为当地人，还是为旅游者、为政府、为专家？中国对世界遗产的重视程度在世界上是相当高的，我们申报世界遗产的目的主要是为保护。当然，展示是可以的，发挥这个价值也是应该的。但不能过度强调，特别是在发展中国家，过度强调展示会带来负面的东西，我们是控制不住的。

曹兵武：今天我们谈的面非常宽，我们承认应该有中国特色的文化遗产理论体系，但是看来我们距离一套成熟的中国特色的文化遗产理论体系仍然很遥远，我们的讨论，提出的问题比解决的问题似乎还要多。不过，更多的讨论会使概念更清晰，认识更深入，方向也更明确，保护、利用、管理的效果更进步，希望我们还有机会继续讨论这样的话题。

原载于《中国文物报》2008 年 2 月 22 日第 5 版

考古·文化遗产保护一体化模式探索
——改革开放以来中国社会科学院考古研究所文化遗产保护工作

自实行改革开放以来，我国在政治、经济、文化、科技等方面都取得了卓越成就。作为国家级考古科研机构，中国社会科学院考古研究所（以下简称考古研究所）在考古科研工作取得可喜成绩的同时，其文化遗产保护工作亦多有突破。

改革开放以来，尤其是最近十几年中，考古研究所对于文化遗产保护工作日益重视，文化遗产保护工作逐步从单纯的出土文物修复保护扩展到考古遗址保护、政策法规研究、理论方法和技术研究等领域，主持或参与了一些文化遗产保护重大科研项目，对于文化遗产保护学科建设做出了重要贡献。

一、考古科研服务和推动遗址保护

30年来，考古研究所的田野发掘工作取得了重大进展。

首先，为配合国家重大科研项目“夏商周断代工程”“中国文明探源工程”而进行的一系列考古发掘，收获尤大。这些遗址主要包括河南灵宝北阳平遗址、青海民和喇家遗址、山西襄汾陶寺遗址、河南新密新砦遗址、偃师二里头遗址、偃师商城遗址、安阳洹北商城遗址和殷墟遗址、陕西西安沣西遗址、岐山周原遗址、北京琉璃河遗址等。

此外，古代都城遗址的考古工作也捷报频传。如陕西西安秦阿房宫遗址、汉长安城遗址、隋唐长安城遗址、河南洛阳汉魏洛阳城遗址、隋唐洛阳城遗址、隋唐宋扬州城遗址、南宋临安城遗址和河北临漳曹魏邺城遗址等，均有大量令人瞩目的考古新发现。

这些考古工作，为遗址的保护工作提供了可贵的科学资料，同时大力提升了遗址知名度。在不久前国家文物局组织推荐的“十一五期间国家百项重点大遗址”中，考古研究所负责考古工作的北阳平遗址、喇家遗址、尉迟寺遗址、陶寺遗址、二里头遗址、偃师商城遗址、殷墟遗址、周原遗址、琉璃河遗址、阿房宫遗址、汉长安城遗址、汉魏洛阳城遗址、邺城遗址、南越王宫署遗址、大明宫遗址、隋唐洛阳城遗址等20多处遗址入选。随后考古研究所参与制订上述大遗址“保护纲要”，采纳了最新考古发掘成果和研究成果。而这些最新考古成果为偃师二里头、偃师商城、安阳殷墟、汉魏洛阳城、隋唐洛阳城、曹魏邺城等遗址保护规划的制订，提供了坚实的科学依据。

同时，大量具有社会影响力的考古新发现，在当地政府和民众中产生积极影响，有力地推动了遗址保护工作。如当时偃师商城遗址连年涌现的考古新发现，有效地阻滞了当地来势凶猛的城市化过程中对于遗址的侵占蚕食，为近年开展的遗址保护工程赢得了宝贵时间。

二、积极参与基本建设中考古工作

30 年中，本着“保护为主，抢救第一”的方针，考古研究所积极投入国家重大建设工程中的考古工作，为文化遗产抢救、保护做出了重要贡献。

在三峡建设工程中，考古研究所除承担大量田野调查任务外，还承担大溪、琵琶洲、巫山老县城、欧家老屋、魏家梁子、大昌、蓝家寨、双堰塘等 8 处遗址的抢救发掘工作，较好地完成了任务。

在南水北调建设工程中，考古研究所承担了湖北郧县青龙泉、小西关、沉滩河、吴家沟，河南淅川下王岗、郑州站马屯、温县徐堡墓地、汤阴羑河遗址、河南辉县潞固、安阳黄庄，河北磁县北朝墓群、邢台后留树北遗址、徐水西黑山墓地等 13 个遗址的抢救发掘工作，圆满完成了任务。其中，磁县北朝墓群的发掘获“2006～2007 年度国家文物局田野考古奖”二等奖；辉县潞固遗址的发掘，以新的考古理念为指导，在汉代和宋代墓葬的发掘中，发现一些以前未曾发现的遗迹现象，受到业界好评。

在河南安阳钢铁集团公司扩建工程中，2003～2004 年考古研究所受命领导了安阳孝民屯遗址的发掘工作。发掘队伍包含了河南省文物考古研究所、安阳市文物工作队等，发掘面积达到近 6 万平方米。这是近些年来我国同一遗址上基本建设工程中发掘规模最大的一项考古工作。发掘者本着对古代文化遗产高度负责的态度，认真准备，严密组织，科学实施，因而取得了一系列重大成果，为学术界所称道。该项发掘中揭露的商代铸铜作坊遗址、商代民居遗址、商代祭祀遗存等，极大丰富了殷墟遗址文化内涵。该项发掘荣获“2004～2005 年度国家文物局田野考古奖”二等奖。

此外，我所在安阳殷墟、偃师商城、汉魏洛阳故城、隋唐洛阳城、隋唐长安城、隋唐宋扬州城等遗址，也承担了大量基本建设中的考古任务，成果丰硕。

三、积极支持世界文化遗产申报工作

在我国申报世界文化遗产工作中，考古研究所积极参与，热情支持，做出若干重要贡献。其中，安阳殷墟遗址“申遗”、丝绸之路中国段“申遗”工作中，考古研究所承担的安阳殷墟遗址考古工作和西安大明宫遗址考古工作，最具有代表性。

（一）支持殷墟申遗工作

由于我所长期主持殷墟考古工作，因此在殷墟申遗工作中负有重要职责。有关专家不但热情提供学术咨询，提供必要的考古资料，还投入大量精力积极开展田野工作。其中，对于宫殿区的考古勘探和发掘，最具学术价值。

在殷墟申遗过程中，根据我所学者建议，国家文物局和河南省文物局同意对殷墟宫殿区进行一次新的考古勘探，以摸清建筑布局，验证学者提出的殷墟宫殿建筑为四合院式建筑群的见解。勘探工作于2004年进行，收获巨大：第一，初步印证先前发掘的殷墟宫殿建筑基址是四合院式建筑群；第二，发现大型池苑遗迹，极大丰富了宫殿区文化内涵；第三，发现玉石坑等制玉作坊遗存；第四，新发现大量建筑基址，对于宫殿区布局认识提供崭新资料。随后的试掘则以确凿证据证明殷墟宫殿区宫殿建筑可早到武丁时期。

在殷墟申遗过程中，我所专家还承担了《安阳殷墟遗址保护与展示方案》的制订工作，对于宫殿区部分建筑基址、著名甲骨坑H127、出土青铜重器“司母戊鼎”的王陵区大型墓葬武官村M260的展示，制订了比较翔实的实施方案。

作为支持殷墟申遗的重要举措，我所与安阳市政府合作建立了殷墟遗址博物馆——殷墟博物馆，突破了若干束缚和制约，取得了考古科研与遗址保护展示的双赢，创造了“殷墟模式”。

（二）支持大明宫等遗址的申遗工作

作为丝绸之路中国段申遗工作重点、我国大遗址保护展示园区，西安大明宫遗址近年来成为国家文物局和社会关注的焦点。我所在大明宫从事考古工作已有50年历史，取得一系列重要成果。此次为支持大明宫申遗工作，我所组成了专门的工作班子，制订出《大明宫遗址考古计划》，得到国家文物局领导和专家的认可和支持。这是我国首个经过国家文物局组织专家论证的大遗址考古计划，为将来的大遗址考古工作模式提供了范例。

与此同时，我所的汉魏洛阳故城考古队和隋唐洛阳城考古队，以及考古所其他业务部门等也都在积极为丝绸之路申遗工作努力。

四、积极参与遗址保护与展示工作

长期以来，我所在推动遗址保护、展示方面，也做出了不少贡献。这主要体现在一些都城遗址的保护与展示上。

我所正式参与遗址保护和展示工作，是以偃师商城为起点。

1996 年，我所在偃师商城大城东北隅发掘出商代早期城墙、护城河、城内道路和墓葬等遗迹，首次根据确凿的地层关系卡定了城墙的建造年代，这是当时“夏商周断代工程”中考古项目中的“开门红”成果，在学术界引起很大关注。在有国家文物局、河南省文物局、北京大学、河南省文物考古研究所和本所领导、专家出席的考古成果鉴定会上，大家对于这项考古成果给予了高度评价，建议科学保护。时任国务委员李铁映同志也指示，对于“夏商周断代工程”中的重要考古发现，要现场保护，传之后世。据此，我们积极推动该考古现场的保护工作，国家文物局将之纳入大遗址保护试点项目。我所于 1997 年受命制订了《偃师商城东北隅考古发掘现场保护方案》，得到国家文物局批准后实施。由此，一个当地化肥厂的扩建工地变成了文物保护园区，成为偃师市的城市花园，地下文物遗存得到妥善保护。

从 1996 年开始的偃师商城宫城遗址新一轮考古取得一系列重大成果，包括宫殿建筑、祭祀遗存、人工池苑遗存等。鉴于当地民居扩建已经对宫城形成包围之势，严重威胁着宫城遗址的安全，我所在国家文物局的支持下，于 1998 年制订了《偃师商城宫城遗址保护规划及第一期工程实施方案》，提出“建设偃师商城宫城遗址公园的总目标，是长期、有效地保护宫城遗址，同时，优化城市环境，增加城市绿化面积，使之成为科学研究、历史传统教育的基地和当地群众休闲娱乐观光的场所”。对于考古发掘、环境整治、遗迹保护和展示，制订了规划和实施方案。此规划方案的落实，是偃师商城遗址保护史上的里程碑。作为国家文物局大遗址保护试点项目，其重要成果是当地政府从农民手中租用了宫城范围内 70 余亩土地，建成了保护园区，把来势凶猛的建筑热潮阻挡在宫城区以外。

1999～2000 年，我所完成《偃师商城宫城遗址保护规划第二期工程实施方案》，大力推动了宫城北部考古发掘和宫城内宫殿基址、池苑遗存、祭祀遗存的保护与展示。

从 2001 年起，我所又推动了《偃师商城保护规划》的制订工作，为该规划提供大量科学资料，并积极阻止当地政府延展横穿偃师商城的“华夏路”。最终，得到批准的偃师商城遗址保护规划，排除了“华夏路”的延展工程，避免了遗址被进一步分割肢解。

2006 年以来，我所与中国文物研究所（现为中国文化遗产研究院）合作制订了《偃师商城西城墙保护展示方案》《偃师商城宫城保护展示方案》，列为国家文物局大遗址保护洛阳片区重点工程，目前进展顺利。

在其他大遗址尤其是古代都城遗址，我所也积极参与遗址保护展示工作。保护展示工程项目有唐长安城大明宫、汉长安城、汉魏洛阳城、隋唐洛阳城、喇家遗址房址、殷墟小屯宫殿建筑基址等。

2005年，受国家文物局委托，我所参与推荐“十一五期间国家百项重点大遗址”工作，并参与上述遗址的保护纲要编制工作。为我国大遗址保护工作做出重要贡献。综上可见，我所在遗址保护展示方面已取得一些实质性进展。

五、积极推动文化遗产保护学科建设

（一）解放思想，改革体制

建国后，我国的考古事业存在“双轨制”，即文化部文物事业管理局作为文物事业行政机构负责全国考古文物事业，中国科学院考古研究所作为全国最高（当时也是全国唯一）考古科研机构，从事考古研究工作。同时，也是文物局的专业咨询机构。

考古研究所自建所以来，其工作业务比较单一，即主要是从事考古发掘和研究，很少把遗址保护和展示等列入自己的工作范畴。这是个历史现象，也有历史原因。

随着社会的发展，学科的进步，考古学家的文物保护意识越来越高，考古与文物保护密切结合的社会需求也越来越高。为适应新的形势，我所于2005年成立了非实体科研机构“文化遗产保护研究中心”，2008年该机构正式成为考古研究所的常设科研部门。

“文化遗产保护研究中心”的创建，是考古研究所科研体制的重大改革，是考古研究所顺应历史潮流的战略举措。旧的科研模式打破了，新的科研模式诞生了。

（二）机制灵活，人才整合

文化遗产保护研究中心既是考古研究所的科研机构，也是一个面向全国的开放型科研平台。它充分利用各地的科研力量，共同从事文化遗产保护与利用的研究工作。

采用不同方式引进和使用人才，拓展科研经费来源。

（三）学科建设以科研课题为动力

考古研究所在文化遗产保护学科建设方面的措施，主要是以科研课题带动学科建设。近期，我们主要抓了以下课题：

1. 大遗址保护状况调研

这是中国社会科学院重大课题“国情调研”项目，重点选取部分古代都城遗址进行保护状况调研分析，目前已经完成6个遗址的调研。大遗址保护调研，是我所进入大遗址保护研究领域的序幕。

2. 文化遗产保护状况考察

这是中国社会科学院“国情考察”项目，我们已组织了对甘肃、宁夏、四川、贵州、重庆、福建、湖南、江苏等省市自治区部分文化遗存保护状况的考察。

3. 修订《考古学工作手册》

我所编撰的《考古学工作手册》曾是指导全国考古工作者的专业典籍。为适应新形势下的学科需求，我所吸收当前最新学术思想和技术方法，对该手册进行了重大修订。

4. “考古移动实验室”课题

这是科技部“十一五国家科技支撑计划”之“大遗址保护关键技术研究与开发”项目中“文物出土现场保护移动实验室研发”课题，我所负责“文物出土现场应急处置与保护”和“3S 技术的集成与研究”2 个子课题。通过此项工作，系统整理了传统工作模式，大量吸收最新科研成果，在新理念、新技术、新方法、新设备等方面，做了认真探索。

5. 制订《考古发掘项目检查验收办法》

受国家文物局委托，我所起草制订了《考古发掘项目检查验收办法》，这是我所在文物保护政策法规和规范等方面研究的初步尝试。

6. “文化遗产保护与当代中国社会”课题

这是一个探讨当前我国社会发展中关于文化遗产保护利用的综合课题，涉及现代城市建设、大型工程建设、新农村建设、工业遗产保护和宣传教育等方面。参加人员包括各级政府官员、科研院所专家、高校师生、利益相关企业和社区群众、出版界人士等。

7. 参与制定《第七批全国重点文物保护单位申报标准》

受国家文物局委托，我所与中国文化遗产研究院合作，起草制订了《第七批全国重点文物保护单位申报标准》。

8. “指南针计划”课题

与清华大学合作承担科技部“指南针计划”中的“古代人居环境研究”预研究项目，已完成所承担的工作任务。

9. 考古发掘现场文物保护与研究

最近承担的考古发掘现场文物保护项目，主要包括河北磁县北朝墓群南部的东魏元祜墓壁画揭取和出土文物保护；青海喇家遗址齐家文化房址处理保护；安徽蚌埠双堆一号墓后期发掘清理与保护；山东寿光市双王城古代盐业遗址的保护处理等。

10. 实验室考古

通过探索与田野考古、水下考古相辅相成的实验室考古，推动考古学学科建设。这项课题是从承担山西翼城大河口西周贵族墓葬壁龛发掘清理为切入口的。

11. 古代纺织品保护与服饰研究

作为脆弱质文物，考古现场出土纺织品文物的保护是文物保护的高端领域。目前正在承担的是辽宁法库叶茂台辽代墓葬出土纺织品的清理与保护项目。

12. 可移动文物的修复与保护研究

除本所陶寺遗址、新疆流水墓地、内蒙古巴林右旗辽祖陵、南水北调考古工地出土文物保护处理外，还完成了四川成都金沙遗址金饰品保护与修复、安阳博物馆青铜器和书画的修复、中国文字博物馆青铜器修复等。目前承担的项目还有四川大学博物馆瓷器修复、山东大学博物馆青铜器除锈保护、中国文字博物馆商代青铜器和甲骨复制等。

（四）大力拓展学科领域

考古研究所在文化遗产保护学科建设中，注意在原有基础上努力拓展学科领域。目前我们在拓展学科领域方面的主要工作是：

1. 考古现场文物保护

这是我所既有学术优势，我们将其从田野考古中分离出来，作为结合了文物保护科学的考古学分支看待，并把工作点扩展到本所以外的考古现场。

2. 遗址保护与展示

充分利用我们的学术优势，积极参与遗址保护和展示，为考古学可持续发展创造有利条件。我们参与的遗址保护展示项目包括青海喇家、偃师商城、安阳殷墟、汉魏洛阳城、汉长安城、唐大明宫、隋唐洛阳城、南越王宫署、曹魏邺城等。

3. 遗址保护规划

根据国家文物局要求，我所参与了“百大遗址”保护纲要的制订工作；先后参与三门峡北阳平遗址群、偃师二里头遗址、偃师商城、隋唐洛阳城、汉魏洛阳城、曹魏邺城、隋唐宋扬州城、南越王宫署遗址、五台山佛光寺遗址以及藏王墓保护规划的制订工作。

4. 实验室考古

根据学科发展要求，我们积极探索实验室考古发掘，力图在此领域有所创发。目前正在主持进行山西翼城大河口西周墓的实验室考古发掘研究。

实验室考古发掘的任务，还包括积极推动考古发掘手段和技术的现代化。

5. 纺织品与服饰考古研究

出土现场纺织品文物保护研究、古代服饰考古研究是考古学和文物保护学的冷僻领域。我们已经组建了纺织品与服饰考古研究室，希望在此领域有所突破，将考古现场纺织品文物的识别、保护、获取与实验室阶段的保护有机衔接。目前已经接收地方博物馆馆藏纺织品文物的修复工作。

（五）在全国范围内推动文化遗产保护

在“文化遗产保护研究中心”成立伊始，我所即主办了“全国大遗址保护研讨会”，来自全国 60 多个考古、文博单位的专家出席会议，会上就大遗址考古与保护发表的新见解，引起有关方面高度重视。这是我国首次非政府组织的大遗址保护全国性学术会议。

为了促进文化遗产保护事业在全国的影响，我所开设了“文化遗产保护论坛”，首次会议主要就大遗址考古与保护规划展开研讨、交流。

上述措施有效推动了我国的文化遗产保护事业。

（六）提高文物修复保护科学技术含量

几十年来，我所的出土文物修复一直是全国同行的排头兵，承担了大量出土文物的修复保护工作。随着学科的发展，我所在文物保护修复方面的现代化建设进展缓慢，与当前学科要求不能适应。

近年来，我所在出土文物保护修复方面积极投入。首先是推进工作规范化、科学化，把传统技术与现代科学结合起来。同时投资引进新的仪器设备，注意科技手段在文物修复保护中的应用。

六、结　　语

中国社会科学院考古研究所创立文化遗产保护研究中心，是其办所方向和理念之革新的重要体现。我们将考古学与文化遗产保护学科有机地结合起来，试图创造一个“考古·文化遗产保护一体化”模式，即考古与文化遗产保护相互依存，相互促进。两个学科同时抓，两个学科同时发展。这种学科发展模式，是考古研究所的特点，也是考古研究所的优势。期望这种模式，能在我国的文化遗产研究和保护方面，起到更大的促进作用。

我们的目标，是将当前的考古、文博和文化遗产保护，整合发展为“人类文化遗产学”，涵盖了文化遗产价值揭示（主要是考古调查、发掘、研究）、文化遗产价值保存（主要是文化遗产的保护、修复）、文化遗产价值实现（主要是文化遗产的展示、利用），把文化遗产的调查、挖掘、研究、利用、继承、发展，联成一个科学体系。

本文与王学荣合撰，由杜金鹏执笔。原载于《中国考古学会第十一次年会论文集·2008》，文物出版社，2010年；又载《文化遗产研究（第1辑）》，科学出版社，2010年

文化遗产保护工作者之梦

过去的事情，就像节庆焰火，既经熄灭，不再闪现。但，我们在梦中依然可以品味它的华丽与妩媚；

将来的事情，就像太空行星，遥不可及，变化莫测。但，我们在梦中依然可以欣赏它的美丽与神秘。

没有梦想，人就缺乏幸福，缺乏快乐！

敢于梦想，人就有了方向，有了力量！

我们的梦想——我们的追求，做好文化遗产保护与传承。

中国人最讲求文化传承。

于是，尊祖敬宗，成为美德；文物典籍，成为学问；传承发扬，成为天职；数典忘祖，罪莫大焉！

因此，中华文化，生生不息。繁衍昌盛，已传万年。世界百变，唯我独存。老树新花，无根何生！

我们的梦想——我们的理想，做好文化遗产保护与传承。

文化遗产是最可珍贵的财产，它是民族的根，国家的魂。保护我们的文化遗产，就是保护我们的精神家园。

万年奋发，千年辉煌，百年低沉，积淀了丰厚的文化遗产。三十年奋斗，重新崛起，创造了文化遗产保护的大好局面。

我们来自于五湖四海，我们来自于不同学科，我们为了一个共同的目标，结成一个亲密的团队。

我们的梦想——我们的事业，做好文化遗产保护与传承。

我们震撼：环壕聚落中的田园生活，高墙重城中的市肆繁华，沧海桑田之间的历史巨变，改朝换代之际的天翻地覆；还有那，长城走万里，运河贯南北，帝陵起风云，石窟坐山崖……每个有机会从事文化遗产保护的人，都能感受到一种力量，一种信念。

我们享受：史前彩陶的优美，三代青铜的尊贵，秦汉砖瓦的矜持，唐宋金银的华丽，明清官瓷的典雅；还有那，玉器的温润，漆器的瑰丽，丝绸的飞扬，简牍的深奥……每个有机会从事文化遗产保护的人，都是幸运的，幸福的。

我们承当：黄土之下的城市，瓦砾之中的宫殿，风沙掩盖的村庄，山野怀抱的墓园；还有那，毁弃的遗址，残缺的建筑，破碎的文物，断裂的骨骼……保护它们的肌体，复原它们的面貌，张扬它们的神采，是每个文化遗产保护工作者之神圣责任！

我们的梦想——我们的责任，做好文化遗产保护与传承。

《文化遗产研究》，是我们理想的王国，追梦的家园；

《文化遗产研究》，是我们耕耘的田地，丰收的果实。

原题为《追梦》，《文化遗产研究（第1辑）》前言，科学出版社，2010年

第二编　考古学创新研究

新时期大遗址考古工作探讨

大遗址是我国古代遗址中的核心部分，大遗址考古是中国考古学的核心部分，在考古学学科建设和文化遗产保护方面均具有极其重要的地位和作用。

我国的大遗址考古，有着十分辉煌的历史，产生了十分重大的影响，但也存在一些必须引起重视的问题。随着社会的进步，学术的发展，大遗址考古面临着新的机遇，也面临着新的挑战。因此，新形势下大遗址考古工作如何开展，有必要进行讨论。

一、大遗址考古的成绩与问题

（一）大遗址考古的成绩

撇开外国人主持的周口店遗址、仰韶遗址考古发掘不计，中国人自己主持的正规考古发掘，始于河南安阳殷墟遗址和山东历城城子崖遗址。可以说，中国考古学就诞生于大遗址之上。

新中国成立以后，我国考古学界十分重视历代都城遗址的考古工作，以都城遗址为代表的大遗址成为我国考古学的重要阵地。对“夏墟”的探索，带来了偃师二里头遗址以及数以百计二里头文化遗址的发现，二里头遗址的发掘则催生了对二里头文化和夏文化的重要认识；对“禹都”的探索，带来了登封王城岗、襄汾陶寺等遗址的发现，把人们探索早期夏文化的视线引向了龙山文化晚期遗存；郑州商城的发现和发掘，与殷墟的考古收获一道，初步完成了对商代文化体系的构建，偃师商城的发现进一步厘清了夏商文化的界限。而西周、秦、汉、魏晋南北朝、隋、唐、宋、辽、金、元以至于明、清各代的历史，均依仗考古学而得以丰满甚至重建。

即便是史前考古的框架构建，也离不开大遗址考古。各地的龙山时代城址、西安半坡、陕县庙底沟、泰安大汶口、蒙城尉迟寺、杭州湾良渚遗址群（城址）、辽西红山文化遗址群……它们的发现和发掘构成了史前考古的基本框架。

以往的大遗址考古，无不在遗址范围、布局、内涵、年代、分期等考古学基本问题上倾注大量精力，几代考古人不辞劳苦，日复一日，年复一年，默默劳作于各个遗址，收获了一个又一个重要考古发现，中国古代历史由此日益清晰、丰满，中国古代文明越发光彩夺目！

总之，中国考古学是建立在大遗址考古的基础上，大遗址考古构成了中国考古学的基本框架，大遗址考古是中国考古学的脊梁。可以说，大遗址考古成果丰硕，值得肯定，值得骄傲！

（二）大遗址考古存在的问题

大遗址考古工作取得了一系列重大成就，但是，也还存在不少问题。主要表现在：

第一，缺乏长期规划。就在不久前，我们的大遗址考古，几乎都没有可遵循的长期规划。尽管近年来制订的部分大遗址保护规划中包含了考古规划，但由于规划的主导者一般不是考古学家，其考古规划也往往缺乏可行性。因此，一个遗址的考古工作做什么，常常是考古队长说了算。又因各人学术理念、学术水平的不同，考古队长便成了该遗址考古工作能否取得应有成果的决定性因素。换个队长很可能会换个做法。

第二，缺乏科学论证。很多主持大遗址考古的学者也都各自有发掘、研究计划，但都不会是长期的。这类计划往往只是学者自己的决定或小范围内征求意见的结果，没有经过正式的专家论证（文物主管部门组织的跨区域、跨部门、跨学科论证）。就是遗址保护规划中的考古规划，也极少经过广泛深入的专家讨论评估。因此，不少大遗址考古工作的科学性很难得到保障。

第三，工作不规范，缺乏制度保障。不同的大遗址各有其特殊性，但大遗址考古工作也需要规范化。目前，主管部门没有出台专门的大遗址考古规范，考古工作者便各自为政，按照自己的工作方式和习惯行事。不同的人主持工作便会有不同的工作要求和规范，也就有了不同的工作结果。

第四，缺乏学术主动性。有的大遗址虽然具有常设科研队伍，但日常工作往往是追随着不断涌现的建设工程开展，从而丧失了学术主动性，考古工作的学术目标不明确，解决学术问题缓慢而且往往具有偶然性。

第五，工作不能长期化、常态化。具有常设考古队的大遗址相当有限，大部分大遗址的考古工作不能保持长期化，有的甚至许久不做考古工作，成为学术死角。

第六，投入不足。不管是科研人员还是科研经费，目前对大遗址考古的投入都严重不足。负责一个大遗址考古工作的考古队中，考古专家至多不过四五人，常见的只有一二人，很难维持一定规模的考古工作。经费来源不固定、不充足、没有保障。

第七，与遗址保护、展示相脱节。由于考古工作与文物保护在项目设置、经费审批等方面不相关联，在一般情况下，考古与遗址保护、展示是分开考虑的，或者说遗址的保护、展示一般不被纳入正常的考古科研工作中。

第八，管理消极。大遗址考古工作做不做、做什么，一般都是相关科研单位自行决定、提出，国家文物主管部门没有统一的大遗址考古安排。大遗址考古管理缺乏主动性。

二、大遗址考古的性质与任务

（一）大遗址考古的性质

大遗址考古承担着推动学科进步的重要任务，几乎所有的重大学术课题，无不寄望于大遗址的考古工作。

大遗址考古从本质上讲属于科研类考古工作，一切从学术研究出发。

发掘是考古学的重要手段，也是学科发展的根本前提。考古发掘一旦停滞，考古学也将萎缩，甚至走进死亡的绝境。因此，大遗址（特别是都城遗址）考古是以长期进行田野发掘为特征的科研工作。

（二）大遗址考古的任务

大遗址考古的第一任务，是考古学的根本任务——研究复原古代社会，探讨人类社会发展规律；大遗址考古的第二任务是保护人类文化遗产，即保护遗址和出土文物。

因此，大遗址考古工作应是科学研究和文化遗产保护并举、并重。二者始终要紧密结合。

大遗址考古之任务目标的实现有其阶段性：当前，首先是遗址保护，兼顾学术研究；将来，在遗址保护前提下侧重于学术研究。

三、大遗址考古特点

大遗址考古工作具有自己的一些特性。

（一）重要性和复合性

大遗址是我国古代文明的凝聚体，是我们挖掘优秀传统文化、创建共同精神家园的重要园地。所以，大遗址考古具有高度的学术性，考古学基本问题的解决，一般都依赖于大遗址考古。

大遗址考古又是遗址保护与展示的前提条件，大遗址考古肩负着为遗址保护提供科学依据、为遗址展示提供合适资料（遗迹遗物）的责任。

（二）长期性和连续性

大遗址一般面积较大甚至巨大，埋藏丰富。因此，大遗址考古是一项长期的工作，要有规划、有步骤地展开，不能急于求成，更不可急功近利。大遗址考古周期较长，每个阶段学术目标的设定要符合实际。

大遗址考古，尤其是都城遗址考古，具有较强的连续性，必须前后衔接紧密。充分注意人员的衔接、资料的衔接、课题的衔接。大遗址考古每个阶段都必须承前启后，保证考古工作始终沿着正确的既定学术轨道前进。

（三）科学性和系统性

大遗址往往是古代国家（或区域）的政治、经济、宗教、文化、艺术的中心，从而决定了大遗址考古是个复杂的系统工程，具有严肃的科学性，必须吸收多学科专家共同参与，尽量采用先进的科技手段，从不同学科角度审视遗址的每个层面、每个节点。

四、大遗址考古工作模式

（一）规划先行，与时俱进

大遗址考古必须具有翔实可行的工作规划，这个规划应该站在当前学术高度，体现新理念、新方法、新技术。任务目标具体、明确，技术路线科学、清楚，保障措施到位、有效。

大遗址考古规划须经有关部门组织专家充分论证，保证其科学性、可行性。

大遗址考古规划应该保持一定的稳定性。但是，当学科发生重大进步，或其他实际情况发生重大变化时，要及时修订规划，使之与时俱进。

（二）持续工作，渐次推进

大遗址考古队伍也要保持相对稳定性，工作保持连续性。

鉴于大遗址考古的长期性，决定了大遗址考古必须采取渐次推进的方式。即工作要有阶段性，每个阶段有明确的学术目标。各个工作阶段之间，要有间歇期，给考古工作者一个思考、总结的时间和机会，整理资料，编写报告，找出前期工作的不足和有待解决的新问题，思考探索学术新课题的途径，在此基础上开展新的考古工作。

（三）规范化，常态化

鉴于大遗址考古的重要性和特殊性，有必要制订完善专门的大遗址考古规范，以使该项工作更加规范化、制度化。大遗址考古规范可在《田野考古发掘工作规程》基础上，兼收科研类考古和文保类考古的基本工作规范，同时考虑到大遗址考古的特性而制订。

大遗址考古工作要维持适度发掘。发掘规模是根据学科发展的需要而确定的。勘探不能代替发掘，小面积发掘一般只能解决小问题，大面积发掘才能解决大问题。强调遗址保护不是排斥一切考古发掘，考古发掘实际上也是遗址保护的有机组成部分。

大遗址考古要保持常态化，尤其是历代都城遗址的考古工作，应该由常设机构负责长期、持续的考古勘探和发掘。

（四）考古科研与遗址保护相结合

大遗址考古应将遗址保护和展示纳入目标管理体系。大遗址考古虽然是以科学研究为终极目标，但是始终要把遗址保护与展示，作为工作要点加以落实。这是新时期大遗址考古的重要特质。

原载于《中国文物报》2009 年 8 月 14 日第 3 版

新世纪中国考古新常态

进入 21 世纪以来，中国考古学有了新的长足进步，这既是中国考古人在 20 世纪不懈努力的结果，也是中国考古人最近十几年中改革创新发展的结果，是在新的思想理念指导下的新机制、新措施、新方法、新技术。其中，有一些必将成为较长一个时期内，中国考古学的新常态。

一、考古工作的文保理念

考古学传统理论认为，“考古学是根据古代人类通过各种活动遗留下来的实物加以研究人类古代社会历史的一门科学”。“考古学的研究对象是实物资料……古代人类通过各种活动遗留下来的实物，通常包括遗物和遗迹两大类。”考古学“通过各种遗迹和遗物，研究人类古代社会的各个方面，其中包括生产规模、技术水平等物质文化，也包括美术观念、宗教信仰等精神文化”。“考古学研究的最终目标在于阐述存在于历史发展过程中的规律。”[1]新近出版的《中国考古学大辞典》也说：考古学“是主要根据古代人类活动所遗留下来的实物遗存研究当时人们的生活及其社会的状况，并进而解析人类文化与社会发展的历史过程，探索其发展变化的背景、原因和规律的一门科学。考古学属于广义历史学的一部分，与文献历史学共同承担着研究人类历史的任务”[2]。

有学者说的更直白：“考古学的根本追求是什么，我看就是‘复原’二字。所谓复原就是恢复遗存所在历史时期的原来状态。”“复原是考古学的精髓，是考古学的本质……所以考古学的任务，是不断增容吸收遗存准确信息的能量，追求更接近历史真实的复原。”[3]

既然是历史科学，对于史料的追求应是务必广泛、深入、精确。考古学的“史料”就是古代遗迹遗物，作为搜集考古“史料”的考古发掘，当然应该是发掘面积越大、揭露越彻底、提取越细致，越好！然而，中国的考古工作，历来包含在“文物工作”体系中，中国的考古工作，一直遵循“保护为主，抢救第一”的文物工作方针，大量的考古发掘，其直接起因并非具体的历史科学目标，而是为了抢救和保护遗址与文物。可以说，中国的地下文物保护，完全建立在考古工作基础上面。

因此，中国考古学在任务、目标方面实际上存在着理论与实际并不完全符合的矛盾状态。有人将这种现象称为“考古学纯洁性的丧失”。其实，与其说是考古学纯洁性的丧失，不如说是我们对于考古学学科任务的定义存在偏差，考古学任务目标原本是多样性的。

如果，把“复原人类社会历史，探索人类发展规律”作为考古学唯一任务目标，体现的是其“纯洁性”，那么，“为文物保护提供科学依据和支持，为文物展示传承提供资源和阐释”作为考古学另一任务目标，就是考古学“多样性”的体现。

为了从理论上解释和理顺中国考古学的现实矛盾性，促进中国考古学的永续发展，中国考古人一直在进行理论探讨和建设。

1950 年，苏秉琦发表《如何使考古成为人民的事业》，认为配合基本建设的考古工作是建设新生活伟大事业中不可或缺的一部分，考古应加以改造以适应新中国经济文化建设的需要。“考古是人民的事业，不是少数专业工作者的事业。人少成不了大气候。我们的任务正是要做好这项把少数变成多数的转化工作。”[4] 2010 年 12 月 1 日《中国文物报》发表评论员文章，认为“当下的中国考古学亟需在坚持科学性的前提下，在思维方式、工作内容、工作的理论方法上不断拓展和发展自己，以适应形势和社会的需求”[5]。

2007 年 7 月，中国社会科学院考古研究所与科学出版社等在内蒙古呼和浩特市举行“大遗址保护研讨会”，来自全国 26 个省市自治区近 60 家科研、出版及文物管理部门的代表出席会议，就当前考古与大遗址保护，大遗址保护政策、理念、方法等问题进行研讨。在本次会议上，专家们明确提出考古工作服务于文物保护之理念。王巍先生说：“保护好大遗址是考古工作者义不容辞的责任。”[6]张忠培先生说：“考古学是大遗址保护工作的排头兵，考古工作者要为保护大遗址鸣锣开道。”首次提出考古应纳入文物保护工作中[7]。笔者则“大力倡导创建以遗址保护为主要目的的新兴考古模式”[8]。栾丰实先生认为，以文化遗产保护融入考古学为代表，标志着考古学研究的理念正在发生重大变化。曹兵武先生说，把考古工作纳入文物保护工作，创建文保类考古等理念的提出，标志着中国考古学进入到“遗产阶段”[9]。

我认为，考古工作是遗址保护的科学依据和主要推动力。古代遗址是客观存在的，但是，对于遗址的认识还是依赖于考古勘察和发掘。如果我们要对一个遗址进行有效的、科学的保护，那么有关这个遗址的基本信息——遗址的规模范围、文化内涵、布局、时代、性质，以及科学价值、历史价值和艺术价值等，是不可或缺、必须掌握的。而这些信息的唯一来源就是考古勘察、发掘、研究。因此，系统、充分的考古勘察和发掘，是制订遗址保护规划的根本前提。事实证明，凡是考古工作充分深入的遗址，其保护规划就内容丰富、立论扎实，具有较强的科学性和说服力。因此，笔者呼吁“建立从遗址保护出发的考古模式”，“这种新型考古模式，是以遗址保护为要旨，兼顾考古学研究，并为遗址展示提供支持”[10]。

此后，我又反复倡导“文保类考古”，强调“文化遗产保护类考古是以文化遗产保护为首要目标，在实践中勇于自制、自律的考古科研活动”[11]。

2008年10月25日，张忠培先生在中国考古学会第五届代表大会暨第十一次年会闭幕词中呼吁“要切切实实地将中国考古工作纳入到文物保护体制中来”。2014年11月26日，张忠培先生在贵州演讲，再次强调要将考古工作纳入到文物保护体制中[12]。张忠培先生认为，考古人必须修心养性，做一个“有自知之明的考古工作者”；应坚定地认识到文物是不可再生的文化资源，同时也是考古学赖以存活，实现持续发展的资源；应对考古发掘既是保护文物，同时也是对文物的破坏要有切实的认识；应对研究考古学遗存的诸学科，尤其是考古学和文物保护科技的时代局限性有充分的认识，并对这些学科能与时俱进和后代人将比前代人聪明持乐观的认识。要做“有自知之明的考古工作者”，还得将这样的认识转化为能指导自己行为的观念。这观念是：将文物保护作为自己职业操守和职业道德，并以文物保护为标准，只做自己能力所及的事[13]。

最近，国家文物局副局长宋新潮在“2016年中国社会科学院考古研究所田野考古工作座谈会”上讲话指出，考古科研机构和考古学家应从学术研究理论层面重视文化遗产保护工作，在开展田野考古工作的同时，高度重视文化遗产的价值与意义，重视遗址的保护与利用[14]。

事实上，中国考古长期以来一直都是身处文物保护体制中——无论是管理体制还是实际工作，莫不如此。最有代表性的，可举三峡水利工程“考古大会战”和南水北调工程“考古大会战”，调动全国考古力量，参与大型基本建设工程，保障建设工程的顺利进行，更抢救大批珍贵文化遗产。从面与量的层面讲，中国考古主要是围绕各类建设而开展的。

我理解，现在强调把考古工作纳入文物保护体制中，就是要求考古人自觉投入文物保护工作中。“有自知之明的考古工作者”就是“新考古人”——具备文物保护理念、文物保护知识、文物保护技能的考古工作者。

总之，新时期的考古人充分认识到考古学肩负着文物保护的重大责任，愿意更加自觉地、更加积极地投入到文物保护工作中来，以此保障和促进考古学的永续发展，实现考古学最广泛的任务目标。

二、考古学精细化理念

中国的考古资源十分丰富，但不可再生且日渐减少；中国的考古发掘，揭露面积大、速度快，但产出与投入的比率偏低；中国考古发掘中发现的遗迹遗物等珍贵文物——尤其是脆弱文物，在发掘现场有时得不到有效保护，进入实验室保护也往往不够及时，考古发掘与文物保护日常脱节，造成一定程度的考古资料损失。因此，从考古学科永续发展角度看，走资源节约型的精细化道路，势在必行。在总结前辈经验基础上，我们提出了“实验室考古”新概念[15]。实验室考古是指考古专家与文物保护专家相互协作，运用多种科技手段在室内开展古代文化遗存发掘清理，随时根据相关检测分析结果及时实施文物保护，通过对相关遗迹遗物的现场观察、分析、实验，探索古代人类活动及科学技术等问题的考古活动。发掘清理、分析检测、保护处理、研究复原为其基本要素。把文物保护工作前置于考古第一现场，把考古发掘、文物保护熔融一体，推动考古学向着更加注重资源节约、科技投入、信息提取、文物保护的方向前进，走科学化、精细化的可持续发展道路，是其基本理念。

几年来，国内多家考古科研机构和大学，先后开展了实验室考古工作，如山西翼城大河口西周墓、甘肃马家塬战国墓、江苏盱眙大云山汉墓、江苏扬州隋炀帝萧后墓、贵州遵义宋代土司墓等实验室考古项目，均取得很好效果。对此，学术界给予充分肯定[16]，国家文物局也给予高度评价[17]。最近的江西新建墎墩汉墓（西汉海昏侯刘贺墓）的考古发掘，国家文物局专门设立实验室考古项目，有力地推进了实验室考古。

实验室考古为中国考古学发展方向，已是大家共识。考古学家正在日益努力投入，国家文物局正在迅速加强推广。希望国家文物局把实验室考古作为考古专项予以持续支持，有关各方加快人才培养、队伍建设，尽快建成一批能够承担复杂任务的实验室考古基地。

三、考古学国际化理念

所谓国际化道路，不仅是人员的国际化往来交流，更重要的是，我们要把考古的对象扩大到境外，把考古的眼光放大到世界。尤其是，中国考古学要利用和服务我国倡导的“一带一路”国家战略，把考古学的战场推进到海外。目前，我国考古学家在非洲、美洲、中亚、东亚和东南亚地区的涉足，就是国际化的具体表现。将来，中国考古学界应在世界考古研究方面具有权威学术地位，造就世界级考古学家。

中国考古学的国际化，已有初步成效。这里可以列举两点：上海世界考古学大会的连续举办，一系列境外考古项目的实施。

为了推动世界范围内考古资源和文化遗产的调查、研究、保护与利用，中国社会科学院与上海市人民政府联合举办“世界考古论坛·上海”，首届论坛于 2013 年 8 月成功召开。“上海论坛”咨询委员由来自 45 个不同国家和地区的考古、文化遗产研究领域的 150 位专家学者组成，负责提名推荐世界重大田野考古发现和研究成果；评审委员由来自 17 个国家的 40 名权威学者组成，主要负责对推荐的重大田野考古发现和研究成果进行评选。来自 28 个国家和地区的 70 余位著名考古学家和 100 多位来自国内研究机构、大学的一流考古学家参加论坛，介绍他们的发现和研究成果。2015 年 12 月，第二届“世界考古论坛·上海”在沪召开。该论坛不仅是中国考古学走向世界的重要一步，更使世界考古学界加深了对中国考古学的历史及现状的认识，在推动全球考古学界相互融入、共同发展方面发挥了极其重要的作用。

中国考古界在 21 世纪开元以来开展的国外考古项目，取得可喜成绩。如：长达十年的中蒙合作项目《蒙古国境内古代游牧民族文化遗存考古调查、勘探、发掘研究》，于 2005 年启动，对蒙古国 12 个省市的 60 多个苏木的 150 余处古代遗址进行考古调查，发掘面积达 12000 平方米，提高了我国游牧民族文化研究国际话语权，增强国家间合作关系[18]；近年中国社会科学院考古研究所在美洲洪都拉斯玛雅文明城邦科潘遗址[19]、乌兹别克斯坦明铁佩古城遗址的发掘[20]；湖南省文物考古研究所与孟加拉国考古机构合作，在毗诃罗普尔（Vikrampura）遗址进行大规模发掘，揭露面积 3746 平方米，是孟加拉历史上最大考古发掘，成果巨大，为我们研究 8～12 世纪南亚次大陆社会历史、宗教文化，为研究中孟交流史以及藏传佛教文化等，提供宝贵资料，也为国家“一带一路”战略做出重要贡献[21]。

中国考古界应当在组织、主持一些具有世界意义的重大课题方面，发挥领导作用。第二届上海“世界考古论坛”中荣获“考古研究成果奖”的《黍和粟的起源与传播》项目，已经体现出中外考古学家的通力合作。

正如王巍先生指出的：“考古学不仅仅是研究人类的过去，更重要的是通过对古代的社会发展、人们的生活方式以及人与人之间的关系进行了解和阐释，为我们更好地认识过去、现在乃至未来，提供历史性的启示。”如何在经济全球化的今天，尊重和保护世界各个国家和地区的文化特色，是人类面临的重大问题。如何处理不同族群、不同信仰、不同文明间的相互关系，对于人类而言，是从起源时期就已经需要面对的问题。考古学可以在解释和解决上述问题方面贡献自己的力量。这些就是当今具有世界意义的考古学重大课题[22]。

贺云翱先生指出，全球化时代的中国考古学必须、也必然走向国际化。考古学国际化不仅具有历史科学价值，更具有当代和未来“思想解放”及“文化创新”意义[23]。

正如贺云翱所说，中国考古学国际化还在起步阶段，中国的“外国考古”还停留在翻译外国考古著作、介绍外国考古成果水平；没有专门的研究机构，没有专门的教学部门；除了周边国家，我们的考古触角延伸的还不远、更不多；我们对于世界范围的考古学重大问题，没有多少发言权……但是，只要我们有正确的思想认识和措施，假以时日，具有世界视野和世界价值的中国考古学，必将屹立于世界考古之林。

袁靖先生刚刚在全国政协十二届四次会议提案中建议设立境外考古专项经费，支持中国考古走向世界[24]。果若实现，必将极大促进中国考古的国际化进程。

四、考古学公众化理念

“公众考古”是新世纪的新宠名词。但它其实是中国考古学与生俱来的组成部分。

早在 1941 年 6 月，我国的考古机构撤退至四川宜宾，冒着日寇的轰炸，忍受着饥饿与疾病，在李庄举办了殷墟出土文物展，轰动朝野，体现了考古人不畏艰难的事业心，抗战必胜的民族自信心，拉近了与当地民众的距离，为长期驻扎研究创造了条件[25]。

1950 年，苏秉琦先生提出“考古是人民的事业”，誓言要把考古变成多数人的事业，明确指出了考古学公众化方向。

著名考古学家夏鼐先生的《敦煌考古漫记》，把他早年参加西北科学考察团期间在甘肃进行科学调查的所见所闻写出来告诉大家，把考古学、考古工作、考古学家，介绍给公众。他在绪言中说：“普通一般人的观念……一提到考古学家，便以为外貌一定带着几分古气：带着玳瑁边眼镜，额上满布着皱纹，嘴上长着灰白胡子，用他们干瘪的手指抚摸着绿锈斑斓的商彝周鼎。因之，一提到考古学家便联想到遗老。显然，这种观念是错误的。读了这册《漫记》后，我想他们一定对于现代的考古学有一种新认识。”[26]这是公众考古的实践范例。

而今，我国的考古研究院所设立公众考古机构，向社会开放考古工地，举办出土文物展览，举办考古讲座，考古学家走进中小学，考古网站面向大众，设立公众考古微信平台，创办“文物医院”；一些大学的考古院系设立公众考古中心，举办“考古夏令营”，创办《大众考古》《公众考古》等专刊；许多考古学家撰写考古普及读物，世界考古论坛设置公众考古讲座……都是考古公众化的体现。

这些，均属中国考古学的进步表象，可喜可贺。但，还不够，还应有更高的追求。正如曹兵武先生指出的，“文化遗产时代的考古学”，“应该要更加关注学科和社会的关系，关注古代遗存的现代价值及其作用，这已经不是我们通常所说的大众考古学或公众考古学所可以概括、容纳的。这也不完全是考古知识普及、考古信息共享、考古配合基本建设等问题，而是考古学与社会共同进步，融入乃至推动经济社会发展并反过来为考古学提供更多可能性等更深层次的问题。”建议“响亮地提出应用考古学这个名字”，充分考虑考古信息、考古知识、考古资源的社会应用问题[27]。所说极是！

考古学也要讲“为人民服务”。“考古是人民的事业”，人民事业人民办，人民事业为人民。“公众考古”不能仅仅限于开放发掘现场和文物库房，办讲座，开夏令营，出版普及读物，搞网站建微博……而是要把为人民服务纳入到学科任务目标中来。考古学不仅要为广大人民群众提供精神食粮，还应创建考古遗址公园和遗址博物馆，发展考古创意产业，推动经济发展，提升人民生活水平和生活质量，从而回报社会。

五、考古工作社会化理念

明确了考古是人民的事业，人民事业为人民，人民事业人民办的道理，有助于理清关于考古工作社会化的一些思想认识。

在我国，所有考古资产都是人民共有资产，考古是服务于全体国民的公益事业。这个认识和定位，应是明确和坚定不移的。在此基础上，我们探讨考古工作社会化问题。

随着社会的发展，关门搞考古已经行不通了。考古工作社会化是必然趋势。

考古工作社会化的关键，是解放思想，改革创新。

其一，发展“第二支队伍”

考古使用、消费的是不可再生的珍贵文化资源，考古应有明确而具体的学术目标，考古是现代人与古代人的直接对话，考古工作是慢工出细活，考古是多学科的“会诊”。凡此，决定了考古必定是集体的、科学的、漫长的、手工的等特性。

当前，在我国所有考古机构，都存在受制于“编制限制”的发展桎梏，即编制内工作人员的数量远远不能满足当前的工作量需求。一个人支撑一个考古队，甚至一个人同时主持多个考古发掘工地的现象，比比皆是！毋庸置疑，这样的考古是很难与规范的科研工作画等号的。考古领队纵有三头六臂也应付不了方方面面的琐碎而复杂的事务，哪有精力坐下来静心做学问搞研究？于是，中国的考古工地靠“考古技师”来支撑的现象，由来已久。每个考古队具备人数不一的“常备”技师、技工，保障本队考古工作的正常开展。这种模式的延伸，是考古机构其他部门如文保、科技等也聘用若干“编制”外科研辅助人员。考古技师和其他科研辅助人员高学历、高能力的现实，促进了考古“第二支队伍”人员素质和工作任务的更新提升，然而其身份认同虽然逐步改善，但是距离真正融入考古“正统”行列还较远。中国社会科学院考古研究所给聘用的科研辅助人员评定职称的做法，拉近了“两支队伍”之间的距离。希望不久的将来，考古机构自行聘用科研辅助人员，能够得到人事主管机关的认可，让他们“入册”。

其二，考古资源共享，引进社会力量

考古资源全社会共享，主要是以“我”为主的项目合作制的施行，即引进社会力量共同参与考古调查、发掘、研究，推动考古科研工作。如山西省考古研究所为了多学科综合研究山西洪洞县坊堆—永凝堡遗址，向全国公开招募水文、地质、科技考古、测绘学、历史地理学、民俗学等方面专业技术人才[28]，是一种很好的做法。一些跨部门、跨学科的项目，也可以考虑采取“分包制”，与社会力量形成互利共赢的合作机制。

此外，还应为社会其他学科领域的科研需求，包括考古遗址公园和考古博物馆建设，提供考古资料、考古技术、考古研究成果等方面的支持和帮助。

其三，两种体制，两种模式

考古科研是公益事业，考古科研机构应定位为财政全额拨款事业单位，专业科研人员应享受“吃皇粮”待遇，不应参与创收，也不应承担技术服务类工作。其考古工作主要应是有明确而具体的学术目标的主动发掘和研究，同时，受国家文物主管部门委托，参加基本建设中重要考古活动，主持或承担重大考古研究项目。

配合基本建设的一般性考古工作，可交由社会力量完成，如专业考古公司。考古公司受政府文物管理部门业务管理，受考古科研机构或考古学会、协会业务指导和监督。通过立法规范考古公司的行为，确保其考古活动的科学性、规范性，确保其考古活动中产生的所有考古资产的完整性、安全性。

考古科研、教学机构负责的考古项目中的技术服务类工作，诸如勘探、测绘、影像资料、文物修复和其他后勤服务等工作，也可与考古公司等社会力量合作，以便科研人员集中精力做好研究工作。

考古公司应定性为公益类社会文化服务机构，出具参与考古服务且业绩合格之证明，应享受减低或免除相关税费待遇。

其四，打破地区割据，实现全国一盘棋

各个地方文物考古机构垄断本地区考古资源和考古工作，造成考古行业内部的封闭、阻隔，制约了考古事业的发展，应予纠正。科研、教学类考古发掘，应由国家文物局向具备考古发掘资质的全国考古科研机构和教学机构招标；跨地区大型基本建设中的考古项目，可由国家文物局会同建设单位向全国招标。其他基本建设中的考古应由地方政府文物主管部门、建设单位联合向全国公开招标。

三峡水利工程、南水北调工程项目中，已经实现了资源分配和业务管理的全国一盘棋，积累了很好的经验。一些地方的文物考古勘探、出土文物保护修复，也打破地区限制实现了全国招标，值得肯定。

其五，加强法制建设，强化社会监督

考古社会化，要有法律保障。应在相关法律法规中明确考古社会化的合法性，规范所有参与方的行为。

本着“小政府大社会”理念，随着政府的简政放权，应赋予和强化考古、文物保护社会团体如各级考古学会、文物保护协会的参与和监督作用。使其在考古公司资质评审、考古工作业务咨询、考古项目监督监理等方面，发挥积极作用。

六、结　语

刚刚颁布的《国务院关于进一步加强文物工作的指导意见》明确指出：我国新时期文物考古工作，其指导思想是坚持“保护为主、抢救第一、合理利用、加强管理”的文物工作方针，坚持创新、协调、绿色、开放、共享的发展理念，切实做到在保护中发展、在发展中保护，努力为建设社会主义文化强国做出更大贡献。其基本原则是坚持公益属性。发挥文物的公共文化服务和社会教育功能，保障人民群众基本文化权益，拓宽人民群众参与渠道，共享文物保护利用成果。坚持服务大局。始终把保护文物、传承优秀传统文化、建设共有精神家园作为文物工作服务大局的出发点和落脚点，统筹协调文物保护与经济发展、城乡建设、民生改善的关系，充分发挥文物资源传承文明、教育人民、服务社会、推动发展的作用。坚持改革创新。深化行政管理体制改革，简政放权、放管结合、优化服务，破除影响文物事业发展的体制机制障碍。更新观念，协同创新，发挥社会各方面参与文物保护利用的积极性。坚持依法管理。完善文物法律法规体系，全面落实法定职责，健全依法决策机制，强化责任追究[29]。

凡此，既是对新时期考古工作新常态的指导，也是对考古工作新常态的保障。

综上，新时代的考古学，应秉持的信条是：考古是人民的事业，考古要为人民服务！

注　释

[1] 夏鼐、王仲殊：《考古学》，《中国大百科全书·考古学》，中国大百科全书出版社，1986年，第2～3页。

[2] 王巍总主编：《中国考古学大辞典》，上海世纪出版股份有限公司上海辞书出版社，2014年，第1页。

[3] 张忠培：《在“南水北调中线工程考古发现与研究学术研讨会”上的讲话》，《华夏考古》2010年3期。

[4] 苏秉琦：《如何使考古成为人民的事业》，《进步日报》1950年3月28日。

[5] 《让考古真正成为人民的事业》，《中国文物报》2010年12月1日第1版。

[6] 王巍：《保护好大遗址是考古工作者义不容辞的责任——在中国大遗址保护研讨会开幕式上的讲话》，《考古》2008年1期。

[7] 张忠培：《中国大遗址保护的问题》，《文化遗产研究（第1辑）》，科学出版社，2010年，第32页。

[8] 杜金鹏：《试论考古与遗址保护》，《考古》2008 年 1 期。

[9] 王学荣：《“中国大遗址保护研讨会”纪要》，《考古》2008 年 1 期。

[10] 同 [8]。

[11] 杜金鹏：《试论文保类考古》，《考古》2010 年 5 期；杜金鹏：《再论文保类考古》，《文化遗产研究（第 1 辑）》，科学出版社，2010 年，第 74～81 页。

[12] 张忠培：《考古学与文物保护》，《中国文物报》2015 年 7 月 3 日第 5 版。

[13] 同 [3]。

[14] 中国社会科学院考古研究所科研处：《2016 年中国社会科学院考古研究所田野考古工作座谈会召开》，《中国考古网》2016 年 3 月 7 日。

[15] 2010 年 11 月，在大河口西周墓实验室考古项目成果汇报会上，笔者宣读了《实验室考古初论》文稿，初步阐述了实验室考古概念；2011 年 1 月，在国家文物局领导现场调研及实验室考古国家中心创建座谈会上，笔者以《实验室考古理论与实践探索》为题，介绍了我们对实验室考古有关问题的探索认识；2013 年 8 月，笔者在《考古》发表《实验室考古导论》，全面阐述实验室考古理论和方法。

[16] 2010 年 11 月 30 日，中国社会科学院考古研究所和山西省考古研究所在北京召开“山西翼城大河口西周墓 M1 实验室考古研讨会”。国家文物局考古专家组成员，以及来自国内近 10 家考古和文物保护机构的专家学者共 30 余人出席会议。会议充分肯定了大河口西周墓实验室考古科学理念，讨论了实验室考古的概念、内涵，认为实验室考古是田野考古的延伸，是田野考古与文物保护的有机结合。2013 年 3 月在兰州召开的“甘肃马家塬战国墓实验室考古项目结项评审会”，2014 年 5 月在北京召开的“大云山汉墓出土遗迹遗物实验室考古中期研讨会”，2014 年 8 月在内蒙古呼伦贝尔举行的“实验室考古呼伦贝尔论坛”，2014 年 6 月在山东大学举行的“文物保护与实验室考古研讨会”，2015 年 2 月在北京召开的“贵州遵义播州土司杨价墓实验室考古和文物保护修复专家咨询会”，考古和文保专家们均高度评价实验室考古理论与实践。

[17] 2011 年 1 月 18 日，国家文物局局长单霁翔，副局长童明康、宋新潮等一行，专程到中国社会科学院考古研究所考察调研“山西大河口西周墓实验室考古”项目成果，并在中国社会科学院研究生院召开了“创建实验室考古国家中心座谈会”。与会者一致认为，大河口西周墓实验室考古项目取得的成果十分可喜，应予推广。童明康副局长指出，本项考古工作代表了当前我国考古学最高发掘水平，是国家级水平，21 世纪水平。

[18] 陈永志、宋国栋、萨仁毕力格等：《中蒙考古合作 10 周年取得重大学术成果》，《内蒙古日报》2015 年 10 月 23 日第 8 版。

[19] 李新伟：《洪都拉斯玛雅文明城邦科潘遗址 8N—11 贵族居址的发掘》，《中国考古网》2016 年 1 月 5 日。

[20] 中国社会科学院考古研究所：《中国社会科学院考古研究所田野考古成果汇编（2015 年）·乌兹别克斯坦明铁佩遗址的发掘》，第 65 页，内部资料。

[21] 柴焕波：《佛国的盛筵》，《中国文物报》2016年1月1日。

[22] 李玉、查建国：《第二届“世界考古论坛·上海”召开 促进文化交流与文化多样性的考古学探索》，《中国社会科学报》2015年12月18日。

[23] 贺云翱：《考古学走向国际化是重要的学术方向和社会需求》，《大众考古》2015年7期。

[24] 袁靖：《关于设立境外考古专项经费的提案》，《国家文物局网》2016年3月9日。

[25] 《石璋如先生访问记录》，中研院近代史研究所，2002年，第234页。

[26] 夏鼐著，王世民、林秀珍编：《敦煌考古漫记》，百花文艺出版社，2002年。

[27] 曹兵武：《文化遗产时代的考古学——兼谈公共考古学或应用考古学相关问题》，《南方文物》2014年2期。

[28] 王学涛：《山西考古首次公开“纳贤”合作调查“洪洞坊堆—永凝堡遗址”》，《中国考古网》2015年10月10日。

[29] 《国务院关于进一步加强文物工作的指导意见》，国发〔2016〕17号。

试论考古与遗址保护

一、考古遗址的价值功能

（一）古代遗址的价值功能

保存至今的古代遗址，其价值功能主要体现在如下三个方面。

第一，历史载体。除了传世的古代文献之外，我们了解古代历史的唯一途径就是发掘古代遗址。任何一个古代遗址，都是人类活动的信息库，是古代历史的资料库。发掘一个遗址，就是解读一本信息码，就是解释一段过去的历史。

第二，文化根源。我们讲中华文明、华夏文化，不是空洞口号，而是有实实在在的内涵。我们今天所享有的文化，来自于祖先数千年的积累。古代遗址中的一切遗迹、遗物，皆是我们追寻文化根源的目标。世界应该是多姿多彩的，世界本来就是多姿多彩的。中国古代文明曾是世界文明之林中的参天大树，今天中华民族要在世界上重新崛起，也必须具备独特而优秀的文化支撑。

第三，民族纽带。血脉是维系一个家族的纽带，一个民族的团结昌盛，也需要一个牢不可破的纽带。我们依恋这片土地，那是因为我们共同拥有一个历史、一个文化，所有分布在祖国各地的古代遗址，都是我们的共同历史、共同文化、共同遗产。古代遗址，是祖先的家园，是民族的纽带。

因此，保护古代遗址，是我们的神圣职责；利用古代遗址，是我们的神圣权利。

（二）古代遗址的利用

古代遗址的利用，必须是综合的，可持续的。

也许，考古学家会把古代遗址看作是独家领地，认为这是进行考古研究的专用对象。不错，揭示遗址要靠考古学家，其他任何学科的人们不得擅自进行发掘。但是，考古学的局限性决定了考古学家不能独占遗址，在古代遗址的发掘研究方面不能包打天下。其他任何需要和能够利用古代遗址的学科，都有参与古代遗址发掘的必要和权利。最大限度地收集古代遗址的各种历史信息，最大限度地利用古代遗址的各种信息，是考古发掘的发展方向。以考古学家为主、其他有关学科专家参与的考古发掘，值得大力倡导和进一步发扬。

除了科学研究，古代遗址的利用还必须包括宣传教育。古代遗址不能成为学者的“私产”，公众也有认识遗址、分享遗址、利用遗址的权利。在保证遗址安全的前提下，应尽量向公众开放遗址，把考古成果介绍给公众，让人们从中汲取有益的营养。

古代遗址原本是祖先的，现在是我们的，将来应该是子孙后代的。我们无权完全消费古代遗址——无论有什么样的理由，无论用什么样的方式。因此，保护遗址是遗址可持续利用的根本保障。

二、传统考古学的目的与操作

（一）考古学的目的和方法

一般认为，“考古学是根据古代人类通过各种活动遗留下来的实物加以研究人类古代社会历史的一门科学。”“考古学研究的最终目标在于阐述存在于历史发展过程中的规律。”“考古学的研究对象是实物资料……古代人类通过各种活动遗留下来的实物，通常包括遗物和遗迹两大类。”考古学“通过各种遗迹和遗物，研究人类古代社会的各个方面，其中包括生产规模、技术水平等物质文化，也包括美术观念、宗教信仰等精神文化”[1]。

可见，考古学是以研究古代人类社会为终极目标，以古代遗迹、遗物为基本材料，以田野勘察与发掘为主要手段。这就决定了考古学必须进行广泛深入的田野调查、广泛持久的田野发掘，最大限度地获取地下掩埋着的古代遗迹、遗物，最大限度地全面掌握古代遗存信息。为此，将努力揭露所有对于研究古代人类社会有用的遗址。

从理论上讲，考古活动是为考古学研究而规划进行的。

（二）当前的考古模式

一般地，我们把目前的考古发掘分为两种，一种是有具体学术目标、有计划的主动发掘，一种是为配合基本建设和其他工程建设而进行的被动发掘。这两种考古发掘，对于遗址保护产生的效果如何呢？

主动发掘一般是科研单位根据特定学术研究需要而开展的，由发掘目的所决定。发掘者对于全面彻底了解遗址的文化内涵抱有强烈愿望，而对于发掘后遗址的保护和展示往往考虑较少。所以，发掘过程中对于遗迹现象的处理，基本上是从科学研究出发，务求地层关系的完整性（全部掌握探方内自上而下的地层堆积）、系统性（系统掌握遗址内各个时期地层叠压关系）和遗迹现象的全面性（各种遗迹现象务必清理全面）、整体性（每个遗迹现象务必完整揭露，所有遗迹现象之间的关系务必探究明确），追求出土文物的最大量化（以便科学统计和更多复原器物），不仅一般的地层堆积要层层席卷，就是某些遗迹现象（比如晚期的遗迹，或发掘者认为不够重要的遗迹）也被无情铲除，不仅窖穴、水井、灰坑要清理到底，就是建筑基址、窑址等也会被“连根拔”。这种现象在抗日战争前发掘安阳殷墟宫殿区时，表现得最为充分。当时的发掘是从耕土一直挖到生土，一座座夯土建筑基址便被“连根刨”，发掘后只见一根根土柱顶着一块块础石（图一）。后来，随着学科发展进步，对于重要的遗迹现象不再彻底发掘，而是保留其毁坏后的状态，但也会出于研究需要而进行解剖。发掘后，我们认为所有资料已经囊括无余，但是遗址现场却千疮百孔，一片狼藉。

图一　殷墟乙八基址发掘现场

被动发掘的目的，应该是确定该地点是否适合于实施建设工程。在我国，确实有通过考古发掘而否定了建设工程的案例，比如洛阳的王城广场和宋代衙署、广州的南越王宫署、成都的金沙商代遗址等。但是，相对于发掘后进行了建设工程的遗址，其数量少很多。被动发掘因发掘地点、面积不能自主确定，甚至连发掘时间也难以自我选择、控制，因而学术目标难以具体化和明确化，往往会背离初衷，成为为建设工程“清理地基”的前驱，对于遗迹现象的保护意识比较淡薄。主动发掘所存在的有关遗址保护的弊病，在这里有过之而无不及。

传统上，考古发掘结束后，我们一般采取的善后措施就是回填。对于有保护价值的遗迹现象进行保护处理——化学或物理加固，以及铺沙隔离等。至此，考古工作者的任务就完成了。至于遗址的保护展示等，是另外的工作任务了。考古发掘与遗址保护之间基本上是脱节的。

（三）遗址空洞化问题

当前的考古发掘往往造成遗址空洞化。遗址空洞化，根据程度不同分为完全空洞化和部分空洞化。部分空洞化是人为选择的结果，比如汉代遗址（指其主要文化堆积属于汉代，下同）会丧失汉代以后的文化堆积，商代遗址至少会丧失商代以后的文化堆积，如果是史前遗址，失去的那就更多了。即便是本遗址的主要文化堆积，也会被少量甚至大部掏空，譬如发掘范围内的多数地层堆积和几乎所有灰坑、窖穴、墓葬等会被清理干净，保留下来的只是发掘者认为比较重要的一些建筑遗迹等。完全空洞化，最典型的是对一些墓地的发掘，发掘结束后，遗址被完全掏空，剩下的只是一个空壳而已。对于许多古代居址的发掘，实际上也达到了完全空洞化程度。早年对安阳殷墟宫殿建筑基址的发掘，便是最典型的例子[2]（图二）。现在学科发展了，那种原始的发掘方式已成为历史，但是，考古发掘所造成的古代居址空洞化的情况，在不少地方还是不同程度地存在着。在这种情况下，遗址的保护、尤其是遗址的展示，便失去了对象、失去了依托。空洞化的遗址，其保护几乎没有实际意义。其展示，除了“造假”便无事可做。

图二 殷墟乙二十基址发掘现场

毋庸置疑，从遗址保护的角度讲，我国亟须一种新型的考古发掘，即以遗址保护和展示为主要目的的考古发掘。我们呼唤和期待着这个新型考古模式的到来。

三、考古发掘与遗址保护的辩证关系

（一）考古勘察与发掘是遗址保护的科学依据和主要推动力

古代遗址是客观存在的。但是，对于遗址的认识还是依赖于考古勘察和发掘。如果我们要对一个遗址进行有效的、科学的保护，那么有关这个遗址的基本信息——遗址的规模范围、文化内涵、布局、时代、性质以及科学价值、历史价值和艺术价值等，是不可或缺、必须掌握的。而这些信息的唯一来源就是考古勘察、发掘、研究。因此，系统、充分的考古勘察和发掘，是制订遗址保护规划的根本前提。事实证明，凡是考古工作充分深入的遗址，其保护规划就内容丰富、立论扎实，具有较强的科学性和说服力。

古代遗址的发现，在于考古调查勘探和发掘；古代遗址的价值揭示，在于考古发掘和研究；古代遗址的保护，有赖于考古发掘研究的指引。考古发掘是验证遗址重要性、从而唤起保护意识、引发保护行动的主要因素。

考古发掘和研究的进步，是个逐步积累的过程。考古工作越是深入持久，就越能为遗址保护提供更多更好的材料和依据。我们不妨举个现实中的例子——偃师二里头遗址。

1959 年夏季，徐旭生先生等到二里头遗址调查，发现一些暴露在路边断崖上的灰坑，采集到一些陶器、石器和骨器等，发现这个遗址颇广大，估计范围东西长 3～3.5 公里，南北宽约 1.5 公里，在当时实为一大都会，推测可能就是商汤都城[3]。此后的发掘，至今持续了将近 50 年。人们对于遗址的认识，不断刷新变化。

关于遗址规模，最初的估计是东西长 3～3.5 公里，南北宽约 1.5 公里。20 世纪 60 年代，根据调查的结果推定遗址面积东西长 2～2.5 公里，南北宽约 1.5 公里。70、80 年代的说法是南北长约 2 公里，东西宽 2 公里余。90 年代有种说法是南北长 2～2.5 公里，东西宽 2.5 公里。近年经过比较缜密的勘察，认定遗址现存范围是，“东西最长约 2400 米，南北最宽约 1900 米，现存面积约 300 万平方米”。

关于遗址内涵，在 20 世纪 60 年代，发现的主要是小型建筑、灰坑、墓葬等，最重要的发现是一号宫殿基址。70 年代，发掘了二号宫殿，发现了铸铜遗址，清理了部分高等级墓葬。80 年代，对铸铜遗址进行了大规模发掘，发现多座铸铜作坊。90 年代，发掘了一系列与祭祀有关的遗迹。进入 21 世纪，发现了宫城、手工业作坊区围垣、井字形城市干道和与绿松石器制造有关的遗存，确认的宫殿建筑基址增加到 8 座。

关于遗址分期，在 20 世纪 60 年代，分为早、中、晚三期。70 年代，增加到四期。

80年代，每期又细分为两段。90年代，有的期更分作三段。

关于遗址年代，在20世纪60年代，认为其早期是龙山文化时代，主体则是夏代。70、80年代，学者多认为其跨据夏商二代。90年代以来，认为其主体文化属于夏代者日增。

关于遗址布局，在20世纪60年代，对于遗址布局的认识基本模糊不清。70年代，基本掌握了遗址的中心区与一般区域的分别。80年代，对于各种文化遗存在遗址上分布的认识较前有很大进步。90年代，确认了祭祀区的存在。即便如此，遗址的布局依然是雾中之花。21世纪，才真正抓到了遗址布局的基本脉络，城市格局大致明朗。

关于遗址性质，最初的推测是商汤西亳。在20世纪60、70年代，这个说法通行学术界。80年代，夏都说与商都说争执不下。90年代以来，夏都说渐居上风，几成定论。

即便是关于一号宫殿这个特定的遗迹现象，经过10多年的多次发掘，提交的结果也是步步前进，这从先后发表的3个平面图就可以看得一清二楚（图三～图五）。

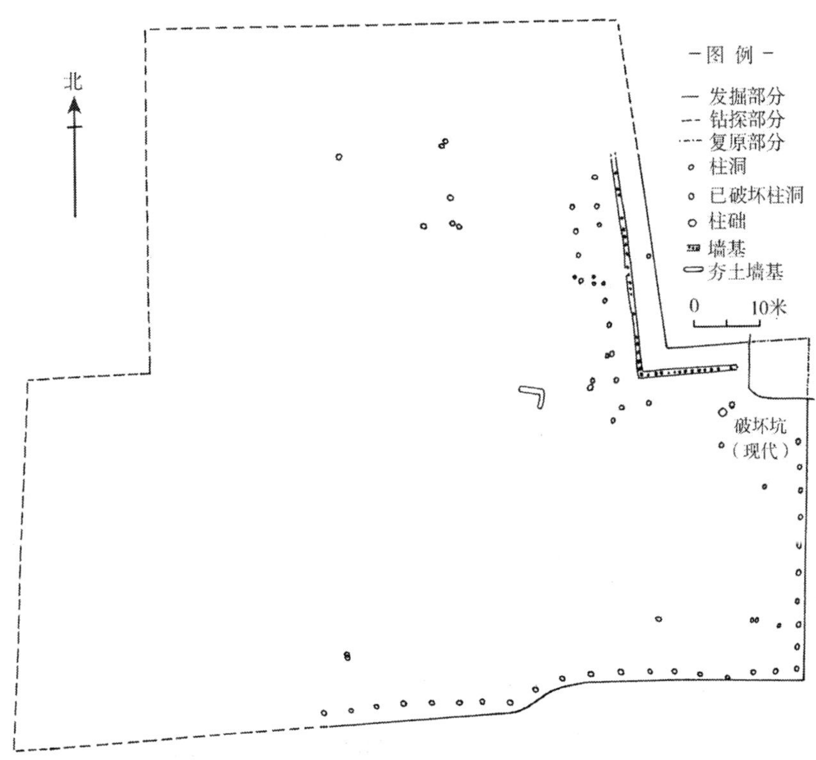

图三　二里头遗址一号宫殿基址1960～1964年发掘平面图

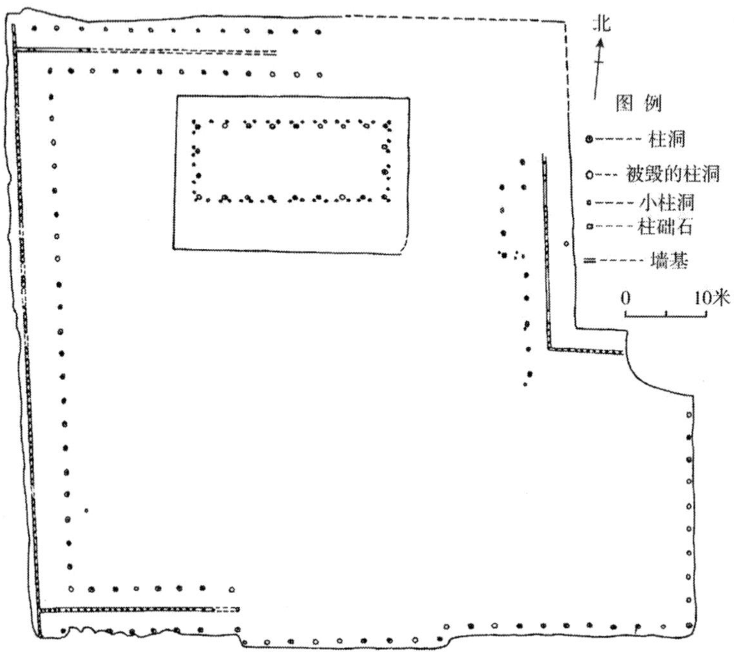

图四　二里头遗址一号宫殿基址 1972～1973 年发掘平面图

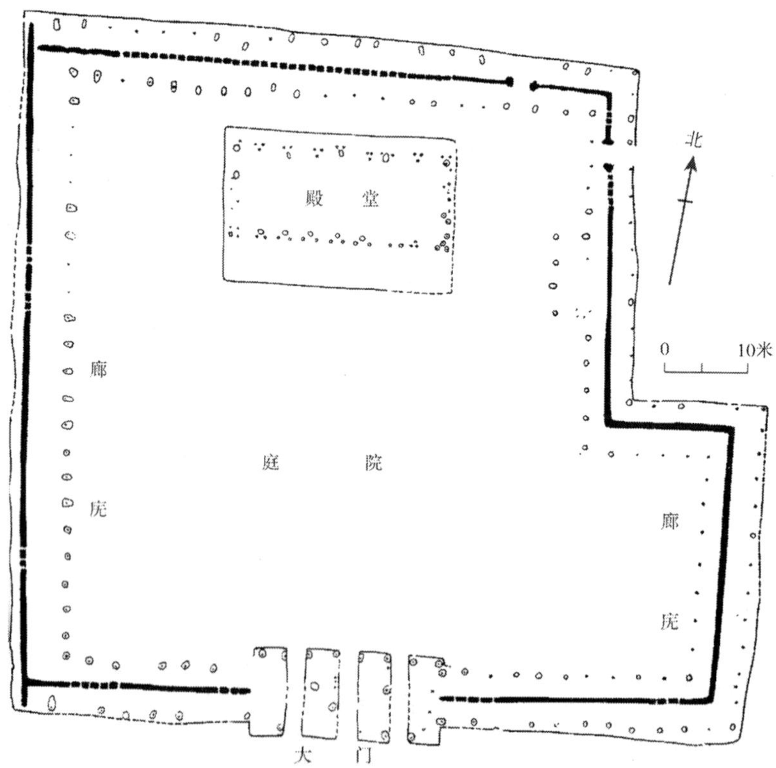

图五　二里头遗址一号宫殿基址 1974～1975 年发掘平面图

（二）考古学家参与遗址保护的必要性和重要性

古代遗址是考古学家劳作的园地，他们对于遗址的了解和理解，应该是最直接、最全面、最客观的，因而也是最具权威的。在分析遗址的保存状况、文化内涵、独特风貌、核心价值等方面，考古学家最有发言权。而这正是所有遗址保护规划的基础支撑。因此，考古学家参与遗址保护，是确保该项工作科学性的重要保障。那些认为没有考古学家参与，同样能够搞好遗址保护的想法，是错误的；排斥考古学家参与遗址保护的行为，是不明智的。国家文物行政部门应该倡导和要求所有的遗址保护工作，必须有考古学家切实参与其中。

（三）遗址保护是考古学可持续发展的根本保障

既然古代遗址是考古学的唯一资源，那么考古学的发展就必然依靠遗址保全。失去了遗址资源，考古学就难以继续进步。所以，遗址保护是考古学可持续发展的根本保障。从这个意义上说，遗址保护是最值得考古学家关注的问题。

（四）考古发掘是考古学科发展的基础和保障

学者指出，“考古发掘要把埋没在地下的遗迹和遗物揭露出来；在揭露过程中，遗迹和遗物不可避免地会受到不同程度的损坏。从这个意义上说，任何发掘工作都是对遗迹和遗物的破坏。考古工作者的责任，在于采取最妥当、最严密的方法，使这种损坏降到最低的程度”[4]。基于此，有人企图最大限度地限制考古发掘，希望通过遏制考古发掘以保全遗址。这是一个善良的愿望，也是一个错误的设想。历史的经验告诉我们，对于古代遗址造成严重破坏乃至于灭顶之灾的，往往是自然因素、人类建设行为等。

我们知道，考古学的任务是“根据古代人类通过各种活动遗留下来的实物，以研究人类古代社会。实物资料包括各种遗迹和遗物，它们多埋没在地下，必须经过科学的调查发掘，才能被系统地、完整地揭示和收集。因此，考古学研究的基础在于田野调查发掘工作”[5]。一旦阻滞了考古发掘，考古学家就难为无米之炊，考古学的进步就无以为继，不需要太久，考古学就会枯萎以至死亡。遗址保护赖以生存的科学依据，也就断绝了。因此，若以遗址保护为由阻滞考古发掘，必将最终导致遗址保护的盲目性和非科学性。

因此，提倡一种既维持考古学活力，又滋养遗址保护展示工作的考古发掘，便势在必行。

四、建立从遗址保护出发的考古模式

（一）行政管理导向

遗址保护应该是政府职责、政府行为。因而以遗址保护为出发点的新型考古，必须是政府主导。

政府的文物行政管理部门，应该大力倡导、推进以遗址保护为目的的考古勘探和发掘，制定相应的政策、法规，引导有关考古单位和考古工作者积极投入其中。

（二）以遗址保护展示为主要目的

与以往以解决考古学问题为目的的考古发掘不同，新型考古模式强调发掘的目的，主要在于为遗址保护提供必不可少的科学依据，为遗址展示提供一些合适的对象。诸如遗址的范围、内涵、年代、布局、性质、环境、重要遗迹、独特文化现象、核心价值以及遗址的保存状况、以往造成遗址破坏的主要因素、遗址是否面临危情等，都是考古学家需要探索、回答的问题。

我们强调考古发掘以遗址保护为主要目的，不是完全放弃科学研究，而是尽可能地把二者有机地结合起来。就是说，这个新的考古模式，也要兼顾科学研究，以便最大限度地利用其学术价值。如果保护与研究发生矛盾，则应以保护为第一要旨。某些不经彻底发掘则难以搞清楚的学术问题，不妨搁置，留待后人解决。

（三）非完全发掘模式

所谓“非完全发掘”，就是不能把遗址上发掘范围内所有古代遗存均清理干净——从耕土一直发掘到生土，必须保留的古代遗存不仅包括建筑等，还包括窖穴、水井、墓葬，甚至包括地层和普通灰坑等。“非完全发掘”最突出的特点是，为今后的重复发掘提供可能。这就提出了“发掘要求的更新”问题。新的发掘要求，不再坚持全面彻底收集遗址信息的原则，允许若干信息的暂缺。

作为一个新型的考古模式，应该执行与之配套的发掘新规程，这个规程应具有强制性，对于古代遗址中各种文化遗存的发掘程度、保留要求、保护措施，做出明确规定。要求科技考古、环境考古等方面专家参与发掘；同时，也要把从事遗址保护的专家纳入发掘队伍。

考古发掘毕竟是要解决一些重要的学术问题。为了解决不能完全发掘而造成的某些信息的获取困难，应该加大技术手段的更新应用，力争在不予发掘清理或尽可能少地造成破坏的前提下，获得所需要的信息参数。譬如，对建筑基址进行特殊钻探，了解其夯土台基和基础情况；可以设想对遗址局部进行类似于医学 CT 扫描的观察，利用计算机描绘其三维图像等。

总之，把遗址保护列为工作目标的考古发掘，在发掘理念、发掘方式、遗迹和遗物的处理等方面，应有革新。在当前，可以尝试在一些重要的都城遗址或其他条件适宜的遗址上率先进行试点。

五、结　论

古代遗址是全体国民的共有财产，应该全面地发挥其价值功能。遗址保护必须走可持续发展的道路。

考古学与古代遗址保护展示，互为基础、互为表里。考古资料是遗址保护的科学依据和重要动力，遗址保护是考古学可持续发展的重要保障。

应该欢迎、鼓励考古学家积极、切实地参与遗址保护工作。

应大力倡导创建以遗址保护为主要目的的新型考古模式。这种新型考古模式，是以遗址保护为要旨，兼顾考古学研究，并为遗址展示提供支持。

注　释

［1］夏鼐、王仲殊：《考古学》，《中国大百科全书·考古学》，中国大百科全书出版社，1986年。

［2］石璋如：《殷墟建筑遗存》，《小屯》第一本《遗址的发现与发掘·乙编》，历史语言研究所，1959年。

［3］中国社会科学院考古研究所：《偃师二里头》，中国大百科全书出版社，1999年；杜金鹏、许宏主编：《偃师二里头遗址研究》，科学出版社，2005年。

［4］同［1］。

［5］同［1］。

原载于《考古》2008年1期

试论文保类考古

一、考古发掘类型

《中华人民共和国文物保护法》第三章论述“考古发掘”时，把考古发掘工作按照事因分为三类，包括“为了科学研究进行考古发掘”，“配合基本建设进行的考古发掘”，因古遗址、古墓葬面临“自然破坏危险……进行抢救发掘”。

传统上，我们把考古发掘分为两种，即主动发掘和被动发掘（包括为此而进行的调查、勘探等）。主动发掘指以科学研究为目的而进行的有计划、有步骤的发掘，即所谓科学研究类考古（简称“科研类考古”）。被动发掘分作两类，一类是配合基本建设考古发掘（现在考古界一般称其为“基本建设中的考古发掘”），其目的主要是摸清拟建设区域内地下古代文化遗存情况，取得相关考古资料，为有关部门就遗址保护和基本建设方面的决策提供科学依据和建议。或者，在已决定进行基本建设的区域内开展考古发掘，清理地下古代遗迹遗物，最大限度地减小基本建设对遗址文物带来的损失。另一类是对因天灾人祸而面临损毁甚至已经造成损毁的古遗址、古墓葬进行抢救、保护性发掘，解除遗址面临的危情，抢救已遭受破坏的遗迹遗物，保护尚未遭受损坏的遗迹遗物。而配合基建的发掘往往也带有抢救保护发掘的成分。

近年来，随着社会发展和学科进步，一个新的考古门类正在形成，那就是文化遗产保护类考古（本文简称“文保类考古”）。所谓文保类考古，是指服务于遗址保护规划和方案的制订、修订，服务于遗址保护规划和方案落实的考古活动。

于是，我国当前的考古发掘工作大致可分为以下两种四类（图一）。

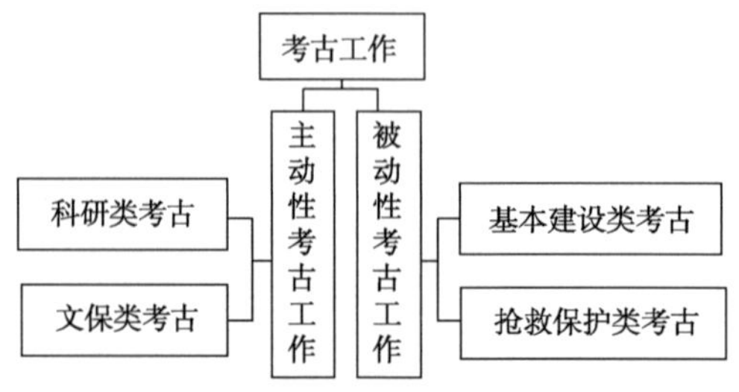

图一　我国当前考古发掘工作分类示意图

二、新形势下考古发展方向

（一）文化遗产保护是重要国策

中华民族具有灿烂而悠久的历史和优秀而伟大的传统，历来珍视文化的传承，重视历史的总结。

新中国成立以来，国家十分重视文化遗产的保护工作。虽然因为政治思想或经济条件制约，文化遗产保护工作并不总是一帆风顺，但改革开放推动了我国经济、文化等各方面的进步，政府和人民保护文化遗产的意识迅速提高，国家在文化遗产保护方面采取的措施不断出台，投入力度逐年加大。文化遗产保护已经成为一项深得民心的基本国策。

2005 年 12 月 22 日，国务院发布《关于加强文化遗产保护的通知》，指出："我国是历史悠久的文明古国。在漫长的岁月中，中华民族创造了丰富多彩、弥足珍贵的文化遗产。党中央、国务院历来高度重视文化遗产保护工作"，号召全国"加强文化遗产保护工作"，确定每年 6 月份第二个星期六为我国"文化遗产日"。指明了当前文化遗产保护的指导思想、基本方针和总体目标，发出了掀起文化遗产保护热潮的总动员令。在此基础上，2006 年 9 月 14 日公布的《国家"十一五"时期文化发展规划纲要》中首次明确提出了文化遗产保护的行动和目标。

胡锦涛同志在中共十七大报告中号召"弘扬中华文化，建设中华民族共有精神家园"，指出"中华文化是中华民族生生不息、团结奋进的不竭动力"，"加强中华优秀文化传统教育，运用现代科技手段开发利用民族文化丰厚资源。加强对各民族文化的挖掘和保护，重视文物和非物质文化遗产保护"[1]。把文化遗产保护提高到建设和谐社会、建立中华民族共有精神家园的高度来认识和阐述，充分体现了党和国家对于文化遗产保护工作的高度重视，也对文化遗产保护工作者提出了明确任务。

因此，文化遗产保护类考古工作的诞生顺应了社会发展和历史需求，也是学科进步的需要和必然。

（二）文化遗产保护的需求

近年来，国家对于大遗址的保护倾注了很大力量，从百处大遗址的推荐遴选，到百处大遗址保护纲要的制订，再到大遗址片区保护工作的启动，昭示着国家对以古代遗址为代表的文化遗产保护不遗余力。

在参与制订大遗址保护纲要和部分遗址保护规划的过程中，笔者深深感到：考古工作与遗址保护工作脱节现象再也不能延续下去了。两者的脱节主要体现在以下几个方面。

第一，科研类考古追求考古资料的完整性和全面性，不太关注遗址保护和展示的需求，不能主动地服务于遗址的保护和展示工作，工作规划中缺少遗址保护的实际内容。

第二，“保护第一，抢救为主”的工作方针比较符合我国国情，但在实际工作中体现的往往是各地遗址险情频报，考古工作穷于应付，考古力量捉襟见肘。有计划、有步骤地开展遗址保护类考古工作，较为罕见。考古科研部门很少接到文保类考古任务。主动性发掘往往受到经费有限的制约，不愿节外生枝地承担与自己科研目标不相吻合的任务。配合基建类发掘往往沦落到为基建部门清理地基的地步，通过考古工作改变基建规划的事情则是难得一见的幸运事。

第三，在制订遗址保护规划的工作中，考古工作者至今一般处于从属和附庸地位，不仅没有主导权，有时甚至连发言权也没有。他们的责任似乎只是交出手中的考古资料。这就严重挫伤了他们参与遗址保护的积极性。

第四，考古学学科建设存在不足，即在学科任务中，缺乏遗址保护与展示的内容。我们在所有权威性的关于中国考古学的定义中，找不到考古学要为遗址保护和展示承担责任的表述[2]。

我们必须认识到，考古学是遗址保护之科学依据的主要来源，遗址保护则是考古学可持续发展的重要保障。二者互为依存，不可偏废。因此，积极推动文化遗产保护类考古之学科建设，不仅是考古学界的当务之急，也是文化遗产保护事业的大事要事。

三、文保类考古解析

（一）指导思想

文保类考古的指导思想或曰根本目的，是为文化遗产保护与展示利用提供基础资料和科学依据。

古代遗址等文化遗产的保护与展示，必须建立在坚实的科学研究基础之上。实践证明，只有考古工作比较充分、考古研究比较深入的遗址，其价值彰显才会比较清晰和准确，保护规划才比较符合实际，具有较高可信度和权威性。

（二）主要任务

文保类考古的主要任务，是为文化遗产保护服务，同时也为考古科研服务。

（1）为遗址保护规划提供基础资料和科学依据。遗址的范围、生态环境、文化内涵与性质、年代分期、历史沿革、聚落布局、遗址保存状况，以及文化遗存分等评估、遗址价值分析等都是遗址保护规划制订者所必须掌握的，也是必须求助于考古学的基本资料。

历史的经验告诉我们，一个高质量的古代遗址保护规划——内容充实、依据充分、符合实际、可操作性强，其前提必定是长期、充分的考古调查与发掘以及广泛、深入的考古研究。反之，考古工作薄弱、研究成果稀少的遗址是无法做出周详科学的保护规划来的。

兹以偃师二里头遗址为例。在该遗址发现宫城和井字形城市干道之前，我们对于遗址的布局始终有种朦胧感，对于各种遗迹的范围和界线难以肯定，如果当时制订遗址保护规划，只能大致“画圈”，即对各种重要遗迹的分布范围只是大略估定而已。宫殿区、手工业作坊区、宗教祭祀区、贵族聚居区、平民集聚区等都难以清楚地界定[3]（图二）。

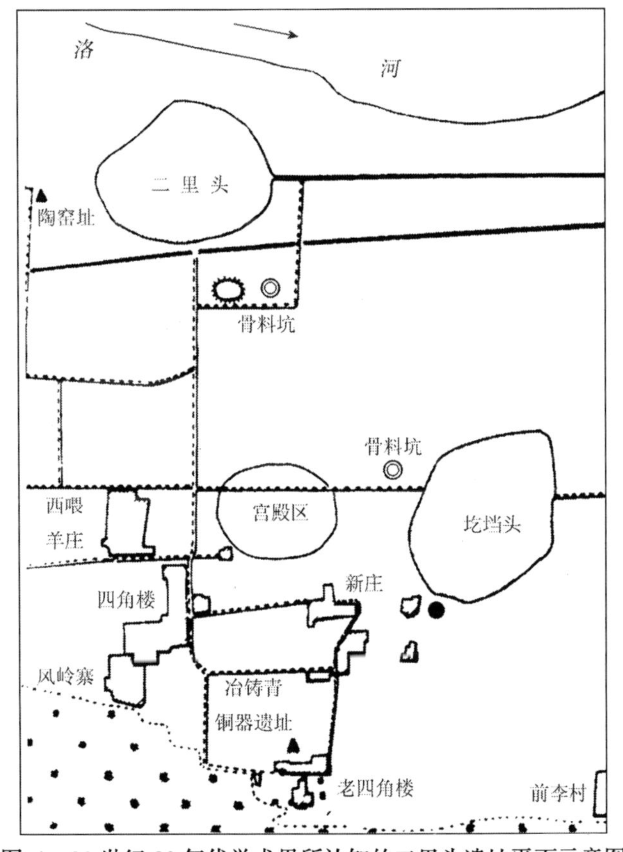

图二　20世纪80年代学术界所认知的二里头遗址平面示意图
（《论二里头遗址为夏代晚期都邑》图一）

在成书于20世纪末的《中国考古学·夏商卷》中，二里头遗址重要遗迹分布图依然只是一些点状遗迹，遗址布局的描述（宫殿建筑、中小型建筑、祭祀遗迹、铸铜遗存、制骨遗存、墓葬等）根据的是以现存地形地貌为依据的遗址分区。笔者当时指出：

“在二里头遗址虽然发现过道路，但是整个遗址的道路网络则至今不明。因此关于街衢和建筑分区情况难以言及。究明二里头遗址的布局将是今后田野工作重要任务。”[4]（图三）

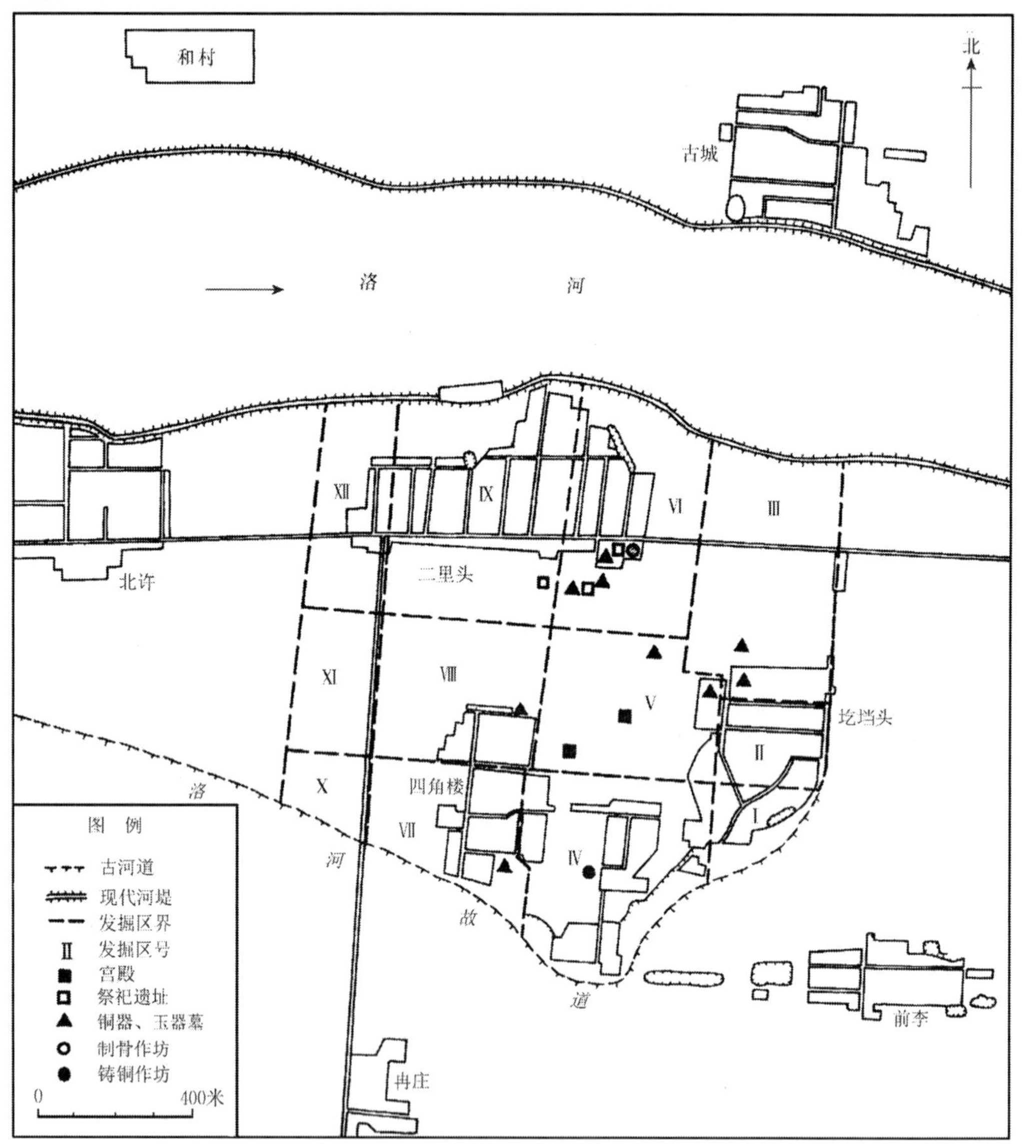

图三　20 世纪 90 年代学术界所认知的二里头遗址平面图

（《中国考古学 · 夏商卷》图 2-2）

进入 21 世纪，二里头遗址考古工作取得重要突破，遗址中心区宫城和围绕宫城的井字形城市干道遗迹相继发现[5]。在此基础上，学者把遗址分为“中心区”和“一般居住活动区”，中心区又进一步划分为“宫殿区”“贵族聚居区”“铸铜作坊区”“祭祀活动区”[6]（图四）。

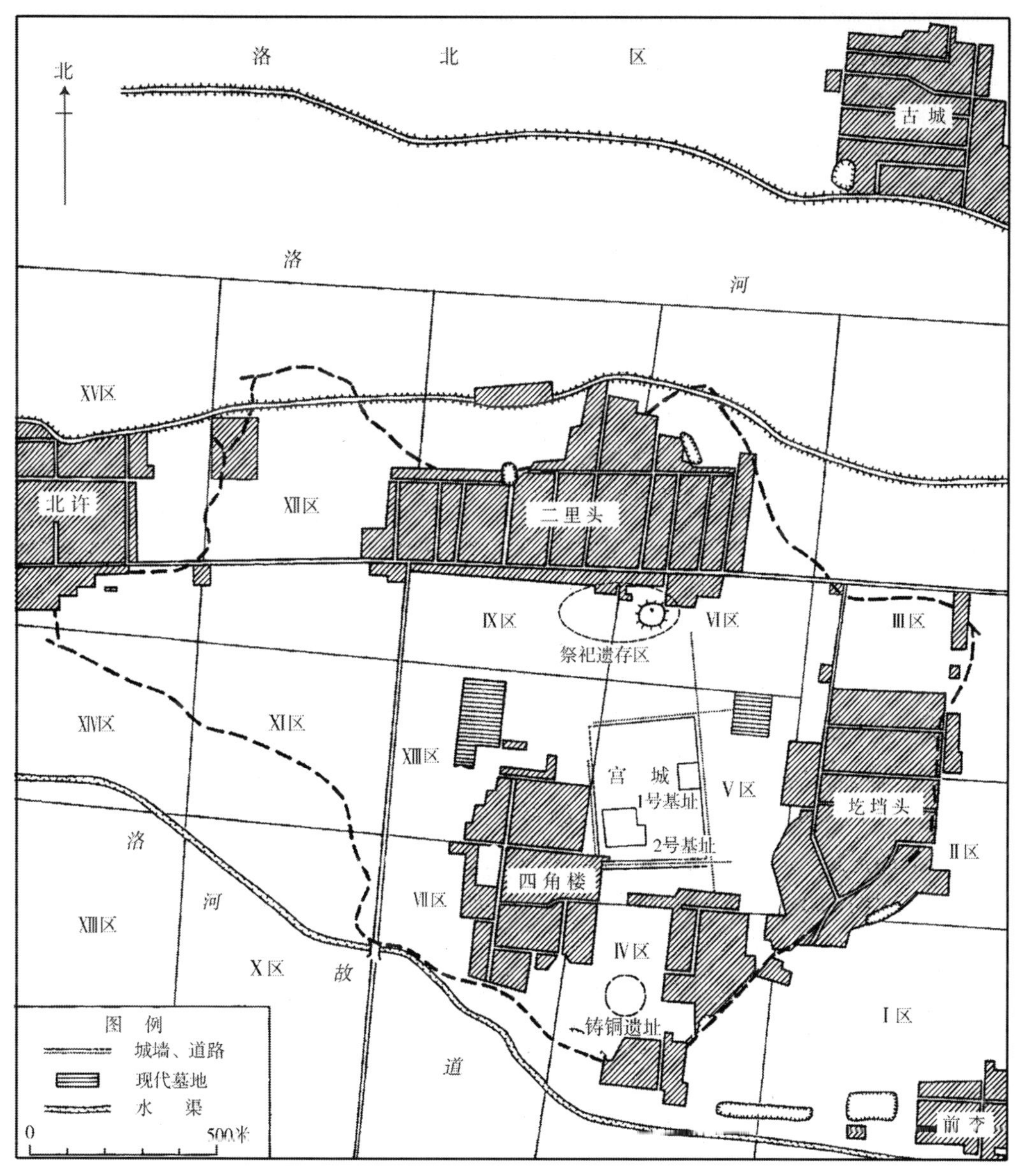

图四　21世纪学术界所认知的二里头遗址平面图
（《二里头遗址聚落形态的初步考查》图一）

笔者则进一步指出，二里头遗址具有明确的城市中轴线，其核心是宫城，宫城的南面是手工业区，北面是祭祀区，东、西两侧是贵族聚居区，其都邑功能区域划分十分清楚。根据地下文化遗存可以清楚地勾勒出二里头遗址城市布局图[7]（图五）。

吸纳了这些最新考古发现和研究成果的《偃师二里头遗址保护规划》便体现了较高的科学性和可行性，对于遗址的分析、把握便比较到位可信，相应地，采取的保护措施便比较妥当[8]。

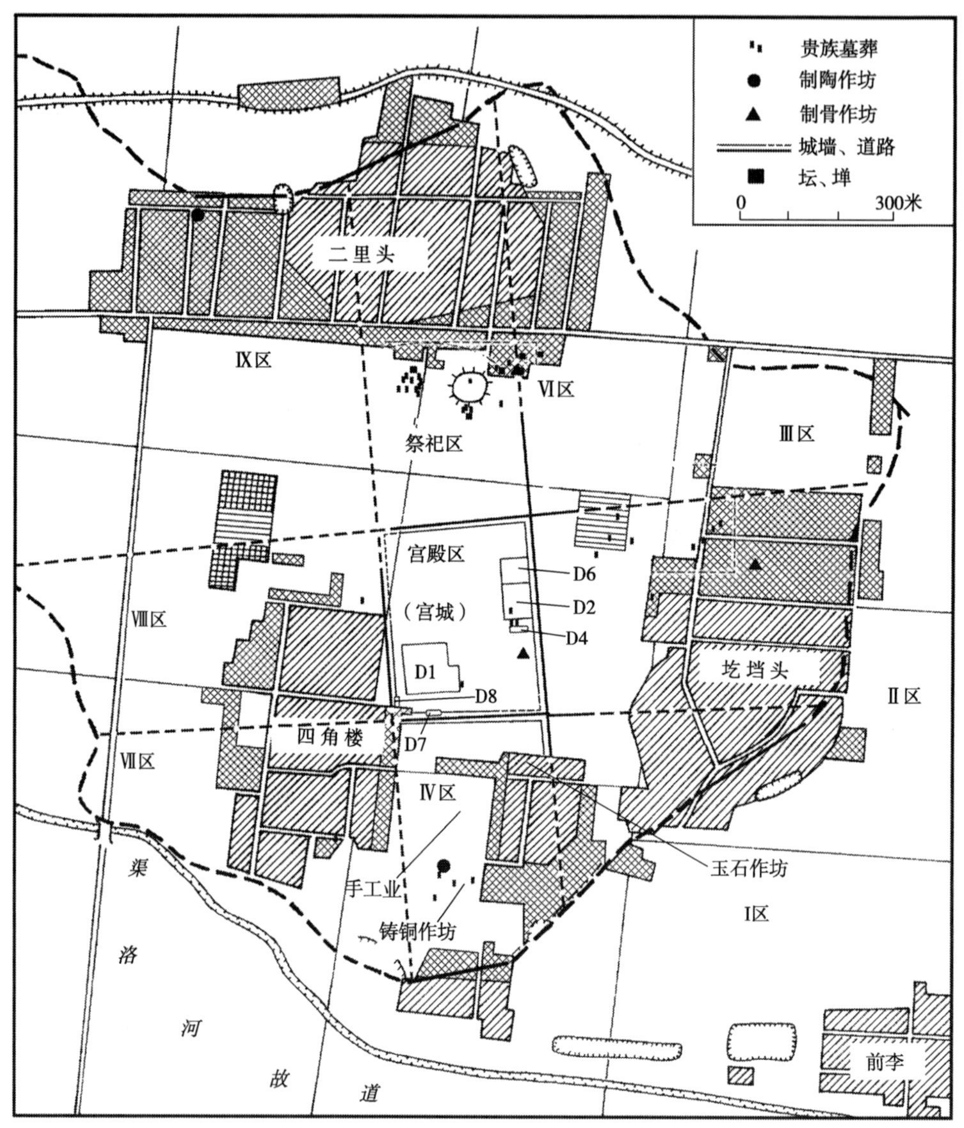

图五　偃师二里头遗址城市布局图

（《偃师二里头遗址都邑制度研究》图二）

（2）为遗址展示利用提供有展示价值的遗迹遗物。遗址的展示离不开遗迹遗物，遗迹遗物越是丰富、精彩，遗址展示效果便越是生动活泼。具体到每个遗迹，也是考古发掘越是细致、周到，研究工作越是全面、深入，展示效果也越好。

不妨也以二里头遗址为例。二里头遗址的现场展示在30年前只能是一号、二号宫殿基址，孤立而单调。现在则有了完整的宫城，宫城内宫殿建筑基址至少增加了6座，除了殿址还增加了门址，除了建筑还有墓葬。放眼整个遗址，则“九城”井然，宫城之外还有手工业城、祭祀区等，就连著名的一号宫殿基址在不同工作阶段所呈现

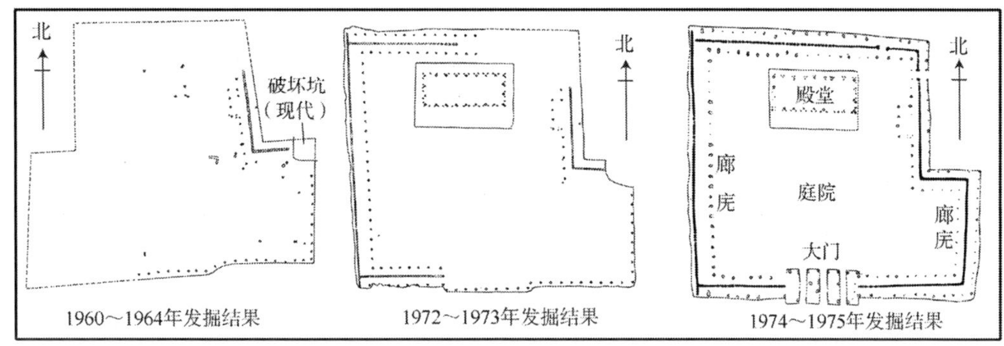

图六 二里头遗址一号宫殿平面图

的面貌也是大不相同[9]（图六）。

可见，建立在当前考古工作基础上的遗址展示会更加饱满、真实、精彩。

总之，遗址保护规划的制订和修订必须建立在当前考古工作最新成果的基础之上。

（3）为古代社会的复原研究提供可信资料。文保类考古发掘具有天然的科学研究属性。因此，不能忘怀要为研究古代社会提供科学资料的目的和责任。

（三）原则、性质与特点

（1）文保类考古属于主动发掘性质。文保类考古是有目的、有计划、有步骤地推展的一项长期的科研工作，不是被动的、临时性的工作。因此，文保类考古应该制订周详的规划，按照遗址保护和展示需求，分轻重缓急安排各项工作。

（2）文保类考古的基本原则是在最大限度地保持遗址原生状态的前提下追求获取遗址有效信息的最大量化——全面、细致、真实、准确。这是科学处理矛盾事物的原则，要客观分析和务实处理。作为考古工作者，在从事文保类考古时，务必妥善处理深入细致的科学探究与完整保存遗址之间的矛盾，有时甚至需要抑制强烈的探求欲望，割爱某些唾手可得的科研资料。

（3）文保类考古应秉持非完全性发掘原则。要最大限度地保持遗址的完整性、真实性，绝对防止遗址空洞化，保证遗址的真实存在，保证考古科研的可持续发展，保证遗址展示利用的永续性。因此，文保类考古与常规科研类考古发掘的重要区别之一就是前者为非完全性发掘。

为最大限度地获取古代信息，最全面地了解古代社会，常规科研考古发掘的“常规性”工作原则是寻求对整个遗址（墓地）的全面揭露。退一步，是最大限度地大面积发掘；在发掘区域内，彻底逐层发掘文化堆积层直至原生土层；对暴露出来的遗迹彻底清理，务求遗迹现象完整，必要时可扩方追求。凡此种种，在文保类考古发掘中将会遭到颠覆。

文保类考古注重遗址的无损或微损勘察与发掘。在文化堆积单一的遗址，发掘一般只揭露到文化层表面即止，然后尽可能利用以往的破坏性遗迹（水井、窖穴、灰坑、壕沟、墓葬等）探察更深层面的现象。在文化堆积复杂、重叠堆积的遗址，发掘一般揭露到主体文化堆积层，但遇有重要晚期遗迹也需考虑保存保护。更早的文化堆积一般不予发掘。

（4）文保类考古与科研类考古要有机结合。从本质上讲，文保类考古也是科研项目。它与先前的科研类考古有着大量的共同之处。实际上，文保类考古要解决的问题——遗址环境、范围、布局、内涵、年代、价值，与科研类考古基本重合，只是在最终目标上，文保类考古偏重于遗址的保护与展示，科研类考古偏重于古代社会的复原。

其实，当文保类考古正式作为一个考古发掘工作门类被确认之后，科研类考古也需做出一些调整，也要尽可能地为遗址的保护与展示服务。这样，上述两个考古门类之间的相通性将更高。

（5）文保类考古肩负有推动公众考古事业的责任，这是满足群众文化生活需求、服务人民群众的重要举措。不仅日常的考古发掘可以向公众开放，甚至可以考虑在条件允许的情况下适当地开展演示性发掘，让大众在参与考古工作的过程中受到教育，得到乐趣，提高他们的文化遗产保护意识。

（四）技术手段和路线

文保类考古的技术手段与科研类考古并无差别，不外乎调查、勘探、发掘，只是前者更加强调发掘现场的保护技术和手段的运用。

文保类考古的技术路线，是通过调查、勘探、发掘，获取与遗址保护、展示有关的信息资料。在此基础上制订、修订遗址保护规划，编制遗址展示方案。

（五）考古资料的管理与使用

（1）集中管理，社会共享。考虑到目前我国的遗址管理、考古科研、规划制订等分属不同部门，应该注意考古资料的共享，即最大限度地发挥其应用价值。可采取集中管理模式，不管有多少单位曾经参与发掘工作，不管多少人曾经主持发掘工作，一个遗址应该把原始资料或备份资料集中，形成一套完整的考古资料。可由主要发掘单位作为资料管理者，提供给各个部门使用。

（2）科学分解，合理使用。当前我国普遍存在的一个问题是考古出土文物的归属争议相当激烈。虽然国家文物法规对于出土文物的归属已有规定，但在执行中缺乏可操作性。县、市、省、中央级文物收藏单位竞相争取出土文物的保存权，导致了相当大的矛盾，也妨碍了出土文物最大价值的发挥。笔者认为，在计划经济体制下的出土文物收藏法规与现在的国情不能完全适应。我们必须找到一个符合当前国情的办法。

我国是一个幅员辽阔、民族众多的大国，也是一个坚持公有制为主体的社会主义国家。因此，体现中华民族悠久历史和优秀传统的文物应集中收藏在中央级博物馆和科研单位，这是国家统一的标志和保障。放任地方把出土文物收藏于当地，不利于民族的团结融和，不利于国家的统一。建议研究一种可行机制，把出土文物科学分解，一部分由中央级科研单位和博物馆收藏，一部分由省市级科研单位和博物馆收藏，一部分留在当地，以此调动各级政府和部门保护文物的积极性。分解机制须注意既有利于科学研究又有利于文物展示，注意文物本身的组合关系，避免使考古资料支离破碎。

（3）建立遗址博物馆。出土文物的过分分散不利于遗址的展示利用。实际上埋藏于遗址中的各种文物本是遗址的有机组成部分，把所有出土文物调离遗址也是遗址空洞化的表现之一。因此，建立遗址博物馆是较好地保护和展示遗址的有效措施，它既是考古研究的科研基地也是考古成果的展示窗口。考古工作者应该承担起遗址博物馆的建设和管理重任。

注　释

［1］胡锦涛：《高举中国特色社会主义伟大旗帜，为夺取全面建设小康社会新胜利而奋斗》第七章第三节，人民出版社，2007年。

［2］在我国，关于考古学的权威定义是："考古学是根据古代人类通过各种活动遗留下来的实物加以研究人类古代社会历史的一门科学。""考古学研究的最终目标在于阐述存在于历史发展过程中的规律。"考古学"通过各种遗迹和遗物，研究人类古代社会的各个方面，其中包括生产规模、技术水平等物质文化，也包括美术观念、宗教信仰等精神文化"。见夏鼐、王仲殊：《考古学》，《中国大百科全书·考古学》，中国大百科全书出版社，1986年。

［3］赵芝荃：《论二里头遗址为夏代晚期都邑》图一，《华夏考古》1987年2期。

［4］中国社会科学院考古研究所：《中国考古学·夏商卷》图2-2，中国社会科学出版社，2003年。

［5］中国社会科学院考古研究所二里头工作队：《河南偃师二里头遗址中心区的考古新发现》，《考古》2005年7期。

［6］许宏、陈国梁、赵海涛：《二里头遗址聚落形态的初步考察》图一，《考古》2004年11期。

［7］杜金鹏：《偃师二里头遗址都邑制度研究》图二，《夏商周考古学研究》，科学出版社，2007年，第107～128页。

［8］中国建筑设计研究院建筑历史研究所《偃师二里头遗址保护规划》采纳了二里头遗址最新考古发现和研究成果，把宫城作为重点保护与展示区域，同时把井字形城市干道作为遗址保护区划的重要依据。

［9］中国科学院考古研究所洛阳发掘队：《河南偃师二里头遗址发掘简报》图一，《考古》1965

年5期；中国科学院考古研究所二里头工作队：《河南偃师二里头早商宫殿遗址发掘简报》图一，《考古》1974年4期；中国社会科学院考古研究所：《偃师二里头》图84，中国大百科全书出版社，1999年。

原载于《考古》2010年5期

再论文保类考古
——基本理念探讨

做好文化遗产保护类考古，必须把握好几个重要学术理念。这些理念产生的基础，在于对下面三个问题的认识。

其一，认识并承认学科局限性、时代局限性。

中国考古学的发展不足百年历史，它是年轻的，富有活力的，但也是稚嫩的，不够成熟的。这是我们必须正视的学科现状。

什么是考古学？考古学的目的是什么？请看中国考古学家的权威诠释："考古学是根据古代人类通过各种活动遗留下来的实物加以研究人类古代社会历史的一门科学。""考古学的研究对象是实物资料……古代人类通过各种活动遗留下来的实物，通常包括遗物和遗迹两大类。"考古学"通过各种遗迹和遗物，研究人类古代社会的各个方面，其中包括生产规模、技术水平等物质文化，也包括美术观念、宗教信仰等精神文化"，"考古学研究的最终目标在于阐述存在于历史发展过程中的规律"，"考古学和历史学，是历史科学（广义历史学）的两个组成部分，犹如车的两轮，不可偏废"[1]。可见，中国考古学是归属于历史科学范畴，在它的任务与目标中，始终未曾触及研究对象（遗址等）的保护与展示[2]。因此，从文化遗产保护的层面讲，中国考古学有其一定的局限性，那就是不关心它所赖以生存和发展的古代遗迹遗物的保护与展示，至少，它没有把遗址与文物的保护纳入到自己的任务目标中来。这个学术理念方面的局限性不仅无益于文化遗产保护，实际上也不利于考古学本身的可持续发展。

即便考古学家能够认识到中国考古学的这一局限性，愿意服务于文化遗产保护传承，但囿于科学技术的时代局限性（主要指发掘技术与手段、检测技术与手段、保护技术与手段的局限性），当前考古学家在考古发掘的实践中，既不能全部正确认知古代遗迹遗物，更不能有效保护保全古代遗迹遗物，甚至，连全面准确地记录所发现的古代遗迹遗物也做不到。可以说，中国考古学目前还处于"高耗低效"的粗放经营阶段。是很"费"遗址的"非绿色"科研活动。

其二，认识并承认遗址资源的有限性、不可再生性、不可替代性。

我们知道，古代遗址的数量是有限的，挖掉一个就会减少一个。古代遗址又是不可再生的，既经发掘就会失去其原生状态甚至部分消失或全部消失。古代遗址具有强烈的民族性，它既不可能“出口”到国外也不可能从外国“进口”。因此，作为科研资源和文化资源，古代遗址是极其宝贵的。作为考古学家，我们面对祖宗留传下来的文化遗产，必须怀着一颗爱惜之心！敬畏之心！古代遗址是属于我们的，但首先是属于祖先的，也是属于子孙的。我们有使用的权利，更有保护的责任！

其三，社会进步和学科发展要求考古学转型。

新中国建立以前，中国考古学处在起步阶段。建国以后，中国考古学进入发展阶段。这个阶段里，中国社会跃入大建设、大发展时期。尤其是改革开放以来，大规模基本建设铺天盖地。这，既为考古学的发展提供了契机，也对考古学提出了挑战。全国考古科研机构承担了超负荷的配合基本建设的考古发掘任务。考古发掘任务的繁重，与考古专业人员的短缺、考古科研经费和文物保护经费的不足，形成十分尖锐的矛盾。因此，“保护为主，抢救第一”成为符合当时国情的工作方针。基本建设中考古发掘在时间紧、任务重的前提下，成就很大，但代价也很大。依靠考古学界的艰苦奋斗，在进行了不计其数的考古发掘的基础上，中国考古学得到快速发展，至20世纪末期，有人欢呼中国考古学进入“黄金时代”。考古学的基本问题研究——主要是古代文化区系、类型、编年、分期、演进，中华文明的形成与发展轨迹，古代社会发展变化的基本脉络，都有了初步的成果，有的有相当程度的进展。可以说，通过全方位、大规模考古发掘解决某项考古学问题，在目前已非必须。按照一种模式飞速前进的中国考古学，到了回首总结、稳健向前的时候了。更重要的是，随着经济的发展、社会的进步，人们对于文化遗产愈发重视、珍视，要求考古学家在关注考古学问题的同时，关注文化遗产保护与传承。于是，类似于“广种薄收原始农业”的考古学，应该向着“精耕细作现代农业”转变了。文保类考古的确立与全面推行，将是中国考古学从发展期向成熟期迈进的重要标志之一。

考古学是认识人类社会发展规律的重要途径，考古发掘是考古学赖以发展的根本手段。考古学还应成为文化遗产保护和传承的重要依靠。所以，追求考古科研与遗址保护两利双赢的考古模式，就是文化遗产保护类考古的基本理想。

在此基础上，我们在文保类考古发掘中应该把握以下学术理念。

一、遗址本位理念

古迹遗址是珍贵的文化遗产，也是考古学最重要的学术资源。因此，保护好古迹遗址，即是为守护中华民族精神家园，提高国家文化软实力做出贡献。同时，对于考古学的可持续发展，意义重大。鉴于此，我们的考古工作者，对于文化遗产应当怀着一颗敬畏之心，有计划、有节制、有秩序地科学发掘、科学利用。尤其是以历代都城遗址为核心的大遗址，凝聚着中华民族的高度智慧，蕴含着中华文明的核心价值，必须永远传承下去。

因此，考古学家必须认识到，在考古发掘和研究中最大可能、最大限度、最长时间地保护、保存遗址，是自己的一项天职！我们的科研活动，必须服从于遗址的永久保存需要；我们的科研活动，必须服务于遗址的永久保存需要。这个理念可以叫做“遗址本位主义”。“遗址本位主义”既是文化遗产管理理念，也应该成为铭刻在考古学家心坎上的考古理念。考古发掘遵守“遗址本位主义”，在西方学术界早已提出。澳大利亚《巴拉宪章》即明确指出：考古发掘是阐明遗址价值和保护遗址的手段，即对于所有具有“价值（文化意义）”（cultural significance）的“地点（地方）”（place）都应当以维系遗址本身“价值”的态度来处理[3]。有学者认为：“这种以遗产本体留存和维护为终极目的的遗产处理规则突出地体现了‘遗产保护学科’自身的要求。有别于考古学和人类学的基本需求……它的研究目标并非为了‘揭露事实’，而是为了‘留住实体’。准此，则遗产研究的主要手段即具有相当的保守性。在考古遗产留存的态度上，应当说就是一种‘遗址本位观念’。”[4]国际古迹遗址理事会《考古遗产保护与管理宪章》认为：“考古知识主要基于对考古遗产的科学调查研究。此种调查研究包括广泛的方法，从非破坏性的取样技术到全面发掘。收集考古遗产的资料不应更多地毁坏以保护或科学研究为目的所需的考古证据，这是一项最重要的原则。因此，与全面发掘相比，非破坏性技术，空中的地面勘测、取样等方法应在尽可能的范围内加以鼓励。由于发掘总是意味着需要以失去其他资料甚至可能以毁坏整个遗址为代价来选择将要记录和保存的证据，因此只有在经过深思熟虑之后方可做出发掘的决定。发掘应该在遭受发展规划、土地用途改变、掠夺和自然蜕化的威胁的古迹和遗址上进行。作为例外情况，为了阐明研究问题或为了向民众展览而更有效地阐述古迹遗址，也可以对没有遭受威胁的遗址进行发掘。在这种情况下，发掘之前必须首先对遗址的重要性进行全面的科学评估。”[5]

联合国教科文组织《关于适用于考古发掘的国际原则的建议》提出：“每一成员国应考虑对不同时期的一定数量考古遗址部分或整体地维持不动，以便可以利用改进的技术和更先进的考古知识进行发掘。在每个正在发掘的较大遗址，只要土地性质允许，可以保留几处明确界定的‘见证’区不进行发掘，以供最终证实遗址的地层和考古结构。”[6]欧洲理事会《保护考古遗产欧洲公约》也规定：为保证对考古遗址的有效保护，缔约国应“划定并保护好具有考古意义的遗址和地域”，“建立保留区域以保存由后代考古学家发掘的实物证据”[7]。

这些国际共识，应该成为当今我国文保类考古的重要规范。

目前，中国考古发掘应该大力倡导的新理念是在广泛深入“揭露事实”（古代遗址真实情况、古代社会真实面貌）的同时，要千方百计“留住实体”（遗址本体、遗址环境）。这就是文保类考古的根本理念。

二、遗址整体保护理念

一个古代遗址，无论其规模有多大，历时有多久，文化内涵有多复杂，它都是各个组成部分有机联系的一个整体。其价值的全面性彰显，往往与遗址的整体性保存相一致。

所以，考古发掘要关注遗址的整体保护。越是核心遗存，越要尽力保存。遗址的整体保护，既在于从面上（遗址的各个地点）讲，不能丧失任何部分，也在于从点上（任何发掘地点）讲，各层文化堆积全面保存。在考古实践中，为追求科研效率和效果，人们往往最先发掘遗址关键部位、寻找关键遗存予以彻底发掘。这种做法，就考古科研而言是适当的，但就遗址保护而言，却是不适当的。文保类考古发掘的力度（面积和深度）必须充分考虑遗址保存需求。

考古发掘是揭示遗址价值的唯一有效手段，考古发掘成果是遗址保护的重要科学依据。发掘不足，难以全面、深刻地揭示遗址内涵和价值，发掘过度则毁灭了遗址价值赖以体现的遗址本体。在遗址整体保护理念指导下的考古发掘，是考古科研与遗址保护两利平衡点的最佳选择。

国际古迹遗址理事会《考古遗产保护与管理宪章》指出：考古遗产保护，必须实行“整体保护政策”，“收集考古遗产的资料不应过多地毁坏为保护或科学研究目的所需的考古证据”，“发掘应该是部分的，留一部分不受干扰，以便今后研究”[8]。这，可以作为我们从事文保类考古的参照规范。

三、遗址环境保护理念

《中国文物古迹保护准则》第24条规定：“必须保护文物环境。与文物古迹价值关联的自然和人文景观构成文物古迹的环境，应当与文物古迹统一进行保护。”

任何古迹遗址都有其载体，这就是遗址环境。遗址与环境既有共存关系，又有依存关系。遗址的产生当然离不开环境，遗址的保存也同样离不开环境。在一定意义上讲，遗址的价值通过遗址环境得到更加明显和深刻的彰显，遗址脱离了环境，将丧失某些重要价值。遗址的长期保存，有赖于环境的安全保障。诚如古人云：皮之不存，毛将焉附？

所以，考古学家不仅应该关注遗址环境的调查研究，还应该关注遗址环境的保护。遗址范围内和遗址周边地带，哪怕是没有文化层堆积的地方——即便是生土层，也要维护其生存安全。这在以往的考古发掘中，往往会被忽视。

从人居环境科学角度说，人与环境之间存在着密不可分的联系。人类聚居的城市、聚落周边的一些山水草木，虽然未经人类雕琢、影响，但它们确实被人们纳入过聚落环境的范畴中，是其“风水”的重要组成部分[9]。时过境迁，现在它们变成了“文化景观遗产”，由于它们体现了“人类与自然的相互关系和综合作用”等重要价值而备受关注[10]。因此，遗址环境保护也是文化景观遗产保护的重要方面。

四、遗址历史保护理念

什么叫“遗址”？古人把年久毁弃的建筑物所在的地方叫做遗址。如晋·王嘉《拾遗记·前汉下》云：“今臺无以遗址，沟池已平。”唐·刘禹锡《山阳城赋》序曰：“山阳故城，遗址数雉，四百之运，终於此墟。”

《中国大百科全书》云：遗址包括“城堡废墟、宫殿址、村址、居址、作坊址、寺庙址等”[11]。

一句话，遗址是指人类活动的遗迹，属于考古学概念。

其实，遗址有狭义与广义之分。关于狭义遗址，笔者认为似可这样定义：特定的人群在特定时间、特定空间里创造的文化之遗迹遗物的共同体。或者说：同个人群创造的具有一定时空界限的物质文化之遗存。它具有人群的共同性（在一定历史阶段和地域里的人们共同体），时间的凝滞性（特定人们共同体创造的物质文化丧失原本功能时候），空间的固定性（特定人们共同体在特定时间里创造的物质文化的空间分布区域）。广义遗址的含义则是：不同人群在不同时间于相同空间中活动所留存下来的文化遗存。即聚落或城市丧失原本功能成为遗址之后，所有人类作用于遗址的文化遗存，都成为了遗址的组成部分。

传统考古学上，一般采狭义遗址概念。我们从事文保类考古，采取广义遗址概念。

我们要历史地看待遗址，认识到遗址不是亘古不变的而是不断变化着的。遗址是“死的”——它已经丧失了原本功能；遗址又是“活的”——它在不断地变化。

在文化遗产保护领域有个国际共识，就是保持遗址的原真性原则[12]。我认为，“遗址的原真性”可以分为两个方面，即遗址的原本面貌、遗址的原真面貌。所谓遗址的原本面貌，是指遗址的最初形态——在它成为遗址之初期，甚至包括此前之形态；所谓遗址的原真性，是指聚落或城市等丧失原本功能而成为废墟（遗址）之后一直到我们去发现、揭露它的时候所具备的形态。

坚持遗址保护的原真性原则，要求我们不仅要保护遗址本体，还要保护与遗址相关的历史——遗址的形成基础，遗址的历史经历。关于这一点，国外学术界也是认可的[13]。

此外，我们还必须牢记一个理念：考古人在研究遗址，同时也在创造遗址。因为，我们在探究遗址的同时，不可避免地要在遗址上留下自己的痕迹。我们的考古活动，构成了遗址的新内涵。因此，古人可能没给我们留下关于遗址的详细记录，但是我们一定要给后人留下翔实的工作资料，我们今天的考古遗迹，不仅有助于后人更好地认识古代遗址，复原古代社会，也会增添新的研究对象——将来会有对考古遗迹的考古研究。

所以，如何对待不同历史时期叠加在遗址上的文化遗存，如何对待考古现场的保护，如何对待考古发掘结束后遗址的处置，均应从遗址历史保护的角度予以考虑。

五、遗址展示传承理念

作为文化遗产，遗址的价值主要体现在科学研究、文明传承方面。遗址展示是遗址的文明传承价值实现的方式之一。在世界各国，无不在认真探讨遗址保护的同时，积极探索遗址展示。联合国教科文组织《关于适用于考古发掘的国际原则的建议》，要求“在重要的考古遗址上，应建立具有教育性质的小型展览——可能的话建立博物馆——以向参观者宣传该考古遗存的意义。”通过教学和吸收学生参加发掘等“唤起和推动对于过去时代遗存的尊重和热爱”[14]。

不同于一般的考古发掘，文保类考古应当关注遗址展示，即在考古实践中自觉服务于遗址展示需要，在考古发掘方案设计中纳入遗址展示要求，在发掘过程中注意保全适合于展示的遗迹现象。必要时，考古发掘研究应服从于遗址展示需要，舍弃某些与遗址展示相冲突的学术目标。

考古学家应该积极对待考古遗址博物馆建设和考古遗址公园建设，将其纳入自己工作任务之中。

六、结　语

文化遗产保护类考古是以文化遗产保护为首要目标，在实践中勇于自制、自律的考古科研活动。

大遗址考古，首先是都城遗址考古，应该从科研类考古向着文保类考古转型。这是时代的要求，也是历史的必然。

上述文保类考古理念，应该落实到考古发掘措施（方法、技术）上。就是说，在文保类考古发掘中，应当遵循一种不同于以往常规考古发掘的技术规范。相应地，也应创建与之适应的管理机制。

“保护为主，抢救第一”，既是文保类考古的基本工作方针，也是文保类考古的重要法律依据。

注 释

[1] 夏鼐、王仲殊：《考古学》，《中国大百科全书·考古学》，中国大百科全书出版社，1986年，第2～3页。

[2] 《中华人民共和国文物保护法》第三章关于“考古发掘”的目的（种类），提出了科学研究、配合基本建设、应对自然破坏危险等三种，未曾提到为遗址保护提供科学依据而需进行考古工作，从而也反映了中国的考古遗产管理理念中缺失了文保类考古概念。

[3] 《巴拉宪章》第二十八条规定：“为研究或搜集证据而导致对重要构件（fabric，指地点所有的物理材料，包括其组成部分、固定设施、所容之物以及一些实物）的扰动应尽可能小。通过扰动构件来研究一个地点，包括考古发掘在内，只有当其能够为该地点的保护决策提供基本资料，或为搜集即将消失或难解的重要证据时才能够采用这种方法。”该宪章系澳大利亚ICOMOS（ICOMOS澳大利亚委员会）于1979年8月19日在澳大利亚南部城市巴拉正式通过，并于1981年2月23日、1998年4月23日和1999年11月26日通过了修订案。

[4] 王刃余：《我国大遗址考古与考古遗址管理中的“遗址本位”理念缺失》，《文化遗产研究（第1辑）》，科学出版社，2010年。

[5] 国际古迹遗址理事会：《考古遗产保护与管理宪章》第五条，国际古迹遗址理事会第九届全体大会于1990年10月在洛桑通过。联合国教科文组织世界遗产中心、国际古迹遗址理事会、国际文物保护与修复研究中心、中国国家文物局：《国际文化遗产保护文件选编》，文物出版社，2007年，第138页。

[6] 联合国教育、科学及文化组织：《关于适用于考古发掘的国际原则的建议》，联合国教科文组织大会第九届会议于1956年12月5日在新德里通过。联合国教科文组织世界遗产中心、国际古迹遗址理事会、国际文物保护与修复研究中心、中国国家文物局：《国际文化遗产保护文件选编》，文物出版社，2007年，第41页。

[7] 《保护考古遗产的欧洲公约》，欧洲理事会1969年5月6日制订于英国伦敦。顾军、苑利：《文化遗产报告——世界文化遗产保护运动的理论与实践》，社会科学文献出版社，2005年，第284页。

[8] 联合国教科文组织世界遗产中心、国际古迹遗址理事会、国际文物保护与修复研究中心、中国国家文物局：《国际文化遗产保护文件选编》，文物出版社，2007年，第137～138页。

[9] 吴良镛先生借鉴道萨迪亚斯“人类聚居学”理论，把人居环境分为自然、人类、社会、居住、支撑五大系统。谓“自然指气候、水土地、植物、动物、地理、地形、环境分析、资源、土地利用等。整体自然环境和生态环境，是聚居产生并发挥其功能的基础，人类安身立命之所”（吴良镛：《人居环境科学导论》，中国建筑工业出版社，2001年，第40页）。

[10] 单霁翔：《文化景观遗产保护的相关理论探索》，《南方文物》2010年1期。

［11］《中国大百科全书·考古学》，中国大百科全书出版社，1986年，第608页。

［12］与世界遗产公约相关的奈良真实性会议1994年11月1～6日在奈良制定的《奈良真实性文件》指出：“对文化遗产的所有形式与历史时期加以保护是遗产价值的根本。”（同［8］，第142页。）

［13］“在日本文物部门遵循的古遗址复原基本原则中有这样一条，即如果对原遗址的‘破坏’是一种重要的历史行为或者承载了相关的重要历史记忆，那么这种破坏或者残损本身就应该被视为原遗址原真性的一部分被保留下来。”（王刃余：《日本考古遗址管理考察与思考》，《文化遗产研究（第1辑）》，科学出版社，2010年。）

［14］同［8］，第41页。

原载于《文化遗产研究（第1辑）》，科学出版社，2010年

考古学与古代遗址保护规划

近年来，各地积极制订古代遗址保护规划。期间，遗址保护规划与考古学的关系问题，正日益得到大家关注。笔者愿就此谈四点认识。

一、考古与遗址保护规划的关系

考古是遗址保护规划的依据和前提。任何一个遗址保护规划，都需要考古学的支持，未曾做过考古工作的古代遗址，实际上无法完成一个科学、有效的保护规划。遗址保护规划的深度，与该遗址考古工作的深度一般成正比，即凡是考古勘探与发掘工作广泛、细致，研究工作全面、深入，其遗址保护规划方能科学性、可行性较高。反之，则往往内容空洞、脱离实际。

遗址保护规划是考古学可持续发展的保障。考古学依赖于田野发掘而存在、发展，古代遗址是考古学赖以生存和发展的根本资源。因此，保护遗址就是支持考古学。遗址保护规划对于考古学的长期利益具有重要意义。

考古与遗址保护规划是互为表里、彼此依存的辩证关系。

二、遗址保护规划对考古的要求

遗址保护规划需要考古学提供该遗址的有关科学资料。遗址保护规划制订者希望考古学家提供的基础资料要素是：边界，布局，重点。

其实，考古学家应该提供的不止这些。以笔者的体会，考古工作者至少需要向遗址保护规划者提供以下方面的信息资料。

第一，遗址的范围。包括遗址的平面形状、边界四至等。复合型遗址还要交代清楚各种文化遗存的分布范围——以便划定保护范围。

第二，生态环境。包括当年遗址的地形地貌、植被、水文、动物等自然环境和资源——便于遗址复原展示。

第三，文化内涵。指本遗址主要文化遗存的类别（譬如宫室、作坊、祭坛、墓葬等）——便于针对不同文化遗存采取不同保护措施和不同展示方式。

第四，文化特征。指本遗址最具特色的文化特性（建筑、埋葬、器物等方面）——用于在遗址展示利用时，着力表现其个性与特色。

第五，文化性质。即该遗址文化遗存的历史属性（时代或朝代、民族或族群、国家或地区、用途或功能等）——以便判断遗址价值，有针对性地展示遗址。

第六，年代分期。指遗址的时间跨度，时间较长的会划分成多个时期——遗址在不同时间会有不同形态（体现遗址的发展轨迹），便于选择最适合的遗存予以展示。

第七，历史沿革。遗址的历史演变过程（包括遗址建设前、遗址使用中和遗址废弃后）——以便在遗址展示中描述当地社会发展的轨迹。

第八，聚落布局。指主要文化遗存的分布形态、聚落功能区划形态——揭示遗址的聚落制度，帮助人们克服后代形成的人类遗迹所造成的认识障碍，完整、真实地再现历史。

第九，遗址保存状况。遗址不同区域、不同文化遗存保存情况——根据不同保存状况，决定保护重点和保护措施。

第十，文化遗存分等评估。根据在当时历史背景下的地位与作用或在当今学术研究中的价值与意义，遗址内的文化遗存可分成不同等级——便于决定重点保护什么、重点展示什么。

第十一，遗址价值分析评估。客观评价遗址的科学价值、历史价值、艺术价值、社会价值等——这是制订遗址保护规划之合理性的支柱，也是决定保护措施等级的依据。

第十二，历史上遗址遭受破坏的情况。把历史上遗址曾经遭受破坏的原因揭示出来——便于在保护规划中采取措施避免类似情况再次发生。

第十三，尚待解决的问题。包括考古学研究希望解决、必须解决的问题——在遗址保护规划中，把这些问题作为将来的考古工作方向加以确认。

以上都是遗址保护规划制订者所应该掌握的、也是必须向考古学求助的基本资料。明确了这一点，从事文化遗产保护类考古工作的人们，便知道自己的工作方向与任务了。

三、考古对遗址保护规划的要求

考古学对于遗址保护规划的要求是：完整、有效地保护遗址，真实、系统地再现历史，为考古学可持续发展创造条件。

遗址保护规划中关于考古学发展规划部分，应该做到：学术目标正确，任务目标明确，使考古学有充分发展的余地。

将来，考古规划应与保护规划一样，作为一个独立的法规性文件，由相关立法机构审定、颁布。

四、制订遗址保护规划的工作模式

一个重要的事实是：当前，在制订遗址保护规划的工作中，考古学家参与不深，这种情况严重降低了遗址保护规划的科学性、可行性。有时考古学家即便参与了工作，一般也只是处于从属和附庸地位。他们的责任似乎主要是贡献出手中的考古资料，便无所事事了。这就严重挫伤了他们参与遗址保护的积极性。

希望有关部门修订现行制度，吸收、鼓励考古机构和考古学家参与遗址保护规划编制工作。

过去多数遗址保护规划中不包含考古工作规划。现在比较完善的保护规划中则含有考古工作规划内容。但事实上，遗址保护展示规划与考古工作规划，在性质上有所不同。建议有关部门尽快建立机制和规章，由考古专家主持制订考古规划（大遗址考古规划尤其迫切），使之与保护规划相辅相成。

原载于《中国文物报》2009 年 4 月 24 日第 7 版

实验室考古理论与实践的初步探索

一、题解——什么是实验室考古

我们把考古专家与文物保护专家相互协作，运用多种科技手段在室内开展古代文化遗存发掘清理，根据相关检测分析结果及时实施文物保护，通过对相关遗迹遗物的现场观察、分析、实验，探索古代人类活动及科学技术等问题的考古活动，称为实验室考古。

发掘清理、检测分析、保护处理、研究复原为其基本工作要素。

在实验室内通过成分分析和年代测定等研究文物之生产技术、地点、时间的“分析考古学”，通过模拟实验研究古代人类活动和科学技术的“实验考古学”，均可归入实验室考古范畴。

实验室考古与一般的室内考古发掘清理（包括在现场搭建帐篷、构筑临时建筑等）的根本区别，在于它注重运用各种科技手段，在可控时间与空间内对遗迹遗物及时进行保护处置，把田野考古发掘与实验室保护处理融为一体。

实验室考古可视为田野考古和水下考古的延续与补充。但因其工作的环境、方式、规程均有所不同，故应独立为一个考古工作种类。

我国学术界曾有“实验室考古”的提法，主要指在实验室中通过科学分析测定，鉴定文物的材料、年代等，为考古研究和文物保护提供科学依据。李虎侯先生指出：“实验室考古是运用自然科学实验的手段对古代遗存进行测量、分析和鉴定，取得数据资料，并以这些数据资料为依据阐述古代的实物、人物和事物，从而达到认识古代社会的目的。”[1]它的特点是：所有的方法都是在实验室里进行的；各种方法都是现代自然科学的新思想、新概念、新技术在其本门科学领域大力发展的基础上转而应用于考古研究上的；所有方法取得的结果，其对象都来自于古遗址；所有方法得出的数据，都是通过仪器仪表的显示来告诉人们的，不带任何个人的主观意识[2]。

显然，我们现在阐述的“实验室考古”，其内涵要更加宽泛，以前所说的“实验室考古”其实属于“分析考古学”，只是“实验室考古”内容之一。

二、动因——中国考古学之转型与创新

中国人主持的中国考古学已经走过了 80 多个年头。此间，中国考古学经历了初创、发展、辉煌、转型等阶段。

至20世纪八九十年代，中国考古学取得了骄人成就。中央、省（区）、市（地）三级考古科研网络的普遍建立，高校考古、文博教学机构的广泛建立，数十万处古代遗址、墓葬的发现，各地古代文化体系（区系类型）的建立完善，标志着中国考古学的基本成熟。因此有学者欢呼“中国考古学黄金时代”的到来[3]。

跨世纪的十几年中，“夏商周断代工程”[4]“中华文明探源工程”[5]等，推动了一系列重要遗址的考古发掘与研究，传统考古学与现代科技的结合，把中国考古学推向一个崭新阶段。

改革开放带来的大规模基本建设，推动了大范围、大面积的考古发掘，催生了一系列重要考古发现，许多重大学术问题得以逐步廓清。然而，此间的中国考古学，产生了偏离学术轨道之现象，各地考古机构都在忙于应付层出不穷的基本建设项目，一些重大建设项目（如三峡工程[6]、南水北调工程[7]等）更是调动了全国考古力量。这些不同地方的考古力量承担的有着工期要求的考古发掘项目，实际上往往不能遵守考古发掘的某些重要规则，发掘水平良莠不齐。依照预定学术目标、按部就班地开展的考古项目，越来越少[8]。中国考古学虽然在从业人数、发掘规模（数量、面积）方面举世无双，但是学术创新和技术创新却不能与之相称。

随着经济社会的快速发展，国人对于文化遗产保护的认识有了很大提升。在考古界，也出现了对于考古学的反思、对未来考古学发展方向的思考。鉴于文化遗产的“公共遗产”性质（不仅属于考古学家，同时属于全体国民乃至全人类）、“不可再生”性质（随着时间推移，既有的文化遗产数量只会日益减少，且一经损毁不可复生），要求考古学者珍视考古资源、关注文化遗产保护和展示，产生了推行“文化遗产保护类”考古模式的呼声[9]。这是一个崭新的、可贵的学术思潮，它要求考古学界贯彻科学发展观，珍视文化遗产，改变粗犷工作方式，推进精细化考古发掘，把文物保护工作前置于考古发掘现场。很快，这种思潮转变为中国考古界新风尚。于是，注重以最少资源消耗获取最大信息量，把考古发掘和文物保护之科学技术手段运用至极致，融发掘、检测、保护、修复、研究、复制于一体的“实验室考古”应运而生。毋庸置疑，实验室考古必将成为中国考古学新的学科生长点。

但是，实验室考古毕竟是新生事物，理论方法、学科构架尚不完善，能够从事这项工作的考古机构和人员尚属少数。实验室考古在中国考古学这棵大树上只是一杆新枝。因此，积极探索和推广实验室考古，迫在眉睫。

三、基础——实验室考古在中国的萌发

实验室考古，发端于室内考古清理。

限于各种条件，某些考古遗存不适合于在田野中处理，于是产生了把有关遗存“打包”运回室内做进一步清理的发掘方式。1936年，我国学者在安阳殷墟宫殿区

的发掘中，把内涵丰富的商代甲骨坑 H127 整体搬迁回室内进行仔细的清理发掘[10]，应是室内考古清理的滥觞（图一）。1991 年，殷墟花园庄甲骨坑 H3，也是采取类似方法进行发掘清理的[11]（图二）。这种方法，曾经在全国许多地方被采用。体量较大的发掘对象，一般采用木箱或铁箱套取；体量较小的遗迹遗物，除了使用套箱法也经常采用石膏包裹法提取。

YH127 甲骨坑起运时的情景

YH127 甲骨坑在南京去掉装运箱框后的情形

图一　殷墟 YH127 甲骨坑套箱起取（左）和室内清理（右）

图二　殷墟花园庄 H3 套箱起取（左）和室内清理（右）

室内清理，是田野发掘在室内的延续（无论是目的、方法，都有一致性）——它不涉及比田野发掘更加先进、复杂的技术和设备，也较少把各种科技手段运用到文物保护方面。

室内清理并不等同于实验室考古发掘。但，室内清理的发明和运用，的确为实验室考古奠定了基础。

对于不太适合在田野环境里实施露天发掘的某些遗存，我们也采取在遗址上就地建造防护构筑物，在建筑物内进行发掘的办法。这种情况一般适用于或工期较长、或气候恶劣、或准备对发掘后的遗迹遗物进行现场展示的项目。例如陕西西安秦始皇陵兵马俑坑（图三）、河南安阳曹操墓（图四），都是在建造了保护棚之后才进行发掘或为新的发掘创造良好条件。这种搭建保护性建（构）筑物就地发掘的方式，实际上介于田野考古与实验室考古之间，充其量可以称为“室内发掘”，而不是实验室考古的典型形态。

1994 年，陕西省考古研究所发掘北周武帝孝陵时，根据该墓盗扰严重、文物凌乱脆弱、现场清理十分困难等实际情况，采取分割打包提取、运回实验室内进行仔细清理的发掘方式。共计提取 74 个石膏包，运用 X 光照相先进行预探测，然后打开石膏包进行清理，获得一批在现场无法得到的重要遗迹遗物，其中 300 余颗直径不足 1 毫米的无色琉璃珠是借助显微镜才发现的。发掘者把这次发掘称为“实验室微型发掘”[12]，指出“微型发掘就是一次更细致、更科学的考古发掘，是现场发掘在实验室里的延续，是集考古发掘、文物保护、科学研究为一体的多学科互融的实验室考古”[13]。

图三　秦兵马俑坑保护展示棚

图四　安阳曹操墓考古发掘现场保护棚

2001 年，陕西省考古研究院在西安理工大学新校区发现唐代公主李倕墓，随葬品十分丰富，冠服佩饰精美而复杂。考古人员采用石膏固定、分割打包的方式，把重要遗存运回到实验室内，与德国文物保护专家合作进行发掘清理、研究复原，运用多种科技手段对相关遗存进行观察、检测、分析、研究，终于把用大量珠宝和金银制成的华冠等珍贵文物呈献给世人（图五、图六）。这次被称为“微观清理发掘”的考古活动[14]，实际上就是实验室考古的典型实践。

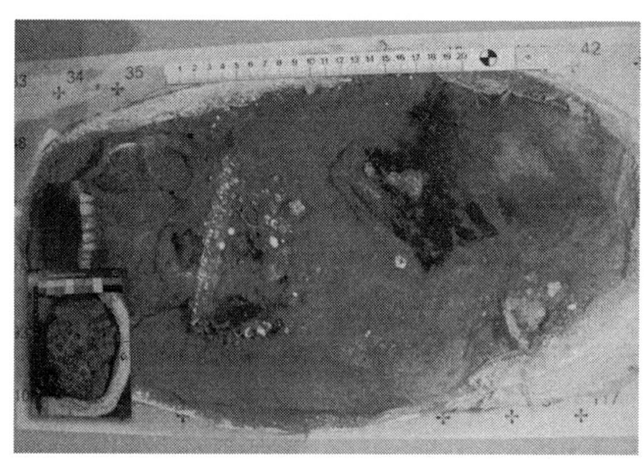

图五　西安唐李倕墓冠饰起取石膏包

图六　西安唐李倕墓出土冠饰（修复后）

2002 年，中国社会科学院考古研究所进行的偃师二里头遗址宫殿区三号宫殿院落贵族墓葬 M3 的发掘中，清理出用绿松石片镶嵌而成的“龙形器”（所谓“中国龙”[15]），采用套箱法移至北京进行实验室清理。经过精细而漫长的发掘、保护、仿制过程（图七～图九）[16]，已迈入了实验室考古的门槛。

图七　二里头三号宫殿 M3 套箱起取

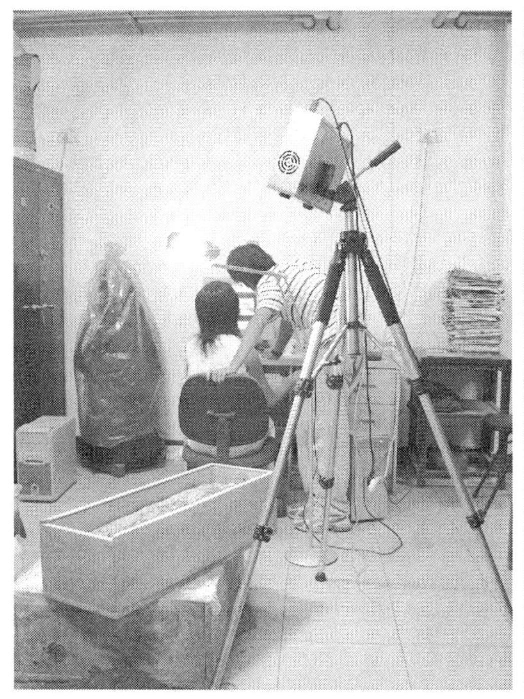

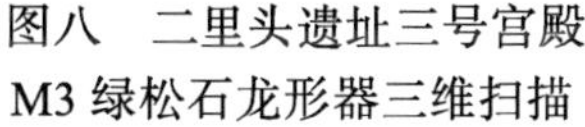
图八　二里头遗址三号宫殿
M3 绿松石龙形器三维扫描

图九　二里头遗址三号宫殿
M3 绿松石龙形器复制

2006～2007 年，中国文化遗产研究院与故宫博物院专家合作，对在浙江瓯海西周土墩墓中套箱起取的青铜器等随葬品实施实验室清理（图一〇），并提出了“实验室考古清理”的概念。项目组“在安全提取和保护好文物的同时，又比较充分地获取考古信息”，“这项工作，无论从目的还是从技术手段来看，已经超出了考古室内清理的范畴”[17]。大体上，这项科研活动基本符合“实验室考古”特征，可以看作是我国实验室考古的实践例证。

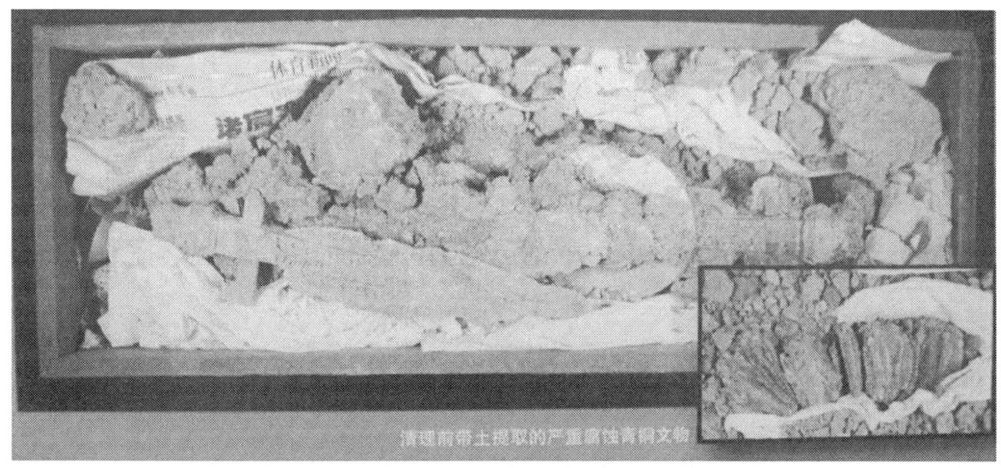

图一〇　浙江瓯海西周土墩墓随葬品带土起取包

近来，有专家对“实验室微型发掘”进行了比较系统的论述，就其目的和作用、内容及对象、一般性程序及方法等做了阐述，使实验室微型发掘提升到了理论层面[18]。

现在学术界所说的“实验室微型发掘”和“实验室考古清理”，本质上是同类考古活动之不同概念称谓，都是本文所说“实验室考古”的组成部分——也是主体部分。

中国社会科学院考古研究所文化遗产保护研究中心自 2007 年正式创建以来，秉持考古与文物保护双轨一体的学术理念，积极探索中国考古学的创新建设，先后承担国家科技部“考古出土现场文物保护移动实验室研发”、山西翼城大河口西周墓发掘清理项目等，在从事田野考古发掘与现场保护——室内考古清理与文物保护的过程中，提出了“实验室考古”概念并试图在理论与实践方面进行系统探讨。在这项考古工作中，发掘者根据发掘对象的实际情况，制订了特殊发掘方案，改革传统发掘方式，采用多种科技手段进行检测、分析、实验、信息采集、文物保护、复原研究（图一一～图一三）。

目前，上述项目已经取得了一些可贵经验和良好效果[19]。在项目成果研讨会上，来自国内多个科研院所和院校的考古与文保专业的 20 多位专家，给予高度评价，希望能总结、推广[20]（图一四）。时任国家文物局局长单霁翔等，专门到现场考察调研（图一五）。国家文物局领导认为，这项工作体现当前我国考古学最新理念方法和最高发掘水平，代表了中国考古学的发展方向，应予推广[21]。中国社会科学院常务副院长（现任院长）王伟光也到考古研究所考察实验室考古，对现已取得的成绩给予高度肯定，并表示愿意提供必要支持（图一六）。

图一一　大河口西周墓实验室考古清理

图一二　大河口西周墓出土文物实验室保护

图一三　翼城西周墓实验室考古出土文物三维复原图（漆豆）

图一四　实验室考古成果专家评审会

上：会场　下：现场考察

图一五　国家文物局领导视察实验室考古工作室

图一六　中国社会科学院领导视察实验室考古工作室

此间，笔者和参与本次考古活动的同事，在实践探索的基础上，对实验室考古进行了理论方面的思考，提出了自己的一些认识[22]。

至此，实验室考古作为考古学的分支学科，进入创建阶段，标志着中国考古学迈入新的发展时期。

实验室考古是几代考古人苦苦探索的结果，是考古学学科发展的必然。

四、理念——考古科研与文物保护的高度融合

实验室考古的基本理念，是把文化遗产保护传承作为神圣职责，把文物保护工作前置于考古第一现场，把考古发掘、文物保护熔融一体，推动中国考古学向着更加注重资源节约、更加注重科技投入、更加注重信息全面提取、更加注重文物保护的方向前进，走科学化、精细化的可持续发展道路，探索新型考古模式，创建具有中国特色的现代考古学。

实验室考古发掘不是简单地把发掘对象搬迁到室内进行清理，而是在尽可能运

用更多科技手段和设备进行有条不紊的考古发掘的同时，随时对遗迹遗物提取样本进行科学检测，对其在发掘过程中的变化进行监测，对脆弱易损文物进行加固，对易氧化文物进行封护，对易干裂文物予以滋润……减缓、避免文物的异化进程，保持文物的原始状态，尽快使出土文物从考古现场进入实验室保护阶段。这个过程，实际上就是考古发掘与文物保护的一体化，更好地保护出土文物的考古科研方式。与此同时，采用现代科技手段及时提取各种信息，现场观察研究遗迹遗物的各种现象，对其质地、结构、工艺等进行分析研究，并通过计算机进行模拟复原、通过实验考古进行实物复制。

五、背景——田野考古的局限性

田野发掘是考古学研究的基本手段和途径，但在实践中，它存有某些局限性。譬如：

1. 环境局限

首先，田野考古受制于气候条件的制约，举凡风雨霜雪酷暑寒冬，无不严重影响田野考古工作的正常进行。因此，如无特殊需要，考古发掘一般安排在春秋季节而避开冬夏时令。但是，基本建设中发掘和抢救性发掘，往往时间紧迫，不能拖延。

其次，空间的狭窄（如深邃的窖藏和墓葬等）不利于许多设备的工作展开，不利于人员的投入，甚至无法进行正常的清理发掘。

此外，田野考古的环境局限性还包括地下水位高等方面。如果地下水位较高，我们一般会放弃大面积的发掘。但，若遇建设项目必须进行发掘的，解决地下水问题便是很困难的事情。

2. 时间局限

考古发掘是一项细致入微且连续性很强的工作，面积大、堆积厚、现象复杂的遗址，其发掘时间就会很长。但在实际工作中，往往遇到不容拖延较长时间的发掘项目（比如重要建设工程项目中的发掘、特殊情况下的抢救性发掘），令考古工作者苦恼不堪。

每当遇到重要、复杂的遗迹遗物，考古工作者希望有一定的时间进行研究，包括取样送检，专家“会诊”，等等，遇此情况发掘便会停滞。就是说，考古发掘有时间节律。但是实际工作中有很多情况下不容许耽搁。

3. 安全局限

田野考古必须解决安全问题。首先是避险，包括避免中毒、滑坡、洪水、泥石流、空气污染等灾害，以及探方壁塌方、附近建筑物倒塌等事故，确保人员、设备安全，确保文物安全。由于客观条件限制，在考古现场往往不能完全保证避免上述种种危险。

另个安全问题是防盗窃、防抢劫。凡是有重要文物出土的考古现场，都会面临被盗、被抢的危险，自民国时期殷墟发掘动用军队保卫考古工地，到近年来许多考古工地请来武警、公安执勤，考古发掘现场的文物、人员安全，都不容忽视。可是，田野考古发掘往往是在旷野之中，即便是在城镇近郊，也缺乏围墙之类防护设施。动用武警、公安进行保卫需要经过繁复的审批手续。

4. 技术设备局限

在发掘清理一些特殊、复杂的遗迹现象时，需要一些特定的仪器设备和特殊的技术手段，而这些仪器设备不可能在田野发掘中普遍配备，甚至很多仪器设备不适合在野外环境中使用，一些必需的特殊技术手段也难以在田野中施展。

5. 发掘工序局限

在田野考古发掘中，我们一般要遵循从上到下、从晚到早的顺序进行发掘，揭露文化层的时序是相当严格的。可是在发掘实践中，我们往往迷茫于复杂的地层堆积和遗迹现象中，希望能够探寻到地下遗迹遗物间的确切关系。于是，在无奈之时人们会采用打小探沟的方法，去了解眼睛无法透视的地层关系和遗迹现象，但是，仍不得颠覆“从上到下、从晚到早”的发掘顺序之“铁律”。这就阻碍了我们全面了解地层堆积及文化现象、文物之间的复杂关系。

6. 文物保护局限

在传统考古工作中，发掘与文物保护往往会出现脱节现象。即田野发掘与出土文物保护修复，是两个并不紧密衔接的环节，一些十分重要的遗迹遗物，因为得不到及时的保护处理，往往造成不可逆转的状态恶化甚至毁灭。即便在田野发掘中提取到的一些遗存，在长途运输和长时间搁置中，也会遭受不同程度损害。

7. 信息提取局限

受上述多种因素影响，田野发掘中的信息提取存在较大不足，许多有用的信息随着发掘工作的不断推进而湮灭、消失，且无法弥补。

8. 研究手段局限

有些问题在田野考古中无法解决。如遗迹遗物的年代问题，尽管采用地层学、器物类型学等，可以解决相对年代问题，结合纪年文物可以解决绝对年代问题，但是毕竟许多遗存之间缺乏直接的地层关系，纪年文物的出土更是可遇不可求。因此，年代问题往往需要考古出土标本的实验室测定分析（包括 ^{14}C、热释光等）予以解决。更有孢粉、微生物和其他田野工作中无法辨识的东西，也必须在实验室内观察分析。

田野发掘中见到的遗迹遗物，是人类活动的结果，而活动的过程则往往不知所踪——有时会发现活动片段之遗迹，但完整的活动画面一般不可求取。要复原这些人类活动过程，需要通过反复实验予以分析和验证。

9. 专业人才局限

田野发掘中面临的文化遗存，涉及古代社会的方方面面，正确认识它们需要多方面的专业知识。然而，田野考古发掘中专业人才的配备是有限制的，易言之，田野考古发掘人员的专业知识是有限的，不能对田野发掘中遇到的各种遗迹遗物从专业角度全部进行正确审视、判断、认识。

因此，田野考古发掘受到种种制约，严重影响到考古发掘的质量、进度，一些重要遗迹现象、遗迹关系搞不清楚，甚至于一些重要的遗迹遗物遭到破坏、毁灭，给我们的考古研究带来不可弥补的损失，对珍贵的文化遗产造成无可挽回的损失。

可见，科学的考古发掘是文化遗产保护、传承的重要途径和手段，而非科学考古发掘则会对文化遗产造成严重破坏，不利于文化遗产的保护与传承。

六、破解——实验室考古的优势

面对田野考古发掘种种局限性，考古学家采取的应对办法不外乎两种，一是尽量营造好的发掘环境，改善发掘条件（如选择气候温暖适宜的季节，搭建临时工棚、活动板房甚至临时建筑），采用一些先进、适用的技术设备（如便携式仪器设备甚至车载移动实验室）；二是搬迁发掘对象，将其移至室内进行进一步清理发掘。

由此，催生了实验室考古。

实验室考古发掘具有的优势主要包括：

1. 环境可控

包括温度、湿度、光照、空气流通等，都是可控的，考古发掘不受环境的影响。必要时甚至可以实现无菌环境。

2. 时间可控

一年四季随时可以展开发掘，发掘时间的长短根据实际需要而定，不再受季节变换、建设工程进度等因素的制约。

3. 节奏可控

如果需要可以随时中断发掘，为必要的检测、保护提供时间保障。遇有特殊情况，发掘工作紧急中止后，可适时恢复发掘。

4. 全方位发掘

采取套箱搬迁的考古发掘，在实验室内可通过特制设备，从不同角度、层面进行发掘清理。理论上，可以从六个方向进行清理发掘，从而颠覆了田野考古发掘所遵守的“从上到下、从晚到早”的发掘顺序之“铁律”，这对于那些复杂遗迹现象尤其是各种文物混合纠杂、甚至变态变形情况下的考古发掘，无疑极其必要。

5. 各种仪器设备运用

固定性较强或对环境要求较高的仪器设备，不适合在田野发掘现场运用，却可以在实验室内得以施展。

6. 人才保障

在实验室内工作，有充分的时间和条件根据需要聘请不同专业的专家（譬如医学、宗教、艺术、纺织、冶金、建筑、生物等）参与不同遗迹、遗物的清理发掘和研究，从而保证对发掘对象的认识是科学的。

7. 安全保障

实验室考古发掘可以很好地解决防盗、防火、防水、防毒、防冻、防塌方等安全问题，可以避免脆弱文物在从出土现场到实验室运输过程中的损毁……

全面、科学地认识发掘对象，即时、最大限度获取文物信息，随时研究、及时保护文物，长期保存文物，为可持续科研奠定条件。

七、方法——实验室考古技术路线

实验室考古技术路线，包括田野起取与运输、实验室清理、实验室保护处理、研究复原、信息资料采集记录等方面。

1. 田野起取与运输

在确定选择实验室考古工作方式后，首先是甄选适当的发掘对象起取方式。

把发掘对象搬迁到实验室内主要有两种方法。

整体迁移发掘：主要针对那些孤立遗存，如墓葬（图一七）、窑址、车马坑、殉葬坑、祭祀坑、窖藏坑、水井、沉船、小型建筑等，采用套箱打包方式整体起取，运到实验室内进行发掘清理。目前，我国最大的“整体迁移发掘”项目是“南海一号

图一七　大河口西周墓 M1 壁龛套箱过程中

图一八　南海一号沉船套箱搬迁至博物馆

沉船”在“水晶宫”内的发掘[23]（图一八）。

部分迁移发掘：主要针对古遗址和连片古文化遗存，整体套取不能实现时可分解起取。这种方式其实是田野发掘与实验室发掘相结合，或以田野发掘为主，或以实验室发掘为主，二者相辅相成，可根据实际情况而定。譬如：可挖隔梁取探方（田野现场发掘隔梁部分，然后套取探方内部分），也可挖探方取隔梁（田野现场发掘探方内部分而套取隔梁部分），亦可挖主体取局部（发掘工作主要放在田野，根据需要套取任意局部）。

由于打包或装箱的考古遗存依然比较脆弱，故在运输工具、道路、气候的选择方面，须十分注意，确保其运输途中少颠簸、碰撞，做好保湿、保温、防霉、防冻、防火、防水、防盗等各种安全防范工作。

2. 考古实验室建设

用于实验室考古的实验室，不是一座空荡荡的房子，而应是配备了相关发掘设备和检测、保护设备的科研基地。

实验室考古发掘除了田野考古应该配置的设备、实验室常规设[24]之外，还应配备：环境保障设备[25]、发掘清理设备[26]、探测设备[27]、检测监测设备[28]、文物保护设备[29]、图像影像资料采集设备[30]、成型设计设备[31]，此外还有无影灯和其他特殊照明设备、安保监控设备、环境保护设备[32]，以及其他辅助设施设备等。

3. 实验室发掘清理

实验室考古，不只是采用与田野发掘同样的方法和技术在室内进行更加细致的清理，而是要充分利用各种现代科技手段（方法和设备、仪器、工具）进行发掘清理。

全方位发掘。实验室考古清理可根据需要，从文化遗存的不同角度方向进行清理，即所谓全方位发掘——只要把层位关系搞清楚并记录完整。这是田野考古中一般不允许采用、也难以做到的方式。这种方法对于那些一次性形成的、层位关系复杂、遗物众多且叠压凌乱、变形的发掘对象，尤其适合。即便是发掘体量较大、内涵复杂的古代遗存，也可通过从侧面观察地层堆积情况而在从顶面清理时做到心中有数。这是实验室考古独有的发掘方法。

预探测。对于大大小小的遗存“箱”“包”，在正式发掘前，可借助有关仪器设备进行内部情况探察，对其包含物的数量、形状、性质做出初步判断，以便制定有较强针对性的发掘方案。

显微观察。在发掘过程中，可随时在显微镜下观察遗迹遗物的细部特征和结构，防止微型文物和科研标本流失。质地脆弱、结构精巧的文物（如纺织品、冠饰服饰等）的清理，最好在放大镜下进行。

内窥清理。对容器内遗存的清理，可借助内窥镜和特殊工具。

专业人员介入。在发掘清理特殊遗存时，可邀请相关专业人员参与，以保证观察分析的专业性、处置对策的正确性。

4. 检测监测

实验室考古，不只是对遗迹遗物进行发掘清理，同时还要对发掘对象随时随地进行科学检测，譬如土壤成分、结构、含水率、酸碱度等，水的酸碱性、保护剂成分及其含量（主要指墓葬内液体物质的检测），各类文物的材质、产地、年代，容器里容盛物的性质、成分，甚至包括陶片附着物的性质、成分等。由于文物出土后往往会使用加固、封护材料进行保护，因此必须在出土后第一时间采集样本以备检测。

实验室考古，还要对发掘对象的保存状态进行及时监测。包括文物依存环境变化，文物本体劣化进程，微生物繁殖生长，等等。

5. 保护处理

实验室考古，应对出土遗迹遗物及时采取保护处理措施，保湿、保温、避光、灭菌、加固，使其不干裂，不硬化，不生锈，不发霉，不坍塌，阻止或延缓文物劣化进程，使之逐渐适应新的环境。文物刚出土，即刚刚脱离其原来保存环境时，是采取保护处理措施的最佳时机。

6. 研究复原

实验室考古，要及时观察研究新发现的各种遗迹遗物，就其品类、形制、结构、工艺、用途等进行探讨，并随时在计算机中模拟复原，或者通过实验手段进行复制，以实现文化遗产的传承。

7. 信息采集记录

实验室考古，应当采用多种方法手段采集和记录信息。除了常规的文字、绘图、照相之外，还包括摄像、红外照相、三维扫描……许多瞬息即逝的现象，必须及时捕捉、真实记录。一些人类肉眼不易直接察觉的现象，则应借助特殊仪器观察记录。

八、限制——实验室考古的局限性

实验室考古发掘具有许多优势，但是，它却不能取代田野考古发掘，只能是田野考古发掘（包括水下考古）的补充形式。因为，实验室考古发掘存在局限性。

考古发掘十分重视遗迹现象的完整揭露，注重遗迹现象之间的相互关系。这就决定了很多考古遗存不适合于实验室考古发掘。

出于文化遗产保护的需要，越来越多的考古发掘采用“非完全性发掘”，注意把一些重要的遗迹现象保留在原址，以防遗址的空洞化，服务于遗址展示利用，确保考古科研的可持续发展。因此，实验室考古与保护遗址、展示遗址的要求，难以兼顾。

一些文化现象重要、复杂，不宜（或难以）进行分割，或地理位置偏远、险要，无法动用大型机械设备的遗存，或地理构造复杂、特殊，地下水位较高，有电缆管道等障碍，不能进行套箱（打包）起取的遗存，难以实施实验室考古发掘。

科学发展到今天，要求当今考古发掘，应尽量保持遗址的实在性、遗迹现象的完整性、遗迹遗物的安全性。因此，实验室考古的开展，应该受到一定的限制，是在特定条件下才能实施的考古活动。

九、展望——实验室考古的发展方向

在进行一系列理论和实践探索之后，实验室考古必将逐步成熟，成为与田野考古、水下考古并驾齐驱的新型考古门类，成为新世纪中国考古学转型和创新建设的学术亮点，成为文化遗产保护和研究科学领域具有旺盛生命力的学术力量。

附记：本中心的实验室考古项目，主要由我的同事王学荣研究员、李存信副研究馆员负责，我中心特聘研究员胡秉华先生给予技术指导。在山西翼城大河口西周墓实验室考古项目实施过程中，他们解放思想，积极探索，成绩显著。本文是在他们工作的基础上总结形成的。山西省考古研究所宋建忠所长、谢尧亭副所长对该项目十分支持，积极配合。在此，谨向他们致以崇高的敬意！

注　释

[1] 李虎侯：《实验室考古纲要》，《实验室考古学》，科学出版社，1998年，第2页。

[2] 李虎侯：《实验室考古学的兴起》，《实验室考古学》，科学出版社，1998年，第15～16页。

[3] 有学者认为，新中国成立以来中国考古学的成就主要表现在“年代上的缺环和地域上的空白都在逐渐地填补，使我们有可能利用考古学研究成果更好地恢复我国古代历史的全貌。”这里的“黄金时代”还有思想领域的解放和政治经济环境的改善对考古学发展带来的机遇之意（中国社会科学院考古研究所：《中国考古学的黄金时代》，《考古》1984 年 10 期）。

[4] “夏商周断代工程”是 1996 年启动的“九五”国家重点科技攻关计划项目，全国 200 余位历史、考古、天文、古文字、测年技术等多学科专家共同参与。工程开展期间，推动了多处大遗址的考古工作，其中最为重要的考古成果包括：偃师商城小城的发现、宫城布局和建城年代的解决，郑州商城宫殿区早期夯土建筑基址的发现、建城年代的解决，洹北商城的发现，登封王城岗、禹县瓦店、新砦遗址的重新发掘，沣西遗址先周与西周年代的廓清，晋侯墓地的发掘与研究，琉璃河遗址“成周”卜甲的出土等，对于夏商周文化编年和分期研究，均有重要意义，在中国考古学史上书写了光辉一页（夏商周断代工程专家组：《夏商周断代工程 1996～2000 年阶段成果报告（简本）》，世界图书出版公司，2000 年）。

[5] “中华文明探源工程”是在科技部和国家文物局的组织下，于 2001 年启动的多学科联合攻关项目。该工程在考古学方面取得了一些重要成果。例如：在位于古史传说尧活动中心地区的山西襄汾陶寺遗址，发现面积达 280 万平方米的巨型城址和城内宫殿建筑基址；在与文献“禹都阳城”的地理位置和时间基本吻合的河南登封王城岗遗址，发现了面积约 30 万平方米的大型城址；在河南新密新砦遗址，新发现了夏代前期的面积达 70 万平方米的大型城址；在夏代后期都邑河南偃师二里头遗址，发现了中国最早的宫城和有中轴线布局的宫殿建筑；在浙江杭州良渚遗址群发现良渚城址……这些发现为讨论中国早期国家起源问题提供了新的资料。该工程重视多学科综合研究，重视自然科学与社会科学的结合，推进实验室考古技术方法应用和移动实验室在田野考古现场的运用，必将推动中国考古学的现代化建设。

[6] 自 1997 年启动的三峡工程考古和文物保护工作是中国有史以来最大的文化遗产抢救保护工程，项目多达 1087 项，其中涉及地下文物 723 项，考古发掘面积 187 万平方米。全国 110 家专业单位投入几乎全部考古力量参与发掘（国家文物局主编：《中国文化遗产 2008》，中国文物报社，2008 年）。

[7] 2005 年启动的南水北调工程考古和文物保护工作，涉及地下文物 663 项，发掘面积 169 万平方米。50 多家专业机构参与发掘工作（国家文物局主编：《中国文化遗产 2008》，中国文物报社，2008 年）。

[8] 随着大量基本建设项目的涌现，考古学以开展学术研究之主动性考古发掘为主的科研模式，被配合基建工程抢救性发掘为主的工作模式所排挤、所取代。那些大型建设项目工地上人数众多的考古队伍的集合，很像是“游击会战”，因为这类考古发掘缺乏一个统领全局的学术思想和学术目标。例如三峡工程考古项目就未能紧紧围绕“长江中游（三峡）古代文明体系”研究展开，尽管一系列考古发现为这个题目提供了丰富资料。

[9] 2007 年 7 月，由中国社会科学院考古研究所发起，在内蒙古呼和浩特市召开，由全国 60 多家考古科研机构的 120 多位专家学者出席的“中国大遗址保护研讨会”，大家对于考古

学在考古遗址保护为代表的文化遗产保护中的地位与作用，发表了若干共识性见解。有学者认为，此次会议标志着中国考古学进入了新的历史时期——“遗产阶段”（王学荣：《中国大遗址保护研讨会纪要》，《考古》2008年1期）。会上，张忠培先生提出要把考古工作纳入文化遗产保护体系，他认为“考古工作纳入到文物保护体系就是保护考古工作的生命线，是保护我们民族的文化命脉”（张忠培：《中国大遗址保护的问题》，《考古》2008年1期）。傅清远先生指出，多学科参与是考古发掘中遗址保护的重要保障。考古发掘与可持续保护与展示的结合是考古发掘前期工作的重点思路（傅清远：《大遗址考古发掘与保护的几个问题》，《考古》2008年1期）。曹兵武先生呼吁“遗产阶段的考古学”，应该关注公共遗产，保护可持续发展的考古资源，考古学家在发掘过程中必须考虑到古代遗存的保护、展示、传播（曹兵武：《考古学与大遗址保护》，《中国文物报》2007年11月9日）。笔者在探讨考古发掘与遗址保护关系基础上，倡导“建立从遗址保护出发的考古模式”（杜金鹏：《试论考古与遗址保护》，《考古》2008年1期）。随后，笔者连续著文讨论“文化遗产保护类考古”的创建与推行问题［杜金鹏：《试论文保类考古》，《考古》2010年5期；杜金鹏：《再论文保类考古》，《文化遗产研究（第1辑）》，科学出版社，2010年］。

［10］1936年6月12日在殷墟第十三次发掘时，于乙十二基址西侧发现一个大型甲骨窖藏坑，编号YH127。该坑为圆形，口径1.8、底径1.4、深4.8米。出土刻辞甲骨17096片，其中刻辞龟甲17088片（完整龟甲300多版），刻辞兽骨8片，皆属武丁时期。坑内还有一具人体骸骨与甲骨相伴，发掘者认为是王室档案（刻辞甲骨）的管理人员。该坑甲骨数量多，刻辞内容丰富，是迄今为止殷墟最大的出土刻辞甲骨之地层单位。

发现该坑的当日，是本次发掘预定结束的日子。当天下午四点，在坑中发现许多龟版，至五点半收工时已经在半立方米土中出土3760块龟版。为了清理该坑，特意延长一天工作，期望利用这一天把坑中甲骨彻底清理出来。“谁知事实遮没了我们的想象，愉慰超过了我们的希冀。坑中包含的埋葬物，并不是平常那样的简单，遗物的排列，并不是像平常那样的杂乱，不能以普通的方法，来处理这特殊的现象。”（石璋如：《殷墟最近之重要发现附论小屯地层》，《中国考古学报》第二册，1947年。）当时正值炎炎夏日，为了更好地清理这些甲骨，“最有独创性的田野工作者”王湘和石璋如等在场同事们决定放弃现场发掘，采用“反向发掘法”——先把甲骨坑打破的地层堆积挖除，使该坑呈圆柱状呈现，再套箱整体起取，运回室内再进行仔细清理。于是，大家用了4个昼夜把它装进一个大型木箱中，总重量达3吨多。在克服许多困难之后于7月4日把它运到安阳火车站，7月12日方才运抵南京。胡厚宣负责进行室内清理，经过几个月的辛勤劳动，终于完成任务。胡厚宣总结该坑甲骨特点有10方面之多，揭示了它不同寻常的学术价值。石璋如先生回忆说，胡厚宣等人的发掘“比我们做的仔细，去掉箱子之后便用透明纸贴在龟版上用笔拓画，先照相再画图，画图后再在图上、龟版上进行临时性编号，一层一层的画，一层一层的起，不像我们在田野所面临的时间压力，他们还可以开着电扇慢慢地作，与田野真是差得太多了，所以说南京也做过田野发掘，是‘室内的田野发掘’，之前从未有过把灰土坑变成灰土柱，装箱运到南京研究的行动，这算是中国考古界的大事”（中研院近代史研究所：《石璋如先生访问记录》，2002 年，第 137 页）。后来，李济先生说这是抗战前殷墟考古发掘中“最高成就和最伟大的业绩”（李济：《安阳》，河北教育出版社，2000 年，第 124～128 页）。董作宾先生说这项发现“真是应该大书特书的一件事，也是十五次发掘殷墟打破纪录的一个奇迹”（董作宾：《殷墟文字乙编 · 序》，《中国考古报告集之二 · 小屯 · 第二本》，1948 年）。

[11] 此项发掘是为配合殷墟博物苑前道路修建工程。该坑呈长方形，长 2、宽 1、深 2.5 米。坑内下部堆满殷代甲骨。由于甲骨埋藏时间太长极易碎裂，一块完整的龟甲出土时往往断裂成数十片甚至上百片，清理十分困难，加上工期紧迫，野外狂风劲吹，现场无法仔细清理。而发现大量甲骨的消息一经传出，前来参观的人们络绎不绝，给文物安全造成极大问题，但加快清理又不可能，刘一曼先生等发掘者心急如焚，经反复研究“决定终止在工地的清理工作，将整个甲骨坑来一个大搬迁，搬回考古站再清理”。于是采取套箱起取方法运回安阳工作站，在站内进行清理。套箱后甲骨坑总重达 4 吨多，于 10 月 29 日运回安阳考古工作站。清理工作共费时 2 个多月，出土甲骨 1583 片［中国社会科学院考古研究所安阳工作队：《1991 年安阳花园庄东地、南地发掘简报》，《考古》1993 年 6 期；中国社会科学院考古研究所：《殷墟花园庄东地甲骨》（第一分册），云南人民出版社，2003 年，第 1～3 页］。殷墟上述两项甲骨坑发掘，除了时间更加充裕、环境更加舒适、发掘更加细致之外，并不比田野发掘多出什么科技手段，因此，与今天的实验室考古相比有着本质差异。充其量就是石璋如所说的“室内发掘”（花园庄甲骨坑因箱体太大无法搬进室内，只得在院内清理，所以连个“室内发掘”也算不上）。

[12] 〔德〕H · V · 雷可夫斯基、侯改玲：《考古发掘工地石膏封护提取文物的方法及实践》，《考古与文物》2000 年 6 期。

[13] 杨忙忙、张勇剑：《实验室微型发掘方法在北周武帝孝陵发掘中的应用》，《文物保护与考古科学》2011 年 22 卷 3 期。

[14] 陕西省考古研究院 2001 年发现唐代李倕墓，采用打包方式将冠饰运回室内，借助精密仪器进行清理，称之为“微观清理发掘”（《中国文化报》2011 年 1 月 11 日发表有记者侯丽采访项目主持人杨军昌的文章。2010 年 12 月 14 日，首都博物馆举办的“百工千慧——中国文物保护科学和技术成果展”，展出了修复后的李倕冠）。

[15] 杜金鹏：《中国龙，华夏魂——试论偃师二里头遗址“龙文物”》，《二里头遗址与二里头文化研究》，科学出版社，2006 年。

[16] 2002 年，中国社会科学院考古研究所二里头工作队在发掘二里头遗址三号宫殿基址南院时发现几座贵族墓葬，其中 M3 号墓里发现大量绿松石片组成的龙形器，因现场技术条件有限，不能进行仔细清理，遂将其整体套箱起取，运回北京，交由文化遗产保护研究中心专业技术人员进行室内清理。在清理过程中，采用了显微剔剥、化学加固保护、三维扫描等手段，终于将其完整地揭露出来。该器由 2000 多片绿松石构成，绿松石片一般仅长宽 0.2～0.9、厚约 0.1 厘米，黏附在一种有机质物体上，构成伏龙状图案。龙身长

64.5 厘米（中国社会科学院考古研究所二里头工作队：《河南偃师市二里头遗址中心区的考古新发现》，《考古》2005 年 7 期）。技术人员还对这件珍贵的绿松石龙形器进行了模拟复制（李存信：《二里头遗址贵族墓葬的清理与龙形器复原仿制》，《中原文物》2006 年 4 期）。此前在二里头遗址也曾于墓葬中发现绿松石片，如 1975 年在二里头遗址第六区清理的墓葬 75YLⅥK3 中，“在铜戈、铜戚附近各有一堆散乱的绿松石片（大约是镶嵌所用）”，墓坑内“西北边有 25×6 平方厘米大的地方，排列着整齐的绿松石片”（中国科学院考古研究所二里头工作队：《偃师二里头遗址新发现的铜器和玉器》，《考古》1976 年 4 期）。可惜在发掘现场未能搞清其图案构成。所以此次完整揭示出如此气派的绿松石龙形器，实属可贵!这也幸拜室内考古清理之赐!

[17] 马菁毓、梁宏刚、霍海峻等：《浙江瓯海西周土墩墓出土青铜器的实验室考古清理》，《考古》2009 年 7 期。这项工作虽然是由文物保护专家完成的，但是十分重视考古信息的提取与保存。对于这种考古发掘方式，在起草工作报告时，曾按照西语译文称之为“实验室考古微型发掘”，后根据考古学家张忠培先生意见改称为“实验室考古清理”，认为这样称呼既与通常所说的考古学室内清理相衔接，又赋予其文物检测和保护的相关内容。

[18] 赵西晨：《实验室微型发掘简论》，待刊稿。在本文杀青之际，承作者美意得提前拜读。

[19] 中国社会科学院考古研究所文化遗产保护研究中心：《山西翼城县大河口西周墓地 M1 实验室考古简报》，《考古》2013 年 8 期。

[20] 2010 年 11 月 30 日，由中国社会科学院考古研究所和山西省考古研究所主办的“山西翼城大河口西周墓 M1 实验室考古研讨会”在北京召开。

国家文物局考古专家组黄景略、徐光冀，国家文物局考古处张磊，中国文化遗产研究院王丹华、马清林，北京大学刘绪、胡东波，陕西省考古研究院张建林、杨军昌、赵西晨，山西省考古研究所宋建忠、谢尧亭、王晓毅，河北省考古研究所徐海峰，河北省文物保护中心任亚珊，安徽省考古研究所姚政权，河南省考古研究所孙新民，以及中国社会科学院考古研究所王巍、陈星灿、孟凡人、高炜、胡秉华、杜金鹏、傅宪国、许宏、王学荣、李存信等考古和文物保护方面的专家学者共 30 余人出席会议。

专家们认真观摩了大河口西周墓实验室考古成果，并讲行了讨论。

会议充分肯定了大河口西周墓实验室考古科学理念，讨论了实验室考古的概念、内涵，认为实验室考古是田野考古的延伸，是田野考古与文物保护的有机结合，建议应以这次工作为契机，逐步建立实验室考古科研基地。呼吁考古领队们要更重视田野发掘中考古现场保护和出土文物保护。此外，大家还讨论了大河口西周墓出土漆器将来的保护、保存、展示问题等。

通过广泛交流和深入探讨，进一步完善了实验室考古学的学科体系，明确了发展方向，丰富了研究内容，拓展了研究思路。此次会议对我国今后实验室考古事业的建设发展起到了积极的促进作用。

[21] 2011 年 1 月 18 日，国家文物局局长单霁翔，副局长童明康、宋新潮，文物保护与考古司司长关强，博物馆司副司长罗静，中国文化遗产研究院院长刘曙光一行，专程到中国社

会科学院考古研究所文化遗产保护研究中心考察“山西大河口西周墓实验室考古”项目成果，并在中国社会科学院研究生院良乡新校召开了“创建实验室考古国家中心座谈会”。中国社会科学院考古研究所所长王巍，党委书记兼副所长齐肇业，副所长白云翔、陈星灿等陪同考察并出席座谈会。

国家文物局领导首先观摩了大河口西周墓实验室考古成果，听取笔者的报告《实验室考古理论与实践探索》。与会者一致认为，大河口西周墓实验室考古项目取得的成果十分可喜，应予以推广。童明康副局长指出，看了本项成果深感震撼，它代表了当前我国考古学最高发掘水平，是国家级水平，21 世纪水平。所获文物可以列为我国国宝级文物。会议决议，由国家文物局与中国社会科学院共同创建“实验室考古国家中心”，设置在中国社会科学院考古研究所文化遗产保护研究中心。以此带动全国的实验室考古，推动我国考古学的发展和文物保护事业的进步。

[22] 在大河口西周墓实验室考古项目成果汇报会上，笔者提交了《实验室考古初论》文稿，初步阐述了实验室考古概念；在国家文物局领导现场调研及实验室考古国家中心创建座谈会上，笔者以《实验室考古理论与实践探索》为题、以山西翼城大河口西周墓实验室考古为案例，介绍了我们对实验室考古有关问题的探索认识。

[23] 2007 年 12 月，“南海 1 号沉船遗址（装满瓷器的沉船及其周围泥土）”被装进钢制沉箱中由大型专用吊打捞出水，运往广东海上丝绸之路博物馆，进行进一步发掘清理。这是世界考古史上首次对载货大型古代沉船实施整体打捞发掘（国家文物局主编：《中国文化遗产 2008》，中国文物报社，2008 年，第 46～47 页）。

[24] 主要是理化试验所需要的各种仪器设备。

[25] 主要包括调温、调湿、换气通风、灭菌等设备。

[26] 主要包括专用移动式龙门吊车、铲车、翻转工作台、高倍放大镜、显微镜工作台、专用文物保护工作台、真空冷冻箱、等离子清洗机、激光焊接/清洗机、干燥器、加湿器、净化除尘机、超声波洁牙机、超声波清洗器、空气洁净屏、超纯水制备系统、精细打磨机、热风枪、鼓风干燥箱、真空烘干箱、工业用清洗槽、环氧乙烷低温消毒柜等。

[27] 主要包括高精度磁法探测仪、高密度电法探测仪、多频电磁探测仪、放射性伽玛探测仪、X 光透视仪、浅表层地震探仪、浅表层瞬变电磁仪、探地雷达、超声波探伤仪等。

[28] 主要包括 X 光探伤机及数字成像系统、X 荧光能谱仪、X 射线衍射仪、傅里叶变换红外光谱仪、拉曼光谱仪、离子色谱仪、气相色谱质谱联用仪、扫描电镜、电子探针、万能材料试验机、拉拔仪、钻进强度测定仪、三维视频显微镜、万能材料显微镜、数字式透反偏光显微镜、生物显微镜、便携式读数放大镜、织物密度镜、长臂修复显微镜、工业内窥镜、白度仪、精密色差仪、光泽度仪、智能化农业环境监测仪、pH 测量计、盐分测定计、便携式环境监测仪、温湿光三参数自动记录仪、快速水分测定仪、精密感应式水分仪、数显回弹仪、显微硬度仪、各式硬度计、纸张厚度测定仪、多功能红外温度计、超声波检测仪、渗透性测试仪、土壤紧密度仪、土壤硬度计、数显式坯料抗折仪+模具、标准筛+振筛机、多参数水质检测仪、泥浆黏度计、泥浆含沙量计、土壤比重计、漆膜多

用检测仪、比重计、温度计、气体测定仪、表面张力仪、热膨胀分析仪、手持式辐射监测仪、粒度分析仪、电感耦合等离子激光剥蚀选样系统、硅酸盐成分快速测定仪、电子天平、电子秤、手动式液压制样机、氙灯老化试验机、霉菌培养箱、盐雾腐蚀箱等。

[29] 主要有恒温恒湿控制仪、恒温恒湿柜、恒温恒湿包装箱、带制冷剂的保温箱或冷藏柜、中水活化设施等。

[30] 主要包括高清数字摄像机、数码照相机、胶片照相机、特殊（红外、紫外、荧光）摄影设备，激光高精度三维数据化仪、激光三维扫描仪、电脑绘画仪、图像分析仪、投影仪、红外照相机、多基线数字摄影测量系统、屏幕色彩校正器、小型摄影棚。

[31] 主要包括文物修复复原成型机、数字化雕刻设计系统等。

[32] 主要包括废水、废气处理等设备。

原载《考古》2013年8期；后收入《文化遗产研究（第2辑）》，科学出版社，2013年

实验室考古的成绩与问题

实验室考古是我国学术界新近创发的学术概念，属于考古与文物保护之交叉学科。

实验室考古在我国虽属新生事物，但发展迅速，影响深远。同时，作为新生事物也不可避免地存在某些缺陷和问题，有待完善。

一、理论体系创建

1. 概念创新

20 世纪 80 年代，“实验室考古”曾被用指通过实验室检测分析，解决器物成分或年代等考古学问题的学术活动[1]。后来，改称为“科技考古”[2]。进入 21 世纪初期，考古学界有“实验室考古清理”[3]“实验室微型发掘”[4]等概念，指称在实验室内进行小型考古清理。

笔者在综合上述学术认识的基础上，把实验室内的考古发掘清理、文物检测分析、文物保护处理、遗迹遗物研究、文物仿制复制等一系列文化遗产保护利用活动，整合成一个紧密衔接的学术体系，名之为“实验室考古”[5]。

在笔者提出这个学术概念之后，考古界和文保界很快就接受了这个概念。

许多考古和文保专家，现在都在使用“实验室考古”概念。中国考古学权威学术刊物《考古》杂志 2013 年第 8 期推出“本刊专稿——实验室考古”；中国社会科学院“创新工程”中有“实验室考古国家中心创建”项目，包含多个实验室考古课题；中国社会科学院考古研究所新近编辑出版的《中国考古学大辞典》专就“实验室考古”做出阐释[6]。凡此，标志着“实验室考古”概念已进入我国考古学界顶级学术层面。

《考古》杂志发表实验室考古简报，也是新事物。由于实验室考古与田野考古有着很大区别，因此其工作简报也须与田野考古简报有所区别。我们在认真思考、反复斟酌之后，探索出实验室考古简报的独特体例，那就是做好背景介绍，突出学术思路、技术路线的阐述，把文物保护作为重点内容。

2. 理论体系建设

2010 年 11 月，在大河口西周墓实验室考古项目成果汇报会上，笔者宣读了《实验室考古初论》文稿，初步阐述了实验室考古概念；2011 年 1 月，在国家文物局领导现场调研及实验室考古国家中心创建座谈会上，笔者以《实验室考古理论与实践探索》

为题、以山西翼城大河口西周墓实验室考古为案例，介绍了我们对实验室考古有关问题的探索认识。

2013年8月，笔者发表《实验室考古导论》，指出：实验室考古是指考古专家与文物保护专家相互协作，运用多种科技手段在室内开展古代文化遗存发掘清理，随时根据相关检测分析结果及时实施文物保护，通过对相关遗迹遗物的现场观察、分析、实验，探索古代人类活动及科学技术等问题的考古活动。发掘清理、分析检测、保护处理、研究复原为其基本要素。把文物保护工作前置于考古第一现场，把考古发掘、文物保护熔融一体，推动考古学向着更加注重资源节约、科技投入、信息提取、文物保护的方向前进，走科学化、精细化的可持续发展道路，是其基本理念。该文的发表，是我国实验室考古理论建设起始的标志。

中国考古学会理事长、中国社会科学院考古研究所所长王巍指出："'实验室考古'虽然已有较长的萌发阶段，本所及兄弟单位也曾有过一些实践探索，但是，上升为一种新的理念和理论方法，则是近年由杜金鹏先生等在总结前人工作基础上提出的。本所最近所做的实验室考古项目，主要包括与山西省所合作项目'翼城大河口 M1 实验室考古研究'、与南京博物院合作项目'盱眙大云山汉墓实验室考古研究'、与江西省所合作项目'新建墎墩汉墓实验室考古研究'等，目前与贵州省所合作项目'播州土司杨价墓实验室考古研究'，充分显示了实验室考古的光明前景。随着中国考古学的发展，实验室考古将是中国考古学发展的一个新的增长点，在将来的考古工作中将大有可为。"[7]

实验室考古是考古学的分支学科，也是考古学与文物保护科学的交叉学科。关于它的理论建设，将是长期、艰巨的任务。目前，我国考古界和文保界的同仁，十分关注实验室考古的学科建设，从理论创新到实践探索，都在同步推进。相信，实验室考古理论，一定会在大量实践基础上，逐步细化、完善、成熟。

二、学术理念创新

实验室考古作为一个新的学术理念，能够很快在学术界传播、认可，得益于考古界近年来的思想活跃、文物保护意识加强。

1. 学术界纷纷响应积极行动

2013年，中国考古学权威刊物《考古》杂志，推出了实验室考古专号，刊发一篇理论文章和三篇实验室考古简报，由此在学术界掀起一个实验室考古的讨论、参与热潮。

王巍先生在撰文介绍遵义播州土司杨价夫妇墓实验室考古工作时指出：鉴于杨价

墓保存完整、价值突出且时间紧迫，贵州省文物考古研究所商请中国社会科学院考古研究所，决定对杨价墓木棺实施实验室考古。预期，杨价夫妇木棺之实验室考古项目定将取得可喜成果，不仅可以成为我国实验室考古理论和方法的重要践行项目，推动实验室考古学科发展，同时也会获得大量珍贵文物和重要历史文化信息，为我国古代土司制度和物质文化研究，提供不可多得的科学资料[8]。

最近几年中，我国考古、文保学界举行多次有关实验室考古的论坛、研讨会、论证会，就实验室考古的学科建设以及具体项目，进行了广泛和深入的讨论。

2010 年 11 月 30 日，中国社会科学院考古研究所和山西省考古研究所在北京召开“山西翼城大河口西周墓 M1 实验室考古研讨会”。国家文物局考古专家组成员，以及来自国内近 10 家考古和文物保护机构的专家学者共 30 余人出席会议。会议充分肯定了大河口西周墓实验室考古科学理念，讨论了实验室考古的概念、内涵，认为实验室考古是田野考古的延伸，是田野考古与文物保护的有机结合，建议应以这次工作为契机，逐步建立实验室考古科研基地。呼吁考古领队们要更重视田野发掘中考古现场保护和出土文物保护。通过广泛交流和深入探讨，明确了发展方向，拓展了科研思路。此次会议对我国实验室考古事业的建设发展起到了积极的促进作用。

2013 年 3 月 18 日，在兰州召开的“甘肃马家塬战国墓实验室考古项目结项评审会”，来自中国社会科学院考古研究所、中国文化遗产研究院、中国国家博物馆、北京大学等单位的专家，就其实验室考古理念、方法、成果，展开讨论和评议，对该项目给予充分肯定。

2014 年 5 月 5 日，中国社会科学院考古研究所在京举行“大云山汉墓出土遗迹遗物实验室考古中期研讨会”，来自国家文物局、中国文化遗产研究院、南京博物院、河南省文物局以及陕西、山东、山西、湖南等省文物考古机构的十余位专家出席会议。与会专家就该项目的学术目标、技术路线、前期工作成果，进行了讨论，并就学科建设问题提出有益建议[9]。

2014 年 8 月 14～15 日，由中国社会科学院考古研究所和内蒙古呼伦贝尔民族博物院联合主办的“实验室考古呼伦贝尔论坛”在内蒙古呼伦贝尔市举行。来自中国社会科学院考古研究所、国家文物局水下文化遗产保护中心和部分省市文物局、考古研究所以及国内高校近 30 个单位的 40 余位专家学者出席论坛及成立大会。与会代表参观了岗嘎和谢尔塔拉遗址墓葬的实验室考古现场，听取了李存信关于近年实验室考古项目的实施情况、杨军昌关于陕西省目前进行的实验室考古项目的介绍，杜金鹏以“关于实验室考古的几个问题”为题，对实验室考古的学术背景、历史机遇和历史任务做了阐述。与会代表围绕实验室考古与学科发展及文化遗产保护的关系、行业规范及操作规程、人才培养、经费投入等问题展开讨论，取得不少共识。

关于实验室考古与学科发展及文化遗产保护的关系，多数与会者认为，实验室考古是考古学科发展的必然趋势，也是文化遗产保护事业发展的必然要求。唐际根、张居中、邹后曦、李虹、姜波等认为，实验室考古集约式采用多种手段和方法获取各种信息，有利于对文物本体的认识、保护和展示，代表了学科和文化遗产保护的发展方向。方勤、戴向明还认为，以“中国考古学会文化遗产保护指导委员会”成立为标志，实验室考古进入到一个新阶段。王炜林对陕西省所做的大遗址保护、遗址现场保护和实验室考古“三位一体”工作模式的介绍引起与会者关注与赞赏。

随着实验室考古的深入和普及，建立实验室考古的行业规范及操作规程越来越引起学者们的关注。郭伟民认为，实验室考古短短几年来取得的成就有目共睹，但目前缺乏行业标准及操作规程，对于从业人员缺乏资质评估，合作机制也无章可循。他的发言得到贾连敏、郑同修、林留根、韩立森、邹后曦等工作在考古一线的所长们的共鸣，大家建议国家文物局应尽快出台相应的规范化要求，从政策和具体操作层面对实验室考古予以规范。孙英民、王守功等建议，可采取考古领队资格的办法对从业人员的资质加以规范。

与会代表认为，当下制约实验室考古发展的瓶颈有两个，一是人才培养，二是经费投入。在人才培养问题上，目前基本上是开展此项工作较早的几家单位建立工作基地，采取师父带徒弟的工作方式进行，满足不了实验室考古快速发展的需要，这样的培养模式也缺少规范性，建议设有考古专业的高校在人才培养上发挥应有作用。在经费投入问题上，与已经发展起来的大遗址保护经费投入相比，实验室考古的投入微不足道，实验室考古所必需的、具有特殊要求的工作场地和设备，几乎都是各工作单位自己想办法解决的。与会者呼吁国家文物局和各省市文物局予以关注并尽快解决。方辉结合山东大学开展实验室考古的情况，从人才培养、科学研究、社会服务和国际化等角度对考古学科建设谈了自己的看法。他指出，教育部近年公布的历史学类本科专业目录中，与考古学有关的专业增加到了三个，即考古学专业、文物及博物馆学专业和文物保护技术专业，这为考古学尤其是实验室考古人才的培养提供了契机。但考古学类专业投入大，仅凭一己之力很难建立起所有专业，建议国家及省市文物管理部门通过共建人才培养基地模式解决实验室考古及文化遗产保护人才缺乏的问题[10]。

2014年6月8日，“文物保护与实验室考古研讨会”在山东大学举行，来自中国社会科学院考古研究所、山东大学、山东省文物局、济南市文物局和山西、陕西、山东、河南、河北、江苏、江西、湖北、安徽、浙江等省文物考古研究所的领导和专家出席会议。学者们深入讨论了“实验室考古”学科发展前景、推广应用及人才培养问题。与会专家一致认为：在大学开展实验室考古对于考古学新理念的推广和新型人才培养均有非常积极的意义，多家省级考古机构负责人表示，要尽快在本省推广和实施实验室考古，把中国考古学研究推向一个崭新高度[11]。

2015年2月2日，中国社会科学院考古研究所在京召开“贵州遵义播州土司杨价墓实验室考古和文物保护修复专家咨询会”，来自国家文物局科技处、中国文化遗产研究院、故宫博物院、中国国家博物馆、北京大学、山东大学、贵州省文物考古研究所、陕西省文物保护研究院、湖北省文物考古研究所等单位的约20位专家学者参加会议。与会专家学者现场考察了实验室考古操作间，认真观察了杨价墓发掘清理现状，就发掘和保护问题，进行了讨论，提出一些建设性意见和建议[12]。

2014年10月10日、2014年12月7日和2015年6月14日，陕西省文物保护研究院就其承担隋炀帝萧后墓冠饰的实验室考古项目，先后三次召开专家讨论、论证会，研究工作程序、方案，解决技术问题。

此外，本文作者杜金鹏曾先后在国家文物局的考古领队培训班、山东大学、郑州大学等，做过实验室考古专题学术报告，也曾在北京大学及其周原考古工地，为学生所做演讲中推荐实验室考古理念。

中国考古学会理事长王巍先生撰文指出：“近年来，实验室考古的理念和方法日益深入人心……实验室考古的开展，使一大批在田野发掘中因种种条件的限制而难以完整起取的丝织品、漆木器等有机质文物和多件以相互叠压的状态出土的其他材质精美文物通过在室内的精细发掘和及时、有效地保护而被较为完好地起取出来，并加以有效的保护，充分体现出这一方法对于清理易损、易坏文物的有效性和优越性，因而，也越来越受到各个考古机构的欢迎。”[13]

2. 国家文物局高度评价积极推广

2011年1月18日，国家文物局局长单霁翔，副局长童明康、宋新潮，文物保护与考古司司长关强，博物馆司副司长罗静，中国文化遗产研究院院长刘曙光一行，专程到中国社会科学院考古研究所考察调研“山西大河口西周墓实验室考古”项目成果，并在中国社会科学院研究生院召开了“创建实验室考古国家中心座谈会”。中国社会科学院考古研究所所长王巍，党委书记兼副所长齐肇业，副所长白云翔、陈星灿等陪同考察并出席座谈会。

国家文物局领导首先观摩了大河口西周墓实验室考古成果，听取杜金鹏的报告《实验室考古理论与实践探索》。与会者一致认为，大河口西周墓实验室考古项目取得的成果十分可喜，予以推广。童明康指出，看了本项成果很感震撼，它代表了当前我国考古学最高发掘水平，是国家级水平，21世纪水平。所获文物可以列为我国国宝级文物。会议决议，由国家文物局与中国社会科学院共同创建“实验室考古国家中心”，设置在中国社会科学院考古研究所文化遗产保护研究中心。以此带动全国的实验室考古，推动我国考古学的发展和文物保护事业的进步。

2014年11月3日国家文物局《关于湖北枣阳郭家庙墓地考古工作方案的批复》（文物保函〔2014〕第2784号）中，明确要求进行实验室考古，包括对重要墓葬和脆弱文物堆积的整体提取移送实验室清理。

2015年年初，在江西南昌举行的“新建墎墩汉墓考古发掘专家论证会”上，国家文物局副局长童明康代表国家文物局，同意把实验室考古作为墎墩汉墓考古项目的重要内容，并决定在当地建设实验室考古工作室，在解决墎墩汉墓发掘与保护的同时，培养地方的考古和文保技术力量[14]。

学术界有评论说：“实验室考古是近年来考古发掘精细化，兼具发掘、检测、保护和研究的理念下，出现的一种新的考古发掘形式。从中国社会科学院考古研究所与山西省考古研究所合作进行的大河口西周墓葬M1的实验室考古首个科研项目开始，到2013年，中国社会科学院考古研究所与山东大学文化遗产研究院合作，建立目前全国高校唯一一座室内考古实验室——山东大学室内考古实验室，以及甘肃省文物考古研究所和陕西省考古研究院合作的甘肃张家川县马家塬战国墓M4木棺的实验室考古项目、陕西省考古研究院和德国美茵兹罗马—日耳曼中央博物馆合作的西安市唐代李倕墓冠饰的室内清理与复原工作等实践，尚处于起步阶段的实验室考古已经积累了一定的实践经验，并逐渐代表了考古工作一个新的发展方向。”[15]显示学术界已经高度关注实验室考古。

三、实践探索与推广

实验室考古工作开展最多的是中国社会科学院考古研究所，近年所做实验室考古项目主要有：山西翼城大河口西周墓、江苏盱眙大云山汉墓、山东高青西周车马坑、江西新建墎墩汉墓、江苏扬州隋炀帝萧后墓、贵州遵义播州土司杨价夫妇墓、内蒙古呼伦贝尔市岗嘎和谢尔塔拉遗址古代墓葬的实验室考古项目。上述一系列实验室考古项目的实施，极大地丰富了我国实验室考古的理论、方法、技术，形成了实验室考古的学术中心。

与此同时，国内多家省市考古科研机构也都启动实验室考古项目，实验室考古在我国已由星星之火渐呈燎原之势。其中，山西省考古研究所、山东省文物考古研究所、江西省文物考古研究所、江苏省（南京博物院）考古研究所、山东大学文化遗产研究院、贵州省文物考古研究所、扬州市考古研究所、呼伦贝尔民族博物院等单位，先后与中国社会科学院考古研究所合作开展实验室考古项目。陕西省考古研究院实施了唐李倕墓冠饰实验室考古并即将实施周原西周“豪华马车”实验室考古项目，陕西省考古院与甘肃省文物考古研究所合作实施了马家塬战国墓实验室考古项目，上海博物馆在中国社会科学院考古研究所协助下实施了青浦良渚文化墓葬出土象牙文物的实验室考古清理，河南省文物考古研究院联合山东大学进行舞阳贾湖遗址新石器时代墓葬实验室考古项目，陕西文物保护研究院与扬州市考古研究所联合进行了隋炀帝萧后墓冠饰的实验室考古清理，湖北省考古研究所根据国家文物局指示对枣阳郭家庙遗址东周墓实施打包迁移准备进行实验室考古，南京博物院整体提取泰兴黄桥明代墓葬，即将实施实验室考古……此外，“南海一号”沉船考古也由水下考古项目转化为实验室考古项目。

国内近 20 家考古、文博单位和高校，正式开展实验室考古工作，代表着实验室考古作为中国考古学的新兴分支，已经在我国大江南北、长城内外开花结果。

四、问题与建议

中国的实验室考古已经创造出可喜的开局。但是，存在的问题依然很多，其中不少还相当突出，是该学科建设发展道路上必须扫除的障碍。

1. 存在问题

第一，人才匮乏，专业队伍不足。实验室考古需要考古、文保之专门人才，同时更需要跨专业的复合型人才，否则不能胜任实验室考古之学术和技术工作要求。这些专业人才，还需合理搭配成足以适应各项任务的工作团队。

但在目前，我国尚未形成一支强劲的实验室考古专业团队——无论中央级别还是地方级别，甚至连必需的专业人员也还极度匮乏。大学里没有实验室考古这门课程，社会上没有现成的实验室考古专业人员。从事实验室考古的人员，是从考古和文物保护等不同学科领域“转业”过来的，实验室考古队伍其实也是“拼凑”的班子。

尽管这些为数不多的专家、屈指可数的单位，在实验室考古方面做出了十分可喜的成绩，但是，从文化遗产保护事业需求来看，人才队伍建设迫在眉睫。

第二，硬件建设滞后，不能满足学科发展需要。实验室考古需要较大空间的工作间，需要许多适应室内发掘清理的专用设备，需要具备各种检测分析仪器的实验室。而当前我国任何一家从事实验室考古的单位、机构，无不受困于硬件设施的局促、缺乏。中国社会科学院考古研究所的实验室考古主要操作间，还是临时搭建的“棚子”。

第三，经费不足，难以支撑大型项目的实施和满足大面积推广需求。目前，我国文物考古管理部门尚未把实验室考古单列经费项目，现有的实验室考古项目之经费申请，主要走考古发掘项目路径。实际上，实验室考古项目的经费需求，与田野考古发掘相比，数额要大很多倍（就同等单位面积或体量的发掘而言）。因此，从田野考古发掘经费中“挤出来”的实验室考古经费，实在难以支撑比较大型的项目，更难以在全国大面积推广实施。经费瓶颈，制约了实验室考古的正常发育。

第四，供能与需求矛盾突出。随着实验室考古理念迅速被考古界广泛接受，希望开展实验室考古的单位、机构越来越多。但是，能独立承担实验室考古项目之单位或机构，尚属凤毛麟角。

第五，考古发掘与文物保护结合有待加深，科技手段利用亟待加强。虽然实验室考古是田野发掘转化为室内发掘、出土文物保护前置于考古发掘现场，但是，考古与文保两个学科的融合、融洽，不是一朝一夕便可以完成得天衣无缝。

而在发掘清理、文物保护过程中科技手段的运用，目前不尽如人意。监测、检测、分析、试验之仪器设备，尚不完善。尤其是最大可能地利用现代科技手段获取考古对象的历史文化信息，限于理念、人才、经费等条件，也做得不能令人满意。即便是实验室考古开展最好的单位——如中国社会科学院考古研究所、陕西省考古研究院和陕西省文物保护研究院，也是如此。

第六，缺乏统一组织。在目前阶段，实验室考古正在起步中，需要有组织的推动、支持，方可健康发展。但现状是，这个跨学科、跨部门的新兴交叉学科，从学术上、管理上，都互相分离，没有明确的组织机构来统一组织，只能靠具体部门之间的合作来推动。

第七，缺乏技术规范。考古、文物保护学科的健康发展，离不开科学的技术规范。国家文物主管部门颁布有考古发掘规程，也颁布了一系列出土文物保护修复技术规范，但是，这些技术规范分属于两个不同学科领域，不能适应把考古与文保有机结合为一体的实验室考古之需求。哪些文化遗存适合或可以做实验室考古、怎样做实验室考古，要有一个考古、文保界共同认可与遵守的规范[16]。

2. 建议与期望

为推动实验室考古健康发展，针对上述问题，我们提出以下建议和期望。

第一，学科建设。应加强理论、方法、技术、设备的创新研究、研发，加快完善实验室考古科学体系。

第二，人才培养。一方面，从大学本科教育抓起，增设实验室考古课程，编写相关教材，组织必要实习。在研究生阶段，在考古学专业或文物保护技术专业增设实验室考古专业方向。踏踏实实、按部就班地培养专业人才。另一方面，鼓励、吸引相关专业人才“转行”到实验室考古领域，同时，以师父带徒弟模式培养急需实用人才。

此外，在单位合作模式下，也可较快地培育人才队伍。

第三，政策扶持。建议国家文物主管部门打破原有管理条块，明确实验室考古的管理归属，设立实验室考古专项经费，大力支持实验室考古。

第四，机制创新。创立实验室考古国家中心和区域基地，形成一个梯次有序的实验室考古联合团队，承担不同规模和难度的实验室考古项目。

国家文物局与中国社会科学院联合创建实验室考古国家中心的设想，应该落实。或者，双方可以单独创建这样的国家级实验室考古中心。至少，国家文物局应该设立一家实验室考古重点基地。

第五，科学化与规范化。应制定符合我国国情的实验室考古科学路线，编制实验室考古工作规程，指导我国实验室考古健康发展[17]。

注　释

［1］《实验室考古纲要》定义说："实验室考古是运用自然科学实验的手段对古代遗存进行测量、分析和鉴定，取得数据资料，并以这些数据资料为依据阐述古代的实物、人物和事物，从而达到认识古代社会的目的。"（李虎侯：《实验室考古学》，科学出版社，1998 年。）

［2］1988 年 5 月，"全国第一次实验室考古学术讨论会"在广西南宁市召开（蒋兴礼：《全国第一次实验室考古学术讨论会——开幕式在我院举行》，《广西民族学院学报〈哲学社会科学版〉》1988 年 3 期）；1989 年"全国第二次实验室考古学术讨论会"在安徽合肥举行，会议经讨论认为"实验室考古"宜更名为"科技考古"更为合适（《全国科技考古学术讨论会在合肥举行》，《考古》1990 年 4 期）。

［3］"实验室考古清理"首次见于马菁毓、梁宏刚、霍海峻等《浙江瓯海西周土墩墓出土青铜器的实验室考古清理》（《考古》2009 年 7 期）；韩飞、王辉、马燕如《甘肃张家川马家塬出土车厢侧板的实验室考古清理》采用相同概念（《文物》2014 年 6 期）。

［4］杨忙忙、张勇剑：《实验室微型发掘方法在北周武帝孝陵发掘中的应用》，《文物保护与考古科学》2010 年 3 期。

［5］杜金鹏：《实验室考古导论》，《考古》2013 年 8 期。

［6］中国社会科学院考古研究所编著：《中国考古学大辞典》，上海辞书出版社，2014 年。

［7］2015 年 2 月 2 日，王巍所长在中国社会科学院考古研究所召开的"贵州遵义播州土司杨价墓实验室考古和文物保护修复专家咨询会"上的讲话。中国考古网，2015 年 2 月 5 日。

［8］《中国文物报》2014 年 12 月。

［9］李存信：《大云山汉墓出土遗迹遗物实验室考古项目中期研讨会在京召开》，中国社会科学网，2014 年 5 月 8 日。

［10］方辉：《"实验室考古"呼伦贝尔论坛暨中国考古学会文化遗产保护指导委员会成立大会在呼伦贝尔举行》，《中国文物报》2014 年 8 月 25 日。

［11］李存信：《"文物保护与实验室考古研讨会"在山东大学举行》，中国社会科学网，2014 年 6 月 11 日。

［12］李存信：《遵义播州土司杨价墓实验室考古和文物保护修复专家咨询会在京召开》，中国考古网，2015 年 2 月 5 日。

［13］王巍：《2014 年的中国考古学——考古发现之外的那些事》，《中国文物报》2015 年 3 月 13 日第 5 版。

［14］2015 年 1 月 5 日，国家文物局、江西省文物局在江西南昌召开"新建墎墩汉墓考古发掘专家论证

会”，国家文物局童明康副局长提出墎墩汉墓考古与文化遗产保护要实现三个“第一”—— 一流的考古发掘，一流的文物保护，一流的展示利用。要体现新世纪的中国考古学最高水平。会议确定，在墎墩汉墓实施实验室考古，在当地创建实验室考古工作室。

[15] 朱磊、唐仲明、王庆铸：《从野外走向室内——近年实验室考古实践成果及未来展望》，《中国文物报》2014 年 8 月 4 日。

[16] 关于上述问题，在“实验室考古呼伦贝尔论坛”已有讨论和共识。如缺乏统一协调管理，缺乏行业标准及操作规程，缺乏专业人才，缺乏必要经费，等等。

[17] 针对以上问题，在“大云山汉墓出土遗迹遗物实验室考古中期研讨会”“实验室考古呼伦贝尔论坛”和山东大学“文物保护与实验室考古研讨会”等多次实验室考古学术研讨会上，学者们业已有所建言。

本文与杨军昌、李存信合撰，由杜金鹏执笔。原载于《江汉考古》2016 年 5 期

聚落考古路线探索

聚落考古是中国考古学的主体与核心。正确认识聚落考古学的任务与路线，是做好聚落考古的关键前提。

一、聚落考古的基础任务

张忠培先生指出，聚落考古基本内涵包括五个方面："其一，是单一聚落形态、布局及结构的个案研究；其二，是同一考古学文化同时期聚落的分布及其相互关系的探讨；其三，是同一考古学文化不同时期或同一谱系不同时代的诸考古学文化的聚落形态、布局、结构和聚落分布的研究；其四，是不同谱系同时期诸考古学文化的聚落的相互关系，以及这类聚落形态、布局、结构，和它们异、同的探索；其五，是聚落与生态环境的关系。"[1]

本文所述，主要是指聚落个体考古研究。

笔者认为，聚落考古的考古学基础任务，大致有四项。

其一，聚落内涵研究。聚落内涵指的是构成聚落的所有文化遗存及其相关的自然遗存，我们习惯上把文化遗存区分为遗迹、遗物两大类，遗迹中按照功能分为建筑（含构筑物）、作坊、墓葬、祭祀遗存等，遗物则按材质分为铜器、金银器、石器、玉器、陶器、瓷器、漆木器、角牙器等。聚落内涵研究是研究聚落其他问题的基础，几乎所有课题都要从聚落内涵研究中延伸出来。

其二，聚落形态研究。聚落形态包括聚落范围、形状、结构、布局等。聚落范围是指聚落四至，应注意聚落本体与附属遗存的关系、聚落个体与聚落群体的关系；聚落形状是指聚落遗址的平面状态，应注意聚落形状与当地地形地貌的关系；聚落结构是指聚落的框架构成——以城墙、城壕、道路、沟渠等为骨干，应该重视其外围结构和内部结构；聚落布局是指聚落的平面安排，即各种重要遗存的规律分布。

其三，聚落演变研究。聚落演变主要指聚落内涵与形态在时空方面的变化。建立在层位学、标型学基础上的考古学文化分期，是聚落演变研究的手段之一。当我们把大量遗迹遗物的时间坐标和空间坐标一一确定，便能勾勒出聚落的演变轨迹。

其四，聚落关系研究。聚落关系是指聚落之间的相互关系，亦即个体与个体、个体与群体的关系。

孤立地研究聚落个体，不能很好地彰显聚落的等级、特色等，有比较才能有鉴别。站在更高、更广的角度，更容易发现聚落的本质。

上述四项基础任务，从工作顺序讲大致是递进关系，但有时也有交叠。

二、聚落考古的史学目标

聚落考古除了要完成考古学基础任务之外，还要达到一些基本的学术目标——主要是有关古代社会的命题[2]。

其一，生态层面。生态环境是人类生存、发展的前提条件，人类不能创造生态，但是可以改善生态，也可以破坏生态。生态的变化制约着人类社会前进的脚步。

其二，经济层面。经济基础决定上层建筑，只有当经济水平发展到一定程度，才能催生文明因素、滋养文明体质。聚落考古须于当时的经济形态、经济水平有所了解。这主要通过遗址规模、遗迹遗物的数量、性质等来分析。其中，农业、畜牧业、手工业经济形态是关注重点。

其三，技术层面。聚落考古中关于古代技术的研究，可从建筑物、构筑物、墓葬、工艺品、日用品等方面加以分析。主要是建筑业、制造业、水利工程等方面所体现的技术水平。

其四，政治层面。聚落考古政治层面的研究，主要是指社会管理方式、社会运作模式研究。可通过聚落的规划、建设、内涵、格局、变迁以及个体聚落在群体聚落中的地位演变等，加以观察分析。

聚落考古的基础任务，是聚落考古第一层面的课题，要在田野工作中解决。而聚落考古的史学目标，则是聚落考古第二层面的课题，建立在第一层面课题的基础之上。

三、聚落考古的技术路线

聚落考古的技术路线，是指从事聚落考古时的思路和方法。不同时代、类别、规模的聚落，其考古工作的技术路线应有所区别；不同规模、水平的科研团队，也应采取不同的技术路线。一句话，要从实际出发，即从考古工作者和工作对象的实际出发，充分注意科学性、可行性。

聚落考古技术路线虽有差异性，但更多的是共同性。

聚落考古技术路线大体可归纳为“点、线、片、面”四个要素。

点。所谓“点”，就是对一些点状文化遗存（包括建筑物、墓葬、作坊等文化遗存）的了解。这是一个很长的积累过程。在一个面积广大的聚落遗址上，根据不同的学术目标，在不同地点布下面积不同的探方，所挖到的文化遗存，孤立地看就是一些点状遗存。这些“点”虽有大小，但还都是单独的文化遗存分布点。

线。所谓“线”，指的是对一些线状文化遗存（包括城墙、城壕、道路、水渠等）的了解。在发现线状文化遗存时，一定要抓住不放，顺藤摸瓜理出头绪。

片。“片”是由“点”组合而成的。一些有着内在联系且彼此靠近的“点”，组合起来就是性质相同或相近的“片”状遗存。

面。整合了全部“点、线、片”遗存之后，就是遗址的文化遗存“面”了，也就是整体面貌。“面”是有不同等次的，随着发掘研究工作的不断深入，会逐步由模糊到清晰、由粗疏到细腻。但关于遗址“面”的探索是无穷无尽的，虽然我们能越来越接近历史事实，可永远无法完全认知、复原历史事实。

“线”状遗存就像是骨骼、筋脉，“点”状遗存就像是五脏、肌肉，“片”状遗存可比喻为躯干、四肢，以上三方面的有机组合形成的“面”，就是“完人”了。

这四个要素，“点”是基本元素，由“点”可联成“片”，亦可联成“线”；“片”和“线”构成“面”。在实际工作中，“点、线、片、面”是动态变化、交互作用的。做聚落考古，心中要时时刻刻装着“面”上的事情，因为“面”是终极目标。但，一切的工作又都是从“点”“线”入手的。“点”多了就会形成“片”。

有几个实例很有说服力。

偃师二里头遗址考古工作进行50年了，大部分时间里，我们都在做“点”。1960年发现一号宫殿，1978年发现二号宫殿，虽然认定是宫殿建筑基址，但是在发掘简报中始终未提到“宫殿区”概念[3]（图一），直到20世纪80年代才确定遗址中部是“宫殿区”[4]（图二），这便出来一个“片”。在这个“片”里面，我们持续发掘，揭露出多座宫殿建筑基址（还是“点”）。后来，又确认大中型建筑、手工业作坊、祭祀遗迹等的大致分布区域，于是遗址上出现多个“片”[5]。可是，这些“片”只有大体的位置、模糊的范围，互相之间的界限并不清楚（图三）。进入新世纪，发现了宫城城墙和围绕宫城的“井”字形道路以及宫城南面围护作坊区的城垣等“线”状遗迹[6]，二里头遗址的聚落“面”貌方才豁然开朗。原来，二里头遗址的聚落形态，是以宫城为核心、以“井”字形道路为骨骼，把聚落（至少是聚落中心区域）分为功能不同的九个片区。宫殿区居于核心，其南面是手工业区，北面是祭祀区，东、西两面是贵族聚居区[7]（图四）。可以说，这个看似简单的“线”状遗迹，在聚落布局研究中意义实在重大，其学术价值应在发现一座宫殿基址之上。在这里，“点、线、片、面”的关系十分明确而典型。

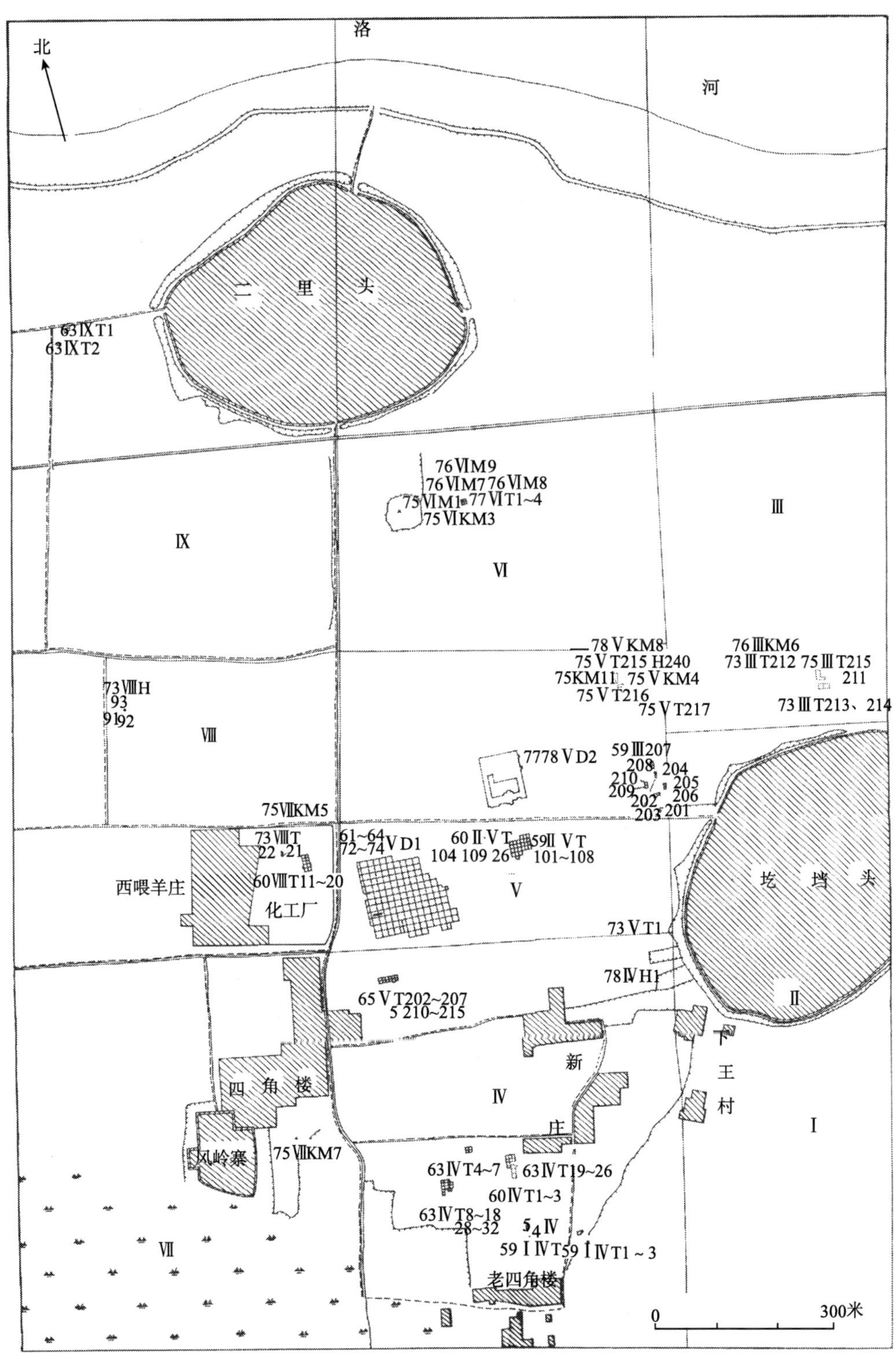

图一 二里头遗址早期发掘点分布图

（采自《偃师二里头遗址》，图 7）

在偃师商城遗址，首先发现的是城墙遗存，顺着这条“线”找到一座完整的城址[8]（图五）。接着，在城址内发现多片夯土建筑基址，后来确认分别是宫城、府库[9]（图六）。在城内，先后发掘过许多地点，这些“点”有的集合为手工业作坊遗迹（主要集中在大城东北部），有的则连结为“小城”城墙（这是王学荣先生的重要发现与贡献）[10]（图七）。从一些分散的“点”，连成完整的“线”，根据这条“线”勾勒出一个“面”的轮廓。可见“点、线、片、面”有着互证关系。

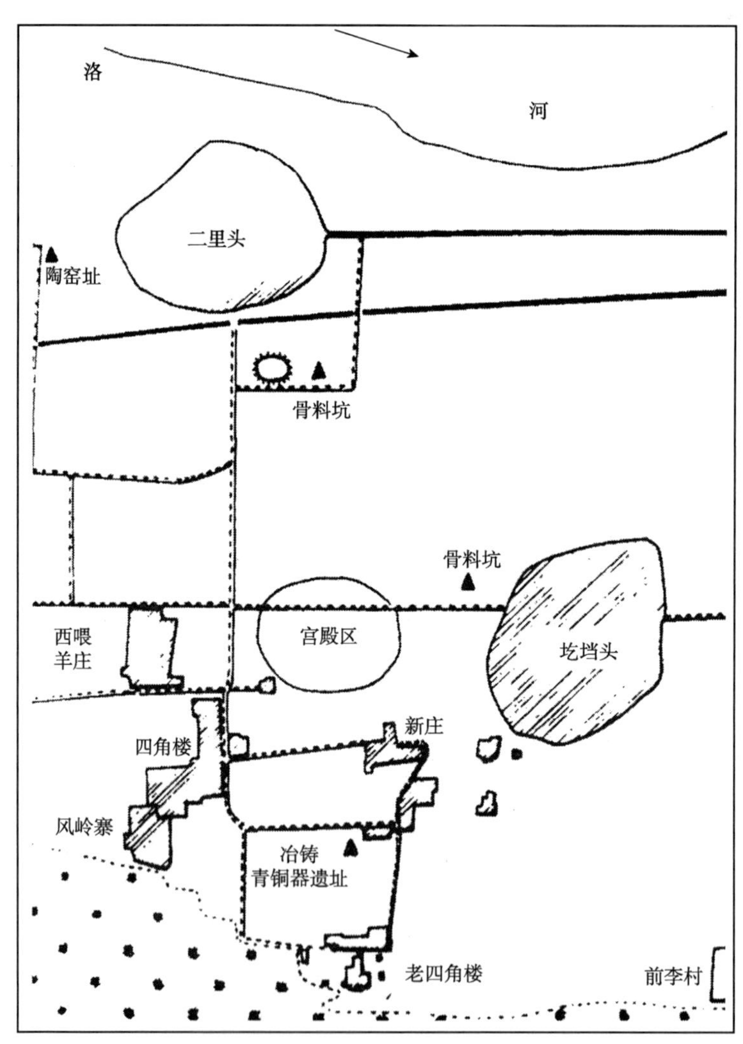

图二　二里头遗址宫殿区位置示意图

（采自赵芝荃《论二里头遗址为夏代晚期都邑》，图一）

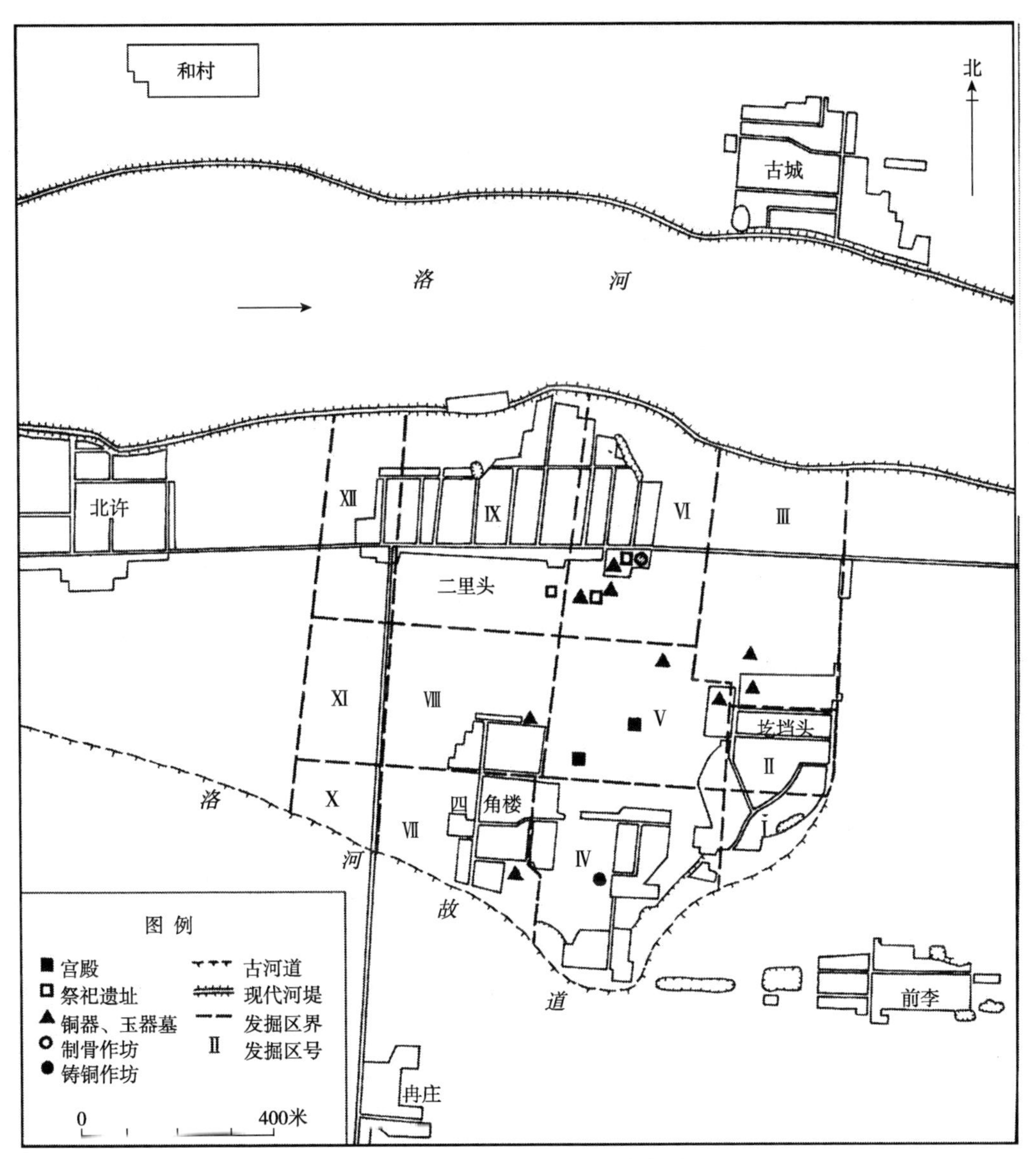

图三　二里头遗址主要遗迹分布图

（采自《中国考古学·夏商卷》，62 页，图 2-2）

在安阳殷墟，考古工作已经持续了 80 年，成就斐然。但是，我们对遗址“面”的认识，依然相当的笼统。殷墟考古“点”上的工作数量惊人（就发掘次数、地点而言，当居全国大遗址首位），“片”上的成果也较可观（至少宫殿区、陵墓区是明确的，手工业作坊分布区也大体知晓），但是“线”状遗迹掌握的不多（除了环绕宫殿区的壕沟，其他水系和道路只是片段的），遗址内部的区划界限尚不清楚[11]（图八）。因此，关于殷墟“面”上的认识还不够翔实。可喜的是，最近几年学者们在殷墟发现一

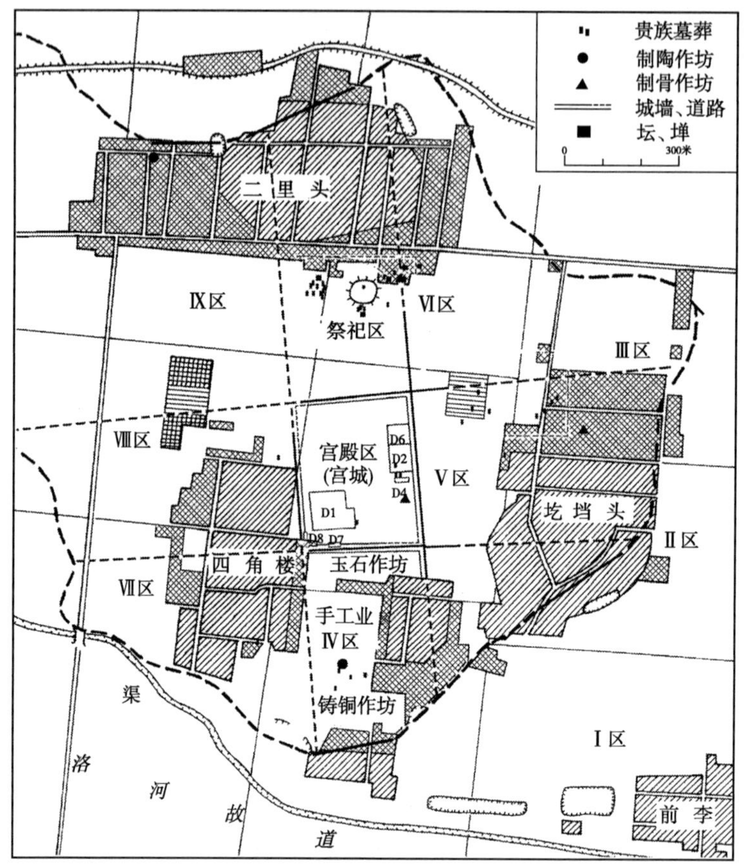

图四　二里头遗址布局图

（采自杜金鹏《夏商周考古学研究》，110 页，图二）

些“线”性遗存，并予以充分重视。殷墟考古学者唐际根、荆志淳先生指出，殷墟遗址的商代“道路已多有发现”。“从已见资料看，商代的道路明显可以分为大道和小路两种。其中大道可以通马车，贯穿多个商邑。小道则可能连通商邑之间。”同时还指出，殷墟还发现“两条大型沟渠穿越‘大邑商’腹地，使诸族邑成为有机整体”。“这是两条沿西北—东南走向贯穿整体殷墟的大型人工工程。其总长度至少在 2.5 千米以上”，是为制陶、铸铜作坊提供水源的水利设施[12]。殷墟考古学者岳洪彬、何毓灵、岳占伟等先生专门就“殷墟遗址的道路网络”进行过讨论，罗列出殷墟商代道路的八项发现，他们认为：“殷墟遗址为都两百余年，应有复杂的道路网络，但长期以来除受勘探范围和发掘面积的限制外，还有研究思路方面的问题，对道路网络的重视程度不够。因此，就目前所了解的殷墟道路网络的资料，尚不足以窥其全貌。但根据近几年来相关遗存的新发现，仍能对 3000 年前殷墟都城的精心规划窥其一斑。”“道路网路是殷墟布局研究的重要线索，也是将来殷墟考古勘探和发掘的重点。”[13]可以预见，在科学

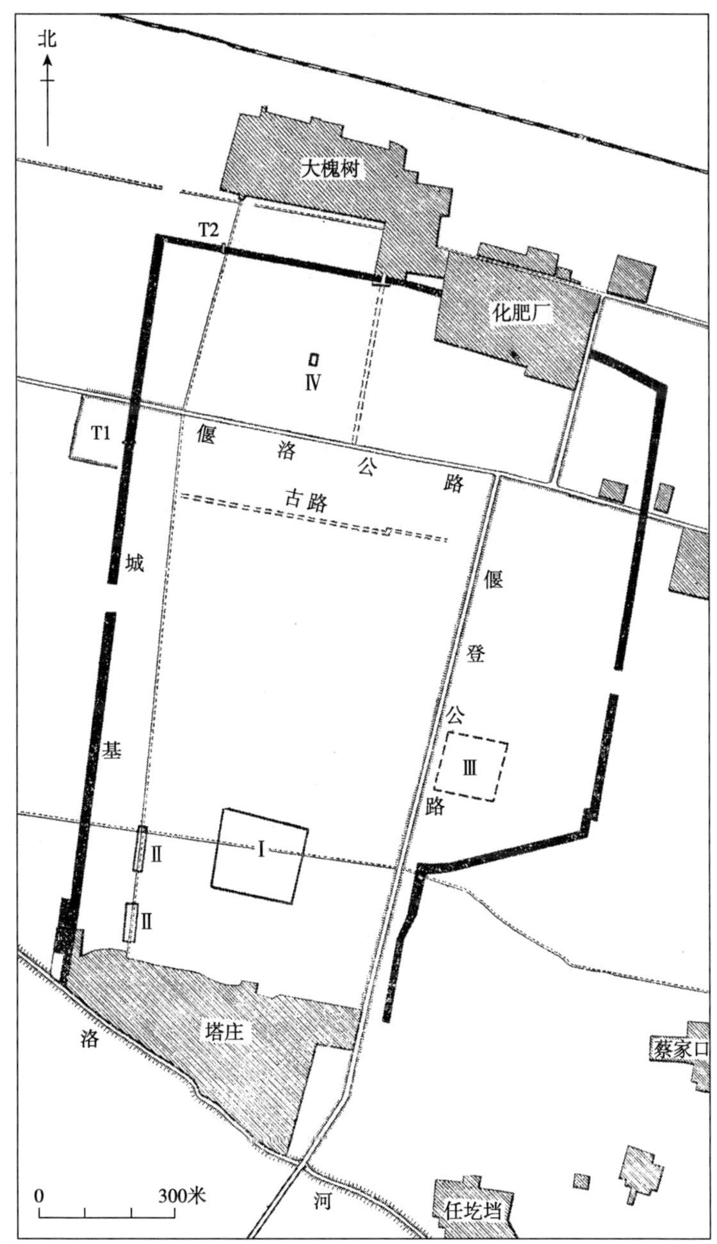

图五　偃师商城最初发现时的平面图
（采自《偃师商城的初步勘探和发掘》，图二）

理论指导下，综合已有资料并有意识地追寻、利用“线”性遗存，殷墟遗址的“面”很快会更加清晰地显露。

近年来，河南新密新砦遗址的聚落考古工作进展迅速。该遗址1979年首次发掘，1999、2000年的后续发掘，都是以文化谱系和分期编年为主要学术目标，所获主要

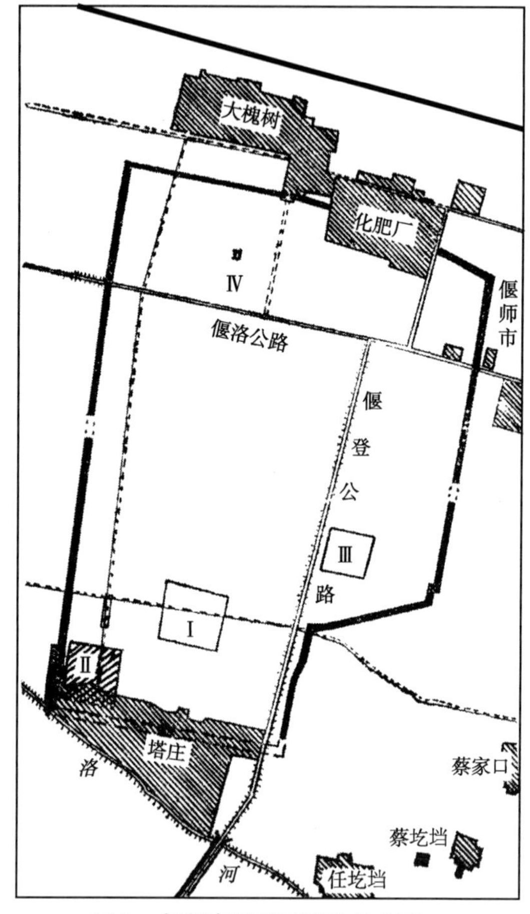

图六　偃师商城重要遗迹分布图
（采自《偃师商城第Ⅱ号建筑群遗址发掘简报》，图一）

是陶器等文化遗物，在文化遗迹方面知之甚少，关于聚落形态更是一无所知。2002 年"中华文明探源工程"启动，新砦遗址考古工作始引入聚落考古理念，很快在遗址范围、布局、内涵等方面取得可喜成果[14]。发掘者就此总结出一些关于聚落考古的认识和方法[15]。

我们有的遗址的考古工作，胸无全局，陷于琐碎的遗迹现象，或追逐各种出土文物，一叶障目，只见树木不见森林，结果是许多年下来，依然不知道遗址的基本面貌。历史的经验告诉我们，做聚落考古，只是有许许多多的"点"远远不够，要在"线"和"片"上多用功，并始终把"面"放在心上。

至于如何做好"点、线、片、面"四方面的工作，也要根据实际情况制定相应的工作方案。原则上，主要是解决好科研团队与技术手段两方面的问题，即尽可能多地吸纳不同学术领域和技术领域的专家，尽可能多地采用先进技术和设备。

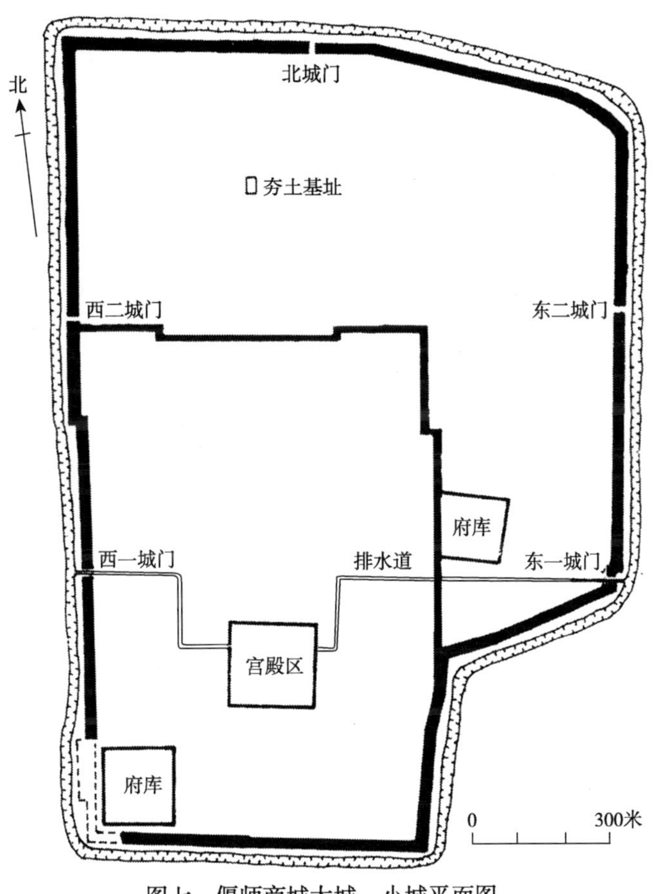

图七　偃师商城大城、小城平面图
（采自《河南偃师商城小城发掘简报》，图一）

四、附论聚落考古在文明探源中的价值

聚落考古具有许多学术意义，譬如城市起源与演变、文明形成与发展，等等。眼下，我国学术界正在进行中国文明起源研究，这是一个国家层面的大型学术活动，动员广泛，投入巨大，为的是证实那个实际上已经存在着的结论。

关于中国早期文明，既有见诸文献的大量古史传说，也有丰富的考古学资料，据以推断中国文明起源时间、地点、形式，大体上是可行的。

探索中国古代文明的起源，有多种理论和方法，其中，关于文明的标志如何确定争议颇大。我认为，如果把复杂问题简单化，则不妨这样看：文明的结晶是国家，国家的载体是都邑，都邑的核心是宫殿。因此，以宫殿为代表的礼仪建筑，是文明探源的基本突破口。而都邑考古则是文明探源的主要途径。由此说来，聚落考古在文明探源研究中，作用至关重要[16]。

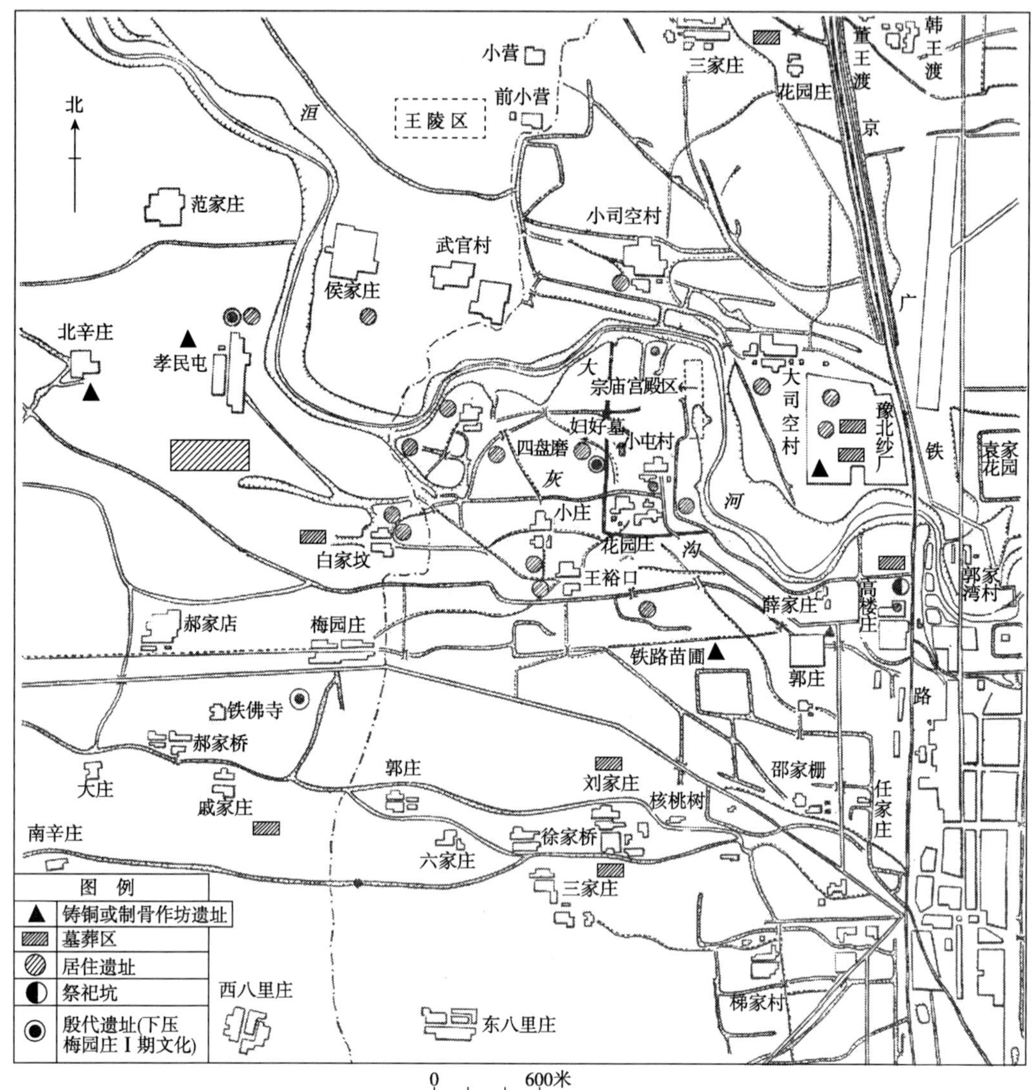

图八　殷墟重要遗迹分布图

（采自《殷墟的发现与研究》，41页，图一四）

循此思路，龙山时代大型中心聚落和青铜时代都邑，可以作为文明探源考古工作的重心。除了经济、技术方面的议题，更重要、更核心的课题，应该是探讨礼仪制度方面的问题。

注　释

［1］张忠培：《聚落考古初论》，《中国考古学——走进历史真实之道》，科学出版社，1999年，第199页。

［2］ 中国学者从聚落考古层面探讨古代社会已有半个世纪的历史，严文明先生等曾就聚落考古与古代社会研究做过专门论述（严文明：《聚落考古与史前社会研究》，《文物》1979年6期）。

［3］ 中国科学院考古研究所洛阳发掘队：《河南偃师二里头遗址发掘简报》，《考古》1965年5期；中国科学院考古研究所二里头工作队：《河南偃师二里头早商宫殿遗址试掘简报》，《考古》1974年4期；中国社会科学院考古研究所二里头队：《河南偃师二里头二号宫殿遗址》，《考古》1983年3期。

［4］ 二里头遗址发掘者赵芝荃先生在《偃师二里头·结语》中说："遗址中部发现有数十块夯土基址，大的长宽约百米，小的长宽约二三十米，形成一个规模庞大的宫殿区。"（中国社会科学院考古研究所：《偃师二里头》，中国大百科全书出版社，1999年，第393页。）并在《论二里头遗址为夏代晚期都邑》中首次给宫殿区画出了轮廓线（赵芝荃：《论二里头遗址为夏代晚期都邑》，《华夏考古》1987年2期，图一）。

［5］ 笔者在《中国考古学·夏商卷》"二里头遗址的布局与主要发现"一节中以宫殿区为地标，指出了大型和中型建筑、祭祀遗迹、手工业作坊、墓葬等文化遗存的分布状况。并指出："在二里头遗址虽然发现过道路，但是整个遗址的道路网络则至今不明。因此关于街衢和建筑分区情况，难以言及。究明二里头遗址的布局，将是今后田野工作重要任务。"对于线状遗迹的重要性以及对线状遗迹的渴望，溢于言表（中国社会科学院考古研究所：《中国考古学·夏商卷》，中国社会科学出版社，2003年，第65～66页）。

［6］ 中国社会科学院考古研究所二里头工作队：《河南偃师市二里头遗址宫城及宫殿区外围道路的勘察与发掘》，《考古》2004年11期；中国社会科学院考古研究所二里头工作队：《河南偃师二里头遗址中心区的考古新发现》，《考古》2005年7期。

［7］ 杜金鹏：《夏商周考古学研究·偃师二里头遗址都邑制度研究》，科学出版社，2007年。

［8］ 中国社会科学院考古研究所洛阳汉魏故城工作队：《偃师商城的初步勘探和发掘》，《考古》1984年6期。

［9］ 中国社会科学院考古研究所河南二队：《1984年偃师尸乡沟商城宫殿遗址发掘简报》，《考古》1985年4期；中国社会科学院考古研究所河南第二工作队：《偃师商城第Ⅱ号建筑群遗址发掘简报》，《考古》1995年11期。

［10］ 中国社会科学院考古研究所河南第二工作队：《河南偃师商城小城发掘简报》，《考古》1999年2期；王学荣：《偃师商城布局的探索和思考》，《考古》1999年2期。

［11］ 中国社会科学院考古研究所：《殷墟的发现与研究·殷墟的范围与布局概况》，科学出版社，1994年；中国社会科学院考古研究所：《中国考古学·夏商卷》，中国社会科学出版社，2003年，第296～303页"殷墟的布局"。

［12］ 唐际根、荆志淳：《安阳的"商邑"与"大邑商"》，《纪念世界文化遗产殷墟科学发掘80周年考古与文化遗产论坛会议论文集》，2008年10月。笔者注：该文所谓"商邑"指殷墟商都中各个族群的聚居区。

［13］ 岳洪彬、何毓灵、岳占伟：《殷墟都邑布局研究中的几个问题》，《纪念世界文化遗产殷墟

科学发掘 80 周年考古与文化遗产论坛会议论文集》，2008 年 10 月。
[14] 中国社会科学院考古研究所河南新砦队、郑州市文物考古研究院：《河南新密市新砦遗址 2002 年发掘简报》，《考古》2009 年 2 期；中国社会科学院考古研究所河南新砦队、郑州市文物考古研究院：《河南新密市新砦遗址浅穴式大型建筑基址的发掘》，《考古》2009 年 2 期。
[15] 赵春青：《新砦遗址聚落考古的实践与方法》，《考古》2009 年 2 期。
[16] 王巍先生对于聚落考古在文明探源工作的重要作用有过翔实论述（王巍：《聚落形态研究与文明起源》，《郑州大学学报（哲学社会科学版）》2003 年 3 期）。

原载于《三代考古（四）》，科学出版社，2011 年

夏商周考古学学科发展报告

一、学科发展历史与研究成果概述

夏商周考古学的研究对象是现今中国境内夏商周时期的人类文化遗存。

夏商周考古学见证了中国考古学自初创到繁荣的整个历史过程，是中国考古学的重要支柱之一。

在中国境内由中国学术机构发起、中国学者主持进行的首项考古发掘，是中央研究院历史语言研究所于 1928 年开始对安阳殷墟的发掘，它既是中国考古学形成阶段中的重大事件，也是中国夏商周考古学正式诞生的标志。1928～1937 年，历史语言研究所组成“殷墟发掘团”，对安阳殷墟遗址进行了十五次发掘，成就斐然。就考古发现而言，这十五次发掘的主要收获包括：第一，共获得商代刻辞甲骨 24900 多片。殷墟发掘的最初目标就是寻求通过科学发掘搜寻殷代甲骨文，从而对甲骨文和殷商史进行科学研究。这些刻辞甲骨不仅具有明确的出土地点，还有清楚的地层关系，并有与其他商代遗迹遗物的共存关系，为甲骨文研究开辟了全新的天地。第二，在殷墟宫殿区发掘一批商代夯土建筑基址（发掘者认为分属 53 座建筑），从而揭开了先秦时代帝王宫殿、宗庙等礼制建筑的考古发掘与研究之序幕。中国考古学奠基人之一的李济先生评价说：“殷墟的发掘，就现代考古学的立场说，最基本的贡献实为殷商时代建筑之发现，亦即夯土遗迹之辨别，追寻与复原工作。”第三，发掘了 11 座商代晚期王陵和从属于王陵的上千座祭祀坑，这是古代王陵考古发掘的先声。就学科建设而言，这十五次发掘的意义主要在于：第一，首次把现代考古学田野发掘方法运用到商代考古科研实践中，堪称我国夏商周考古学的开创之举；第二，培养了一批商代考古学者，由此造就了多位蜚声中外的甲骨文学家、商代考古学家，初步奠定了中国夏商周考古学队伍的基础；第三，积累了大量商代考古资料，为迅速切入商代考古学研究的核心课题，提供了资料准备；第四，以铁的考古学事实，证明我国在商代已经进入文明社会，从而打破了当时中外学术界对于中国传统古史体系的全面否定，使得以“二重证据法”为武器的新史学，充满活力，充分显示了考古学的重要性。

在发掘殷墟的同时，还进行了对河南浚县辛村西周卫国墓地、汲县山彪镇和辉县琉璃阁战国墓葬的发掘。1933～1935 年，北平研究院史学研究会则在陕西渭河流域进行了考古活动，发掘了宝鸡斗鸡台遗址，发现有仰韶文化遗址和周秦汉代墓葬。

随着考古发掘的进行，考古资料的整理研究工作也逐步开展。殷墟前七次发掘的成果和研究论文，主要发表在 1929 年创刊的《安阳发掘报告》第一至四期上，第八至十五次发掘的报告和论文主要发表在 1947 年创刊的《中国考古学报》第一至四册，出版的考古学刊物和著作还有《六同别录》《殷历谱》《殷墟文字甲编》《殷墟文字乙编》上辑。宝鸡斗鸡台遗址周秦墓葬资料则结集为《斗鸡台沟东区墓葬》。

因此可以说，夏商周考古学是从商周考古起家的，安阳殷墟的发掘则是夏商周考古学的第一块基石。

夏代考古是以夏文化探索为主题的考古学研究。早在 20 世纪前半叶，我国学者就开始了夏文化的讨论，先后提出了仰韶文化是夏文化、黑陶文化或龙山文化是夏文化的假说，还有人根据古代文献的提示，前往山西寻找“夏墟”遗址。而正式地把夏文化探索作为一个明确的学术目标，有组织有计划地推展开来，是 20 世纪 50 年代末以徐旭生先生率领中国科学院考古研究所科研人员在豫西地区进行的“夏墟”考古调查为开端，发现偃师二里头遗址则为其重大成果。在随后的 60 年代和 70 年代，有关方面考古学家在河南、山西开展一系列以夏墟、夏文化为目标的考古调查，分别发现一批二里头文化和龙山文化遗址，确定了二里头文化之二里头类型和东下冯类型的分布范围，为夏文化探索奠定了坚实的基础。

夏文化探索的重要学术活动分为：第一，大规模、大范围的考古调查。考古学家在史传为夏墟的豫西、晋南地区进行了艰苦的野外踏查，发现数以百计的属于夏代纪年范围内的古遗址。第二，建立了周详的考古学文化序列，使上述地区自“先夏”时期至于商代的文化遗存，联为一条环环相扣的古文化链条，从而把探索夏文化的目标限定在可以控制的范围内。于是，龙山文化晚期遗存、新砦文化和二里头文化成为探索夏文化的学者集中关注的目标。第三，发掘了偃师二里头、夏县东下冯、登封王城岗等重要遗址，其中偃师二里头遗址的发掘，在夏文化探索方面最具学术价值，它不仅提供了有关夏文化内涵的资料，还为追寻夏代都城遗址给出了明确目标。第四，就夏文化的分布地域、内涵特征、年代范围、类型划分、都城遗墟以及夏商分界，展开了热烈而持久的讨论。夏文化讨论是中国考古学史上争鸣最为激烈、最为持久的一个专题讨论，影响相当广泛、深远。

综观夏文化探索的历程，大致可以划分为四个阶段。以 1959 年徐旭生等奔赴豫西调查“夏墟”为界标，此前是夏文化探索的萌芽阶段，此后则进入夏文化探索初级阶段。在萌芽阶段，学者只是对于已有考古资料与夏文化之间的关系做了初步的联想和假设，除此之外没有在预设课题指引下有任何田野工作之突破。而在初级阶段，有组织有计划地寻找夏墟为明确目标的田野工作，得以正式展开。提出了夏文化探索的基本理论和方法，并初步锁定了夏文化探索的大致目标。以 1977 年登封告成遗址发掘现场会为标志，夏文化探索进入快速发展和繁荣阶段。田野工作在河南、山西等地全面展开，夏文化探索成为整个考古学界所瞩目的热点，并形成“百家争鸣”的热烈局面，

“西亳说”和“郑亳说”学者之间长期的攻守、对峙，为其特别景观。以1983年偃师商城发现为界标，夏文化探索迈进深入讨论阶段。偃师商城的发现为夏文化探索提供了新契机，尤其是在“夏商周断代工程”等重大学术课题推动下，偃师商城的考古发掘与研究进入全新阶段，“西亳说”和“郑亳说”之间的共识迅速提升，夏文化的面目更加清晰，夏文化探索进入一个全新阶段。

夏代考古其他方面也有不少进展。首先是各地发现了夏代不同特色的文化遗存，如东方海岱地区的岳石文化，东南地区的马桥文化，江淮地区的斗鸡台文化，江汉地区的夏代文化，成都平原的三星堆文化，北方草原的夏家店下层文化，西北甘青地区的齐家文化，山西汾河流域的光社文化，河北漳河流域下七垣文化……，学者可据以推断出夏王朝时期中国大地上“天下万国”的大致格局。其次是摸清了各地文化的相互关系，由此知道了当时华夏文化大家庭各成员之间的联系。

商代考古起步早，发展快，收获大。建国伊始，新中国考古学者便开展了商代考古活动，这就是对安阳殷墟武官村商代大墓和辉县琉璃阁商代遗址、墓葬的发掘。自此，中国科学院考古研究所（即今中国社会科学院考古研究所）持续在安阳殷墟进行科学发掘，在宫殿和一般建筑、王室贵族墓葬和平民墓葬、手工业作坊、祭祀坑、车马坑等遗迹的发掘方面，均有重要发现，同时获得大量刻辞甲骨、青铜器、玉器、陶器等珍贵文物，由此学者对于商代晚期的政治、经济、军事、技术、文化、艺术、宗教等社会各方面，有了相当全面的认识。关于殷墟的布局、内涵、年代、分期、性质等诸问题，得到基本解决，以都城考古为核心的商代考古有了坚实基础。

郑州二里冈遗址的发掘和郑州商城以及郑州小双桥遗址的发现，使学者得以认识商代前期文化，人们对于商代社会的了解更加全面。由此引发了关于商汤都邑、夏商文化分界等问题的热烈讨论，“郑州商城汤都亳邑说”“郑州小双桥仲丁隞都说”与“偃师二里头汤都西亳说”“郑州商城仲丁隞都说”，展开了针锋相对的争论，有力地促进了夏商文化的研究。

偃师商城的发现，不仅为夏商分界提供了绝好的考古学都城界标，把夏文化探索提升到全新的高度，而且由于偃师商城保存较好，考古发掘面积大，且较全面和系统，因而资料相当完备，对于研究商代都城制度和商代早期社会，意义十分重大。偃师商城的发现和一系列考古发掘，把夏商考古学推进到空前层面。“西亳说”和“郑亳说”的长期辩论，在取得某些共识的基础上，进到一个全新的境界。

商代中期文化在相当长的时间里，是个比较模糊的认识。几年前，因为撰写《中国考古学·夏商卷》的推动，明确提出“中商文化”，并随后发现了商代中期的都城遗址“安阳洹北商城”；因为“夏商周断代工程”的需要，学者前往史传“邢墟”的河北邢台调查发掘，在东先贤遗址获得若干中商文化遗存。至此，商文化序列基本完善，商代早、中、晚期都城也连成系列。

商代考古的动力，始终以中原地区都城考古为主体，同时，周边地区的商代考古则使得商代考古更加充实丰满。一些重要的考古发现，如北京平谷刘家河商代墓葬，山东益都（今青州市）苏埠屯大墓、滕州前掌大商代墓葬，河南罗山后李商代墓葬、鹿邑商周墓葬，湖北黄陂盘龙城，江西新干大洋洲商代墓葬，四川成都商代遗址和三星堆商代祭祀坑，陕西西安老牛坡商代遗址和墓葬、城固商代青铜器群、长武碾子坡和武功郑家坡等遗址，陕晋黄河两岸商代青铜器群，山西垣曲商城，内蒙古伊金霍旗朱开沟遗址等，证明此时一个庞大的中华青铜文明共同体已经在黄河、长江等流域广阔的土地上形成。

周代考古的早期工作可以甘肃临洮辛店遗址、宝鸡斗鸡台遗址的发掘为代表。而以都邑考古为核心的周代考古学研究，则初创于 20 世纪 50～60 年代对西周和东周都城遗址的勘查与发掘。首先，对陕西西安张家坡一带的调查发掘，确认了西周都城丰镐遗址所在，并初步建立了西周文化分期序列，从而奠定了西周考古学基础。此外，经勘查发掘的东周城址有洛阳东周王城、临淄齐国故城、侯马晋国都城、易县燕下都、凤翔秦都雍城、临潼秦栎阳城、新郑郑韩故城等，东周文化面貌初露端倪。

与此同时，周代考古发现还有：河南辉县琉璃阁、固围村东周墓葬，洛阳中州路东周墓葬，陕县上村岭虢国墓地，信阳长台关战国楚墓；湖南长沙战国墓；湖北蕲春毛家嘴西周木构建筑，寿县春秋时期蔡侯墓，江陵望山、沙冢战国楚墓；山西侯马上马晋国墓地；山东临淄春秋齐国大墓；安徽屯溪西周贵族墓葬“土墩墓”；甘青地区的辛店文化等商周遗址和墓葬，等等。

70 年代以来，周代考古全面开花。主要考古发现包括：河南洛阳西周墓，三门峡西周虢国墓葬，平顶山应国墓葬，淅川下寺春秋楚墓，温县春秋盟誓遗址，淮阳战国楚墓；陕西扶风、岐山的西周都城周原遗址宫殿建筑基址、刻辞甲骨、墓葬、车马坑和青铜器窖藏等，长安沣西西周夯土建筑基址和“井叔墓”等墓葬，宝鸡西周強国墓葬，咸阳秦咸阳故城，凤翔春秋秦公陵园；河北邢台西周邢侯墓，邯郸赵国故城，平山中山灵寿城与中山王墓；山东曲阜鲁国故城，临淄商王村、相家战国墓葬，临淄后李战国车马坑，章丘女郎山战国墓，长清仙人台峙国墓，临沂凤凰岭东周墓；北京房山琉璃河西周城址和燕侯墓等墓葬，昌平白浮西周墓葬，延庆春秋戎狄墓；山西侯马晋侯墓，侯马东周铸铜遗址，太原金胜村春秋贵族墓；湖北荆州楚都纪南城，江陵雨台山、七星观、马山、九店楚墓，荆山包山楚墓，随州擂鼓墩战国曾侯乙墓，大冶铜绿山矿冶遗址；湖南长沙、临澧楚墓；甘肃灵台白草坡西周墓葬；四川新都战国蜀王陵；江苏苏州真山大墓，丹徒春秋墓；黑龙江肇源白金宝遗址；吉林永吉西团山文化墓葬；辽宁二道河子石棺墓，朝阳魏营子文化遗址和墓葬；甘肃庄浪徐家碾寺洼文化墓葬；浙江绍兴印山越王陵，等等。

二、当前学科前沿与重大问题研究状况

近年来，夏商周考古学科中重大研究项目有三，一是“夏商周断代工程”，二是《中国考古学》“夏商卷”和“两周卷”的编撰，三是“文明探源工程”。

《夏商周断代工程》属于国家95’计划重点科技攻关项目，1996年5月启动，2000年基本结束。设有“有关夏商周年代、天象及都城文献的整理及可信性研究”“夏商周天文学综合问题研究”“夏代年代学的研究”“商前期年代学的研究”“商后期年代学的研究”“武王伐纣年代的研究”“西周列王的年代学研究”“^{14}C测年技术的改进与研究”“夏商周年代研究的综合和总结”9个课题，下分44个研究专题，其中属于夏商周考古学范畴的有“早期夏文化研究”“二里头文化分期与夏商文化分界”“郑州商城的分期与年代测定”“郑州小双桥遗址的分期与年代测定”“偃师商城的分期与年代测定”“殷墟文化分期与年代测定”“殷墟甲骨分期与年代测定”“殷墟甲骨文和商代金文年祀的研究”“甲骨文天象记录和商代历法”“先周文化的研究与年代测定”“周原甲骨的整理及年代测定”“丰镐遗址分期与年代测定”“琉璃河西周燕国遗址分期与年代测定”“天马—曲村遗址的分期与年代测定”“晋侯墓地分期与年代测定”“西周青铜器分期研究”“晋侯苏钟专题研究”“西周金文历谱再研究”等。参与工程的专家学者有200多人，分属历史学、考古学、古文字学、天文学、测年技术等学科。经过大家的共同努力，工程取得较大成功，预设学术目标基本达到：建立了夏商周年代框架，对商王武丁至帝辛诸王、西周武王至厉王，给出了具体年代，从而制订了新的夏商周年代表。就夏商周考古学科建设而言，“夏商周断代工程”的最大贡献在于：促进了相关遗址的发掘，推动了田野考古工作；多学科联合工作，促进了不同学科学者之间的交流，拓宽了学科界面；推进了关键问题讨论，缩小了学术分歧；扩大了夏商周考古学的社会影响。

《中国考古学》夏商卷、两周卷，是全面总结夏商周考古学的现有成果、阐述作者对于夏商周考古学的认识之学术专著，属国家社科重点项目。1996年立项以来，有关学者对于夏商周考古学进行了全面思考、梳理。其中“夏商卷”已于2003年末出版，“两周卷” 则于2004年12月出版。这是两部全面论述夏商周考古学的专门著作。

近年夏商周考古学田野工作的重点，主要是围绕“夏商周断代工程”“文明探源工程”等国家重点科研课题而展开的考古调查、发掘，“夏商周断代工程”结束后，一些重要遗址的考古工作仍在根据新的学术课题要求继续进行。

围绕早期夏文化探索，重新发掘了河南禹州瓦店遗址、登封王城岗遗址和新密新砦遗址，对河南龙山文化晚期有了一些新认识，对于新砦文化内涵有了更深的了解，对其文化性质在大多数学者间取得了共识。登封王城岗遗址龙山城址的发现，新砦遗址大型建筑基址的发掘，均在学术界产生巨大震荡。在偃师二里头遗址，围绕年代学的发掘找到了一至四期文化遗存的直接地层叠压关系，通过对新出土含炭标本的科学测定，给出了二里头文化系列 ^{14}C 年代数据。围绕宫殿区布局和宫殿建筑基址的勘探发掘，基本划定了宫殿区的范围，找到了宫城城墙，揭露出二期、三期、四期的宫殿基址，为二里头遗址和二里头文化之性质的研究，开辟了新天地。在宫殿区发现了绿松石加工作坊遗迹、双轮车车辙、随葬绿松石龙的贵族墓葬等，对于夏代都城研究，提供了崭新的科学资料。在偃师商城，小城城垣的发现、宫城内多座宫殿基址的发掘、宫城北部祭祀遗存和池渠遗存的发掘，不仅在商代考古学上属于空前发现，而且对于整个古代都城制度史研究，也意义重大。大城、小城、宫城城墙和宫殿建筑、水池、祭祀遗存之年代的逐一确定，文化分期的最新研究，铸铜遗迹遗物的发现，使得人们对于偃师商城的布局、内涵、年代、分期、性质等问题，有了新的认识，“偃师商城为夏商界标说”得到学术界基本公认，从而有力地推动了夏文化研究。在郑州商城，对于宫殿区部分夯土建筑基址的发掘，把郑州商城夯土建筑的建造年代推前，为加强“郑亳说”提供了新材料。在郑州小双桥遗址，众多祭祀遗迹和夯土建筑基址的发现，证明它与商代都城有关，由此产生了“小双桥仲丁隞都说”，在学术界引起关注。洹北商城的发现，不仅充实了商代都城遗址序列，完善了商文化系列，使得学者探讨“河亶甲迁相”“盘庚迁殷”又有了具体对象，在中商文化研究方面确属重大突破，而且对于安阳殷墟的再认识，也非常重要。发掘出的一号宫殿基址，属于现知规模最大的先秦宫殿基址，其布局结构对于先秦宫殿制度研究，相当重要。新发现的安阳殷墟 M54 贵族墓葬，是继小屯 M5“妇好墓”、郭家庄 M160 高级贵族墓之后，在殷墟发掘的第三座未被盗掘的高级贵族墓，出土文物十分丰富。在长安沣西遗址，首次成功找到了先周文化与西周早期文化遗存之间直接的地层叠压关系，为其年代测定提供了考古学地层根据和合适标本。在曲沃西周、春秋晋国墓地，晋侯和夫人墓的发掘，既为晋国史研究提供可靠材料，又为西周王年排列，提供了可信依据。在关中周原遗址，新揭露出西周宗庙建筑基址，发现手工业作坊遗迹，是西周考古方面的重大成果。在北京琉璃河西周城址，发现了带有“成周”刻辞的西周甲骨，为城址年代、周初分封研究，贡献了新资料。

此外，在其他地方也有一些重要考古发现，如四川成都商代遗址的发掘、湖北枣阳九连墩战国楚墓的发掘等，兹不一一列举。

回顾夏商周考古学 70 多年的学科建设历程，可以大致划分为四个历史时期。一为学科初创期，主要指 20 世纪 20～40 年代，商代考古一枝独秀，夏代和周代考古尚未成形。二是基础建设期，即 20 世纪 50～70 年代前期，以资料积累、学科框架搭构为要务，在大量考古勘查和发掘的基础上，基本完成了建立夏商周考古学文化序列和文化类型划分与年代分期任务，夏商周考古在全国全面铺开。三是学科发展期，指 20 世纪 70 年代后期至 90 年代前期，夏商周考古学文化的区系、类型、年代、分期等基础课题更臻完善，考古学理论建设和考古学在历史研究中的运用，备受重视。在一些重大学术问题上，百花齐放，百家争鸣，持不同学术见解的学者之间展开了持久而热烈的辩论。夏商周考古学成为中国考古学中最具学术活力和社会影响力的学科之一。其四，20 世纪 90 年代后期以来，受“夏商周断代工程”的大力推动，夏商周考古学又有一次全国性动员，以建立夏商周年表为主要目的和标志性成果、多学科联合攻关行动，不仅推动了田野考古的前进，有了一系列重大考古新发现，也促成了研究工作方面的新突破，学术界在一些原先争论已久的问题上，多有共识。在此基础上，一些重要的学术新问题被摆上学者案头。因此，夏商周考古学为国内外所瞩目，一时间成为“显学”。

1998 年以来出版的有关夏商周考古学的著作主要有：考古报告《偃师二里头》《洛阳皂角树》《驻马店杨庄》《朱开沟》《郑州商城》《郑州商代铜器窖藏》《盘龙城》《辉县孟庄》《老牛坡》《安阳殷墟郭家庄商代墓葬》《豫东杞县发掘报告》《马桥》《城固宝山》《鹿邑太清宫长子口墓》《张家坡西周墓地》《天马—曲村》《洛阳北窑西周墓》《海阳嘴子前》《真山东周墓地》《武昌放鹰台》《临猗程村墓地》《三门峡虢国墓》《大嘴子》《印山越王陵》《长沙楚墓》《铜绿山古矿冶遗址》《周原甲骨文》《中国临淄文物考古遥感影像图集》等；研究专著和论文集《夏商周断代工程 1996～2000 年阶段成果报告（简本）》《夏文化论集》《夏商时代都城制度研究》《夏商周考古学论文集（续集）》《夏商周青铜文明探研》《夏商文化论集》《早商文化研究》《中国商文化国际学术讨论会论文集》《中国青铜文化结构体系研究》《黄河中下游地区的东周墓葬制度》《海岱地区周代墓葬研究》《安金槐考古文集》《河南考古探索》《四川盆地的青铜时代》《殷墟文化研究》《中国青铜器研究》《胡谦盈周文化考古研究选集》《长江流域青铜文化研究》《中国西北地区青铜时代考古论集》《西周青铜器分期断代研究》《西周青铜器年代综合研究》《中原地区东周陶器墓葬研究》《纪念殷墟甲骨文发现一百周年国际学术讨论会论文集》《百年甲骨学论著目》《甲骨学一百年》《郑州大师姑》《忻州游邀考古》《偃师商城初探》《偃师商城遗址研究》《偃师二里头遗址研究》《安阳小屯》《甲骨文精粹释译》《殷墟甲骨刻辞摹释总集校订》《关中商代文化研究》《西周铜器断代》《周原遗址与西周铜器研究》《夏商周青铜器研究》《民和核桃庄》《鸟仑尾与狗头山》《固始侯古堆一号墓》《春秋战国时期中国北方文化带的形成》，编《吴国青铜器综合研究》《两岸楚文化学术研讨会论文集》《商周家族形态研究》《先秦考古探微》《齐文化的考古发现与研究》《齐鲁史前文化与三代礼器》，著《四川古代文化史》《长江上游的巴蜀文明》《三星堆考古研究》《巴蜀考古论集》《月龄历谱与夏商周年代》《两周礼器制度研究》《中国古玉研究文献指南》《中国玉文化玉学论丛（续编）》等。

学者关注的夏商周考古学的主要课题，范围大体包括：夏文化、先商文化、早商文化、中商文化、晚商文化、先周文化、西周文化和东周文化。其中最基本也是比较重大的学术课题是关于上述文化的分布范围、类型、内涵、分期、源流、相互关系等考古学基本问题，讨论的重点或热点问题主要包括：夏文化内涵与外延的确定问题，夏商文化分界问题，商汤亳都地望问题，偃师二里头、偃师商城、郑州商城、郑州小双桥、洹北商城、安阳殷墟等商代都城遗址的王属问题，先商文化的认定问题，先周文化与西周早期文化界定问题，夏、商、周年代问题，夏商周宫殿制度，夏商周墓葬制度，夏商周科学技术，夏商周文字等等。

夏商周考古学中最受关注、争议也最大的学术观点主要是：

“二里头西亳说”。自 1959 年徐旭生根据古代文献记载在偃师实地踏查发现二里头遗址并推定为商汤西亳以来，“二里头西亳说”主导学术界将近 30 年，1977 年，始有学者背离“二里头西亳说”改倡“郑州商城汤都亳说”，但学术界主流意见仍是坚持“二里头西亳说”。在持“二里头西亳说”学者中，又有夏商分界在二里头文化一、二期之间说，二、三期之间说，和三、四期之间说等不同认识。1983 年偃师商城发现以后，“二里头西亳说”学者分化为两派，一派依然坚持旧说，一派主张偃师商城是商汤西亳遗址，其中有的学者先是认为二里头遗址与偃师商城同属西亳，后来专守偃师商城西亳说，改从二里头是夏桀斟鄩说。目前，持二里头遗址为夏代都城说者占主流，持二里头遗址商汤西亳说者仅属个别。

“郑州商城仲丁隞都说”。这是学术界提出的关于郑州商城性质的最初看法，它的出现，是以二里头遗址为汤都西亳、二里头文化三期和四期是早商文化为前提的。“郑州商城汤都亳说”直接否定此说，而偃师商城发现之后关于汤都西亳及商文化年代上限的新认识，对于“郑州商城隞都说”也是较大冲击。“郑州商城隞都说”只得退守郑州商城后期为隞都说，但有待对于其前期遗存之性质做出合理解释。

“郑州商城汤都亳说”。这是与“二里头西亳说”针锋相对的学说，主张二里头文化便是夏文化，郑州商城是最早的商代都城，是划分夏商文化的界标，二里冈下层文化是最早的商文化。这一学说在提出之初，就存在逻辑和证据缺陷，这主要表现在：一方面“郑亳说”背弃“西亳说”的根本理由，是文献记载说商汤灭夏之后马上返回到亳都去了，而没有在夏王朝腹地新建都城，二里头遗址位于夏王朝腹地，不可能是汤都西亳。另一方面，认定郑州商城是“汤始居亳”之遗存，是划分夏、商文化和先商文化、早商文化的界标。因此，在界标问题上形成自相矛盾。“郑亳说”还存在阉割和曲解古代文献、使用陶文证据不当、历史地理证据牵强等问题。后来，有“郑亳说”学者将郑州商城始建年代提前，弥补了“郑亳说”的一个先天缺陷。又有“郑亳说”学者提出偃师商城为早商别都说，实际上承认了偃师商城汤都西亳说的基本观点，修正了“郑亳说”以否定“西亳说”为立论前提之错误。目前学术界不得不承认，郑州商城在商代初期不失为一大都会，城内有先商时期大型建筑等文化遗存也不无可能。因此，“郑亳说”有其存在的合理性。但如何使之更加科学化，将是新问题。

“郑州小双桥隞都说”。关于仲丁隞都遗址，“西亳说”学者曾指认为郑州商城，

“郑亳说”则说隞都已被黄河冲毁，荡然无存了。而郑州小双桥遗址的发现，给“郑亳说”者提供了补正旧说的机会，“小双桥隞都说”为“郑亳说”增添一条出路。只是，小双桥遗址堪当商代都城，还需经过大量考古发掘从布局和文化内涵等方面予以落实。

“偃师商城汤都西亳说”。商汤都城在偃师，汉代文献便已明确记载，如果以前二里头遗址是夏都抑或商都还有争议的话，偃师商城为商代城邑则几乎没有疑义。偃师商城为汤都已可从其布局、年代、内涵等多方面证明，以“别都”非“汤都”来否认偃师商城西亳说，只是文字游戏而已。偃师商城西亳说的确立，为从考古学上确认夏、商文化分界以及先商文化与早商文化的分界，提供了可靠界标。

“偃师商城太甲桐宫说”。为了在否认“西亳说”、维持“郑亳说”前提下给偃师商城一个安排，“郑亳说”者提出了偃师商城为太甲桐宫的观点。事实证明，这种说法在年代学和文献学方面，均难立脚；偃师商城具有王都内涵之考古学事实，更使之难以成立。桐宫依附于汤冢，汤冢尚无着落，桐宫何从谈起？因此，说者虽一再修改，多方掩饰，最终恐怕还是不得不放弃此说。

“偃师商城商初别都或重镇说”。鉴于偃师商城的年代和内涵，也考虑到古代文献关于汤都西亳的记载，有学者提出偃师商城为商初别都或者重镇说，这是“郑亳说”学者与“西亳说”学者的一次学术靠拢。承认偃师有商都，这是考古学界最新出现的一个共识，一个足以影响夏商文化框架研究的重要共识。

夏文化上限问题。最早的夏文化是什么，学术界有不同意见，有学者认为二里头一期文化就是最早的夏文化，更多的学者认为二里头文化只是夏文化的晚期，夏文化的上限应延伸到更早的考古学文化中，即当地龙山文化晚期。这种争议涉及考古学文化与古代族的对应问题、夏代积年问题、夏商分界问题等。越来越多的学者认识到，夏文化上限肯定早于二里头文化第一期，至少新砦文化当包括在夏文化中。

“下七垣文化”与“先商文化”。夏、商是否同族，夏商文化是否同源一体，是学术界有争议的问题。而今，夏商非同族，夏商文化有别，已经成为多数学者的观点。因此，先商文化是被认定应存在的。有学者提出分布在豫北冀南地区、与豫西晋南二里头文化年代相当的一类文化遗存便是“先商文化”，有学者叫做“下七垣文化”。这本是“郑亳说”学者对于同种古文化遗存的两种命名，后来自起争议，实无必要。学术界目前承认：下七垣文化是先商文化。

“先周文化”。关于先周文化在学术界也曾有过争议，主要围绕其分布地域、文化变迁、内涵特征等。目前，关于先周文化问题的争论渐趋平静。

上述种种观点，其实可以归纳为两种学说。即以“西亳说”为代表的一派，以“郑亳说”为代表的另一派。它们原本是互相排斥，根本对立的，而今经过二十多年的考古实践，辩论的双方都在不断修正原有的观点，分歧日减而共识日增。在“西亳说”和“郑亳说”之间“和稀泥”的一种观点——“两京说”，认为商代早期同时存在两座都城，偃师商城和郑州商城同为商汤亳都，可能是将来正确理解古代文献、合理解释偃师商城和郑州商城考古实际的可取途径。

"西亳说"和"郑亳说"是夏商考古学的两大学派，双方的战场虽然摆在河南，但是其大本营却都在北京："西亳说"的大本营是中国社会科学院考古研究所，"二里头西亳说"和"偃师商城西亳说"均为其首倡；"郑亳说"的大本营则是北京大学。在河南郑州，研究者也分属两个阵地。

三、中国社会科学院考古研究所学科的学术地位及研究成就

就整个夏商周考古学而言，学科发展所取得的突出成绩主要在于以下几个方面：

（1）建立了比较完整的学科框架。就时间方面，夏、商、周三代均被覆盖；在空间方面，几乎全国各地都被纳入。这个时空框架，是建立在几代学者花费了毕生精力，一步一个脚印、一身汗水两手泥土的田野工作之基石上面。而今，在从南海之滨到北方草原、从海岱大地到甘青高原的辽阔土地上，都开放着夏商周考古之花。从夏文化起源到周秦交替，从壮丽都城到乡野小村，从帝王珍宝到平民贱器，从国体政治到民风民俗，从兵戈征伐到文化艺术，从农工技术到宗教信仰，无不在夏商周考古学者的关注之下。

（2）奠定了坚实的田野工作基础。现已发现的夏商周时期遗址数以千计，其中都城级的遗址如偃师二里头、偃师商城、郑州商城、洹北商城、安阳殷墟、长安丰镐、岐山周原等，重大考古发现数不胜数，名闻中外。夏商时期的其他城址或中心聚落如登封王城岗、黄陂盘龙城、垣曲商城、西安老牛坡、广汉三星堆、藁城台西等，夏商时期的墓葬、祭祀坑如益都苏埠屯商代大墓、新干商代大墓、广汉三星堆商代祭祀坑等，也已妇孺皆知。至于周代城址和墓葬，在黄河两岸、长江南北星罗棋布，各呈风采。这些考古发现构成了庞大的学术资料库，为学者进行各种研究奠定了良好基础。这些考古发现，极大丰富了我国青铜时代史料，足可据以重写夏商周三代历史。

（3）完成了学科体系构架。经过 70 多年的实践，学者运用考古学基本理论和方法，结合甲骨文和金文以及古代文献，搭构出夏商周考古学的完整体系，使之成为中国考古学中最具活力和魅力的一个亮点。

就中国社会科学院考古研究所来说，在夏商周考古学科的建设方面，做出了相当突出的贡献，其表现主要是对于夏商周都城遗址的持久发掘。

新中国成立后，考古研究所建所伊始，便在殷墟开展考古发掘。此后，围绕夏商周时期考古研究，在大面积调查的基础上，选定襄汾陶寺、偃师二里头、偃师商城、夏县东下冯、安阳洹北商城、安阳殷墟、岐山周原、长安沣西、北京琉璃河等古都或

大型聚落遗址，进行长期发掘，此外还在豫西、豫东、晋南和泾渭流域等地，先后做过若干考古调查和发掘。

陶寺城址是目前已知规模最大、城址与墓地共存的龙山时代的城址，其地望与古代传说的“唐尧”活动的中心区相合。因之，它在中国文明起源研究方面具有重要意义。夏王朝是中国历史上第一个“家天下”的王朝，相当多的学者认为，二里头遗址最有可能是夏代中晚期的都城遗址，是探索夏文化的首选遗址。偃师商城为商代早期都城，也是我国目前所知保存最好的青铜时代都城遗址，尤其是它的宫城，保存相当完好。偃师商城经过了比较系统的发掘，在“夏商周断代工程”中发挥过重要作用，科研前景良好。新近发现的洹北商城，是迄今所见规模最大的商代都城遗址。对它的发掘与研究，将有力地促进商代中期历史与文化的研究。安阳殷墟以其惊人丰富的商代遗迹遗物而闻名中外，大量的甲骨文和明确的古代文献证明这是商代晚期都城遗墟。岐山周原遗址是周人灭商前的根据地，也是西周宗庙所在地。以往出土大量青铜器和近年揭露的大型建筑基址，显示了它的历史地位及其重要性。长安沣西遗址为西周都城遗址，西周考古学上的诸多重要问题都将通过该遗址来解决。近年，在“夏商周断代工程”中，沣西遗址的发掘，为确定先周文化和西周文化（即商王朝和周王朝）的分界年代，提供了地层依据和测年标本等关键资料。北京琉璃河遗址是西周燕国的都城，为西周大分封的历史见证者。该城址和贵族墓地的发掘，对于西周燕国历史的研究，极具学术价值。

（4）学术研究方面建树颇多。著名的“陶寺文化为夏文化说”“二里头汤都西亳说”“偃师商城西亳说”“偃师商城界标说”和二里头文化分期、偃师商城文化分期、中商文化确立、殷墟文化分期、西周文化分期等一系列考古学基本问题，都是我们提出解决或参与解决的。在都城研究、青铜器研究、甲骨文和金文研究等领域，均处于学术领先地位或具有相当发言权。

按一般的认识，中国考古学可分为史前考古学、夏商周考古学和秦汉至明清考古学三大板块，三者鼎足而立。作为三大板块的中间环节，夏商周考古学既在时间上承上启下，又在学科特色上前后兼备。讲究严格的地层学和标型学，进行器物排队、文化分期，是史前考古学和夏商周考古学的共性；必须联系经史古籍，注重文字材料，讲究用考古资料证经补史，则是夏商周考古学与秦汉以来考古学的共同点。

（5）学术优势明显。都城是最能体现古代社会文明的主要载体，因此，都城考古是历史时期考古学的重点，深入研究了古代都城，便可纲举目张，促进其他课题的研究。我们掌握着龙山时代的 1 座区域中心城址和夏商周时期的 7 座都城遗址，我们的发掘与研究，对夏商周考古的发展起着举足轻重的作用。

我们掌握了夏商周时期的关键遗址，坚持有目的、有计划地开展大面积的考古发掘，取得大量第一手材料，加上科研人员的团队优势，因而在国内外同领域居于学术前沿，在中外同行中有较大影响力。我们的发掘和研究之进展，在一定程度上影响着本学科发展的方向、步伐和节奏。

在职科研人员年轻、具有活力，其中具有高级专业职称者约占一半，分别主持着夏商周时期最重要遗址的考古工作，他们形成了一个强有力的科研团队，这是目前我国最具规模和活力的一支夏商周考古专业队伍。

四、中国社会科学院考古研究所学科发展思路和工作设想

目前，中国夏商周考古学也还存在一些问题，这些问题既在本所、也在全国不同程度地存在。

（1）理论研究滞后。新中国成立以来，夏商周考古事业蓬勃发展，田野考古调查和发掘如火如荼，考古新发现层出不穷，考古资料迅速增加，研究专著和论文也令人目不暇接。与之相比，专门针对本学科的理论研究相对滞后。因此，在坚持考古学基本理论和方法的基础上，完善夏商周考古学的自身理论方法，应是今后努力的方向。

（2）发展不平衡。夏商周考古学的进展是相当迅速的，但是发展不平衡也显而易见。这首先表现在中央与地方之间不平衡，也表现在各地之间不平衡。中央考古机构和少数重点高校，有若干专职从事夏商周考古研究的人员，长期专注于夏商周考古发掘、研究、教学；省市考古机构科研人员，大多为配合基本建设而疲于奔命，不得不搁置自己的专业而当“万金油”，妨碍了他们在专业研究方面的深入发展。而在省市级考古机构中，由于地理位置、遗址数量和性质、考古发掘规模和收获等差异，学科发展水平有所不同，甚至差距较大。这就制约了夏商周考古学在全国范围内全面发展。其次，考古发掘与资料整理、研究失衡，发掘资料日益沉积，分析研究跟不上田野发掘的步伐。

（3）综合研究薄弱。对于一个遗址、一个文化、一个时代、一类问题的研究，是大多数学者的强项，也是当前学科的亮点，但是综合研究相对来说是薄弱环节，有待加强。

（4）缺乏战略协调。一个学科的发展要靠各方的共同努力，目标明确，步调一致，方可事半功倍。眼下我们缺少能够有效地协调从中央到地方各级考古机构的全国性学术机构，或者说相关机构没有发挥其应有的科研协调作用，致使目标各异，步调不一，力量分散，不易形成巨大冲击力。“夏商周断代工程”曾有效地起到了组织协调作用，但限于其学术目标偏在年代学方面，限制了更大作用的发挥。

（5）队伍建设问题。首先是自上而下建立一支夏商周考古专业队伍，学有专长，专心致志。同时努力提高现有科研人员的业务素质。以前，考古学界称得上“学贯中西”者不多，但熟读经史的先生却不少；而今，熟悉西方学术的学子已不乏其人，然

而真正学贯古今、对于中国古代典籍和传统文化烂熟于胸者少，因而在夏商周考古研究中涉及三代典章制度礼仪习俗等，不免隔靴搔痒、雾里看花之憾。又多数学者固守一地，专攻一端，不能三代贯通。长于夏商周考古而熟悉史前考古和秦汉考古者更少见。

（6）学风建设问题。浮躁和急功近利，是当前学术界通病，夏商周考古学科亦不能免俗。要大力倡导踏实苦干作风，鼓励原创性研究，发扬实事求是精神，开展健康的学术争鸣，反对浮躁浮夸，制止哗众取宠、党同伐异恶习。

关于今后的发展思路和工作设想，主要为以下几点：

（1）理论多元化。坚持以历史唯物主义和辩证唯物主义为指针，研究国内外各种理论学说，从中汲取有益营养，努力使学科理论多元化、系统化。

（2）方法技术现代化。注意吸收自然科学成果，善于运用现代科学技术，使考古发掘与研究的方法、技术现代化。

（3）研究国际化。随着经济全球一体化进程，各国在人文社科研究方面也必然加深联系。我国的改革开放，为中外学术交流创造了良好条件。因此，应充分利用有利时机和条件，把夏商周考古学推向世界，向世界介绍宣传夏商周考古学的成果，吸引外国学者共同开展夏商周考古研究。

（4）学科层叠化。学科的发展，导致学科界面的扩大化，一些邻近学科、甚至性质完全不同的学科，都可为夏商周考古做出贡献。我们要以远大的目光、博大的胸怀，兼容其他学科，进一步模糊学科界限，将多种学科叠加起来，形成新的研究层面和研究角度。

（5）大力推动田野工作。始终不忘田野工作是考古学的根本基础，继续着力推动各项发掘，在此基础上保持学科的鲜活生命力。把解决学科基本问题和重大问题作为田野发掘的主导思想。

（6）加强理论研究、综合研究。要在实践中总结经验，提高理论水平；注重综合研究，提倡对考古资料的细加工和深加工。

（7）加强队伍建设。充分认识科学研究以人为本原理，高度重视人才培养。在中青年研究人员中推进学风建设，强化传统文化修养，努力拓宽学术眼界，创造温润宜人的科研气候。

本报告第一稿成文于 2003 年 10 月，此后录续有修订版

第三编　考古资产保护利用研究

论考古资产保护

一、“考古资产”概念解读

关于文化遗产的分类，一般根据其有形与无形分为物质文化遗产、非物质文化遗产。其实，有时候二者之间并无严格的区别。而今，学术界经常使用“工业遗产”、“农业遗产”指工业生产和农业生产活动中产生并存留下来的文化遗存。实际上，分类标准不同，文化遗产种类划分也就不同。

“考古遗产”之概念，联合国教科文组织在1956年于新德里通过的《关于适用于考古发掘的国际原则的建议》中即已使用，欧洲理事会于1969年在伦敦制订的《保护考古遗产欧洲公约》、国际古迹遗址理事会全体大会第九届会议于1990年在洛桑通过的《考古遗产保护与管理宪章》，也均使用这一概念。其含义，三份文件分别如下：

《关于适用于考古发掘的国际原则的建议》将考古遗产定义为：从历史或艺术和建筑观点看，对其保护符合公众利益的所有文化遗存，包括具有考古意义的所有纪念物和可移动或不可移动的文物[1]。《保护考古遗产欧洲公约》定义为：属于科学资料的主要来源或主要来源之一，从而作为历史和文明见证的所有文化遗存——实物或其他人类文化遗迹，又称为“考古物”。《考古遗产保护与管理宪章》则定义说：“‘考古遗产’是根据考古方法提供主要资料实物遗产部分，它包括人类生存的各种遗存，它是由与人类活动各种表现有关的地点、被遗弃的结构、各种各样的遗迹（包括地下和水下的遗址）以及与上述有关的各种可移动的文化资料所组成。”[2]

大体上，以前人们所说的“考古遗产”主要是指考古资源——古迹遗址和纪念地、地上或地下可移动与不可移动文物，或者说，是考古发掘、研究对象以及发掘所获遗迹、遗物[3]。

本文所说“考古资产”，是指考古活动中针对并揭示和产生的科学文化元素的集合体，主要包括考古资源、考古资料和考古史料三大类。考古资源主要指考古对象，包括考古现场（古迹遗址等）、出土文物、其他科研标本。考古资料主要指发掘记录——文字、图表、图像、影像、音像，遗址与文物保护记录——检测、监测记录和分析报告，保护处置方案等。考古史料则指与考古活动中之人、事、物有关的文献资料和实物、纪念地，内容包括：①科研组织——包括参与工作的人员、专业、分工、重要贡献等；②法律文书——包括考古发掘审批手续和其他相关合同、协议；③科研方法与技术记录——包括科研理念和目的、发掘方案、考古现场和出土文物保护预案、技术支持等；④证物——主要包括发掘研究者使用的科研设备仪器工具、学习生活用品等，发掘和研究者居住使用的场地空间等；⑤其他相关记录（如工作中发生的重要事件和趣闻轶事、当地的民风民俗等）。考古资源属于原生的、资源性材料，考古资料与考古史料属于衍生的、记录性材料。

可见，本文所说“考古资产”比国际上通常所说的“考古遗产”概念要宽泛一些。上述国际文件中的“考古遗产”实际上只是本文所说的“考古资源”，基本上不包括本文所说的“考古资料”和“考古史料”。

考古资源和考古资料的重要性，已有共识。但对于考古史料的价值，则往往不被重视。其实，考古史料虽然是衍生的、附属的，但它对于研究者全面、深入、正确地理解和使用考古资源、考古资料，意义重大，因此必须纳入保护范畴。

考古资产保护既要关注有形的、物质的，也要关注无形的、精神的。考古资产，应归属于人类文化遗产中的“科学遗产”范畴。科学遗产是人类从事科学研究活动所形成的文化遗存。

二、考古资产保护的认识与理念

（一）考古资产保护的社会意义

保护考古资产具有重大社会意义。中共中央十七届六中全会决议指出：“优秀传统文化凝聚着中华民族自强不息的精神追求和历久弥新的精神财富，是发展社会主义先进文化的深厚基础，是建设中华民族共有精神家园的重要支撑。”[4]《国务院关于加强文化遗产保护的通知》认为：“我国文化遗产蕴含着中华民族特有的精神价值、思维方式、想象力，体现着中华民族的生命力和创造力，是各民族智慧的结晶，也是全人类文明的瑰宝。保护文化遗产，保持民族文化的传承，是连结民族情感纽带、增进民族团结和维护国家统一及社会稳定的重要文化基础，也是维护世界文化多样性和创造性，促进人类共同发展的前提。加强文化遗产保护，是建设社会主义先进文化，贯彻落实科学发展观和构建社会主义和谐社会的必然要求。”[5]

考古资产是我国文化遗产的重要组成部分，是祖国优秀传统文化的重要载体。保护好考古资产事关国家和民族的重大利益，具有重大历史和现实意义。

《考古遗产保护与管理宪章》导言：“考古遗产构成记载人类过去活动的基本材料，因此，对其保护和合理的管理能对考古学家和其他学者代表人类当前和今后的利益对其进行研究和解释起到巨大的作用。”[6]这是考古资产保护之基本价值和意义的国际共识。

（二）考古资产保护是考古学深入发展的需要

随着学科的发展，考古学的任务目标需要进一步拓展，学术规范需要进一步提高。而考古资产保护就是推动考古学发展的重要措施。

在我国，考古资产保护仍有提高认识、完善规范、落实措施的余地。

1. 关于考古资源保护

《国务院关于加强文化遗产保护的通知》认为："文化遗产是不可再生的珍贵资源。随着经济全球化趋势和现代化进程的加快，我国的文化生态正在发生巨大变化，文化遗产及其生存环境受到严重威胁。不少历史文化名城（街区、村镇）、古建筑、古遗址及风景名胜区整体风貌遭到破坏。文物非法交易、盗窃和盗掘古遗址古墓葬以及走私文物的违法犯罪活动在一些地区还没有得到有效遏制，大量珍贵文物流失境外。由于过度开发和不合理利用，许多重要文化遗产消亡或失传。在文化遗存相对丰富的少数民族聚居地区，由于人们生活环境和条件的变迁，民族或区域文化特色消失加快。因此，加强文化遗产保护刻不容缓。"这里，道出了考古资产保护面临的主要威胁和紧迫局面。

在城乡建设、大型基本建设与文化遗产保护的矛盾冲突中，文化遗产往往处于弱势，城乡建设和经济建设耗费了大量考古资源。因此，正确处理经济建设与文化遗产保护关系、当前利益与长远利益关系、局部利益与整体利益关系，至关重要。充分发挥文化遗产在经济社会发展、民生改善中的作用，是实现考古资产保护走向积极态势和可持续发展的正确道路。上述问题的解决，有待于全体国民的认知，尤其是有待于立法者和执政者的高度重视与充分理解。

在考古学界必须纠正这样一种观念，即考古科研目标高于一切。具体表现为：考古发掘以解决考古学术问题为最主要、甚至是唯一目标，在此过程中不太注意对遗址的保护、对遗迹现象的呵护。考古发掘追求快（最快速度解决科研问题）、全（最全面掌握学术资料）、准（寻找文化遗存最丰富、地层关系最全面、遗迹遗物最重要的地方进行发掘）、大（尽可能大面积揭露）。一句话，不在意考古资源的保护和节约。

在考古活动中把科研目标看得最高，可能由于以下两个原因。第一，过于"自私"。这里所说的"自私"，有大小之别。大"自私"是指固守小群体利益而不顾大群体利益，即只强调和追求考古学科、考古学界的需求，对于其他群体的要求与期望——譬如科学界的研究需求、普通民众的展示利用要求、青少年的求知探奇欲望等，则漠不关心。小"自私"是指把个人利益凌驾于其他人的利益之上，因急于求成甚至学术浮躁，为追求一己之利（甚至为探究一个微不足道的小问题，或者只是好奇），不惜挥霍珍贵遗产资源。第二，过于自信。认为自己有能力解决一切学术问题。殊不知，我们的知识不足，能力不够，技术设备不先进——至少与将来相比。必须承认，就中国考古学界的当前水平而言，我们对于考古资源的利用率是较低的——任何人，其认识和揭示古代遗迹遗物的水平，认知和收集古代社会信息的能力，都是有限的。实际上，每次发掘都会造成蕴含在古遗址古墓葬中的古代社会信息的流失、部分考古资源的浪费。因此，当要付出太大资源代价的时候，我们不妨放低对学术目标的苦苦追求，克制内心的探索欲望——比如，不轻易在准备不充分、条件不充足的时候发掘重要遗址，不轻易在遗址核心部位大规模发掘，不轻易在遗址上全面开花地发掘，不轻易解剖重要遗迹现象。我们呼吁：自我克制，敬惜遗址！

兹举两个例证。

一是殷墟宫殿区发掘的教训。当年，中国的学术精英们在安阳殷墟遗址进行首次自主、大规模、有明确学术目标的考古发掘，在追寻商代刻辞甲骨的时候，意外地发现了商代的大型宫室建筑基址。当他们从这个陌生的遗迹现象中醒悟过来（根据在山东章丘城子崖的发现，确认那些一度被认为是水淤土的遗迹实际上是“版筑”遗存）之后，学术关注点便从甲骨文转向了夯土建筑遗迹，开始了“卷地毯”式的大规模发掘，结果揭露出了甲、乙、丙三组礼仪建筑基址[7]。这是中国考古学早期发展的关键一步。那时候，学者们热情高涨、信心十足，一心要在殷墟发掘出复原商代社会的重要遗迹遗物，在短短 7 年间，给我们提供的宫殿宗庙区和王陵区考古资料，至今还是关于殷墟考古的最基本、最重要的材料。但是，留给我们的，也有很多、很大的遗憾，就文化遗产保护而言，造成无可弥补的损失。作为后人，我们不能苛求于前贤，因为当时考古学刚刚在中国兴起，考古发掘的知识水平毕竟有限，许多遗迹现象的认知和处理，都存在问题。尤其是对夯土建筑基址的“彻底”发掘，使我们丧失了一批珍贵的文化遗产资源，如殷墟乙八基址在发掘后，夯土台基被挖失，柱础石悬在空中，形成一根根土柱顶着柱础石的奇怪现象（图一、图二）。以至于今天我们在研究这些建筑时，只能依靠发掘报告（文字、图表和照片），而发掘过的遗迹已丧失殆尽，无可

图一　发掘后的殷墟乙八基址

（采自《殷墟建筑遗存》）

对证。其中，技术的欠缺尚可谅解，但文化遗产保护意识的欠缺，实在令人难以释怀。如果当时能够保留下全部的夯土建筑基址，保留那些重要的窖藏坑、甲骨坑、祭祀坑、墓葬以及道路、水渠等遗存，对于今天的我们、明天的后人，将会是多么难得的财富。也正因如此，当初考古发掘时形成的文字记录、线图、照片以及后来完成的考古发掘报告等资料，对于我们这些没有亲历当时殷墟考古的研究者，是多么珍贵[8]。

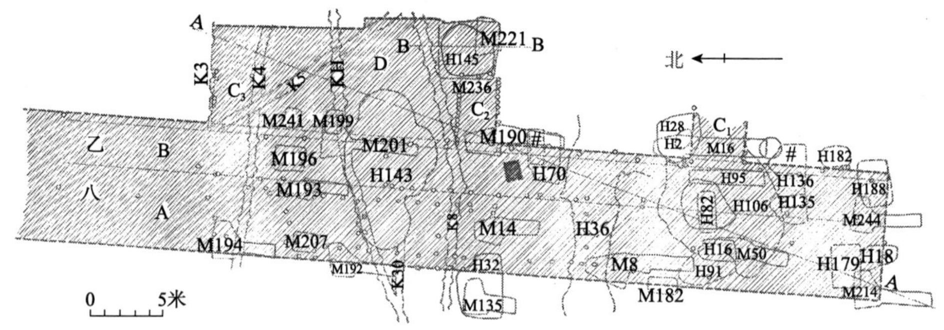

图二　殷墟乙八基址平面图

（采自《殷墟建筑遗存》）

偃师二里头遗址一号宫殿的发掘，可以是另一个值得借鉴的例子。一号宫殿基址经过了多次发掘，并先后发表三张平面图。第一张图仅是宫殿建筑基址的基本轮廓[9]，第二张图反映了宫殿建筑的基本面貌[10]，第三张图则补齐了廊庑建筑遗迹、纠正了南门建筑形式[11]（图三）。可以说是步步前进。能反复发掘清理并逐步揭示其真实面貌，得益于考古学者每次发掘时对该建筑基址的悉心保护。如果有需求，现在仍可以重揭该宫殿建筑基址进行验证研究。

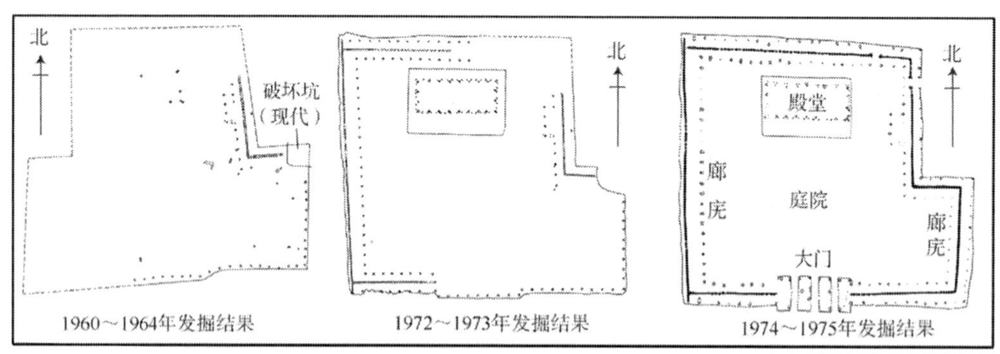

图三　偃师二里头遗址一号宫殿基址三次发掘结果对比

（采自《河南偃师二里头遗址发掘简报》图一，《考古》1965 年 5 期；《河南偃师二里头早商宫殿遗址发掘简报》图一，《考古》1974 年 4 期；《偃师二里头》图 84）

因此可以说，考古资源保护是考古学可持续发展的前提与保障，是考古学进步的表现与特征，是考古学坚持为人民服务、坚持以人为本、坚持把社会效益放在首位之方针的落实与彰显。

2. 关于考古史料保护

我们的考古学家，对于科研史料历来重视不够。我们的笔墨，既羞于记录自己（恐被指自我表现，至少学风不够谦虚沉稳），也怯于描述同事（恐被责不务正业，因为要关注的只能是发掘出来的遗迹遗物而不是参与发掘的人），于是考古记录和报告中便只见“物”不见“人”。而于发掘和研究过程中的“故事”，因其没有“学术价值”也被一概抛弃，充其量只是一种茶余饭后的消遣谈资。至于那些帮助我们发掘研究的仪器设备工具等，更是用过便忘却了，一旦过时（意味着落后）就抛弃，当做废品处理了。这就在很大程度上制约了学科的深入发展，以致我们在总结经验教训时，往往因史料缺乏而对有关问题看不清、说不明、捉摸不透。即便对于考古资源和资料，也有忽视的地方，譬如抗日战争前发掘安阳殷墟遗址，对于出土陶片不够重视，未能全部收集保存下来，使得我们如今在研究当年的发掘资料时，失去了判定遗迹年代和性质的重要依据。后来，我们对于考古现场和出土遗物的保护，也缺乏翔实记录（发掘结束后，对考古探方往往是随意回填，并无保护处理措施，更无回填记录；出土遗物的提取、迁移、修复、保护，往往也无专门记录）。这就使得考古学的深入、可持续发展，受到阻碍。

一些考古发掘的原始记录，具有十分重要的学术价值。我们知道，考古发掘简报、正式的考古发掘报告与原始发掘记录之间，往往会有些差异，产生差异的原因，主要是发掘者在发掘与资料整理过程中对于某些遗迹遗物的认识有所不同。一般地，学术界习惯于采纳最后发表的考古报告。但也不能绝对化。原始记录反映的现象、体现的认识，也值得重视，即在研究中如果有可能，还应参照原始记录资料。

笔者在研究偃师二里头遗址宫殿建筑基址时，除依据正式发掘报告[12]、参考两个发掘简报[13]外，还查阅了有关考古发掘记录，从中发现一些简报、报告未曾披露的资料，对于全面、正确地认识二里头遗址一号、二号两座宫殿建筑的性质等，提供了重要材料[14]。

偃师商城小城的发现，缘于有关专家对已有考古线索的梳理。为证实在大城之内还有小城的推断，1996 年夏我们重新揭露了偃师商城西二城门遗址，发现了大城与小城的平面关系[15]（图四，下）。同时，我们还找到本队保存的 1983 年秋发掘西二城门时在现场绘制的平面图，发现当初实际上已把大城城墙包夹小城城墙的地层关系绘于图上，只是后来整理加工时有删减，抹去了小城城墙包夹在大城城墙内部分之线条，而其东延部分则被认为是“马道”遗迹，即简报中发表的插图[16]（图四，上）。两组考古学者先后发现了同样的遗迹现象，一张废旧的图纸，依然有重要学术价值。

抗日战争前安阳殷墟宫殿区考古发掘的原始记录，收存在台北历史语言研究所，石璋如先生根据这些资料，整理发表了《殷墟建筑遗存》，成为研究殷墟宫殿建筑最权威的科学资料。但是，那些原始记录仍具有极高的科学价值。

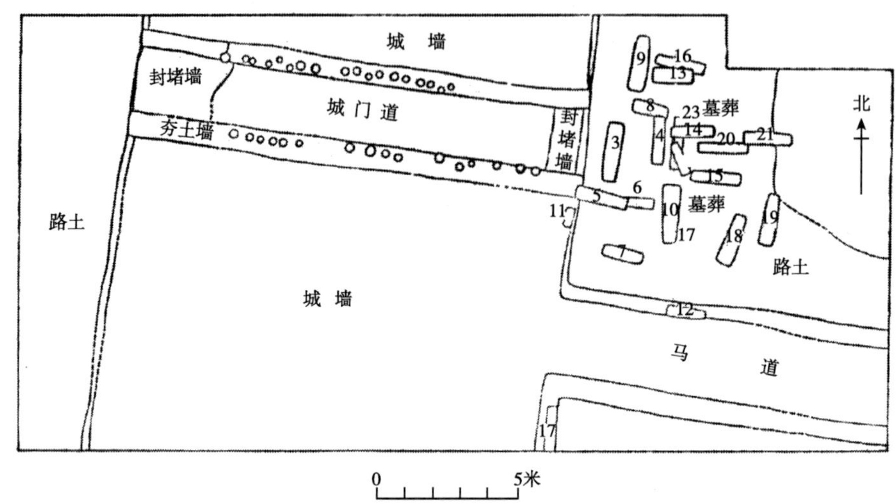

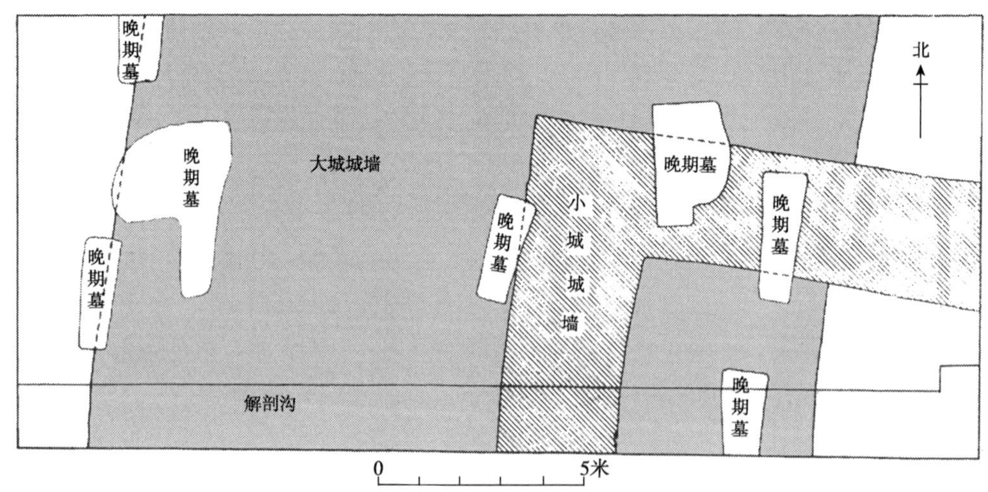

图四：偃师商城西二城门二次发掘结果

上：1983 年发掘偃师商城西二城门城墙平面图
下：1996 年偃师商城西二城门重新发掘所见大城与小城城墙平面关系图

例如，关于殷墟乙一号基址的性质及其与乙三号基址的关系，石璋如先生在不同论文中有不同论述。1981 年石璋如先生认为乙一基址是“祭祀场所”[17]；1995 年认为乙一基址是一座高台建筑，应即传说中的高宗（武丁宗庙），乙三基址则是其南门[18]（图五）；1997 年石先生则认为乙一基址是测影台、乙三基址是测影场[19]（图六）。据石先生说，他之所以先后认识有所不同，是因为不断翻看发掘资料，重新研究思考所致。他所翻看的考古发掘资料，并不只是《殷墟建筑遗存》，还有大量原始记录。如其《殷墟遗址中的两处重要遗迹——大连坑与黄土台》一文即披露不少颇有价值的原始资料，包括乙一基址东侧埋藏的大量动物遗骸，以及郭宝钧先生 1931 年 4 月 21 日发掘乙一基址时的工作日记。这些资料对于我们正确认知殷墟乙一、乙二、乙三基址，意义很大。

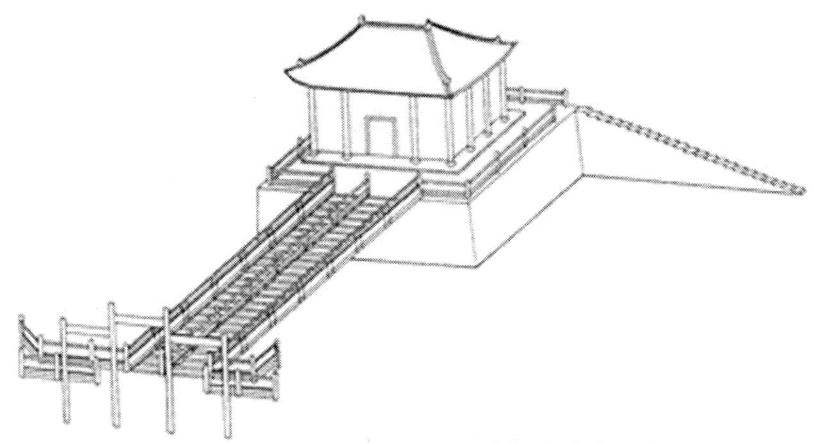

图五 石璋如复原殷墟遗址乙一、乙三基址宗庙建筑图

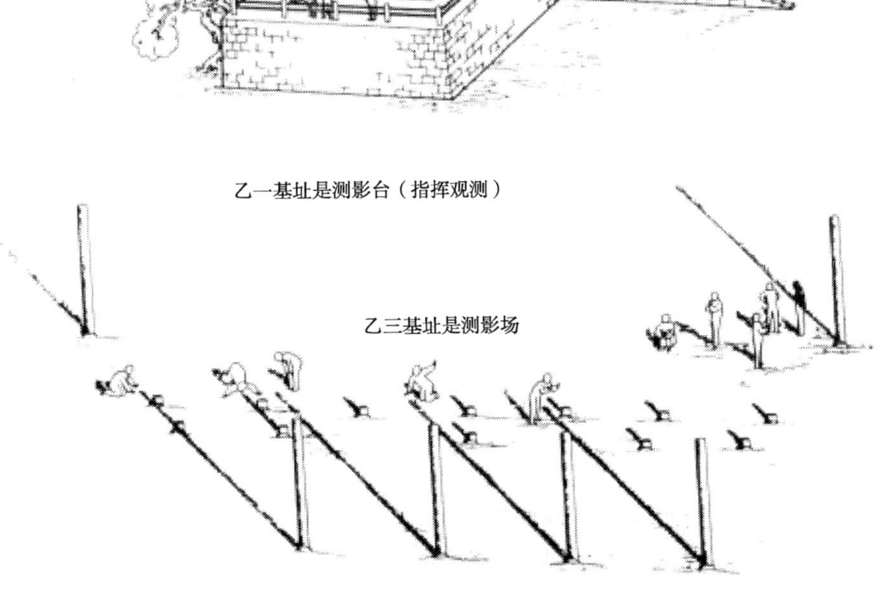

图六 石璋如复原殷墟乙一、乙三基址测影台与测影场图

又如，石璋如先生在论文中补充若干殷墟丙组基址“燎祭”遗迹[20]。这种事例在殷墟宫殿建筑研究方面还有很多，不胜枚举。

甚至，一些发掘者的回忆录——譬如陈存恭、陈仲玉、任育德等先生的《石璋如先生访问记录》[21]，也是十分可贵的史料，不仅对于研究殷墟遗址本身，也包括对于研究殷墟考古史和史语所迁台等，意义重大。笔者在撰写《殷墟宫殿区建筑基址研究》时，便从那些考古史料中汲取了大量有用成分，对于补充、廓清、纠正《殷墟建筑遗存》，以及正确看待石璋如先生的各种观点，大有裨益。而张立东、任飞的《手铲释天书》[22]，收录了我国25位考古专家在夏商文化考古发掘与研究中的科研工作心路历程，对于后来的研究者，也颇多启迪。

宜宾李庄，曾是抗日战争时期我国的学术之都。1940年历史语言研究所的学者们携带殷墟等遗址的考古资料，避难来到这个长江之滨小镇附近的山坳——永胜村，在栗峰山庄（地处板栗坳）安顿下来，开始了学术研究工作。在这里，董作宾撰写了著名的《殷历谱》，石璋如整理殷墟的发掘资料，撰写《小屯后五次发掘的重要发现》《小屯的文化层》等论文，1945年史语所还出版了《六同别录》。李庄是中国考古史上很有意义的纪念地。一大批知名学者如傅斯年、李济、董作宾、吴定良、劳干、梁思永、李方桂等和美国学者费正清、英国学者李约瑟等皆在这里工作和访问过，并在山庄上厅房举办过当时全国最高水准的文物科普展览，郭沫若等也前往参观。古建筑学家梁思成在李庄写成扛鼎之作《中国建筑史》，将板栗坳栗峰山庄作为川南民居的代表之作收入书中，并附有该建筑的平面图和照片（图七）。但如今，它已被冷落、荒废、蚕食，面临毁灭的危险。

2011年11月3日，笔者前往板栗坳参访，见到史语所当年驻地的建筑物基本保持原样（图八），但已破旧不堪，有的房顶露天，有的门窗已毁坏，房子的主人多半已不

图七　板栗坳栗峰山庄旧照

在此居住。见此情景，令人担忧。而更担忧的是，在这些老建筑旁边，赫然矗立起新的砖结构楼房，严重破坏了原有建筑群的格局与风貌，而一旦新旧更替全面展开，这处中国考古学圣地将不复存在。

图八　板栗坳栗峰山庄老建筑近照

（三）考古资产保护是文化遗产保护新形势的需求

在我国，从“文物保护”概念发展出“文化遗产保护”概念之后，考古资产保护愈发重要与紧迫。单霁翔先生指出：国际社会经过数百年来的思想演变，对文物的认识逐渐深化，呈现出不断发展的趋势。保护的日的从对古物的收藏，扩展到集保护、研究和教育于一体的综合目标；保护的对象从可供人欣赏的艺术品，到各种文化遗址和历史建筑，再扩展到历史街区、历史城镇以及独具文化特色的历史性城市；保护的范围也从物质文化遗产扩展至非物质文化遗产以及互相联系生成的文化景观、文化空间。从“文物”走向“文化遗产”，在这一理论研究与实践探索的征程上，人们逐渐达成共识[23]。考古资产是最重要的文化遗产组成部分，必须予以保护、传承。

单霁翔先生还认为，我国文化遗产资源的内涵十分深刻，外延十分宽泛，应该而且必须赋予创新认知。文化遗产的价值研究，随着人们认识的进展，还会有新的提炼、概括和提升。因此，采取各种可能的技术手段对文化遗产特征进行记录是一项最基本的保护措施。只有确定文化遗产的核心价值内容以及构成这种价值的相关要素，才能对文化遗产进行有效的保护。拓宽文化遗产保护思路，加大文化遗产保护力度，不应有“盲区”或“死角”，既要重视古代文化遗存，也不能忽视近现代文化遗存；既要重视物质遗存，也不能忽视非物质遗存，不能割裂历史，更不能人为地制造“断层”，特别是要加强对以往文化遗产保护中未能引起重视或根本未加保护的部分[24]。如果说考古资源、资料过去还比较受重视，那么考古史料就没有那么幸运了。因此，我们应郑重地把考古史料纳入到文化遗产保护范畴之中，并贯彻到我们的行业规范中。

文化遗产保护的时代传承性特别强调，文化遗产的创造、发展和传承是一个历史过程。我们认为，不应该把考古遗址看作“没有生命的死遗产”，而应看作是一直“活着的文化遗产”——考古遗产不是僵死的、固化的，而是生动的、变化的，甚至是发展的。它的变化与发展，就在于我们的考古活动在揭示古代文化遗存的面貌、阐释其价值的同时，又赋予它新的文化内涵。使人不仅知道文化遗产的内涵、性质、价值等，也还知道其如何被发现、发掘、揭示，方能更好地理解、传承、发扬之。

总之，保护考古资产，是完成文化遗产的发掘、保护、研究、传承、发展之伟大事业的历史需求和重要组成部分。

三、考古资产保护存在的主要问题

在我国，考古资产保护所存在的主要问题，既有理念方面的，也有制度方面的。

多数人相信，公开发表的考古发掘报告，都是可信可用的，即一旦考古发掘报告公开发表，相关的考古发掘工作便定调、定格，成为认识、研究有关考古遗存的标准资料，其实不尽然。每个考古学家对于考古资源、资料都是一片“滤色镜”、一面“折射镜”，都不能真正全面、真实地记录和报道考古发现（有遗漏，有取舍，有加工），每本考古报告都是透过一片滤色镜看到的由一片折射镜反射的东西，都是相对可信。所以，那些最原始的发掘记录，包括发掘者的私人日记，无不蕴含着有用信息，应该珍视和保护。前文提到的偃师商城西二城门的两次发掘所公布之资料，也说明考古简报甚至正式发掘报告所报道的，未必都是正确的。这也提醒所有考古工作者，要尊重事实，即便看不懂、解释不通的现象，也要如实记录和报道。

长期以来，考古遗址保护受到全社会日益高度的重视，但是，考古资料和考古史料的保护，却不是很受重视。这主要表现在，考古界关注时间晚，关注度低，未达成共识，轻视甚至忽视考古史料，见物不见人，把考古学家本身排除在“资料”和研究对象范畴之外。

考古资产保护缺乏得力措施。譬如《中华人民共和国文物保护法》及其《实施细则》中，均无关于考古资料和考古史料保护的条款。国家文物行政管理部门，未曾出台涉及考古资料与史料保护的专门规章；即便在考古界，也没有考古资料与考古史料保护的统一章程和规范。考古学最重要的行业规范《田野考古工作规程》里，便没有考古现场保护、出土文物和其他科研标本保护、考古资料和考古史料保存的规范要求。

考古资料管理的封闭性、条块化也是制约考古资产保护的重要原因。某些遗址的考古资料，被特定考古机构“垄断性”保存和使用，尤其是原始记录，更是秘不示人，即便是本单位科研人员要调阅不属于自己亲手撰写的发掘记录，也相当困难，更遑论其他单位和非本行业人员。因此，这些数量庞大的考古资料，主要是闲置在资料库中，天长日久渐渐被人淡忘，以至于被损坏、丢弃。

四、考古资产保护的措施建议

《国务院关于加强文化遗产保护的通知》（国发〔2005〕42号）提出：“提高全社会文化遗产保护意识”，“坚持保护文化遗产的真实性和完整性，坚持依法和科学保护。”这是考古资产保护的核心问题。对此，笔者提出如下建议。

第一，提高认识。加强宣传、沟通，在文物考古界乃至全社会就考古资产保护的必要性和迫切性达成共识。依照“从文物保护到文化遗产保护”新理念，把具有重要科研价值的“当代遗产”——考古史料纳入到考古资产范畴中来，以保证考古资产的真实性和完整性。

第二，加强制度建设。把《文物保护法》完善为《文化遗产（资产）保护法》，以适应当前社会发展的需要。国家文物主管部门，须尽快制订专门的考古资产保护规章。并且，在《考古工作规程》中增添考古资产保护内容（如考古现场保护，考古史料保护），在《考古发掘项目检查验收标准》中，添加考古史料收集保存项目，加大考古现场保护、考古资料管理评分权重。

第三，开展抢救性保护工作。鉴于目前工作在考古岗位上的基本都是20世纪50年代以来出生的专家，因此，应立即抢救保存他们脑中、口中、手中的考古资产，征集保存在现已逝世的考古学者遗属手中的相关遗物。应启动全面抢救性考古资产保护工作，就考古资产的人、事、物，进行访问、记录、征集，全面、细致地挖掘那些已散落与湮没的考古资料、史料。为此最好设立专项抢救工程（据知，中国社会科学院考古研究所等单位目前已有这类项目在进行中）。

将来，应把征集保护考古资产变成常态工作，贯穿到日常考古工作中，形成制度。

建议早日创建“中国考古博物馆”，面向全中国考古科研与教学机构就中国考古学进行全历程和全方位的展示。

第四，加强考古学科建设。考古科研、教学单位，应把考古资源保护、考古资料保护和考古史料保护，列为自己的工作任务，并纳入到学科建设中来。我们的考古发掘记录不仅要记录发现了什么，还应记录怎样发现，如何认识及保护与保存；考古发掘报告中应增添或加重“考古史料”部分。

第五，强化信息传播。考古资料管理应实现共通、开放，运用数字化管理，网络阅览。考古遗址博物馆的展览应专设本遗址的考古科研内容，注意展现考古学家的贡献和风采，不能见物不见人（殷墟博物苑展览中有殷墟考古史，安阳考古工作站陈列室陈列有以前考古发掘使用的马灯、相机等，都是很好的先例）。

加强公众考古工作，把考古的方方面面展现给人们，把考古实践中活生生的人和事告诉大家。推广考古网站、考古微博与微信，对考古文学——包括考古纪实影视作品、考古报告文学、考古小说等，给予热情支持。

注　　释

［1］联合国教科文组织世界遗产中心、国际古迹遗址理事会、国际文物保护与修复研究中心等：《国际文化遗产保护文件选编》，文物出版社，2007 年，第 40 页。

［2］同［1］，第 137 页。

［3］《国务院关于加强文化遗产保护的通知》：“文化遗产包括物质文化遗产和非物质文化遗产。物质文化遗产是具有历史、艺术和科学价值的文物，包括古遗址、古墓葬、古建筑、石窟寺、石刻、壁画、近代现代重要史迹及代表性建筑等不可移动文物，历史上各时代的重要实物、艺术品、文献、手稿、图书资料等可移动文物；以及在建筑式样、分布均匀或与环境景色结合方面具有突出普遍价值的历史文化名城（街区、村镇）。”（国务院《国发〔2005〕42 号》文件，2005 年 12 月 22 日）可见，物质文化遗产中的大部分可移动文物和不可移动文物都可归入考古资产范畴。

［4］《中共中央关于深化文化体制改革，推动社会主义文化大发展大繁荣若干重大问题的决定》，人民出版社，2011 年，第 25 页。

［5］国务院《国发〔2005〕42 号》文件，2005 年 12 月 22 日。

［6］国际古迹遗址理事会全体大会第九届会议于 1990 年 10 月在洛桑通过。参见注［1］第 136 页。

［7］石璋如：《殷墟建筑遗存》，《小屯》第一本《遗址的发现与发掘 · 乙编》，历史语言研究所，台北南港，1959 年。

［8］考古遗址“空洞化”是考古发掘过程中一个常见现象。参见杜金鹏：《试论考古与遗址保护》，《考古》2008 年 1 期。

［9］中国科学院考古研究所洛阳发掘队：《河南偃师二里头遗址发掘简报》图一，《考古》1965 年 5 期。

［10］中国科学院考古研究所二里头工作队：《河南偃师二里头早商宫殿遗址发掘简报》图一，《考古》1974 年 4 期。

［11］中国社会科学院考古研究所：《偃师二里头》图 84，中国大百科全书出版社，1999 年。

［12］中国社会科学院考古研究所：《偃师二里头》，中国大百科全书出版社，1999 年。

[13] 中国科学院考古研究所洛阳发掘队：《河南偃师二里头遗址发掘简报》，《考古》1965年5期；中国科学院考古研究所二里头工作队：《河南偃师二里头早商宫殿遗址发掘简报》，《考古》1974年4期。

[14] 杜金鹏：《偃师二里头遗址一号宫殿基址再认识》注[1]，见《安金槐先生纪念文集》，大象出版社，2005年。

[15] 中国社会科学院考古研究所河南第二工作队：《河南偃师商城小城发掘简报》图二，《考古》1999年2期。

[16] 中国社会科学院考古研究所河南第二工作队：《1983年秋季河南偃师商城发掘简报》图二，《考古》1984年10期。

[17] 石璋如：《殷墟遗址中的两处重要遗迹——大连坑与黄土台》，《历史语言研究所集刊》五十二本第四分册，1981年。

[18] 石璋如：《殷墟地上建筑复原第七例——论乙一及乙二两个基址》，《历史语言研究所集刊》第六十六本第四分册，1995年。

[19] 石璋如：《从乙一基址试说殷代的测影台》，《中国考古学与历史学之整合》（上册），台北，1997年。

[20] 石璋如：《殷墟坛祀遗迹》，《历史语言研究所集刊》第五十一本第三分册，1980年。

[21] 近代史研究所：《石璋如先生访问记录》，台北南港，2001年。

[22] 张立东、任飞：《手铲释天书——与夏文华探索者的对话》，大象出版社，2001年。

[23] 单霁翔：《从“文物保护”走向“文化遗产保护”·国际文化遗产保护的发展与演变》，天津大学出版社，2008年，第5页。

[24] 同[23]，第86、87页。

原载于《考古》2015年1期

大遗址保护与考古遗址公园建设

一、建设考古遗址公园的目的和意义

“考古遗址公园”在我国是个新概念。正在制订中的《国家考古遗址公园管理办法（草案）》定义说：“国家考古遗址公园，是指以重要遗址及其背景环境为主体，具有科研、教育、游憩等功能，在遗址保护和展示方面具有全国性示范意义的特定公共空间。”

一般认为，自2000年国家文物局批复《圆明园遗址保护规划》起，“遗址公园”的概念即在人们中间传播开来。而此后几年间，我国文物主管部门和学术界较多使用“大遗址保护展示示范园区”“遗址公园”，或用二词互相指代、定义。如国家文物局、财政部《关于“十一五”期间大遗址保护总体规划》明确提出“建设大遗址保护展示示范园区（遗址公园）”，时任国家文物局局长单霁翔在《做好大遗址保护推进城市和谐发展》中指出：《关于“十一五”期间大遗址保护总体规划》实施以来，“我们全面启动了100处重要大遗址的保护工作，扎实推进大遗址保护基础工作和规划编制，实施了一批具有示范意义的大遗址保护展示工程，初步建成了一批大遗址保护展示示范园区”[1]；时任河南省文物局局长陈爱兰在《抓住机遇，扎实工作，推动大遗址保护工作稳步开展》中使用“安阳殷墟大遗址公园（示范园区）”概念[2]，时任西安市副市长段先念在《科学统筹，因势利导——努力实现遗址保护城市发展和民生改善的和谐共生》中使用了“大明宫遗址保护展示示范园区暨国家遗址公园”概念[3]。可见，“考古遗址公园”的概念已经酝酿有年。

实际上，考古遗址公园在我国已非新事物。早在1987年，安阳建成了殷墟博物苑，这其实就是今天所说的“考古遗址公园”。进入21世纪，北京陆续建成了元大都遗址公园、明城墙遗址公园、皇城根遗址公园、圆明园遗址公园等，最近几年我国各地完成或已具雏形的考古遗址公园还有高句丽遗址、金沙遗址、三星堆遗址、鸿山遗址、偃师商城遗址、良渚遗址等，正在建设中的还有秦始皇陵遗址、大明宫遗址、隋唐洛阳城遗址、汉魏洛阳城遗址等。

笔者所说的“考古遗址公园”是指古代遗址保护和展示专门园区，它以保护遗址和服务考古为首要目的，同时，通过遗址展示和文物展览揭示遗址的内涵、价值，配合绿化美化，推动教育和旅游观光，是方便群众休闲和健体的公益性公共活动地域空间。

新中国成立以来，我国的大遗址保护工作一直得到政府的支持和文物考古界的重视，取得了较大成绩。然而，改革开放以来经济的快速发展，导致大规模的城乡建设，经济发展、城市和农村建设与遗址保护之间的矛盾日益突出和尖锐，旧的遗址保护模式和措施渐渐失去了有效性和可行性，亟待探索一种适应当前形势的大遗址保护方法。这种方法，必须是能够较好地调整遗址保护、考古科研、经济发展、居民生活环境改善和生活条件提高等诸方面的关系，即在科学发展观指导下的新型遗址保护模式。

建设考古遗址公园，是我国各级政府和文物考古界经过积极探索而提出来的一种新思路，已有的实践经验告诉我们，这是新时期文物保护新模式，是大遗址保护的重要方式，是建设和谐社会和中华民族共同精神家园的重要举措。

二、偃师商城遗址保护与考古遗址公园建设探索

偃师商城遗址公园建设始于 1998 年。

1996 年，国家启动“夏商周断代工程”，偃师商城遗址年代研究是该工程的子课题之一。是年，我们在偃师商城遗址东北隅的发掘中，清理出了商代城墙、城壕、墓葬、道路和车辙等，第一次根据明确的地层关系把偃师商城大城始建年代卡定在很小的时间段内，这是“夏商周断代工程”启动以后考古项目的首战告捷。

同年，我们开始了对偃师商城宫城的新一轮考古发掘。首先是对宫城北部“大灰沟”（祭祀遗存——在祭祀沟和祭祀坑内发现众多猪、羊、牛、鹿、人等牺牲）的持续发掘，建立了偃师商城商文化比较完善的地层序列，丰富了宫城文化内涵。此后，对宫城中部的一号宫殿和西部的二号、三号、八号宫殿等进行了发掘，对宫城北部的人工池渠（现知我国最早的人工苑囿，是后代皇家苑囿的滥觞）进行了发掘。通过这一系列的发掘，我们基本掌握了宫城的内涵、布局、演变以及宫殿、祭祀遗迹和池苑遗迹的年代等。根据这些成果，我们论述了“偃师商城的始建为夏商文化界标”，并给出了偃师商城商文化的分期和断代意见。这些都被列为“夏商周断代工程”标志性成果[4]，在夏商考古和夏商历史研究方面发挥了极大的推动作用。

在“夏商周断代工程”启动之初，时任国务委员李铁映（“夏商周断代工程”顾问）即指示：在夏商周断代工程中起到关键作用的考古地层和遗迹，应该保护下来，作为“标准地层”。

有鉴于此，我们提议采取措施保护偃师商城考古现场，被国家文物局、河南省文物局和偃师市政府所采纳。1997 年，笔者受命领衔编制《偃师商城东北隅考古发掘现场保护方案》，计划在北城墙发掘现场“采取开放式的遗址公园形式”，“将考古发掘的城墙、墓葬、车辙、灰坑、陶窑等商代文化遗存复原出来，露天展示”。该方案得到国家文物局的批准后得以实施。于是，偃师市出现了一个用于遗址保护和展示的

袖珍型遗址公园，占地仅长 147 米、宽 82 米。

1998 年，笔者主持编制了《偃师商城宫城遗址保护规划及第一期工程实施方案》，提出偃师商城宫城遗址保护的基本原则是："坚持'保护第一，抢救为主'的文物保护方针；坚持整体规划、全面保护原则；坚持文物保护与考古研究密切配合、高度统一的原则；坚持文物保护与经济发展、精神文明建设与物质文明建设并重的原则；坚持远期规划与近期安排有机结合的原则；努力做到科学性、真实性与可观赏性的统一。"

在该规划中，我们明确提出："建设偃师商城宫城遗址公园的总目标，是长期、有效地保护宫城遗址，同时，优化城市环境，增加城市绿化面积，使之成为科学研究、历史传统教育的基地和当地群众休闲娱乐观光的场所，以推动当地的文化事业，促进当地的经济发展。"

偃师商城宫城遗址公园建设规划方案，得到了国家文物局的肯定。文物局拨出专款予以支持，并将其列为大遗址保护试点工程。在地方政府的积极配合和努力下，偃师商城宫城所占 70 多亩土地被市政府通过租赁方式有效掌控，加筑围墙，并在其中采用不同方式标识展示了宫殿基址、祭祀沟、人工水池等，形成遗址公园雏形。

只是，当时偃师商城遗址保护仅为国家文物局大遗址保护的实验项目，不为人们所熟知，偃师商城遗址保护规划中提出的"遗址公园"概念也就仅限于很小范围流传。但十余年前开始创建的偃师商城遗址公园，无疑是当下"国家考古遗址公园"的萌芽。

国家文物局、财政部《关于"十一五"期间大遗址保护总体规划》将偃师商城遗址纳入首批工程之中，把偃师商城遗址公园建设推向了更高峰。目前，偃师商城西城墙保护展示工程已经完工。

三、建设考古遗址公园的方针与原则

考古遗址公园建设是一个复杂而长期的事业，不能搞"大跃进"，不能搞"一刀切"，要一切从实际出发，一切从科学出发，确保考古遗址公园建设沿着正确的道路发展。

笔者认为，建设考古遗址公园，必须遵循如下方针：

一切以遗址保护为前提，把遗址保护放在至高无上的地位上。

统筹兼顾、科学发展，努力做到：有利于遗址保护，有利于考古学进步，有利于城乡建设，有利于经济社会发展，有利于人民生活改善。

建设考古遗址公园应当遵循以下原则：

规划先行，科学论证；保护第一，适当展示；稳步推进，持续发展；解放思想，严格管理。

全面、科学、严密的考古遗址公园建设规划，是搞好遗址公园建设的前提和基本保障，建设规划的制订班子中，考古专家和文物保护专家应当占有重要地位，具有较高发言权。建设规划一定要充分吸收考古、文保、环境等方面专家的意见，广泛听取当地政府和民众的意愿，经过公开、科学论证，并经批准后方可实施。

遗址保护始终是第一位的，遗址展示要慎重选择展示节点，做到保护措施到位，展示效果良好。对于遗址资源的利用要符合可持续发展要求，凡是有可能造成遗址损坏的，均不应展示。

考古遗址公园建设要有全局观念，要从遗址的整体保护出发；而其实施，则应稳步前进，逐步落实。

考古遗址公园建设应该从条件优越的遗址（如遗址保存状况较好，考古工作比较深入、成果丰硕，当地政府和民众态度积极，经济基础良好）做起，从保护状况危急的遗址（如临近城市、面临城市建设重大压力，或面临重大自然灾害破坏压力）做起，从保护和展示利用前景良好的遗址（遗址价值突出，能够吸引和容纳较多公众）做起。坚决避免一哄而上，避免只求速度不讲质量的“大跃进”。

建设考古遗址公园，在当前还有统一认识的必要性。理论、科学界首先要解放思想，用新的思维方式看待新生事物。从单纯的固守式遗址保护模式下解放出来，从科学发展观和建设中华民族共同精神家园的高度思考问题。

考古遗址公园虽然在某些地方已经取得了可喜成绩，但就总体而言考古遗址公园建设尚在初创阶段，因此，很有必要予以规范化。国家文物行政主管部门应当严格管理，建立必要的规章制度，制订相应的管理办法。

建设考古遗址公园是大遗址保护的一种新思路，但考古遗址公园自身也具有一些局限性，不能成为大遗址保护的通用模式。我国各地的大遗址保护还应根据每个遗址的不同情况，因地制宜，创造性地摸索适合当地实际的好方法。

四、考古、文物保护与考古遗址公园的关系

考古遗址是考古遗址公园赖以存在的母体，也是考古遗址公园壮大发展的根本。遗址公园是考古遗址的附着物，其主次关系必须明确摆正。考古遗址公园展示的主体对象就是遗址本身，展示的目的主要在于揭示遗址的文化内涵和价值，弘扬中华文化优秀传统，提高公众文化素养，激发人民群众的民族自豪感和自信心。

因此，保护遗址是考古遗址公园的根本目的和首要职责，公园建设不能以破坏遗址为代价，任何可能造成遗址破坏的展示行为都必须禁止。遗址展示应在文物保护与展示效果之间寻求平衡点，采取科学、有效的方法，必须具备可逆性。

考古遗址公园利用了考古遗址资源，条件成熟时公园应对遗址实行反哺滋养，即

不仅要为遗址保护提供环境保障，还应力争为遗址保护提供其他支持。

考古遗址本是考古学家的事业家园，是考古学赖以生长发展的基础，对于遗址内涵和价值的揭示，主要依靠考古学家的辛勤劳动。遗址公园的创建所必须掌握的关于遗址的科学依据，完全来自于考古发掘和研究；而遗址公园的持续发展，则有赖于考古学提供源源不断的新资料和展示对象。

长期以来，考古学家为大遗址考古发掘和研究做出了巨大贡献，如史前的半坡、姜寨、牛河梁、良渚，夏商周三代的二里头、偃师商城、郑州商城、安阳殷墟、周原，秦汉以来的秦始皇陵、汉长安城、隋唐长安城、汉魏洛阳城、隋唐洛阳城、元大都等等，均在考古学家的辛勤工作下得以彰显其神秘而迷人的风采。然而，这些遗址上的一系列重要考古发现，虽然曾经轰动一时，但却往往不能公开地、长期地展示给普通民众参观，即便是生活在遗址上的居民，甚至也并不知道本遗址的真实面貌，更遑论那些远离遗址的人们！于是，学术界耳熟能详的遗址——那些具有种种意义与价值的遗迹遗物，只是少数人有幸面对、观摩，这是文化资源的极大浪费！那些辛辛苦苦地劳作在遗址上的考古学家，其成就也未能为广大人民群众所了解、所利用，这又是极大的人才浪费！

考古学家切不可把遗址视为考古学的“特殊领地”，以为只有自己是遗址的主人，遗址仅仅是供科学研究之用。必须承认，任何遗址都是全体公民的公共财产，我们应该让遗址为全体国民服务。作为考古工作者，我们应当正确处理学科利益与公众利益的关系。

笔者认为，考古学家有责任、有义务把自己的发现和研究成果介绍给每一位同胞，甚至介绍给世界上的许许多多的人们。因此，考古学家应该积极支持考古遗址公园的建设，通过遗址公园，把考古成果展示给公众，落实我们对纳税人的责任。

考古遗址公园不仅依托于古代遗址，同时也依托于考古学和考古学家。毋庸置疑，考古遗址公园在创建和发展阶段，都需要考古学和考古学家的参与、支持。

考古遗址公园的建设，首先依靠考古学家提供相关的科学资料，包括遗址的范围、内涵、布局、年代、性质等，需要考古学家提供可用于展示的遗迹和可用于展览的文物。如果上述材料尚不完全具备，应提请考古部门通过考古勘探和发掘予以补充。

考古遗址公园在初创完成之后还需要考古学的长期参与和支持。首先，考古发掘现场就是遗址公园公开展示的重要项目之一，我们不仅应当允许公众参观考古工地，有条件时还应邀请部分公众直接参与考古工作，这是考古学扩大公众影响的窗口，也是考古学服务公众的途径。其次，遗址公园应在条件允许时扩大或更新展示项目，增加或更新展览内容。这些新的展示项目和展览内容，主要依靠考古学的新发现和新研究。因此，考古遗址公园里面应该为考古学家留出位置，考古遗址公园永远是考古学的科研基地、考古学家的温馨家园，遗址公园应当为考古学家的科研活动提供方便和支持。

考古学家不仅应该是考古遗址公园建设的参与者，还应是考古遗址公园管理的参与者。遗址公园应设立遗址博物馆，向公众介绍展示本遗址的考古历史、考古成就，其中的资料馆、标本馆应是既服务于专家又面向公众的公共设施。没有考古学和考古学家的参与，考古遗址公园就会成为无源之水，其发展就会受到严重制约，甚或无法正常发展。考古学家参与遗址公园管理是遗址公园可持续发展的重要保障。

五、考古遗址公园与民生事业

考古遗址公园创建工程必须是民心工程、德政工程，不能让祖祖辈辈居住在遗址上的人们因此遭受损失。要关心其生计，让他们从遗址公园建设中得到好处、尝到甜头。遗址公园对当地人民生产生活造成的不便和损失，应给予相应补偿。

凡遗址公园范围广大，已有居民为农民且需在当地继续务农的，应尽量不要实行搬迁。其村庄影响遗址风貌的，可适当整治；其生产活动影响遗址保护的，应帮助其调整种植方式。居民为城镇人口的，要妥善安置，尽量改善其居住条件。

通过考古遗址公园建设，有效带动旅游观光等相关产业发展，促进当地居民生活水平的提高，是每个考古遗址公园建设参与者必须牢记的责任目标。

我们建设考古遗址公园的信条是：利在当代，功在千秋。

注　释

[1] 国家文物局编：《大遗址保护高峰论坛论文集》，文物出版社，2009年。

[2] 同[1]。

[3] 同[1]。

[4] “夏商周断代工程”专家组：《夏商周断代工程 1996～2000 年阶段成果报告（简本）》，世界图书出版公司，2000年。

原载于《东南文化》2010年1期

考古遗址公园辩证论

“考古遗址公园”由遗址、考古、公园三个要素组成。三者之间形成互为依存、循环关联的三角关系（图一）。

下面分别从遗址、考古、公园的角度试论这个三角辩证关系。

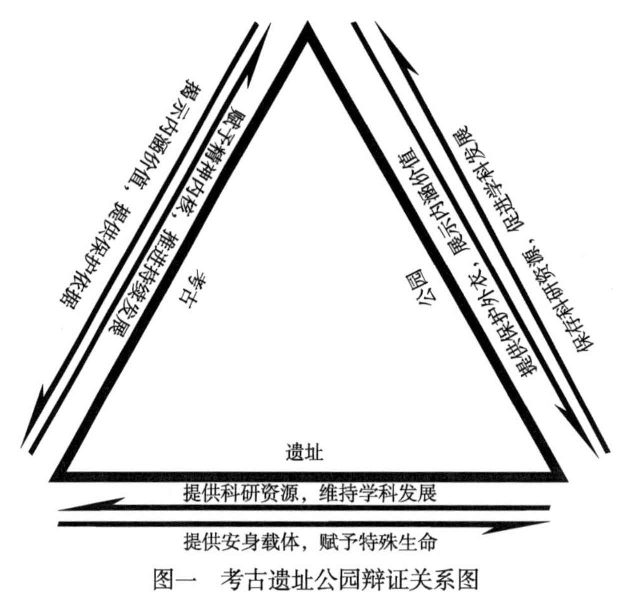

图一　考古遗址公园辩证关系图

一、遗址与考古、公园的辩证关系

遗址→考古：提供科研资源，维持学科发展

遗址（广义遗址，这里指古聚落、古城址、古建筑、古墓葬、古窑址、古石刻、石窟寺、军事或水利交通构筑物等遗址、遗存）是考古科研最重要的资源，是考古学（主要指以田野考古发掘为基础的考古科研）得以开展的基础。没有遗址，考古学就没有生命的源泉；失去遗址，考古学就失去生长的土壤。

因此，遗址是考古学家和考古学科的命根子，保护遗址就是保障考古学可持续发展。

遗址→公园：提供安身载体，赋予特殊生命

遗址是遗址公园存在的前提，没有遗址就没有遗址公园。

遗址赋予了遗址公园独特的面貌和性格，遗址特性决定了遗址公园的形式和特色。遗址公园必须根据遗址的内涵来设计建设。

遗址与公园，在空间上可以是对等重合的，也可以不是对等重合的。即遗址的全部或局部，都可以成为公园。同理，公园可以全部是遗址，也可以部分是遗址部分是遗址环境。

二、考古与遗址、公园的辩证关系

考古→遗址：揭示内涵价值，提供保护依据

古代遗址是洞察古代社会的窗口。但是这扇窗子往往已经关闭很久很久了，它的光华已经被时间所遮蔽，它的躯体甚至已经被黄土所覆盖。发掘、揭露，研究、考证，是重现古代遗址历史真实面貌的唯一途径。因此，考古可以赋予遗址第二次生命，让遗址再次闪烁生命的光辉。

保护遗址就是保护民族文化的根。保护遗址要有科学依据，这些依据主要依靠考古学提供。举凡制定遗址保护规划、方案所必须掌握的遗址范围、内涵、布局、性质、年代、变迁、价值、环境、现状、病害等，均需通过考古发掘和研究给予解答[1]。

考古→公园：赋予精神内核，推进持续发展

考古发掘和研究，为考古遗址公园提供展示内容，指示展示方向，决定展示数量、方式。

考古是考古遗址公园建设的前置条件。考古遗址公园建设的科学基础，便是考古发掘和研究所提供的科学资料，包括遗址的范围、内涵、布局、年代、性质等，以及可用于展示的遗迹和文物。因此说，考古学是考古遗址公园建设的主要前提条件，没有考古学的参与，就谈不上考古遗址公园的建设。古代遗址本是考古学家的事业园地，考古学家对于遗址最熟悉、最亲切，因而具有最权威的发言权。如何建设考古遗址公园应该倾听考古学家的意见，邀请他们直接参与到考古遗址公园的建设规划中来[2]。

考古学家须谨记，古代遗址是全体公民的公共财产，我们应该让遗址为全体国民服务。考古学家有责任、有义务把自己的考古发现和研究成果，介绍给每一位同胞。易言之，考古学家应该积极支持、主动参与考古遗址公园的建设，以便把自己的考古成果展示给公众。

考古遗址公园要善于从考古学科和考古学家那里汲取自身发展所必需的营养。

考古现场是考古遗址公园最具吸引力的文化、科学“景观”。在大众看来，它不仅神秘而且有趣。因此，应创造条件，把考古发掘、遗址保护、文物修复等考古学家的工作过程，向公众开放，完整地展示出来。可以肯定，考古现场是最生动、最鲜活因而也最受公众欢迎的遗址公园展示项目之一。

考古发掘研究是考古遗址公园可持续发展的重要保障。考古遗址公园既然是面向公众的文化活动空间，就不可凝固化、多年老面孔不变，应该不断地寻求新鲜因素、营造新鲜气氛。这就需要借重考古学的力量，把持续进行的考古工作中那些重要且适于展示的部分，补充为新的遗址展示点，使考古发掘新发现、考古研究新成果及时转化为遗址公园展示新亮点。排斥考古，无异于自绝发展道路。

考古遗址公园要善于把考古科研资源转变为自身发展资源。如遗址博物馆、考古资料馆等，都可为遗址公园增添光彩。

三、公园与遗址、考古的辩证关系

公园→遗址：提供保护外衣，展示内涵价值

古代遗址、尤其是都城遗址和其他区域性中心遗址，往往分布在现代城市附近甚至坐落在现代城市下面，当前的城市化进程、大规模的基本建设，都对古代遗址形成极大压力甚至造成严重破坏。建设考古遗址公园，通过改变土地性质（功用）达到保护遗址的目的，是当下遗址保护的重要途径和有效举措。

古代遗址蕴含着丰富而神秘的内涵，是古代先民智慧的凝露、古代社会文明的结晶。中华民族向以悠久而优秀的文明而自豪!它是民族团结的纽带，它是国家统一的基础。但，古代遗址毕竟与现代人有很长的时间距离，又兼残破不全，现代人看古代遗址不免有浓重的朦胧感。专家解读尚且不易，一般人看懂更是困难。因此，通过建设遗址公园，以科学而通俗、直观的形式，向人们解释遗址现象、揭示遗址内涵、阐述遗址价值，便是必要和可行的[3]。

公园→考古：保存科研资源，促进学科发展

考古遗址公园肩负着改善考古工作条件，转化考古科研成果，普及考古专业知识，提升考古学科影响力的重任。

服务于考古是考古遗址公园的重要职责。考古遗址公园与考古学是永远联系在一起的。

首先，考古遗址公园要尽到遗址保护职责，为考古学永续发展保存珍贵的遗址资源——失去了遗址，考古学也就变成了空中楼阁。所以，考古遗址公园的根本任务，就是保护、保存遗址及其环境，一切活动都不能与遗址保护目标相背离。

其次，考古遗址公园有责任推动考古学发展。考古遗址公园应该成为考古学家的理想家园，在这里，他们会工作得更方便、更舒适、更有效率，“田野考古”在这里会变成“田园考古”——条件优越的考古工作基地，推动考古学科进步的科研特区。因此，考古遗址公园的创建，要为考古学的永续发展创造条件，预留空间。万万不能公园建成之日就是告别考古活动之时。

另外，考古遗址公园还要负起考古成果转化为文化遗产展示对象的责任。把考古发现，变成大众喜闻乐见且直观易懂的“科普读物”，从而推动考古知识的普及。

考古遗址公园的建设者和管理者务必要有这样的理念：考古遗址公园对于考古，首先是服务，其次是利用——或者说，不仅是利用，更重要的是服务。

考古遗址公园应吸收考古学家参与管理。考古遗址公园的可持续发展，与考古学的可持续发展必须保持一致性。公园的发展方向和发展步调，应当听取考古学家建议。比较理想的模式，是吸收考古学家直接参与到遗址公园的管理中来，以便协调利益关系，协调发展方向和步调。如果考古遗址公园失去了对考古学家的吸引力，它便走向了衰落之门。没有考古学和考古学家的参与，考古遗址公园就会成为无源之水，其发展就会受到严重制约，甚至无法发展。考古学家参与遗址公园管理是遗址公园可持续发展的重要保障。时任国家文物局局长单霁翔曾指出：“文化遗产保护是考古学可持续发展的保证。”“考古学家应该积极地、自觉自愿地将如何满足文化遗产保护的需求纳入到自己研究工作的重要位置，同时积极投入到文化遗产保护的全过程中。”这个“文化遗产保护的全过程”就包括考古遗址公园规划建设[4]。

四、考古遗址公园的内涵支柱和任务目标

笔者认为，考古遗址公园有三大精神内涵。

遗址：承载的精神内涵是以遗址保护为主的文化遗产保护——改善环境，维系现状，延长寿命。

考古：代表的精神内涵是以考古为基础的科学研究——包括考古、历史、民族、宗教、艺术、科技等方面的研究。

公园：包含的精神内涵是以遗址价值阐释和遗址内涵展示为主的文化遗产利用。

考古遗址公园有三大任务目标，皆以文化遗产价值为核心:

遗址保护，即文化遗产价值保护、保存。

考古科研，即文化遗产价值挖掘、阐释。

遗址公园，即文化遗产价值展示、传承。

一句话，对于考古遗址，要在研究好、保护好、利用好的基础上，发展好!

在解读“考古遗址公园”时，有人把考古、遗址、公园看作是递进修饰关系，即公园—遗址公园—考古遗址公园。未得要领!虽然从字面上可以这样认为，但实质上三者应该是平行组合关系，或说是三角构架关系。

当前，关于考古遗址公园，我们发现有一种关系不平衡现象——强调保护，重视展示，淡漠考古。这是一种认识上的缺失。近年来，我们听到的、看到的，往往是着重强调遗址保护和促进当地经济社会发展，展现的是遗址保护和利用的“双赢”，但

是较少强调对考古学科的保障和促进。

《国家考古遗址公园管理办法（试行）》为国家考古遗址公园的定性是："指以重要考古遗址及其背景环境为主体，具有科研、教育、游憩等功能，在考古遗址保护和展示方面具有全国性示范意义的特定公共空间。"虽然提到具有科研功能，但重点突出的是考古遗址的保护和展示。

《国家考古遗址公园管理办法（试行）》第十五条规定："国家考古遗址公园管理机构须履行以下职责：（一）依法履行文物保护职责；（二）实施遗址公园规划；（三）建立健全相关管理规章制度；（四）提供良好的卫生、服务、消防、救护等公共设施，并不断改善服务质量；（五）在规定时限内向国家文物局提交年度运营报告。"未曾规定考古遗址公园有保障、推动考古科研的责任。笔者认为是个缺憾。

《国家考古遗址公园评定细则（试行）》虽然要求必须具备"考古工作规划"，即要求考古遗址公园建成之前要有较好考古基础，建成之后应该继续进行必要的考古工作，但是如何衡量考古工作规划的落实执行则无专门的、硬性的规定。显示出对考古工作规划落实情况的重视不够。建议将来修订该规则时，增加关于"保障考古工作长期进行的措施"方面的条文。

2008 年 10 月在西安举办的"大遗址保护高峰论坛"所形成的《关于大遗址保护的西安共识》，把目光投注在大遗址保护与城市建设的和谐发展方面，强调的是考古遗址的保护和利用。

2009 年 6 月在杭州举办的"大遗址保护良渚论坛"所形成的《关于建设考古遗址公园的良渚共识》这样写道："与会代表一致认为，考古遗址公园立足遗址及其背景环境的保护、展示与利用，兼顾教育、科研、游览、休闲等多项城市功能，是中国大遗址保护实践与国际文化遗产保护理念相结合的产物，是加强遗址保护，深化遗址展示与利用的有效途径，具有鲜明的时代特色和区域特色，符合我国现阶段大遗址保护的实际需要。"认为遗址公园的立足点是遗址保护和展示利用，而科研（包括考古）只是与游览、休闲等列为"兼顾"项目中。在讲到建设考古遗址公园的重要意义时，《良渚共识》提出四条：①有助于捍卫遗址尊严，提升遗址形象；②有助于大遗址保护成果的全民共享；③有助于大遗址保护进一步融入城市建设；④有助于进一步深化大遗址保护理论研究，完善管理体制。未曾提到"有助于推进考古科研"之类内容。

2009 年 11 月在洛阳举行的大遗址保护高峰论坛通过的《大遗址保护洛阳宣言》强调，文化是城市的灵魂，大遗址作为不可再生的珍贵文化资源，是城市发展的积极力量。加强大遗址保护工作是践行科学发展观的重要举措，既是时代发展的必然要求，也是彰显城市特色的有效途径。《宣言》指出，当前在城市核心区和城乡结合部建设考古遗址公园，有助于协调文化遗产保护和城乡经济社会发展的关系，有助于发展文化旅游和相关产业，有助于提升城市文化品位。与会代表承诺：坚持统筹规划、持续发展原则，从遗址保护和城市发展的实际出发，科学规划，有序推进，努力实现大遗址保护和利用的和谐共赢；坚持公益为主、惠及民众原则，切实维护考古遗址公园建设的公益性，避免片面追求商业化，始终将大遗址保护成果全民共享作为工作的出发点和落脚点。

以上关于考古遗址公园建设的“文件”“共识”和“宣言”等，要么根本不提考古遗址公园与考古的关系，要么没有把考古放在应有的重要位置上。可以说，最近几年中，考古学界参与考古遗址公园建设，“被参与”的成分远远高于“要参与”的成分。笔者认为，考古界确实需要充分认识和积极投入考古遗址公园建设，加强主动意识，加大理论研究和实践探索；同时，也须有种必要机制，促进和保障考古界深入参与考古遗址公园建设的全过程。

时任国家文物局局长单霁翔在“大遗址保护良渚论坛”上的讲话《让大遗址如公园般美丽》中系统论述了考古遗址公园与大遗址保护的关系，他指出：考古遗址公园有助于进一步加强遗址保护和展示；遗址公园有助于进一步实现遗址的社会价值；遗址公园有助于大遗址保护进一步融入社会发展和城市建设；遗址公园有助于进一步完善大遗址管理体制。他强调：“考古遗址公园促使我们以更加开放的思维、更加灵活的方式和更加积极的态度来应对大遗址保护所面临的各种问题，体现了新形势下文化遗产保护工作者的大局意识和创新精神，是践行科学发展观的具体体现。”虽然，他没有就考古遗址公园与考古科研关系做出详细论述，笔者觉得是个缺憾，但是，单霁翔在谈到建设考古遗址公园需要注意的问题时，这样指出：建设考古遗址公园“应当坚持持续开展考古与保护研究，避免一劳永逸。充分的考古研究是建设考古遗址公园的基础。必须对遗址进行全面的考古调查、勘探、必要的发掘和研究，全面了解遗址的性质、内涵、范围和布局，合理推测原有地上建筑的形制、形态，准确判断该区域地下可能埋藏遗存的分布，只有掌握了这些信息，遗址的保护和展示才具备充分的科学依据，遗址展示内容才能更加丰富、系统、深入。同时，遗址公园的建设应为未来考古工作的持续开展预留充分的空间，避免为追求一时尽善尽美的效果，因当前的不当建设妨碍甚至中断了未来的考古进程”[5]。我们认为这是一个科学的论述，应该在更高层面上（意义和任务）予以阐述。甚至，他还指出：“遗址展示不应忘记设法表现出来考古工作者长年累月默默无闻的辛勤耕耘和无私奉献。这是对我国近一个世纪以来的各阶段考古学人应有的尊敬和礼遇，是他们科学细致的工作为我们发现和揭示了这些宝贵的历史文化资源，他们才是考古遗址公园当之无愧的奠基人。”对此，笔者尤为深深感动!

实际上，考古之于遗址公园，不仅是公园建设之初的科学“基础”，而且还是公园建成之后优良运作的“支柱”。我们必须坚决避免如下现象：考古遗址公园建设不留考古余地。规划者和建设者力图对遗址公园内每一寸土地都要重新整理，重新塑造，力求焕然一新!其实是抹杀了遗址公园与普通公园的特性差别，也忽视了考古遗址公园的重要任务——服务于考古。实际上，考古遗址公园建设要保留相当多的遗址原始状态，允许公园内存在一些荒芜与荒凉地带，努力减少人工雕凿。

五、结　语

综上所述，建设考古遗址公园要正确认识和正确处理遗址保护、遗址展示、考古科研三者之间的关系。只有如此，才能保证考古科研、遗址保护和遗址展示利用的可持续发展，考古遗址公园方能具有旺盛和持久的生命力。

注　释

[1] 时任国家文物局局长单霁翔指出："实践证明考古学是文化遗产保护的基础，考古学研究工作是文化遗产保护的排头兵。"参见单霁翔：《在中国社会科学院考古研究所成立 60 周年庆祝大会上的致辞》，《考古》2010 年 12 期；笔者也曾专文讨论考古与遗址保护规划之间的关系，详见拙作：《考古学与考古遗址保护规划》，《中国文物报》2009 年 4 月 24 日第 7 版；又载《文化遗产研究（第 1 辑）》，科学出版社，2010 年。

[2] 《国家考古遗址公园评定细则（试行）》评定条件中对遗址的考古基础有具体要求："遗址的考古调查、发掘、资料整理、研究等工作已经开展并取得如发掘简报、发掘报告、资料汇编等系列成果，有一定基础。"换言之，没有一定考古科研基础的遗址，不能建设考古遗址公园。

[3] 国际古迹遗址理事会 1990 年发布的《考古遗产保护与管理宪章》第二条规定："考古遗产是一种容易损坏、不能再生的文化资源。因此，土地利用必须加以控制并合理开发，以便把对考古遗产的破坏减小到最低限度。考古遗产的保护政策应该构成有关土地利用、开发和计划以及文化环境和教育政策的整体组成部分。"国家考古遗址公园就是有控制地合理利用遗址资源的措施。

[4] 单霁翔：《在中国社会科学院考古研究所成立 60 周年庆祝大会上的致辞》，《考古》2010 年 12 期。

[5] 这个观点写进了《良渚共识》：关于考古遗址公园建设规范，应"持续开展考古与保护研究，坚持循序渐进推进公园建设，避免一劳永逸，贪快求全。考古工作是建园之基，是考古遗址公园从无到有，从点到面，由浅入深的学术支撑"。

原载于《考古与文化遗产保护——理论与实践》，上海古籍出版社，2013 年；后收入《文化遗产研究（第 2 辑）》，科学出版社，2013 年

考古遗址公园永续发展论

一、大遗址保护的历史与现状

1. 大遗址保护的四个问题

新中国成立以来，我国的大遗址保护因以下四个问题，裹足不前，成效不理想。

第一，经济条件。金钱不是万能的，没钱却是万万不行的。没有充足的资金保障，遗址保护就是一句空话。

第二，管理机制。中央政府鞭长莫及，地方政府有心无力；缺乏专门管理机构。

第三，思想理念。主管部门思想保守。“保护为主，抢救第一”反映了我国文物事业的长期状况，也反映了文物部门的长期心态。“合理利用，加强管理”则反映了两种理念的微妙制衡与协调。“加强”不应是常态，“科学”才应该是常态。

考古部门理念狭隘。把遗址看成本部门本行业“私产”，没有充分认识到文化遗产是全体公民的“公产”，因而不愿其他人染指考古遗址，不愿有任何扰乱考古科研秩序的行为。

第四，利益平衡。考古遗址利益相关方，利益诉求不同，话语权不对等，付出与获取不平衡，使得各方利益不平衡。

2. 考古遗址公园是大遗址保护有效方式

古代遗址、尤其是都城遗址和其他区域性中心遗址，往往分布在现代城市附近甚至坐落在现代城市下面，当前的城市化进程、大规模的基本建设，都对古代遗址形成极大压力甚至造成严重破坏。建设考古遗址公园，通过改变土地性质（功用）达到保护遗址的目的，是当下遗址保护的重要途径和有效举措。

古代遗址蕴含着丰富而神秘的内涵，是古代先民智慧的凝露、古代社会文明的结晶。中华民族向来以悠久而优秀的文明而自豪！它是民族团结的纽带，它是国家统一的基础。但，古代遗址毕竟与现代人有很长的时间距离，又兼残破不全，现代人看古代遗址不免有浓重的朦胧感。专家解读尚且不易，一般人看懂更是困难。因此，通过建设遗址公园，以科学而通俗、直观的形式，向人们解释遗址现象、揭示遗址内涵、阐述遗址价值，便是必要和可行的。

二、考古遗址公园精神内涵与任务目标

1. 三大精神内涵

遗址：承载的精神内涵是以遗址保护为主的文化遗产保护——改善环境，维系现状，延长寿命。

考古：代表的精神内涵是以考古为基础的科学研究——包括考古、历史、民族、宗教、艺术、科技等方面的研究。

公园：包含的精神内涵是以遗址价值阐释和遗址内涵展示为主的文化遗产利用。

2. 三大任务目标

考古遗址公园有三大任务目标，皆以文化遗产价值为核心：

遗址保护，即文化遗产价值保护、保存。

考古科研，即文化遗产价值挖掘、阐释。

遗址公园，即文化遗产价值展示、传承。

三、考古遗址公园的三个辩证关系

考古、遗址、公园三者形成等边三角形，构成 6 组关系。

遗址→考古：提供科研资源，维持学科发展

遗址是考古学家和考古学科的命根子，保护遗址就是保障考古学可持续发展。

遗址→公园：提供安身载体，赋予特殊生命

遗址是遗址公园存在的前提，没有遗址就没有遗址公园。

遗址赋予了遗址公园独特的面貌和性格，遗址特性决定了遗址公园的形式和特色。遗址公园必须根据遗址的内涵来设计建设。

考古→遗址：揭示内涵价值，提供保护依据

古代遗址是洞察古代社会的窗口。但是这扇窗子往往已经关闭很久很久了，它的光华已经被时间所遮蔽，它的躯体甚至已经被黄土所覆盖。发掘、揭露，研究、考证，是重现古代遗址历史真实面貌的唯一途径。因此，考古可以赋予遗址第二次生命，让遗址再次闪烁生命的光辉。

考古→公园：赋予精神内核，推进持续发展

考古发掘和研究，为考古遗址公园提供展示内容，指示展示方向，决定展示数量、方式。

考古是考古遗址公园建设的前置条件。考古遗址公园建设的科学基础，便是考古发掘和研究所提供的科学资料，包括遗址的范围、内涵、布局、年代、性质等，以及可用于展示的遗迹和文物。因此说，考古学是考古遗址公园建设的主要前提条件，没有考古学的参与，就谈不上考古遗址公园的建设。

考古遗址公园要善于从考古学科和考古学家那里汲取自身发展所必需的营养。

考古现场是考古遗址公园最具吸引力的文化、科学“景观”。在大众看来，它不仅神秘而且有趣。因此，应创造条件，把考古发掘、遗址保护、文物修复等考古学家的工作过程，向公众开放，完整地展示出来。可以肯定，考古现场是最生动最鲜活因而也最受公众欢迎的遗址公园展示项目之一。

考古发掘研究是考古遗址公园可持续发展的重要保障。考古遗址公园既然是面向公众的文化活动空间，就不可凝固化、多年老面孔不变，应该不断地寻求新鲜因素、营造新鲜气氛。这就需要借重考古学的力量，把持续进行的考古工作中那些重要且适于展示的部分，补充为新的遗址展示点，使考古发掘新发现、考古研究新成果，及时转化为遗址公园展示新亮点。排斥考古，无异于自绝发展道路。

考古遗址公园要善于把考古科研资源转变为自身发展资源。如遗址博物馆、考古资料馆等，都可为遗址公园增添光彩。

公园→遗址：提供保护外衣，展示内涵价值

古代遗址、尤其是都城遗址和其他区域性中心遗址，往往分布在现代城市附近甚至坐落在现代城市下面，当前的城市化进程、大规模的基本建设，都对古代遗址形成极大压力甚至造成严重破坏。建设考古遗址公园，通过改变土地性质（功用）达到保护遗址的目的，是当下遗址保护的重要途径和有效举措。

古代遗址蕴含着丰富而神秘的内涵，是古代先民智慧的凝露、古代社会文明的结晶。中华民族向以悠久而优秀的文明而自豪！它是民族团结的纽带，它是国家统一的基础。但，古代遗址毕竟与现代人有很长的时间距离，又兼残破不全，现代人看古代遗址不免有浓重的朦胧感。专家解读尚且不易，一般人看懂更是困难。因此，通过建设遗址公园，以科学而通俗、直观的形式，向人们解释遗址现象、揭示遗址内涵、阐述遗址价值，便是必要和可行的。

公园→考古：保存科研资源，促进学科发展

考古遗址公园肩负着改善考古工作条件，转化考古科研成果，普及考古专业知识，提升考古学科影响力的重任。

服务于考古是考古遗址公园的重要职责。考古遗址公园与考古学是永远联系在一起的。

首先，考古遗址公园要尽到遗址保护职责，为考古学永续发展保存珍贵的遗址资源——失去了遗址，考古学也就变成了空中浮云。所以，考古遗址公园的根本任务，就是保护、保存遗址及其环境，一切活动都不能与遗址保护目标相背离。

其次，考古遗址公园有责任推动考古学发展。考古遗址公园应该成为考古学家的理想家园，在这里，他们会工作的更方便、更舒适、更有效率，“田野考古”在这里会变成“田园考古”——条件优越的考古工作基地，推动考古学科进步的科研特区。因此，考古遗址公园的创建，要为考古学的永续发展创造条件，预留空间。万万不能形成公园建成之日就是告别考古活动之时。

另外，考古遗址公园还要负起考古成果转化为文化遗产展示对象的责任。把考古发现，变成大众喜闻乐见且直观易懂的“科普读物”，从而推动考古知识的普及。

四、考古遗址公园的永续发展模式（“六个一”发展目标）

考古遗址公园永续发展的秘诀，在于正确的观念、健全的机制和得力的队伍。我概括，要做到下述“六个一”：

1. 一个遗址保护的科研阵地

要为遗址保护提供最为广阔的研究空间。考古遗址公园作为遗址的管理方和使用方，有责任把遗址保护当做第一任务，主动参与遗址保护研究，并为其他各方的遗址保护提供方便和支持。

2. 一个考古之花永续开放的园地

要为考古科研提供永久园地。考古科研永远是遗址公园活力源泉，公众瞩目的亮点。要为考古科研提供最大便利。

3. 一个引人入胜的遗址博物馆

没有博物馆，难以很好地展示和诠释遗址内涵。遗址博物馆必须有内涵，有个性，有趣味。

4. 一个真实可读的遗迹现场展示群

真实性是遗址展示生命线，符号性展示（虚拟、复制）只是辅助手段，遗址本体的真实展示必不可少。

5. 一个勤勉贴心的服务团队

淡化管理经营角色，强化服务精神。时时处处为游客着想。

6. 一个公益事业的鲜明定位

考古遗址公园是文化遗产事业的组成部分，其性质是公益事业。考古遗址公园姓公，名公园，字公益、号公众家园。

首先是政府和主管部门要有正确的认知定位，其次是公园工作团队要有此理念。

2014 年 10 月 15 日，习近平主席在北京主持召开文艺工作座谈会，指出，文艺作品应该把社会效益放在首位，同时也应做到社会效益和经济效益相统一。优秀的文艺作品，最好是既能在思想上、艺术上取得成功，又能在市场上受到欢迎。他强调，文艺不能当市场的奴隶，不要沾满了铜臭气。

同样，文化遗产事业也要把社会效益放在首位，同时尽可能兼顾经济效益。但，文化遗产事业绝不能沦落为市场的奴隶，不能成为替少数人赚钱的机器。

2014 年 11 月 6 日在全国考古遗址公园联盟洛阳年会上的发言

解放思想，创新发展
——国家考古遗址公园建设的五个突破

一、绪　　言

在我国文化遗产中，一些通常叫做“大遗址”的重要考古遗址——包括大型聚落、城址、宫殿、陵寝、墓葬等，蕴含着我国古代历史发展的各个阶段之政治、经济、文化、宗教、军事、科技等方面的历史文化信息。它们规模宏大、内涵丰富、价值极高、影响深远，是中华民族辉煌历史的见证。因此，如何保护好、传承好、利用好这些大遗址，成为文物考古工作者面临的重大课题。

经过历史风雨的洗礼，几乎所有的大遗址都遭受了严重破坏。尤其是改革开放以来，大型基本建设、城市化进程，给众多大遗址的保护造成严重压力，许多大遗址几乎面临灭顶之灾！然而，中央和各级地方政府对文化遗产保护空前重视，全体国民对文化遗产的热爱也空前高涨，对于历史文化遗产的保护、传承、发展，成为全体国民的共识。凡此，为大遗址保护创造了极佳机遇！

为了开辟大遗址保护新局面，国家文物局于2005年启动了“大遗址保护工程”。“十一五”期间，对100余处大遗址的本体和环境进行了整体的保护，积极探讨大遗址保护展示的科学途径，筹划建设大遗址保护、展示示范园区和遗址博物馆。

2007年，国家文物局局长单霁翔在全国政协会议倡议设立“国家大遗址保护特区”，拉开拓展大遗址保护创新之路的序幕。

2008年在西安举办的“大遗址保护高峰论坛”，围绕“做好大遗址保护，推进城市和谐发展”的主题，就探索大遗址保护新模式，推动大遗址保护健康发展，促进区域经济协调发展，确保民众共享保护成果等内容进行了深入的探讨，形成《大遗址保护西安共识》，酝酿大遗址公园建设之路。探索符合我国现实国情的大遗址保护新模式成为文物考古界的共识。

2009年，以“大遗址保护与考古遗址公园建设”为主题的大遗址保护良渚论坛在浙江杭州举行，时任国家文物局局长单霁翔在题为《让大遗址如公园般美丽》的主旨报告中，对通过创建考古遗址公园纾解大遗址保护困局之前景做了阐述。会议形成建设考古遗址公园的共识——《关于建设考古遗址公园的良渚共识》。

在综合各方面意见基础上，国家文物局提出“建设国家考古遗址公园”的思路和计划，得到各地政府的积极响应，一个建设考古遗址公园的热潮在全国各地兴起。2011

年，国家文物局颁布《国家考古遗址公园管理办法（试行）》，标志着国家考古遗址公园建设正式开始。2011 年，国家文物局公布第一批 12 家国家考古遗址公园名单；2013年，国家文物局公布第二批国家 12 家考古遗址公园名单；2014 年，国家文物局组织了对第一批国家考古遗址公园的评估工作。

至此，我国的考古遗址公园建设，基本走向了正轨。

“国家考古遗址公园概念的提出，是我们对时代发展和社会变迁的有力回应，是积极保护的重要举措，是遗址展示与阐释的一种整体策略。”[1]

就目前实践看，国家考古遗址公园建设取得一些重要成绩，值得肯定。其中，思想理念、管理体制、运作机制等方面的改革与突破，最为引人瞩目。

二、解放思想，端正认识

国家考古遗址公园建设的最大突破，是解放思想，端正认识。文物考古工作管理者真正认识到，文物遗产资源是全民资源，应由全民共享。保护是全民责任，享用是全民权力。任何一个部门——包括政府文物主管部门、相关科研机构，都不能将其视为“私有财产”“自家地盘”，从而排斥其他部门、行业涉足。真正认知到，主管部门只是受人民的委托来管理，相关科研机构只是受人民的指派来研究，在文化遗产保护利用方面，人民是主人，掌握着所有权。

2008 年 10 月，来自西安、郑州、杭州、成都、洛阳、无锡、扬州、荆州、安阳、朝阳、开封等城市的代表，应国家文物局、陕西省人民政府的邀请，参加了在西安举办的“大遗址保护高峰论坛”。论坛围绕“做好大遗址保护，推进城市和谐发展”的主题，就探索大遗址保护新模式，推动大遗址保护健康发展，促进区域经济协调发展，确保民众共享保护成果等内容进行了深入的探讨，达成《大遗址保护西安共识》，指出：“大遗址是不可再生的文化资源，是城市文化景观的核心要素，是城市可持续发展的资本和动力。大遗址保护对建设城市文化，彰显城市特色，保持文化多样性，守望中华民族共有精神家园具有重大意义。”“深入挖掘大遗址内涵和价值，充分发挥其社会效益，促进旅游等相关产业的理性发展，为区域经济提供新的增长点，是大遗址保护成为城市发展积极力量的有效途径。”与会者注意到，“从高句丽遗址、殷墟遗址到大明宫遗址、隋唐洛阳城遗址，再到金沙遗址、鸿山遗址，都开展了一系列卓有成效的保护行动。伴随着这些实践，大遗址正在从城市中被人遗忘的角落、脏乱差的角落，逐渐转变为城市中最美丽的地方，最有文化品位的空间”[2]。从文物系统的自说自话，到地方政府和学界的积极参与，从部门利益至上的“关门主义”到共享共赢的“门户开放主义”，以考古遗址公园建设为大遗址保护突破口的态势，由此形成。

2009 年 6 月，国家文物局和杭州市人民政府共同举办了以“大遗址保护与考古遗址公园建设”为主题的大遗址保护良渚论坛。论坛在广泛交流和讨论的基础上，形成建设考古遗址公园的共识——《关于建设考古遗址公园的良渚共识》。《良渚共识》指出：“考古遗址公园立足于遗址及其背景环境的保护、展示与利用，兼顾科研、教育、游览、休闲等多项功能，是中国大遗址保护实践与国内国际文化遗产保护理念相结合的有益尝试，是加强大遗址保护、深化大遗址利用与展示的有效途径，具有鲜明的中国文化遗产保护特色，符合现阶段大遗址保护的实际需要。”“考古遗址公园一方面为遗址保护与研究提供了必要的空间，能够促进考古研究、遗址保护的可持续发展；另一方面借助系统化、人性化的展示设计，为公众提供了开放和直观的考古教材，引导公众走近遗址、热爱遗址，有助于大遗址保护成果的全民共享。”[3]注重科研、教育和旅游休闲等多项功能的兼顾，高举“全民共享”的旗帜，唤起了全社会的大遗址保护热情。

2009年11月，国家文物局和河南省政府联合主办“大遗址保护洛阳高峰论坛”，来自北京、西安、杭州、成都、郑州、广州、长沙、南京、长春、洛阳、无锡、扬州、安阳、开封、荆州、朝阳、嘉兴、集安等城市的代表以及文物专家出席论坛。与会者认识到：城市核心区的大遗址保护极具挑战性，当前在城市核心区和城乡结合部建设考古遗址公园，有助于协调文化遗产保护和城乡经济社会发展的关系，有助于发展文化旅游和相关产业，有助于提升城市文化品位。随着中国经济社会的快速发展，城市化进程的加快已经给文化遗产保护带来了前所未有的冲击与挑战，这突出表现为大遗址保护与土地资源高度紧张的矛盾日益突出，与城市建设的冲突日益彰显，也与传统保护理念和模式日趋不协调。论坛形成的《大遗址保护洛阳宣言》，承诺“坚持统筹规划、持续发展原则，从遗址保护和城市发展的实际出发，科学规划，有序推进，努力实现大遗址保护和利用的和谐共赢”[4]。

上述大遗址保护论坛，均系国家文物局主导下，由国家文物局与地方政府共同举办的。论坛形成的共识，是文物主管部门与各级地方政府、文物考古界的共识。

大遗址是全民资源，应全民担责、全民共享。文物考古部门有了这种思想认识，才不会作茧自缚，把所有的责任一肩扛，把所有的权力一手抓；才能把自己的身份摆正、把位置找准。有了这种认识，才有了今天的考古遗址公园。可以说，这是一个根本性的突破。

其实，上述思想认识，是有充分的法律基础的。

《中华人民共和国宪法》第二条明确规定：“中华人民共和国的一切权力属于人民。人民依照法律规定，通过各种途径和形式，管理国家事务，管理经济和文化事业，管理社会事务。”

《中华人民共和国文物保护法》第一条指出立法宗旨是：“为了加强对文物的保护，继承中华民族优秀的历史文化遗产，促进科学研究工作，进行爱国主义和革命传统教育，建设社会主义精神文明和物质文明”；第四条明确文物工作方针是“保护为主、抢救第一、合理利用、加强管理”。

可见，人民有保护历史文化遗产的责任，也有管理和利用、享受历史文化遗产的权利。

三、解放思想，创新体制

第二个突破，是解放思想，创新体制。几十年来，文物考古部门“关门”工作，已是常态。文物古迹如何保护、怎样利用，都是单一部门、机构的“圈内”事情。在民以食为天的贫穷时代，在把经济发展看成天字一号任务的改革开放时代，文物考古不幸沦为“弱势”部门、行业，往往被视为经济建设和城乡发展的绊脚石，造成“政不出本衙”的窘境。眼看着古遗址被破坏、古墓葬被盗掘，都很少有根本性保护措施可用。

而考古遗址公园理念，文物考古部门首先敞开了自家的门，本着合作互利的精神，以“出让”部分利益而赢得更大利益为基础，唤起地方政府和当地人民对于本地文化遗产保护的热情，“只要文物能保护好，权力不必尽在我手”的胸怀和诚意，奠定了合作共赢的坚实基础。

只要相关文化遗产的保护、利用符合我国的法律法规，符合我国文物保护的学术和技术规范，确保文化遗产的安全，那么考古遗址公园的管理方式，可以视具体情况而定。

2007年，单霁翔在全国政协会议提案中，建议创建“国家大遗址保护特区”，试图突破旧有的文物管理模式。基于单霁翔的提案，西安市就西安大遗址保护与利用进行专项研究，提出了建立大遗址保护特区的构想。它借鉴高新技术开发区、经济开发区等特区建设的成功经验，采取特殊的管理体制和政策，对西安大遗址及周边可开发的区域，进行统一规划、统一建设和统一管理的模式[5]。

《大遗址保护洛阳宣言》强调：“坚持政府主导、多方参与原则，进一步强化政府主导地位，正确引导，加强管理，调动社会力量和广大民众支持、参与大遗址保护的积极性。”“坚持解放思想、开拓创新原则，因地制宜，积极探索考古遗址公园建设与管理的机制和方法，开拓大遗址保护利用新局面。”

目前，西安大明宫遗址、杭州良渚遗址等，都建立了以遗址保护和展示利用为核心任务的行政管理特区，陕西省政府还设立西安大遗址保护特区建设领导小组，推动创建“国家大遗址保护特区”，凸显了考古遗址保护利用的重大而广泛的社会价值。洛阳市成立了大遗址保护工作领导小组，由市政府主要领导任组长，成立了市大遗址保护办公室，专门负责全市大遗址保护管理工作。此外，大量考古遗址公园的相继建设，产生了一批相应的文物管理机构，明显加强了各地文物管理力度，特别有利于整个文物考古事业的发展。

四、解放思想，拓展学科任务

第三个突破，是解放思想，拓展考古学科任务范围。中国的考古学，长期以来自我定位为历史科学范畴，以探讨古代社会发展规律为己任。尽管考古学的“学科纯洁性”不断丧失，考古学讨论的问题越来越广，使用的手段越来越多、越新，但考古学把古遗址、古墓葬等文化遗产，只是当做一种考古资源，消费起来理所当然、理直气壮，而对于其保护和展示，则有点漠不关心，久未正式纳入学科任务当中。已经发表的中国考古学经典著作——如《大百科全书·考古学》阐释“考古学”时说：“考古学属于人文科学的领域，是历史科学的重要组成部分。其任务在于根据古代人类通过各种活动遗留下来的实物，以研究人类古代社会的历史。……作为一门历史科学，考古学的研究不应限于对古代遗迹、遗物的描述和分类，也不应限于鉴定遗迹、遗物的年代和判明它们的用途与制造方法。考古学研究的最终目标在于阐明存在于历史发展过程中的规律。”[6]未尝提及为文化遗产保护服务。最新出版的《中国考古学大辞典》关于“考古学”定义中虽然依然把中国古代社会研究作为学科终极目标[7]，但是也包含一些关于考古遗址和出土文物保护的词条。目前施行的《田野考古发掘规程》则有了文物保护措施。显然，考古人的思想观念是在变化的。随着考古人的新觉悟，提出了考古学要服务于文化遗产保护利用的倡议，考古界也在反省，在思辨，在创新。创建“文保类考古”之呼声[8]，把考古工作纳入文物保护体系之呼声[9]，不绝于耳。考古界要把保护考古资源，展现考古成果作为己任[10]，已是考古界的共识。这一共识促使考古人、考古界积极参与考古遗址公园建设，为大遗址保护和展示，做出了主动、积极和不可或缺的贡献。

五、解放思想，创造文物保护新模式

第四个突破，是解放思想，创造文物保护新模式。以往，我们的文物考古界抱有一种矛盾心理，既想让更多人知道考古遗址的重要性，又不想让考古遗址“暴露”在太多人面前，因此以各种手段予以“掩盖”——包括考古发掘后的回填，在遗址外围圈建围墙，以策安全。殊不知，没有了知情权，没有了参与，没有了分享，也就没有了遗址保护的热情与责任。而考古遗址公园的建设，是考古遗址保护的新模式，无论是现场展示还是遗址博物馆展示，都会让人亲临其境、亲身感受。大张旗鼓地宣示遗址价值，展现遗址内涵，呈现考古成果，让人们置身其中，知之，爱之，护之，在开放中保护，在保护中利用，通过利用促进保护，形成良性循环。

六、解放思想，促进经济发展和城乡建设

第五个突破，是文物考古界以文物事业、文化产业的发展，促进当地的经济发展和城乡建设。考古遗址公园不仅推动了文化产业和文化消费，同时也对当地的城乡建设发挥了积极作用。一座美丽的考古遗址公园，会带动一个富有朝气的社区建设。

促进当地城市建设和经济发展，一直是考古遗址公园建设的重要目标。

诚如《洛阳宣言》所指出的："文化是城市的灵魂，大遗址作为不可再生的珍贵文化资源，是城市发展的积极力量。加强大遗址保护工作是践行科学发展观的重要举措，既是时代发展的必然要求，也是彰显城市特色的有效途径。"《良渚共识》也明确指出："考古遗址公园建设能够有效缓解文化遗产保护与城市化进程之间的矛盾，优化土地资源的利用，带动相关产业发展，进一步改善人居环境，扩展和丰富城市文化内涵。"

2008年在西安举办的"大遗址保护高峰论坛"，其背景为"城市化进程的加快给文化遗产保护带来了前所未有的冲击与挑战，这突出表现为大遗址保护与土地资源高度紧张的矛盾日益凸显，与城市建设的冲突日益凸显，与传统保护理念和模式的不协调日益凸显"。其主题便是"做好大遗址保护，推进城市和谐发展"，重点"探索大遗址保护新模式，推动大遗址保护健康发展，促进区域经济协调发展，确保民众共享保护成果"。《西安共识》基于"大遗址是不可再生的文化资源，是城市文化景观的核心要素，是城市可持续发展的资本和动力。大遗址保护对建设城市文化，彰显城市特色，保持文化多样性，守望中华民族共有精神家园具有重大意义"之认识，强调"深入挖掘大遗址内涵和价值，充分发挥其社会效益，促进旅游等相关产业的理性发展，为区域经济提供新的增长点，是大遗址保护成为城市发展积极力量的有效途径"。

凡此，为从思想认识上解决考古遗址公园建设服务于城乡建设发展，铺平道路。

全国很多地方的考古遗址公园建设，很好地解决了考古遗址保护与城乡建设、经济社会发展、人民生活提升的关系。如：西安大明宫遗址保护与旧城改造相结合，保护改造规划面积达19.16平方公里，其中国家考古遗址公园为3.2平方公里，周边改造区域为 12.76 平方公里，把一个环境脏乱差的"棚户区"进行全部拆迁，动迁人口达10万人，极大改善当地居民生活条件，推动了周边城市建设，城市面貌焕然一新，西安市从此新增一个居民休闲游憩的好去处，一个名扬中外的旅游胜地[11]。洛阳市结合旧城改造、产业布局调整，创建隋唐洛阳城遗址公园，实施了隋唐城定鼎门遗址和里坊区、隋唐城宫城核心区的和谐拆迁，搬迁20多家企事业单位，动迁居民800余户，全部和谐安置，拆迁户首先成为大遗址保护的受益者。完成隋唐城"一区一轴"保护

展示工程，隋唐城定鼎门遗址、明堂天堂遗址等大遗址保护展示精品工程已建成并对外开放。一大批湮没于地下的遗址形象地展示在世人面前，大大增加了城市的人文景观，提高了城市的文化品位，带动了洛阳旅游业的快速发展。将22平方公里的隋唐城洛南里坊区作为非建设用城市绿地，建成了开放式的集休闲、娱乐、旅游、观光为一体的隋唐城遗址公园，大大增加了城市区的公共绿地面积，成为广大市民和游客休闲观光的乐园[12]。

七、结　语

最后，我想借用单霁翔在“大遗址保护良渚论坛”发表的主旨讲话《让大遗址如公园般美丽》中的几句话作为本文结束语：

“经过几年实践，大遗址保护的思路和方法取得了显著进步：从被动的抢救性保护到主动的规划性保护；从补丁式的局部保护到着眼于遗址规模和格局的全面保护；从单纯的本体保护到涵盖遗址背景环境的综合性保护；从画地为牢的封闭式保护到引领参观的开放式保护；从专一的文物保护工程到推动城市发展、改善民生的文化遗产保护工程；从而，大遗址保护从仅靠文物工作者孤军奋战的行业行为，提升为得到广泛理解和参与的社会文化公益事业。”[13]

期待国家考古遗址公园建设，更加科学规范，更加丰富多彩，更加活力无限！

注　释

[1] 童明康：《以国家考古遗址公园积极保护大遗址》，《世界遗产》2014年10期。

[2] 《大遗址保护西安共识》，《大遗址保护高峰论坛文集》，文物出版社，2009年。

[3] 《关于建设考古遗址公园的良渚共识》，《大遗址保护良渚论坛文集》，浙江古籍出版社，2009年。

[4] 《大遗址保护洛阳宣言》，《大遗址保护洛阳高峰论坛文集》，文物出版社，2010年。

[5] 郑育林：《不断深化对大遗址保护与利用模式的认识》，《西安日报》2011年1月17日。

[6] 夏鼐、王仲殊：《考古学》，《中国大百科全书·考古学》，中国大百科全书出版社，1986年，第2～3页。

[7] 王巍总主编：《中国考古学大辞典》，上海世纪出版股份有限公司辞书出版社，2014年，第1页。

[8] 杜金鹏：《试论文保类考古》，《考古》2010年5期；《再论文保类考古——基本理念探讨》，《文化遗产研究（第1辑）》，科学出版社，2010年。

[9] 张忠培：《中国大遗址保护的问题》，《文化遗产研究（第1辑）》，科学出版社，2010年，第32页；张忠培：《考古学与文物保护》，《中国文物报》2015年7月3日第5版；张忠培：

《在“南水北调中线工程考古发现与研究学术研讨会”上的讲话》，《华夏考古》2010 年 3 期。

[10] 杜金鹏：《论考古资产保护》，《考古》2015 年 1 期。

[11] 段先念：《科学统筹，因势利导——努力实现遗址保护城市发展和民生改善和谐共生》，《大遗址保护高峰论坛文集》，文物出版社，2009 年。

[12] 余杰：《加强大遗址保护，再现洛阳昔日辉煌》，在“第五届海峡两岸有形文化资产论坛”上的发言，2013 年 11 月。

[13] 单霁翔：《让大遗址如公园般美丽》，《大遗址保护良渚论坛文集》，浙江古籍出版社，2009 年。

国家考古遗址公园建设中的几个问题

2014 年 4 月，国家文物局发布了《国家考古遗址公园评估导则（试行）》和《关于开展 2014 年度国家考古遗址公园评估工作的通知》，委托北京清城睿现数字科技研究院作为第三方评估机构，于 2014 年 4～12 月间对第一批国家考古遗址公园进行了评估。根据北京清城睿现数字科技研究院提交的《国家考古遗址公园评估总报告（2011～2013 年度）》（以下简称《评估报告》），并结合笔者参与本次评估活动，参加有关考古发掘检查、有关遗址保护展示规划或方案评审，以及个人的参观考察所见，就首批国家考古遗址公园建设中存在的问题，谈谈个人浅见。

《评估报告》认为：国家考古遗址公园有效促进了遗址保护、研究和展示，在对古遗址、古墓葬的利用方面进行了积极有益的探索，有效实现了面向社会、服务公众、惠及民生的目标，彰显了遗址价值，是传承与弘扬中华民族传统文化、开展爱国主义教育的重要载体。国家考古遗址公园制度是文物部门和文物行业对当前经济社会发展的有力回应，是对广大民众日益增长的文化消费需求的积极反馈，也是当前形势下积极协调遗址保护与城市发展关系的有效手段，实现了保护与利用的有机结合，这一政策方向应当继续坚持、不断推广和持续完善。

上述评价，总体上是正确的。但是，在国家考古遗址公园的建设中，存在几个突出问题，也不容忽视。

第一，投资型社会资金的负面作用

《评估报告》指出，在第一批国家考古遗址公园中，有两家尝试了新型管理运营模式：大明宫为 BT 模式和 BOT 模式，隋唐洛阳城为 TOT 模式。所谓 BT（build-transfer“建设—移交”）模式是指私营部门的合作伙伴被授权在特定的时间内融资、设计、建造和运营基础设施组件（和向用户收费），在期满后，转交给公共部门的合作伙伴。BOT（build-operate-transfer，“建设—经营—转让”）模式是指政府通过契约授予私营企业（包括外国企业）以一定期限的特许专营权，许可其融资建设和经营特定的公用基础设施，并准许其通过向用户收取费用或出售产品以清偿贷款，回收投资并赚取利润。特许权期限届满时，无偿移交给政府。TOT（transfer-operate-transfer“移交—经营—移交”）模式是指政府部门或国有企业将建设好的项目的一定期限的产权和经营权，有偿转让给投资人，由其进行运营管理。投资人在一个约定的时间内通过经营收回全部投资和得到合理的回报，并在合约期满之后，再交回给政府部门或原单位的一种融资方式。就此，有媒体指出："从拆迁到建设，大明宫遗址公园耗资 120 亿元。作为大明宫项目的实际操盘手，曲江集团用自己惯常的'文化地产'模式解决了这笔资金。时任曲江集团董事长段先念，曾前后游说各路地产商人为大明宫投资，帮助大明宫拆迁、建设安置房，政府再回报以周边地皮，最终，靠大明宫旅游拉动周边消费与房价的双重上涨，投资者们由此收回成本。"[1]

可见，在考古遗址公园的建设或运营当中，有的地方（主要是城市型大遗址，即被现代城市所叠压的古代城址）引进了社会资本。这些社会资本是以营利为目的而进入合作框架之内。

我们知道，建设国家考古遗址公园的初衷，是保护遗址，促进考古科研，服务人民群众。很明显，国家考古遗址公园的定性应是公益事业，定位应是全民所有。既然如此，就应该是国有资本投入建设和运营，欢迎社会资金投入，但只能是非营利性的。无论是"国（公）有国（公）营"还是"国（公）有私营"，都应是非营利性的。如果引进了营利性社会资本，必定会有利益交换，无疑会降低甚至抹杀国家考古遗址公园的公益性质，弱化甚至伤害其核心功能。

在第一批国家考古遗址公园中，我们已经看到了房地产商在国家考古遗址公园建设中转圜身影，形成了在国家考古遗址公园建设名义下的大拆大建现象，伴随国家考古遗址公园出现的是大片新建房产。

如何看待、评价伴随国家考古遗址公园建设而来的房地产开发，对当地经济发展的带动与对遗址本体保护和环境保护形成的压力之间的关系？可能站在不同立场会有不同看法。我认为，这是大局与小局、长期与短期的一个关系。

诚然，在国有资本投入有限的前提下，大规模拆迁、安置和大型保护、展示设施的建设，必然面临资金困局，但以引进营利性社会资本作为解困手段，值得商榷。而纯粹的捐助性社会资金，则应欢迎。

目前隋唐洛阳城"九州池"遗址公园也因社会资本使用而陷入僵局，亟待解困——为积极投入考古遗址公园建设的洛阳市政府解套，为岌岌可危的隋唐洛阳城宫城遗址保护解危。

第二，建设性破坏现象

国家考古遗址公园的建设目的是保护遗址，但其保护、展示性建设项目对遗址本体或风貌造成程度不同的破坏或影响，却也不容忽视。

据我现场调研所见，大明宫丹凤门遗址保护性建筑、御道广场建设中，为埋设水电管线而挖掘的土沟深达 0.5～1 米甚至更深，且纵横交错密布如织，栽种的大树需要挖深度、直径超过 1 米的土坑。凡此，对于遗址本体显然是严重破坏，大面积硬化后，也不利于考古工作的可持续开展。

第三，工程型考古弊端

田野考古发掘不是土木工程，它是建立在细致的科学研究基础之上的一项学术活动，具有自己的规范和规律。然而，在国家考古遗址公园建设当中的一些考古发掘，往往被纳入到建设工程范畴而给予严苛的时限，影响了它的科学性。

关于这一点，在隋唐长安城大明宫、隋唐洛阳城宫城，情况最为突出。

据亲自参与大明宫考古遗址公园建设中考古工作的考古专家指出："2008 年大明宫建设开始前，我们对大明宫的发掘也有半个多世纪了，都是循序渐进的，总共发掘面积也就那么一点点。考古也需要沉淀、研究，需要花时间。但 2008 年开始建设，2010 年就要开园，两年时间，要发掘的面积是过去同样时间里发掘面积的好几倍。""两年挖了十几年的"，"整个大明宫遗址的保护模式，对遗址利用而言自然是好的，对城市发展也是好的。对文物保护的宣传也很好。但在一定程度上，它仍然对遗址造成了某些破坏。"[2]这是比较客观、中肯的评价。

隋唐洛阳城宫城中心区保护展示项目于 2007 年 8 月启动，占地南北长约 330 米、东西宽约 300 米，合计约 145 亩。涉及 17 家企事业单位、595 户居民，拆迁面积达 7.8 万平方米。该区域位于隋唐洛阳城宫城中心区，宫城正殿明堂和天堂遗址即位于这里。据文献记载，该区域内还有贞观殿、徽猷殿、东廊和西廊等宫殿建筑物。发掘布方 10 米 × 10 米探方 300 个合计发掘面积约 3 万平方米，发掘工作历时 3 年（2007 年 12 月～2010 年 12 月），平均每年发掘 1 万平方米。该处遗址的建筑遗迹现象叠压复杂，这些布满探方的建筑基址，分为四期，涵盖隋、唐至北宋。

以其重要性和复杂性，无论是西安还是洛阳的隋唐都城遗址核心区域的考古发掘，其速度都远远超过正常——年度发掘面积、人均单位时间发掘面积，均大幅超常。

可见，在西安唐大明宫、洛阳隋唐城宫城遗址核心区（包括隋唐洛阳城宫城九州池遗址）考古遗址公园建设期间，其考古发掘均受时间限制，在时间、人力有限的前提下，发掘速度、精度肯定受到很大影响。这种把考古科研当做建设工程来管理和要求的做法，显然违背了考古学的学科规律。考古学讲究按部就班，倚天时就地利，慢工出细活，这是尊重历史遗产、珍惜文化资源、全面探究遗迹遗物，务必做到不遗漏有关现象、尽可能少地破坏地下遗存的前提下，获取最多最详细的科学资料。

可以这样说，被纳入"工程"类管理的考古发掘，虽然成绩很大——往往有重要甚至重大考古发现，保障了考古遗址公园建设的建设工期，但问题也很多——主要是为了赶工期，发掘质量有欠缺，研究难以深透，不能为将来的保护和展示提供最优科学支持。

第四，考古科研可持续发展的破局

笔者一贯认为：考古遗址公园的核心功能和任务之一，就是服务和促进考古与文保科研。换言之，考古遗址公园建设，不仅要为考古文保科研提供一个当下机会，而且更应为考古文保科研创造未来条件——即考古遗址公园建成之后，保障考古文保科研能够长期有序进行。

《评估报告》说：国家考古遗址公园建设为持续考古和科学研究提供了有利条件。考古工作是遗址保护和展示的基础。除了用地保障外，国家考古遗址公园还积极建设、完善了考古工作站、保护研究实验室、标本库等，较大程度地改变了以往遗址考古工作条件简陋、工作环境恶劣的局面，使考古和科学研究工作可以常态化、持续性开展。评估期内，第一批 12 家国家考古遗址公园共开展考古调查、勘探、发掘项目 15 项，投入经费 4138 万元；开展研究项目 76 项，投入经费 3031.34 万元。8 家国家考古遗址公园设立了单独的考古工作站，建筑面积合计 32719 平方米；8 家国家考古遗址公园设立了专门的保护研究用房，建筑面积合计 14738 平方米；11 家国家考古遗址公园建立了专门的文物库房，建筑面积合计 7279 平方米。

确实，总体上看，考古遗址公园建设为考古科研创造了良好条件。如良渚、三星堆、汉阳陵等遗址公园，考古工作均取得不俗成绩。但不容忽视的却是，有的考古遗址公园建成以来，考古科研便陷入停滞甚至终结，至少考古发掘不再具备必要条件。易言之，考古遗址公园建设没有为考古发掘预留空间，或者预留空间极小，或者以影响开放为理由，不欢迎甚至排斥新的考古发掘。如殷墟，《评估报告》统计殷墟有 1000 万元规模的“刘家庄北地”考古发掘，其实，这些发掘虽然在殷墟遗址范围内却并不在殷墟考古遗址公园范围内，而金沙、高句丽遗址公园则没有任何考古工作。

现实是，有的考古遗址公园的考古科研近乎是一次性的，其可持续发展，未能实现。

第五，科研基础薄弱

在现有的国家考古遗址公园中，不少遗址缺乏扎实的考古科研基础。发掘面积有限，聚落布局认识不清，文化内涵掌握不全，因此其文化遗产展示缺乏科学基础。尤其应该指出的是，在个别遗址，即便在公园建设前已经有大量新的考古成果，也没能被全面、适当地展示出来。

第六，展示不当

展示落后于研究。有的遗址公园的展示利用，没有充分依靠和展现已有的研究成果，致使展示内涵不够丰富、扎实、前沿。如据最新研究表明，殷墟遗址宫殿区礼制建筑基址，是以主殿坐北朝南、其余三面有廊庑拱卫的“四合院式”宫院为基本格局，其功能很可能分别属于朝、寝、宗、社等。在宫殿区，还存在一个大型人工景观池苑。这个研究成果，得到了田野考古勘探的有力支持。而今，殷墟考古遗址公园的展示，依然是停留在十年前的研究水平上（该展示方案，系殷墟“申遗”前由我主持根据当时的考古研究成果编制的，曾经得到国内外专家的赞赏，为殷墟成功申遗做出了贡献），没有及时吸收最新科研成果，把它以“四合院式”宫院建筑为主体的宫室基本格局反映出来，也没有将其朝、寝、宗、社不同性质的礼制建筑布局，充分体现出来，严重影响了人们对商代都城格局、宫室制度、建筑水平、社会和意识形态的理解。

在第一批国家考古遗址公园中，也存在展示工程建设不当或过度的现象。尽管在如何展示有关遗迹现象、彰显哪些价值要素方面，学术界见仁见智难能一致，但是探索性的展示工程存有明显缺陷，则是事实。需要指出的是，某些在建的考古遗址公园，这方面的问题更为突出，应该特别引起关注。

针对以上问题，笔者提出关于国家考古遗址公园建设的以下建议，供讨论。

笔者的建议可概括为 16 字：定性准确，顶层设计，重点投入，控制规模。

“国家考古遗址公园”有四大任务和功能，分别对应四个关键词。

国家——实行全民共有性质的国家层面文化遗产管理，不管考古遗址公园的管理者或主管者是哪一级政府，都是代表国家在管理这份全民族的文化遗产；

考古——保障和促进考古科研和其他科学研究，确保其可持续发展；

遗址——保护遗址资源，保护和改善遗址环境及其风貌；

公园——促进遗产活化利用，让人民群众能够浸润、欣赏优秀的文化遗产。

因此，国家考古遗址公园必然定性为非营利性公益事业。鉴于目前申报的国家考古遗址公园均系全国重点文物保护单位，其建设经费（遗址本体保护展示，甚至包括历史环境恢复），主要应由中央财政负担，而地方政府可根据自身财政情况承担辅助性基础设施建设费用。不应该把主要财务负担压在地方政府头上，也不应该引入社会资本把它商业化。

从目前态势看，国家考古遗址公园将来会有数十家甚至上百家，这是国家重视文化遗产的体现。但这也必定是一项不菲的财务支出。我国还不是发达国家，国家考古遗址公园全面开花不现实。建议控制数量，突出重点，优先选择古代都城遗址、尤其是地处现代城市的古代都城遗址或被现代城市叠压的古代大型聚落遗址，进行重点保护，重点支持。如果每年在洛阳、西安等城市集中投入，将会保存中华文明的主线脉络，把地方政府从财务困境中解脱出来，聚精会神做好遗址公园的规划和方案的落实。国家考古遗址公园应享受中央财政补助免费开放或有条件免费开放，就如博物馆享受中央财政补贴免费开放一样。

简而言之，应从中央财政设立专项，支持重点，压缩战线，项目设计不“摊大饼”，经费分配不“撒胡椒面”，集中力量首先保护好中华文化遗产主干系、主脉络。

注　释

［1］ 朱晓佳：《更多遗址在凋零中，隋唐长安城怎么保护？》，《南方周末》2015 年 5 月 21 日。

［2］ 同［1］。

国家考古遗址公园首次评估的几个问题

国家文物局于2014年4～12月间，委托北京清城睿现数字科技研究院作为第三方评估机构，对第一批国家考古遗址公园（圆明园、周口店、高句丽、鸿山、良渚、殷墟、隋唐洛阳城、三星堆、金沙、汉阳陵、秦始皇陵、大明宫）进行了评估，形成了《国家考古遗址公园评估总报告（2011～2013年度）》（以下简称《评估报告》）。

《评估报告》认为：本次评估圆满完成了预期任务，基本摸清了12家国家考古遗址公园运行三年来的基本情况，对当前国家考古遗址公园的总体状况，以及各个公园自身发展状况、个性、特色和存在问题形成了基本认识。对于参评的12家国家考古遗址公园来说，本次评估既有效敦促了管理机构梳理和检视三年来的工作成果，也使它们进一步明确了自己的任务和努力方向，为后续工作的开展奠定了基础、锻炼了队伍。这次评估也是一次大范围、综合层次的对于国家考古遗址公园理论的思考与讨论，在详细的数据支撑下，管理者和专家们都对12家遗址重新进行了审视，对国家考古遗址公园的若干概念形成了更深入全面的新认识。引入第三方评估机构实施评估工作的方式也得到了一致认可，为国家考古遗址公园未来发展和成果检验储备了经验。但是，作为国家考古遗址公园评估制度的第一次实践，本次评估工作自身具既有开创性也具有探索性。

笔者认为，国家文物局组织的国家考古遗址公园第一次评估，力求全面、真实、科学地反映现有考古遗址公园的成就和问题，力求评估工作的公平、公正和透明，特聘评估专家和第三方评估单位都非常负责任地履行职责，评估工作比较圆满，成绩可嘉。但因是首次评估，难免存在不足。试述如下。

1. 评估要素设定不科学

《评估报告》把评估内容分为“资源维护”“管理与服务”两大项，在认识上存在不足和错误。

根据《评估导则》，国家考古遗址公园评估包括专项评估、开放状况评估和满意度调查三部分。其中，核心内容是“专项评估”——包括“资源维护”和“管理与服务”两大项。“资源维护”评估内容包括：遗址保护、遗址维护与监测、遗址展示、科学研究、生态与环境质量等。“管理与服务”的评估内容包括：信息管理、设施与服务、公共安全、人力资源、社会服务、宣传推广等。

其实，“科学研究”和“遗址展示”都不宜列入“资源维护”，而是应该分别单列为“科学研究”“展示利用”。把“科学研究”和“遗址展示”混入“资源维护”，弱化、模糊了考古遗址公园的核心目标和价值——服务考古科研，推进活化利用。“资源维护”主要应指遗址本体保护（监测、维护都是保护措施）和环境保护改善。

所谓“管理”，“管”是指制度和规范；“理”则是协调和疏解。评估时需要明确“管理”的具体内容，对国家考古遗址公园的相关法规、政策、制度、规范、措施，有恰当检视。

而“服务”则主要是指对社会公众提供的各项便利和支持。

2. 数据资料使用不当

《评估报告》认为：国家考古遗址公园建设为持续考古和科学研究提供了有利条件。考古工作是遗址保护和展示的基础。除了用地保障外，国家考古遗址公园还积极建设、完善了考古工作站、保护研究实验室、标本库等，较大程度地改变了以往遗址考古工作条件简陋、工作环境恶劣的局面，使考古和科学研究工作可以常态化、持续性开展。评估期内，第一批 12 家国家考古遗址公园共开展考古调查、勘探、发掘项目 15 项，投入经费 4138 万元；开展研究项目 76 项，投入经费 3031.34 万元。8 家国家考古遗址公园设立了单独的考古工作站，建筑面积合计 32719 平方米；8 家国家考古遗址公园设立了专门的保护研究用房，建筑面积合计 14738 平方米；11 家国家考古遗址公园建立了专门的文物库房，建筑面积合计 7279 平方米。

其实不尽然。有的考古工作站先于考古遗址公园而存在，如殷墟、三星堆、隋唐洛阳城、大明宫，且并不从属于考古遗址公园；有的考古遗址公园建设的保护研究用房，到评估时止仍是空房，并未投入使用，如金沙考古遗址公园文保中心等；有的考古勘探、发掘项目，与遗址公园无关或关系不大，如殷墟的大型考古项目“刘家庄北地发掘”便远离遗址公园。

可见，依此评估考古遗址公园建设对考古和文保科研的促进作用，显然不妥。

3. 评价认识有不足

《评估报告》认为：国家考古遗址公园有效实现了中央财政带动地方、社会资金参与遗址保护的重要作用。国家考古遗址公园激发了地方政府和社会力量关注和参与文化遗产保护的积极性，并实现了对资金和政策的吸引。评估期内，12 家国家考古遗址公园共获得资金投入 45.34 亿元；其中中央财政投入保护资金 6.33 亿元，带动地方财政投入配套资金 32.13 亿元，带动社会资金投入 6.88 亿元。中央财政保护资金对地方财政及社会资本的带动作用比例为 1∶5.1∶1.1。说明国家考古遗址公园已逐步成为有效带动社会力量主动性投入的重要引擎，扩大了文物保护的社会号召力和影响力。

中央财政投入带动了地方财政和社会资金投入确系事实，但是，社会资金的进入，正面效应有多大，有待历史检验；而地方财政投入之实质，往往属于“隐性投资、套餐投资”，即并非地方财政拨款直接、全部投入考古遗址公园建设中，这些投资既是遗址公园建设投资也是城市改造建设投资，是可以从不同角度多头统计的。

因此，《评估报告》夸大了“国家考古遗址公园有效实现了中央财政带动地方、社会资金参与遗址保护的重要作用”。而且全面肯定“社会资金投入”，显然忽视了其已经逐步显现的负面作用。

4. 评估方式有缺陷

本次评估工作中采纳的资料、数据，主要来自于各个考古遗址公园自我报告，而专家组和第三方评估机构实际上并未亲自逐一核查，即其真实性、准确性存有不确定性。据此做出的评估之可靠性，也就值得斟酌。

如何改进国家考古遗址公园评估工作？笔者有如下建议：

第一，调整评估思路，重点关注四要素体现

“国家考古遗址公园”之任务和功能，有一个定性、三个定位。

一个定性是：实行全民共有性质的国家层面文化遗产管理。不管考古遗址公园的直接管理者是哪一级政府，都是代表国家在管理这份全民族的文化遗产。

三个定位是：保障和促进考古科研和其他科学研究，确保其可持续发展；保护遗址资源，尽可能长久地保存、传承其价值，保护和改善遗址环境及其风貌；促进遗产活化利用，让人民群众能够享受、利用优秀的文化遗产。

因此，评估工作必须相应地突出对这四个方面的检视、审核。分值权重也应据此合理分配。

第二，改进评估方法，提高自主调查力度

无论是国家文物局委托的评估专家组抑或是第三方评估机构，都应是独立评估，自主取证，公正评判，公开宣示，承担责任。

还应充分发挥社会公众的评判作用，通过多种媒体公开征集意见。

第三，划分等级，褒优促劣

对评估对象的综合评价，最好有等级划分。为国家文物局对于国家考古遗址公园的管埋——奖励与责罚，即表扬先进督促后进，甚至为国家考古遗址公园的分级管理与淘汰制度创立提供依据。

郑州商城城墙保护展示现状的考察与思索

郑州商城作为商代早期的都城遗址，具有重要的历史、科学和艺术价值，在我国古代文明发展史，尤其是郑州城市发展史上，占据重要地位。郑州商城自发现以来，考古学家在此进行了大量的考古发掘和研究，取得一系列重要成果，其中，城墙、宫殿建筑、手工业作坊、墓葬等遗迹现象以及青铜器、玉器、陶器等出土文物，皆十分宝贵。因此，郑州商城的保护和展示，便是一项极为重要的任务。

然而，由于历史上（至迟自战国时期以来）古代郑州城市发展都是建立在商代都城遗址的基础上，尤其是郑州成为河南省省会以后，城市建设规模空前，改革开放以来的城市建设更是日新月异，而人们对于郑州商城遗址的保护意识，长期以来不够到位，导致郑州商城遗址被现代建筑物大面积叠压、占用、毁坏，1997 年甚至还发生了因修筑紫荆山路而斩断、挖毁郑州商城南城墙，从而造成震惊全国文物考古界、令人痛心疾首的遗址破坏事件。如今残留在地表上的商代遗迹只有夯土城墙（内城）——业已断断续续不成完形。而我们几十年间考古发掘过的地下文物遗迹，保留至今的寥寥无几、数量可怜。由于城市内各种建筑物的壅积，使得考古发掘的开展相当困难，揭露出可供观瞻的商代遗迹之机会越来越小。因此，现在还保留在地面上的城墙遗迹，便成为郑州商城的标志，也是当今郑州市的巨型人文景观，十分可贵。

近年中，随着我国大遗址保护成为中央政府高度重视、全社会热情关注的一项文化遗产保护事业，郑州商城城墙保护也积极开展起来，并取得重要进展。国家文物局和河南省文物局对郑州商城遗址保护给予高度关注和支持，将其列入“国家考古遗址公园”建设立项名单中。

目前郑州商城城墙遗址保护展示工作，是根据国家文物局批准的《郑州商代都城遗址保护总体规划》《郑州商代都城城墙墙体保护方案》《郑州商代都城国家考古遗址公园建设规划》，首先启动的郑州商城遗址保护项目。

2012 年 3 月 2 日，受当地文物管理部门邀请，我参加了在郑州召开的“郑州商城都城遗址保护工程专家座谈会”，听取了工程进展情况介绍，考察了城墙保护展示工程现场。会上，大家本着实事求是、认真负责的态度，畅所欲言，对取得的成绩和存在的问题，做了比较全面的分析阐述。

新启动的郑州商城城墙保护工程，现已完成和正在进行中的主要是：北城墙人民广场段（河南省博物馆原址）、东城墙东大街两侧段、南城墙紫荆山路路西段、西南城角段。这些保护项目的规划设计与实施，所秉持的原则和体现的特点主要有：

坚持文物本体安全第一，所有保护措施均以不扰动或最少扰动遗址本体为前提，故覆土保护成为首选保护手段；遗址展示根据展示要求和遗址现状，分别采用建设保护棚就地保护展示（如人民广场段）、覆土保护展示（如南城墙西段）、填补保护展示（如西南城角段）、模拟复原展示（如东大街段）等多种方式方法；保护展示工程注重营造良好的城市人文景观。

我认为，郑州市政府和文化管理部门，对于郑州商城遗址保护非常重视、认真负责，目前的保护工程建立在反复研究论证、科学规划设计、依法审核报批的基础之上，合法合规，有科学依据。其工作艰巨复杂，成绩显著，但同时也存在有待改进的地方。

总体上，郑州商城城墙保护展示设计的基本思路是正确的，技术措施是可行的。但在保护工程实施方案设计上，尺度掌握欠佳；在施工过程中，有的技术方法欠妥。

当前，土遗址保护是个世界性科学难题，尚在探索实践中。大规模的商代城墙保护，在我国尚无先例，没有成功经验可供借鉴。即便是秦汉时期夯土城墙保护也还在摸索中。郑州商城考古遗址公园，位于大城市核心地带，被城市建筑所包围，但同时，遗址公园又怀抱着大片城市区域，呈现出你中有我我中有你、相互包围、融合一体的格局。因此，郑州商城遗址保护展示具有独特性，目前的工作具有创新性和实验性，出现某些问题和不足是可以理解的。

结合郑州商城遗址保护现状，我建议：

城市区域内古城遗址夯土城墙保护展示，应遵循保护第一，科学实效，力求真实，注重风貌的原则。即当文物安全与展示效果发生矛盾时，应首先确保文物安全；保护措施务必科学、可行，具可逆性。首选物理性、“保守性”措施，慎用未经实践检验的化学方法或其他手段。城墙保护以覆土保护与填补保护为主要手段，覆土尺度要适度，应随形就势，起伏有致；城墙展示目的主要是揭示其建筑技术和展示其体量规模；功能定位为城市遗址公园，宜保护性绿化，为城市景观添彩，市民可零距离接触遗址、亲近历史；文物保护工程也应注意做好公众宣传工作，争取民众的充分理解和大力支持，避免产生误解。正确看待公众舆论，从批评意见中发现积极因素，转化为我们的工作动力。文化遗产保护工作要为历史负责，为人民负责。

眼下，郑州商城城墙保护展示工作应及时解决的问题是：人民广场段北城墙的现场保护展示，需经过科研，解决保护棚凝露滴水、藓苔霉菌问题，并防止土体龟裂；郑州商城东城墙的模拟复原展示，作为一种试探性方式虽未尝不可，但在城墙仿建时应采用与郑州商城城墙相同的土料和夯筑技术，并注意处理好安全和景观问题；南城墙覆土保护，应考虑观瞻效果，土体中过于明显的石灰以及棱角分明过于整体的外观，缺乏历史真实感和沧桑感，应予补救。

原载于《中国文物报》2012 年 5 月 11 日第 7 版

曹操高陵保护利用战略研究（纲要）

一、考古勘察与发掘

考古工作是曹操高陵保护利用的科学基础，必须予以夯实。

1. 以曹操高陵为中心，在方圆2公里范围内进行仔细的考古调查，广泛寻找地上、地下文物古迹；

2. 以曹操高陵陵园为目标，进行详细的考古勘察；

3. 进行曹操高陵陵园考古发掘；

4. 继续M1、M2的发掘，尽快整理M2考古资料，编撰考古发掘报告；

5. 邀请、促进考古科研单位对安阳境内的曹魏都城遗址进行勘探发掘；

6. 邀请考古部门对西门豹祠遗址进行考古勘察。

二、文 物 保 护

1. 成立曹操高陵保护管理处，负责遗址保护、博物馆筹建；

2. 划定曹操高陵临时保护区（暂定以曹操高陵为中心方圆2公里），颁布《安阳市曹操高陵保护办法（临时）》；

3. 制订曹操高陵保护规划、保护方案；

4. 申报曹操高陵为省级文物保护单位；

5. 对曹操高陵出土文物进行修复保护；

6. 对西门豹祠遗址进行保护。

三、学 术 研 究

1. 成立省级社团“曹操研究会”，推动对曹操历史的研究；

2. 组织编撰历史文献《曹操传》；

3. 组织专家编撰《曹操高陵考古研究》；

4. 举办“曹操研究国际学术研讨会”。

四、大 众 传 播

1. 编写纪实报告文学《曹操高陵发掘记》；
2. 组织对曹操高陵、曹操事迹的讨论研究，保持在各种传媒上的热点；
3. 推出以曹操为主人公的电视剧；
4. 与洛阳、许昌和河北临漳、安徽亳州联合，扩大曹操历史画面。

五、展 示 利 用

1. 筹建曹操高陵博物馆；
2. 以曹操高陵为核心，以南水北调干渠为脉络，创建高陵历史文化园区；
3. 修复西门豹祠景点；
4. 调整区域交通网络，修建曹操高陵旅游专线；
5. 与河北临漳联合，建立曹魏都城与陵墓展示园区。

六、行政管理改革

1. 改组安阳市文物局，成立安阳市文化遗产管理局（正处级）；
2. 创建高陵行政管理区。

此文系曹操高陵考古发掘成果首次发布后，作者写给安阳市主要领导建议函的附件

义乌战略转型发展中的文化遗产保护与利用

一、发展战略转型与文化发展战略

（一）现代商贸城

义乌历史悠久，人文荟萃，文化底蕴深厚，素有“文化之乡”的美誉。丰厚的历史文化，为义乌的文化建设提供了得天独厚的精神财富，也有力地推动了全市改革开放和经济社会的发展。

义乌市是我国改革开放中崛起的现代商贸城市，发展速度快，经济规模大，具有国际影响力。2014 年完成地区生产总值 968.6 亿元，年度增长 9.5%。在经济发展的同时，文化事业也繁荣发展，编制首部全市公共文化服务基础设施规划、运行、评价标准，实现文化信息资源共享工程、数字图书馆全覆盖，实施“摇响拨浪鼓 · 同圆中国梦”“我诚信，我吉祥”工程，销售中国梦系列商品 1000 多万件，新建农村文化礼堂 29 家，红糖制作技艺入选国家级非物质文化遗产[1]……

（二）战略转型必要性

早在 2002 年编制的《义乌市文化发展纲要（2002～2020 年）》即已认识到：文化是民族的根系、城市的灵魂，是现代化的重要目标和条件。当前，义乌市正处在国际性商贸城市建设的关键时期，加快文化发展具有十分重要的意义。

2015 年 1 月 14 日中共义乌市委十三届八次全会审议通过的《中共义乌市委关于加快推进文化建设，提升文化软实力的决定》提出，加快推进文化建设的重要意义主要包括：①加快推进文化建设，是贯彻落实中央、省委决策部署的战略举措。党的十八大对推进中国特色社会主义事业做出经济、政治、文化、社会、生态文明“五位一体”总体布局，强调必须推动社会主义文化大发展大繁荣，兴起社会主义文化建设新高潮。习近平总书记多次强调，要着力提升国家文化软实力，建设社会主义文化强国，实现中华民族伟大复兴的中国梦。李克强总理视察义乌时，要求深入挖掘和弘扬优秀传统文化，打造具有鲜明义乌特色的人文精神和文化情怀。省委先后做出建设“两富”“两美”浙江的战略部署，强调经济发展的同时更加突出精神文化生活；出台文化建设有关决定，对文化建设作出总体安排。深入贯彻中央和省委决策部署，必须加快推进文化建设，不断提升文化软实力。②加快推进文化建设，是全面深化改革、推动转型发展的必然选择。文化，是经济社会发展的重要源泉。一个地方乃至一个国家的发展和繁荣，都离不开文化的支撑。谁占据文化发展的制高点，谁就能在激烈的竞争中赢得主动、占得先机。面对新常态和转型要求，义乌已经到了加快文化建设、提升文化软实力的关键期和节骨眼。必须充分发挥文化引领风尚、教育人民、服务社会、推动发展的作用，以文化来凝心聚力，激发创业激情，引领转型发展。③加快推进文化建设，是弘扬传统文化、塑造城市形象的客观需要。丰厚的文化底蕴、独特的文化内涵、文明的城市形象，是一座城市保持竞争力、创造力和凝聚力的基础。义乌历史悠久、人文荟萃，文化底蕴丰厚。“百善孝为先”“孝乃天道、义行天下”的孝义文化，是义乌人为人处事的最基本原则。摇着“拨浪鼓”，走南闯北、“鸡毛换糖”的创业文化，是义乌人安家立身之本。“金鹁鸪、银鹁鸪，飞来飞去飞义乌”“客人是条龙，不来要受穷”的开放文化，吸引海内外客商纷至沓来，造就了义乌独特的魅力。新时期的义乌，必须大力弘扬这些优秀文化传统，树立城市良好形象，不断提升城市的吸引力和竞争力。④加快推进文化建设，是提升城市品位、满足群众精神文化需求的迫切要求。不断满足人民群众日益增长的物质文化需求，是我们党的任务和使命，是党的宗旨观的集中体现。随着发展水平不断提高，人民群众在物质需求得到有效满足的情况下，对文化的需求变得越来越强烈。着力解决发展中存在的文化基础设施建设不适应、文化精品创作不突出、历史文化保护和传承不完善、市民整体文明素养不协调等问题，迫切需要我们加快推进文化建设，提升城市品位，满足群众对精神文化日益增长的多样化需求。

总之，从商贸城市向文化商贸城市的转型发展，是义乌走向世界、走向未来的必由之路。

（三）战略转型机遇

根据国际国内当前形势，我国提出了“一带一路”发展战略，中国不仅要融入世界，还要带动世界造福世界。“新丝路新起点”不应只是经济的，还应是文化的。民族文化的国际化，可助推义乌国际商贸城的发展。

（四）战略转型中的文化发展战略

义乌经济奇迹，其实蕴含有深厚的文化因素。“义乌兵”的忠义爱国文化，“百善孝为先”“孝乃天道、义行天下”的孝义文化，摇着“拨浪鼓”，走南闯北、“鸡毛换糖”的创业文化，“客人是条龙，不来要受穷”的开放文化，铸就了义乌的民风民心，造就了义乌独特的魅力。新时期的义乌，必须大力弘扬这些优秀文化传统，树立城市良好形象，提升城市的吸引力和竞争力。

关于文化发展，义乌市委市政府已经做出过部署。

《义乌市文化事业发展“十五”计划》：合理保护和开发利用历史文化资源，增加旅游景区的文化含量。加强文物保护工作，保护、开发和利用好文物古迹。在2002年，做好全市文物保护规划工作。市博物馆要着重做好充实利用工作，提高陈列展览的现代化水平，充分发挥博物馆在爱国主义教育方面的重要作用；配合旧城（镇）、旧村改造工作，做好古遗址、古建筑的保护工作，重点维修保护好 41 处省、市级文保单位，争取有重要文保单位列为国宝；做好陈望道、冯雪峰、吴晗三位名人故居的维修、陈列工作，形成有特色的名人故居陈列。要加大文物保护经费的投入，保证文物修复、文物征集、野外考古发掘等方面工作的顺利开展。

《义乌市文化发展纲要（2002～2020 年）》：历史文化遗产是不可再生的宝贵财富，是文化发展的渊源。骆宾王、宗泽、朱丹溪、陈望道、冯雪峰、吴晗等历史名人和黄山八面厅、古月桥等一批国家级文保单位及佛堂、赤岸等古镇、古街、古村落，是我市重要的历史文化资源，要按照文物保护要求，分别制定保护开发规划，落实保护开发措施。挖掘利用义乌历史文化和人文资源，编辑出版义乌历史文化系列丛书；发动社会力量加快行业博物馆建设，充分利用名人的声望和精神力量，构筑义乌名人文化，展示义乌历史悠久、人杰地灵的人文风采。

《中共义乌市委关于加快推进文化大市建设的决定》指出：义乌文化大市建设的总体目标是围绕建设国际性商贸城市目标，以全面提高市民的文明素质和全面提升城市文化内涵为重点，把义乌建设成市民素质优良、城市品位一流、教育科技发达、社会文明进步、文化繁荣开放，传统文化与现代文化并存，华夏文化与世界文化交汇，物质文明与精神文明辉映，具有鲜明时代特征和商贸特色的具有较大影响的文化大市，成为区域性的文化、休闲、娱乐中心，实现政治、经济、文化、社会的协调发展。

开发挖掘义乌历史文化，打造义乌商业特色文化。

历史文化遗存是不可再生的宝贵财富，是建设文化大市的渊源。颜乌、傅大士、骆宾王、宗泽、朱丹溪等历史名人，陈望道、冯雪峰、吴晗等现代文化名人和黄山八面厅、古月桥等一批国家级文保单位及佛堂、赤岸等古镇、古街、古村落，是义乌市重要的历史文化资源，要按照文物保护的要求，完善保护开发规划，落实保护开发措施，构筑名人文化，展示义乌历史悠久、人杰地灵的人文风采。建立国学馆，加强传统文化研究和传播。

切实加强对古祠堂、古院落等古遗存的保护。除国家、省和市级文保单位外，由文化部门牵头，对全市范围内的古祠堂、古院落等古遗存进行一次全面普查，确定保护名单，按照原地保护和异地搬迁保护相结合的办法，妥善加以保护。

重视非物质文化遗存的抢救和保护。对具有义乌地方特色的婺剧、道情、花鼓、锣鼓班、踩高跷、叠罗汉以及各种民间礼仪风俗和文化体育活动，要安排专门经费，组织专门人员进行收集、整理和研究，并落实相应的抢救、保护措施。重视研究义乌商业文化，收集整理并展示保存义乌商业文化发展历史，展示义乌人“无信不立”“义利并重”的传统理念，为义乌市场的发展和持续繁荣提供文化支撑。

每年要在城市维护费中安排 2%的资金，用于博物馆收藏和文保单位的修缮。

《中共义乌市委关于加快推进文化建设，提升文化软实力的决定》（2015 年 1 月 14 日中共义乌市委十三届八次全会审议通过）决定：

加快推进文化建设，是贯彻落实中央、省委决策部署的战略举措。党的十八大对推进中国特色社会主义事业做出经济、政治、文化、社会、生态文明“五位一体”总体布局，强调必须推动社会主义文化大发展大繁荣，兴起社会主义文化建设新高潮。习近平总书记多次强调，要着力提升国家文化软实力，建设社会主义文化强国，实现中华民族伟大复兴的中国梦。李克强总理视察义乌时，要求深入挖掘和弘扬优秀传统文化，打造具有鲜明义乌特色的人文精神和文化情怀。

书香商城。旨在通过加快推进文化建设，进一步完善文化设施，繁荣文化事业，壮大文化产业，健全文化服务体系，让书卷气、书香味飘满全城。力争到 2017 年，建成中国商贸博物馆、历史文化走廊、文化街区、文化古镇等一批城市标志性文化项目，投入使用美术馆、文化馆、青少年宫等一批重大文化基础设施，使整座城市既有江南城市的秀美，又有历史古城的底蕴。

万国商城。旨在通过加快推进文化建设，进一步增强城市吸引力和凝聚力，激发新老义乌人的干事创业热情，形成“大众创业、万众创新”的生动局面；进一步提升对外开放水平，增进国际交流合作，最大限度集聚世界各地优质商品、商人和优秀文化。力争到 2017 年，基本建成全球小商品贸易中心和国际文化交流高地，构筑丝绸之路贸易大通道，境内外客商在义乌和谐共处、互利共赢，万国文化竞相争辉。

加强历史文化遗产保护。深入挖掘桥头上山文化、吴越文化、颜乌孝文化、双林禅文化、丹溪养生文化、义乌兵文化等传统文化，加快历史名人馆、特色民间博物馆等建设，充分展示优秀历史文化资源。加快实施古建筑抢修保护行动计划，构建完善的文化遗产与历史文化名镇、历史文化街区保护体系，用三年时间对 100 处残损严重的濒危古建筑实施抢救性修缮。大力培育佛堂倍磊等一批有历史记忆、记得住乡愁的特色镇（街）、村（居）。加强道情、红糖制作技艺、婺剧等非物质文化遗产保护与传承，积极申报国家、省级非物质文化遗产项目。

二、文化遗产资源与价值

义乌市具有相当丰厚的文化遗产资源，其价值十分突出，是不可多得的文化财富。

（一）资源综述

1. 不可移动文物

义乌市共有文物保护单位 119 处，其中全国重点文物保护单位 2 处，浙江省级文物保护单位 11 处，市级文物保护单位 106 处。另有市级文物保护点 344 处。包括古代遗址、墓葬、窑址、石刻以及革命烈士墓等类别。

此外，还有全国历史文化名镇 1 处，浙江省级历史文化名镇 1 处。

2. 可移动文物

据《义乌文物精粹》统计，义乌市博物馆收藏文物的时代，包含了从新石器时代至明清时期，品类较多，现有国家一级文物 18 件、二级文物 35 件、三级文物 350 件。其中，珍贵文物如西周墓出土的百余件原始青瓷、汉六朝时期的瓷器、宋代元丰七年（1084 年）窖藏出土的金银器、元代龙泉窑百余件青瓷、明崇祯十三年（1640 年）的《义乌县志》、明末清初倪仁吉所作《吴氏祖宗画像》等，都有很高的文物价值[2]。

据知，义乌民间也收藏有数量可观的各类文物。

3. 非物质文化遗产

义乌有十分众多的非物质文化遗产。包括国家级 1 项、省级 12 项、市级 26 项。

国家级：义乌道情。

省级：义乌道情，罗汉班，后宅高跷，木车牛力绞糖制作技艺，黄山八面厅营造技艺，婺剧盔帽制作技艺，丹溪红曲酒传统酿造技艺，木活字印刷术，义乌抬阁跷，傅大士传说，义乌枣加工技艺，红曲传统制作技艺。

市级：义乌锣鼓班，义乌迎龙灯，义乌秋千，义乌高腔，金华道情，小锣书，义乌高跷，义乌叠罗汉，义乌农民画，义乌根艺，义乌百子灯，义乌红曲酿酒，义乌剪纸，义乌红糖加工，义乌百子灯制作技艺，活字印刷技艺，丹溪红曲酒，义乌大年祭，义乌抬阁跷，傅大士传说、颜乌的传说，义乌枫溪走马灯，义乌拉线狮子，义乌花鼓，义乌捏面人，南枣加工工艺。

4. 工业遗产

义乌市是著名的现代“小商品”商贸城，在其发展崛起的过程中，涌现的大量生产、商贸建筑物和构筑物，以及相关设施设备，可视为具有一定价值的“工业遗产”。这种当代遗产尚未引起足够的重视，很可能在转型发展中被当做“落后”与“过时”的象征而面临灭顶危险。

（二）价值分析

1. 历史价值

这些文物和其他文化遗产是义乌数千年发展史的见证者，反映了历史上义乌人民的勤劳勇敢和创新进取。

2. 艺术价值

义乌文化遗产中，不乏具有很高艺术价值的文物，包括建筑艺术、造型艺术、绘画艺术、音乐艺术等。其佼佼者如双林铁塔，铸造于后周广顺二年（952 年）。为八面五层，仿木结构，楼阁式，四周设有八面铸花卉铁围栏。塔身铸有人物、动物、佛像、花卉、水波等图案。

3. 科学价值

义乌文化遗产中，不乏具有重要科学价值者。如傅大士传记、双林寺文物等之于宗教（尤其是佛教）研究。史前文物之于义乌文明起源史研究；西周原始瓷器、青瓷等之于我国陶瓷史研究；黄山八面厅等之于我国南方传统民居研究；陈望道、吴晗故居之于革命史研究等。

4. 社会价值

上述各类文化遗产，既是义乌发展史上的进步动力，也是义乌将来发展中的营养源泉，在提高义乌历史荣誉感，提高义乌人民文明素养和文化鉴赏力，建设"文化义乌"等方面，意义重大。

三、文化遗产保护利用战略规划

（一）规划目标

为创建"国际著名文化商贸城市"，充分整合文化遗产资源保护利用，提升义乌市民文化素养，做出科学、可行的专项规划。

主动融入浙江文化遗产保护体系，向国家文物保护体系靠拢，打造遗址公园和文化遗产群。

（二）规划原则

中共十八大提出建设优秀传统文化传承体系，弘扬中华优秀传统文化。

习近平总书记"让文化遗产活起来"的要求。

遵循"保护为主，抢救第一，合理利用，加强管理"的文物工作方针。

保护第一前提下，力争文物保护和促进经济社会发展双利双赢。

政府主导，社会参与；科学规划，谨慎实施；惠民济民。

遵守国际通行的文化遗产保护规范。

（三）规划内容

不可移动文物、历史街区和传统村落的保护与利用。

可移动文物的保护和利用。

非物质文化遗产保护和传承。

优良民风民俗传承。

四、文化遗产保护利用建议

1. 坚持具有浓厚中国特色和深厚历史底蕴的文化商贸城发展方向

抓住“一带一路”发展机遇，创造新丝路文化。

2. 做好可持续发展之规划设计

在城市发展总体规划下，编制文化遗产保护利用专项规划。并尽快实施一批文物抢救保护、展示利用项目。

3. 抓紧抢救，全力保护

义乌的文化遗产面临比较严重的保护局面，应根据轻重缓急，全力抢救濒危遗产。

4. 抓住重点，突出特色，全面推进

把价值最突出、保存最真实完整、特色最明显的文化遗产，作为重点保护、展示、传承对象。

5. 提高工作层级，注重系统性

主动把义乌文化遗产保护与金华市、浙江省甚至是国家文物局层面积极靠拢，推出高层次大项目。同时注意本市文化遗产保护的方方面面，不至出现系统性缺陷。

6. 加大投入，注重实效

要从中央和省市财政争取文物保护专项资金，同时根据本市财政状况尽量增加投入。要关注文保项目的效果和效益。

注　释

［1］ 义乌市统计局、国家统计局义乌调查队：《数说义乌 · 2014》，“中国义乌”网站。
［2］ 吴高彬：《义乌文物精粹》，文物出版社，2003 年。

本文系 2015 年 6 月 21 日在“义乌双林佛教文化历史与当代价值研讨会”上的发言

设立古都遗址保护专项经费的建议

洛阳的大遗址保护有光荣传统，有辉煌历史。文物保护“洛阳模式”，其实质，是城市和工业等基本建设的审批与实施，均以文物保护需求为前提。这个模式有三个发展阶段：20世纪50年代，洛阳成为工业建设重点城市，为避让历代都城遗址，创设了远离都城遗址的涧西工业区，工业发展没有牺牲文物保护；20世纪90年代至21世纪初，为避开东面的汉魏洛阳城遗址、北面的邙山陵墓群等大遗址，同时避开脚下的隋唐洛阳城遗址，洛阳的城市发展思路，走上了跨越洛河、伊河，多板块发展道路，从而呈现出古代都城遗址与现代城市错落相间、相映成辉的景象；进入21世纪以来，洛阳的文物保护工作重点从被动抢救、避让，转变为主动保护、展示，实施了一批大遗址保护工程，建成了隋唐洛阳城考古遗址公园、汉魏洛阳城考古遗址公园，尤其是位于洛阳城市中心的隋唐洛阳城宫城内明堂遗址、天堂遗址的保护展示，力度大，效果好，得人心，影响广。

洛阳模式的突出特点是创新、制度化、与时俱进。洛阳近年的大遗址保护，其政府主导、规划先行、考古前置、关注民生、真抓实干等经验，均值得肯定和推广。

诚恳建言洛阳：充分认识隋唐洛阳城等大遗址的巨大价值，正确处理城市发展、经济建设、民生改善与文物保护、利用的关系，正确处理长期利益与眼前利益、整体利益与局部利益的关系，坚持正确的文化价值观和政绩观，尊重历史，尊重科学，不犯别人曾经犯过的错误。

眼下我特别关注的是，为大遗址保护，洛阳玻璃厂拆迁后，隋唐洛阳城宫城内大片遗址的保护和展示的利用问题。我希望，在这片遗址的保护利用上，洛阳能够做到突出政府主导，强调公益性质，淡化商业气息，遵循科学规范，追求可持续发展。

据知，玻璃厂拆迁区的保护展示，目前遇到的最大难题是资金短缺。如何破解这个难题？首先是要坚持优良传统，坚持遗址保护展示为最重要目标，坚持文化项目建设方向，杜绝演变为以遗址公园为景观卖点的商品房开发建设。要从顶层设计入手，争取中央财政的倾斜性支持。我认为，隋唐洛阳城遗址在大运河文化、丝绸之路文化，尤其是在中华文明传承发展方面，地位崇高，是全国人民的共同财富。因此本项目资金压力，不能让洛阳独担，应该在国家层面予以解决。希望从洛阳为起始，设立古都遗址保护专项经费，专门用于在中国历史上起着主线勾勒作用的都城遗址之保护展示项目，集中力量办几件大事。唯如此，才能舒缓洛阳等古都城市的城市发展与文物保护矛盾，走出当前困境，保护好中华民族之根。

原载于《光明日报》2016年6月18日第7版

金石匠学之路

在中国，好古鉴古藏古，尚矣。

早在新石器时代的龙山文化时期，已兴传承收藏前代器物之风。至商周时期，爱好传统文化、鉴藏前人旧物甚至推陈出新，渐成风尚。于是乎，像商王武丁之妻妇好的墓中，出土红山文化玉龙以及具有山东龙山文化风格、二里头文化风格之玉器等现象，比比皆是，不胜枚举。往后历代，此风日盛，以至在宋代成就一门学问，所谓金石学也。再后，结合西方之学，有了中国考古学，发掘、研究古代遗迹遗物，竟成显学。

古物收藏与研究，催生了一种技艺——文物修复和仿制复制。宋时已露头角，而清乾隆发扬光大至前无古人之境地。现代考古学兴起，出土文物数量巨大，其修复工作需要高超技术和优秀人才。虽各方大力培植，至今仍是人才匮乏，高手难求！又，科学的发展和社会的进步，文物保护成为新兴显学，新材料、新技术、新方法层出不穷，文物保护修复变成传统技艺与现代科学紧密结合之学问，其业者须兼具巧匠与科学家之品质。

中国社会科学院考古研究所创立已有六十余载，所获文物和科研标本数以十万计，其修复、保护、保存，得益于一支高素质的考古技术队伍，即当年的“技术室”，举凡绘图、照相、修复、复制……各有高手能人！不仅完成了本单位各考古队出土文物的修复保护任务，还经常为兄弟单位提供各种考古技术服务，解除出土文物修复保护之“疑难杂症”。几十年间，来自全国各地的青年才俊走进这里，拜师学艺，然后返归故里，为当地的文物考古事业贡献了聪明与才智。长久以来，这里是中国考古界文物修复保护的核心阵地，是优秀技术人才的大学堂和孵化器，享有崇高的学术地位。

2007 年，中国社会科学院考古研究所新设立“文化遗产保护研究中心”，其科研业务涵盖了文化遗产理论法规、考古遗址保护和考古现场保护、实验室考古、出土文物保护修复和复制、文物保护规划设计等方面，获得了国家文物局颁发的“甲级可移动文物技术保护设计资质”“一级可移动文物修复资质”“甲级文物保护工程勘察设计资质”，拥有多名国内外著名老专家和优秀中年专家，延揽了一批有志从事出土文物修复保护工作的青年，已经完成数十项重要的文物保护修复和规划设计任务。文物保护修复项目包括了金银铜铁、陶瓷、玉石、骨蚌、织绣、漆木、书画等各类文物，其中，为人民大会堂复制的陶寺彩绘龙盘，陈设在最高国家权力机关的会堂之上；为中国文字博物馆复制的青铜器、甲骨，成为该馆常年陈列品；为中央美术学院复制的青铜器，成为最高艺术殿堂上重要教学标本……其认真的态度、精湛的技艺、出色的效果，博得了人们的高度赞赏！“文化遗产保护研究中心”延续了老“技术室”的优良传统，发展成为实力相当雄厚的文物保护修复专业机构，再次站在了我国文物保护修复的最前沿，诚可嘉许！

然，山高水长，任重道远。新时期的文物保护修复事业，有更高的学术目标，我们不仅要做好硬件建设，还要抓好人才队伍建设。今借以王浩天先生为首的“文化遗产保护研究中心出土文物修复保护研究部”编辑出版其科研成果集之机，写下以上琐言，希望该部门同仁：科研人员要有匠心匠能，练好手上基本功；技术人员要有科研意识和学术思想，勤于学习思考。更寄望培养出一批复合型人才。故此建请以“金石匠学”为书名，昭示我们的目标与决心。

寥寥谬言，敢以充序。

原载于《文物保护修复理论与实践——金石匠学之路》序，科学出版社，2014年

第四编　文化遗产专题研究

礼制遗存与礼乐文化的起源

礼制是中国古代文明的重要内涵，而礼制的核心是等级制度。礼制的有无及其完善程度是社会复杂化程度的重要标志。与体现氏族成员平等观念的原始习俗有本质区别的是，植根于私有制基础上的宗法等级制和与此相适应的一套礼乐制度，所体现的是特权和社会成员间的不平等。礼制即等级名分制度，用以确定上下、尊卑、亲疏、长幼之间的隶属服从关系。举行祭祀、朝聘、宴享等政治性、宗教性活动的建筑物及使用的礼器，是礼制的物化形式，它们既是社会地位的象征，又是用以“明贵贱，辨等列”（《左传·成公二年》），区别贵族内部等级的标志物。我们从考古学上探讨礼制的起源，即主要由礼仪建筑遗存和礼器入手，也即从反映人们社会地位差异的相关遗迹遗物出发，揭示当时社会的等级制度。

20 世纪 80 年代以来，随着一系列重要考古发现的问世，学术界的知识结构不断更新，人们逐渐认识到中国文明具有鲜明的特色，其精髓在于礼乐制度。在十余年前关于中国文明起源问题的讨论中，已有学者指出：“礼乐制度与中国古代文明的关系可谓形影相随，应承认它是中国文明固有的特点之一。”“应该把礼乐制度的形成视为中国进入文明时代的一项标志”，而“礼制形成于龙山时代。”[1]

龙山时代，一般认为相当于公元前 3000～前 2000 年左右[2]。考古材料表明，进入龙山时代，黄河和长江流域若干考古学文化的社会分层已较显著，贫富分化加剧，在聚落形态、建筑规格与品类以及遗物上都有一些令人瞩目的现象出现。这一大的历史时期上承仰韶时代，下接以二里头文化为先导的三代青铜文化，是以礼乐制度为显著特征的华夏文明起源与形成的关键时期，因而成为探索中国古代礼制的起源与早期发展的重要对象。龙山时代之前的仰韶时代，约当新石器时代晚期[3]。伴随着这一时期社会分层现象的出现，某些遗迹遗物或可看作是礼仪建筑或礼器的萌芽和前身。但总体上看，这些考古学现象与礼制的形成之间尚有一定的距离。

经对与礼制有关的遗存做初步的梳理，我们认为，礼制遗存有广义和狭义之分。广义的礼器作为社会地位和等级的标志物，其出现应与社会分层大体同时，指那些开始脱离日用品而被赋予了特殊用途和特定意义的器物，它诞生于真正意义上的礼制出现之前，存在于广大地域内的诸多考古学文化中。狭义的礼器则是指与三代礼器群有直接的承袭关系、作为华夏礼乐制度的物化形式的器物。礼仪建筑也大体可做这样的划分，只是它较之礼器更难于辨识。

广义与狭义两种礼制遗存可能还具有进一步的分类学意义，它们似乎代表着以礼乐为分野的两大文化系统。三代礼乐文明的多源性并不意味着它是主次不分的“杂拌”，由物质遗存把握其所具有的精神与制度层面的特质，应是我们研究中一个重要的努力方向，也是解明相关问题的关键所在。在礼制起源问题的研究上，我们不倾向于做一般进化论式的单线追溯。就目前的发现看，狭义的礼制遗存仅见于龙山时代少数几个考古学文化，我们可以据此对三代礼乐文明的主源做深入的探究。

应当承认的是，从考古学材料探究礼制的起源并非易事。任何事物在其肇始期都有发生与初步发展的过程，其质变完成于量变之中，礼制的形成也是一个过程而非一道门槛。因而，对早期礼制遗存的确认具有相当的模糊性。同时，由于没有确凿的文字材料出土，探索中的许多阶段性认识只能属于推论，有待于新的考古发现的检验。

一、礼仪建筑与墓葬的考察

目前与礼仪建筑相关的遗存发现较少，同时缺乏能确切说明其功能与性质的材料，因而对其进行界定有很大的困难。我们可以从两个方面入手对这一问题进行初步的探索。

其一，是从发生学的角度看其起源

从新石器时代开始，黄河流域的住宅建筑形式经历了从半穴居到地面居再到高台居的发展过程[4]。住宅形式作为社会文化的产物，也一直在显示着社会进步的趋势。至龙山时代乃至其后的三代，在穴居住宅依然存在的同时，出现了突出于地面的高台建筑。高台建筑的出现既与夯筑技术的成熟相关联，又反映着事实上日益扩大的社会分裂。大型夯土高台建筑的建造需要庞大的用工量，又因其首先成为表现礼制的宫殿和宗庙之所在而具有权力象征的意义。这决定了它从诞生之日起就与礼制和文明有着某种内在的联系[5]。

其二，是循由已知推未知的方法，从可以确认的礼仪建筑来上推这类遗存的渊源

二里头遗址的大型建筑基址，是目前可以确认的中国最早的与礼制相关的宫庙类建筑，其在遗存类型上表现为大型夯土基址。建筑台基高出地面，系人工夯筑而成，面积达数千至 1 万平方米，体量远远大于一般居住址。土木结构，形制方正规整，封闭式布局，中轴对称[6]。其后的二里冈文化和殷墟文化的大型建筑与其一脉相承。由此可知，中国早期礼仪建筑的考古学载体是大型夯土台基址。

由二里头文化的大型建筑基址上溯，可与其大体前后接续并保存较好的夯土基址，发现于属王湾三期文化的新密市古城寨龙山时代城址[7]中。城址的面积为 17 万余平方米。大型建筑基址的总面积应在 2000 平方米以上（我们认为编号为廊庑基址的 F4，与夯土基址 F1 应为同一座大型建筑的组成部分），夯土基址 F1 的规模与二里头遗址

1、2号基址的主殿相仿，达300余平方米。依发掘报告，其建造和使用年代约当中原龙山文化晚期。

如果进一步追溯夯土和大型建筑这类作为礼制建筑的表现形式的考古学现象的本源，可知最早将夯土用于建造城垣和建筑的，是郑州西山仰韶文化晚期城址[8]。甘肃秦安大地湾仰韶文化晚期的“原始殿堂”[9]，是由前堂、后室和东西两个厢房组成的多间式大型建筑，总面积达420平方米左右，应为集会或举行宗教仪式的公共建筑，在结构与功能上或可看作后世礼仪建筑的前身。但到目前为止，我们还没有在包括上述地点在内的黄河中游的遗址中发现高出地面的早期夯土台基址。与二里头遗址相类的高出地面的夯筑台基式建筑，仅见于地势更为低平的长江和黄河下游的良渚文化[10]和山东龙山文化[11]。在余杭良渚遗址群发现的人工营建的莫角山大型台基址，其平面略呈长方形，面积逾30万平方米。台基上更筑有3个高4～5米的土台，此外还发现有总面积不小于3万平方米的大型夯土基址。这类遗存已开后世中国大型建筑普遍采用的同类做法的先河。同时应指出的是，良渚文化的衰落时间较早[12]，其与二里头文化之间尚有相当的时间距离，该文化所见夯土基址与三代同类建筑间是否存在源流关系，是否具有相同的性质和功能，都还有待于深入的探究。

与古城寨城址大体同时，在黄河中下游龙山时代诸考古学文化中还发现有十余处夯土城址[13]。这些城址的面积相差很大，从1万平方米至数十万平方米不等，在平面布局上大多较为方正，而与仰韶时代的环壕聚落和城址的圆形规划不同。这一区域的城址形态，成为后世中国夯筑矩形城郭制度的主源。方正的、规模不一的城垣，除了有利于版筑施工这一技术层面的原因及因地制宜的考量外，是否还有礼制的因素蕴含其内，尚无从究明。一个明显的事实是，并非重要的中心聚落都筑城，同时，并非所有的城址都是中心聚落。可以认为，早期城垣的筑建是以实用性即其防御功能为主的，城垣的有无首先取决于需要，即便夏商西周三代王朝的都城，也并非都有城垣[14]，因此城垣是否具有或具有多少观念上的象征意义，是否属于礼制建筑都还有待于进一步的探究。同时，在这些城址中，尚很少发现像古城寨那样保存较好、可能与礼制有关的大型建筑，这也影响了我们对城址的性质与功能的准确把握。

至于龙山时代内蒙古中南部和长江中游的城址，则分别为石砌和堆筑，且形制均不甚规整，受这些地区社会复杂化程度的制约，其功能和性质同中原地区的夯土版筑城址当不可同日而语。这类夯土遗存富于地方特色，它具有什么样的礼制意义还有待于进一步究明。可以肯定的是，“各地城址在当地社会运作中所发挥的作用与方式不尽相同，最终它们在对中国文明之形成的贡献程度和方式上也有各种各样的差别”[15]。

在三代，礼制的一个重要组成部分是丧葬礼，古人“事死如事生”，作为丧葬礼的重要物化形式的墓葬本身也应属礼仪遗存的范畴。三代贵族葬制的主要特征是：长方形竖穴土圹；以单人仰身直肢葬为主；葬具采用棺椁；以成套的礼乐器随葬；有明显的等级差别存在，墓葬规模、棺椁的有无和复杂程度以及随葬品的种类和数量与墓主身份成正比。其渊源也可上溯至龙山时代。

长方形竖穴土圹的墓葬形制，和单人仰身直肢的埋葬习俗都可上溯至新石器时代前期，且被普遍采用，因而不具有标示等级身份的意义。在仰韶时代以仰韶文化为主的诸文化类型中，尚多见多人二次合葬墓，共同随葬一套或两三套器物；单人墓中墓葬的规模大体相同，随葬品以日用陶器为主，或有生产工具和装饰品，其种类和数量并无显著的差别。从半坡类型的埋葬制度，还可知当时妇女占有的财产一般多于男子，说明其地位尚高于男性[16]。但地区与文化类型间仍存在发展的不平衡性。其中大汶口文化早期墓的分化程度就较高，个别墓葬的墓坑面积已超过 8 平方米，随葬器物逾百件[17]，应已出现了贫富分化与社会地位分化的现象。

仰韶文化后期遗存中很少发现墓葬，其葬制的具体情况尚不甚清楚。与其大体同时的大汶口文化、凌家滩文化等，则在同一墓地内的墓葬之间以及不同墓地之间开始出现分化现象，墓葬的规模、葬具和随葬品的种类数量都有明显差异。最典型的是作为所在文化中心遗址的大汶口墓地[18]和凌家滩墓地[19]的发现。与大汶口墓地以随葬日用陶器为主的作风相异，地处江淮地区的凌家滩墓地则以随葬富于特色的大宗玉器为主，但二者都随葬有为数不少的生产工具。总体上看，这一时期的随葬制度中有以量取胜的倾向；各文化类型中随葬品的种类较为繁杂，具有浓厚的地方特色；与后世礼器相关的遗物数量较少且零散出现，尚未形成稳定的组合。

在中原仰韶文化前期的墓葬中已偶见用木板拼成的葬具的痕迹[20]。大汶口文化中期的墓葬中出现了长方框形、盒形或井字形的木质葬具，或可称其为“原始木棺”或“原始木椁”[21]。这类葬具均见于墓葬规模较大、随葬品较多的墓中。但这一时期尚未出现具有双重结构的棺椁葬具。

进入龙山时代早期，在葬制的发展上走在前列的仍属大汶口文化（晚期）以及与其大体同时的良渚文化。

大汶口文化晚期阶段最大的墓葬的面积已达 14 平方米，有木质朱绘葬具（大汶口 M10）[22]；在棺或椁外的二层台上随葬珍品的厚葬之风日益盛行，墓中出有制作精美的玉器、骨牙雕筒、鳄鱼皮鼓（鼍鼓）、白陶器及大量陶器和各类装饰品等，其中包括若干非实用器，有些已属礼器的范畴。与其形成鲜明对比的是，占总墓数绝大部分的小型墓全无葬具，随葬品极少甚至空无一物。棺椁齐备的墓葬也始见于此期的大中型墓[23]。可见初具形态的棺椁与贫富分化和等级制几乎是同时发生的，一出现便成为等级的标志物[24]。同时，这一时期已出现了不同等级的墓葬相对集中、有规律排列的现象[25]。

良渚文化已发现的大型墓葬都建在人工堆筑的高土台上。这些高台墓地相对独立，一般不与小墓混埋，高台本身也是祭坛，兼具祭祀和埋葬权贵的双重功能[26]。大墓墓圹的面积在 5～9 平方米，有木棺类葬具，有的还带有朱绘痕迹。木棺多以独木刳成，富于地方特色。墓中都有丰富的随葬品，而以琮、璧、钺或璜、冠状饰等礼玉及各种佩玉为主，一般在百件以上。同时还发现有大量葬于平地墓地的小墓，其随葬品以陶器为主，或有石钺及小件饰品等，有的全无遗物[27]。

凌家滩文化和良渚文化的贵族墓地系人工营建，注重祭祀功能，随葬品以玉器为主，墓葬间的差别主要显现于随葬玉器的种类与数量上，而墓葬规模和葬具似乎并非葬制上等级划分的重要指标。这些特征，都与前述三代的埋葬制度有较大的差别。

至龙山时代后期，墓葬上显现的等级分化进一步加剧，以海岱龙山文化和陶寺文化的葬制发展最引人注目。

海岱龙山文化已发现的数百座墓葬的绝大多数为中小型墓，大型墓则仅在临朐西朱封和泗水尹家城两遗址发现了数座[28]。这类墓葬的面积达 10～30 平方米。葬具为一椁一棺或重椁一棺，有的还使用彩绘边箱和脚箱，表明木椁墓的形制至此已臻成熟。这类墓葬一般有丰富的随葬品，包括以白陶鬶和蛋壳黑陶高柄杯为中心的成套精美的陶器和各类玉器，并有猪下颌骨等。个别规模较大的墓还发现有鳄鱼骨板，一般认为属鼍鼓的残迹。

这种葬制上的等列关系在地处晋西南的陶寺文化中表现得更为清晰。在襄汾陶寺墓地已发掘的数百座陶寺文化早期墓葬[29]中，大、中、小墓种类齐全。大型墓仅发现6 座，约占 1%。这类墓的面积最大达 8 平方米以上（最近发掘的一座陶寺文化中期大墓的面积逾 18 平方米[30]），使用朱绘木棺，铺洒朱砂。值得注意的是，其葬具的复杂程度逊于海岱龙山文化所见。随葬品可达一二百件，包括由彩绘（漆）木器、彩绘陶器及玉石器组成的成组家具、炊器、食器、酒器、盛贮器、武器、工具、乐器和装饰品以及牲体等，随葬的礼乐器中又以蟠龙纹陶盘、鼍鼓和特磬最为引人注目。中型墓占总数的 10%左右，也使用木棺，随葬品则等而下之。无葬具和随葬品，或仅有一两件遗物的小墓则占总数的 80%以上。各类墓葬数量上的这种金字塔式的比例关系，应是当时已出现严重分化的等级制社会结构的真实反映。

综上可知，大汶口—海岱龙山文化的棺椁制度，大汶口—海岱龙山文化和陶寺文化以食器、酒器和乐器为主的随葬制度以及良渚文化的葬玉制度等，构成三代礼制中葬制的主源。

二、早期礼器的考察

我们已在上一节着重从遗迹的角度对三代礼制中葬制的渊源进行了探讨，而考古学所见礼器则主要出自墓葬，这里再主要以墓葬的随葬品为中心，对礼器的发生及初期发展做粗浅的分析。

自新石器时代晚期起，以陶器为主的某些器物就有脱离日用品而被赋予某种特殊用途和特定意义的趋势。在原始宗教活动中使用独特而精美的器物的做法，为后来盛行的礼器制度奠定了基础[31]。如前所述，这类器物可称之为广义的礼器，不少器物的出现可追溯至龙山时代之前，或见于与华夏礼乐文明无直接承继关系，在其问世之前即退出历史舞台的文化共同体。而狭义的礼器则是指与三代礼器群有直接的承袭关系、作为华夏礼乐制度的物化形式的器物。就目前的考古发现而言，这一意义上的礼器仅可上溯至龙山时代，限于少数几支考古学文化。

从礼器的渊源与功用上看，它大体上可分为两类：一是由日常生活用器衍生而来的器物，在其早期阶段尚未完全脱离实用功能。如陶质酒器、食器、石制工具、武器等。二是非普及的、专用于宗教仪式活动的特殊器类。如乐器和各类玉器，及某些特殊的陶器等。三代礼器群的构成，是以第一类为主体的，以酒器和食器为核心的容器组合是三代礼器群的重要特征，而青铜成为其主要的物质载体。同时，礼器组合中的玉器也是中国早期礼乐文明的一个重要特色。

属于三代前期的二里冈文化的青铜器已有了长足的发展，青铜容器的种类达到 10 种以上。从已发掘的墓葬材料知，二里冈文化偏早阶段的青铜礼器组合有爵、斝、盉、觚、鼎等，而以爵的使用频率最高[32]。二里冈文化青铜器的生产与使用又是全盘继承了二里头文化的青铜文化传统。在二里头文化的中心遗址偃师二里头遗址发现了迄今所知最早的青铜礼器群和最早的铸铜作坊遗址。二里头遗址所出青铜礼器的种类与二里冈文化大致相同，包括爵、盉、斝、觚（？）、鼎，也以作为酒器的爵为主。因属青铜文化的早期阶段，在墓葬中常以陶盉、漆觚与铜爵相匹配[33]。上述两个文化中还都发现了与青铜容器共出的武器类礼器——钺。这些已确知的中国最早的青铜礼器群的材料，是我们探寻礼器渊源的基点。

由始见于二里头文化晚期的青铜礼器群上推，可知在二里头文化早期即已存在形制与组合都相对固定的陶质酒器，即鬶、爵、盉、觚，到晚期还出现了斝。这些器物成组地出土于墓葬中，在若干规模较大的墓中还与青铜器共出，组成完整的组合。它们一般制作精致，形制与青铜器中的同类器有密切的关联，应属早期礼器，有些可能就是青铜礼器的前身。

二里头文化早期所见陶鬶，往往以白陶制成，至晚期为同属温酒器的盉所取代。因此三代的青铜器中已不见其身影。然而早于二里头文化的河南登封王城岗龙山文化遗存，以及新密新砦遗址的新砦期遗存中，分别发现有青铜（或红铜）容器的腹部和流部残片，发掘者推断其为鬶的残片[34]。联系到《西清古鉴》著录的与海岱龙山文化同类陶器酷似的传世铜鬶，有理由相信龙山时代至二里头文化早期阶段是存在着铜质鬶或鬶类器的。“铜鬶无疑比陶鬶更重要，它不是日常用具，而应是一件礼器。”[35]

陶鬶最早见于大汶口文化，此后逐渐向海岱地区以外的各地散播，“最终被各地原始文化所吸收、改造，成了‘龙山期’诸文化的共同新因素。……这种薄胎、素面，造型奇特，独具一格的袋足器，在中华大地之外的任何地方都不曾发现过。从这一意义上讲，陶鬶也可以作为中华史前文化的一个代表器物”[36]。陶鬶制作精致，造型独特美观，在功能上又用来盛放当时用以献祭神祖的酒液，因而成为“前铜礼器”[37]

（出现于青铜礼器之前的非铜礼器）群中最重要的一分子。

陶鬶的存在意义还不仅限于该器种本身，二里头文化陶礼器群中的其他几种三足酒器爵、盉、斝都应与其有渊源关系[38]。另一种酒器觚也可溯源至大汶口文化中的同类器。以王湾三期文化为主的中原系统龙山文化则作为近源，是连接二者的纽带。

陶寺文化早期的大、中型墓，展现了晋南地区龙山时代“前铜礼器”群的组合情况。炊事用具有灶、鼎和大型陶斝、俎、刀，食器有大口罐、盆、盘、豆、勺等，酒器有小口折肩罐、高领壶、斝、斗、觚、杯，乐器有鼍鼓、特磬、土鼓（?），权杖或兵器有钺、殳、镞，工具有斧、锛、研磨器等。其中蟠龙纹陶盘、鼍鼓和特磬等重器仅见于数座大型墓。“从随葬品组合的角度看，后来商、周贵族使用的礼、乐器，在公元前第3千纪中叶的陶寺早期已初具规模。”[39]另一方面，从陶寺文化的总体状况看，其吸纳了广大地域的诸文化类型的文化因素，但分布地域却基本上局限于晋西南一隅，自身文化因素也未能像二里头文化那样作跨地域的播化。随葬品具有浓厚的地方特色，礼器的主体是彩绘（漆）木器和彩绘陶器，礼器组合的特点是种类齐全，数量众多，仍存在以量取胜的倾向，“食器、酒器、乐器、兵器、工具皆成套出现，很难简单地指为‘重酒的组合’或‘重食的组合’”[40]。这与前述二里头文化和二里冈文化以酒器为主的礼器组合存在较大的差异。

作为二里头文化直接源头之一的王湾三期文化，以及其他中原龙山文化系统的考古学文化，目前尚未发现类似的可资比较的考古学材料。

大汶口文化晚期至海岱龙山文化的高级贵族墓，采用棺椁并用的木椁葬具，以犬为牺牲；随葬以鬶和蛋壳黑陶高柄杯为代表的成组酒器、食器，以及鼍鼓、玉钺和鸟形玉饰等。这构成大汶口文化晚期至海岱龙山文化葬制与礼器组合的显著特点。白陶这种由高岭土烧制成的硬质陶，在大汶口文化晚期已作为一个独立的陶系被大量生产，成为高等级墓葬中常见的随葬品。二里头文化至殷墟文化的白陶工艺，很可能即由大汶口—龙山文化系统的白陶工艺发展而来。其他的许多文化因素也为三代中原礼乐文明所承继，成为其礼制的重要组成部分。可以认为，“在文明孕育的过程中，海岱史前文化似乎作出了比其他地区更多更积极的奉献”[41]。

以琮、璧、钺及作为某种偶像头部冠饰的“冠状饰”为主体的玉器组合，显示出太湖地区良渚文化礼器群的突出特点。其中玉钺来源于新石器时代早中期的石斧或石钺，后者以长江下游的薛家岗文化和良渚文化最为多见。新石器时代晚期以来，某些制作精致、或朱绘具有神秘色彩图案的石钺已明显失去原来生产工具的性质，而渐变为武器和礼器[42]。良渚文化大墓中的玉钺有的刻有神人兽面纹及鸟纹，配以精致的嵌玉木柄和玉冒、玉镦，更应属权杖的性质[43]。至于琮、璧，目前从考古学上还难以准确地断定其功用，或认为是敬天祭地的礼器，或认为是通神的法器，财富或权势的象征，等等。可以肯定的是，它们均出自大墓和富墓，只属于少数特权阶层所有，是墓主权力和地位的标志。在规格不等的墓葬中，又依其种类、质地、数量的差异，区分贵族内部的不同阶层。琮、璧与商代的同类玉礼器，琮上的兽面纹与商代青铜器上的饕餮纹之间可能存在着密切的关联。有内石钺已开二里头文化和二里冈文化青铜钺的先河[44]。良渚文化的陶礼器的基本组合是鼎、豆、簋、盉、壶、贯耳壶，有的在器壁上镌刻着蟠螭纹、禽鸟纹等纤细而繁缛的图案，富有浓厚的地方特色。

从良渚文化总体上弥漫着浓厚的宗教巫术色彩[45]这一事实出发，我们倾向于赞同“良渚文化的玉琮是一种与人们的原始宗教巫术活动有关的器物”，由宗教法器而成为“统治阶级的象征”[46]的观点。良渚文化之后散见于各地的玉、石琮，包括见于中原龙山文化系统诸文化和二里头文化至殷墟文化者，一般形体矮小，纹饰简化。“这些玉、石琮与良渚文化的玉琮在形制上差别很大，似不应看作与良渚文化有直接关系，也不能确定它们与良渚文化的玉琮是否具有同样的用途。”[47]在中原三代文明中，玉质礼器自二里头文化始即不占据礼器群的首要位置，玉质礼器饰品化是三代礼器群的一个重要特征。从这个意义上讲，对良渚文化等盛行“玉敛葬”、以玉为主要礼器的诸考古学文化与三代礼乐文明形成的关系，似不应做过高的估计。从宏观的角度看，自仰韶、龙山时代至周代，随着华夏礼乐文明的发生、确立与初步发展，玉器在人们的精神生活中有一个由“以玉事神”到“以玉崇礼”再到“以玉比德”的地位逐渐降低的过程。这是三代文明对诸史前文化因素有选择地吸纳扬弃的一个典型例证。

由上述分析可知，陶寺文化、海岱龙山文化和良渚文化等社会发展水平较高的考古学文化墓葬间明确的等级划分以及上述“前铜礼器”群的存在，说明在上述各地域社会中，作为早期复杂化社会建立社会新秩序的重要支柱，礼制已经出现并趋定型。但总体上看，龙山时代各区域考古学文化的“前铜礼器”的种类、形制和组合各有特色，尚未形成跨地域的统一的定制。这应是诸考古学文化尚处于礼制形成过程的初期阶段的反映。正是这些人类文化共同体的持续竞争与交流影响，奠定了后来华夏礼乐文明的基础。

三、以礼乐为分野的两大文化系统的兴替

近十余年来的考古发现与研究结果表明，仰韶时代与龙山时代间曾发生过重大而深刻的社会变革。就黄河中游及邻境地区而论，仰韶文化晚期至庙底沟二期文化时期，社会在经过了极其繁盛的仰韶文化庙底沟期之后进入了一个大分化、大动荡、大重组的调整阶段。与庙底沟期相比，遗址的数量和分布密度明显下降，各地文化的面貌也从具有极强的一致性转变为富于地方色彩。这些现象暗示着原有的社会秩序遭到破坏[48]。逮至中原龙山文化阶段（约当公元前2600～前2000年），社会在向复杂化演进的过程中又进入了一个新的阶段。综上所述，从考古学上看，真正与礼制相关联的遗迹的出现，可

以纳入礼制系统的成组早期礼器的问世，应都是此次社会变革与重组的直接产物，而与前此的社会秩序、行为规范和宗教思想意识似乎仅存在间接的联系。

如果再从宏观上对史前至三代的文化发展态势作总体的把握，似可以礼制遗存及其所反映的社会宗教结构为分野，将诸考古学文化划分为两大系统；进而可知礼乐系统文化的勃兴与非礼乐系统文化的衰微构成了华夏礼乐文明萌芽与肇始期历史发展的主旋律。

与三代礼乐文明在文化内涵上有直接关联的考古学文化，要首推大汶口—海岱龙山文化和中原系统龙山文化。这类文化与后来的二里头文化、二里冈—殷墟文化以及宗周及各封国的礼乐文明一脉相承，或可称之为礼乐系统文化。其礼制遗存表现为：存在作为宫殿宗庙的大型夯筑基址、以礼乐器随葬的棺椁大墓等；以酒器、食器等容器构成礼器群主体（漆木、陶、铜礼器）；有磬、鼓、钟等乐器群；玉质礼器逐渐饰品化；少见或罕见具象造型，图案抽象化。就现有考古学材料看，礼乐系统文化可能形成的时间约在龙山时代早期，介于仰韶文化晚期至中原龙山文化之间，及大汶口文化中、晚期之间。礼乐系统文化随时间推移，在空间上先由黄河中下游汇聚至中原，而后随三代王朝的扩张而辐射四围。从这个意义上讲，以中原为中心的黄河中下游是华夏礼乐文明形成的核心地区。

应当指出的是，即便直接参与创建中原礼乐文明的各考古学文化，其贡献也不是等重的，以海岱地区为中心的东方文化在其中起了主导作用。二里头文化和二里冈文化高出地面的台基式建筑、厚葬风习和棺椁制度、以酒器为核心的礼乐器系统以及玉器组合等，都可溯源于东方地区的先行文化。相比之下，地域上处于中原的陶寺文化，就其礼制遗存而言，与二里头文化和二里冈文化的关系反而没有大汶口—海岱龙山文化密切。同时，从已有的考古材料看，二里头文化继承自王湾三期文化的要素，集中于层次较低的日用陶器和小型墓的埋葬习俗等方面。与礼制相关的主体文化因素，大多难以在当地找到明确的源头。在复杂社会中，作为上层建筑和意识形态的物化形式的高等级遗存才代表一个文化的发达程度，更具有区分人们共同体的意义。可以认为，二里冈文化礼制因素的主源应是二里头文化；而二里头文化礼制因素的主源则应是海岱区的大汶口—龙山文化。容易理解的是，这一结论得自考古学文化因素分析的层面，而与族属问题不可混为一谈。大汶口—海岱龙山文化究竟是在什么样的历史背景下，又是以怎样的方式参与到创建中原礼乐文明的过程中来的，确是值得深入探究的问题。

仰韶时代至龙山时代，还存在着与上述礼乐系统文化有着不同内涵的其他考古学文化，如红山文化[49]、良渚文化、屈家岭—石家河文化等，这些文化或可称为非礼乐系统文化或巫术文化。这类考古学文化的内涵庞杂，并不统一，但有若干共性，存在着广义的礼制遗存。其考古学表现为：存在大型祭祀建筑群、祭坛、积石冢或高台墓地、葬玉大墓等；法器以玉器为主；流行神像、人物、动物等雕塑品，重视觉冲击力；

大宗明器性祭品集中分布。其特点是具有巫术色彩的宗教在其社会生活中都占有着极为突出的地位。这类文化的历史可上溯至久远的时代，至仰韶时代得以盛行，此后随着礼乐系统文化的勃兴扩展而逐渐走向衰微。同时，它们又大量吸收礼乐系统文化的因素。至二里头时代及其后，仅见于更远的周边地区，如夏家店下层文化、三星堆文化，以及周代各诸侯国域内及周边的土著文化中。后世的萨满文化，与其或属一系。

礼乐系统文化产生自非礼乐系统文化，也在与同时期的非礼乐系统文化的相互作用与刺激中借鉴了后者的若干文化要素，二者间必然有着千丝万缕的联系；但两大系统考古学文化内涵的明显不同，又昭示了二者在社会总体政治宗教结构上的差异。如果说我们已意识到二里头文化与其先行的文化尤其是上述中原周边地区诸考古文化之间存在着“连续”发展中的“断裂”现象[50]，那么通过以上分析可以显见，这种“断裂”实际上是上述两大文化系统此兴彼衰这一大的历史现象的真实反映。

仅就一般认为史前时代社会宗教最为发达的红山文化的情况说明之。红山文化祭祀遗址出土的所谓“神像”，“凡能判明性别者均为女性，对女神的尊奉，应是母权制氏族社会精神思想的遗留”[51]。而确立并兴盛于三代的礼制，是建立在父权家族制基础之上的，这已成为学界的共识。鉴于此，两者间在宗教信仰与社会发展阶段上的差异不言自明。出土孕妇雕像的砌石建筑、出土女性头像的所谓“女神庙”的半地穴式建筑[52]，都与后世作为礼制建筑的大型夯土高台建筑址大相径庭，看不出其间的传承关系。积石为冢的墓制，也与作为华夏文明主流的竖穴土坑棺椁葬制不合。可以肯定的是，红山文化玉器常见于祭祀遗址，且有不少造型较为复杂者如猪龙、鸮、勾云形器等，它们应已不是一般的工艺品，而具有某种特殊的含义。但其中仿生动物的普遍存在，说明人们的思维方式和宗教意识尚未摆脱动物崇拜的范畴，其意识形态尚处于较为原始的阶段。玉器中大多为装饰品，而未见真正的礼仪用器，其中璧形器可能是玉礼器——璧的雏形，但其造型多样，尚未定型[53]。

有学者在讨论良渚文化的衰落原因时指出，“峰值期的良渚社会是一个宗教色彩极其浓厚的社会，整个社会生活的运作被笼罩在厚重而偏激的宗教气氛里，为此，社会投入了大量非生产性劳动，而这些付出对社会的长期发展显然不会有任何正面效应”。同时，与良渚文化大墓中宗教遗物数量多、比例大、地位突出的现象不同，中原龙山文化系统和海岱龙山文化的大墓，直至商周时期贵族墓葬的随葬制度更多地表现的是世俗权力的集中和财富的占有，而“带有神权色彩的遗物则甚少”[54]。这大体上适用于对礼乐系统文化和非礼乐系统文化结构性差异的总体把握。

以祖先崇拜为内核、重世俗功利、把宗教置于适当位置的礼乐系统文化，何以能在严酷的社会竞争和人与自然的竞争中脱颖而出，发展壮大，最终成为华夏文明的主流；而巫术色彩极其浓厚的非礼乐系统文化为何在其光灿一时的同时又具有脆弱性和短命的一面，终致社会畸形发展而相继退出历史舞台？两大系统文化兴替的深层原因，今后仍将是学术界需加以深入探究的重要课题。

注　释

[1] 高炜：《龙山时代的礼制》，《庆祝苏秉琦考古五十五年论文集》，文物出版社，1989 年。

[2] 严文明：《龙山文化和龙山时代》，《文物》1981 年 6 期。在该文中，严文明先生将龙山时代界定于公元前 2600～前 2000 年之间。后来，其主张将庙底沟二期文化及各区域与其大体同时的诸考古学文化“划归龙山时代的早期”，准此，龙山时代的上限就可上溯至公元 3000 年左右。详见，严文明：《龙山时代考古新发现的思考》，《纪念城子崖遗址发掘 60 周年国际学术讨论会文集》，齐鲁书社，1993 年。

[3] 苏秉琦主编：《中国通史 · 第二卷 · 远古时代》，上海人民出版社，1994 年，第 85 页。

[4] 周星：《黄河流域的史前住宅形式及其发展》，《中国原始文化论集》，文物出版社，1989 年。

[5] 许宏：《先秦城市考古学研究》，北京燕山出版社，2000 年，第 79 页。

[6] 中国社会科学院考古研究所：《偃师二里头——1959 年～1978 年考古发掘报告》，中国大百科全书出版社，1999 年，第 138～159 页；许宏等：《二里头遗址宫殿区考古又有重要发现》，《中国文物报》2003 年 1 月 27 日。

[7] 河南省文物考古研究所等：《河南新密市古城寨龙山文化城址发掘简报》，《华夏考古》2002 年 2 期。

[8] 国家文物局考古领队培训班：《郑州西山仰韶时代城址的发掘》，《文物》1999 年 7 期。

[9] 甘肃省文物工作队：《甘肃秦安大地湾 901 号房址发掘简报》，《文物》1986 年 2 期。

[10] 杨楠等：《余杭莫角山清理大型建筑基址》，《中国文物报》1993 年 10 月 10 日；严文明：《良渚随笔》，《文物》1996 年 3 期。

[11] 山东省博物馆等：《一九七五年东海峪遗址的发掘》，《考古》1976 年 6 期；临沂地区文管会：《日照尧王城龙山文化遗址试掘简报》，《史前研究》1985 年 4 期。

[12] 对良渚文化下限的认识，分歧颇大，我们倾向于良渚文化的年代在距今约 5300～4600 年之间的观点。栾丰实：《良渚文化的分期与年代》，《中原文物》1992 年 3 期；张忠培：《良渚文化的年代和其所处社会阶段——五千年前中国进入文明的一个例证》，《文物》1995 年 5 期；赵辉：《良渚文化的若干特殊性——论一处中国史前文明的衰落原因》，《良渚文化研究——纪念良渚文化发现六十周年国际学术讨论会文集》，科学出版社，1999 年。

[13] 钱耀鹏：《中国史前城址与文明起源研究》，西北大学出版社，2001 年。

[14] 许宏：《先秦城市考古学研究》，北京燕山出版社，2000 年，第 48～49 页。

[15] 赵辉等：《中国新石器时代城址的发现与研究》，《古代文明（第 1 卷）》，文物出版社，2002 年。

[16] 苏秉琦主编：《中国通史 · 第二卷 · 远古时代》，上海人民出版社，1994 年，第 154～155 页。

[17] 山东省文物考古研究所编：《大汶口续集——大汶口遗址第二、三次发掘报告》，科学出版

社，1997年，第121～123页。

[18] 山东省文物管理处等：《大汶口——新石器时代墓葬发掘报告》，文物出版社，1974年。

[19] 安徽省文物考古研究所：《安徽含山凌家滩新石器时代墓地发掘简报》，《文物》1989年4期；安徽省文物考古研究所等：《安徽含山县凌家滩遗址第三次发掘简报》，《考古》1999年11期；安徽省文物考古研究所：《凌家滩玉器》，文物出版社，2000年。

[20] 中国社会科学院考古研究所：《宝鸡北首岭》，文物出版社，1983年，78页；中国科学院考古研究所等：《西安半坡》，文物出版社，1963年，第214～215页。

[21] 山东省文物管理处等：《大汶口——新石器时代墓葬发掘报告》，文物出版社，1974年，第5页；昌潍地区文物管理组等：《山东诸城呈子遗址发掘报告》，《考古学报》1980年3期。

[22] 同[18]，第22～25页。

[23] 山东省博物馆等：《邹县野店》，文物出版社，1989年，第32、114页。

[24] 高炜：《龙山时代的礼制》，《庆祝苏秉琦考古五十五年论文集》，文物出版社，1989年。

[25] 同[23]，第30、135页；同[18]，第4、126页。

[26] 杜金鹏：《良渚神祇与祭坛》，《考古》1997年2期。

[27] 陆建方：《良渚文化墓葬研究》，《东方文明之光——良渚文化发现60周年纪念文集》，海南国际新闻出版中心，1996年。

[28] 山东大学历史系考古教研室：《泗水尹家城》，文物出版社，1989年；山东省文物考古研究所等：《临朐县西朱封龙山文化重椁墓的清理》，《海岱考古（第一辑）》，山东大学出版社，1989年；中国社会科学院考古研究所山东工作队：《山东临朐朱封龙山文化墓葬》，《考古》1990年7期。

[29] 中国社会科学院考古研究所山西工作队等：《山西襄汾县陶寺遗址发掘简报》，《考古》1980年1期；中国社会科学院考古研究所山西工作队等：《1978～1980年山西襄汾陶寺墓地发掘简报》，《考古》1983年1期；高炜等：《关于陶寺墓地的几个问题》，《考古》1983年6期。

[30] 中国社会科学院考古研究所山西第二工作队：《2002年山西襄汾陶寺城址发掘》，《中国社会科学院古代文明研究中心通讯》第5期，2003年。

[31] 徐良高：《中国民族文化源新探》，社会科学文献出版社，1999年，第54～56页。

[32] 河南省文物考古研究所：《郑州商城——1953～1985年考古发掘报告》，文物出版社，2001年。

[33] 中国社会科学院考古研究所：《偃师二里头——1959年～1978年考古发掘报告》，中国大百科全书出版社，1999年；郑光：《二里头遗址的发掘——中国考古学上的一个里程碑》，《夏文化研究论集》，中华书局，1996年。

[34] 河南省文物研究所等：《登封王城岗与阳城》，文物出版社，1992年，第87、99、100页；李先登：《试论中国古代青铜器的起源》，《史学月刊》1984年1期；赵春青：《新砦期的确认及其意义》，《中原文物》2002年1期；顾问：《“新砦期”研究》，《殷都学刊》2002年4期。

[35] 邵望平：《铜鬶的启示》，《文物》1980年2期。

[36] 高广仁等：《史前陶鬶初论》，《考古学报》1981 年 4 期。

[37] 高炜在“中国文明起源学术座谈会”上的发言，《中国文明起源座谈纪要》，《考古》1989 年 12 期。

[38] 唐兰：《论大汶口文化中的陶温器》，《故宫博物院院刊》1979 年 2 期；邹衡：《夏商周考古学论文集》，文物出版社，1980 年，第 149～153 页；杜金鹏：《封顶盉研究》，《考古学报》1992 年 1 期；吕琪昌：《从史前陶鬶与商代铜斝的关系探讨夏、商文化的分际》，《华夏考古》1999 年 1 期。

[39] 高炜：《中原龙山文化葬制研究》，《中国考古学论丛——中国社会科学院考古研究所建所 40 年纪念》，科学出版社，1993 年。

[40] 同 [1]。

[41] 高广仁等：《海岱文化对中华古文明形成的贡献》，《山东龙山文化研究文集》，齐鲁书社，1992 年。

[42] 傅宪国：《试论中国新石器时代的石钺》，《考古》1985 年 9 期。

[43] 张明华：《良渚玉戚研究》，《考古》1989 年 7 期。

[44] 二里头遗址新近发现的一件铜钺是迄今所知最早的青铜钺。经铸造技术和 X 光照相结果分析，该钺可能原本有内。中国社会科学院考古研究所二里头工作队：《河南偃师市二里头遗址发现一件青铜钺》，《考古》2002 年 11 期。

[45] 赵辉：《良渚文化的若干特殊性——论一处中国史前文明的衰落原因》，《良渚文化研究——纪念良渚文化发现六十周年国际学术讨论会文集》，科学出版社，1999 年。

[46] 张光直：《谈“琮”及其在中国古史上的意义》，《考古学专题六讲》，文物出版社，1986 年；王巍：《良渚文化玉琮刍议》，《考古》1986 年 11 期。

[47] 王巍：《良渚文化玉琮刍议》，《考古》1986 年 11 期。

[48] 同 [15]。

[49] 发现有大型祭祀建筑群址、大型积石冢群及随葬精美玉器的大墓的红山文化晚期的年代，约距今 5800～4900 年。杨虎：《辽西地区新石器——铜石并用时代考古文化序列与分期》，《文物》1994 年 5 期。

[50] 许宏：《“连续”中的“断裂”——关于中国文明与早期国家形成过程的思考》，《文物》2001 年 2 期。

[51] 苏秉琦主编：《中国通史 · 第二卷 · 远古时代》，上海人民出版社，1994 年，第 419 页。

[52] 郭大顺等：《辽宁省喀左县东山嘴红山文化建筑遗址发掘简报》，《文物》1984 年 11 期。辽宁省文物考古研究所：《辽宁牛河梁红山文化“女神庙”与积石冢群发掘简报》，《文物》1986 年 8 期。

[53] 中国玉器全集编辑委员会编：《中国玉器全集 1 · 原始社会》，河北美术出版社，1993 年。

[54] 同 [45]。

华夏文明之根

——嵩山地区在华夏文明起源及早期发展中的地位

一、三代年表既明，五帝文化必探

1996 年 5 月，在当时的国务委员李铁映、宋健同志的倡议下，夏商周断代工程正式启动了。在著名学者李学勤先生的组织领导下，经过历史学、考古学、古文字学、天文学和测年技术等方面的 200 余位专家学者历时四年的协作奋斗，《夏商周断代工程 1996～2000 年阶段成果报告（简本）》已经出版，最新版《夏商周年表》隆重推出，在国内外产生了强烈影响。

夏商周断代工程开创了我国科学界自然科学与人文社会科学众多学者联合攻关探讨中国重大历史课题的先例，积累了大量工作经验，锻炼了队伍，培养了人才。中国考古学数十年积淀了相当可观的科学材料，学者足可据以补充、改写中国古代史，甚至重写中国先秦史。借夏商周断代工程的推力，我们对夏商周三代历史和文明有了更加深入的了解，这就为“五帝时代”历史和文明的进一步探讨，奠定了良好的基础。

在夏商周断代工程的推动下，相关学科均取得了前所未有的新成就。以考古学为例，以夏商周断代为主要科研目标的考古发掘，在全国十余个古代遗址上相继展开，成果丰硕。偃师商城大城年代的确定、小城的发现、宫城内宫殿建筑和池苑遗迹的发掘，确认偃师商城是商汤灭夏之后所营建的都城，偃师商城的始建可作为从考古学上划分夏商文化的界标。沣西遗址的发掘，以确切的地层关系和典型的陶器群做依据，为从考古学上划分商、周两代文化树立了科学标尺。安阳洹北商城的发现、晋侯墓地的揭露、北京琉璃河“成周”卜甲的出土，均是考古学上的重大收获。禹州瓦店、新密新砦、偃师二里头、郑州商城和小双桥、邢台东先贤等遗址的发掘，也为夏商考古学的进步，做出了新的贡献。

宋健同志曾以《超越疑古，走出迷茫》为题，大声呼唤夏商周断代工程。同时，他又引《离骚》“路漫漫其修远兮，吾将上下而求索”与史学界共勉，企盼在商周纪年确定之后，进而考察夏代以前“五帝”时代的历史[1]。这不仅是一位科学家和科学界领导人的心愿，更是历史赋予我们的任务，民族寄予我们的厚望！

“文明”的概念尽管有不同的定义和理解，“文明”的标准纵或有不同的衡量方法，我们有了夏商周这个已知数作为厚实的基础，通过一番努力，完全可能构筑出夏代之前“五帝时代”的历史框架。

二、环环相扣的古文化链，久久流淌的古文明河

长期以来，我们称黄河为中华民族的母亲河，视黄河流域为中华文明的发祥地，将中原地区作为中华文明的核心。最近20年的一些考古发现，迅速扩展了人们的眼界，面对各地不断涌现的仰韶文化、龙山文化时期的城址、祭坛、大墓、大型夯土建筑基址，精美的玉器、陶器和漆器，人们在瞠目惊呼、拍案叫绝的同时豁然明白：中华远古文化是多源和多彩的！中华民族大家庭的形成是久远的，成分是复杂的！有学者把龙山时代中华文明形成期的历史状况形象地比喻为“满天星斗”[2]，让世人看到了中国文明起源过程的新层面。

在辽河流域，发现了红山文化气势雄伟的庙、坛、冢诸遗迹，出土大量具有礼器性质的玉器、彩陶等器物；在海岱地区，发现了多座龙山时代的夯土城垣、高规格的大型墓葬，出土若干用作礼器的玉器、陶器，还在陶器上发现了连缀成篇的文字；在汾河下游，发现了陶寺文化的夯土城垣和规模庞大、等级森严的墓地，出土了包括铃和齿轮状器在内的铜器、玉礼器、大型漆木器和石磬、鼍鼓等文物，在陶器上更发现朱书文字；在江汉地区，发现了石家河文化的大型聚落群址，出土一批玉器和陶塑品；在江淮地区，发现了薛家岗文化，出土若干体现丰富历史文化信息的玉器；在太湖地区，发现了良渚文化的大型聚落群遗址，诸多的高台祭坛和大型墓葬、夯土建筑基址，出土大量种类繁多、花纹精美的玉器……考古学事实表明，我们的祖先在创造出上述文化遗产的时候，已经摆脱氏族制度的多重纠缠，争相沐浴着文明的曙光。

然而，当我们顺着各地龙山时代“万国”的足迹，追寻其夏商时期的历史归宿时，不禁诧异：好些辉煌耀眼的“古国”，或者花容凋零，或者无影无踪，纵或有傲然挺立过来的，也只是偏居一隅，独守一方。以大型都邑、青铜器和文字为艳丽旗帜的夏、商、周王朝的基石，全部稳稳地植根于黄河中游的平原上。而引人注目的是，夏、商、周三代在王国建立伊始，无不首先据有中岳嵩山周围的所谓“中国”之地。历史文献记载的“禹居阳翟”“禹都阳城”“桀都斟鄩”“汤都西亳”“武、成洛邑”，均在嵩山附近。考古发现的具有古代都邑规模和内涵的大型遗址——偃师二里头、偃师商城、郑州商城（包括郑州小双桥），皆雄踞嵩山的左右两侧。已经发现线索的西周洛邑，也位于嵩山西北洛阳平原上。再后来，历代王朝在洛阳平原立都者甚多。是什么力量吸引夏、商、周三代君王定鼎嵩山附近呢？优越适中的地理位置，四通八达的交通，土肥水美的生态环境，四方辐辏之文明轴心，是其得天独厚的自然优势；而数千年文化的一脉相承，延绵不绝，则是其无与伦比的历史底蕴。

就目前的考古资料而言，嵩山地区（这里泛指以中岳嵩山为中心方圆百余公里的地方）自旧石器时代以来即是人类活动的理想地区，尤其是距今七八千年以来，大量人口聚结在嵩山地区，不断创造着灿烂的文化，积累着文明的因子。反映在考古学上，则是考古学文化前后连贯，形成一条环环相扣的古文化长链，文明因子逐步积累，终于聚合为文明的种子，在中原腹地落土生根。

洛阳凯旋路发现旧石器时代人类文化遗物[3]，表明当时已经有人类在洛阳居住。洛阳以西的三门峡地区屡屡发现旧石器[4]，说明洛阳的旧石器时代居民并非孤立。

新石器时代早期，在嵩山地区有若干裴李岗文化遗址，经过发掘的有新郑裴李岗[5]、沙窝李[6]，新密莪沟北岗[7]、马良沟[8]，汝州中山寨[9]，新郑唐户[10]，巩义铁生沟[11]、水地河[12]以及登封双庙沟、王城岗，荥阳织机洞[13]等。裴李岗文化的人们已经生活在精心构筑的村落中，过着以农业为经济主体的定居生活，并饲养家畜，进行渔猎。使用非常精致的石磨盘、磨棒加工粮食，能够制造多种多样的陶器、石器和骨器，墓葬中随葬刻符龟甲和骨笛，表明当时的人们已经有较高的精神生活水平。

新石器时代中期，嵩山地区人类聚落更加密集，经济文化更加发达。此时以嵩山为中心分布区的古文化遗存是仰韶文化大河村类型，其在嵩山地区的重要遗址有：郑州大河村[14]、西山[15]，荥阳青台[16]、点军台[17]，禹州谷水河[18]，汝州中山寨[19]、阎村[20]、大张[21]、北刘[22]，洛阳王湾[23]。人们用厚而高的夯土墙卫护自己的聚落，居住在地面起建的多间一体的房屋中，使用着绚丽多彩的陶器，陶器上用黑、红、棕等染料描绘着太阳纹、月亮纹、花卉纹、几何纹等，在阎村遗址出土的一件陶缸上还发现彩绘“鹳鱼石斧图”。石器多经精心磨制，种植粟、稻等农作物。

新石器时代晚期，嵩山地区进入龙山文化时代。早期龙山文化遗存发现于郑州大河村[24]，登封告成北沟[25]，禹州瓦店[26]、谷水河[27]，偃师二里头[28]等遗址，以篮纹、绳纹灰陶为特征，上承当地仰韶文化。中、晚期龙山文化遗址在嵩山地区的分布非常密集，较重要的遗址主要有：洛阳王湾[29]、西吕庙[30]、锉李[31]，孟津小潘沟[32]，偃师灰嘴[33]，新密古城寨[34]，登封王城岗[35]，禹州瓦店[36]，汝州煤山[37]等。

此时，嵩山地区社会发展有了新的成就：在郑州牛寨遗址出土铜块[38]、登封王城岗出土残铜器、汝州煤山出土熔铜坩埚，表明人们已经掌握了冶铜技术，人类社会已踏入了金属时代。已发明了水井，见于洛阳锉李遗址等。城堡增多，登封王城岗发现东西并列的两个夯土城墙，面积约 1 万平方米，城内有用人做牺牲的夯土建筑。新密古城寨城址，夯土城墙尚保留在现今地面之上，城址面积就将近 1.8 万平方米，城内有带三面廊庑的大型建筑夯土基址。另外，在淮阳平粮台、郾城郝家台也发现龙山文化城址，它们虽然距离嵩山稍远，但是与登封王城岗城址属于同一个文化类型。平粮台古城约 3.4 万平方米，城门旁有用土坯砌筑的门房，城门路土下埋设着排水陶管，城内有建筑在夯土台基上的土坯排房，城内还发现铜渣块[39]。郝家台古城面积约 3.3 万平方米[40]。

继龙山文化之后，嵩山地区诞生了新砦文化。新砦文化以新密新砦 79H7、H3、H11[41]，汝州煤山 70H3[42]、75H30、H70[43]，偃师二里头ⅡH216、ⅧH53[44]、93ⅣG1[45]，巩义稍柴 H20、H35[46]为代表，目前发现的重要遗址分布在伊、洛、颍、汝河流域。新砦文化考古成果还不够丰富，就现有材料而言，新砦文化已经有大型聚落，当时的二里头遗址范围约在 1 平方公里以上；有了一些颇具“王气”的陶礼器，如大型三足皿、磨光黑陶圈足盘、高柄豆、薄胎鬶等，使用青铜工具和礼器。

新砦文化发展为二里头文化，二里头文化的分布范围相当广袤，其核心是嵩山地区。二里头文化时期社会发展到崭新阶段，现已发现大型宫殿建筑基址、大型青铜冶铸作坊基址、随葬大量青铜器和玉器的墓葬，出土文物中有成组青铜容器和兵器、镶嵌绿松石的铜牌饰、精美玉器、彩绘饕餮纹漆器、精致的陶礼器。

商汤伐夏桀，嵩山地区进入了一个新的历史时期。商王朝在这里建造了两座雄伟的城池——偃师商城和郑州商城，嵩山地区成为商代早期的政治、经济、文化、军事中心。

如此连绵不断的古文化长链，把一个地区的古代人类社会从蒙昧时代到青铜文明时代的发展轨迹，勾勒得脉络清楚、历历在目，是其他地方难以比拟的。这是嵩山地区在中国文明起源研究中具有不可替代作用的关键所在。

三、民族大熔炉，文化大荟萃

嵩山地区不仅有着连绵不断的古文化，而且这里还是民族与文化的大熔炉，在中国文明的形成及其早期发展时期曾引得“无数英雄竞折腰”。

仰韶文化晚期，原本扎根在海岱地区的大汶口文化的人们，积极参与中原逐鹿，大举西进，漫过今河南商丘地区分布到颍水上游和伊、洛下游地区，商丘、周口、驻马店、许昌、平顶山、郑州、洛阳等地区均有其文化遗存。大汶口文化与仰韶文化在嵩山地区共存了相当长的时间，直至龙山早期，大汶口文化因素仍见于嵩山地区。就目前所知，嵩山地区所见包含着大汶口文化因素的遗址主要有：偃师滑城[47]、二里头[48]，洛阳锉李，孟津寺河南[49]，郑州大河村[50]、林山砦[51]，荥阳点军台[52]，禹州谷水河[53]、瓦店[54]，新郑唐户[55]，汝州北刘庄[56]，平顶山寺岗[57]等。丰富的考古学遗存证明，颍水上游和伊洛河下游，曾经成为大汶口文化一个地方类型的分布地[58]。

大汶口文化踞泰山、临大海，兼大陆与海洋文化之优势，纵横驰骋，北越渤海登陆辽东半岛，南走黄海直下江南杭州湾。它向嵩山地区的进军，实现了临海文化与内陆文化的大交融，为中原大地带来了新的发展活力。

就在大汶口文化大举西进的同时，以长江中游为根据地的屈家岭文化也积极参与中原逐鹿，向着原本属于仰韶文化领地的南阳盆地推进，因而在淅川[59]、唐河[60]、镇平[61]、内乡、南阳、社旗、方城、新野、桐柏[62]等市县，均发现了屈家岭文化遗存。

屈家岭文化占踞了南阳盆地之后，继续向北方扩展，其影响直达嵩山南北。我们在禹州谷水河[63]、汝州北刘庄[64]、郑州大河村[65]、洛阳王湾[66]等遗址屡屡发现屈家岭文化因素，说明屈家岭文化的触角已经伸展到了黄河岸边。

屈家岭文化据长江腹地，扼南北通衢，是当时稻作文化的主要代表。它越过淮水上游直指黄河中游，把黄河与长江两大文化体系进行了沟通，有力地推动了中原文化的进步。

三个不同地区、不同特色的文化在嵩山地区的聚汇与融合，亦即来自海岱地区、江汉平原、中原腹地三个人群集团的聚汇与融合，对于华夏民族、华夏文明的形成和发展，起到了强劲的激化和推进作用。可见，中国历史上的第一个王朝诞生在嵩山地区，绝非偶然。

其实，不唯海岱、江汉地方的仰韶文化时代人们参与了中原逐鹿，中原以外地方的龙山人也为中原文明的形成做出了贡献。

二里头文化中的某些文化因素可追溯到远方的龙山时代文化中。例如，二里头文化的弧刃玉钺与江浙地区良渚文化玉钺相仿；二里头文化的直刃玉钺、条形玉圭、端刃玉璋等，只能溯源至山东龙山文化；二里头文化的一端宽一端窄的不对称形玉刀，是西北地区龙山时代玉刀的常见造型；二里头文化的长梯形多孔玉刀，在江淮、海岱以及西北高原地区的龙山时代文化中，屡屡可见。二里头文化崇尚酒器，不但日常生活中使用大量精美酒器，就是墓葬中的随葬品也是以酒器为主，这一习俗与山东龙山文化如出一辙。

进入青铜时代以后，嵩山地区的二里头文化也吸收了若干周边地区文化因素，丰富了中原文化的内涵。

二里头文化中包含有东南地区马桥文化的因素。如二里头遗址出土的鸭形陶壶，在上海[67]、浙江[68]等地多有发现，可能是马桥文化对二里头文化的影响所致。

二里头文化中有少量的几何纹硬陶，酱色，陶胎坚硬[69]。这类器物应该是来自东南地区，或受东南地区同期文化的影响所产生的器物。

海岱地区岳石文化曾对二里头文化产生较大影响，例如二里头遗址出土的陶器中，有一部分陶器具有鲜明的岳石文化特征：二里头文化第四期中常见的夹砂褐陶篦纹侈口深腹小平底罐[70]，与岳石文化的同类陶器[71]非常近似；二里头遗址出土的凸棱平底盆[72]与岳石文化的同类陶器完全相同[73]；二里头遗址出土的半月形双孔石刀[74]，与岳石文化石刀[75]特征相符。

二里头文化中，还有不少来自豫北、冀南地区下七垣文化的文化因子。例如二里头遗址出土的弦纹或绳纹的束颈盆[76]，与邢台葛家庄遗址出土的下七垣文化同类陶器[77]

非常相像。二里头遗址出土的橄榄形细绳纹深腹罐、薄胎卷沿细绳纹鬲[78]，与邢台葛家庄遗址出土的同类陶器[79]基本相同。二里头文化第四期的云雷纹束颈盆，圆唇侈口，束颈鼓肩，通体磨光，饰一周拍印的云雷纹[80]，与新乡潞王坟出土的一件同类陶器[81]几无区别。

二里头文化少量陶器上饰彩绘图案，与岳石文化相同。而在陶器上彩绘各种花纹是北方草原地区夏家店下层文化的突出特征。

就目前资料而言，任何地方都没有像嵩山地区那样，在新石器时代后期至青铜时代早期时广泛而大量地吸纳周围地方的文化精华。正是由于四方文化不断地向中原汇聚，在嵩山地区形成一个文明炼炉，一些所谓夷狄戎蛮文化的精华，在这里生根发芽。多种文化因素的汇聚、碰撞、交融、升华，是华夏文明在中原地区生成和成长的巨大动因。

四、文明之花首开中原，王国之风遍吹四方

在20世纪70年代到80年代初期，中国学术界即普遍认为，二里头文化已是文明社会遗存，其中最谨慎的说法是："我们认为至少它的晚期是够得上称为文明，而又有中国文明的一些特征。""二里头文化的晚期是相当于历史传说中的夏末商初。"[82]此后二十多年的一系列考古发现，极大地开阔了人们的视野，使得中国文明起源研究突飞猛进。当前，关于中国文明最早形成于何时，虽然尚在讨论中，但二里头文化是文明社会的文化遗存，已是中国学术界的共识。

二里头文化的分布范围，向西突入了陕西关中东部、丹江上游的商州地区，南及豫鄂交界地带，往东至少分布到豫东开封地区，北方可抵豫北沁河岸旁。二里头文化可分做二里头、东下冯、牛角岗、杨庄、下王岗五个类型。其中，二里头类型是二里头文化的核心类型，甚至可以说是其他类型的母体。二里头类型的分布范围东西二百多公里，南北三百多公里，其中心即为嵩山地区。在此范围内发现的二里头文化遗址数以百计，其中较重要的包括：偃师二里头[83]、灰嘴[84]，洛阳东干沟[85]、锉李[86]、东马沟[87]、西高崖[88]、皂角树[89]，郑州洛达庙[90]、上街[91]、大河村[92]、岔河[93]，荥阳西史村[94]、阎河[95]、竖河[96]，巩义稍柴[97]，登封王城岗[98]、程窑[99]，汝州煤山[100]，伊川南寨[101]，新密黄寨[102]，禹州吴湾[103]等。

二里头文化二里头类型的考古发现证明，当时嵩山地区已经具备了早期文明的若干要素和特征。

在二里头遗址发现的一、二号宫殿基址，规模宏大，布局条理，其基本格局是后来中国古代宫殿的范例。在上述宫殿建筑基址的北面不远处，发现一系列与祭祀有关的坛、墠等特殊建筑遗存。在二号宫殿基址主殿后面发现有大型墓葬，在宫殿区附近发现有随葬铜器、玉器的中型墓葬。二里头遗址的青铜冶铸作坊，规模庞大，有浇铸

场地，有烘范场所，出土了若干陶范、坩埚碎块。二里头遗址出土的青铜器，包括鼎、爵、斝、盉等礼器，戈、刀等兵器以及嵌绿松石铜牌等，为我国最早的一组青铜礼器和兵器。二里头遗址出土的玉璋、多孔刀、圭、钺、戚、琮和柄形器等，显然是用于礼仪活动的礼器。二里头遗址出土陶器上往往有“刻划符号”，与殷墟发现的商代文字多有相仿乃至相同者，学者认为应是具有文字功能的记录语言信息的符号。

二里头遗址具有宫殿基址，随葬珍贵铜器、玉器和漆器的大、中型墓葬，大量精美陶礼器，若干用于祭祀活动的坛、墠类建筑，大型青铜冶铸作坊，显示了与众不同的文化高度，应是具有都城性质的中心遗址。

二里头类型的考古发现证明，当时已是等级分明的阶级社会。巍峨高大的宫殿与狭小低矮的窝棚，随葬成组青铜器、玉器、漆器和精美陶器的大、中型墓葬与仅随葬少量陶器的小型墓、甚至将死者随便掩埋在灰坑和灰层中、没有任何随葬品的乱葬墓，形成了鲜明的对比。人们被划分为上、中、下不同的社会层次，昭然若揭。一个少数人高高在上统治多数人的金字塔式社会已经形成。

在二里头文化的诸类型中，目前可以确认属于本地起源者只有二里头类型。二里头类型的直接前驱是新砦文化，新砦文化是嵩山地区龙山文化与二里头文化之间的桥梁，多数学者认为它应该是夏代早期遗存。

总之，我国第一个以使用成套青铜礼器、建立了国家机器的青铜时代国家——夏王朝，诞生在嵩山地区。夏王朝的核心是嵩山地区，它统辖的范围，包括了今河南省绝大部分地方，甚至达到了秦岭脚下、关中地区和晋西南地区。

夏王朝作为当时文明的中心，发挥了推动周边地区文化发展的积极作用。二里头文化曾向周边地区传播先进文化因素，因而在中原以外地区，常常可以见到二里头文化的因素。

在安徽江淮地区，现已发现若干具有二里头文化特征的文化遗物，譬如，潜山薛家岗遗址出土的圆腹罐、浅盘豆、陶爵、陶鬶[104]，与嵩山地区二里头文化的同类陶器形似；肥东吴大墩遗址出土的圆腹罐、觚[105]，含山大城墩遗址出土的高领瓮[106]，寿县斗鸡台遗址出土的圆腹罐、深腹盆[107]， 霍邱小堌堆遗址出土的瓮形鼎[108]等，也皆与中原地区二里头文化的同类陶器非常近似。更值得注意的是，江淮地区还发现了二里头文化的铜器，如肥西出土的铜铃[109]和铜斝[110]，是中原地区以外所出土的二里头文化青铜珍品。

在江汉地区发现的二里头文化因素，可举如下例证：湖北宜昌白庙遗址出土的圆腹罐、觚[111]，宜昌中堡岛出土的圆腹罐、深腹罐[112]，宜都红花套[113]、毛溪套、向家沱[114]出土的陶盉，秭归朝天嘴出土的陶盉、鬶、盆、 圆腹罐等[115]，江陵荆南寺出土的圆腹罐、刻槽盆、甑、鼎、鬶等[116]。

二里头文化往东南影响到了上海、浙江一带，因而当地的马桥文化中含有若干二里头文化因素：上海马桥遗址第四层出土的盆、觚、三足皿、管流鬶、器盖等[117]，学者认为是来自二里头文化的文化因素。浙江江山县肩头弄遗址出土的浅盘豆、三足皿、管流鬶、象鼻流盉等[118]，长兴县上辛桥遗址出土的觚等[119]，也都可以在二里头文化中找到很相似的陶器。

成都平原的三星堆文化中所体现的二里头文化因素包括：三星堆二期文化中的陶盉、高柄豆等[120]，三星堆遗址出土的玉璋[121]、玉圭、玉戈[122]，其文化源头都只能追寻到二里头文化中去。广汉三星堆还出土两件铜牌[123]，其中一件镶嵌着绿松石，其造型、风格、图案等都与二里头遗址出土的青铜牌饰非常相像。

在山西太原的狄村、东太堡，曾出土一批陶器[124]，其中的爵、鼎、豆、盆等，与二里头文化同类陶器无明显区别。

内蒙古草原地区的夏家店下层文化中，也包含了一些二里头文化因素，主要体现在：内蒙古敖汉旗大甸子遗址的夏家店下层文化墓葬中，出土了陶爵、陶鬶 24 件，均可分为敞流与管流两种[125]，其形态与在偃师二里头遗址、洛阳东马沟遗址出土的二里头文化同类陶器基本相同或非常类似。大甸子遗址出土的玉圭等[126]，与二里头遗址出土玉器相类似。另外，大甸子遗址富有土著文化特征的彩绘陶器上的饕餮纹[127]，则与二里头文化陶器、青铜牌饰及漆器上的饕餮纹十分相像。

在甘青高原的齐家文化中，也可见到一些二里头文化因素：甘肃天水出土的象鼻流陶盉[128]，甘肃临夏出土的陶鬶[129]，甘肃康乐县出土青铜环首刀等[130]等，都与二里头文化的同类器物很近似。

二里头文化向周边地区的文化扩展，体现在器物上，主要是陶质酒礼器（如爵、鬶、盉、觚等）和玉质礼器（如圭、璋等），而较少见日用普通器具。这就是说，二里头文化对周边地区的文化输出，主要是向对方传播属于上层建筑领域的礼制与礼器。

通过对二里头文化与各地之间的文化关系的分析，人们不难认识到，当时的二里头文化确实是一支高于周边诸文化、具有核心地位的先进文化，它对于中原以外地区早期青铜文明的发展，做出了突出的贡献。

既然学术界比较一致地认定我国历史上第一个青铜时代王朝——夏王朝诞生在嵩山地区，夏王朝的核心在嵩山地区，二里头遗址是夏王朝后期都城之所在，二里头文化的主体是夏文化，那么，我们以此为基础和学术切入点，向着前、后两个方向适当延伸、探索，就比较容易发现、总结出中国文明的形成与早期发展之特点和规律。

五、立足夏商故都，放眼炎黄文化

目前，什么是“文明”，怎样从考古学文化中判别“文明”，学术界有不尽相同的看法。古代世界诸文明既有共性，又各有特质，用一个世界统一的标准来衡量中国古代文明，恐非尽善尽美之举。在一些理论问题需要长期讨论的前提下，我们目前进行中国文明起源研究，只能在马克思主义基本原理指导下，立足现实，采取从已知到未知的探求方式，务实、求是，走出一条符合事实、符合国情的路子。

嵩山地区不仅是夏王朝的核心，还是商王朝的早期都城所在地。因此，在理清偃师二里头、偃师商城、郑州商城（含郑州小双桥）等夏商都城遗址文化内涵，从考古学上归纳出夏商文明的基本要素和特征的基础上，进而追寻这些文明要素的形成与来源，以期判别早于二里头文化的相关考古学文化是否属于文明时代文化遗存，便是当前进行中国文明起源研究的必由之路。

偃师二里头遗址的发掘至今已有 43 个年头。据初步统计，1959～1990 年，中国社会科学院考古研究所对二里头遗址进行了 41 次发掘，发掘面积总计为 3 万平方米，发现的夏商时期文化遗迹共有：宫殿建筑 2 座，中小型各类房屋建筑 50 余座，祭祀性建筑物不少于 5 座，青铜冶铸作坊 1 处，墓葬 300 多座。获得夏商时期的青铜器、玉器和陶器、石器、骨器等数以千计。

偃师商城经过 18 年的发掘[131]，基本搞清了其平面布局和文化内涵。它有先后建造的小城、大城夯土城垣，城内中央又有宫城，宫城内分布着成片的宫殿建筑和大面积池苑。宫城附近有两处大型的府库建筑。在大城东北隅发现有与青铜冶铸相关的遗迹遗物，在宫城内也发现了与青铜冶铸有关的遗物。在大城内发现一批中、小型墓葬，其中多数随葬陶器，有的有成组青铜器。

郑州商城目前已经发现一个完整的夯土城垣，周长约近 7 公里[132]。在这个城圈的南墙和西墙外侧，发现断断续续的城墙遗迹，总长达 5 公里，可能是“外城”[133]。在城内东北部，有成片夯土建筑基址，学者认为是宫殿区之所在[134]。在宫殿区的一条壕沟内发现近百具人头盖骨，有的上面有锯痕，“可能是商代制作人头骨器皿手工业作坊的一个废料堆”[135]。在城外有南北对应的两座铸铜作坊基址，发现一些与青铜冶铸相关的遗迹遗物[136]。郑州商城范围内发现若干商代墓葬，其中 17 座为中型墓，随葬鼎、斝、尊、爵、觚、盉等青铜器和戈、圭、璧、璜等玉器，有的墓葬殉葬狗。其余大量墓葬是小型墓，多随葬陶器，少数墓则没有任何随葬品[137]。郑州商城遗址还发现多人丛葬、人与猪合葬的“灰坑”[138]，另外发现埋葬狗和人与狗合葬的土坑，每坑埋狗 6～23 条，其中一坑内还有 2 具人骨架[139]，可能与祭祀有关。郑州商城现已发现青铜器窖藏坑 3 个，有的坑旁埋有牛，有的坑内铺撒有朱砂，学者认为是祭祀坑，三坑共出土铜器 27 件，其中包括大型方鼎、圆鼎等 9 件“重器”[140]。

综观偃师二里头遗址、偃师商城遗址和郑州商城遗址的现有考古材料，我们认为夏商文明反映在考古学上的主要内涵与特质，至少包括：①具有政治、宗教、军事中心性质的城，或凌驾于普通聚落之上的大型聚落，城乡差别或曰中心聚落与普通聚落间的差别异常显著；②用以举行祭祀、处理军政事务的大型殿堂和专用坛、墠；③够铸造多种容器、兵器和工具的青铜器冶铸作坊；④以青铜器为主体、包括漆器、玉器和陶器等在内的成套礼器；⑤社会成员按照社会地位的不同，分区居住，其生前居住的房屋和死后的埋葬，均分高下等级；⑥用牛、羊、猪、狗甚至人为牺牲品，祭祀祖先神祇，有时还掩埋祭器；⑦数量较多的契刻在陶器、兽骨上的人造符号。

以此为基础，在龙山时代相关考古学文化中寻找夏商文明诸因素的起源与成长，应该是当前探索中国文明起源的可行之路。

注　释

[1] 宋健：《超越疑古，走出迷茫——呼唤夏商周断代工程》，上海科技教育出版社，1999年。

[2] 苏秉琦先生针对半个多世纪以来、尤其是最近二三十年间“北至长城地带，南至长江以南的水乡，东至黄海之滨，西至秦晋黄土高原”的广袤地区，仰韶、龙山文化时期的一系列重大考古发现指出，“这些考古发现已远远不是原始氏族制度所能涵盖解释的内容，已有突破氏族制度的新概念出现，说明中国早在五千年前，已经产生了植根于公社，又凌驾于公社之上的高一级的社会组织形式，这一发现把中华文明史提前了一千年”。“一时，中华大地文明火花，真如满天星斗，星星之火已成燎原之势。”《中国文明起源新探》，生活·读书·新知三联书店，1999年，第104～119页。

[3] 张森水等：《洛阳首次发现旧石器》，《人类学学报》1982年2期。

[4] 贾兰坡等：《山西旧石器》，科学出版社，1961年；张森水：《河南旧石器新线索管窥》，《中原文物》1986年2期；黄慰文：《豫西三门峡地区的旧石器》，《古脊椎动物与古人类》，1964年2期。

[5] 开封地区文物管理委员会等：《裴李岗遗址1978年发掘简报》，《考古》1982年4期；中国社会科学院考古研究所河南一队：《1979年裴李岗遗址发掘简报》，《考古》1982年4期；中国社会科学院考古研究所河南一队：《1979年裴李岗遗址发掘报告》，《考古学报》1984年1期。

[6] 中国社会科学院考古研究所河南一队：《河南新郑沙窝李新石器时代遗址》，《考古》1983年12期。

[7] 河南省博物馆等：《河南密县莪沟北岗新石器时代遗址》，《考古学集刊·1》，文物出版社，1981年。

[8] 开封地区文管会等：《河南密县马良沟遗址调查和试掘简报》，《考古》1981年3期。

[9] 中国社会科学院考古研究所河南一队：《河南临汝中山寨遗址》，《考古学报》1991年1期。

[10] 中国社会科学院考古研究所河南一队：《河南新郑唐户新石器时代遗址试掘简报》，《考古》1984年3期。

[11] 开封地区文管会等：《河南省巩县铁生沟新石器时代早期遗址试掘简报》，《文物》1980

年 5 期。

[12] 廖永民：《河南巩县水地河遗址调查》，《考古》1990 年 11 期。

[13] 杨育彬、袁广阔主编：《20 世纪河南考古发现与研究》，中州古籍出版社，1997 年，第 75～76 页。

[14] 郑州市博物馆：《郑州大河村遗址发掘报告》，《考古学报》1979 年 3 期。

[15] 张玉石等：《新时期时代考古的重大发现——郑州西山仰韶文化晚期城址面世》，《中国文物报》1995 年 9 月 10 日。

[16] 郑州市文物工作队：《青台仰韶文化遗址 1981 年上半年发掘简报》，《中原文物》1987 年 1 期。

[17] 郑州市博物馆：《荥阳点军台遗址 1980 年发掘报告》，《中原文物》1980 年 4 期。

[18] 河南省博物馆：《河南禹县谷水河遗址发掘简报》，《考古》1979 年 4 期。

[19] 中国社会科学院考古研究所河南一队：《河南临汝中山寨遗址》，《考古学报》1991 年 1 期。

[20] 临汝县文化馆：《临汝阎村新石器时代遗址》，《中原文物》1981 年 1 期。

[21] 河南省文化局文物工作队：《河南临汝大张新石器时代遗址发掘简报》，《考古》1960 年 6 期。

[22] 河南省文物研究所：《河南临汝北刘庄遗址发掘报告》，《华夏考古》1990 年 2 期。

[23] 北京大学考古实习队：《洛阳王湾遗址发掘简报》，《考古》1961 年 4 期。

[24] 同 [14]。

[25] 河南省文物研究所：《登封告成北沟遗址发掘简报》，《中原文物》1984 年 4 期。

[26] 河南省文物研究所等：《禹县瓦店遗址发掘简报》，《文物》1983 年 3 期。

[27] 同 [18]。

[28] 中国社会科学院考古研究所二里头工作队：《河南偃师二里头遗址发现龙山文化早期遗存》，《考古》1982 年 5 期。

[29] 同 [23]。

[30] 洛阳市文物工作队：《洛阳西吕庙龙山文化遗址发掘简报》，《中原文物》1982 年 3 期。

[31] 洛阳博物馆：《洛阳锉李遗址试掘简报》，《考古》1978 年 1 期。

[32] 洛阳博物馆：《孟津小潘沟遗址试掘简报》，《考古》1978 年 1 期。

[33] 河南省文化局文物工作队：《河南偃师灰嘴遗址发掘简报》，《文物》1959 年 12 期；河南省文物研究所：《河南偃师灰嘴遗址发掘报告》，《华夏考古》1990 年 1 期。

[34] 蔡全法等：《龙山时代考古的重大收获——河南新密发现中原面积最大、保存最好的龙山时代晚期城址》，《中国文物报》2000 年 5 月 21 日。

[35] 河南省文物研究所等：《登封王城岗与阳城》，文物出版社，1992 年。

[36] 同 [26]。

[37] 洛阳市博物馆：《临汝煤山遗址试掘简报》，《考古》1975 年 5 期；中国社会科学院考古研究所河南二队：《河南临汝煤山遗址发掘报告》，《考古学报》1982 年 4 期。

[38] 安金槐：《试论豫西地区龙山文化类型中晚期与夏代早期的关系》，《夏文化研究论集》，中华书局，1996 年。
[39] 河南省文物研究所等：《河南淮阳平粮台龙山文化城址试掘简报》，《文物》1983 年 3 期。
[40] 河南省文物研究所等：《郾城郝家台遗址的发掘》，《华夏考古》1992 年 3 期。
[41] 中国社会科学院考古研究所河南二队：《河南密县新砦遗址的试掘》，《考古》1981 年 5 期。
[42] 洛阳市博物馆：《临汝煤山遗址试掘简报》，《考古》1975 年 5 期。
[43] 中国社会科学院考古研究所河南二队：《河南临汝煤山遗址发掘报告》，《考古学报》1982 年 4 期。
[44] 中国社会科学院考古研究所：《偃师二里头》，中国大百科全书出版社，1999 年。
[45] 中国社会科学院考古研究所：《二里头陶器集粹》，中国社会科学出版社，1995 年。
[46] 河南省文物研究所：《河南巩县稍柴遗址发掘报告》，《华夏考古》1993 年 2 期。
[47] 中国科学院考古研究所洛阳发掘队：《河南偃师滑城考古调查简报》，《考古》1964 年 1 期。
[48] 中国社会科学院考古研究所二里头工作队：《河南偃师二里头遗址发现龙山文化早期遗存》，《考古》1982 年 5 期；杜金鹏：《试论大汶口文化颍水类型》，《考古》1992 年 2 期。
[49] 洛阳博物馆：《1975 年洛阳考古调查》，《河南文博通讯》1980 年 4 期。
[50] 同 [14]。
[51] 河南省文化局文物工作队第一队：《郑州西郊仰韶文化遗址发掘简报》，《考古通讯》1958 年 2 期。
[52] 郑州市博物馆：《荥阳点军台遗址 1980 年发掘报告》，《中原文物》1982 年 4 期。
[53] 同 [18]。
[54] 同 [26]。
[55] 中国社会科学院考古研究所河南一队：《河南新郑唐户新石器时代遗址试掘简报》，《考古》1984 年 3 期。
[56] 河南省文物考古研究所：《河南临汝北刘庄遗址发掘报告》，《华夏考古》1990 年 2 期。
[57] 张脱：《河南平顶山市发现一座大汶口类型墓葬》，《考古》1977 年 5 期。
[58] 杜金鹏：《试论大汶口文化颍水类型》，《考古》1992 年 2 期。
[59] 长办考古队河南分队：《淅川下集新石器时代遗址发掘报告》，《中原文物》1989 年 1 期；长江流域规划办公室考古队河南分队：《淅川黄楝树遗址发掘报告》，《华夏考古》1990 年 3 期；河南省文物研究所等：《淅川下王岗》，文物出版社，1989 年。
[60] 河南省文化局文物工作队：《河南唐河寨茨岗新石器时代遗址》，《考古》1963 年 12 期；河南省文化局文物工作队：《河南唐河茅草寺新石器时代遗址》，《考古》1965 年 1 期。
[61] 河南省文化局文物工作队：《河南镇平赵湾新石器时代遗址的发掘》，《考古》1962 年 1 期。
[62] 杨育彬：《河南考古》，中州古籍出版社，1985 年。
[63] 同 [14]。

［64］同［56］。

［65］同［14］。

［66］同［23］。

［67］上海文管会：《上海马桥遗址第一、二次发掘》，《考古学报》1978年1期。

［68］夏星南：《浙江长兴县发现上海马桥四层文化陶器》，《考古与文物》1989年2期。

［69］中国社会科学院考古研究所二里头工作队资料。

［70］中国社会科学院考古研究所：《偃师二里头》，图202：10、11，中国大百科全书出版社，1999年；中国社会科学院考古研究所：《二里头陶器集粹》，图版304，中国社会科学出版社，1995年。

［71］山东大学历史系考古专业教研室：《泗水尹家城》，图143：1、2，文物出版社，1990年。

［72］中国社会科学院考古研究所：《偃师二里头》，图209：9，中国大百科全书出版社，1999年。

［73］同［71］，图147：5。

［74］同［72］，图184：11、14、15。

［75］同［71］，图127。

［76］同［72］，图209：1、2；中国社会科学院考古研究所：《二里头陶器集粹》，图版296、297，中国社会科学出版社，1995年。

［77］任亚珊等：《1993～1997年邢台葛家庄先商遗址、两周贵族墓地考古工作的主要收获》，图五：8、12；郭瑞海等：《邢台葛家庄先商文化遗存分析》，图三：16、18；均载《三代文明研究》，科学出版社，1999年。

［78］中国社会科学院考古研究所二里头工作队：《偃师二里头遗址 1980～1981 年Ⅲ区发掘简报》，图七：2、4、6、13，《考古》1984年7期；同［72］，图202：8、9。

［79］任亚珊等：《1993～1997年邢台葛家庄先商遗址、两周贵族墓地考古工作的主要收获》，图五：1、14；郭瑞海等：《邢台葛家庄先商文化遗存分析》，图三：3、4、10、12；均载《三代文明研究》，科学出版社，1999年。

［80］同［69］。

［81］河南省文化局文物工作队：《河南新乡潞王坟商代遗址发掘报告》，图五：4、10，《考古学报》1960年1期。

［82］夏鼐：《中国文明的起源》，文物出版社，1985年，第96页。

［83］二里头遗址考古资料主要见于：中国社会科学院考古研究所：《偃师二里头》，中国大百科全书出版社，1999年；中国社会科学院考古研究所：《二里头陶器集粹》，中国社会科学出版社，1995年；中国社会科学院考古研究所二里头工作队：《1980年秋河南偃师二里头遗址发掘简报》，《考古》1983年3期；中国社会科学院考古研究所二里头工作队：《1981年河南偃师二里头墓葬发掘简报》，《考古》1984年1期；中国社会科学院考古研究所二里头工作队：《偃师二里头遗址 1980～1981 年Ⅲ区发掘简报》，《考古》1984年7期；

中国社会科学院考古研究所二里头工作队：《1982 年秋偃师二里头遗址九区发掘简报》，《考古》1985 年 12 期；中国社会科学院考古研究所二里头工作队：《1984 年秋河南偃师二里头遗址发现的几座墓葬》，《考古》1986 年 4 期；《河南偃师二里头遗址新发现的铜器》，《考古》1991 年 12 期；中国社会科学院考古研究所二里头工作队：《1987 年偃师二里头遗址墓葬发掘简报》，《考古》1992 年 4 期。

[84] 河南省文化局文物工作队：《河南偃师灰嘴遗址发掘简报》，《文物》1959 年 12 期。

[85] 中国社会科学院考古研究所：《洛阳发掘报告》，北京燕山出版社，1989 年。

[86] 同 [31]。

[87] 洛阳博物馆：《洛阳东马沟二里头类型墓葬》，《考古》1978 年 1 期。

[88] 洛阳博物馆：《洛阳西高崖遗址试掘简报》，《文物》1981 年 7 期。

[89] 叶万松等：《洛阳市皂角树二里头文化遗址》，《考古学年鉴 1994 年》，文物出版社，1997 年。

[90] 河南省文化局文物工作队第一队：《郑州洛达庙商代遗址试掘简报》，《文物参考资料》1957 年 10 期；河南省文物研究所：《郑州洛达庙遗址发掘报告》，《华夏考古》1989 年 4 期。

[91] 河南省文化局文物工作队：《郑州上街商代遗址的发掘》，《考古》1960 年 6 期；《河南郑州上街商代遗址发掘报告》，《考古》1966 年 1 期。

[92] 郑州市文物工作队等：《郑州大河村遗址 1983、1987 年发掘报告》，《考古学报》1996 年 1 期。

[93] 北京大学考古系于 1988 年发掘，见李维明：《试论曲梁、岔河夏商文化遗址的分期》，《华夏考古》1991 年 2 期。

[94] 郑州市博物馆：《河南荥阳县西史村遗址试掘简报》，《文物资料丛刊 · 5》，文物出版社，1981 年。

[95] 郑州市文物工作队：《河南荥阳阎河遗址的调查与试掘》，《中原文物》1992 年 1 期。

[96] 河南省文物研究所：《河南荥阳竖河遗址发掘报告》，《考古学集刊 · 10》，地质出版社，1996 年。

[97] 河南省文物研究所：《河南巩县稍柴遗址发掘报告》，《华夏考古》1993 年 2 期。

[98] 河南省文物研究所等：《登封王城岗与阳城》，文物出版社，1992 年。

[99] 赵会军等：《河南登封程窑遗址试掘简报》，《中原文物》1982 年 2 期。

[100] 洛阳博物馆：《河南临汝煤山遗址调查与试掘》，《考古》1975 年 5 期；中国社会科学院考古研究所河南二队：《河南临汝煤山遗址发掘报告》，《考古学报》1982 年 4 期；河南省文物研究所：《临汝煤山遗址 1987 ~ 1988 年发掘报告》，《华夏考古》1991 年 3 期。

[101] 河南省文物研究所：《河南伊川县南寨二里头文化墓葬发掘简报》，《考古》1996 年 12 期。

[102] 河南省文物研究所：《河南密县黄寨遗址的发掘》，《华夏考古》1993 年 3 期。

[103] 河南省文物考古研究所：《禹县吴湾遗址试掘简报》，《中原文物》1988 年 4 期。

[104] 杨德标等：《安徽江淮地区的商周文化》，《中国考古学会第四次年会论文集》，文物出版社，1983 年，第 66 页。

[105] 张敬国等：《肥东县古城吴大墩遗址试掘简报》，《文物研究（第 1 辑）》，黄山书社，1985 年。

[106] 王迅：《试论夏商时期东方地区的考古学文化》，《北京大学学报》（哲学社会科学版）1989 年 2 期。

[107] 同 [106]。

[108] 同 [106]。

[109] 安徽省博物馆：《遵照毛主席的指示，做好文物博物馆工作》，图二，《文物》1978 年 8 期。

[110] 国家文物局主编：《中国文物精华大辞典 青铜器》，图版 0006，上海辞书出版社、香港商务印书馆，1995 年。

[111] 湖北宜昌地区博物馆等：《湖北宜昌白庙遗址试掘简报》，图四：11、21，《考古》1983 年 5 期。

[112] 湖北省宜昌地区博物馆等：《宜昌中堡岛新石器时代遗址》，图三二：1、2、3，《考古学报》1987 年 1 期。

[113] 俞伟超：《先楚与三苗文化的考古学推测》，图四，《文物》1980 年 10 期。

[114] 林春：《宜昌地区长江沿岸夏商时期的一支新文化类型》，《江汉考古》1984 年 2 期。

[115] 国家文物局三峡考古队：《湖北秭归朝天嘴遗址发掘简报》，图一二：5、9、10、13，图一一：3、8、9、10，《文物》1989 年 2 期。

[116] 荆州地区博物馆等：《湖北江陵荆南寺遗址第一、二次发掘简报》，图八、一一，《考古》1989 年 8 期。

[117] 上海文物管理委员会：《上海马桥遗址第一、二次发掘》，图二一、二二，《考古学报》1978 年 1 期。

[118] 牟永抗等：《江山县南区古遗址墓葬调查试掘》，图十，《浙江省文物考古研究所学刊》，1978 年。

[119] 夏星南：《浙江长兴县发现上海马桥四层文化陶器》，图二、三，《考古与文物》1989 年 2 期。

[120] 四川省文物管理委员会等：《广汉三星堆遗址》，图一三：21、图一二：9，《考古学报》1987 年 2 期。

[121] 冯汉骥、童恩正：《记广汉出土的玉器》，图 7 、 8 ，《文物》1979 年 2 期。

[122] 四川省文物考古研究所：《三星堆祭祀坑》，图 36、210、45，文物出版社，1999 年。

[123] 中国青铜器全集编辑委员会：《中国青铜器全集 13》，图版 63、64，文物出版社，1994 年。

[124] 山西省考古研究所：《太原狄村、东太堡出土的陶器》，《考古与文物》1989 年 3 期；

郭淑英：《太原东太堡出土的陶器和石器》，《文物季刊》1994 年 1 期。

[125] 中国社会科学院考古研究所：《大甸子》，图 41、42，科学出版社，1996 年。

[126] 同 [125]，图 77。

[127] 同 [125]，图 55。

[128] 甘肃省博物馆编：《丝绸之路 甘肃文物精华》，图 29。

[129] 邹衡：《论菏泽地区的岳石文化》，注㉖，《文物与考古论集》，文物出版社，1987 年。

[130] 同 [128]，图 36。

[131] 偃师商城考古资料参见：中国社会科学院考古研究所洛阳汉魏故城工作队：《偃师商城的初步勘探和发掘》，《考古》1984 年 6 期；中国社会科学院考古研究所河南第二工作队：《1983 年秋河南偃师商城发掘简报》，《考古》1984 年 10 期；中国社会科学院考古研究所河南第二工作队：《1984 年春偃师尸乡沟商城宫殿遗址发掘简报》，《考古》1985 年 4 期；中国社会科学院考古研究所河南第二工作队：《河南偃师尸乡沟商城第五号宫殿基址发掘简报》，《考古》1988 年 2 期；中国社会科学院考古研究所河南第二工作队：《偃师商城第Ⅱ号建筑群遗址发掘简报》，《考古》1995 年 11 期；中国社会科学院考古研究所河南第二工作队：《偃师商城东北隅考古发掘简报》，《考古》1998 年 6 期；中国社会科学院考古研究所河南第二工作队：《河南偃师商城小城发掘简报》，《考古》1999 年 2 期；中国社会科学院考古研究所河南第二工作队：《河南偃师商城宫城北部“大灰沟”发掘简报》，《考古》2000 年 7 期；王学荣、杜金鹏、李志鹏等：《偃师商城发掘商代早期祭祀遗址》，《中国文物报》2001 年 8 月 5 日第 1 版。

[132] 河南省博物馆等：《郑州商代城遗址发掘报告》，《文物资料丛刊·1》，文物出版社，1977 年。

[133] 河南省文物研究所：《郑州商城外夯土墙基的调查与试掘》，《中原文物》1991 年 1 期；安金槐：《对郑州商城“外夯土墙基”的看法》，《郑州商城考古新发现与研究》，中州古籍出版社，1993 年。

[134] 河南省文物研究所：《郑州商城内宫殿遗址区第一次发掘报告》，《文物》1983 年 4 期；河南省文物研究所：《1992 年度郑州商城宫殿区发掘收获》，《郑州商城考古新发现与研究》，中州古籍出版社，1993 年。

[135] 河南省博物馆等：《郑州商代城址试掘简报》，《文物》1977 年 1 期。

[136] 河南省文物研究所：《郑州商代二里岗期铸铜基址》，《考古学集刊·6》，中国社会科学出版社，1989 年。

[137] 安金槐等：《介绍郑州发现的古遗址及殷代墓葬概况》，《文物参考资料》1954 年 5 期；安志敏等：《郑州市人民公园附近的殷代遗存》，《文物参考资料》1954 年 6 期；郑州市文物组：《郑州市人民公园第二十五号商代墓葬发掘简报》，《文物参考资料》1954 年 12 期；河南省文化局文物工作队第一队：《郑州市白家庄商代墓葬发掘简报》，《文

物参考资料》1955 年 10 期；郑州市博物馆：《郑州市铭功路西侧的两座商代墓》，《考古》1965 年 10 期；杨育彬等：《近几年来在郑州新发现的商代青铜器》，《中原文物》1981 年 2 期；王彦民等：《郑州二里岗发掘一座商代墓》，《中原文物》1982 年 4 期；河南省文物研究所：《郑州二七路新发现三座商墓》，《文物》1983 年 3 期。

[138] 河南省文化局文物工作队第一队：《郑州商代遗址的发掘》，《考古学报》1957 年 1 期。

[139] 同 [132]。

[140] 河南省文物考古研究所、郑州市文物考古研究所：《郑州商代铜器窖藏》，科学出版社，1999 年。

原载于《中原文物》2002 年 2 期

偃师商城年代与分期研究

一、前　　言

（一）技术路线

本项专题研究是以偃师商城的遗迹遗物为研究对象，通过对偃师商城宫殿和城墙的建造与使用年代、偃师商城重要遗迹现象之文化特征、偃师商城出土文物的文化特征与文化分期的研究，结合对偃师商城出土的含炭标本的 ^{14}C 年代测定，排出偃师商城文化分期的绝对年代序列，再通过对偃师商城与偃师二里头遗址、郑州商城等古代都邑的年代关系以及有关历史文献的研究，确立偃师商城在夏商年代框架中的位置，即认定偃师商城的建造与使用年代在商王朝时间序列中所处的位置，探索该城属商代何王所建、何王所居。

以田野发掘为基础、以地层学和器物标型学为手段的考古年代学研究，结合 ^{14}C 年代测定和古代文献的有关记载，进行综合研究，是本研究专题的基本方法和途径。

（二）学术目标

1. 建立偃师商城早商文化分期体系

根据考古地层学原理和资料，建立偃师商城完整的年代序列。从考古学上确立偃师商城从始建到废弃的时间跨度，排出偃师商城的商文化分期序列。

2. 建立偃师商城 ^{14}C 年代序列

采集一批有代表性的含炭标本，送实验室做科学测定。根据文化分期与 ^{14}C 测年的对应关系，推定偃师商城从创建到废止的绝对年代范围，以及各期文化的绝对年代跨度。

3. 推定偃师商城创建、繁荣、废弃年代

根据对偃师二里头、郑州商城和偃师商城的综合研究，确定偃师商城在商王朝时间序列中的定位，尽可能准确地推断出偃师商城为商代何王所建、何王所居及其兴建、繁荣、废弃年代。

（三）科学价值

偃师商城是一座保存相当完好的商代早期都城遗址，它与二里头遗址相去仅有 6

公里，文化遗存特征鲜明，连续性强（图一）。

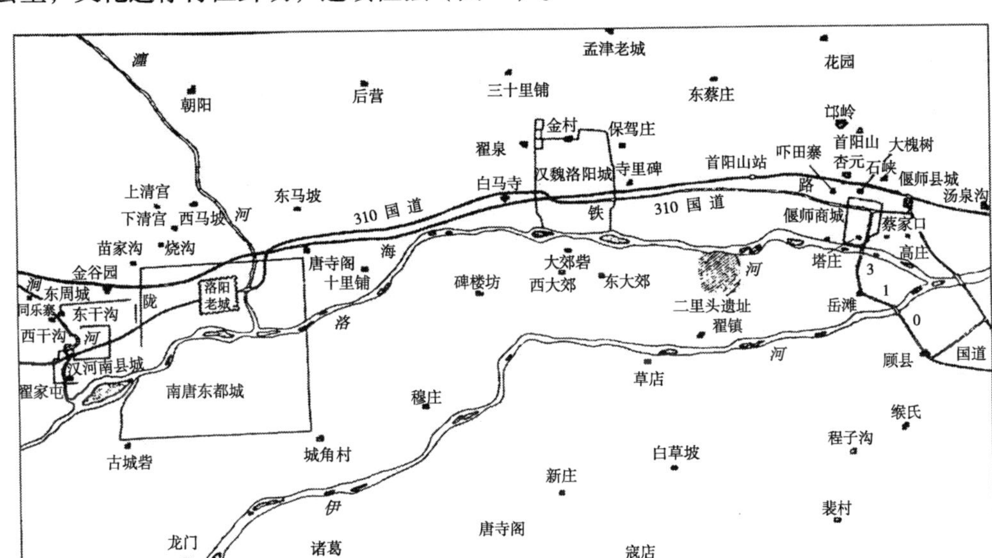

图一 偃师商城遗址地理位置图

偃师商城的年代、性质和文化分期，是我国商代考古学上的几个重大课题，十几年来，学术界就此进行了不懈的探讨。偃师商城文化分期与年代的研究，是讨论商代早期年代学的重要基础之一。

1996 年 3 月，中国社会科学院考古研究所《中国考古学》（95’ 国家社科重点项目）编撰集体在讨论该书“夏商卷”的学术构架时，认为将偃师商城的始建年代，作为划分夏、商年代界限的一个重要标尺，在目前的学术研究状况下，应是可行的，因而提出了“偃师商城——夏商王朝的界标”这一命题；1996 年 5 月，专家论证“夏商周断代工程”的可行性报告时，也把偃师商城始建年代的确定，作为推断夏、商年代界限的重要途径，因而把“偃师商城的年代学研究”确立为“夏商周断代工程”的专题之一。于是，偃师商城的年代学研究，便成为夏商考古学上的热点课题。

二、科学研究基础

偃师商城发现以后，中国社会科学院考古研究所派出其河南第二工作队专门负责偃师商城的考古发掘与研究，配备了比较充足的研究人员和技术力量。十七年来，偃师商城考古发掘持续未断，其中对宫殿、城门、府库、城墙和墓葬的发掘，尤为重要，目前已积累了相当丰富的科学资料。已经发表的考古简报有：

《偃师商城的初步勘探与发掘》，《考古》1984 年 6 期；

《1983 年秋季河南偃师商城发掘简报》，《考古》1984 年 10 期；

《1984 年春偃师尸乡沟商城宫殿遗址发掘简报》，《考古》1985 年 4 期；

《河南偃师尸乡沟商城第五号宫殿基址发掘简报》，《考古》1988 年 2 期；

《偃师商城第Ⅱ号建筑群遗址发掘简报》，《考古》1995 年 11 期。

偃师商城的发现与发掘，在学术界掀起了一股研究热潮，目前已发表有关偃师商城的研究论文数十篇，讨论的焦点即是偃师商城的年代与性质。先后出现了偃师商城是商汤西亳、太甲桐宫、商初重镇或陪都、太戊之都、盘庚之城等诸种学说，随着研究的逐步深入，分歧在渐渐缩小。1995 年，商文化国际学术讨论会在偃师召开，中外学者就偃师商城的有关问题展开了集中讨论，有力地促进了偃师商城的学术研究。

随着发掘资料的日益增多，发掘者正在对偃师商城的考古发掘资料进行全面的整理研究，初步排出了偃师商城的文化分期，测定并公布了一批 ^{14}C 年代数据。

三、主要考古发掘项目及其成果

偃师商城的分期与年代研究，作为一个考古学研究项目，其根本基础是考古发掘。因此，我们自始至终都在积极开展考古发掘工作。先后组织了一系列的考古发掘，总共投入资金约 80 万元，先后参加发掘（包括探测、测量、拍照）的科研、技术人员有 22 人，其中有高级职称或博士学历者 8 人，接受田野考古实习的博士、硕士研究生 5 名。这些发掘，紧紧围绕偃师商城的年代、布局和性质等重要学术课题，均有明确的学术目标和任务。长时间、多地点、大面积的考古发掘，为偃师商城的分期与年代研究，提供了若干很有价值的地层关系、遗迹现象和实物标本。

本专题立项以来，围绕偃师商城的年代学研究，我们于 1996、1997、1998 年连续进行了一系列的考古发掘，主要发掘地点有 7 个，发掘面积达万余平方米，获得若干在偃师商城的年代学研究方面具有重要意义的考古资料，为偃师商城的分期和年代研究，奠定了坚实的基础。1999 年对偃师商城商代早期池苑的发掘，在考古年代学研究方面也有重要意义（图二）。

1. 大城东北隅的发掘

1996 年夏、秋至 1997 年春，我们在偃师商城外城东北隅，发掘了南北长 70 米、东西宽 15 米的面积，其主要的学术目的是：第一，全面揭露城墙、城壕，使人们对偃师商城的防御设施有个整体和立体的认识；第二，寻求可靠的地层关系，准确卡住城墙的建造年代；第三，寻求典型地层单位，为偃师商城的文化分期积累资料。

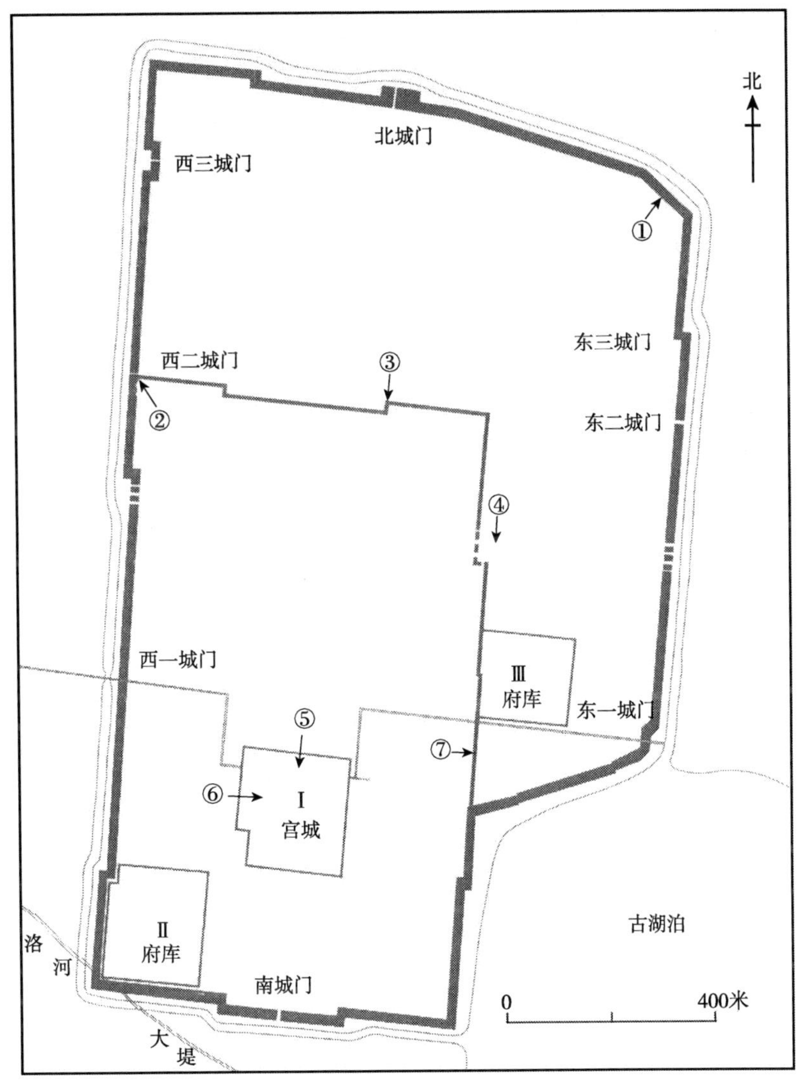

图二 1996年以来偃师商城主要发掘地点分布图

此次发掘的主要发现是：成功地将城墙和城壕清理出来，城墙现存高度为2.3米，顶部宽14米，基部宽19米，夯土层次清楚，规则平整。其夯筑方法是，先挖基槽（深约1.2米以上），在槽内填土施夯，槽平以后，用版筑法夯筑墙体，墙体为分段夯成，所用土系取自城壕和附近空地。城壕与城墙平行，口宽约20米，深6米，其横剖面呈倒梯形，外侧沟岸坡度陡，内侧坡度缓。沟内有2米厚的商代淤土层，然后是东周文化层，东周文化层还叠压在沟口以上并叠压城墙坡面。城墙内侧有护城坡，系由人工夯筑层和人工铺筑料姜层构成，呈北高南低状，即越靠近城墙处越高，墙根处总高度为0.7米。护城坡的上面是自然堆积层和人工铺垫料姜土层。护城坡面及其上面的堆积层，都因人们的践踏而形成路土面。在第三、四层路土之间有一条与城墙平行的排水沟，沟口宽 0.8～1 米，深约 0.8 米，它打破第四层路土和护城坡，沟内淤满了泥土。城内道路上分布着一些墓葬，已清理出 17 座，分别埋葬在第一、二层路土和第二、三层路土之间，长方形竖穴，以单人葬为主，少数二人、三人合葬。头向或南北向，或东西向。多为仰身直肢，少数俯身直肢、侧身屈肢。有一半的墓葬中有随葬品，主要是陶器，一座墓里有铜器。根据地层关系，可把它们分成两组，从出土陶器来看，两组墓葬之间虽有早、晚之别，但大体均属于偃师商城商文化第 4 段（第二期晚段）。在护城坡顶层路土面上，发现了双轮车的辙印，车辙与城墙平行且相距不远，轨距约 1.2 米。这一发现把我国有双轮车的历史前推至商代早期。在城内，还发现了一座商代二里冈上层文化的陶窑，窑体的下半部分保存尚好，窑箅存厚约 20 厘米，上面有 8 个火眼。窑膛保存基本完好，内填若干草木灰、木炭粒。在护城坡的下面，发现了三个小灰坑，出土有薄胎、细绳纹的卷沿鬲和铜渣、陶范等物，出土文物的时代为偃师商城商文化第 2 段（约与郑州二里冈 H9 的年代大体相当）。

本次发掘在年代学研究方面最为重要的收获是，发现了可以用于准确判断城墙建造年代的地层关系，即：在城墙内侧护城坡的上面，叠压有四层路土，路土上分布着 17 座墓葬，分别开口于第一、二层路土之下，从墓中随葬的陶器来看，这些墓葬都属于商代早期。其中有的属于偃师商城商文化第 4 段典型单位，如 M19 出土的陶鬲，折沿，沿面微出凸榫，袋足垂鼓，足尖较高，中绳纹，形与郑州二里冈 H17：119 相仿；M30 出土的陶鬲，圆唇卷沿，袋足肥硕，足尖细高，形与郑州二里冈 H17：118 基本相同。有的则接近偃师商城商文化第 3 段，如 M26 出土的陶鬲，胎薄，卷沿较宽，沿面有凹槽，口、颈圆滑相接，无明显折线，腹饰细绳纹，足尖细高，从形态上看，比郑州二里冈 H17 出土的陶鬲稍早；M29 出土的陶鬲，折沿，沿面微现凸榫，细绳纹。在护城坡下面叠压的三个灰坑内出土的陶片形制特征相同，皆属于偃师商城商文化第 2 段。其中，H10 出土的陶鬲，薄胎，卷沿较宽，细绳纹，口沿背面的绳纹抹而未尽。H8 出土的陶鬲，薄胎，卷沿较宽，颈部无明显折棱，袋足肥硕，细绳纹。从形态上看，与郑州二里冈 H9：36 相仿，其年代当相同或略晚。H9 出土的陶鬲，薄胎卷沿，细绳纹，足尖细高。深腹罐，圆唇，方沿，侈口，口沿内侧斜直，外侧面内凹，下缘出凸棱，颈部折棱不明显，深腹垂鼓，圜底，绳纹偏细。南，薄胎，圆唇，斜方沿，侈口，细绳纹。形似郑州二里冈 H118：24。从上述地层关系来推定，偃师商城的这段城墙的建造年代，当早于护城坡上的墓葬，而晚于护城坡下的灰坑。因此，偃师商城北城墙（包括其附属堆积——护城坡）的建造年代，应当卡在偃师商城商文化第 2 段与第 4 段之间（约当郑州二里冈遗址 H9 和 H17 为代表的两个阶段的商代早期文化遗存之间），结合其他有关的考古发现，我们推定应该早于其第 4 段，而晚于第 2 段，大体相当于偃师商城商文化第3段。在护城河底部出土的陶片，属于商文化第4段偏早。墓葬和护城河底部文化遗存的年代，代表城墙建造年代的下限、使用年代的上限。这是偃师商城自1983年发现以来，首次以确凿的地层叠压关系，卡定一段城墙的建造年代。

在护城坡下叠压的灰坑H8和与之相邻的护城坡、城墙夯土中，分别出土了一些铜渣、陶范、坩埚、木炭等与青铜冶铸有关的文化遗物，附近护城坡下的地面上还发现有红烧土面、红烧土坑，推测亦当与铸铜有关。从上述遗迹遗物分析，修筑本段城墙前，此地曾存在着一处商代早期的青铜冶铸作坊，修筑本段城墙时，破坏、叠压了该作坊的一部分。因此，我们可以推论说，在本段城墙修建之前，偃师商城已经存在着相当丰富的商代早期文化遗存，有了青铜冶铸作坊，则偃师商城至迟在接近或相当于郑州二里冈H9的时候，已初具规模。而本次发掘的城墙的修建年代，并不代表偃师商城最早的建城年代。根据确切的地层关系和遗迹遗物，把偃师商城的建造年代前推到城墙修建之前，是本次发掘在考古年代学方面的另一个重要收获（图三～图五）。

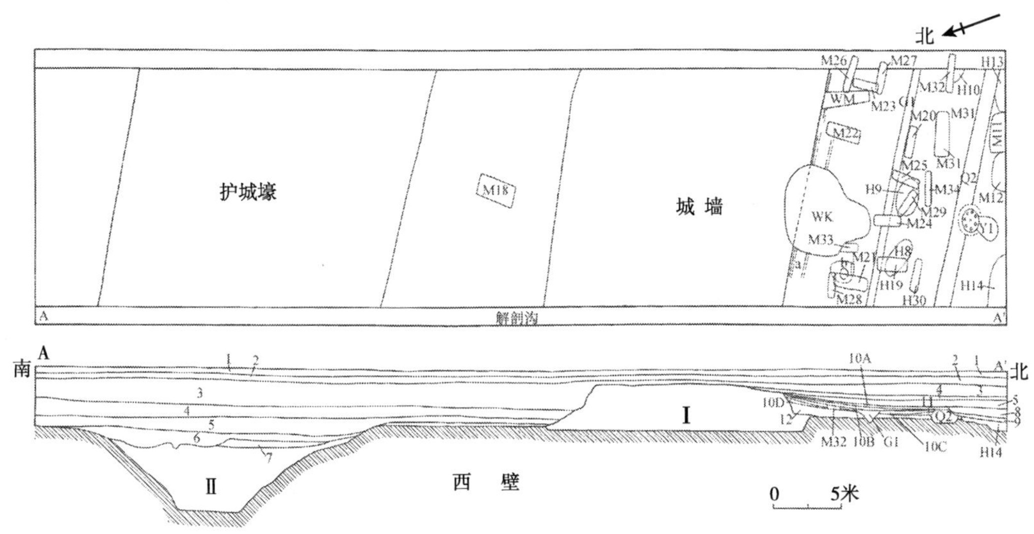

图三 偃师商城东北隅商代遗迹平、剖面图

Ⅰ. 城墙夯土 Ⅱ. 城墙外侧护城壕 G1. 城墙内侧排水沟 Q2. 城墙内侧夯土墙 a. 城墙内侧道路上车辙 b. 与铸铜遗址相关的红烧土面遗迹

2. 宫城“大灰沟”的发掘

1996年秋和1997春，我们对偃师商城宫城北部的一条大灰沟进行了两次发掘，发掘面积为200平方米，发掘目的主要是根据已有线索寻求灰沟内年代较早的堆积，以此为基础探讨偃师商城始建年代的上限和夏商文化的分界。

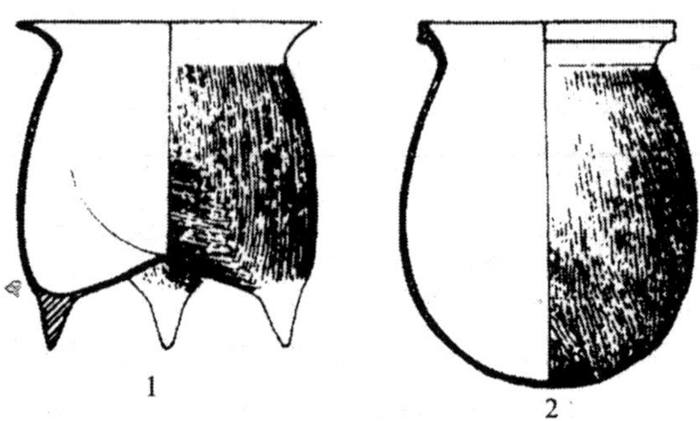

图四　偃师商城东北隅商文化第 2 段灰坑出土陶器

1. 鬲（H8：1）　2. 圜底深腹罐（H9：1）

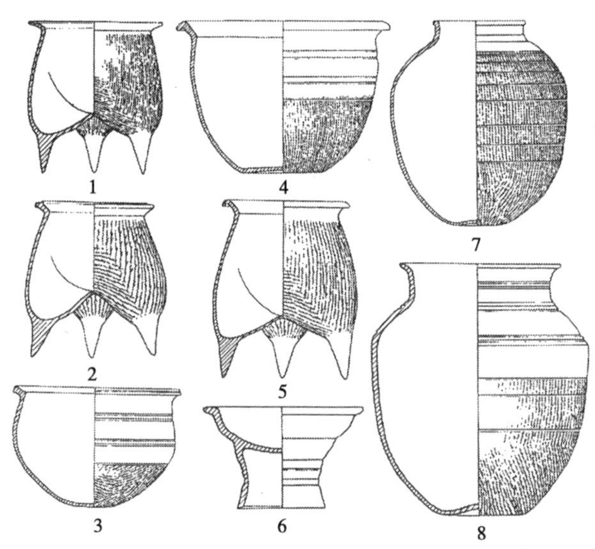

图五　偃师商城东北隅早商墓葬出土陶器

1、2、5. 鬲（M26：2、M19：2、M29：1）　3. 敛口盆（M19：3）
4. 深腹盆（M19：3）　6. 豆（M19：7）　7. 瓮（M19：4）　8. 高领罐（M26：2）

根据钻探资料，该灰沟大体为长方形，东西长 120 多米，南北宽约 14 米，深约 2.6 米。

经过发掘，我们发现在这条灰沟里堆积着厚厚的商代早期的土层。探方的 6～10 层均属于早商二里冈下层文化时期遗存。如第 6 层的陶鬲，口沿外折，沿面出凸榫；第 7 层出土的陶鬲，折沿，沿面有凹槽，个别出小榫；第 8 层出土的陶鬲，圆唇卷沿，薄胎，细绳纹；第 9、10 层出土陶片既具有浓厚的二里头文化风格，又表现出鲜明的商文化特征。这些陶器主要是盘口深腹罐、圆腹罐、卷沿盆、大口尊、甑、缸、鼎、捏口罐、敛口盆、刻槽盆、橄榄形罐、鬲、折肩盆、束颈盆等，其中，后面的四种器物一望而知是商文化系统的：鬲为薄胎，卷沿，斜颈，领根无折棱，腹足施细绳纹，有的口沿背面也有抹而未尽的绳纹；橄榄形罐，薄胎，细绳纹直而长，尖唇方沿，外沿面微凹，上唇竖立或微内敛，口沿呈浅盘口状，斜领，腹瘦深，小平底；束颈盆，圆唇或尖唇，斜领，鼓腹，口沿和上腹磨光，下腹施中绳纹；折肩盆，圆唇或尖唇，束颈，折肩，瘦腹，口沿至上腹磨光，下腹施中绳纹。其余与二里头文化第四期的同类陶器基本相同或非常相似，如：深腹罐，夹砂灰陶，圆唇方沿，内沿面微凹，竖颈，出肩，腹施中绳纹，纹线短而乱；圆腹罐，夹砂灰陶，圆唇，侈沿，外沿面有凹槽，内沿面微现浅盘，短颈，凸肩，鼓腹，中绳纹；卷沿盆，泥质灰陶，圆唇或方唇，沿宽，沿面的内缘高于外缘，有的沿面有弦纹一道，有的上腹有二三道弦纹。此外，大口尊、刻槽盆、敛口盆、捏口罐、甑等，也都与二里头文化陶器属于同一个文化系统。据此，我们认为该灰沟的下层堆积，其年代已进入二里头文化第四期。此次发掘的重要学术意义，在于它为研究偃师商城的始建年代和偃师商城的文化分期以及夏商文化的关系，提供了不可多得的科学资料。

本次发掘中的探方第 8、7、6 层分别属于偃师商城商文化第 2 、 3 、 4 段，第 9、10 层则属于第 1 段。偃师商城商文化的 1 ～ 4 段的文化层依次直接叠压着堆积在沟内，为我们进行偃师商城商文化的分期研究，提供了最佳地层依据。

通过发掘，我们确认偃师商城最早的商文化遗存，与二里头文化第四期在文化内涵上有较多共同因素，在年代上有重叠关系。此次我们把被认为其主体是夏文化的二里头文化与商代初期的商文化紧密地联系到了一起，这在考古学上是一个重要发现，在夏商周断代上尤其可贵。这些资料证明偃师商城有可能始建于当地商文化第一期早段。同时，通过这些科学材料，可把以前曾被一些学者指认为是先商文化的一类古文化遗存，确认为早商文化遗存，这就为最终确认夏商王朝的年代分界，奠定了良好基础。

从有关的遗迹现象分析，这条曾被称为“大灰沟”的文化遗存，很可能是具有池苑性质的池塘（我们正准备通过考古发掘，确认它的性质问题），挖塘所得土可能用于修筑大型建筑。果若如此，则偃师商城当有相当于二里头文化第四期的宫殿建筑。值得注意的还有，这条灰沟在宫城内不居中，它的东端与四号宫殿后院墙之间有一段距离，如果是因为四号宫殿后院墙的存在而使该沟局限于院墙以西，则四号宫殿后院的建造年代就早于灰沟的挖掘年代；另外，在沟的南侧，坐落着一座大型的宫殿建筑基址，其北侧有一道夯土墙与沟平行，墙上有门道连通了宫殿与沟，它的年代即便不早于灰沟，也起码与灰沟是同时期的（图六～图八）。

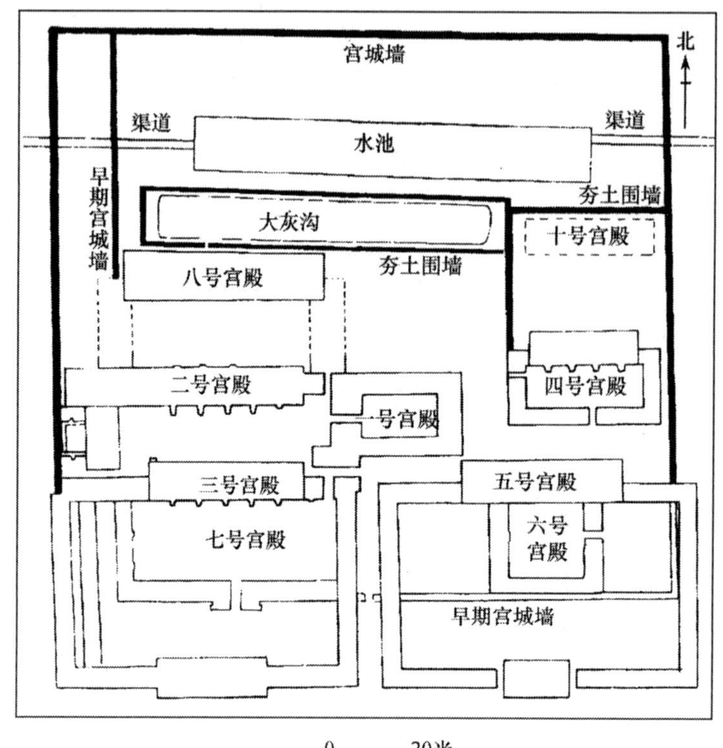

图六　偃师商城宫城主要遗迹分布图

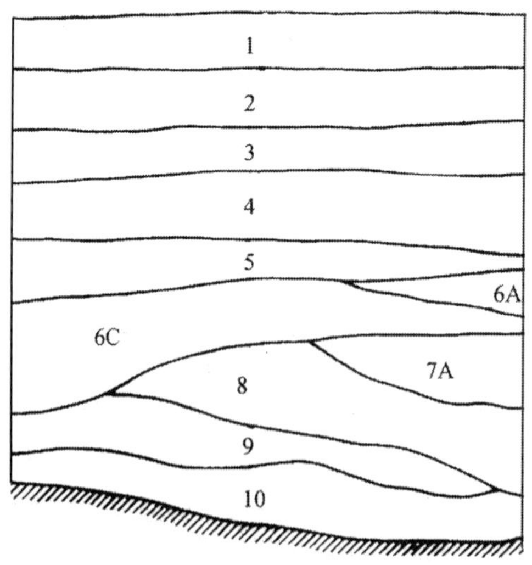

图七　偃师商城宫城“大灰沟”发掘探方地层剖面图

1. 耕土　2. 近代淤土　3. 近代黄土　4. 汉魏路土　5. 青褐土　6A. 浅灰土　6C. 浅灰褐土　7A. 深灰土　8. 浅绿灰花土　9. 黄沙土浸淤土　10. 黄沙水浸淤土

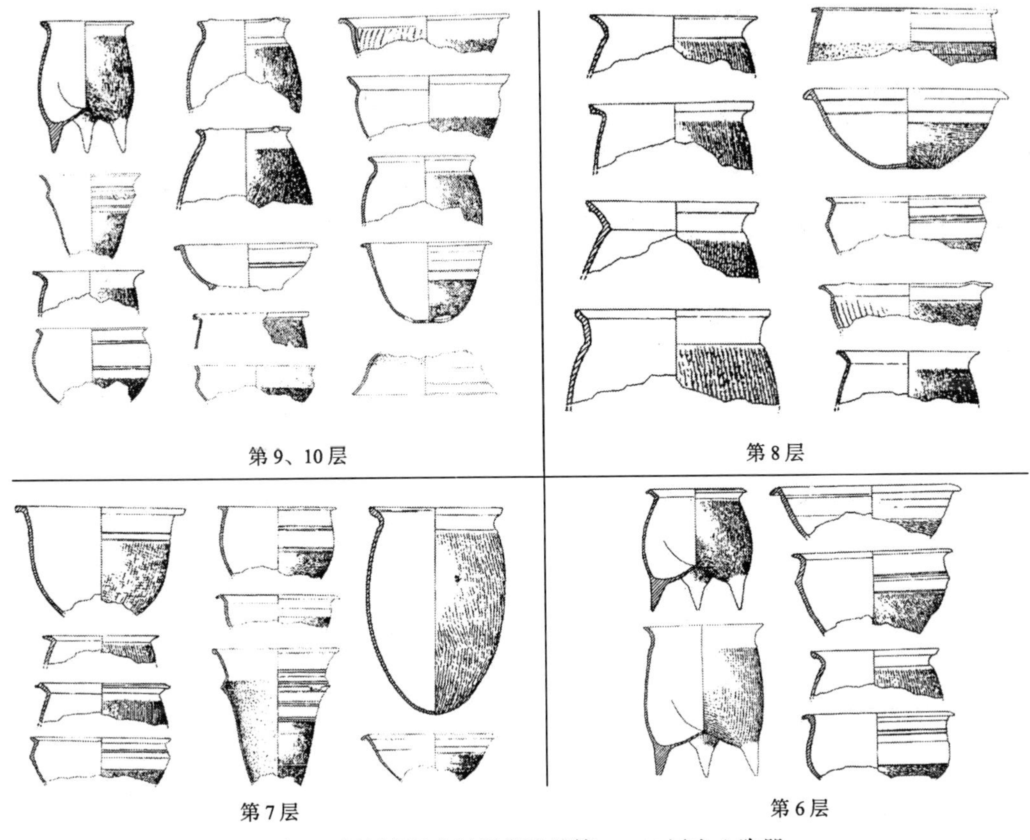

图八 偃师商城宫城早期池塘第6～10层出土陶器

3. 尸乡沟的发掘

1996年夏，我们在偃师商城的中部偏东处做了一次中型发掘，两个地点共发掘360平方米，目的是了解所谓“尸乡沟”的年代和此处商文化遗存的分布与内涵。过去人们在讨论偃师商城的性质时，常提到在偃师商城遗址有一条“尸乡沟”，而汉代文献说尸乡为殷汤所都之地，因此“尸乡沟”颇受学者注意。在偃师商城的中部有一条横贯东西的古河道，相传就是“尸乡沟”，经钻探，“尸乡沟”在此处的宽度为60～70米，我们在该沟的北岸至沟心部位开了一条南北50米长的探沟，发现这里有丰富的商代文化遗存，包括商代二里冈上层文化的地层、二里冈下层文化的水井、灰坑，“尸乡沟”就开挖在商代文化层上，其底部坐落在生土上。沟的北岸先是16.5米长的缓坡，然后是陡峭的沟岸。沟内填满了淤土，最厚处达6米，从沟口到沟底出土的文化遗物皆为东汉晚期至西晋早期的砖瓦碎块。由此推测，“尸乡沟”的年代大概是东汉至魏晋之际，由此推想，汉晋以来人们说汤都西亳在尸乡，并非无稽之谈。

此次发掘为偃师商城商文化的分期提供了很好的资料，比如H179出土遗物十分丰富，是偃师商城商文化第3、4段之际的典型单位。“尸乡沟”及其年代的确认，为我们认识古代典籍中有关商汤西亳之记载的史料价值以及关于偃师商城之性质的研究，均有很大帮助（图九～图一一）。

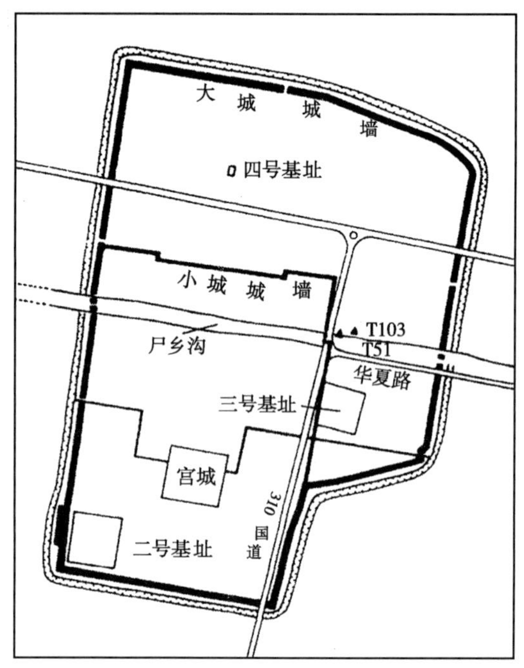

图九　偃师商城“尸乡沟”位置图

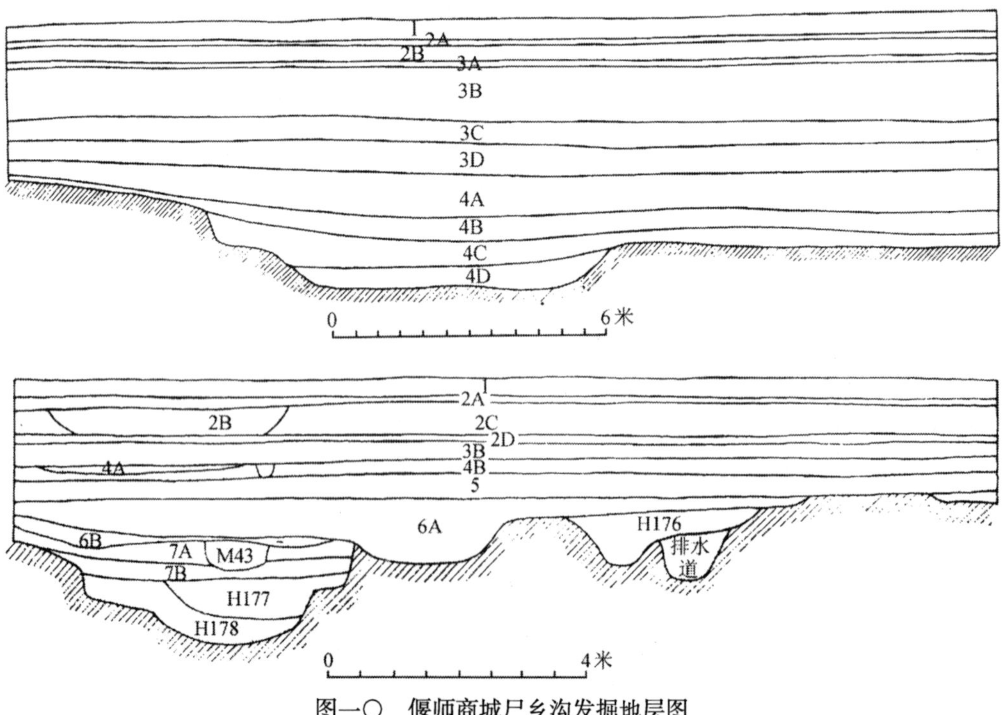

图一〇　偃师商城尸乡沟发掘地层图

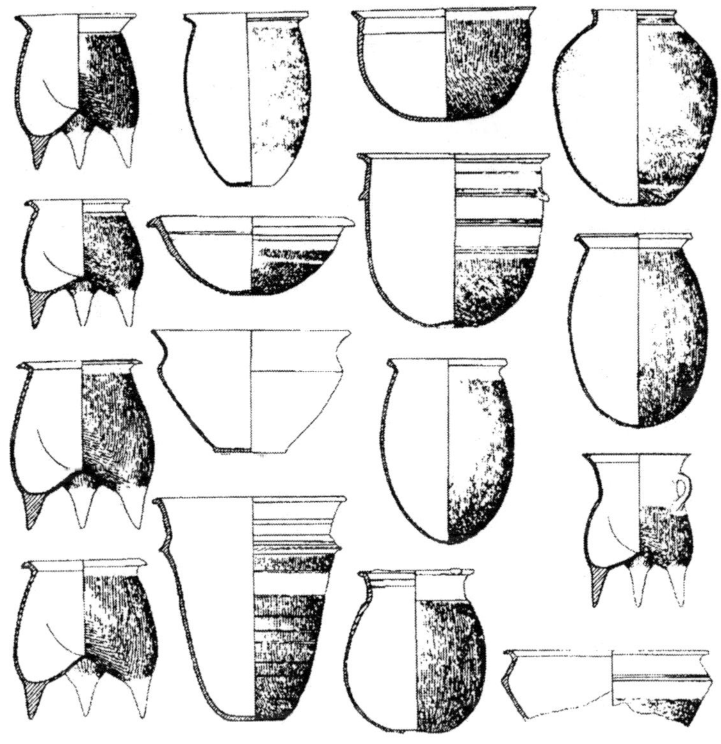

图一一　偃师商城尸乡沟发掘出土早商陶器

4. 宫殿基址的发掘

1996年秋至1998年秋，我们在偃师商城宫城西部对一组宫殿基址进行了5次较大规模的发掘，发掘总面积超过1万平方米。本项发掘的年代学研究目的，是了解该宫殿群基址的始建年代和改、扩建年代，从而为偃师商城的始建和使用年代、文化分期等研究，奠定坚实的学术基础。根据钻探结果分析，宫城内至少分布着七、八座宫殿建筑，而且有的宫殿之间有叠压打破关系，并非一时之建筑。大体上，宫城内的宫殿建筑可分为东、西两群，其中属于东群的四、五、六号宫殿已经发掘完毕，这次我们主要选择根据钻探结果编号为一、二、三、七号宫殿的西群宫殿基址为发掘目标。到目前为止，我们已经将这组宫殿建筑基址的平面布局和结构基本上勾勒出了轮廓，初步探明这是由多个院落组成、相互之间有通道相连的宫殿群，其中三号宫殿基址是在七号宫殿基址的基础上改建而成，二号、三号宫殿均经过了两次大规模扩建。二号宫殿的主殿东西长90米，南北宽11米。其西厢建筑基址上有密集的柱子洞。在上述建筑物之西，还有一座夯土小型建筑基址，其上亦有密集柱子洞。东厢建筑为长条形，发现有柱子洞。在主殿与东厢建筑之间，有通道通往二号宫殿背后的院落中，在东厢建筑的中部，也有一通道，联通了一号、二号宫殿院落。在东厢建筑的南端，有通道分别通向三号宫殿院落和三号、五号宫殿之间的空间地带。三号宫殿的主殿规模与二号宫殿主殿相若，现存台基高约半米，台基面上沿周有柱洞。主殿的左右两侧是东、西庑，其中西庑有前、后并排的两个建筑物。一号宫殿属于二号宫殿的“东跨院”，其建筑均系有后墙而无前墙的廊庑。

通过对上述宫殿基址的发掘，我们获得的年代学方面的资料主要是：

第一，明确的地层关系表明，一号宫殿西庑附建于二号宫殿东庑外侧，一号宫殿的建造时间晚于二号宫殿的建造时间，一号宫殿属于二号宫殿的附属建筑物。在一号宫殿基址北殿外侧有一条与宫殿基址平行的小水沟（H46，应属宫殿排水沟），打破一号宫殿底层路土，其年代属于商文化第 2 段。这说明，一号宫殿开始使用的年代当不晚于商文化第 2 段。

第二，二号宫殿的建造早于一号宫殿，二号宫殿在使用了一段时间后曾往西扩建，原先位于二号宫殿西侧的宫城西墙，被包夹在扩建后的二号宫殿主殿基址中。旧的西厢建筑被废止，在其西侧兴建了新的西厢建筑。在扩建后的主殿和新建的西厢建筑的西侧，新筑起一道宫城西墙，墙下叠压的灰坑（H19）属于商文化第 2 段；新建的西厢建筑下，叠压着商文化第 2 段的灰坑（H99）和商文化第 3 段的灰坑（H94）；西厢使用时期，其院落中的底部路土，均属于商文化第 3 段；主殿与宫城新西墙之间的夹道的表层路土，出土陶片主要是商文化第 5 段的，少数为第 3 段。第 2 层路土出土陶片全部属于商文化第 3 段。在二号宫殿主殿的后面，分布着几个灰坑，打破路土，但是没有打破宫殿的夯土基址。凡此证明二号宫殿的始建和开始使用，不晚于商文化第 2 段的时候；二号宫殿的扩建，应当是在商文化第 3 段偏晚时候；二号宫殿在商文化第 4、5 段时仍在使用中，甚至很可能存在到第 6 段的时候。

第三，七号宫殿西庑下面的排水沟内，出土陶片均属于商文化第 2 段，西庑外侧的一条与西庑基址平行的小沟，应即七号宫殿西庑的排水沟，沟中出土的陶片亦属商文化第 2 段。由此证明七号宫殿在商文化第 2 段时已在使用中。

第四，三号宫殿是在七号宫殿的基址上面扩建而成的，至少三号宫殿的主殿和东庑是借用了七号宫殿的原有基址，主殿西侧的北庑西段和西庑则是新扩建的。后来，在西庑的外侧又新建了一座西庑。我们发现：扩建二号宫殿后新筑的宫城城墙，向南延伸到对应七号宫殿西庑的地方东折，与七号宫殿北庑相接。在建造三号宫殿的北庑时，这段新的宫城城墙再次被平毁，墙基被包夹在三号宫殿西庑基址中间。在这段城墙的下面，发现有属于商文化第 2 段的灰沟（H96，疑即七号宫殿西庑外侧的排水沟）；东排西庑下面的排水沟内出土的陶片主要是商文化第 3 段的，个别属于第 5 段；西排西庑下面的排水沟内出土陶片少数为商文化第 3 段，绝大部分属于第 5 段；西排西庑外侧有一条与宫殿基址相平行的排水沟，它打破了商文化第 4 段的地层；两座西庑之间的过道中，出土的最晚的陶片属于商文化第 5 段。因此，我们判定三号宫殿的建造不早于商文化第 2 段而应在第 3 段时，后来在第 5 段时又新建了西排西庑。

根据上述地层关系，我们至少可以把发掘区内的宫殿的建造分为三个阶段，即一号、二号、七号宫殿在商文化第 2 段的时候已经建成使用；在商文化第 3 段时，二号宫殿向西扩建，七号宫殿改建成三号宫殿；在商文化第 5 段时，三号宫殿新建一座西庑（图一二）。

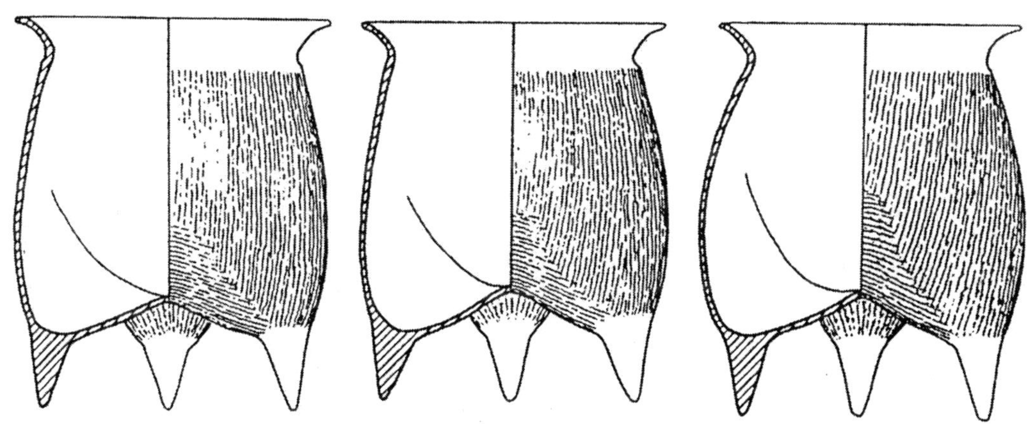

图一二　偃师商城宫城西部宫殿基址出土商文化第 2 段陶器图

5. 小城西北隅和北城墙的发掘

1997 年，通过考古钻探和发掘，我们发现、确认偃师商城有内城、外城之分，以往人们所知道的偃师商城的城垣，属于其外城；在外城之内还有内城，其平面大致呈长方形，南北长约 1100 米，东西宽约 740 米，它的南、西城墙以及东城墙的南段，与外城城墙重合。以前发现的宫城，正位于内城之南北中轴线上。

1997 年夏、秋，我们在偃师商城小城北城墙的东部进行了一次考古发掘（97YSⅣT52、T53），揭露面积 623 平方米。1998 年春，在前次发掘地点之南，进行了一次小规模补充发掘（98YSⅣT54），面积 20 平方米。据钻探，小城北城墙的中段内凹，城墙形成四个直角拐折。此次发掘，完整地将其东部的两个城墙拐折揭露出来。经发掘，此处城墙的基部宽度为 6～7 米（南北向为 7 米，东西向为 6 米），城墙基槽深度不足半米，城墙保留在原地表以上部分只有 0.2 米左右。城墙两侧有坡度较缓的护坡。在城墙北侧发现一条与城墙平行的东西向壕沟（G1），沟距城墙 3.5～4 米，沟宽约 2～2.5 米，深 0.9 米。沟壁较陡，沟内填满褐色淤土，出土少量商代碎小陶片。此沟很难称得上是有防御意义的护城河，很可能是与城墙同时建成的排水设施。城墙北侧有路土，当是道路所在，路土叠压在城墙护坡上，厚约 0.1 米。路土中包含少量商代陶片，多呈灰黑色，具有偃师商城商文化第一期陶器特征，而具有第二期陶器特征的浅灰色陶片少见。城墙内外均分布有商代早期墓葬，共清理 22 座，多数直接打破城墙护坡，打破城墙基部和城墙墙体者各一座，墓葬之间也有相互打破关系。这些墓葬均属小型竖穴土坑墓，以南北向者为主，东西向的只有 2 座。死者大多数是仰身直肢，个别俯身直肢。多数墓葬中有陶器等随葬品。随葬陶器的年代最早的为商文化第 3 段，最晚的是商文化第 7 段。在城墙夯土的下面，叠压着一条水沟（98YSⅣT 53-T 54G1），沟为南北向，现已发掘的部分长 50 多米，宽 1.2～1.5 米，深 0.2～0.5 米。沟内出土陶片大体属于商文化第 2 段。

关于城墙的建造年代，我们可从以下几个方面进行推断。

城外壕沟（G1）内出土陶片，除少数具有二里头文化器物之特征外，余均商代早期遗物，其中鬲为薄胎，卷沿，沿面微平或稍显浅槽；敛口盆，圆唇敛口，斜折沿，鼓腹。其年代属于偃师商城商文化第 3 段偏早时期。

在城墙的内外发掘的 22 座商代墓葬，分别打破城墙内侧的附属堆积和城墙外侧的路土，它们显然是小城建成后才埋葬的，其中年代最早者是 M16，出土陶器 4 件：鬲，夹砂灰陶，薄胎，斜折沿，沿面有凹槽，内缘起小榫，足尖细高，腹饰细绳纹；簋，泥质灰黑陶，圆唇卷沿，深腹垂鼓，圜底，小圈足，上腹饰弦纹夹方格纹，下腹绳纹；豆，泥质灰陶，圆唇卷沿，深盘，粗柄；瓮，泥质灰陶，高领，广肩，肥腹，凹底，饰弦纹和绳纹。属于偃师商城商文化第 3 段偏晚。

叠压 G2 的地层（98YSⅣT54⑩）中出土的陶片，橄榄形深腹罐为夹细砂灰陶，薄胎，细绳纹，圆唇，方沿，下唇出凸棱，上唇竖立或微内敛，盘状口；鬲，夹细砂灰陶，薄胎，细绳纹，圆唇卷沿，有的沿面出凹槽，个别的微现凸榫，领根有折棱。这是商文化第 3 段偏早陶器的特征。

综合上述地层关系，可把小城城墙建造年代的下限确定在偃师商城商文化的第三段。

在小城城墙下面发现的被城墙阻截叠压的水沟（G2），为小城的年代研究，提供了难得的地层关系。水沟中出土的时代最晚的遗物，属于商文化第 2 段偏早时候，如陶鬲均为夹砂灰褐陶，薄胎，细绳纹。圆唇或尖圆唇，宽卷沿，口沿背面往往有抹而未尽的绳纹。按照通常的理解，这条被城墙叠压着的水沟就是城墙建造年代之上限，水沟中出土的陶片就代表着水沟被叠压的年代，亦即城墙的建造年代的上限。但是，在发掘过程中，我们发现这条沟内的堆积在不同的地段呈现出不同的状况，由此而怀疑水沟出土物与城墙的年代关系，恐较上述通常的理解要复杂些。该水沟内的堆积情况是：在城墙基础和城外道路下，水沟的底部是淤土，上部是较纯净的赭红色夯土；在城外壕沟（G1）以北，水沟的底部是淤土，伴出许多螺壳，上层也是淤土，基本无文化遗物；在城墙以南，水沟的底部一般是淤土，而上部则是灰土，灰土中包含有不少的陶片，包括鬲、罐、盆、尊等的口沿，它们的形制特征，较多地属于偃师商城商文化第 2 段，同时也有接近第一段的。因此说，这些灰土堆积的年代，应是当地商文化的1、2段之际或第2段偏早时。根据水沟内的上述堆积情况，似可这样推测，该水沟在城墙建造之前，曾经有水流动，修建城墙时，在城墙经过的地方，用土填充了水沟并施夯。城墙以北地方的水沟，因城墙的阻截而形成“死沟”，逐渐自然淤塞。城内的水沟在城墙建成后，也变成了“死沟”，人们不断地将生活垃圾倾倒进沟内，很快将其填平。若情况果真如此，那么，城内水沟中的上层堆积，即灰土堆积，应该是晚于城墙建造时间的文化遗存，其年代可视为城墙建造年代的下限，城墙使用年代的上限。因此，根据对城墙与水沟（城内部分上层灰土堆积）地层关系的两种分析与理解，可以对城墙建造年代做出两个不同的推断，即：①城内水沟中的灰土堆积之年代，是城墙建造年代之上限；②城内水沟中的灰土堆积是城墙建造年代的下限。结合打破城墙附属堆积的墓葬中有的早到了商文化的第3段，同时考虑到偃师商城整个城址建造过程中的有关情况，我们初步认为小城的修建年代，至迟是在第2段偏早时候。

1997年秋，为了了解偃师商城之小城与大城之间的地层关系，我们在偃师商城小城的西北角（西二城门南侧）进行了一次发掘，揭露面积209平方米。发掘证明，偃师商城的小城城墙要早于大城城墙，大城城墙是在小城城墙的基础上扩建而成的。以往所说的西二城门南侧的“马道”实即小城北墙的一部分。经发掘我们知道，此处小城的基槽深0.25米，墙体基部宽6米，存高1.5米。夯土纯净，呈赭红色。大城城墙包在小城城墙的两侧，红褐色，包含少量的杂质。内侧墙基槽深1.6、外侧墙基槽深1.3米。墙体存高1.2～1.3米。修建大城时，对小城进行了修整，削去了小城城墙两侧的部分夯土，大城城墙直接叠压在小城城墙上（图一三～图一九）。

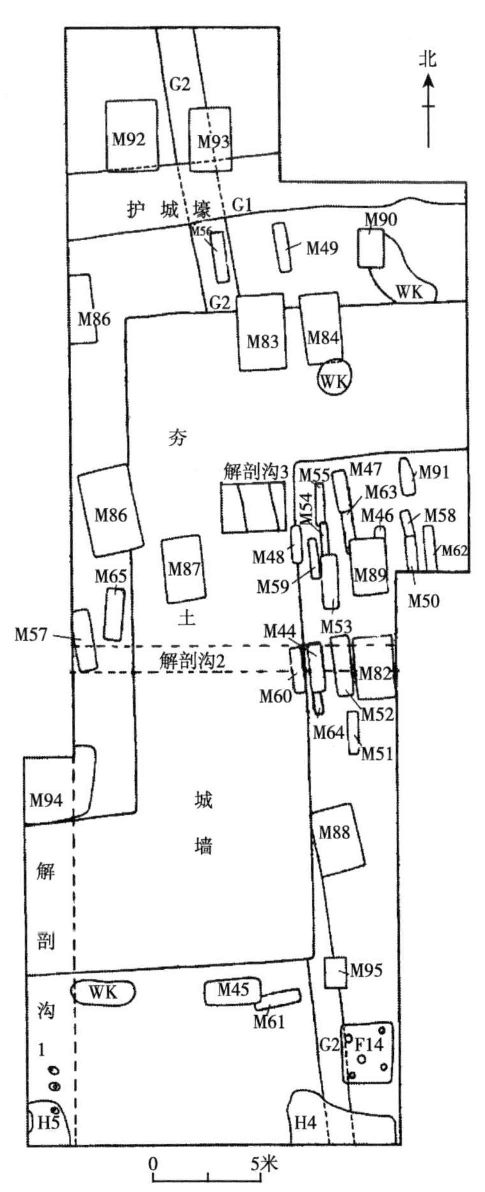

图一三 偃师商城小城发掘T53平面图

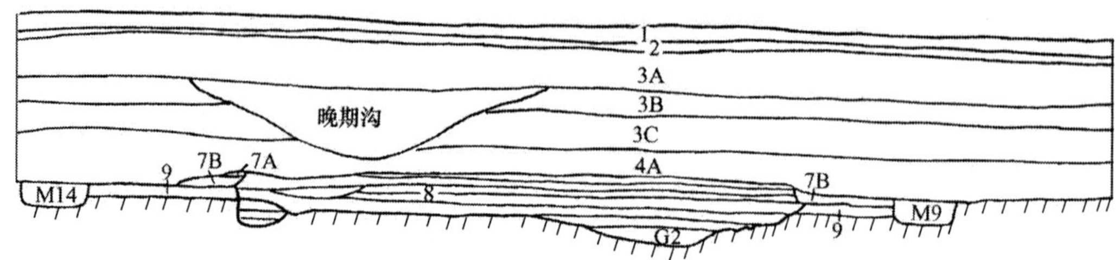

图一四　偃师商城小城北城墙剖面图（T53）

1. 现代耕土　2. 近代扰土　3～4. 东周以来地层　7. 商代城墙附属堆积　8. 城墙夯土　9. 次生土

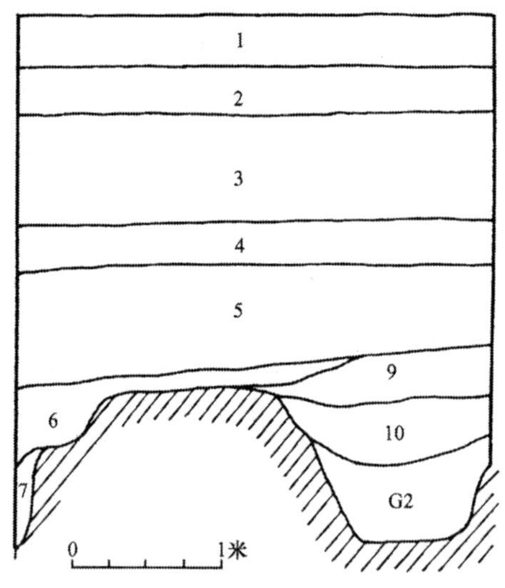

图一五　偃师商城小城内 T54 北壁剖面图

1. 耕土层　2～4. 淤土层　5. 灰褐色黏土　6. 青灰色土　7.浅灰色土　9. 黄褐色土　10. 浅灰色土

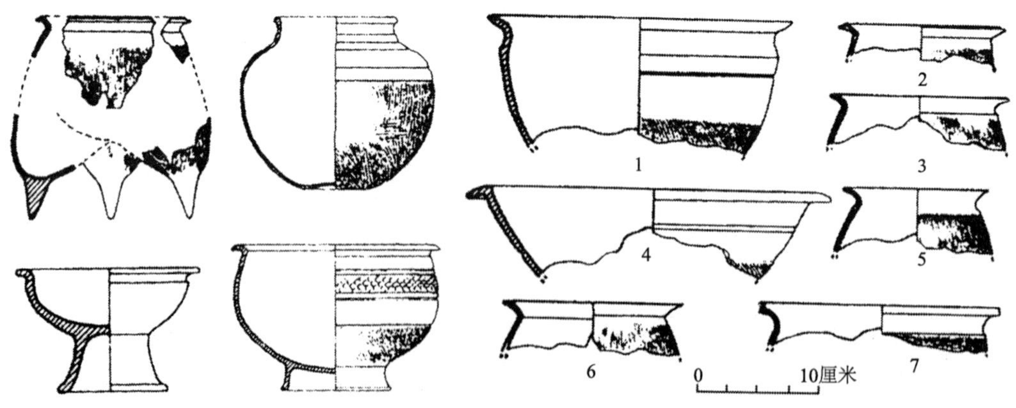

图一六　偃师商城小城北城墙发掘 T53 墓葬出土陶器

图一七　偃师商城小城 T54⑩层出土陶器

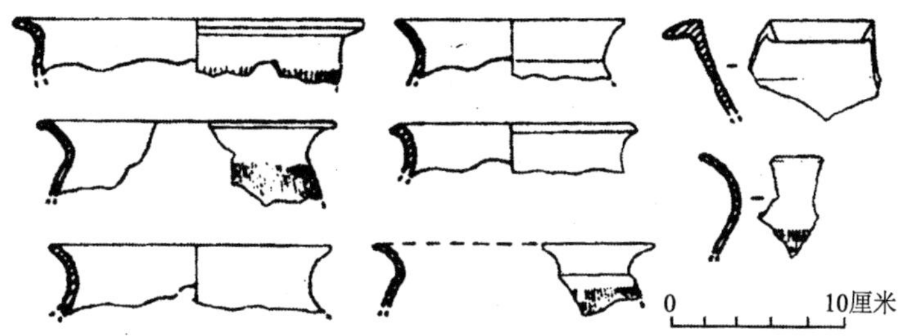

图一八　偃师商城小城北城墙 T54 水沟 G2 出土陶器

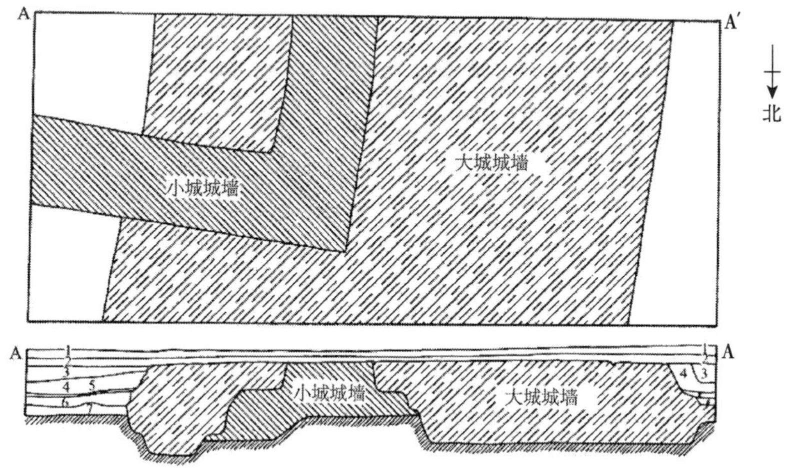

图一九　偃师商城西二城门附近大城与小城地层关系平、剖面图

1. 耕土层　2、3. 淤土层　4. 散夯土　5. 大城使用期路土　6. 大城城墙护坡　7. 小城城墙护坡

关于大城之建造年代的下限，在以往的发掘中已经卡死。例如，1996 年发掘大城东北隅时，根据地层关系已将城墙建造年代推定为商文化第 3 段，则小城建造年代的下限就是商文化第 3 段。

总之，根据现有的考古材料可以断言，偃师商城小城最晚建于其商文化第 2 段，以之与郑州商城商文化遗存相对比，可以说偃师商城小城的建造年代不晚于郑州二里冈 C1H9，或说至迟在相当于郑州二里冈 C1H9 的时候，偃师商城小城已经建成。

可靠的地层关系告诉我们，偃师商城的大城与小城的建造年代之间，存有一段距离，它们之间的叠压打破关系，并非"同期打破"关系。1997 年在西二城门南侧的发掘，发现了大城路土叠压小城路土的地层关系，证明大城是在小城建成并使用一段时间（形成了路土）后，才开始建造。

偃师商城小城的发现，在学术研究上具有重要意义。

首先，它对于研究偃师商城的城市布局具有重要意义。以前，大家对于偃师商城的宫城偏在城内西南部，颇多不解；对于偃师商城的东南部为何内收，也不甚理解。

现在我们知道其宫城原本居于小城的中轴线上，扩建大城后，宫城才偏居整个城市的西南部。小城的东侧原来是湖泊，故扩建大城时，在此只得内收，依小城城墙修建大城城墙。偃师商城小城的发现，为中国古代都城发展史研究，提供了珍贵史料。中国古代都城所遵循的讲究中轴线、左右对称、多重城垣相套等建筑规则，都可上溯到偃师商城。小城早于大城，是经过多次发掘所确认的重要史实。扩建大城时，把小城城墙包在了中间。这一明确的地层关系，把偃师商城的建城时间，在以往认识的基础上向前推进了一大步。通过 1996 年度的考古发掘，我们已经确认了偃师商城大城城墙的建造年代，并根据当时的发掘推论该段城墙并不代表偃师商城最早建城的年代，即在修建该段城墙时，偃师商城已初具规模。现在小城的发现，证明上述推论是完全正确的，大城开始建造的时候，偃师商城东北隅青铜冶铸作坊正在使用中。

关于偃师商城的始建年代，在过去的十多年里曾是学术界讨论的热点，众说纷纭，迄无定论。而大家立论的基础，多数是建立在大城的建造年代上，即把大城的建造年代等同于整个偃师商城的建造年代。现在小城的发现，必将有力地推进这方面的学术研究。

四、考古发掘所得含炭样品

（一）采样原则

根据 ^{14}C 测年要求，我们在采集含炭标本时，力求地层准确，操作规范，样品系列化。以新考古发掘中出土的样品为主，以过去发掘中出土的样品为补充。

（二）含炭样品的地层、分期与测年数据

本专题提供给 ^{14}C 测年专家的含炭标本近百个，经正式测定、已反馈测年数据的含炭标本有 47 个，其基本情况如表一。

表一　含炭标本测年数据

样品名称	地层单位	文化期段	实验室编号	^{14}C 年代（B. P.）	校正年代（B. C.）
木炭	YSJ1D3 主殿东侧门道柱洞内	一期	ZX54…	3393 ± 36	
	98YSJ1D2T1009 扩方		ZX54…	3178 ± 34	
	98YSJ1D2T1010 白路土 3 层	一期 2 段	ZX 54…	3217 ± 34	
	ⅣT31H120	二期 3～4 段	ZX 5400	3175 ± 48	

续表

样品名称	地层单位	文化期段	实验室编号	14C 年代(B. P.)	校正年代（B. C.）
木炭	ⅣT32HG2④	二期 3 段	ZX 5402	3175 ± 48	
	98YSJ1D2T0403H27	二期 4 段	ZX 5425	3319 ± 34	
	YSJ1D2T0403H27	二期 4 段	XSZ074	3332 ± 36	
	YSJ1D2T0403H26	二期 4 段	ZX 5427	3269 ± 33	
	YSJ1T0602H96	一期 2 段	ZX 5440	3052 ± 33	
	YSJ1T0502：4 下垫土	二期 3～4 段	ZX 5441	3287 ± 34	
	YSJ1T0301H94	二期 3 段	ZX 5442	3158 ± 48	
	YSJ1T0301H99	一期 2 段	SA99012	3256 ± 25	
	YSJ1T0103D2 正殿柱洞	二期 3 段	ZX 5444	3296 ± 35	
	YSJ1T0502D3 正殿柱洞	二期 3 段	SA99011	3261 ± 33	
	YSJ1T0200H19	一期 2 段	ZX 5447	3150 ± 37	
	YSJ1T1009G3	一期 2 段	SA99013	3288 ± 29	
	YSJ1T1009 垫土	一期 2 段～二期 3 段	ZX 5449	3066 ± 33	
	YSJ1T1009G1	三期 5 段	ZX 5451	3053 ± 34	
	YSJ1T1009 路土①（叠压 G1）	三期 5 段	ZX 5452	3126 ± 37	
	小城 T54G2	一期 2 段	ZX 5453	3258 ± 36	
	小城 T54H180	二期 3 段	SA99007	3442 ± 37	
	YS4T34④		SA99009	3089 ± 30	
	YS4H110		SA99010	3470 ± 37	
	小城 T54⑧	二期 4 段	SA99006	3202 ± 34	
	YSJ1T0512 排水沟 1	三期 5 段	XSZ076	3462 ± 60	
	YSJ1D2 正殿柱洞	二期 3 段	XSZ075	3390 ± 36	
	YSJ1T0100H79	二期 3 段	SA99001	2993 ± 28	
	YSJ1T0412H61	三期 5 段	SA99002	3031 ± 33	
	YSJ1T0208H4	三期 6 段	SA99003	3379 ± 63	

续表

样品名称	地层单位	文化期段	实验室编号	^{14}C 年代（B. P.）	校正年代（B. C.）
木炭	YSJ1T0511H64	三期 5 段	SA99005	3210 ± 65	
	97YSⅣT54G2	一期 2 段	ZK5453	3258 ± 36	1590～1510
	96YS7T28⑧	一期 2 段	ZK5424	3232 ± 34	1530～1485
	96YS7T28⑨	一期 1 段	ZK5416	3198 ± 34	1519～1487
	96YS7T28⑩	一期 1 段	ZK5417	3200 ± 36	1520～1488
	98YSJ1H19	一期 2 段	ZK 5447	3150 ± 37	1512～1490
	98YSJ1T1010	一期 2 段	ZK 5436	3217 ± 34	1490～1460
	92YSⅣT32HG2④	二期 3 段	ZK 5402	322137	1489～1460
	98YSJ1H94	二期 3 段	ZK 5442	3158 ± 48	1490～1462
	96YSⅡT11M27	二期 4 段	ZK 5412	3201 ± 31	1463～1432
	96YSⅡT11M27	二期 4 段	ZK 5413	3162 ± 40	1456～1415
	96YSⅡT11M31	二期 4 段	ZK 5421	3199 ± 36	1463～1428
	92YSⅣT31H120	二期 3 段晚～4 段早	ZK 5400	3175 ± 48	1460～1417
	96YSⅣH179	二期 3 段晚～4 段早	ZK 5403	3182 ± 31	1460～1425
	96YSⅡT11M25	二期 4 段	ZK 5411	3115 ± 32	1432～1393
	96YSⅦT28⑥	二期 4 段	ZK 5415	3109 ± 35	1431～1391
	98YSJ1T1009 路土①	三期 5 段	ZK 5452	3126 ± 37	1345～1315
	98YSJ1T1009G1	三期 5 段	ZK 5451	3053 ± 34	1380～1300

五、偃师商城商文化分期

（一）分期框架

偃师商城的文化分期，建立在严格的地层学基础之上。我们通过一系列的地层叠压打破关系的排列，构成了偃师商城的文化编年序列；再根据各个地层出土器物的特征与变化，划分出期、段。

目前，偃师商城的文化分期框架暂定为三期 7 段，其中第一期包括早、晚两段，即第 1 段、第 2 段；第二期也包括早、晚两段，即第 3 段、第 4 段；第三期则分为早、中、晚三段，即第 5 段、第 6 段、第 7 段。就目前资料而言，偃师商城早商文化第 1 段至 7 段，是一个连续的文化发展过程，陶器的发展变化轨迹清楚，连续性强，基本不见跳跃现象，其间应没有时间缺环。

（二）地层关系

偃师商城商文化分期的主要地层依据是：

（1）1996～1997 年在宫城北部对大灰沟的发掘，所获地层关系为：探方的第 10、9 层为第 1 段；第 8 层为第 2 段；开口于第 7 层下打破第 8 层的一批灰坑和第 7 层为第 3 段；第 6 层的第 3、2 小层（C、B 层）为第 4 段，第 6 层第 1 小层（A 层）为第 4 段偏晚或 4、5 段之际。

在这里，形成了第 1～4 段直接依次叠压的系列地层。

（2）1996 年在偃师商城大城东北隅 96YSⅡT11，被叠压在城墙附属堆积之下的 H8、H9、H10，属第 2 段，叠压在城墙附属堆积之上的下层墓葬多数为第 4 段偏早，其中个别墓葬的年代属于第 3、4 段之际（如 M26，出土的陶鬲为薄胎，细绳纹，折沿较窄，沿面有凹槽等，均属于 3 段特征。但是其折沿较窄，则体现出 4 段特征）。上层墓葬的年代多数为第 4 段偏晚，有的可晚到 4、5 段之际（如 M19）。

综合有关材料，我们推定城墙的年代是第 3 段，因此，这里是 2～4 段的系列地层。

（3）1985～1988 年在偃师商城宫殿区内五号、六号宫殿的发掘中发现，灰坑 H21 叠压灰坑 H26，灰坑 H26 叠压灰坑 H24。H24 为第 3 段，H26 是第 4 段偏早，H21 为第 4 段偏晚；灰坑 H19 打破或叠压灰坑 H25、H26、H27。H19 为第 4 段偏晚，H27 为第 4 段晚，H25、H26 为第 4 段偏早。

五号宫殿基址叠压于六号宫殿之上，叠压五号宫殿基址的第 4 层堆积属于第 7 段，开口 4 层下的 H1 为第 6 段。

根据六号、五号宫殿基址的上述地层关系，可以连成第 3 段到第 4 段、第 6 段到第 7 段的系列地层。

（4）1983 年发掘偃师商城西二城门时，发现城门内侧有一批墓葬，分别开口于 2 层、3 层、4A 层下面，其中开口于 2 层下的有 M12 等。开口于 3 层下的有 M4、M5、M15、M16。开口于 4A 层的有 M3、M7、M18 等。M3 是第 3 段偏晚的，M7、M18 为第 4 段，M12 是第 6 段。

（5）1983 年试掘偃师商城大城系城墙时，发现如下地层关系：T1④为第 7 段，该层叠压的灰坑 H1 为第 6 段。

（6）1999 年发掘宫城北部池苑遗迹时，发现了属于第 5 段的灰坑 H4 打破第 4 段灰坑 H6 的地层关系。

以上地层关系，构成了偃师商城商文化三期 7 段的从早到晚的系列地层关系。

（三）陶器分期

偃师商城陶器均以夹砂灰陶为主，各期陶器在形制、纹饰与组合方面的主要特征是：

一期文化陶器流行薄胎、细绳纹，陶色较深，做工细腻，陶胎坚实，炊具中罐多鬲少。二期陶器在偏早阶段依然流行薄胎、细绳纹，做工较细；偏晚阶段流行中绳纹，做工走向粗糙，在捏口罐等器物上出现横施绳纹。炊具中罐、鬲数量相仿。三期陶器的主要特征是陶胎厚，做工粗糙，陶色较浅，流行粗绳纹和圆圈纹。炊具以鬲为主。

兹以鬲、深腹罐、捏口罐三种常见典型陶器为例，说明 1 ～ 7 段陶器在形制和纹饰方面的演变情况。

第 1 段

典型单位有 84YSⅦT14H17，85YSⅦT20⑧，86YSⅦT23⑨B，96YSⅦT28⑨、⑩等。

鬲：夹细砂，器表不见砂粒，陶色较深，薄胎，胎质细腻而硬实。细绳纹，纹道直而长，口沿背面经手抹光而留有横旋纹，有的器物上还有抹而未尽的绳纹。圆唇，宽沿卷侈，领根圆滑无折棱。深腹，袋足偏瘦而垂鼓，足尖细高，多为素面，个别有绳纹。

深腹罐：主要有三型。

A 型，盘口平底深腹罐，夹细砂灰陶，薄胎，胎质密实，色深，细绳纹，纹道直而长。尖唇，窄方沿，外沿面微凹，内沿面出浅盘。口沿近于平折，但无折棱。腹瘦深，小平底。内壁有白水垢。

B 型，方沿圜底深腹罐，夹细砂灰陶，薄胎。圆唇方沿，外沿面弧凹，下缘下垂成尖棱，侈口斜领，领根有折棱，口沿背面的纹饰抹而未尽，腹肥而深，圜底。饰细绳纹。

C 型，高领圜底深腹罐，夹砂灰陶，厚胎。圆唇方沿，侈口，有的口沿呈浅盘状，束颈，腹稍肥，圜底。中绳纹不甚规则。

捏口罐：泥质灰陶，胎质细腻而硬实。主要有二型。

A 型，圆唇外卷，颈高而直，颈与肩界限分明，中绳纹较凌乱，陶胎稍厚，陶色浅。

B 型，小口，圆唇翻沿，或尖唇平折沿，短颈，肩部不凸现。陶胎薄，陶色深。细绳纹，有的口颈上留有未抹尽的绳纹。

第 2 段

典型单位有 89YSⅣT19H72，96YSⅡT11H8、H9，96YSⅦT28⑧，97YSJ1D2H46 等。

鬲：夹细砂灰陶，沿面往往凸现细砂粒，薄胎。圆唇，宽卷沿，领根常常有手抹形成的棱线，有的领根出现折棱，口沿平卷。腹深，尖锥足较高，光素无纹。细绳纹直而长，有的口沿背面仍见抹而未尽的绳纹。

深腹罐：主要有三型。

A型，盘口平底深腹罐。

B型，方沿圜底深腹罐，夹砂灰陶，圆唇方沿，外沿面呈凹槽状，外沿下缘出尖棱但不下垂，斜折领，腹肥浅，圜底。绳纹直、长较规则。

C型，高领圜底深腹罐，夹砂灰陶，圆唇方沿，内沿面弧凹，束颈，凸肩，深腹，圜底。中绳纹较凌乱，中下腹尤甚。

捏口罐：夹细砂灰陶，圆唇小卷沿，有的沿面出平台，颈短内束，鼓腹。绳纹中等偏细，领上绳纹抹而不尽依稀可见。

第3段

典型单位有83YSⅢM3，86YSⅦH57，88YSⅣT7H2，89YSⅣH73，92YSⅣT32G2，96YSⅣH166、H179等。

鬲：夹细砂灰陶，陶色多泛黄，薄胎，砂多质脆。圆唇斜折沿，沿较前变窄，少数圆唇卷沿，而常见者为沿面出平台、凹槽，沿面内侧往往形成小榫，腹浅而肥，圆锥足尖较高，光素无纹。流行细绳纹。

深腹罐：主要有三型。

A型，盘口平底深腹罐，薄胎，细绳纹，陶色浅，微泛黄。尖唇小方沿，盘口较前稍深，腹较前略肥，小平底。

B型，方沿圜底深腹罐，夹细砂浅灰陶，圆唇或尖唇方沿，外沿面微内凹，下缘出棱（有的下垂，有的不下垂），浅盘状口，腹深，尖圜底，口径小于腹径。中绳纹直而长。

C型，高领圜底深腹罐，夹砂灰陶，陶色深，胎厚。圆唇方沿，外沿面有凹槽，内沿面略显弧凹，深腹，尖圜底。中绳纹，纹路凌乱。

捏口罐：夹细纱灰陶，圆唇高领，溜肩，细绳纹。

第4段

典型单位有86YSJ1D6H25、H26、H19，92YSⅣH166、H120、H131、H134、T33⑤，89YSⅣH147等。

鬲：夹砂灰陶，常见两种型式：一种是斜折沿，沿面内缘起凸榫，外缘斜垂，领根折棱尖锐，腹稍浅，胎偏薄，绳纹偏细；一种是圆唇卷沿，有的平卷，有的下缘卷垂，胎稍厚，绳纹偏粗，腹深。

深腹罐：主要有二型。

A型，盘口平底深腹罐，圆唇方沿，外沿面近于垂直，深盘状口，口径与最大腹径相若，深腹，小平底。中绳纹偏粗，纹道直而长。

B型，高领圜底深腹罐，圆唇斜方沿，内沿面平缓，深腹圜底。中绳纹凌乱。

捏口罐，夹砂灰陶。有的为圆唇卷沿或平折沿，含砂少，胎质硬，陶色深，竖施细绳纹；有的为平折沿，沿面内侧出凹槽、小榫，含砂多，胎质脆，陶色浅，往往横施中绳纹。

第5段

典型单位有 85YSⅤH3，90YSⅡM16，92YSⅣH147，95YSⅣH203，97YSⅣT53M7等。

鬲：夹砂灰陶，陶胎厚，流行粗绳纹。大体可分为三型。

A型，斜折沿，沿面内侧有凸榫且内倾，横剖面状如“倒钩”，深腹，袋足外撇较甚，高足尖。偏早者沿面斜，绳纹细，偏晚者沿面平，绳纹粗。

B型，窄方沿，沿面斜平，内缘起凸棱如倒钩，腹浅，足矮。领下有二道旋纹夹一周单圈纹。

C型，方沿，外沿面之上缘窄于下缘，内沿面有凹槽。

深腹罐：夹砂灰陶，胎厚，粗绳纹。主要有二型。

A型，方沿圜底。尖唇方沿，外沿面上缘内收下缘外展，口呈盘状，深腹，圜底。

B型，高领圜底。圆唇宽沿，沿面外缘起小榫，下腹垂鼓，圜底平缓。

捏口罐：夹砂浅灰陶，高领，口沿平折，内缘高于外缘，圆鼓腹。横施粗绳纹。

第6段

典型单位有 84YSJ1D4H24，86YSJ1D5H1，89YSⅣH76，97YSJ1D2H21等。

鬲：夹砂灰陶，含砂量高，胎厚，粗绳纹。

A型，斜折沿，沿面内侧起高榫，深腹，袋足外撇较甚。

B型，方沿，外沿面斜平或稍弧凹，有的内沿面出一道凹槽，腹部往往较前变浅，足变矮。颈部常见旋纹、重圈纹。

C型，尖唇方沿，内沿面微弧凹，口沿下缘出尖棱。

深腹罐：夹砂灰陶，砂多而粗，下腹垂鼓，圜底，粗绳纹。

A型，圆唇方沿，外沿面有凹槽，腹深。

B型，方圆唇外翻沿，有的沿面有，凸榫，腹浅。

第7段

典型单位有 88YSⅣH18、T12④等。

鬲：夹砂灰陶，胎厚，粗绳纹。流行方沿，外沿面往往有凹槽，多见盘状口腹浅，足矮，肩部常见一道弦纹。

深腹罐：夹砂灰陶，盘状口，圆唇方沿，外沿面或直、或有凹槽，腹深，下腹垂鼓，圜底（图二〇；表二）。

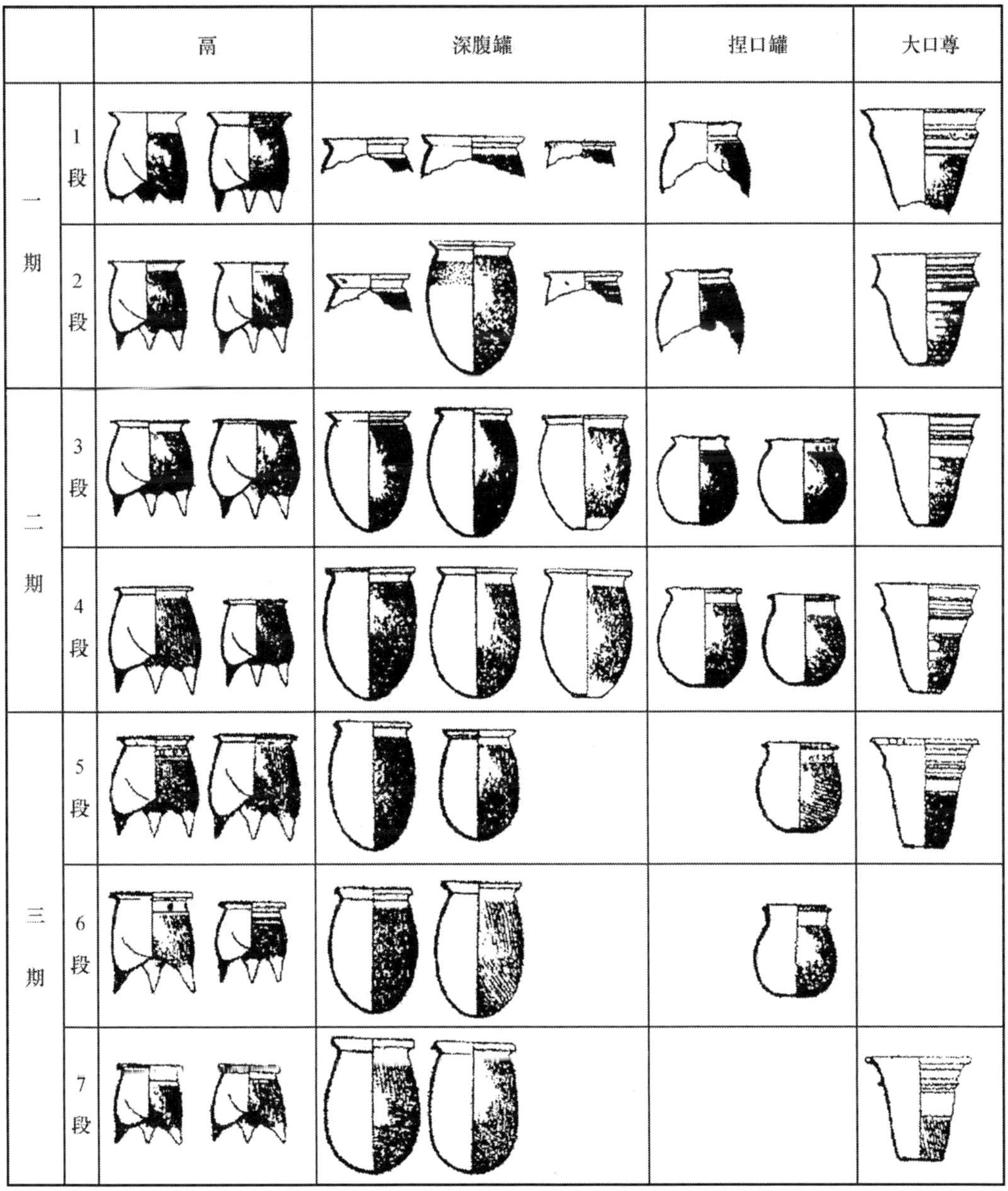

		鬲	深腹罐	捏口罐	大口尊
一期	1段				
	2段				
二期	3段				
	4段				
三期	5段				
	6段				
	7段				

图二〇　偃师商城早商陶器分期图

表二　偃师商城早商文化分期与郑州早商文化分期对应关系表

偃师商城			郑州地区			
			二里冈	郑州商城		小双桥
一期	1段	84ⅦH1796ⅦT28⑩			青年公寓T36⑥	

续表

偃师商城			郑州地区			
			二里冈	郑州商城		小双桥
一期	2 段	89ⅣH72、96ⅡH8、H9 96ⅣH184	H9		电力学校 H6	
二期	3 段	88ⅣH2、92ⅣH134、96ⅣH166	H188、H12	C8T24:28		
	4 段	86J1D6H25、H19、92ⅣH116	H17、H15	CWM8、M9 C8M8	电力学校 H9	
三期	5 段	85ⅤH3、92ⅣH147	H2、乙	C8H22、H21	电力学校 J3	
	6 段	84J1D4H24、89ⅣH76	H1、H13	CNM5、M15	中医学院 H11	H2
	7 段	88ⅣH18、88ⅣT12④		CNM13	回民中学 H29	H9

（四）文化遗迹分期

1. 大城城墙

1997 年复查西二城门发掘现场并解剖西城墙时，发现了小城城墙早于大城城墙、小城城墙包夹在大城城墙的中间、大城城墙是在小城城墙的基础上扩建而成的地层关系，小城使用时期的路土被叠压在大城使用时期的路土下面。这就决定了小城的建造年代是大城建造年代的上限。

1996～1997 年，在大城北城墙的发掘中，我们发现被城墙附属堆积所叠压的灰坑属于第 2 段，打破叠压在城墙附属堆积上面的路土之墓葬，属于第 4 段，其中年代偏早的接近第 3 段（如 96YSⅡT11M26）。城墙外侧护城河底部出土陶片属于第 4 段偏早。因此，我们推断大城北城墙的建造年代是第 3 段。

1983 年，在大城西二城门的发掘中，分布在城门内侧路土上的墓葬，年代偏早的是开于第 4A 层下、打破 4B 者，其中最早者属于第 3 段偏晚，如 M 3。这就证明大城城墙的建造年代不晚于第 3 段。在城门南侧大城城墙夯土中夹包着一座小孩墓（M 11），随葬一件细绳纹深腹罐，应是营造城墙时为某种宗教仪式而埋下的牺牲品，其年代是第 3 段（发掘简报说该 M11 叠压在第 4A 层的下面，有误。据原始发掘记录说：该墓葬

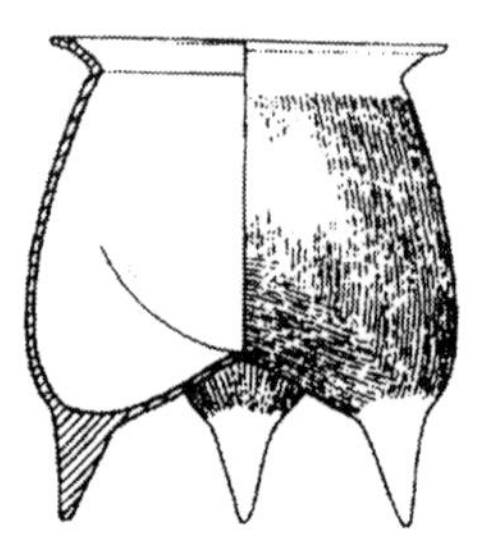

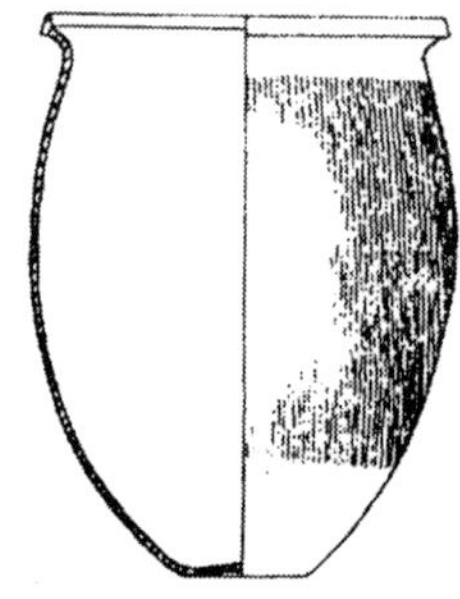

图二一　偃师商城西二城门墓葬 M3（左）、M11（右）出土陶器

是打去83YSⅢT4北隔梁时发现的，未见扰乱现象，圹长67厘米、宽35厘米、存深6厘米。内填红夯土，“开口2层下，打破夯土城墙，随葬深腹罐1件，打碎放在墓内。为小孩墓，仅余头骨”）。因此，可以断定大城西墙的建造年代是第3段（图二一）。

1984年，在发掘东一城门时，发现第4段的墓葬84YSⅦM11打破城墙内侧基部夯土[1]，在城门道中出土的陶鬲等属于第4段偏早（图二二）。

1982年，对大城西墙进行发掘时，在城外“顺城路”路土L2中出土陶鬲的年代约为第3、4段之际或第4段偏早，它代表的是大城的建造、使用年代的下限。

综上所述，偃师商城大城城墙的建造年代，既不早于第3段，也不晚于第3段，应即为第3段偏晚时候。

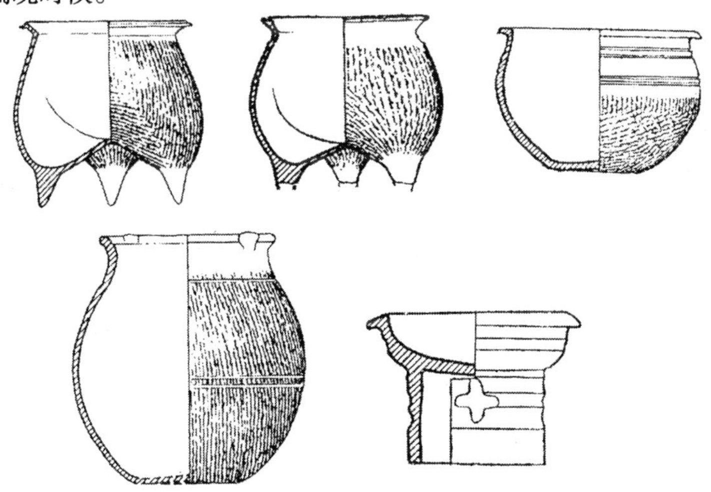

图二二　东一城门出土陶器

2. 小城城墙

1997年，对小城西北隅的发掘，从明确的地层关系上证明小城早于大城，大城是在小城的基础上扩建而成的。因此说，小城的建造年代应该早于大城，即早于商文化第3段。

同年，我们在小城北城墙的内外发现一些商代墓葬，打破城墙附属堆积和路土，其中97YSⅣT53M16、M20的年代最早，为第3段；M1、M7等为第5段；M6、M14等为第6段；M8为第7段。由此可知小城的建造、使用年代之下限是其商文化第3段。叠压在小城城墙之下的水沟G2，其城墙内侧沟中灰土里出土的陶片，属于商文化第2段偏早或1、2段之际。如果按照通常的理解，这条水沟中出土陶片的年代应该代表水沟的使用年代，亦即小城城墙建造年代的上限。但是，我们注意到，水沟内的填充物在城墙内外是不同的，在城墙外侧，水沟内堆积为上下两层，均属淤泥，包含有螺壳等水生物遗骸，但无陶片等文化遗物；在城墙内侧，水沟内堆积也分上下两层，下层是淤泥，包含有螺壳等水生物遗骸；上层是灰土，包含着不少的陶片和兽骨。水沟的下层堆积，在城墙内外均是淤泥，包含螺壳，应该是水沟使用时期的遗存。而在城墙以外，水沟的上层堆积是淤土，表明小城建成以后沟内仍有积水，形成淤土沉淀。

在城墙以内，水沟的上层堆积是灰土，应该表明形成灰土堆积时小城城墙已经建成，水沟废弃淤塞。就是说，水沟内的上层堆积，在城墙内外不一样，是因为城墙的建成阻截了原本畅通的水沟，此后，城墙以外的水沟内形成的是自然淤积的淤土，而城墙以内水沟内形成的是填充废水沟的生活垃圾。因此，我们认为水沟灰土内出土陶片的年代，应该代表小城城墙建造年代的下限，即在商文化第 2 段偏早时候或 1、2 段之际时，小城城墙已经建成了。

3. 宫殿和宫城

一号宫殿：一号宫殿北殿外侧排水沟（H46），挖破了一号宫殿底层路土，沟内出土陶器为商文化第 2 段典型器物。一号宫殿院落中最晚地层属于商文化第 6 段。可见，一号宫殿在第 2 段时已经建成使用，一直使用到第 6 段。

二号宫殿：从地层上看，一号宫殿的建造晚于二号宫殿，则二号宫殿至迟在商文化第 2 段时已经建成使用。在商文化第 3 段时，二号宫殿往西扩建，叠压了商文化第 2、3 段的灰坑，将早期宫城西墙利用为主殿基础。在二号宫殿主殿后面的路土层上，发现有属于第 6 段的灰坑，灰坑未打破宫殿基址，表明该宫殿使用到了第 6 段的时候，或说其使用年代的下限为第 6 段。

三号宫殿基址：三号宫殿是在七号宫殿基址上建造的，建造三号宫殿北庑时，叠压了商文化第 2 段的灰沟。三号宫殿的早期西庑（东排）建造于商文化第 3 段，晚期西庑（西排）建造于商文化第 5 段。可以认定，将七号宫殿改建为三号宫殿是在商文化第 3 段时。

四号宫殿基址：坐落在四号宫殿东北角的水井 H31，属于商文化第 4 段，它代表着四号宫殿的使用年代中的一段；打破四号宫殿基址的灰坑如 H3、H12、H23、H35、H36、H38、H42，其年代一般是第 6 段，或早到 5、6 段之际。据此推定四号宫殿使用年代的下限为第 5 段。据赵芝荃先生发掘所见，四号宫殿西庑外侧底部有加固土层（第 6 层），出土一些陶片，与二里头文化第四期的相同，赵先生据此推断四号宫殿的建造年代约属二里头文化第四期[2]。就宫城内宫殿的总体情况而言，四号宫殿的使用时间应该比较长，可能经历了第一、二期并进入了第三期。

五号宫殿基址：五号宫殿是在六号宫殿的基础上建造的，其建造年代不会早于打破六号宫殿院落路土之灰坑的年代，即不早于第 4 段偏晚，大体应始建于第 5 段时候。打破五号宫殿夯土基址的灰坑，分别属于第 6、7 段，则其废弃年代约为第 6 段。因此，五号宫殿的年代应不早于第 4 段，不晚于第 6 段，大体属于第 5 段的文化遗存。

六号宫殿基址：其南庑利用了早期宫城南墙做夯土基础，叠压在六号宫殿院落路土之下的灰坑 H23、H24 属于第 3 段偏晚，代表六号宫殿使用时期的院落中的两口水井 H25、H26 内的下层堆积，年代属于第 4 段偏早，代表六号宫殿废弃年代的水井上层堆积为第 4 段偏晚时候，打破六号宫殿院落的灰坑分别属于商文化第 4、5 段。故此六号宫殿当不早于第 3 段，不晚于第 4 段，或曰建造于第 3 段，使用于第 3、4 段（图二三）。

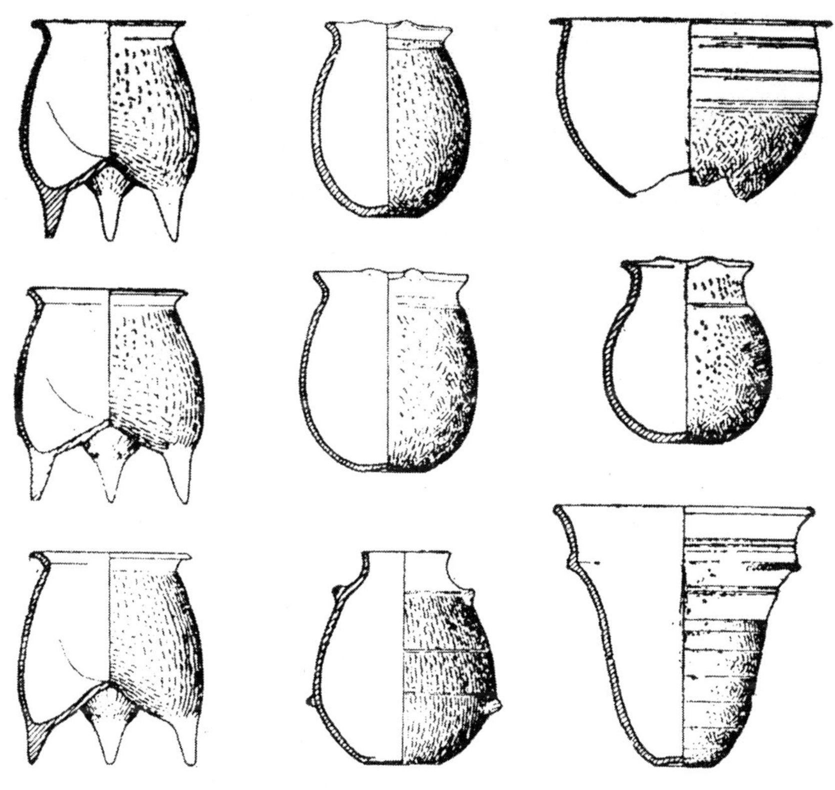

图二三　偃师商城六号宫殿灰坑 H25、H26 出土陶器

七号宫殿基址：七号宫殿基址被始建于商文化第 3 段的三号宫殿所叠压，其西庑基址下排水沟淤土中出土的陶片均属于商文化第 2 段。则七号宫殿在商文化第 2 段时即已建成使用。

考古资料表明，借用早期宫城城墙为南庑基址的六号宫殿，建造于第 3 段，二号宫殿于第 3 段西扩时，将早期宫城城墙改为主殿基础，由此推知宫城未扩建时的城墙，属于商文化第一期。

综上所述，宫城的始建是在第一期的时候。宫城城墙和部分宫殿（一号、二号、四号、七号宫殿）在商文化第 2 段时已经建成使用。宫城北部在第 1 段的时候出现了形状规整的大灰沟（池塘？），似暗示附近建造了大型的夯土建筑基址。因此，偃师商城的宫城始建于其商文化第一期早段即第 1 段时，就成为合理的科学推断了。在商文化第 3 段时宫城发生了很大变化，二号宫殿西扩，七号宫殿改建为三号宫殿，宫城的南、西城墙被突破，新建的六号宫殿利用原宫城南墙作为南庑基址，新建了一段宫城西墙。到商文化第 5 段时，宫城内又有一些变革，六号宫殿改建成五号宫殿，三号宫殿新建了一座西庑。部分宫殿使用到了第 6 段。

4. 府库

二号基址内的夯土建筑基址可以分为上、中、下三层，显然是经过了反复的翻建、重建，经历较长的使用时间。但是，我们没能找到充分而可靠的证据来推定这些建筑物的建造年代，而只是发现了打破夯土基址、标志着这些建筑物废弃时间的灰坑。在这些灰坑中，年代较早者大致属于第 6 段偏早阶段（如 H20，图二四）。联系宫城内宫殿建筑分为三个时期，估计府库内上下叠压的三层建筑基址——三个时期的库房建筑，也许与宫殿的改建、扩建是同步的。

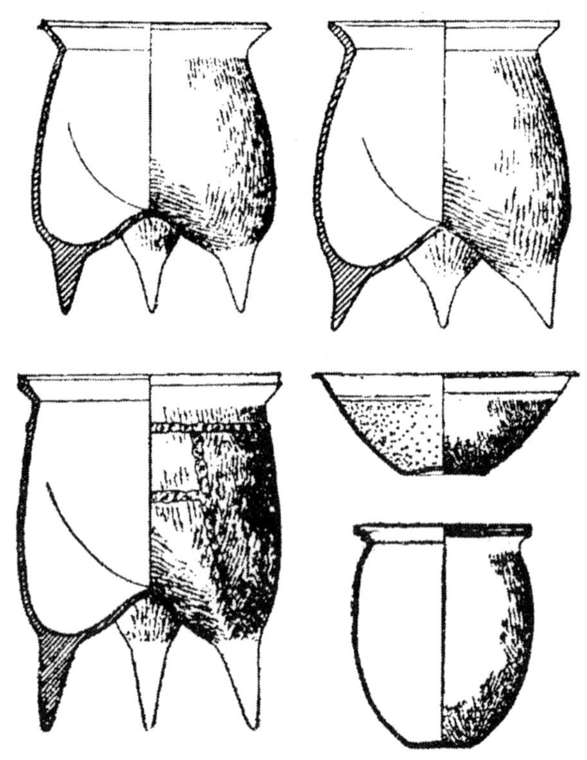

图二四　偃师商城府库遗址灰坑出土陶器

5. 青铜冶铸遗存

1996～1997 年，我们在偃师商城大城东北隅发掘时，于城墙护城坡的下面发现有两个灰坑的出土物中包含一些铜渣、铜块、陶范、坩埚、木炭等与青铜冶铸有关的遗物，另外在城墙夯土中也出土了一些同样的文化遗物，它们应该是修建城墙时所取附近土层中的包含物。由此我们断定，这里应是一处青铜冶铸作坊遗址的所在地，根据灰坑中出土陶片的特征分析，其年代应为早商文化第 2 段。

1999 年，我们将四号宫殿基址水井 H31 的下部填土进行了清理，出土了一些坩埚、铜渣、铜矿石等，其年代为第 4 段。

6. 池苑遗迹

1999年春季对宫城北部石砌池渠的发掘，发现了如下地层关系：叠压在池、渠之上的地层属于东周时期，打破水池的商代地层堆积属于偃师商城商文化第5段，被水池打破的商代地层堆积属于偃师商城商文化第3段或3、4段之际，水渠中出土的陶片最晚的为第4段，而水池淤土中出土的陶片，则属偃师商城商文化第4、5段。由此我们推定该水池的建造年代为第3段偏晚或稍晚，而其使用年代主要为偃师商城商文化的第4段，至第5段时逐渐淤塞废弃。

在上述池渠之南，是所谓“大灰沟”，它东西长约120米、南北宽约14米，形制规则而规模庞大，恰好位于宫城西墙、八号宫殿北院墙、四号宫殿后院院墙所围成的凹字形空间内，且与三者保持一定的平行距离。我们初步推测它极可能是宫城内早期池苑的组成部分，这个池塘淤塞废弃后，才在其北侧新修了规模更大、规格更高的石砌水池。如果推论不错，则偃师商城的池苑，是从其商文化第1段时开始的（图二五）。

六、偃师商城考古年代学研究

（一）偃师商城的考古学相对年代

偃师商城与二里头遗址近在咫尺，二者之间的年代关系是怎样的呢？根据对现有考古资料的分析，我们认为偃师商城最早的商文化遗存——第一期第1段，大约相当于二里头文化第四期的时候。

1996～1997年对宫城北部灰沟的发掘，在灰沟的底部发现了目前所知偃师商城最早的商文化遗存（偃师商城商文化第一期第1段），它一方面具有鲜明的商文化特点，另一方面表现出浓厚的二里头文化因素。其陶器形制，与二里头遗址的二里头文化第四期偏晚阶段的典型单位（如83YLⅢH23等）中所出土的陶器基本相同。这类文化遗存的发现，使我们有充分的理由把商文化的上限推定至二里头文化第四期阶段。

偃师商城原本是建筑在一处二里头文化的遗址上。虽然至今我们还未在偃师商城遗址范围内发现二里头文化的成片地层堆积和建筑遗迹，但是，1983年解剖偃师商城大城西墙、1995年解剖大城和小城的西墙、1996年解剖大城北墙、1997年解剖大城和小城的西墙，均从城墙夯土中出土了二里头文化的陶片。偃师商城大城的城墙是用挖护城河的土建造的，因而城墙夯土中的二里头文化陶片应该就是城墙附近原先的二里头文化地层中的包含物。到目前为止，我们在偃师商城城墙夯土中所发现的二里头文化陶片，多数属于二里头文化第二期，最晚的是第三期的，而没有发现确属第四期者。

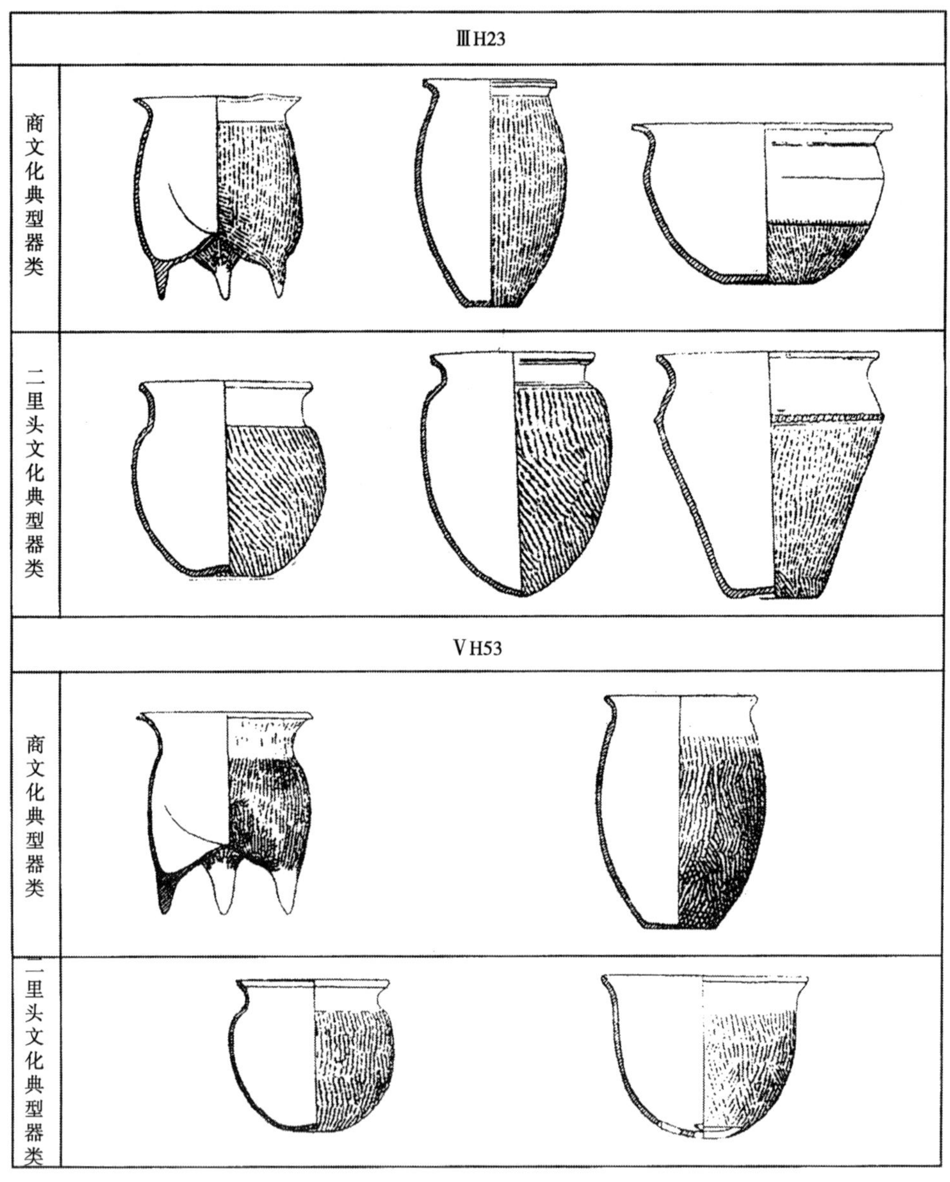

图二五　二里头遗址 H23、H53 出土陶器

将商文化之上限前推至二里头文化的第四期，或说二里头文化的第四期进入了商代纪年之内，我们还可从二里头遗址找到证据。这就是在二里头文化第四期的时候，在二里头遗址出现了成组的具有典型商文化特征的陶器。例如：1981 年在Ⅲ区发掘的一座属于四期偏晚阶段的灰坑 H23，出土的陶器很明显地可分为两组。一组为典型的二里头文化遗物，其中，深腹罐为盘状口，突肩，尖圜底，粗绳纹。圆腹罐，夹砂灰陶，一件为尖唇方沿，颈高直，突肩浅腹，凹底，绳纹；另一件为方折沿，无肩，平底，绳纹。鬲两件，绳纹及于足尖，腹浅，最大器径在中腹。一件口沿外翻，颈高，

足尖粗；一件卷沿较宽，腹瘦，足尖细高，口沿有花边。大口尊，夹砂灰陶，圆唇侈口，口径略小于肩径，底微凹，肩有一周索状附加堆纹，腹施绳纹。折肩盆，卷沿，束颈，肩折突，深腹，平底，下腹绳纹，上腹及口沿磨光。平底盆一件，尖唇，浅腹，素面。另一组具有鲜明的商文化特征，其中，鬲为卷沿、薄胎、细绳纹较规则，袋足肥硕垂鼓。一件的足尖有绳纹，另一件足尖光素。深腹罐两件，方沿，沿面微见凹槽，腹瘦深呈橄榄形，小平底，绳纹细直。从前组陶器来看，81YLⅢH23 的年代约属于二里头文化的第四期偏晚阶段，而后组陶器的年代则大体与偃师商城 96YSⅦT28⑨、⑩等一类遗存的年代相近。二里头遗址一号宫殿基址上的灰坑 D1H53，除典型的二里头文化遗物之外，也包含了典型商文化和岳石文化因素的陶器。属于典型二里头文化之器物有：圆腹罐 H53：10，夹砂灰陶，尖唇，浅盘口，束颈，凸肩，凹底，粗绳纹。捏口罐 H53：20，泥质灰陶，圆唇，高领，凸肩，绳纹。鬲 H53：13、22，夹砂灰陶，卷沿侈口，沿面起凸榫，束颈，突肩，高足根，细绳纹，口沿背面和颈部的绳纹抹而未尽。甑 H53：14，泥质灰陶，侈口，深腹，圜底。具有鲜明商文化特征的陶器是：橄榄形深腹罐 H53：11、23，夹砂灰陶，圆唇，侈口，腹瘦深，小平底，细绳纹。具有岳石文化特征的陶器是篦纹罐 H53：12，大侈口，束颈，瘦深腹，小平底，通体篦纹（刮抹纹）。此外，该坑出土的甑 H53：14，圆唇侈沿，深腹，圜底，直绳纹，与二里头文化同时期的陶甑不尽相同。鬲 H53：13、22，尖唇，侈口，绳纹直长，沿背和颈部有模模糊糊、抹而未尽的绳纹。它们既有商文化的某些特征，又有二里头文化的一些因素。按照通常的分期标准，该灰坑也属于二里头文化第四期偏晚阶段（图二六）。

据知，在同一个地层单位中，体现出鲜明商文化风格的成组陶器与典型的二里头文化陶器并存的情况，在二里头文化第四期偏晚阶段之前，还没有发现。那么，根据二里头遗址以上两个灰坑之材料，我们可以推断出，最迟在二里头文化第四期偏晚阶段的时候，典型的商文化遗存已经出现在二里头遗址，与当地的二里头文化混存一处。此时，偃师商城已初具规模，商文化已在河洛地区扎根。

将二里头遗址出土的具有商文化风格的成组陶器，与偃师商城商文化第一期的陶器相比较，我们发现它们之间并无明显的年代差异，可以视为基本同时的文化遗存。就考古学上目前所能认可的而言，偃师商城最早的商文化之年代，大体与二里头文化第四期偏晚阶段相当。

因此，偃师商城商文化的上限年代是二里头文化第四期，目前发现的偃师商城商文化第 1 段，约与二里头文化第四期偏晚阶段年代相当。

关于二里头文化第四期与郑州二里冈下层文化的年代关系，过去有不同的看法。或说二者年代相当，或说二者年代前后正相衔接。偃师商城的考古资料证明后面一种说法较可信。

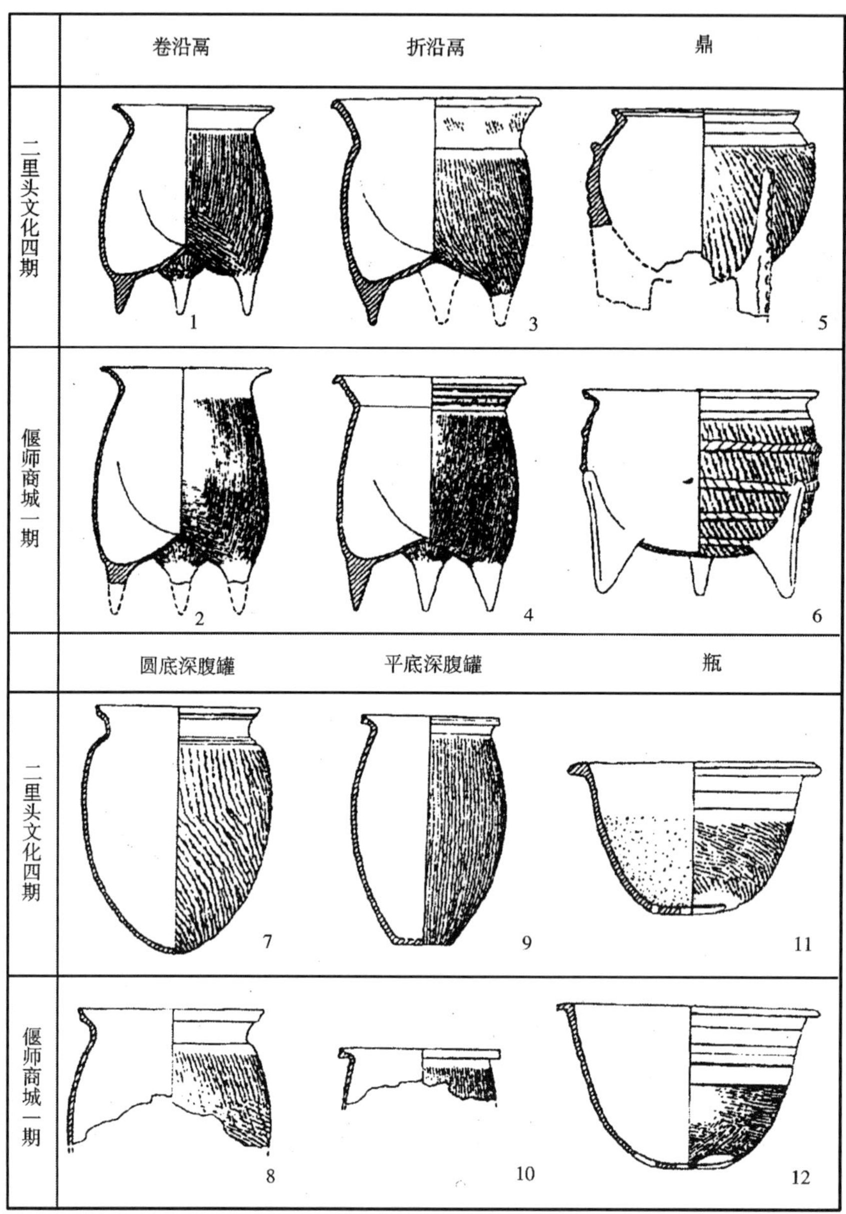

图二六　偃师商城商文化第1段与二里头文化第四期晚段陶器比较图

按照传统的认识，二里冈文化中最早的文化遗存是以郑州二里冈遗址H9为代表的一类遗存。以之与偃师商城的商文化相对比，其年代大体上相当于其第一期偏晚阶段，即第2段。偃师商城商文化的最晚遗存即第7段文化遗存，大约与郑州地区商文化“白家庄期”相当。

（二）偃师商城的 ^{14}C 年代

不同的 ^{14}C 实验室、不同的 ^{14}C 测年方法所给出的偃师商城的 ^{14}C 年代数据，相互之间有所差异，有些年代数据与地层关系不符，如何使用这些数据，有待专家做出决断。

根据考古学上的地层关系，结合古代文献的有关记载，我们在 ^{14}C 测年专家所给出的偃师商城 ^{14}C 数据中，暂做如下采纳：

偃师商城商文化第一期的起始年代，为公元前 16 世纪前叶，或曰约公元前 1600 年左右；偃师商城商文化第三期的终结时间，为公元前 14 世纪前叶，或曰约公元前 1360 年前后。

（三）偃师商城始建、繁盛和废弃年代

1. 偃师商城始建年代

学者在推定偃师商城的始建年代时，一般是根据宫殿和城墙的建造年代来推断。以往大家常用的材料包括：1983 年春在西城墙 T1、北城墙 T2 所做试掘、同年秋在西二城门的发掘、1984 年春发掘的四号宫殿、1985～1986 年发掘的五号宫殿。现在看来，使用这些材料有较大的局限性。在 1996 年以前，关于偃师商城城墙的建造年代，人们只能根据已经发表的地层关系，卡死城墙建造年代的下限，而不能确认其上限。于是，偃师商城城墙的建造年代不晚于二里冈下层文化时期，得到了学术界普遍的认可，但是对于其上限的认识，则颇不统一。因此，关于偃师商城的始建年代，大家的看法有相当的差异。

1996 年在偃师商城东北隅的发掘，首次以确凿的地层关系，把该处城墙的建造年代卡定在了很小的时间范围内，即该段城墙的建造，当晚于城墙附属堆积下的灰坑，而早于城墙附属堆积和道路上的墓葬，推定下来约相当于偃师商城商文化第 3 段。这一突破性发现，对于解决久议不决的偃师商城城墙始建年代问题，显然相当的重要。而在该处城墙的夯土中、城墙附属堆积下的灰坑里，出土了坩埚、陶范、铜渣、木炭等与青铜冶铸有关的早商文化遗物，证明建造城墙之前，此处曾有一座早商时期的青铜冶铸作坊。它的发现，提出了一个足以突破以往传统观念的问题：以前发掘的城墙，并非偃师商城最早的商文化遗存，也即以往发掘的城墙的年代并不代表整个城址的始建时间。这在偃师商城的年代学研究方面，是一个新的突破。

1997 年里偃师商城小城的发现与确认，是偃师商城考古发掘与研究方面的飞跃性进展。多处发掘地点的明确的地层关系证明，偃师商城的小城早于大城，大城城墙的一部分是在小城城墙的基础上修建起来的。以往发掘的城墙或者是大城城墙，或者是小城、大城城墙的共同体，而 1983 年发掘的 T1、T2、西二城门，1996 年发掘的北城

墙 T11，都属于偃师商城的大城城墙。十几年来，学术界关于偃师商城之城墙年代的讨论，所指全都是大城的年代。可见，小城的发现，必将有力地促进偃师商城年代学研究。新的考古发现证明，偃师商城的大城城墙，大约建造于偃师商城商文化第 3 段，而此时其小城城墙已在使用中，小城的修建，至迟是偃师商城商文化第 2 段的事情。

1996～1997 年对宫城内宫殿建筑基址的发掘，发现宫城城墙至少曾经先后两次被平毁用作宫殿基础。而宫殿建筑，可以根据地层叠压关系分成三个阶段的文化遗存，其中多数宫殿在商文化第 2 段的时候已在使用中，则宫殿的建造年代当不晚于商文化第 2 段。以往的发掘也证明，宫城城墙和宫殿，皆非一个时期的建筑遗存。如：五号宫殿就是上、下两层建筑（现在分别编号 D5、D6），修建下层宫殿 D6 时平毁利用了宫城原南墙做基础。这里的地层关系告诉我们，偃师商城宫城内的宫殿起码应分为三个时期：一，与被 D6 南庑所叠压的宫城早期南墙同时并存的宫殿（既有宫城城墙，必有与之同时的宫殿）；二，下层宫殿 D6；三，上层宫殿 D5。在 D6 庭院中的水井 H25、H26 中出土的陶器，属于偃师商城商文化第 4 段，而叠压在 D6 之下的灰坑 H13、H14 则属于商文化第 3 段。依此推断，早于 D6 的宫城城墙及其同时的宫殿 D4，应当早于商文化第 3 段，有学者根据发掘资料推定其始建年代为第 1 段时[3]。

1996～1997 年对宫城北部灰沟的发掘，在灰沟的底部发现了目前所知偃师商城最早的商文化遗存——偃师商城商文化第 1 段，它一方面具有鲜明的商文化特点，另一方面表现出浓厚的二里头文化因素。这类文化遗存的发现，使我们有理由把商文化的上限推定至二里头文化第四期的时候。而偃师商城的创建应该与商文化在此地的出现，是同时的。将来的考古发掘若完全证实该灰沟为早期池苑的组成部分，上述推论将更加可靠。

综合以上材料，既然宫城和小城至迟在第 2 段时已经建成使用，在宫城内发现了第 1 段的文化遗存，而第 2 段的遗存在宫城内的分布较多，就连远离宫城的大城东北隅也发现有第 2 段遗存（包括铸铜遗存），凡此说明第 2 段时偃师商城已具有一定的规模。可见，偃师商城商文化第一期，是偃师商城的创建发展时期。此时商文化在原属于夏文化中心区域内扎根立足，并逐步发展。偃师商城的宫城和小城相继建成，一座商代的都城在二里头遗址的近旁巍然矗立起来。新建设的商代都城内，包括青铜冶铸在内的重要的手工业作坊业已建成启用。陶器做工细腻，文化颇有蒸蒸日上之势。

2. 偃师商城的繁盛年代

偃师商城商文化第二期是偃师商城的繁荣鼎盛时期。此时城市建设已充分展开，城市设施基本完备，在已有小城的基础上修建了大城，宫城也进行了扩建，改建或扩建、新建了一些主要的宫殿，宫殿建筑的比较完善的格局已经形成，修建了贯通全城的池渠水系。城址内的文化遗存相当丰富。

3. 偃师商城的衰败与废弃年代

偃师商城商文化第三期是偃师商城的衰败、废弃时期。本期的早段是偃师商城由盛转衰的过渡时期，有的宫殿废弃了，陶器已开制作粗糙之风。中段时进入迅速衰败阶段，若干宫殿的使用已到尾声甚至完全废弃，小城可能已经平毁，其都城的地位当终结于此时。晚段时整个城池沦落为一般聚落。

七、偃师商城的性质和夏商文化分界

（一）偃师商城是商代初年建造的都城遗址

关于偃师商城的年代与性质，近年来一直是考古学界和历史学界所普遍关注的重大学术课题，因为这个问题的落实，不仅在商代考古学上是一大进展，而且对于久议不决的夏文化问题的解决，也具有极大的推动作用。自偃师商城发现以来的十几年间，学术界就其年代与性质展开了热烈讨论，发表了数十篇论文，各抒己见。就笔者所知，现已有偃师商城是夏末桀都、商初汤亳、商代早期陪都（或说两京之一）、商代早期军事重镇、太甲桐宫（或说早商离宫别馆）、太戊新亳、盘庚亳殷诸说。随着考古发现的增多和相关研究的深入，大家的认识在逐步深化，观点也有所靠拢，但分歧依然很大。以往，学者在推定偃师商城的始建年代时，一般是根据大城城墙的建造年代来推断。现在看来，显然是不妥当的。

在 1996 年以前，关于偃师商城城墙的建造年代，人们只能根据已有的地层关系，卡死城墙建造年代的下限，而不能确认其上限。于是，偃师商城城墙的建造年代不晚于二里冈下层文化时期，得到了学术界较普遍的认可，但是对于其上限的认识，则颇不统一。因此，关于偃师商城的始建年代，进而对于偃师商城的性质，大家的看法有相当的差异。1996 年在偃师商城东北隅的发掘，首次以确凿的地层关系，把该处城墙的建造年代卡定在了很小的时间范围内，即该段城墙的建造，当晚于城墙附属堆积下的灰坑，而早于城墙附属堆积和道路上的墓葬，推定下来约相当于偃师商城商文化第 3 段。这一突破性发现，对于解决久议不决的偃师商城城墙始建年代问题，显然相当的重要。而在该处城墙的夯土中、城墙附属堆积下的灰坑里，出土了坩埚、陶范、铜渣、木炭等与青铜冶铸有关的早商文化遗物，证明建造城墙之前，此处曾有一座早商时期的青铜冶铸作坊。它的发现，提出了一个足以突破以往传统观念的问题：以前发掘的城墙，并非偃师商城最早的商文化遗存，也即以往发掘的城墙的年代并不代表整个城址的始建时间。这在偃师商城的年代学研究方面，是一个新的突破。1997 年里偃师商城小城的发现与确认，是偃师商城考古发掘与研究方面的飞跃性进展。多处发掘地点的明确的地层关系证明，偃师商城的小城早于大城，大城城墙的一部分是在小城城墙的基础上修建起来的。十几年来，学术界关于偃师商城之城墙年代的讨论，所指全都是大城的年代。通过 1996 年的考古发掘，我们已经确认了偃师商城大城城墙的建造年代（大约建造于偃师商城商文化第 3 段），并根据当时的发掘推论该段城墙并不代表偃师商城最早建城的年代，即在修建该段城墙时，偃师商城已初具规模。现在小城的发现，证明上述推论是完全正确的，小城建成的时候，偃师商城东北隅青铜冶铸遗址已在使用中。1996～1997 年对宫城内宫殿建筑基址的发掘，发现宫城内的宫殿建筑，可以分成三个阶段的文化遗存。从地层关系和出土文物判断，偃师商城宫城内从商文化第一期到第三期时，均有宫殿建筑存在。1996～1997 年对宫城北部灰沟的发掘，在灰沟的底部发现了目前所知偃师商城最早的商文化遗存（偃师商城商文化第 1 段），它一方面具有鲜明的商文化特点，另一方面表现出浓厚的二里头文化因素。这类文化遗存的发现，使我们有充分的理由把商文化的上限推定至二里头文化第四期阶段。这是因为，在这里发现的纯粹的商文化遗存，虽然在数量上不占优势，但是它在河洛地区的出现、在曾经做过夏王朝都城的二里头遗址之近旁出现，就应当标志着商人在当地的立足，亦即夏、商王朝已经更替。

在偃师商城，最早的商文化即偃师商城商文化第 1 段文化遗存，目前主要集中于宫城内，而第 2 段的文化遗存则分布面相当广泛。这一现象是否表明，偃师商城的创建，极可能是从宫城开始的，然后造小城，其次扩建大城？宫城里的宫殿也是叠置叠废，经过了扩建、重建，历时甚长。

在 1997 年底召开的“夏、商前期考古年代学研讨会”上，与会的专家、学者对偃师商城的考古发现给予了充分的肯定。会上，大家一致认为，偃师商城商文化第一期与郑州商城以二里冈 H9 为代表的商文化早期遗存，其年代大体相当或略有早晚；偃师商城的始建年代，可以作为夏商文化分野的界标。不少学者还认为，偃师商城是商灭夏以后所建立的第一个具有都城性质的城邑。可见，夏商文化的界限，已可根据偃师商城的科研成果，从考古学上予以划分。

偃师商城小城建于偃师商城商文化第一期，该期文化的面貌，在有的地层单位中出土的陶器等文化遗物上表现出一种复杂性，即一方面在器物种类和形态方面具有大量二里头文化因素，另一方面又有一组特征鲜明的商族文化典型器物（如炊具中的薄胎、细绳纹的卷沿鬲、甗和方沿深腹罐），它们上承“下七垣先商文化”，下联二里冈早商文化，而更多的地层单位出土的陶器等文化遗物上，则表现出文化成分的单纯性，即以特征鲜明的商文化遗物为主体，因此说，从陶器群来看，本期文化已经是商文化。偃师商城小城经过了预先规划，严格按照中轴对称原则设计施工，城内包含了宫殿和府库等重要建筑物，它们既非普通的军事堡垒，亦非一般的方国邑落，而应是具有王都性质的一座城池。小城的文化内涵与二里头文化既有密切联系，又有显著区别，应该分属于不同的考古学文化系统。因此，小城是最早的商代王都城垣。

在城市规划与建筑物的朝向等方面，偃师商城小城与二里头遗址存在着明显的差异。二里头遗址迄今未发现“郭城”，也未发现“宫城”，现已发掘的一、二号宫殿均是自成一体，这与偃师商城小城把成组宫殿安排在宫城内有所不同。二里头遗址的宫殿建筑（包括中小型建筑物）均是坐北朝南而偏东（朝阳），其墓葬的朝向也是如此；而偃师商城小城的城垣、宫城以及宫殿、府库及其围墙，还有其他所有的房屋，其朝向一律是南偏西（向阴），凡南北向的墓葬也必是南偏西，这大概是文化传统的不同。值得注意的是，小城城垣、宫室以及墓葬等建筑朝向等特点，与郑州商城、黄陂盘龙城、安阳殷墟的商代建筑是一致的。根据学术界的共识，二里头文化的一部分或大部分属于夏文化，偃师商城的建造是夏商文化的一个界标，那么偃师商城小城属于商文化遗存，显然是没有疑问的了。

综上所述不难看出，偃师商城小城应为早商时期的王都遗址。联系到小城的地理位置正与史传汤都西亳的地望相符合，小城在二里头遗址之近旁的突然拔地而起，以及小城与二里头遗址（从大的历史发展进程上看）间一兴一废的更替，使得我们有较充分的理由相信，这些考古学史实正是董仲舒《春秋繁露》所说商汤灭夏“作宫邑于下洛之阳”的最好注脚。小城的规模不是很大（面积约 80 多万平方米），并不构成否定其为早商王都的理由。小城的狭小和在建造过程中表现出来的仓促与简陋，以及在城墙设计方面所具有的浓厚的军事色彩，应与商汤灭夏之初，为了镇抚夏遗民、巩固统治权而在夏王朝的腹地傍临夏旧都新建商王朝的统治中心所面临的政局不稳、人力财力匮乏等，正相符合。相反，在当时的历史背景下，若商汤能在河洛地区迅速建筑起一座规模庞大的城池，倒是一个不可思议的事情了。

从考古学上看，偃师商城作为都城的时间，或者说具备王都内涵的文化遗存，肯定地说是从其商文化第 2 段到第 5 段。在此期间，宫城内有成片的宫殿，这些宫殿虽不断改建、扩建和增建，但是宫殿建筑群一直在使用中，小城和大城相继建成。具体地说，第 2 段时主要的宫殿已在使用中，小城业已建成，有了青铜冶铸作坊；第 3 段时修建了大城，可能同时修筑了石砌池渠，对原有宫殿进行了大规模的改、扩建，并增建了新宫殿。第 5 段时三号宫殿再次扩建，新建了五号宫殿。至第 6 段时，有的宫殿已经废弃，有的宫殿可能还在延续使用着。到第 7 段的时候，所有的宫殿才全部毁坏。现在，虽然不能肯定哪座宫殿是商文化第 1 段的，但是也不能排除有第 1 段宫殿的可能性，至少，此时都城正在建设中。因此，宽泛地说，偃师商城商文化第 1 段至第 6 段，均可视为商汤以来、仲丁以前的王都遗存。

（二）偃师商城的始建是夏商文化的界标

关于夏商文化界定的理论与方法问题，学术界曾做过长期而深入的探讨。随着研究工作的不断深入，尤其是一些重要考古发现的问世，使得大家在有关的理论、方法上渐趋一致。我们认为，正确区分夏商文化的理论前提是：夏、商二族是两个不同的人群集团，它们有着不同的族源，曾经毗邻而居，相互间多有联系与沟通，因而其物质文化遗存——遗留至今的考古学文化遗存，既有相通之处，又有各自的特点；商灭夏，随着王朝的更替、民族的迁徙与融合，原先夏王朝统辖区内的社会状况必将发生相应的变化，反映在考古学上首先是夏、商文化的碰撞、交叉，既而是商文化对夏文化的融合、取代。以往，在区分夏、商文化时，人们经常使用“都城界定法”，即首先认定哪个遗址是商汤亳都，然后推定何为夏文化，何为商文化。运用这种方法的背景是，夏文化是什么样子，商文化是什么样子，在古文献中没有可靠的记载，但古文献中却有关于夏桀、商汤都城之地望的记述。二里头文化与二里冈文化在时间上前后衔接，文化内涵上有清楚的传承关系，只从出土文物上是不易确认二里头文化是否为夏文化。商汤亳都的推定，最先出现的是“二里头遗址为汤都西亳说”，继之出现的是“郑州商城为汤都亳说”，最后是“偃师商城为汤都西亳说”。我们持“偃师商城为汤都西亳说”。

偃师商城坐落在美丽富饶的洛阳平原上，北依邙山与黄河，南临洛河与伊河，土沃水足，四方辐辏。偃师商城的大城大致呈长方形，惟其东南角内凹。城墙南北长1700米，东西宽1200米，周长近5500米。墙基宽一般是17～19米，有的地方超过20米，城墙残存高度最高约3米。城墙夯土致密坚硬，现已探明东、西、北三面城墙上共有5座城门（南墙城门情况不明）。城墙外侧环绕着18～20米宽的护城河。小城位于大城的西南部，其南、西墙与大城城墙重合。南北长1100米，东西宽740米，城墙基部宽16～17米，城内面积约80万平方米。宫城在小城的南部居中，平面大致呈方形，周围有厚约2米夯土墙围护，总面积超过4万平方米。宫城的中南部分布着十分密集的宫殿建筑，有的是以正殿为主环之以廊庑的“四合院”式建筑，有的是多进院落的建筑群。不同结构的建筑可能有着不同的功用。这些宫殿建筑布局紧凑有序，规模宏大，如已经发掘的五号宫殿东西总长107米，南北宽81米。而二号宫殿的主殿台基长达80多米，宽11米。坐落在内城西南隅的“二号建筑群基址”，也是一个用夯土围墙围护着的约200米见方的建筑群，里面排列着6排共96座长条形建筑基址，已经发掘过的基址长20多米，宽6米多。根据其布局、形制及其发掘现场的有关情况，我们推断这是一座大型的“府库”。类似的建筑群址在小城东墙外还有一处（即三号建筑群址），规模相若。

在偃师商城内，发现了贯通城门的道路网络，沟通城内外的地下水道，各种类型的房屋建筑，遍布各处的窖穴、灰坑、水井，还有陶窑和与青铜冶铸有关的遗迹遗物。从规模、布局和文化内涵等多个方面分析，我们可以确认：偃师商城决非一般的军事城堡或离宫别馆，而应是具有一国政治、军事中心的都城遗址。

偃师商城与二里头遗址同处于古洛河之阳，偃师商城的南缘与二里头遗址的北缘大体在一条东西直线上，二者相去只有6公里。可以肯定，如果它们之间的文化内涵有所不同的话，只能是时间、文化性质有所不同的原因而不会是地域差别的缘故。

偃师商城原本是建筑在一处二里头文化的遗址上。虽然至今我们还未在偃师商城遗址范围内发现二里头文化的地层堆积和建筑遗迹，但是，1983 年解剖偃师商城大城西墙、1995 年解剖大城和小城的西墙、1996 年解剖大城北墙、1997 年解剖大城和小城的西墙，均从城墙夯土中出土了二里头文化的陶片。偃师商城大城的城墙是用挖护城河的土夯筑起来的，小城城墙的土也是取自城墙附近，因此说，城墙夯土中的二里头文化陶片都是附近二里头文化地层中的包含物。也就是说，在偃师商城建造之前，当地曾有一处二里头文化遗址。从出土二里头文化陶片的地点分布面较大来看，这处二里头文化遗址的范围不是很小；城墙夯土中出土的二里头文化陶片包括了圆腹罐、深腹罐、大口尊、三足皿、刻槽盆等多种器物，从这些陶片的年代看，这个二里头文化遗址的存在时间应该是二里头文化的二、三期。既然偃师商城遗址与二里头遗址近在咫尺，而且偃师商城就建设在一个二里头文化的遗址上面，那么，我们将偃师商城的商文化遗存与二里头文化进行比较研究，就不难对二者的年代和文化性质做出判断。根据偃师商城历年发掘资料，尤其是最近两年的新成果，我们运用一系列确凿可靠的地层关系和出土文物，把偃师商城的建造时间推定在了偃师商城商文化第一期。而偃师商城商文化第一期早段（第 1 段）约与二里头文化第四期的晚段相当。可见，偃师商城创建之初，与二里头遗址曾经有过一段时间的共存的历史。如果这两个毗邻的都城属于同族、同朝所建的话，其文化内涵应该是一脉相传，而无本质上的变化与区别。而如果文化性质有所不同的话，就必然与二者之间族和王朝的不同有关系。自 1959 年以来，我们已经在二里头遗址进行了数十次发掘，二里头文化的面貌基本上是清楚的。偃师商城的考古发掘也经历了十七个年头，其文化内涵业已被人们所认识。因此，我们不难就二者的文化面貌与文化属性进行比较和做出判断。二里头文化的主要特征是：陶器组合是：炊器等食品加工器具主要包括深腹罐、圆腹罐、鼎、甑、刻槽盆等，还有少量的甗、鬲；饮食器具主要包括爵、角、鬶、盉、觚、杯、豆、三足皿，此外有较少量的盘、簋等；盛储器主要有大口尊、矮领尊、折沿盆、卷沿盆、平底盆、瓮、缸、捏口罐、壶等，其中，折沿盆、角、鬶、圈足盘等主要流行于早期（一、二期），而大口尊、卷沿盆、鬲、簋则流行于晚期（三、四期）。陶器造型与纹饰特征是：早期（一、二期）流行折沿、平底、花边口沿、篮纹和细绳纹，晚期流行卷沿、圜底（或凹底）、绳纹。建筑物的主要特征是：宫殿建筑以四面廊庑环绕主殿，形成封闭的独院建筑，建筑物的朝向皆为南偏东。墓葬流行长方形竖穴单人葬，一般有随葬品。其中陶器主要是饮食器具，青铜器以酒器为主，玉器主要是礼器和装饰品，漆器也多属酒器。少见炊具，基本不见农具工具等。窖穴以长方形、方形、圆形为主，水井为长方形口竖壁。

偃师商城商文化的主要特征是：①陶器组合。炊具等食品加工器具主要是鬲、深腹罐、甑、甗、刻槽盆等，鼎很少见。盛储器主要有大口尊、卷沿盆、折肩盆、瓮、捏口罐等。饮食器具主要包括爵、斝（分袋足和平底）、簋等。陶器的形制与纹饰特征是：早期的鬲卷沿、长颈、腹足深肥、足尖细高、薄胎、细绳纹；深腹罐多尖唇方沿、瘦腹平底、薄胎、细绳纹。中期陶器陶胎增厚，饰中等或偏粗绳纹，其中鬲流行双唇折沿、腹足深肥、足尖较高。深腹罐则为圆唇方沿、瘦深腹或腹部垂鼓、大圜底。晚期陶鬲厚胎、粗绳纹，流行圆唇方沿盘口、腹足瘦浅、足尖粗短。深腹罐厚胎、粗绳纹，流行圆唇方沿，下腹垂鼓。②建筑物中，宫殿主要分为封闭式单庭建筑和多进庭院建筑群两类。前者主殿居中，三面有廊庑环绕；后者以多座正殿为主体，辅之以配殿或廊庑。房屋建筑的朝向均为南偏西。③墓葬流行长方形竖穴土坑单人葬，多数有随葬品。其中陶器主要是鬲、簋、盆等。青铜器有爵和斝。④窖穴主要是圆形、方形和长方形。⑤水井为长方形口竖壁。

二里头文化与偃师商城商文化之间，既有若干共同之处，又有显著的区别。其共同处表现在陶器方面主要是二者间具有不少相同的器类，如深腹罐、大口尊、甑、刻槽盆、卷沿盆、缸、爵、捏口罐等。遗迹方面的相同或相近之处也不少。但是，二者的区别更为醒目，如在陶器方面，二里头文化以深腹罐、圆腹罐、甑和鼎为主要炊具，而偃师商城商文化以鬲、深腹罐、甑、甗为主要炊具。二里头文化常见的典型器物圆腹罐、三足皿、高柄豆、盉、觚、矮领尊等均不见或罕见于偃师商城商文化中，而后者所具有的典型器物折肩盆、袋足斝、橄榄形深腹罐等罕见或不见于前者中。尤其值得注意的还有，前者的房屋、墓葬的朝向均为南偏东，而后者为南偏西。

相比之下，偃师商城的商文化遗存与郑州商城的商文化如出一辙，最可注意的是，郑州商城的商文化和二里头文化的关系，与偃师商城商文化和二里头文化的关系几乎是一样的。

偃师商城和郑州商城商文化中有别于二里头文化的文化因素，如以鬲、深腹罐、甑、甗为主要炊具，与分布在史传为商人先公先王中心活动区的下七垣文化完全相同，且偃师商城商文化早期的陶器如鬲、深腹罐等流行薄胎、细绳纹等特征，也与下七垣文化完全相同。

由此可以看出，偃师商城商文化在文化内涵上与二里头文化存在着鲜明的差别，在偃师商城商文化中新出现并成为早商文化主要特征的一组文化因素，应该来源于与商人先公先王有密切关系的下七垣文化。偃师商城商文化与二里头文化之间存在的差别，使我们很难把它们看作是同一支文化不同发展阶段的遗存，而有理由将其归属于两个不同的族的物质文化遗存。

既然二里冈文化已被确认为与殷墟文化同属于商文化，而二里头文化又主要分布在史传为夏人活动中心的豫西晋南地区，其年代基本包括在古文献记载的夏王朝的年代范围内，那么，将二里头文化的创造者推断为以夏人为主体的人群，应该是可信的。

在夏人创造了二里头文化前提下，具有王都规模与内涵的二里头遗址必然属于夏王朝的一座都城遗址。在二里头遗址附近拔地而起、且与二里头遗址有时间重合的偃师商城，当然就是商王朝的一座都城遗址。联系到汉代以来文献皆说商汤亳都在偃师一带（董仲舒《春秋繁露·三代改制质文》：汤灭夏“作宫邑于下洛之阳”；班固于《汉书·地理志》河南郡偃师县条下自注曰：“尸乡，殷汤所都。”）即所谓“西亳”，我们认为偃师商城就是商汤在灭夏以后所建都城之遗址。正因如此，偃师商城的出现，应该就是夏王朝的覆灭和商王朝的建立之重要标志。以此为出发点，通过考古发掘确认偃师商城创建的年代，就可以作为划分夏商文化的年代标尺。所以我们说，偃师商城的始建是夏商文化的界标。

我们认为，把偃师商城的创建，即偃师商城商文化的开始出现，作为划分夏商文化的界标，这是目前在缺乏当时文字一类确证材料的条件下，利用考古学手段对夏文化与商文化、早商文化与先商文化做出区分与界定的唯一可行的解决办法，具有无可置疑的科学性。把偃师商城作为夏、商文化的界标，最关键的是要将其始建年代摸清定死。

大量资料表明，偃师商城的建造，应始于偃师商城商文化的第一期早段（第 1 段），大体相当于二里头文化第四期的偏晚阶段。虽然限于材料，我们目前还不能确指哪座宫殿是建于第 1 段的时候，但是，根据在第 2 段的时候已经有宫殿建成并投入使用中，因此就有理由认为上述宫城内的第 1 段文化遗存，代表着商族在此地的立足和新的都城的开始营造。属于第 1 段的大型池塘（所谓“大灰沟”）的存在，也表明当时已经进行宫邑建设。据此，我们初步推定当地最早的商文化即是偃师商城商文化第 1 段，夏商文化的界限至少应该前推至二里头文化的第四期。

在关于夏商文化的讨论中，有学者曾主张以郑州商城的建造为界标，划分夏、先商与早商文化。主张郑州商城为夏商文化界标的学者认为郑州商城是商汤所建的亳都，而在郑州商城始建之前，郑州地区已经存在着先商文化遗存。偃师商城发现以后，主张以郑州商城的始建划分夏商文化的一些学者已经放弃了原先的观点。这些学者现在认为，早在灭夏之前商人就已经活动在郑州地区，郑州商城始建于灭夏之前的“先商”时期。正因如此，在郑州商城、郑州地区寻求解决夏商文化分界，便是十分困难的事情了。

偃师商城与被认为是夏代都城的二里头遗址相毗邻，二者之间并无任何险阻。又偃师商城的始建年代并不比郑州商城晚，偃师商城的商文化是目前所知最早的商文化。因此，偃师商城的出现，就应该标志着夏商王朝的更替。偃师商城建造于灭夏之前的可能性几乎是不存在的。由于小城是成汤灭夏之后在夏王朝腹地所建立的一座具有都城性质的城，因此，它在夏都附近的出现，应当是商王朝已经建立的标志。在偃师商城发现之初，就有学者指出：“偃师商城的重要历史价值之一，是据此可以解决夏、商之间的断限问题。”可谓目光敏锐，抓住了问题的要害。我们也认为，偃师商城确为夏商文化的界标，在此理论前提下，通过田野发掘和整理研究，确定出偃师商城的始建年代，便可依之比较准确地划分夏商文化的界限。偃师商城作为一个完整城邑的出现，是在小城建成之时，因此，所谓偃师商城是夏商文化的界标，实际上是其小城为夏商文化的界标，而非指偃师商城的大城。只是，必须指出的一点是，说小城是夏商文化的界标，并不是指小城出现的时间恰好就是夏王朝覆灭、商王朝诞生的时刻。实际上，商人建造偃师商城，未必始自小城，而极可能是从宫城入手的。所以，说小城是夏商文化的界标，可以理解为小城的建造年代是商王朝诞生年代之下限。夏商王朝的更替，或当较此更早一点。由于族属和年代的不同，夏商文化区分起来相对容易些。而族属相同、时间上前后紧紧衔接的先商文化与早商文化，仅从陶器等文化遗物的变化上就很难把它们区分开来。偃师商城小城的发现，为我们划分先商文化与早商文化的界限，提供了一个关键性的可靠标尺。我们说，至迟在小城开始建造的时候，先商文化已经完成了向早商文化的转变。

八、结　　语

“夏商周断代工程”是既具有重大学术意义，又具有重要政治意义的一个科学研究项目。

《偃师商城年代与分期研究》是“夏商周断代工程”中的一个具有关键意义的重要专题。

有鉴于此，本专题组在工程领导小组和专家组的关怀、指导下，在工程办公室的组织协调下，根据中国社会科学院考古研究所的有关决定和安排，按照预先设定的技术路线，以大规模的田野考古发掘为基础，以开放式综合研究为途径，着重在偃师商城的文化分期、始建年代和性质，夏商文化的关系和分界等问题上，展开深入研究，取得了比较理想的科研成果，基本达到了预期目的，较好地完成了工作任务。

有目的、有计划的大规模考古发掘，为 ^{14}C 测年工作提供了比较充足的含炭标本。这些标本基本上达到了地层清楚准确，年代涵盖面广，可形成系列等要求。

根据充分而可靠的地层依据，我们把偃师商城的商文化遗存分为三期，共 7 个发展阶段。其中第 1 段文化遗存比以往人们所知道的以郑州二里冈 H9 为代表的商文化遗存要稍早，而与二里头文化的第四期偏晚阶段大体同时，这是目前所知最早的商文化遗存；其第 2 段、第 5 段，因资料和认识的局限，以前多数学者在进行早商文化分期时未能将其独立出来。因此说，偃师商城的商文化分期结果，丰富了早商文化的分期，为进一步探讨偃师商城与二里头、郑州商城的年代关系及其各自的性质，奠定了较为坚实的学术基础。

偃师商城始建于其商文化的第一期，繁盛于其商文化的第二期，至第三期时转向衰败并最终废弃。

偃师商城商文化第一期的年代约为公元前1600～前1560年，第二期文化的年代范围约为公元前1560～前1500年，第三期文化的年代范围约为公元前1500～前1460年。

偃师商城是商汤灭夏以后所建立的最早的都城之遗墟，即商汤灭夏之后、仲丁迁嚣以前的商代早期都城遗墟。已有考古材料证明，偃师商城在其商文化第2～5段的时候，完全具备都城条件，而其商文化第1段，应该是王都初创时期的文化遗存，第6段可能也是王都文化遗存，只是此时商王朝进入了中衰阶段。

偃师商城商文化第一期第1段，是最早的商文化遗存。偃师商城的始建，是夏商文化的界标。

本文系作者主持的“夏商周断代工程”子课题“偃师商城年代与分期研究”结题报告，是课题组集体成果。1998年12月初稿，1999年6月二稿，1999年8月三稿，1999年10月定稿

注　释

［1］赵芝荃、徐殿魁《偃师尸乡沟商代早期城址》有介绍，见《中国考古学会第五次年会论文集（1985）》，文物出版社，1988年。

［2］赵芝荃：《再论偃师商城的始建年代》，《中原文物》1999年3期。

［3］同［2］。

附录一：学术活动

偃师商城的分期与年代学专题研究，不是闭门造车，而是开放式研究。

首先，有关人员走出本遗址，到相关的地方去参观学习。其中，到河北邢台葛庄遗址、郑州商城、郑州小双桥遗址、河南焦作府城遗址的参观学习，向有关的专家学者请教问题，收效都很大，有力地促进了我们的研究工作。

在“走出去”的同时，我们更注意“请进来”，广泛征求学术界的意见，随时总结、改进研究工作。

1996年11月，举行考古成果现场鉴定会，国家文物局、北京大学、河南省文物研究所和中国社会科学院考古研究所的有关领导和专家严文明、邹衡、安金槐、叶学明、刘庆柱、杨育彬、杨锡璋、高炜、段鹏琦等到会。

1997年10月，召开考古成果现场研讨会，国家文物局、河南省文物局、洛阳市文物局、故宫博物院、河南省文物研究所和中国社会科学院考古研究所的领导、专家孟宪民、张军、宋新潮、张文军、赵会军、郭引强、张忠培、安金槐、杨育彬、张显清、

刘庆柱等参加了会议。

另外，我们还多次组织中国社会科学院考古研究所和河南省文物研究所的商代考古专家的小型学术讨论会，就已有的考古成果展开研讨，在主要问题上取得了比较广泛的一致意见。

1997 年 10 月 25 日，国家文物局局长张文彬到偃师商城考古发掘现场视察工作。

先后到偃师商城考察学术的考古专家还有国家文物局专家组黄经略、郑笑梅，北京大学李伯谦，中国历史博物馆俞伟超，中国社会科学院考古研究所安志敏、张长寿、殷玮璋、赵芝荃、杨锡璋、高炜、刘一曼，郑州大学陈旭，河南省博物馆许顺湛，以及日本奈良国立文化财研究所所长田中琢，日本京都大学教授冈村秀典等外国学者。从 1996 年到 1998 年，到偃师商城参观考察的专家学者达到 300 多人次。

在偃师商城文化分期初见眉目和最后敲定时，还两次邀请高炜、杨锡璋以及唐际根、张立东等在襄汾陶寺、偃师二里头、安阳殷墟等著名夏商遗址从事考古发掘与研究的老专家和中青年同志，会集偃师商城，进行专题探讨。以上几项学术活动，虽规模不大，也不拘形式，但是颇见成效。

附录二：阶段性研究成果

1. 考古发掘简报

为了便于学术界更快更好地了解偃师商城的考古新进展，促进夏、商断代研究，我们注意在不断进行考古发掘的同时，尽快地整理发掘资料，编写发掘简报，以供学术界研究。到目前为止，我们一共写出了 4 篇发掘简报：

（1）《河南偃师商城东北隅考古发掘简报》，《考古》1998 年 6 期。

（2）《河南偃师商城小城发掘简报》，《考古》1999 年 2 期。

（3）《河南偃师商城Ⅳ区 1996 年发掘简报》，《考古》1999 年 2 期。

（4）《河南偃师商城宫城北部“大灰沟”发掘简报》，《考古》2000 年 7 期。

2. 学术论文

根据新的考古发掘，我们随时进行一些研究，并挤出时间撰写论文。截至目前，我们已经写成关于偃师商城年代学方面的论文 7 篇。

1996 年 12 月 29 日《中国文物报》发表了我们的研究文章《偃师商城东北隅考古发掘新收获的学术意义》，介绍了偃师商城东北隅考古发掘的重要考古发现及其学术意义。

杜金鹏、王学荣、张良仁、谷飞：《试论偃师商城东北隅考古新收获》，发表在《考古》1998 年 6 期。

杜金鹏、王学荣：《偃师商城考古新成果与夏商年代学研究》，《光明日报》1998 年 5 月 15 日。

高炜、杨锡璋、王巍、杜金鹏：《偃师商城与夏商文化分界》，全文发表于《考古》1998 年 10 期，该文摘要发表在 1998 年 7 月 24 日的《光明日报》。

杜金鹏、王学荣、张良仁：《试论偃师商城小城的几个问题》，《考古》1999 年 2 期。

王学荣：《偃师商城布局的探索和思考》，《考古》1999 年 2 期。

杜金鹏、王学荣：《偃师商城早商文化分期研究》，待刊。

附录三：文物保护项目

自“夏商周断代工程”启动以来，偃师商城的考古发掘工作取得了重大进展，发现不少有重要意义的遗迹遗物。根据李铁映同志关于“夏商周断代工程”考古发掘中发现的具有重要断代意义的典型地层要妥善保护的意见，根据国家文物局和中国社会科学院考古研究所关于重视和加强偃师商城遗址文物保护工作的决定，我们选择偃师商城宫城遗址和偃师商城大城东北隅考古发掘现场为首批文物保护项目实施对象。

为此，我们组织力量起草制定了下述两个文物保护项目的规划和方案。

《偃师商城东北隅考古发掘现场保护方案》，将 1996 年的发掘现场予以回填保护后，在地表复原发掘出来的商代城墙、墓葬、车辙、灰坑、陶窑等。本方案已获国家文物局批准，正在实施中。

《偃师商城宫城遗址保护规划及第一期工程实施方案》，拟将整个宫城遗址保护起来，不再让农民耕种。在充分进行考古发掘的基础上，将宫城范围内的主要遗迹现象——城墙、宫殿基址和池苑遗迹等复原展示出来。目前，本方案也在实施中。

上述文物保护项目的实施，必将有力地促进偃师商城的遗址保护和科学研究工作，对当地的社会发展，也必将起到推动作用。这是“夏商周断代工程”的一个重要收获。

附录四：有关新闻报道

“夏商周断代工程”启动以来，偃师商城的考古发掘工作连续取得新成果，在学术界反响较大，在社会上也有一定影响。因此，新闻媒体曾经多次予以报道。

1996 年 12 月 8 日，《中国文物报》在头版头条以“偃师商城获重大考古新成果”为题报道了偃师商城东北隅考古新收获；1998 年 1 月 11 日，《中国文物报》在头版头条又以“偃师商城考古再获新突破”为题报道偃师商城内城的考古发现。

1997 年 5 月号《华声》月报发表了记者崔黎丽的文章《把中国历史纪年推前 1400 年——记“夏商周断代工程”》，文章刊发了偃师商城东北隅考古发掘现场的照片，报道了偃师商城东北隅考古发掘所获地层学新资料，认为这是断代工程中“突破关键点”的一次发掘。

《中华文化画报》1997 年 3 期发表《夏商周断代工程新进展——河南偃师商城重大考古新发现》，对 1996 年偃师商城东北隅考古新发现作了简要介绍。

《人民日报》海外版以《我国发现最早的故城遗址——比古希腊迈锡尼王国都城遗址早几百年》为题，报道了偃师商城的考古新发现，文章说："北京大学考古系主任李伯谦教授指出，偃师商城作为商灭夏后兴建的最早的具有都城性质的城邑，它的发现为长期困扰学术界的夏、商两代的划分问题提供了明确的界标。"

国内的郑州《大河报》等也刊载了新华社的上述消息。

香港《文汇报》1998 年 8 月 2 日发表新华社消息《商代都城遗址发现》，报道偃师商城最近两年的考古新成果。

1998 年 9 月 2 日《经济参考报》刊登了王兆麟的文章《今人断代夏商周》，谓"偃师商城解开夏商分界的疑团"。

1998 年 9 月 12～13 日，日本的《中日新闻》以"偃师商城是商代初年的都城——公元前 17 世纪靠近夏王朝的都城"，《日本经济新闻》《产经新闻》《神户新闻》以"偃师商城为商代初年的都城亳——中国社会科学院研究员强调认为夏王朝确实存在"为题，报道了偃师商城的考古新发现以及我们的研究新看法。

《科技日报》于 1997 年 4 月 16 日、22 日连载记者马晓晨的"夏商周断代工程"专访文章《偃师商城夏商寻踪》，对偃师商城的考古发掘工作做了近距扫描。

1997 年 11 月 25 日《洛阳日报》在头版头条以"夏、商前期考古年代学研讨会上专家意见初步趋同，偃师商城遗址可作为划分夏商界限的坐标"为题，报道了"夏商周断代工程"办公室组织在郑州、洛阳召开的"夏、商前期考古年代学研讨会"主要成果。报道说，会议取得了一些共识，其中最重要的是"认为偃师的商城遗址和二里头遗址是存在差异的，偃师商城遗址应该属于商灭夏之后所最早建立的、具有都城性质的城址，可以作为划分夏、商界限的坐标"。

1996 年 12 月 19 日，中央电视台在《新闻 30 分》和《晚间新闻》节目中，报道"偃师商城获重大考古新发现"。

1997 年 12 月 28 日，中央电视台在《晚间新闻》、次日在《新闻联播》中报道"夏商周断代工程"取得突破性进展时，提到偃师商城的考古新发现为夏商分界年代的确定，提供了可靠的资料。

1998 年 1 月 11 日，《中国文物报》报道偃师商城小城与宫殿的发掘，被评为 1997 年度全国十大考古发现。

1999 年 5 月 23 日，中央电视台《新闻 30 分》报道了偃师商城宫城北部池苑遗迹的发掘消息。

1999 年 5 月 25 日，中央电视台《新闻 30 分》报道通过偃师商城的考古新发现与研究，初步划定夏商文化界限。

鉴于偃师商城在短期内连续有重要考古新发现，中央电视台《科技之光》《第二起跑线》等栏目也到偃师商城考古现场拍摄有关节目。

另外，洛阳电视台、偃师电视台也曾多次报道偃师商城的考古新发现，并播放过专访节目。

关于偃师商城的初步见解

一、偃师商城选址与布局

（一）地址选择

偃师商城地处中原核心之洛阳盆地，背倚邙山，前临伊洛，北有黄河天险，南有中岳嵩山，凭险易据；大川在前不忧干旱，丘陵在后可避水灾，地势优越；左出虎牢、轘辕可通海岱、江淮，右出函谷、伊阙可达关中、江汉，据南北之要道，扼东西之通衢，辐连九州；气候温和，四季分明，水源充足，土地肥沃，适宜农耕，堪称粮仓。

《荀子·大略篇》曰："王者必居天下之中，礼也。"

《吕氏春秋·慎势》曰："古之王者，择天下之中而立国，择国之中而立宫。"

《管子·乘马》曰："凡立国都，非于大山之下，必于广川之上。高毋近旱，而水用足；下毋近水而沟防省。因天时，就地利。"

偃师商城地址选择，与上述文献记载正相符合，也与有史以来中国历代帝王都城选址原则一脉相承。周汉以来九朝古都建在洛阳，实秉洛阳夏商都邑选址理念。

（二）城郭制度

偃师商城以宫城为核心，城（宫城）、郭（郭城）具备。《吴越春秋》云："筑城以卫君，造郭以居民。"[1]偃师商城完全具备了"卫君"和"居民"的都邑城郭功能。

偃师商城宫城位于郭城中央（在小城中部稍偏南处）。这是在地理方位上尊崇中央的"贵中"思想在都城规划中的体现。偃师商城不仅讲求"择天下之中而立国"，而且务必"择国之中而立宫"。以中央为最尊贵方位的思想，贯穿于我国古代都城制度中数千年，是中国古代礼制要素之一。

（三）城墙、城门与道路

偃师商城城墙，均是用比较纯净的黏土夯筑而成的，先挖基槽，基槽底部的小沟和土台，可能是建城施工时测量水平的遗迹。从基槽底部开始平铺黏土，层层夯实，出地表后，使用夹板挡土，逐板内收形成收分。

商代流行版筑夯土墙，文献中已有记载。《孟子·告子下》所谓"傅说举于版筑之间"，证明武丁选用的辅臣傅说本是善于版筑的土木工程师。《诗经·大雅·緜》记述周人古公亶父建都周原说："乃召司空，乃召司徒，俾立家室。其绳则直，缩版以载，作庙翼翼。捄之陾陾，度之薨薨，筑之登登，削屡冯冯，百堵皆兴。”把版筑夯土墙的施工场面描写得十分形象。

偃师商城四面城墙（无论小城、大城）都不是直线走向，而是每隔一定距离就拐折，使得城墙曲折不直。这种曲折并非因为地形所致，而是有意为之。城墙筑成这种状态，便于城上防守。这显然是后世城墙“马面”的滥觞。

偃师商城大城的东、西城墙上，均已确认各有 2 座城门，北城墙中部有 1 座城门，南城墙因叠压在现代村庄下面，难以进行详细勘探，尚未确定其城门所在，但根据已知宫城往南有大道，推测是通向南城门。因此，偃师商城应该是有 6 座城门。城门应是城内道路的端点，但我们至今尚未通过考古勘探和发掘，使 6 座城门之间完全用道路连通起来。我们在大城东北隅（化肥厂）和东二城门南侧（洛神路）的发掘，均发现城墙内侧有与城墙并行的窄墙，两墙之间是道路，路土较厚可分多层，路上分布有小型墓葬，死者多随葬陶器，个别的随葬小件青铜器。可见，考古事实尚未证实偃师商城各城门之间由道路直接连通，而现有迹象说明偃师商城很可能存在“夹城”，这种现象在垣曲商城已经发现过[2]，应该就是后世“瓮城”的雏形。

偃师商城城内街道网络状况，有待进一步探察。

（四）城市功能区划

偃师商城是按一定原则划分成不同功用区域。大体上，可分为南、北两个大区。

南部以宫城为主体，分布着成片的大型夯土建筑。在宫城西面，夯土建筑分布相当广泛而多宏大，很可能是王室贵族的聚居区；在宫城南面，也有不少夯土建筑，有的显然自成院落，或许与中央官署有关；宫城西南、东北，各有规模可观的府库。总之，这里以宫城为核心，是宫殿、衙署、府库和贵族宫室分布地。

北部（主要是东北部）发现很多与制陶、制骨、铸铜等手工业相关的遗迹遗物，应该是“百工”聚居区域。至于在西北部发现的夯土建筑，性质不明，因而这个区域的城市功能尚不明了。

就全城而言，偃师商城城市区划已有所谓“面朝后市”之萌芽。

《吴越春秋·阖闾外传》：“阖闾曰：‘安君治民，其术奈何？’子胥曰：‘凡欲安君治民，兴霸成王，从近制远者，必先立城郭，设守备，实仓廪，治兵库，斯则其术也。’”今观偃师商城，实与伍子胥所言相符。

二、偃师商城文化分期

（一）偃师商城商文化分期

偃师商城的文化分期，是通过一系列的地层叠压打破关系的排列，构成了偃师商城的文化编年序列；再根据各个地层出土器物的特征与变化，划分出期、段。目前，偃师商城的文化分期框架暂定为三期7段，其中第一期包括早、晚两段，即第1段、第2段；第二期也包括早、晚两段，即第3段、第4段；第三期则分为早、中、晚3段，即第5段、第6段、第7段。就已有资料而言，偃师商城早商文化第1段至7段基本上是一个连续的文化发展过程，陶器的发展变化轨迹清楚，连续性较强。

（二）偃师、郑州商文化分期对照

关于早商文化分期，以前主要依靠郑州地区考古资料。而今偃师商城建立起又一个早商文化分期体系之后，郑州、偃师两个分期框架可以相互对应、比照。现将偃师商城商文化分期与郑州商城商文化分期作如下（表一）对照。

表一　偃师商城与郑州商文化分期对应表

偃师商城				郑州地区		
			二里冈	郑州商城		小双桥
一期	1段	84ⅧH1796ⅧT28⑩			青年公寓 T36⑥	
	2段	89ⅣH72、96ⅡH8、H9 96ⅣH184	H9		电力学校 H6	
二期	3段	88ⅣH2、92ⅣH134、 96ⅣH166	H188、H12	C8T24：28		
	4段	86J1D6H25、H19、92ⅣH116	H17、H15	CWM8、M9C8M8	电力学校 H9	
三期	5段	85ⅤH3、92ⅣH147	H2乙	C8H22、H21	电力学校 J3	
	6段	84J1D4H24、89ⅣH76	H1、H13	CNM5、M15	中医学院 H11	H2
	7段	88ⅣH18、88ⅣT12④		CNM13	回民中学 H29	H9

三、偃师商城年代

（一）大城建造年代

发掘西二城门时发现，分布在城门内侧路土上的墓葬，年代最早的属于第3段偏晚，这就证明大城城墙的建造年代不晚于第3段。在城门南侧大城城墙夯土中夹包着1座属于第3段的小孩墓，应是营造城墙时的祭祀遗迹，由此可定大城建造年代不早于第3段。大城西墙“顺城路”路土中出土有属于第3、4段之际或第4段偏早的陶器，应是代表着大城的建造、使用年代的下限。因此，可以断定大城西墙的建造年代是第 3 段。

发掘大城北城墙时发现，被城墙附属堆积所叠压的灰坑属于第 2 段，打破叠压在城墙附属堆积上面的路土之墓葬，属于第 4 段，其中年代偏早的接近第 3 段。由此证明城墙建造年代不早于第 3 段，不晚于第 4 段。城墙外侧护城河底部出土陶片属于第 4 段偏早。因此推断大城北城墙的建造年代是第 3 段。

发掘东一城门时发现，第 4 段的墓葬打破城墙内侧基部夯土，在城门道中出土有属于第 3 段偏晚、第 4 段偏早的陶器。说明东城墙的建造年代早于第 4 段，城门使用年代上限为第 3 段时候。

综上所述，偃师商城大城城墙的建造年代，既不早于第 3 段，也不晚于第 3 段，应为第 3 段。

（二）小城建造年代

西二城门地层关系证明，小城城墙早于大城城墙，大城城墙包夹着小城城墙。因此说，小城的建造年代应该早于大城，即早于商文化第 3 段。

小城北城墙的内、外发现一些打破城墙附属堆积和路土的商代墓葬，其中年代最早者为第 3 段，由此可知小城的建造、使用年代之下限是第 3 段。叠压在小城城墙之下的水沟，其城墙内侧部分填充着一些小城使用时候的灰土，其中包含的陶片，属于商文化第 2 段偏早或 1、2 段之际。因此可以认为城墙内侧水沟中灰土内出土陶片的年代，应该代表小城城墙建造年代的下限，即在商文化第 2 段偏早时候，小城城墙已经建成了。

（三）府库（二号建筑群基址）年代

二号基址内的夯土建筑基址可以分为上、中、下三层，显然是经过了反复的翻建、重建，历时颇长。但是，我们没能找到充分而可靠的证据来推定这些建筑物的建造年代，现有地层关系只能证明这个建筑群的上层建筑大致废弃于第 6 段。联系宫城内宫殿建筑分为三个时期，估计府库内上下叠压的三层建筑基址——三个时期的库房建筑，也许与宫殿的改建、扩建是同步的。

（四）铸铜作坊使用年代

在偃师商城大城东北隅发掘时，于城墙护城坡的下面发现有 2 个第 2 段的灰坑中，包含一些铜渣、铜块、陶范、坩埚、木炭等与青铜冶铸有关的遗物，另外在城墙夯土中也出土了一些同样的文化遗物，它们应该是修建城墙时所取附近土层中的包含物。由此断定这里应有一处属于第 2 段的青铜冶铸作坊遗址。

另外，在四号宫殿水井中出土了一些坩埚、铜渣、铜矿石等，其年代为第 4 段。

（五）宫城和宫殿年代

宫城的始建是在第一期的时候。宫城城墙和部分宫殿在商文化第 2 段时已经建成使用。宫城北部在第 1 段的时候出现了形状规整的祭祀沟。因此，偃师商城的宫城始建于其商文化第一期早段即第 1 段时，就成为合理的科学推断了。在商文化第 3 段时宫城发生了很大变化，有了一系列改建、扩建。到商文化第 5 段时，宫城内又有改建、增建。部分宫殿使用到了第 6 段（宫城和宫殿资料详见《偃师商城（第二卷）》）。

（六）偃师商城年代

1. 考古学相对年代

偃师商城最早的商文化遗存（偃师商城商文化第一期），一方面具有鲜明的商文化特点，另一方面表现出浓厚的二里头文化因素。其陶器形制，与二里头遗址的二里头文化第四期偏晚阶段的典型单位中所出土的陶器基本相同。这类文化遗存的发现，使我们有充分的理由把商文化的上限推定至二里头文化第四期阶段。

偃师商城原本是建筑在一处二里头文化的遗址上。虽然至今我们还未在偃师商城遗址范围内发现二里头文化的成片地层堆积和建筑遗迹，但是，偃师商城多个地点的大城城墙夯土中出土了二里头文化的陶片，其中多数为二里头文化第二期，最晚的是第三期的，而没有发现确属第四期者。

将二里头遗址出土的具有商文化风格的成组陶器，与偃师商城商文化第一期的陶器相比较，我们发现它们之间并无明显的年代差异，可以视为基本同时的文化遗存。就考古学上目前所能认可的而言，偃师商城最早的商文化之年代，大体与二里头文化第四期偏晚阶段相当。

因此，偃师商城商文化的上限年代是二里头文化第四期，目前发现的偃师商城商文化第 1 段，约与二里头文化第四期偏晚阶段年代相当。

偃师商城最晚的商文化遗存，约与二里冈上层偏晚阶段大致相当。因此推定，偃师商城的考古学相对年代为：上限相当于二里头文化第四期，下限相当于二里冈上层二期文化。

2. ^{14}C 测定年代

在国家科学攻关项目“夏商周断代工程”实施过程中，有关方面测定了大量偃师商城出土的含炭标本，发表了 2 个偃师商城 ^{14}C 测年数据表（表二、表三），并据此推定偃师商城始建年代在公元前 1610～前 1560 年之间[3]。

表二　偃师商城常规 ^{14}C 测年数据表

分期		单位	样品	实验室编号	^{14}C 年代（B. P.）	拟合后日历年代（B. C.）
第一期	1段	ⅦT28⑩	兽骨	ZK5417	3220 ± 36	1600～1565（0.67） 1525～1506（0.33）
		ⅦT28⑨	兽骨	ZK5416	3219 ± 34	1600～1560（0.69） 1525～1505（0.31）
	2段	ⅦT28⑧	兽骨	ZK5424	3252 ± 34	1532～1487
		小城 T54G	木炭	ZK5453	3258 ± 36	1532～1487
		ⅦT0200H19	木炭	ZK5447	3150 ± 37	1516～1486
第二期	3段	ⅣT32HG2	木炭	ZK5402	3237 ± 37	1500～1461
		T0301H94	木炭	ZK5442	3158 ± 48	1496～1464
	4段	ⅡT11M27	人骨	ZK5412	3207 ± 31	1467～1429
		ⅡT11M31③	人骨	ZK5421	3206 ± 36	1466～1427
		ⅣT03H179	兽骨	ZK5403	3201 ± 31	1464～1428
		ⅣT31H120	木炭	ZK5400	3191 ± 48	1459～1412
		ⅡT11M27⑦a	兽骨	ZK5413	3183 ± 40	1456～1412
		ⅦT28⑥	兽骨	ZK5415	3130 ± 35	1434～1388
		ⅡT11M25	人骨	ZK5411	3120 ± 32	1429～1387
第三期	5段	偃师商城路土①	木炭	ZK5452	3126 ± 37	1405～1370（0.37） 1355～1350（0.04） 1340～1315（0.59）
		偃师商城 G1	木炭	ZK5451	3053 ± 34	1380～1260

表三　偃师商城 AMS 测年数据表

分期		单位	样品	实验室编号	^{14}C 年代（B. P.）	拟合后日历年代（B. C.）
第一期	1段	ⅦT28⑩	骨头	SA00052	3190 ± 55	1605～1540（0.94） 1525～1515（0.06）
		ⅦT28⑨	骨头	SA00053	3290 ± 50	1605～1535
	2段	ⅣT53G2	骨头	SA99121	3220 ± 35	1525～1489
		ⅦT28⑧	木炭	SA99117	3295 ± 45	1565～1500
		J1D2T1009④G3	木炭	SA99013	3300 ± 50	1565～1500
		ⅦT0301H99G10	木炭	SA99012	3260 ± 40	1555～1490

续表

分期		单位	样品	实验室编号	^{14}C 年代（B. P.）	拟合后日历年代（B. C.）
第二期	3段	ⅧT28⑦	骨头	SA99118	3230±45	1504～1460
		ⅣT54H180	木炭	SA99008	3210±45	1503～1460
	4段	ⅧT0502G9	木炭	SA99011	3245±35	1470～1436
		ⅣT54⑧	木炭	SA99006	3230±45	1469～1430
		ⅧT27⑥a	骨头	SA99119	3110±40	1440～1400
第三期	5段	J1T0419CH③	骨头	SA99122	3105±40	1425～1365（0.99） 1360～1350（0.01）
		ⅣT34④下	竹炭	SA99009	3100±40	1425～1365（0.95） 1360～1350（0.05）
		J1D2T0412H61	竹炭	SA99002	3030±60	1410～1350
		J1D2T0511H64	木炭	SA99005	3125±60	1430～1365

根据考古学上的地层关系，结合古代文献的有关记载，我们在 ^{14}C 测年专家所给出的偃师商城 ^{14}C 数据中，暂作如下采纳：

偃师商城商文化第一期的起始年代，为公元前 16 世纪前叶，或曰接近公元前 1600 年；偃师商城商文化第三期的终结时间，为公元前 14 世纪前叶，或曰约公元前 1360 年。

四、偃师商城发展演变轨迹

（一）偃师商城的始建

偃师商城商文化第一期，是偃师商城的创建发展时期。宫城和小城至迟在 2 段时已经建成使用，在宫城内发现了第 1 段的文化遗存，而第 2 段的遗存在宫城内的分布较多，就连远离宫城的大城东北隅也发现有 2 段遗存（包括铸铜遗存），凡此说明商文化第 2 段时偃师商城已具有一定的规模。

（二）偃师商城的繁盛

偃师商城商文化第二期是偃师商城的繁荣鼎盛时期。此时城市建设已充分展开，城市设施基本完备，在已有小城的基础上修建了大城，城市规模大幅度扩展，宫城也进行了扩建，改建或扩建、新建了一些主要的宫殿，宫殿建筑已经形成比较完善的格局，修建了贯通全城的池渠水系。城址内的文化遗存相当丰富。

（三）偃师商城的衰败和废弃

偃师商城商文化第三期是偃师商城的衰败、废弃时期。本期第 5 段是偃师商城由盛转衰的过渡时期，有的宫殿废弃了，陶器已开制作粗糙之风；第 6 段时进入迅速衰败阶段，若干宫殿的使用已到尾声甚至完全废弃，其都城的地位当终结于此时；至第 7 段时整个城池沦落为一般聚落。

五、偃师商城性质

（一）从文化内涵看偃师商城的性质

1. 文化特征

偃师商城文化遗存有着鲜明的商文化特征。

偃师商城第一期文化遗存，在文化因素方面有着明显的双重性，即同时含有二里头文化、二里冈文化因素。这是特殊历史背景下形成的特殊文化景观。但偃师商城第二期文化遗存，基本摆脱了二里头文化而确立了新体系。

偃师商城商文化与以二里头遗址为代表的二里头文化的区别，主要体现在：

偃师商城陶器群与二里头文化陶器群之间，存在很大差异。在炊器方面，偃师商城以鬲为大宗，大量使用平底深腹罐和圜底深腹罐，罕见圆腹罐；二里头文化则以圜底深腹罐、圆腹罐为主，较少用鬲。在酒器方面，偃师商城常见爵、觚、鬲式斝，二里头文化则流行爵、觚、盉，斝少见，无鬲式斝。食器方面，偃师商城以簋为主，二里头文化则以豆为主等。

偃师商城商代墓葬的方向多为北偏东，随葬陶器以炊器为首选，其中鬲最常见，如果只有一件陶器往往便是鬲。二里头文化墓葬方向多为北偏西，随葬陶器以酒器最常见，极少用鬲。

偃师商城宫殿建筑朝向均为南偏西，每个建筑单元一般是主殿坐北朝南，左右连接耳庑，三面围绕廊庑；二里头文化宫殿建筑朝向则为南偏东，每个建筑单元基本格局一般是主殿坐北朝南，四面环绕廊庑。

偃师商城凡是与二里头文化所不同者，往往正与郑州二里冈文化相合。二里冈文化因其文化特征与殷墟文化一脉相承，年代上早于殷墟处于商代早期，因而被学术界推定为早商文化。故此，偃师商城文化遗存应属于早商文化范畴。

2. 文化内涵

偃师商城具有古代都邑的主要内涵特征。

偃师商城具有城、郭两重城垣，大城外有人工河护卫。郭城内除了宫城之外，还有大型府库、铸铜和制陶等手工业作坊等，贯穿大城有人工水渠；宫城南部分布着成片宫殿建筑，北部有专门的祭祀场和池苑。凡此说明，偃师商城应是一座早商时期最高统治者盘踞的规模较大的都邑。

（二）从古代文献有关记载看偃师商城的性质

1. 偃师商城地理位置

偃师商城地处洛阳平原，古洛河从其前面流过，伊河在其南面汇入洛河，伊洛河往东不远便进入黄河。因此，偃师商城就是《逸周书》所谓“洛汭”、《史记》所谓“河洛之间”、董仲舒《春秋繁露》所谓“下洛之阳”之地。

2. 汤都西亳的文献记载

根据古代文献的记载，推翻夏王朝以后，为了巩固刚刚夺得的胜利，有效地镇抚夏遗民，商汤又在夏都附近营建了新的统治中心：

《春秋繁露·三代改制质文》：商汤灭夏即天子位，“作宫邑于下洛之阳”。

《后汉书·逸民传·野王二老传》：“昔汤即桀于鸣条，而大城于亳。”

《路史·后纪》卷十四：商汤灭夏，“反（返）夏政，国迁鄗。”

商汤灭夏以后新建都邑，被后人称作“西亳”，其地点就在洛阳平原偃师境内。

《史记·封禅书》：“昔三代之君（居）皆在河洛之间。”

《汉书·地理志》河南郡偃师县条班固自注云：“尸乡，殷汤所都。”

《书序》郑玄注：“亳，今河南偃师县有汤亭。”

《史记》所说三代都城在河洛之间者，除夏都斟鄩、西周东都洛邑之外，就是殷汤所都之亳。

班固、郑玄所说位于偃师尸乡之殷汤亳都，在汉唐偃师县城之西，古有西亳之称。

《史记·殷本纪》：“盘庚渡河南，复居成汤之故居……乃遂涉河南，治亳。”《集解》引皇甫谧曰：“今偃师是也。”《正义》：“盘庚渡河南，居西亳。”

《书序》：“盘庚五迁，将治亳殷。”《正义》：“束皙云：《尚书序》‘盘庚五迁，将治亳殷’，旧说以为居亳，亳殷在河南。”

《帝王世纪》：“偃师为西亳，即盘庚所徙者。”[4]

《水经·谷水注》：“阳渠又东迳亳殷南，昔盘庚所迁。”

《括地志》：“河南偃师为西亳，帝喾及汤所都，盘庚亦徙都之。”[5]

《史记·殷本纪·正义》：“《晋太康地记》云：‘尸乡南有亳阪，东有城，太甲所放处也。’按：尸乡在洛州偃师县西南五里也。”

据唐代墓志记载，唐代偃师县有亳邑乡，在县城西，唐代所说“西亳”“景亳”就在这里。

偃师商城之地望与古人记载的亳邑、西亳之地望，正相符合。

（三）偃师商城即商汤西亳

综上所述，偃师商城应为早商时期兴建的王都遗址。联系到它的地理位置正与史传汤都西亳的地望相符合，它在二里头遗址之近旁的突然拔地而起，及其与二里头遗址作为都邑之一兴一废，使得我们有较充分的理由相信，这些考古学史实正是董仲舒《春秋繁露》所说商汤灭夏"作宫邑于下洛之阳"的最好注脚。

根据偃师商城已有考古发现，我们坚持如下观点：偃师商城是商汤灭夏之后兴建的都城，即后世所谓西亳。

六、偃师商城学术意义

偃师商城的发现，在考古学、历史学、古建筑和古园林研究等方面，具有重要学术意义，兹择要简述如下。

（一）关于都城与宫殿制度

偃师商城发现之初，城址保存相当完好，考古发掘比较系统、深入，尤其是对于宫殿、城墙、城门、府库等重要建筑遗迹的发掘，积累了全面而翔实的科学资料。这在夏商周时期都城遗址中，属于布局和内涵最清楚者。因此，偃师商城就成为我们研究商代都邑遗址的最好标本，也是研究我国古代宫殿和都城制度的很好对象。

（二）关于夏商文化界标

我们认为，把偃师商城的创建，即偃师商城商文化的开始出现，作为划分夏商文化的界标，这是目前在缺乏当时文字一类材料的条件下，利用考古学手段对夏代文化与商代文化做出区分与界定的可行办法。

以偃师商城的始建为界标，可以对相关考古学文化的夏、商文化属性进行界定。据此，我们推定早商文化的上限应可上推至二里头文化第四期，此前的二里头文化遗存皆属夏文化范畴。

（三）关于早商文化分期标尺

偃师商城20多年考古发掘所积累的资料，为我们进行早商文化分期研究打下坚实基础。偃师商城文化分期建立在系统的地层依据之上，有大量成组陶器可供对比，因而目前建立的文化分期体系，比较完整而详细。这一成果，为学术界研究早商文化，提供了一个独立于郑州商城早商文化分期的又一把标尺。

（四）关于“汤都西亳”学术疑案

汤都西亳在偃师一带，是古代文献中明确记载的史实。学者根据相关资料寻访到了偃师二里头遗址，由此产生了“二里头遗址西亳说”，一时间成为中国学术界的主流观点。后来，有学者彻底否定了“汤都西亳”的有关文献记载，提出了“郑州商城为汤都亳说”，于是，“西亳说”与“郑亳说”的争鸣，成为30年来中国考古和历史学界之学术奇观。偃师商城发现以后，“二里头遗址西亳说”日渐消失，“偃师商城西亳说”日益昌盛。目前，偃师商城是商汤灭夏之后所建都邑之遗址，成为曾经持久论战的“西亳说”学者与“郑亳说”学者之间的学术共识。“郑亳说”原先质疑、否定“西亳说”的根本性理由，不复成立。至此，“汤都西亳”的学术疑案，真相大白。

注　释

［1］《太平御览》卷193引。

［2］中国历史博物馆考古部等：《垣曲商城》，科学出版社，1996年。

［3］夏商周断代工程专家组：《夏商周断代工程1996～2000年阶段成果报告（简本）》，世界图书出版公司，2000年

［4］《太平御览》卷八三引。

［5］《史记·殷本纪·正义》引。

［6］偃师商城博物馆：《河南偃师县四座唐墓发掘简报》，《考古》1992年11期；洛阳市第二文物工作队、偃师市文物管理委员会：《河南偃师唐柳凯墓》，《文物》1992年12期；乔栋、李献奇：《从唐代墓志谈西亳》，《夏文化研究论集》，中华书局，1996年。

［7］中国社会科学院考古研究所河南第二工作队：《河南偃师杏园村的两座唐墓》，《考古》1984年10期；《河南偃师杏园村的六座纪年唐墓》，《考古》1986年5期。

原载于《偃师商城（第一卷）》结语，科学出版社，2013年

偃师商城遗址考古研究与文物保护

一、主要考古收获

偃师商城遗址是中国社会科学院建院以后发现并取得举世瞩目成果的一座商代都城遗址。偃师商城遗址地处洛阳盆地，地属河南省偃师市。城址北依邙山，南濒洛河。唐代以后，城址被淤积土层覆盖，现埋藏深度0.5～5米，城垣大多保留1～3米不等的高度。自1983年发现以来，我院考古所对该遗址持续进行了考古发掘，通过对城墙、城门、护城河、道路、水渠、宫城（宫殿建筑群、祭祀遗存和池苑遗址）、府库、手工业作坊（铸铜、制陶等）、官署性建筑、普通民居和墓葬等的勘探和发掘，对城址的相关问题有了比较清楚的了解。

偃师商城城址规模庞大，设计考究，布局严谨，先后建有小城和大城共两重城垣，大城城垣是小城城垣的基础上扩建而成。

小城时期即城址的初始时期，城址平面形制呈长方形，南北约1100米，东西约740米，面积近80万平方米，城墙宽六七米。城墙走向及城内主要建筑的朝向皆北偏东7°～10°，四面城墙中部，可能各有一座城门。城址的布局特征可概括为：面朝后市，择中立宫，对称布局。城南部地势略高之处是宫城和官署区，国库位于城西南隅；铸铜作坊位于城外东北靠近河流的地方；普通居住区和手工业作坊主要分布在城的北部等。宫城平面大体呈方形，外围有宽约2米的夯土围墙，面积接近4万平方米。宫城布局结构清晰，层次分明，设施完备。由南往北，按功用可分宫殿区、祭祀区和池苑区三大部分。宫殿建筑分为东西对称的两区，东侧可能为宗庙区，西侧是朝寝区。朝寝区以南北平行排列的三大主体建筑为基础，构成前朝后寝制。祭祀区场面宏大，设置考究，祭祀内容丰富，种类繁多，仅猪牲就发现近百头之多。池苑区的核心是一人工开凿、石头垒砌的长方形水池，长约130米，宽约20米，有石砌渠道引水、排水，形成完善的自流水系。府库平面呈方形，外围有宽约2米的围墙，面积超过4万平方米，里面整齐而密集地布满长条形的库舍，总数超过90座。

大城时期即城址的繁盛时期。城址向北、东方向进行了大规模扩建。新城南北超过1700米，东西愈1200米，城垣宽度一般为17～19米，城外环绕以护城河，河宽约20米，深近6米。城门共6个，以对称、均衡为原则设置，东、西城墙上各设2门，南、北城墙中部各设1门。宫城改造的同时，规模进一步扩大，在保持原有格局的基础上，绝大多数宫殿建筑得以改扩建或重建，宫殿建筑追求奢华，呈现出阁影楼台、宇盖错落的盛世景象。整个国库在原址被统一翻建；在宫城东北，按原有国库设置布局，新建了又一座大型国库。

此后约百年间，城址的总体布局没有发生大的变化，但宫殿区规模继续扩大，在改扩建原有宫殿建筑的同时，又新修了数座宫殿建筑，并出现了单位面积近万平方米的超大规模宫殿建筑；府库亦进行了修缮。

二、重要研究成果

偃师商城是具都城性质的商代城址，年代上早于以安阳殷墟为代表的商代晚期，这是学术界基本达成的共识。20 多年来，由于受考古资料的制约，关于偃师商城的年代和性质，学术界多有歧议，先后出现汤都西亳说、太甲桐宫说、商初别都或重镇说、盘庚亳殷说、太戊新都说、早商两京之一说、夏桀都邑说等，迄无定论。根据目前的考古资料，我们认为偃师商城是商汤灭夏之后创建于商初的都城。联系到古代文献和古代碑文、墓志中关于汤都西亳在偃师，其具体方位与偃师商城之地望大致符合，称其为西亳也无不可。此说已为越来越多的学者所认同。

偃师商城遗址是中国 20 世纪最重大的考古发现之一。偃师商城遗址的发现与发掘一直备受国际国内学术界的关注，从发现至今持续 20 多年一直是学术研究的热点和关注的焦点，这在中国诸多国家级重点文物保护单位中并不多见。偃师商城所蕴含的历史信息是丰富多彩的，其价值主要表现在：

偃师商城遗址是商代前朝的都城遗址，是夏、商王朝分界的界标。20 年的考古发掘证明，历代文献所指位于洛阳盆地的商汤都邑应即为偃师商城遗址。中国社会科学院学者认为，偃师商城遗址是商汤灭夏后所建的商代最早的都城，它的出现，标志着夏商王朝已经更替，即偃师商城遗址是夏、商王朝分界的界标。这一研究成果被列入国家“九五”重大科技攻关项目“夏商周断代工程”的标志性成果。

偃师商城是早商文化的发源地。偃师商城的商文化发展脉络清楚，其初始期文化是目前所知时代最早的商文化。从偃师商城的文化内涵及其变迁，我们可以比较清晰地看到商人灭夏后，在借鉴、吸收并融合夏王朝文化的基础上创新自己的文化之历史轨迹，即早商文化产生、发展和成熟的历程。

偃师商城是中国古代都城制度的典范。在都城布局方面，“对称布局”“择中立宫”“面朝后市”；在宫室制度方面；“宫庙分立”“前朝后寝”“东厨西库”；在园林水利方面，在宫殿近旁建设御苑，人工凿池引水造景。这些制度是几千年来被作为经典的、理性化的制度，成为效仿的楷模，在思想、政治、经济和文化领域产生深刻的影响。

三、文物保护工作

偃师商城遗址的保护工作起步较早，并始终得到国家相关部门和科研单位的高度重视。

由于时代的局限，以往整体保护措施限于政府文件，局部保护措施也仅限于被动式地保护单个的点，而缺乏全面性，保护效果有一定缺陷，没有涉及遗址的展示利用问题。考古发掘中，我们始终坚持注重保护遗址的本体，历年所发掘的重要遗迹都采取原址回填的办法予以有效保护，尤其对于特别重要的地域，采取征地的办法。如为保护宫城第四号、第五号宫殿建筑基址免遭农耕破坏，在有关部门的支持下，考古所出资征用宫殿区 15 亩土地。

1996～2001 年，在新的考古成果推动下，国家文物局和地方政府持续加大了对偃师商城遗址的保护力度，在强调本体保护的基础上，提出了遗址的展示和利用问题，进一步探索遗址展示园区建设的模式。由考古所承担设计工作，实施的项目有：对偃师商城大城东北隅考古现场的保护。保护方法是将有关遗址加工处理之后予以回填，在地面上仿建或标示出商代城墙、城壕、道路、墓葬、陶窑、灰坑等。建成一个可供市民凭吊游览的开放型遗址公园。对偃师商城宫城遗址的保护。宫城遗址的保护采取整体保护、全面展示的方针，政府将宫城所占土地全部租用，在现有地面之上用纯净土垫高 1 米，形成保护台地。在台地上面模拟仿建宫殿基址、池渠等。设计目标是建成一个以遗址保护为主，兼顾市民休闲、旅游观光的商代宫城遗址公园。

2002 年以来，偃师商城遗址的保护进入新的阶段，走出传统的保护理念，遵循全面、主动的保护方针，提出了全面保护偃师商城遗址的命题，既要保护遗址的本体和自然环境与景观，更提出了将偃师商城遗址整体作为遗址展示园区的建设问题等。重要的标志是《偃师商城遗址保护规划》制订和批准。2005 年，国家文物局将偃师商城遗址列为 100 项国家重大遗址之一，并纳入当前重点支持名单；刚公布的《国家“十一五”时期文化发展规划纲要》中，明确提出将建设偃师商城等重点大遗址的保护展示园区，作为“十一五”期间国家文化遗产的重大项目之一。

本文与王学荣合撰，原载于《中国社会科学院院报》2006 年 11 月 16 日第 4 版；收入黄洁涛主编：《卅载回眸社科院》，方志出版社，2007 年

广州市不可移动文物资源调查报告

一、项 目 设 计

（一）项目背景

近年来随着经济的飞速发展和城镇化水平的不断提升，我国的文物保护事业进入了新的时代，面临着来自各方面新的挑战。

首先，发现、登录的文化遗产数量激增，类型日趋复杂多样。以广州市为例，第三次不可移动文物普查最终确定登记各类不可移动文物4533处，文物保护“点”数量呈几何倍数增长。另一方面，随着对文化遗产研究认识的不断深入，诸如文化线路、文化景观、工业遗产、20世纪遗产、古村落等各种新的遗产类型概念被相继提出，这样一来就要求文物管理部门的关注对象，逐渐由独立的“点”，转向“线”以及“面”结合。

其次，“城镇化”进程对文物保护工作压力加大。开始于20世纪90年代的全国范围大规模的城镇化建设浪潮，不断冲击着处于城市发展范围之中的文物点。近年来，广州市区内建设活动和文物保护矛盾时常发生，加上城市开发的方向逐渐转向远郊区县，对更大范围的文物保护造成了巨大压力。

再次，文物保护的需求加大了。这一变化反映出文物保护理念的进步、法规建设的完善和参与者多样化的发展过程。文物保护理念的深化，对文物的认识从“点”到“线面”，从静止的“物”到“活态的遗产”，从“实体”到“价值”，文物保护从“自上而下”到“全民参与”。全社会对文物工作的关注，也体现在文物保护法规建设不断地更新健全完善上，如2002年国家颁布了新的《文物保护法》，2013年广州市也颁布了新的《广州市文物保护规定》。

随着全社会对文物保护认识的深化和关注，文物管理部门的工作也进入了全新的历史阶段。因此，为了应对时代的发展和文物工作面临的新挑战，达到保护广州市文化遗产价值，彰显广州的历史文化精髓，使文化遗产作为一项重要资源，在城市发展和市民生活中起到更大的积极作用的目的，广州市文化局决定编制《广州市文化遗产保护战略规划》，作为指导广州市未来 15 年文化遗产保护和利用工作的基本思路和方向，并作为安排相关项目和措施的依据，使未来文化遗产保护和利用工作科学、有序开展（图一）。

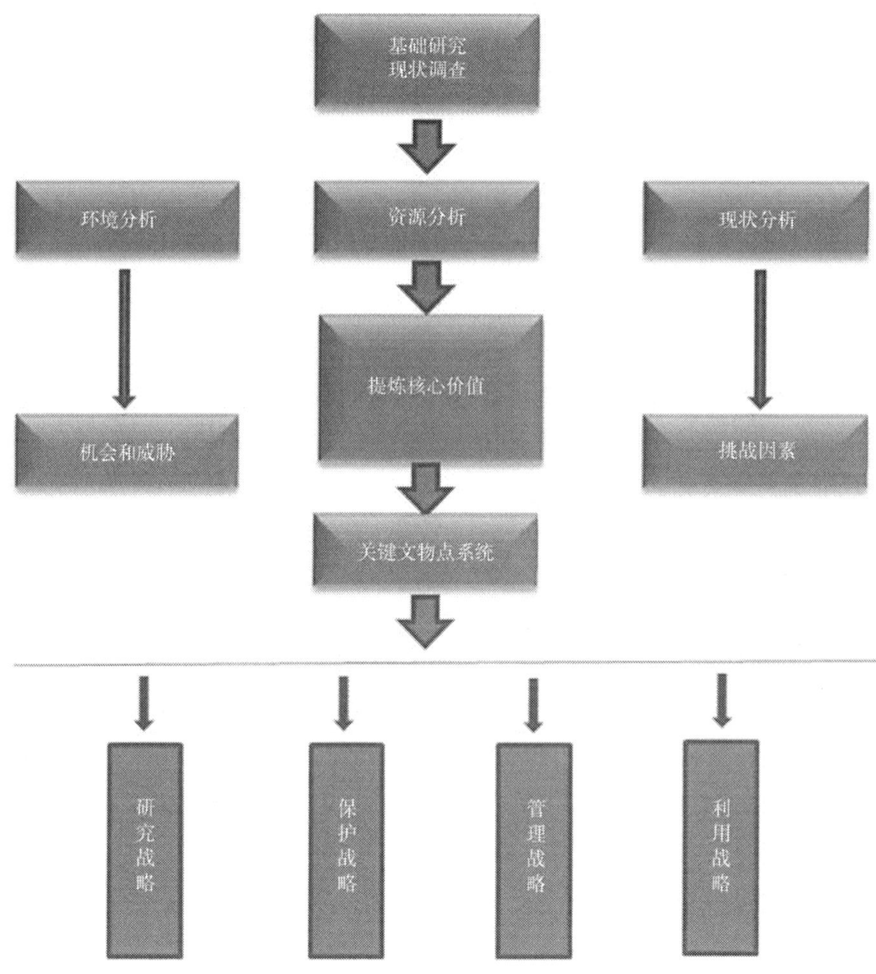

图一　项目实施路线结构图

（二）项目分期成果

此项目分三个阶段进行，分期形成《广州市不可移动文物资源调查报告》《广州市文化遗产保护战略规划纲要》《广州市文化遗产保护战略规划》。

由于遗产保护规划是基于价值保护的遗产评估和管理。因此项目组也采用以文物价值为纲要的办法，试图提炼出广州市大量的文物单位所体现的核心价值，并对应到若干重要文物实体上。现在形成的《广州市不可移动文物资源调查报告》，既可以看成一个独立的报告，也是未来编制《广州市文化遗产保护战略规划》的基础工作。

二、背景概述

（一）地理区位

广州市是广东省省会，也是广东省政治、经济、科技、教育和文化的中心。

广州市地处中国大陆南方，广东省的中南部，珠江三角洲的北缘，接近珠江流域下游入海口。其范围在东经112°57′～114°3′，北纬22°26′～23°56′，市辖十一个区，总面积7434.4平方公里（2014年2月，撤销黄埔区、萝岗区，设立新的广州市黄埔区；撤销从化市、增城市，设立从化区、增城区），东连惠州市博罗、龙门两县，西邻佛山市的三水、南海和顺德区，北靠清远市的市区和佛冈县及韶关市的新丰县，南接东莞市和中山市，隔海与香港、澳门特别行政区相望。由于珠江口岛屿众多，水道密布，有虎门、蕉门、洪奇门等水道出海，使广州成为中国远洋航运的优良海港和珠江流域的进出口岸。同时广州又是京广、广深、广茂和广梅汕铁路的交汇点和华南民用航空交通中心，与全国各地的联系极为密切。因此，广州素有中国“南大门”之称。

（二）自然条件

广州地势东北高、西南低，依山傍水，北部和东北部是山区，南部是珠江三角洲冲积平原。广州属亚热带季风气候，北回归线从这里通过，夏无酷暑，冬无严寒，雨量充沛，四季如春，繁花似锦。2010年，各区（县级市）的平均年降水量在1800多毫米之间，呈东多西少分布格局，年平均气温在21.5～22.2℃之间。广州市的地质构造相当复杂，有较好的成矿条件。截至2010年，已发现矿产47种、矿产地820处，其中大、中型矿床22处。主要矿产有建筑用花岗岩、水泥用灰岩、陶瓷土、钾、钠长石、盐矿、芒硝、霞石正长岩、萤石、大理石、矿泉水和热矿水等。广州市生物种类繁多，生长快速，其中荔枝有55个品种。增城丝苗米是广州市第一个获得地理标志的保护品种。广州还拥有约210多种野生动物。

广州市全市水域面积7.44万公顷，占全市土地面积的10%，主要河流有北江、东江北干流及增江、流溪河、白坭河、珠江广州河段、市桥水道、沙湾水道等。广州市大小河流（涌）众多，集雨面积在100平方公里以上的河流共有22条，老八区主要河涌有231条，总长913公里，构成了独特的岭南水乡文化特色。从化一带有丰富的地下温泉，水温摄氏50～70℃，含有丰富的矿物质。

粮食作物以优质籼稻为主，一年两熟。经济作物以蔬菜、水果、花卉等为主。广州享有“水果之乡”美誉，主产荔枝、龙眼、香蕉、菠萝、木瓜、杨桃等热带水果。得天独厚的自然条件还使得广州的花卉和盆景远近驰名，以阴生观叶植物、高档盆花、鲜切花、岭南盆景为主。阴生观叶植物占全国市场一半以上，红掌、蝴蝶兰、一品红等盆景已成为全国性的生产基地，盆景远销欧美等海外市场。

（三）社会经济现状

早在新石器时代晚期，就有先民在广州这片土地上繁衍生息。至秦代，公元前 214 年秦始皇发兵略取岭南，置南海郡，南海郡尉任嚣以番禺（今广州）为郡治，筑“任嚣城”，从此广州地区进入了有文献记录的历史阶段。其后，在两千多年的社会历史发展进程中，中原文化与百越文化、华夏文明同外来文明的碰撞与交融，在此留下了丰厚的历史文化遗产，并逐渐形成了以“岭南文化中心地、海上丝绸之路发祥地、近现代革命策源地、改革开放前沿地”为主要特征的广州人文特性。1982 年，国务院公布第一批历史文化名城中，广州名列其中。

广州市是华南地区的中心城市和广东省政治、经济、文化中心。2010 年末，广州市户籍总人口为 806.14 万人，比上年末增加 11.52 万人。其中市区人口 664.29 万人，县级市人口 141.85 万人，分别比上年增加 9.61 万人和 1.92 万人。有少数民族人口约 63 万人，分属 55 个少数民族。其中，户籍少数民族人口 62786 人，人数较多的主要有壮族、回族、满族、土家族、瑶族；非户籍少数民族人口约 567030 人，人数较多的民族主要有壮族、回族、土家族、苗族、瑶族、侗族。全市有 3 所民族小学（回民小学、满族小学、畲族村小学），1 个少数民族聚居村（增城市正果镇畲族村，有 80 户共 348 人）。广州有广州市民族团结进步协会、市满族历史文化研究会、市回族历史文化研究会、市少数民族体育协会等 15 个民族团体。

2013 年，广州市实现地区生产总值（GDP）15420.14 亿元，比上年增长 11.6%，与国内的大城市相比，广州市的经济增长速度属于较高的水平。广州山清水秀，风光旖旎，旅游资源丰富，旅游景点 100 多处，其中以 2011 年 5 月 18 日新入选的羊城新八景（塔耀新城、珠水流光、云山叠翠、越秀风华、古祠流芳、荔湾胜境、科城锦绣、湿地唱晚）等景点最负盛名。2009 年，广州旅游业克服全球金融危机带来的影响，全年全市接待游客 1.18 亿人次，比上年增长 6.3%。

三、历史文化条件

（一）历史沿革

广州又称“羊城”。相传周朝时，南海飘来五朵彩色祥云，五仙人骑着五只羊，各携带一串谷穗降临此处，赠谷穗给居民，祝福此地五谷丰登、永无饥荒，留下五羊化为石头。今越秀公园建有以此传说为题材的“五羊石像”。

从考古学发现与历史学研究的结果来看，人类至少已于 4000 年前就出现在广州现区域。商代时广州地区称为“南越”，周代时又称为“百粤”“南海”，当时生活在该区域的先民便与长江中游的楚国人互有来往，建有“楚庭”。进入春秋战国时期，岭南泛指今两广和越南北部地区，当时居住在这里的民族称为南越。

公元前 219 年，秦始皇“使尉（佗）、屠睢将楼船之士南攻百越”，总兵力达 50 万。初战失利后，公元前 214 年，又派任嚣、赵佗再次攻越。公元前 214 年秦始皇统一岭南后建南海郡，郡治设在“番禺”，即今天的广州。秦将赵佗曾于广州自立门户称帝，号称“南越王”，传五代，历时 93 年。公元前 111 年，汉武帝出兵南下，灭南越国，从此岭南便成为汉朝新置的郡县。

公元 226 年，孙权为便于统治，将交州分为交州和广州两部分，“广州”由此得名。晋代广州仍称南海郡，为州治所在。南北朝时期，南朝宋、齐、梁、西梁时设置广州，治所在番禺。唐代广州称为广州都督府，是岭南道的道治与都督府治所在地，汉唐以来是海上“丝绸之路”的始发港。

唐代广州已形成牙城、子城和罗城的“三重”格局。南汉又将兴王府广州城规划为宫城、皇城和郭城。宋代是广州城市建设的重要时期，在这一时期，广州城形成了三城格局。公元 1380 年永嘉侯朱亮祖修建广州城，合宋元三城为一城，此后又进一步扩大市区，对旧城进行了改造，并向北部和东部扩展，加筑外城。到清代又增修东、西两翼城，向南拓至珠江边，形成了广州今天老城区的格局。公元 1680 年，南明绍武帝朱聿谲在广州建都。

广州是我国最早对外开放程度较大的港口城市之一。清乾隆二十二年（1757 年），政府实行“一口通商”，广州成为唯一的对外通商口岸，外国商人来华交易，都要找指定的行商作为贸易的代理，这些指定的行商所开设的对外贸易行店，就是世人所熟悉的“十三行”。公元 1842 年，清政府在鸦片战争中战败，被迫签订《中英南京条约》，广州成为通商口岸。在近代反帝、反封建的时代浪潮中，广州历史性地成为了中国近代和现代革命的策源地。著名的三元里人民抗英斗争、黄花岗起义、广州起义均发生在广州。孙中山在广州创办了黄埔军校，曾经三次建立了政权。毛泽东在这里创办的农民运动讲习所，培养了大批革命骨干力量。张太雷、叶挺、叶剑英等在这里领导了轰轰烈烈的广州起义，并建立了广州苏维埃政权“广州公社”。鲁迅、郭沫若、郁达夫等也曾来广州传播先进文化。

（二）民俗文化

广东是我国一个具有特殊人文结构的省份，聚居着汉、壮、瑶、苗、黎、满、回、畲等民族。汉族中又有风格禀异的广府、客家、潮州三大民系，还有古书上称为“蛋族”的水上居民这些特殊的人群社区。历史上中原人较大规模入越有四次。第一次是秦朝时发卒 50 万戍五岭。第二次是汉武帝派伏波将军率数十万大军南征，留守岭南九郡。第三次是北宋时高宗仓皇南逃，部分中原人随隆太后散落珠江三角洲。第四次是南宋末年，大批将士及庶民随帝南下，流散珠江三角洲一带。大批中原移民南迁，带来了中原地区先进的技术和文化，也带来了中原的古俗；南北民俗的融合，加上近代海外民俗的影响和中西民俗文化的撞击，丰富了广州民俗文化。最能代表岭南文化特征的是广府民系，而最能代表广府民系的应该说是广州方言区的群体。

作为岭南地区政治、经济、文化的中心，广州凝聚了不同历史时代民俗文化的遗迹，结集了具有浓郁南国色彩的民俗瑰宝。粤剧是广州地区最有代表性的地方剧，享有“南国红豆”的盛誉，流行于粤、港、澳和东南亚等地区。广东音乐源于广州和珠江三角洲，吸纳了中原古乐、江南小调和昆曲等的精华，与本地民歌、民谣相结合而成。岭南画派是现代中国画派之一。广雕、广彩、广绣也驰名中外（图二～图四）。粤菜是中国一大菜系，菜谱上千种，“食在广州”闻名天下。

图二　广雕

图三　广彩

广州的民间习俗很多，有迎春花市、龙舟竞渡、重阳登高、摆年橘、饮早茶等。广州佛教、道教、伊斯兰教、天主教、基督教五大宗教俱全，主要活动场所有六榕寺、三元宫、怀圣寺、石室天主堂、东山堂等。广州市一向注意保护传承本地区的历史民俗，一年一度的广州民俗文化节和波罗诞已成为广州的历史文化名片。

图四 广绣

四、资 源 分 析

（一）资源总况

从 2003 年 6 月开始，广州市委、市政府启动了全市第四次文物普查，2008 年 1 月，又按照国务院、广东省政府的统一部署，整体转入第三次全国文物普查（以下简称“三普”），直至 2011 年 12 月底“三普”工作结束，在实地调查阶段，普查队员实地调查了全市 163 个镇（街），2570 个行政村（居委）的各类文物普查线索 5000 多条，启动率和覆盖率均为 100%，最终确定广州市第三次全国文物普查登记各类不可移动文物 4533 处，消失文物点 47 处。

以 2013 年 6 月前国务院、省、地市、区县人民政府公布文物保护单位的正式文件为依据，截至 2013 年 6 月，广州辖区内有全国重点文物保护单位（国保）29 处、广东省文物保护单位（省保）42 处、广州市级文物保护单位（市保）249 处、区县级文物保护单位（区县保）257 处（图五）。

经统计，29 处国保单位中包含 94 个不可移动文物点（以下简称“文物点”）；42 处省保单位中包含 65 个文物点；249 处市保单位包含 390 个文物点；257 处区县保单位中包含 284 个文物点。此外，对于由县级文物行政部门登记并公布的“尚未核定公布为文物保护单位的不可移动文物”，依照 12 个区县公布的本辖区《不可移动文物保护名录》共有 2812 处。综上，截至 2013 年 6 月，广州全市共有经各级政府部门认定并公布的不可移动文物数量为 3645 处，约占广东全省不可移动文物总量的 14.5%（图六）。

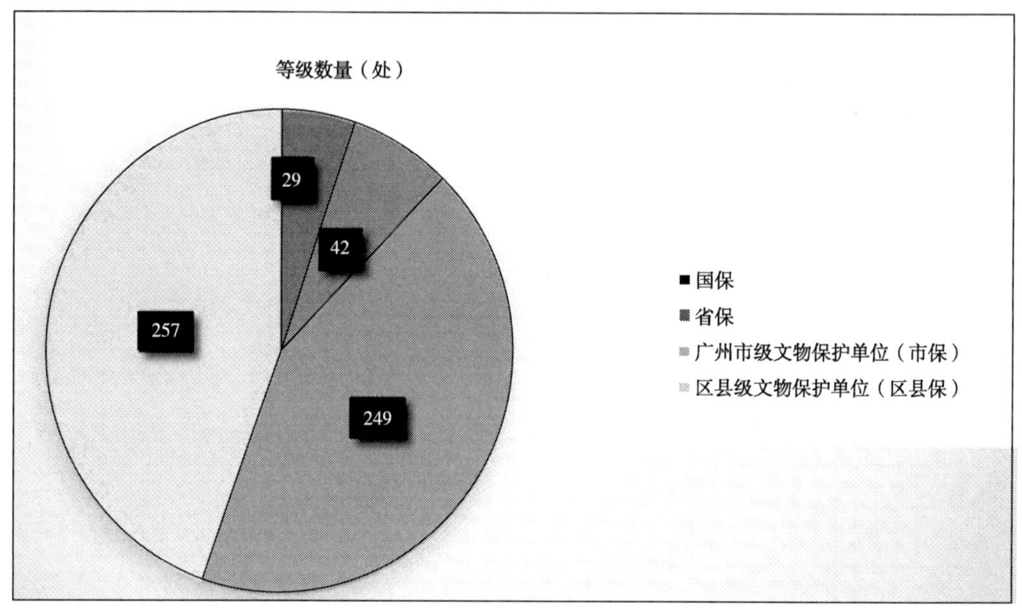

图五　广州市文物保护单位等级数量分析图

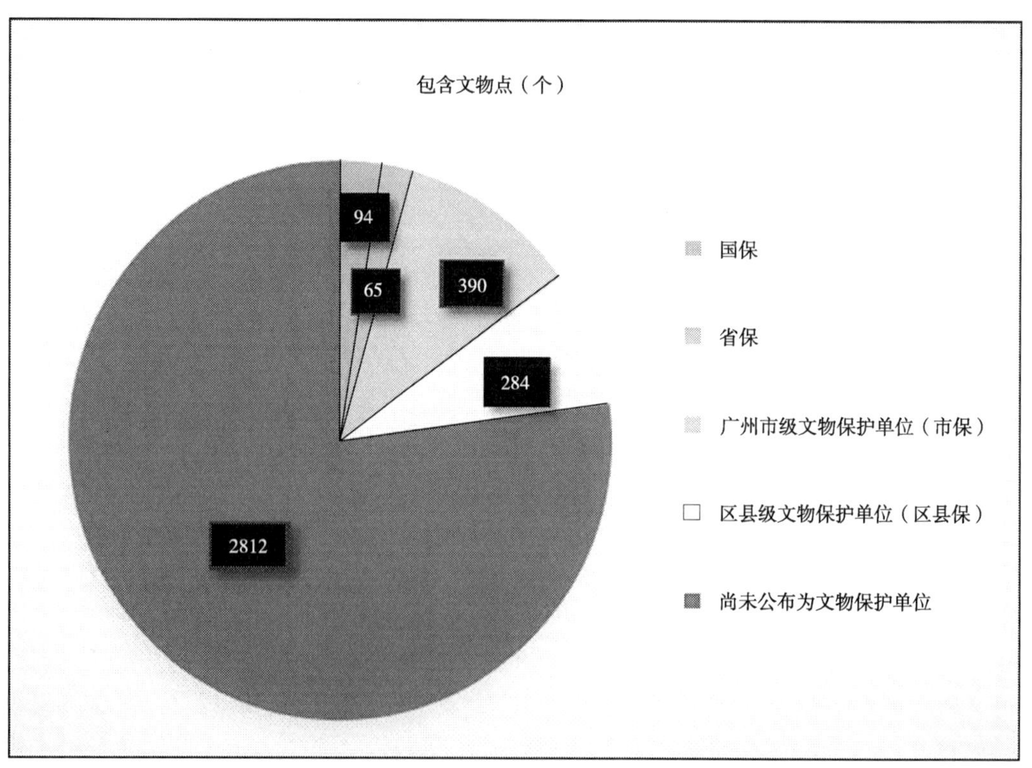

图六　广州市文物保护单位所含文物点等级数量分析图

（二）资源特征

从分类上看，“第三次全国文物普查不可移动文物分类标准”将不可移动文物分为 6 大类，59 个子类。而经统计，广州全市不可移动文物共涉及 6 个大类，53 个子类。其中古建筑数量最多，2221 处，占全市不可移动文物总量的 60.9%；近现代重要史迹及代表性建筑次之，843 处，占 23.1%；古墓葬相对较少，469 处，占 12.9%，古遗址、石窟寺及石刻类分别为 45 处、64 处，占比均不超过 2%；其他类仅 3 处。在数量最多的古建筑类中，坛庙祠堂这一子类的数量为 1651 处，占古建筑总数的 74.3%，是今后古建筑类文物保护对象的重要主体；在近现代重要史迹及代表性建筑类中，各子类分布较为均匀；对于古墓葬，四个子类均有，以普通墓葬为最多，比率是 84.6%；古遗址类中，除洞穴址、窖藏址、古战场、水下遗址无登记外，其他子类均有分布；对于石窟寺及石刻类，碑刻和摩崖石刻占多数，另外还有全市唯一的石窟寺（佛迹洞，位于萝岗区，清道光年间开凿，面积 143 平方米）。文物资源从年代上看，最早可至新石器时代，最晚的是公元 2006 年，跨度达 4000 余年。但是明以前的文物点较少，明清两代的古建筑、古墓葬和民国时期的近现代史迹占绝大多数。例如，469 处古墓葬中，汉代及以前的仅 5 处，中古时期（南北朝、隋唐、五代）的仅 4 处，两宋时期 95 处，元代 34 处，明清时期的有 331 处；2221 处古建筑中，元代及以前的仅 15 处，明代 165 处，清代 2041 处。并且，对有确切纪年的清代古建筑做进一步统计发现，年代偏早的（康雍乾时期）有 27 处，中期（嘉道咸）有 71 处，晚期（同光宣）有 172 处，三个阶段古建筑数量比例大致为 1∶3∶6，说明即便是清代古建筑，也是中晚期的占据了主体（图七）。

从占地面积上看，全市文物点的总占地面积为 3785.8 万平方米，约占广州全市国土面积的 0.51%。鉴于单个文物点的占地面积，从几十万平方米至不足 0.1 平方米不等，数值太过悬殊，因此引入“中位数”概念。古墓葬类的中位数为 125.3 平方米，对于古建筑类，其占地面积均值、中位数与岭南地区乡土建筑的一般体量是相吻合的，超过七成坛庙祠堂的占地面积处在 100 平方米至 500 平方米之间，体量不大。近现代重要史迹及代表性建筑中的单个文物点占地面积多数为几十至二三百平方米不等，不过由于部分校址、墓园、工业遗产等面积较大，从而增大了该类别的占地面积均值。

从行政区划分布上看，全市不可移动文物在绝对数量上以番禺区为最高、白云区次之，分别占全市总量的 18.4%、16.3%。从保护级别上看，越秀、荔湾、天河、海珠、黄埔、番禺 6 区的文物保护单位数量较多，是全市文物工作的重点区域。

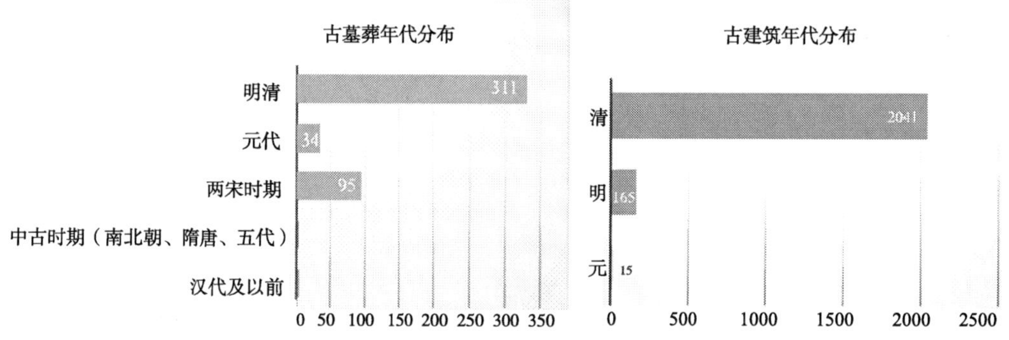

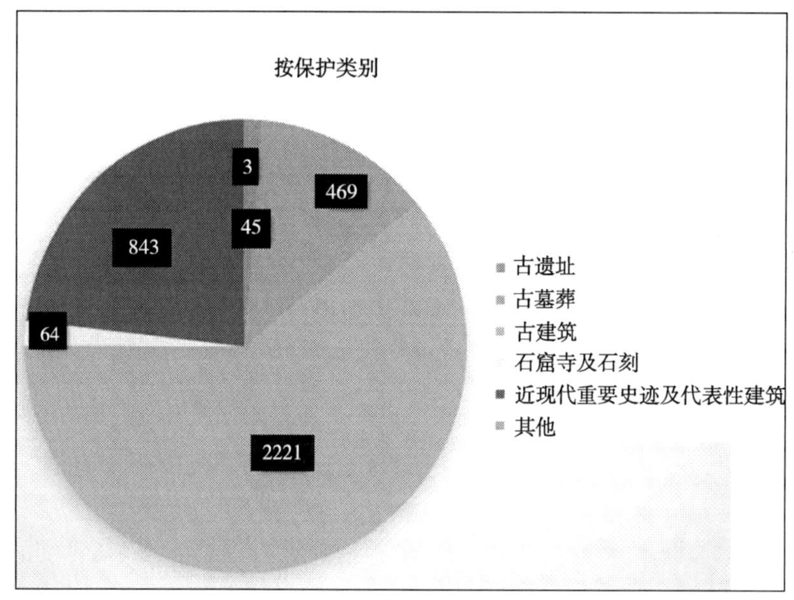

图七　文物资源特征分析图

从所有权的情况看，按照《第三次全国文物普查不可移动文物登记表》，文物点所有权有四个选项：国家、集体、个人、不明，可复选。据统计，全市 3645 处文物点，所有权归属国家的有 1093 处、归属集体的 2252 处、归属个人的有 279 处、集体和个人共有的 4 处，归属不明的 17 处。国有文物点仅占总量的 30%，非国有文物点占比接近 70%。

（三）核心价值阐述

1. 中国南方历史悠久的古代中心城市

广州，古称番禺。秦始皇三十三年（前 214 年）统一岭南置三郡，番禺是南海郡的首县，县域广袤。自秦始皇三十三年设郡县迄今，已有 2200 多年了。1953 年，在广州市西村石头岗 1 号秦墓出土一件漆奁，盖面烙印有“蕃禺”两字；2004 年出土的南越木简中，第 91 号简也有“蕃禺人”的简文，这是考古发掘有关番禺的最早物证。

广州的古代史和与其相关的历史文化遗迹，以秦统一岭南置郡之年作为断代分期的分水岭，划分为史前时期（又称先秦时期）和历史时期两大阶段（图八）。以金兰寺贝丘遗址为代表，南沙区的鹿颈村遗址、从化吕田狮象岩遗址、飞鹅岭新石器时代遗址、苏元山遗址，各遗址展现出的文化层堆积，出土了丰富的陶器、石器、青铜器遗存，特别是在年代属于新石器晚期到商时期的南沙区的鹿颈村遗址 1 号墓中，还发

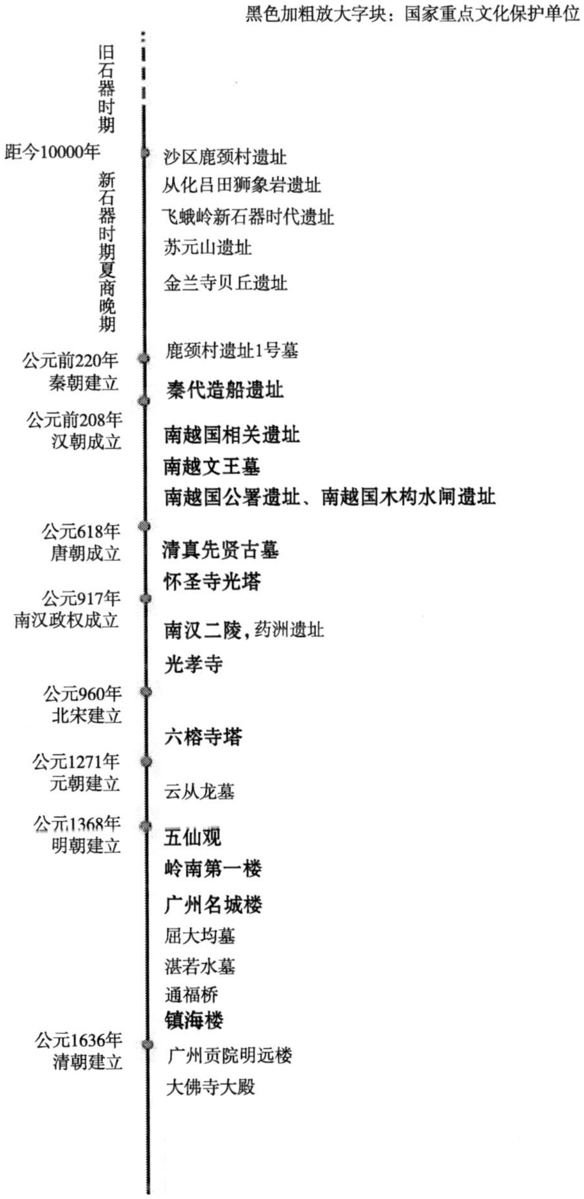

黑色加粗放大字块：国家重点文化保护单位

旧石器时期

距今10000年

新石器时期夏商晚期

沙区鹿颈村遗址
从化吕田狮象岩遗址
飞蛾岭新石器时代遗址
苏元山遗址
金兰寺贝丘遗址
鹿颈村遗址1号墓

公元前220年 秦朝建立

秦代造船遗址

公元前208年 汉朝成立

南越国相关遗址
南越文王墓
南越国公署遗址、南越国木构水闸遗址

公元618年 唐朝成立

清真先贤古墓
怀圣寺光塔

公元917年 南汉政权成立

南汉二陵，药洲遗址
光孝寺

公元960年 北宋建立

六榕寺塔

公元1271年 元朝建立

云从龙墓

公元1368年 明朝建立

五仙观
岭南第一楼
广州名城楼
屈大均墓
湛若水墓
通福桥
镇海楼

公元1636年 清朝建立

广州贡院明远楼
大佛寺大殿

图八　众多文物保护单位凸显悠久历史

现了被称为“南沙人”的史前居民人骨。以上先秦时期古遗址遗物的发现，足以说明早在三四千年前，先民已在广州这片热土上从事渔猎、采集、农耕等生产劳动，并世代聚居、繁衍。

漫长的史前时期结束后，广州在秦对岭南统一之后就进入有文献记载的历史阶段。秦至南越国阶段共 103 年，此阶段为岭南历史上的首次大开发时期。先有秦南下五军就地留戍与越人杂处，随后伴随南越赵氏政权统治时期推行尊重越人风习、倡导汉越通婚、任用越人首领为王国高官等有利于民族团结的措施，为岭南地区赢得了上百年社会安定的政治环境，加速了生产的发展，推动了社会的进步。三国时广州属吴，黄武五年（226 年）分交州为交、广二州，广州的州治在番禺，广州由此得名。

两晋、南朝时期，广州一直是州（梁陈两朝为都督府）、南海郡、番禺县的治所。隋时广州为总管府、南海郡治。唐时，广州为都督府和岭南东道治地；唐末，刘龑据有岭南称帝，建立南汉国，定都广州称兴王府。此后的历史岁月中，广州一直在岭南地区扮演着自秦汉以来的郡、州、府、省的行政中枢及经济、文化中心角色。20 世纪末，考古工作者通过对南越国宫署遗址厚 5 米多，由下而上包含秦、南越国、汉、晋、南朝、隋、唐、五代南汉、宋、元、明、清以至民国年间共 13 个历史时期的文化堆积层的揭示，形象地展示了广州建城两千多年的历史断面，也更加有力地佐证了 2000 多年来广州一直是中国南方历史悠久古代都城的历史事实。

2. 中国南海海上交通延续时间最长、最重要的中心港口

广州自秦统一岭南建立番禺城起，便一直是岭南地区的政治、经济和文化中心地，是自古以来岭南地区与中原及域外交往的聚散地。据《史记》记载，早在西汉初，广州已是岭南都会，是海外珍宝和重要物资的集散地。以广州为中心的岭南人，在与外国的经济、文化交往中得风气之先，随着社会经济和生产技术发展，岭南与周边、甚至是东南亚沿海地区的贸易往来日益频繁。实际上，自古以来岭南先民就“善于造舟”，从广东沿海的不少文化遗存看来，早在先秦时期广东先民的生活中就存在海上交通。1974 年，在现南越国宫署遗址发现一处结构独特的大型木结构遗存，经多学科专家多次论证后认定是一处秦代的造船遗址。秦代造船遗址的发现，证明这一时期我国的造船技术和造船规模已达到较高的水平，从侧面证实了岭南地区在先秦时期就具备一定的造船技术，初步具备开展原始海上探索的能力。西汉南越王墓出土的非洲象牙、西亚或红海的乳香，以及具有典型西方特色的银盒、焊珠金花泡和玻璃珠饰等，都是来自域外的舶来品。南越国宫署遗址作为南越国的南越王赵佗生前居住的南越国宫苑，同样出土了一定数量的保留有海外文化因素的遗迹、遗物。如南越国的石构建筑遗存和带釉砖瓦、玻璃器等。这些具有典型西方特点的遗物，集中反映了西汉时期岭南地区与海外交流的那段历史。

进入两晋、南朝时期，广州对外贸易已十分繁华。据《南齐书·东南夷传》记载："四方真怪，莫此为先，藏山隐海，环宝溢目。商钵远届，委输南州，故交、广富实，牣积王府。"舶来品大部分都通过广州后再通过西江、北江等内河转往内陆地区。唐宋时期，由于政府实行对外开放贸易政策，并允许私人出海贸易，海路通商贸易空前繁荣。隋开皇十四年（594 年），始建南海神庙，此后神庙被视为广州古代珠江航道外港的标志性史迹。如今南海神庙已成为我国四海神祠中唯一保存至今的官祀神庙。

唐代"海上丝绸之路"航线有两条：一条是从广州起航到日本；另一条是从广州起航经南海、印度洋沿岸到达红海地区。后者称为"广州通海夷道"，是当时从广州出海直到波斯湾、东非和欧洲的"海上丝绸之路"，全长 14000 公里，这是 16 世纪前世界上最长的远洋航线，显示出广州港口在"海上丝绸之路"的首要地位。

唐末五代，刘氏踞岭南建立南汉国，以广州为都城，称兴王府。在广州番禺小谷围岛北亭村发现的南汉康陵出土了一批典型的经由海外运输而来的伊斯兰玻璃器。北宋开宝四年（971 年）灭南汉国后首先在广州设立我国第一个管理海外贸易的机构——市舶司，这一时期海路贸易以陶瓷为大宗，在此期间兴起的广州西村窑，番禺的沙边窑，两个窑址所出大量瓷器以广州港口为起点，走上外销的漫漫商路。西村窑的产品在西沙群岛、印尼、菲律宾等地都有出土，而且在南亚地区至今还见有不少的公私收藏。

明清以来，虽然统治阶级施行了较为严格的口岸通商政策，但广州仍然是为数不多的开放性港口。特别是到清代中后期，广州成为朝廷特许的一个通商口岸。这种状况，使广州成为明清时期"朝贡贸易"与市舶贸易最重要的口岸。从广州起航到世界各国贸易的商船大增，外国商舶来广州贸易更是不可胜数。空前繁荣的海上贸易不仅在当时发挥了极为重要的商品、文化交流作用，还为后世遗留了以粤海关和十三行为代表的反映广州海上通商历史的建筑史迹。

"海上丝绸之路"推动了古代东西双方的经贸发展、文化交流，增进了相互的了解和友谊。形成了具有各种特色的岭南文化，两千多年来一直为人类社会的和谐发展，为世界文明的发展做出贡献。

3. 中国近现代民主革命的策源地

近百年来由于帝国列强的入侵，反帝反封建的斗争迭起。广州因其特殊的地理位置，面对"古今未有之变局"，最先承受来自西方世界的冲击，也最先翻开抗争改良的篇章。鸦片战争、太平天国起义、康梁变法和资产阶级民主革命都发轫于广州，为后人留下许多重要的史迹和纪念性建筑（图九）。

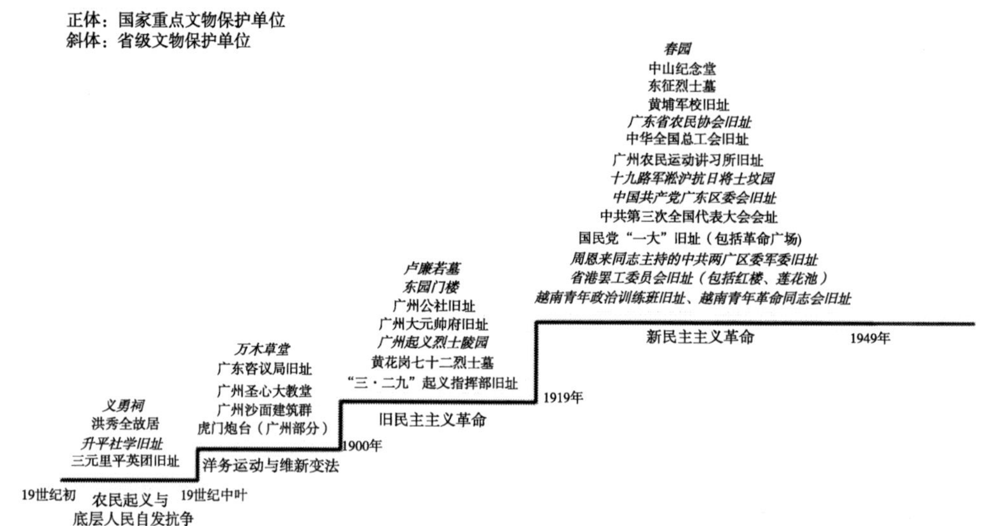

图九　广州市的近现代革命相关文物保护单位

1839年3月10日（道光十九年正月二十五日）林则徐奉旨到达广州查禁鸦片，禁烟局设在今惠福路的大佛寺内。1840年英国发动鸦片战争，侵略军进攻虎门要塞、乌涌，占领城北四方炮台，三元里农民联合附近103乡民众，还有锦纶会馆的1000多丝织业工人和打石工人奋起抗英，当年抗英的誓师旧址三元古庙，围歼侵略军的牛栏岗战场、四方炮台、虎门要塞的上下横档与乌涌等炮台旧址，义勇祠、升平社学等众多社学旧址，以及节马图碑和天河区东圃保存的抗英飞柬等遗迹遗物，是中国人民维护民族尊严、英勇抗击帝国主义侵略的重要历史见证。

以洪秀全领导的太平天国起义运动，是我国近代史上规模最大的农民革命战争。今天，在花都区的官禄村还有洪秀全故居、书房阁（均已毁，在原址上复建）、冯云山故居遗址、洪仁玕故居遗址以及拜上帝会的三堆石遗址等遗存，它们在默默地向世人诉说着那一段历史。

位于越秀区中山四路长兴里的万木草堂，是维新运动领导人康有为在广州授徒讲学的地方，《新学伪经考》《孔子改制考》等变法理论基础的著述亦在此完成。

被誉为“国父”的孙中山在广州策动了多次武装起义。辛亥革命后，又在广州成立护法军政府，领导全国人民与北洋军阀进行斗争。庚戌新军烈士墓、“三·二九”起义指挥部旧址、黄花岗七十二烈士墓和孙中山大元帅府旧址等，是现存反映这一时期历史状况的重要史迹。

第一次国共合作期间，广州发展为中国大革命的中心，留下不少文物旧址。1921年中国共产党成立，翌年，中国共产党广东区执行委员会在广州成立，1924年会址迁往今越秀区的文明路，旧址尚存。1923 年，中共第三次全国代表大会在广州召开，会址在抗日战争期间遭炸毁，但当时会议领导人的住所“春园”犹在。1924 年 1 月，孙中山主持召开中国国民党第一次全国代表大会，标志着国共两党第一次合作，掀起了反帝反封建的大革命浪潮。国民党“一大”旧址、北伐誓师大会遗址——东较场、中华全国总工会旧址、省港罢工委员会旧址、广州农民运动讲习所旧址（包括广州附近区、县的众多农会旧址）、中国第一次全国劳动大会旧址和黄埔区长洲岛上的黄埔军校旧址等都是这个时期的重要史迹。

广州公社旧址和广州起义烈士陵园，是记录第二次国内革命战争时期的重要史迹。1937 年抗日战争爆发后，国共实行第二次合作，共同抗击日本侵略者。在天河区沙河顶的十九路军淞沪抗日阵亡将士坟园、濂泉路的新一军印缅阵亡将士公墓；在越秀区黄华路的血泪洒黄华碑，在从化良口的陆军第六十二军一五七师抗战阵亡将士纪念碑（1939 年 12 月第一次粤北战役）、陆军六十三军抗日阵亡将士公墓（1940 年 5 月第二次粤北战役）；在番禺区南村的植地庄抗日战斗烈士纪念碑、植地庄抗日战斗烈士墓，还有在沙湾的广游二支队司令部旧址等，都是展现广州人民英勇抗日的重要纪念建筑。解放战争期间的史迹，主要有在越秀区的中共广州市委（特派员）旧址和解放军进城式检阅台旧址等。

以上提到的众多革命遗迹，勾勒了一幅以广州为中心所展开的波澜壮阔的近现代革命史诗图，将广州这一段横跨百年、风云际会的历史记忆留给后人敬仰、纪念。

4. 岭南地区的文化中心

濒临南海之滨的以广州区域为中心的岭南文化既不同于半封闭的、凝固式的大陆文化，又不同于展拓性、流动性的海洋文化；既不是农耕定居，也不是完全的商业文化。虽然区别于以中原文化为主体的华夏文化，但一直受到绚烂的主体文化的辐射与影响，也正是因为岭南文化是受中原文化滋养进而逐渐独立形成，所以它往往表现出博采众长的兼容性特征。同时得益于有利的地理位置，使得广州每每能得风气之先，在吸收外来文化的同时，智慧的广东人又能将其同中国的传统文化熔为一炉，“兼收众长”而“益以创新”为中外文化的交流埋下了契机。

文化交流碰撞所产生的火花和灵感，经由建筑得以完美的展现。如能够充分体现欧陆风情的沿江路及长堤大马路一带的沿江建筑，还包括沙面岛上的古典式建筑群。这些建筑是 19 世纪外国殖民者专为租界地而建造的。沿江路建筑布局与造型大多脱胎于欧洲古典的宫殿、府邸的通用形式。外来文化的元素不仅能在普通的民用建筑中得以寻觅，甚至于宗教建筑之中都有体现。如广州圣心大教堂。

博大精深的佛教文化同样在广州的土地上留下了自己的足迹。如岭南年代最古、规模最大的古刹光孝寺，历史悠久建造时间超过 1300 余年的六榕寺等。

在反映外来文化和佛教文化的建筑之外，广州地区还保留着萌生于传统文化土壤，而又极富岭南特色的民间建筑、古村落或历史街区。古村落中有广府民居系村落，也有客家民居系村落，大多数规划统一、布局有序，民居、祠堂、书舍、庙宇、门楼、牌坊、桥梁、井泉与池塘、树木相映成趣，与乡村自然风貌融为一体，有着丰富的历史、艺术价值。如余荫山房、陈家祠堂、玉岩书院等即是岭南民间文化、书院文化的集大成者。单体建筑之外，政府对历史街区的保存，除了令世人近窥昔日的繁华与街区建筑特色外，其文化内涵也十分丰富。如上下九步行街是最有影响的传统商业街，是经国家商业部批准的广州市第一条商业步行街。在全长 800 米的街道上分布有骑楼式建筑 283 间。骑楼街的建筑设计适合南方气候特点，既可防阵雨又可遮阳，在让当代人领悟祖先因地制宜、宜居宜商的城建内涵的同时，也深深地体味着骑楼建筑所散发出来的浓浓岭南气息（图一〇）。

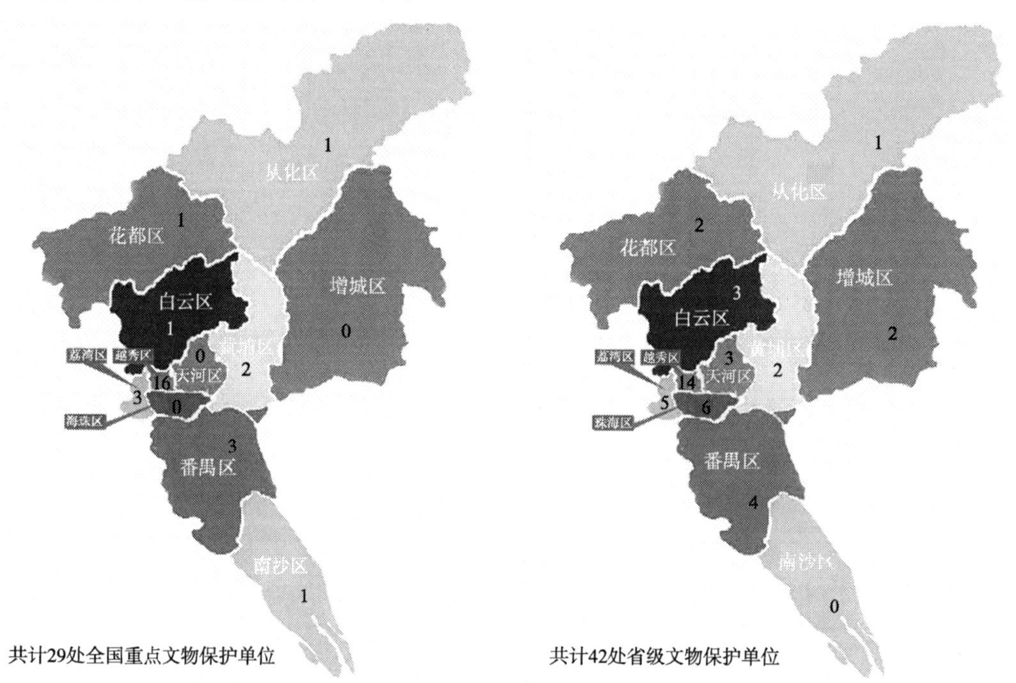

图一〇　全国重点文物保护单位数量分布图及省级文物保护单位数量分布图

（四）关键文物点

1. 秦造船遗址

1975 年开始发掘，造船工场埋在地下 5 米深处。揭露出 1 号、2 号造船台的一段和部分木料加工场地。此后于 1994、1998、2004 年历经四次发掘，把 3 个船台尽头处的结构全面揭露出来。根据地层的叠压和造船台上出土的遗物判定，造船台始建于秦始皇统一岭南时期。

造船工场建造在灰黑色的沉积黏土层上，有 3 个木结构的造船台，呈东北—西南走向，平行排列。1 号船台在南，其结构是由两行平行的大厚板（樟木）组成滑道（木板宽 0.60～0.75 米、厚 0.15～0.17 米），下面铺垫枕木（杉木或蕈树）以扩大受压面，形状有如现代的铁道。在滑道的两行厚板上分置架承船体的木墩，两两相对，每对墩的间距不等。船台中宽 1.8 米，已揭露出 29 米长的一段，东端有横置的“横阵”，表明已到尽头，往西至 88 米处钻探仍见滑板，估计其长度当在 100 米以上。位居中间的 2 号船台，中宽 2.8 米，结构与 1 号船台相同，木墩下出小凸榫，插入滑板的卯眼中。3 号船台位于北面，滑道中宽 1.8 米，结构与 1 号船台相同。2 号台的木墩下与滑板面有小型的圆榫卯套合，是为 1 号、2 号船台木船下水之后木墩复位时作定位用的。据造船专家推算，3 个船台可分别建造身宽 5～8 米、载重 25～30 吨的平底木船。

船台还出土有铁凿、锛、挣凿、木垂球、磨刀石等工具，还有铁钉、青铜箭镞和秦至汉初的半两铜钱。秦造船遗址的发现，有力地证明了早在 2000 年前，广州已经初步具备了港口功能的城市属性。

2. 南越国宫署遗址

位于越秀区中山四路 316 号。1975 年，广州市考古工作者在配合广州市中山四路一带基本建设工程中，发现了秦代造船遗址，并在该遗址之上又发现了南越国时期的文化遗存，包括南越国宫署遗址及南越御苑遗迹。1995、1997 年先后清理发掘了属于南越国宫苑的石构水池和曲流石渠遗址。这处 2000 多年前的石构建筑，在已知中国古代建筑遗址中属首次发现，并被专家们亲切地称为“东方的庞贝古城”。

1998 年，为了更好地研究保护南越王宫署遗址。广州市政府划定了范围 48000 平方米的文物保护区。2000 年在原儿童公园内试掘清理出南越国大型宫署类建筑，专家学者们在进一步了解到南越国遗存的分布状况后，为日后进一步发掘和遗址保护提供了依据。

2003 年广州市文物考古研究所、中国社会科学院考古研究所、南越王宫博物馆筹建处联合组成南越国宫署遗址考古队，开始对该遗址进行大规模考古发掘。清理出西汉南越国和五代十国时期南汉国的宫殿，以及其他不同时期广州地方衙署的多处建筑遗迹，包括房基、道路、水井和排水设施等，同时出土了跨越各个时期的建筑材料如板瓦、筒瓦、“万岁”瓦当、印花铺地砖、八棱石柱、石门楣、八棱石柱栏杆、铁门枢轴等陶、石质建筑构件，以及铁斧、铁凿、错金铁剑、铜镞、鎏金半两铜钱、陶质生活用具、瓷器等。

2005 年 1 月 24 日，在曲流石渠西端尽头处的北边，在一口砖石砌的渗井中清理出 100 多枚南越国木简。其中完整的木简全长 0.25 米，宽 0.017～0.024 米，厚 0.001～0.002 米。绝大多数单行书写，只有一枚书两行半字（可能因其用途有别于他简）。简上文字均为墨书，字数不等。经初步考证，这批木简是赵佗二十六年（前 229 年）前后南越国王宫的纪实文书，如宫室管理、职官制度、法律条文等，还有宫、苑、蕃池等文字与遗迹相印证。

南越国宫署遗址于 1995 年被评为全国十大考古新发现；南越国宫署遗址内的御苑遗迹，也于 1997 年被评为全国十大考古新发现。南越国宫城是南越国都城的政治中枢，南越宫苑是南越国宫城的组成部分，因此南越宫苑遗址的重要历史意义、学术意义、文化遗产价值是不言而喻的。

3. 南越文王墓

位于越秀区解放北路 867 号海拔 49.71 米的象岗山上。1983 年 6 月发现，同年 8 至 10 月进行发掘。墓中出土文物 1000 余件（套）。这是继满城汉墓、马王堆汉墓后中国汉代考古的又一重大发现。

南越王墓凿山为陵。墓室构筑在象岗腹心深处，墓坑采用竖穴与掏洞相结合的做法，从岗顶劈开石山深 20 米，凿出一个平面如“凸”字形的竖穴，再从前端东西两侧打横掏洞构筑耳室，南面有斜坡墓道。墓室用红砂岩巨石仿照前堂后寝的形制砌筑成一座地宫。石室上用粗砂掺灰黄土分层夯填。

墓室东西宽 12.5 米，南北长 10.85 米。前部三室，即前室和东西耳室；后部四室，分主室和东西侧室及后藏室。各室有过道相通，墓底铺木板，顶用 24 块大石板覆盖。

墓主身穿丝缕玉衣，内有少量遗骸。玉衣上下盖垫 30 余块大玉璧，头部覆盖丝绢面罩，缀有 8 块桃形金饰片。头前及双肩平置 3 件精致的透雕玉饰，胸上覆盖成串的组玉佩饰，10 把铁剑（经化验是中碳钢质）分置两侧，其中 4 把为玉具剑。墓主身上有印章 9 枚，最大一枚是“文帝行玺”龙纽金印，还有龟纽“泰子”金印、螭虎纽“帝印”玉印和墓主名章“赵眜”玉印等。陪同主人入葬的有殉人十多人，随葬器物一千多件，大部分放在主室、后藏 室和东、西耳室中。包括青铜礼器、金银饰件、玉石珍玩、甲胄弓箭、车马饰件、五色药石、原支象牙、印章封泥、丝织衣物、陶器、石器及漆、木、竹器等。

4. 德陵

俗称刘王冢，位于番禺区新造镇小谷围北亭村青岗北坡。陵墓坐南向北，始建于南汉。整座墓用素面青灰砖砌筑，由墓道、封门、前室、后室四部分组成。墓圹现存长 36.47 米，宽 5.82 米，现占地面积为 212 平方米。墓道呈缓坡状，其南端接封门外侧有一用单行砖叠砌的器物箱，内置青瓷罐、釉陶罐，排列整齐有序，应为当时“墓前设奠”之遗留。封门结构特别，南北两侧墙用平砖与楔形砖错缝结砌，当中原横置有 3 块大石板，其中两块被移走用于砌筑水渠，剩余一块遗弃在墓旁山坡上。

墓室用厚大的素面青灰砖砌筑，室顶以楔形砖砌四重拱券（最底的一重砌双隅，可算为五重拱），其外拱券顶下两侧还用条砖垒砌夹墙拱卫墓室，室内全长13米，宽3.14～3.8米。其中前室平面呈长方形，南北长6.27米，东西宽3.14米，高3.04米，壁厚约1.3米。靠近封门内侧有一块大方石，该石光素无纹、无字，似为未刻字的墓志石。东西两侧壁各设两行共9个塔形壁龛。后室近方形，长3.46米，宽3.8米，高3.45米。其两侧壁各设5龛，后壁被严重破坏。后室作为停放墓主人棺椁的所在，显得宽敞高大，为广州过去所发现汉代以来的券顶砖墓中属最宏大的。前、后室之间砌有隔墙，墓室内随葬品早年已被盗空，仅在扰土中发现有青釉陶屋残片。

该墓虽未发现明确纪年或文字，但从墓葬形制、结构、砖材及出土遗物考证，可断定为五代墓，其特点又与南汉的康陵、昭陵相一致。据此，推断该墓为南汉国奠基者刘隐的陵墓。

5. 康陵

位于番禺区新造镇小谷围北亭村大香山，与德陵相距约800米。康陵建成于南汉光天元年（942年）。陵园坐北向南，依山坡地势南北向分布，由地面陵园与地下玄宫组成。陵园有神墙、角阙、陵门；陵台由基座、神龛、祭台组成。地下玄宫向南，由墓道、甬道、前室、中室和后室组成。

康陵陵园呈长方形，四周夯筑围垣，墙垣四角设有角亭，墙垣东西宽70米，南北长130米，占地面积为9100平方米。南墙垣正中有门楼磉墩遗迹。陵墓居陵园中部偏北，为带墓道竖穴砖室墓，地宫上方为砖土结构的坛形建筑。陵坛为方座圆丘，由圆台、方台、散水等分层构成。陵坛南面，由南至北分别建有坡道、门台、门道，与陵坛相连。根据现存迹象，这些遗迹上方均应有上盖结构。

康陵的玄宫位于陵坛之下，由墓道、封门、甬道、前室、中室和主室组成。墓道呈斜坡状，现存长19米，宽3.8～4.4米，最深处5米。封门以墙夹大石板，砌筑方法与德陵相同。甬道为双重券顶，用封门砖堵实。墓室内全长11米，宽3.15米，高3.3米；顶部为结砌四重券顶，底部用方形砖铺地。前室短浅，券壁设有棂假窗和小龛。中室砌栏槛。主室两侧壁各设15个小龛，后壁有一大龛，室内砖砌棺床，宽2.25米，高0.2米，长度因已被破坏未详。陵园出土的遗物有莲花纹瓦当、双凤纹瓦当、兽面脊头瓦、筒瓦、垂兽等建筑构件，还出土有青瓷器罐、盒、碗、盏，陶器罐，玻璃器、玉片、串珠、开元通宝等。

康陵最为重要的发现为哀册文碑，碑文共计1062字，明确了墓主人身份和下葬年代，是推断此墓即为南汉高祖刘岩之陵墓的重要依据，为研究我国古代陵寝制度的发展演变提供了极为重要的实物资料。2004年康陵被评选为全国十大考古新发现。

6. 清真先贤古墓

清真先贤古墓位于广州市越秀区解放北路兰圃西侧。元代以来，中国境内的穆斯林被称为“回回”，因而这里亦叫回回坟。明清中国学者称伊斯兰教义为“至清至真”，因而伊斯兰教又被称为“清真教”，其墓地理所当然地被称为清真先贤古墓了。清真先贤古墓是以赛义德·艾比·宛葛素为首的 40 多位阿拉伯著名伊斯兰教传教士的墓地。相传宛葛素于唐贞观初年到广州传教并建清真寺供侨民礼拜。他归真后，教徒为其营葬于此。墓建于贞观三年（629 年），至今已逾 1300 多年，2013 年被国务院公布为全国文物重点保护单位。

7. 金兰寺贝丘遗址

遗址因金兰寺村而得名，遗址位于村北高约 6 米的土墩上，北临刘王涌，旁有小溪，四周是一片开阔的冲积平原，间亦有小土墩。遗址范围长宽达 100 米。由于旧时在此挖掘贝壳，堆积暴露，遗物散布地表，俯拾皆是。其中遗址的东北部已被破坏殆尽，仅西、南部保存尚算较好，亦被现今村屋与晒谷场所叠压。

广东省博物馆文物工作队会同相关单位，于 1958 年 8、9 月至 1961 年 7、8 月的 3 年间，先后对该遗址进行了三次发掘。三次发掘共开掘探方、探沟 20 个，合计面积 216 平方米，涉及遗址的多个方位。发现整个遗址的地层堆积情况基本一致，可分为三个不同时期四叠压文化层，出土了大量的石器、骨器、陶器。发掘工作结束后，省博物馆曾将遗址三个不同历史时期的部分出土文化遗物送相关单位进行测定，经科学测定，金兰寺贝丘遗址出土的夹砂精陶、彩陶的形成时间是距今 6000 多年前的新石器时代中期。金兰寺贝丘遗址的发现及发掘，最终解决了这一重要遗址三个不同时期四叠压文化层的先后关系，为广东史前时期考古学的编年排序提供了重要的地层依据。

8. 飞鹅岭新石器时代遗址

飞鹅岭遗址位于广州东北郊华南植物园内西南。1956 年中山大学历史系和市文物管理委员会人员在市郊飞鹅岭附近发现距今 2200～4000 年的新石器时代晚期遗址，随后进行了发掘，遗址由此得名。飞鹅岭遗址是迄今为止所发现的广州地区人类活动的最早遗迹，标志着广州地区人类文明之肇始。从飞鹅岭地区遗址所出土的大量遗物来看可确定这些遗址的居民已转入较定居的生活。石斧、石锛、石凿、石矛和砺石的出现，说明他们当时的经济生活除了捕鱼、狩猎外，还有农业。该遗址是现今广州市区内文化堆积层最厚、保护最完好的新石器时代遗址，具有重要的保护和人文历史研究价值，被誉为“广州第一村”。

9. 鹿颈村遗址

又名鹿颈寨，位于南沙区东南部的南沙街鹿颈村。遗址地处珠江虎门出海口西侧的一个古海湾内，东临大角山，南接珍珠山，西侧为鹿山，北向珠江口，由于三面环山，山冈长年受到雨水冲刷，流失的泥沙在此形成台地、形成沙丘，故又称沙丘遗址。

遗址发现于20世纪90年代初。2000年广州市文物考古研究所会同番禺博物馆对遗址进行了全面的考古调查与勘探。确认遗址面积有1万余平方米。地面早已垦辟为稻田、菜地、荔枝林。2000年11月至2001年6月在遗址中部进行发掘，面积1500平方米。2002年4～7月，又对遗址南部进行第二期发掘，面积近900平方米。

通过前后两次发掘，基本掌握了整个遗址的形成过程以及地下遗存的埋藏情况。根据地层情况可划分出新石器时代晚期、商时期、唐宋、明清四个阶段的文化堆积，其中尤以商时期的遗存最为丰富。在发掘现场可以看到，大量的陶器、石器、骨器、蚌器掺杂在由碎石、红烧土块、动物骨骼、各种贝壳构成的商代堆积中，一些废弃物甚至还保留着当时堆放的形态。在出土遗物中，陶器是数量最多的生活用品，有用于炊事的圜底釜，储存或盛水的罐，饮食器皿中的钵和盘，器物支座、纺轮等。石器的制作十分精美，品种包括有石斧、石锛、石铲、石刀、石镞，还有一些由兽牙和贝类制成的装饰品。从出土的生活用具和生产工具可以看出当时人们是以定居的方式，采用农耕和渔猎相结合的经济结构满足生活的需求。此外，还在遗址早期文化层堆积中发现有村落墓地，因遭破坏仅余两座墓葬。墓葬的发现，为了解和研究当时人们的生活状况及人种归属提供了更为翔实的实物资料。

遗址是目前广州地区所发现的发掘面积最大、堆积最厚、包含物和文化内涵最为丰富的先秦遗址。它的发现将当地有人类活动的历史提早到了距今4000年前后。对其进行科学的发掘、整理和深入研究，有助于建立广州环珠江口地区新石器时代晚期至商时期考古学文化的年代序列，对了解当时人们生产、生活的基本面貌，以及生态环境、动植物分布和物种构成等都具有重要意义。

10. 莲花山古采石场

位于番禺区石楼镇东陲的莲花山上，这个古石矿场，从山南的莲花岩起，偏东至莲花山渔港基地，折而向北延伸，长约3000米，开采面平均高约25米(局部达40米)。据目测估计，开采面积达33.3万多平方米（500余亩）。今日的莲花岩、象鼻山、神镜、天池、南天门、神仙桥、莲花石、无底塘、龙穴三潭、燕子岩（了哥岩）、云梯、仙人床、金鱼池、莲荷洞天、泻玉、八仙岩、马头石、小鸭石、观音岩（狮子岩）、飞鹰岩（麻鹰岩）等石景区，都是当年石矿场遗址。

石矿何时开采，尚无确实资料可供查证。1983年中国科学院副院长夏鼐先生曾到莲花山考察，他初步认为开采时间不迟于宋（960～？年），还题写了“莲花山古采石场遗址”的题词，镌刻在燕子岩的峭壁上。1983年在广州象岗山的第二代南越王墓发现后，中国科学院广州地质新技术研究所鉴定：该墓石材主要来自番禺莲花山石场，由此说明莲花山石场早在南越国时期已大规模开采了。

新中国成立前，莲花山荒无人烟。20世纪50年代，辟为渔民新村。至20世纪80

年代，已成为旅游区。2001 年 6 月，由国务院公布为全国重点文物保护单位。

11. 虎门炮台

虎门是珠江主要出口之一，其南面是伶仃洋，北面是狮子洋。一江两岸以主航道分界，东属东莞虎门，西属广州南沙。虎门炮台就分布在这一江两岸和江中的三个岛屿之上。在广州这边，目前保存的鸦片战争时期的炮台只在上横档岛和大虎山有少量遗存。光绪时期的虎门炮台（安装进口的西式后膛炮）大多完好。由南向北依次为在江西岸的大角山及蒲洲山上的大角炮台；江中的下横档岛上的下横档炮台；上横档岛上的上横档炮台。总保护面积近 80 万平方米。

虎门炮台于 1982 年由国务院公布为全国重点文物保护单位（公布名称为“林则徐销烟池与虎门炮台旧址”），1997 年 6 月又被中宣部定为全国 100 个爱国主义教育示范基地之一。

12. 六榕寺花塔

位于越秀区六榕路 87 号。寺塔始建于南朝刘宋年间（420～479 年）。梁大同三年（537 年），诏许昙裕法师在该处兴建一华丽的木塔，供奉从海外迎回的佛舍利，赐名宝庄严寺舍利塔。北宋初年，焚于火，寺仍存而塔已湮灭。宋端拱二年（989 年）重修寺院，改称净慧寺。绍圣四年（1097 年）主簿林修与信士王衢归沙门道琮于舍利塔故址重建宝塔，下瘗佛牙舍利，龛藏贤劫千佛像，故易名千佛塔。元符三年（1100 年），著名文学家、书法家苏东坡来寺，见塔畔植有苍翠的榕树 6 株，欣然手题“六榕”寺榜，后来遂称六榕寺。千佛塔于清初重修后，因塔身檐壁色彩斑斓而有花塔之称。

六榕花塔位于六榕寺中央。平面呈八角形，楼阁式塔，外观 9 层，内连暗层共 17 层，高 57.6 米。塔身除斗栱及楼板、栏杆用木制外，其余大部分用砖砌就，作井筒结构。1989 年 6 月，公布为广东省文物保护单位。2006 年 5 月，由国务院公布为全国重点文物保护单位。

13. 广裕祠

坐落在从化市太平镇广州市历史文化保护区钱岗村中央位置处，依地势而建。坐北朝南。面阔三间 13.94 米，进深三间一照壁 59.115 米，总建筑占地达 825 平方米。从南至北依次由低而高建有照壁、河砾石铺明堂八字翼墙、第一进门堂、天井及东西廊、第二进中堂、天井及东西廊、第三进祖堂。

广裕祠被专家誉称为“岭南地区古祠堂建筑的年代标尺”，2006 年 5 月，由国务院公布为国家重点文物保护单位。

14. 三元里平英团旧址

位于广州市广园西路抗英大街，三元里村北约门楼外，原是一座供奉北帝的道教神庙——三元古庙。该庙建于清康熙年间。第二次鸦片战争期间曾被英法侵略军焚毁，咸丰十年（1860年）由三元里村民众捐资重建，建国后，也曾多次维修。该庙坐西朝东，二路二进，面阔17米，纵深20.88米，面积354.96平方米。清道光二十一年（1841年）5月29日上午，一股盘踞在四方炮台的英国侵略军窜到三元里村抢掠，并调戏妇女。村民闻讯群起而攻之，毙敌数人，其余狼狈而逃。当日下午，萧岗士绅何玉成飞柬约请城北103乡社学、团练之首领会盟于三元古庙，共商成立“平英团”。

1961年3月，国务院公布三元里平英团旧址为全国重点文物保护单位。1996年挂牌，作为全国爱国主义教育基地。现旧址为三元里人民抗英斗争纪念馆，陈列当年三元里抗英斗争的史实和文物。

15. 广东咨议局旧址

位于中山三路广州起义烈士陵园内。始建于宣统元年（1909年，由日本留学生金浦崇、金浦芬捐建）。坐北朝南，正面开阔地带有一石拱桥连接通道直达位于大东路（今中山三路）的大门，成为出入该楼房的通道。石桥两侧各有大小相同的石砌荷花池，置有石扶栏。由主楼——草坪——荷花池、石拱桥——大通道——大门形成中轴线，整个建筑群体配置颇具气势，中西方建筑风格融为一体，既有罗马式圆形建筑风格，又不乏中国园林建筑的小桥流水。

国共合作的许多重要政策、法令、指示就在这里制定，对革命进程有重要影响的不少会议也在这里举行。1927年1月，国民党中央北迁后，这里一直成为国民党广东省党部所在地。新中国成立后，1958年在此建立广东革命历史博物馆，成为向青少年进行爱国主义教育、革命传统教育的重要场所。2006年5月，由国务院公布为全国重点文物保护单位。

16. 粤海关旧址

粤海关设立于康熙二十四年（1685年），是我国最早设立的海关之一，位于沿江西路29号，2006年5月被国务院公布为全国重点文物保护单位。原关址在五仙门内，咸丰十年（1860年），粤海关税务司在现关址正式建立公署。同治十一年（1872年）大楼重建，光绪二十五年九月一日（1899年10月5日）火灾烧毁，后重建，宣统二年五月（1910年6月）拆建，民国元年（1911年）11月9日复毁于火。1914年3月，粤海关大楼工程在现址奠基，由英国建筑师戴卫德·迪克依照欧洲古典建筑形式设计，华昌工程公司承建，1916年5月竣工。1925年4月建筑照片送“美国建筑技术赛会”陈列展出。

大楼坐北朝南，建筑面积4421平方米，钢筋混凝土结构，东南立面用花岗石砌筑，高四层31.85米，首层作台基形式处理，以条石砌筑，正中设石阶20余级通往二层的大门。大门两侧以高大的双柱、倚柱承托山花和拱券，其余以巨型双柱通贯二、三层，为变化的罗马复合柱头及罗马塔斯干柱身混合柱式。四层以罗马塔斯干柱环绕回廊，西北立面砌明口红砖墙。顶筑穹隆顶钟楼，钟楼四面各砌塔斯干双柱，高 13 米，置大型四面时钟，内有 5 个大小不一的吊钟，为 1915 年英国制造。

室内高大宽敞，柚木平缓拱形窗，设有壁炉，铺砌樟木地板，每层走廊宽阔，彩色水泥砖铺地，彩瓷砖墙裙，原有的电梯已拆，基本布局、结构保存完好。原正中拱券门上有“粤海关”三字，1947 年改为“广州海关”四字。

17. 陈家祠堂（陈氏书院）

俗称陈家祠，位于中山七路恩龙里 34 号，1988 年 1 月被国务院公布为全国重点文物保护单位。陈家祠堂是广东省 72 县陈姓合族祠及书院。清光绪十四年（1888 年）始建，光绪二十年（1894 年）落成。废除科举时改为陈氏实业学堂。后长期办学。1959 年辟为广东民间工艺馆。1994 年 5 月更名为广东民间工艺博物馆。1957 年，陈家祠堂全面维修。1964 年对头门、聚贤堂梁架加固修缮。1981 年重修。2001 年进行过局部修葺，2002 年对全祠灰塑进行维修。

书院坐北朝南。广五路，深三进，主体建筑呈正方形，总面阔 80 米，总进深 80 米，连同前院、后院、东院、西院，占地面积 1.5 万平方米。中轴线上主要建筑有头门、聚贤堂和后堂。中轴建筑两侧为厅堂，再两边以书斋、廊庑围合，每座单体建筑以青云巷隔开，建筑间以长廊相连，以六院八廊互相穿插。由大小 19 座单体建筑组成。祠堂前有一对石雕狮子，前辟宽阔的庭院，东邻大型绿化广场。西侧与后方隔巷与民居为伴。

除中轴线主体建筑外，其他厅堂、廊庑、斋室、厢房等建筑中广泛采用木雕、石雕、砖雕、陶塑、灰塑、铁铸等不同风格的工艺做装饰，梁架、斗拱、驼峰、墙壁、墀头、踏道等均以梅兰竹菊、花鸟虫鱼、岭南佳果、历史典故、戏曲人物等题材为装饰内容。现保存有木楹联 12 对。

18. 广州沙面建筑群

为清代至民国的租界建筑群。沙面位于珠江岔口白鹅潭畔，占地面积 22.26 平方米。这里原是一片沙洲，南临白鹅潭北面与沙基（今六二三路）相连，是渔民小艇聚集之地。明代曾在此设“华节亭”（码头），管理外商货物进出。清代中叶在此修建西固炮台，拱卫城池。第二次鸦片战争爆发后，英、法侵略者凭着签订的不平等的《天津条约》，以“恢复商馆洋行”为借口，强迫两广总督租借沙面，由中方出资雇工在北面挖人工河即沙基涌，修护河堤，填土筑基，形成近似刀形的沙面岛，供英法等外国租用。

岛内英、法东西分界，英占西面的 4/5，法占东面的 1/5。岛内主次道路纵横正交，东西走向的主道路 30 米宽（现沙面大街）贯通全岛，两面还有平行的次道路（现沙面南街）；与条次道路南北走向（现沙面一至五街），接通环岛路，把沙面岛分成 12 个区和4块公共用地。同治四年（1865年）英国领事馆首先迁入，法国领事馆于光绪十六年（1890年）迁入。从19世纪末到20世纪初，沙面租界内的公共设施已基本完备，建筑主要有领事馆、教堂、银行、邮局、电报局、商行、医院、酒店和住宅等，还有俱乐部、酒吧、网球场和游泳场等，其住户多是各国领事馆、银行、洋行的人员以及外籍的税务官和传教士。

建筑物的主要建筑风格有早期的英法殖民地风格，中期的仿古折衷主义风格和中后期的早期风格。

外国人在广州兴建的外国建筑，既反映了当时他们本国的建筑技术与艺术，也有对广州文化的吸收。又对广州近代建筑有着重要影响。至今保留有较高文物价值的建筑53座，以及道路开阔，古树参天的优美的建筑外环境。该建筑群于1990年被公布为第一批全国近代优秀建筑单位。1996年11月，被国务院公布为全国重点文物保护单位。

19. 余荫山房

又名余荫园，位于南村镇北大街。是清同治六年（1867年）考取举人邬彬的私家园林。邬曾于咸丰年初在北京任职员外郎（从五品），在咸丰五年加六级成为从二品通奉大夫。后辞职回乡，兴建此山房，同治十年（1871年）建成。余荫山房占地1589平方米，以小巧玲珑著称，是粤中四大名园之一。园内建筑成散点式自由布局，没有中轴线，以廊桥为界划分为东西两区。西区主建筑物是“深柳堂”，以“临池别馆”为附，中间隔以荷池；池东则引一水向东，廊桥跨越其上。东区以“玲珑水榭”（八角亭）为主，池水环绕亭侧经东北角与外界沟通；北墙镶建“来熏亭”（半边亭）与八角亭相呼应；南侧的石砌假山与东侧小石山高低相对。园中遍植四季花卉果木，四周以夹墙竹遮阴，各建筑间又以风雨廊相互连接，突出了岭南园林的特点。该园年久失修大部分残破。经市、区人民政府数次拨款重修，现已恢复原貌。园中联匾，除少数为旧有保存外，多为时人按旧作补写。2001年6月，国务院公布为全国重点文物保护单位。

20. 洪秀全故居

洪秀全故居，花都区新八景之一，位于广东省广州市花都区大布乡官禄布村。故居始建于清嘉庆年间，咸丰四年（1854年）被清军烧毁，1959年根据考古发掘，在原墙基上参照当地客家民居重建复原。1988年1月，由国务院公布为全国重点文物保护单位。

故居是一排六间泥砖、瓦顶木结构平房，石砌墙基，总面阔16.5米，进深5.5米。洪秀全的居室是一单间小屋，泥墙，无间隔。洪秀全在此居住生活了三十余年，青少年时期在此度过。故居的附近还有洪秀全读书和教书的私塾、洪氏宗祠等。故居原建筑曾被清政府焚毁，新中国成立后重建。现在的故居建有洪秀全故居纪念馆，洪氏宗祠辟为纪念馆辅助陈列室。

21. 光孝寺

位于光孝路 109 号。以历史悠久、规模宏伟居岭南佛教丛林之冠，也是中外文化交流的重要见证。据《光孝寺志》记载，寺址初为西汉第五代南越王赵建德王府。三国时，吴骑都尉虞翻谪居此讲学，多植诃子树，时人称为虞苑，又称诃林。后虞翻家人施宅为寺，名制止寺。东晋隆安五年（401 年），罽宾国（今克什米尔）僧昙摩耶舍到广州，在此始建佛殿，奉敕译经传教，改寺名为王苑朝廷寺（俗称王园寺）。南朝梁武帝普通元年（520 年），我国禅宗初祖达摩泛海至广州，驻锡本寺弘法。唐代，又改称法性寺。唐仪凤元年（676 年），禅宗六祖惠能在此与寺僧论风幡后公开身份，削发受戒，开创佛教禅宗南派。其后该寺多次易名，南宋绍兴十五年（1145 年）称报恩广孝寺，南宋绍兴二十一年始定名为光孝，改“广”字为“光”字，遂定名“报恩光孝禅寺”，简称光孝寺，沿用至今。该寺坐北朝南，中轴线上主要建筑有山门、天王殿、大雄宝殿、瘗发塔；其西有大悲幢、鼓楼、睡佛殿、西铁塔等；其东有达摩古迹洗钵泉、钟楼、伽蓝殿、祖堂（六祖殿）、东铁塔等。至 1990 年占地面积达 3 万多平方米。门前旷地为光孝博爱广场，约 6000 平方米，场地宽广，菩提绿树成荫。2000 年，在规划兴建的僧舍方丈室范围内发掘出跨越五代至宋代的多座古建筑基址。2001 年，正门前增建了 8000 多平方米的绿化广场和停车场。2003～2004 年，广州市组织专家对主体建筑进行了重修。

22. 圣心大教堂

位于越秀区一德路旧部前 56 号，法国工程师稽明章主持设计，是我国最大的一座哥特式石构建筑，又是天主教广州教区的主教堂。因墙壁、柱子等全部用花岗岩砌筑，故俗称石室。砌筑所用石头全部采凿于香港九龙，建筑工程浩大，历时 25 年，光绪十四年（1888 年）竣工。

圣心堂原占地 4 万多平方米（60 多亩），除教堂外，还有医院、神学院及中、小学校等房舍，现尚存教堂、主教府、神父楼、苦修院及分布在东西两侧的天主教男、女青年会所。教堂平面呈拉丁十字形。坐北朝南。东西阔 35 米，南北深 78.69 米，占地面积 2754 平方米。南立面高 58.5 米，分为 3 层。底层开 3 个称为透视门的尖拱券门；第二层当中是一用石头雕刻镂空的圆形玫瑰窗；第三层为钟楼，一对八角形的尖形塔顶高峻陡峭，东塔装有法式命名为“玛利亚”等圣名的铜钟 4 具，西塔安装机械时钟。堂内以两排纵向束柱把空间分为中厅和侧廊，采用尖形肋骨十字栱顶，东西两侧的外墙建有飞拱和飞扶壁，凌空斜撑。整座建筑的尖形拱窗、玫瑰窗、女儿墙及室内装饰精细，束柱的柱头以变形的麦穗作装饰，束柱柱础并在一起表示坚如磐石；出水口为中国传统风格的石狮式样。

民国 24 年（1935 年）塔内铁梯和屋面改为钢筋混凝土，四周建围墙铁闸门。抗日战争时，日机轰炸一德路，震坏部分玻璃窗。1949 年 10 月 14 日国民党军队轰炸海珠桥时，又一次将石室玻璃震碎。“文化大革命”期间，石室内圣母像神龛及有宗教故事画面的彩色玻璃被拆。1979 年进行过修缮。1996 年 11 月，由国务院公布为全国重点文物保护单位。

23. 南海神庙

南海神庙又称波罗庙，坐落在广州黄埔区庙头村，是古代汉族劳动人民祭海的场所，它创建于隋开皇十四年（594 年），距今已有 1400 多年的历史，为我国四海神祠中唯一保存至今的官祀神庙。我国的“海事”一词始见于该庙内唐韩愈撰的《南海广利王庙碑》中。广州古代的珠江航道，自古对外贸易的船货出入珠江口，都要经过南海神庙，它与怀圣寺光塔分别被看作为外港和内港的标志性史迹。近年在庙侧的考古发掘，有一批南越国早期的生活用陶器被发现，还发现有宋代大型建筑基址和明代、清代的两处码头，史迹的年代上下延续两千年。2013 年被列为全国重点文物保护单位。

24. 怀圣寺光塔

位于越秀区光塔路 56 号。建于唐初，是伊斯兰教传入中国后最早建立的清真寺之一。为纪念伊斯兰教创始人、“至圣”穆罕默德，故名怀圣寺，又因寺内有一光身柱形塔，故又称光塔寺。元至正三年（1343 年）曾毁于火，至正十年重建；其后明成化、万历，清康熙、道光、同治年间先后重修。坐北朝南。占地面积 2966 平方米。在主轴线上依次建有三道门、看月楼、礼拜堂和藏经阁；光塔在寺西南角，还有回廊和碑亭。寺门前为马路，周边为民居。该塔为国内现存伊斯兰教建筑最早最具特色的古迹之一。寺内 3 个碑亭，均为歇山顶，清初重修，仍保持早期的特点。1996 年 11 月，由国务院公布为全国重点文物保护单位。

25. 五仙观

位于惠福西路，是一座祭祀五仙的谷神庙。民间传说在周夷王时，天上五位仙人各骑口含谷穗的五色仙羊降临广州，把谷穗赠予广州人，祝愿广州永无饥荒，人们为纪念这五位仙人，建了五仙观，塑五仙骑羊像，奉祀观内。五仙观曾多次迁建，宋代在十贤坊（现广东省财政厅一带），南宋后期至元代在古西湖畔（今教育路一带），明洪武十年（1377 年）迁建于此。坐北朝南，依地势而建。现仅存头门、后殿、岭南第一楼和东、西斋的部分建筑。占地约 1.089 万平方米。五仙观内现保存有宋至清的碑刻 14 方及石麒麟 1 对。2002 年，对东、西斋及头门进行重修，次年对外开放。现为越秀博物馆。1989 年 6 月，五仙观及岭南第一楼公布为广东省文物保护单位。2013 年被列为全国重点文物保护单位。

26. 岭南第一楼

岭南第一楼，又名禁钟楼，位于惠福西路五仙观大殿之后。明代城楼式建筑，原为洪武七年（1374 年）行省参知政事汪广洋建，后毁，万历年间重建，现存第二层的木构架是清乾隆五十三年（1788 年）的遗构。屈大均在《广东新语》中把它与镇海楼、海山楼和拱北楼合称为“四大崇楼”，钟楼坐北朝南，高两层 17 米，首层用红砂岩石砌筑，阔 13.9 米，深 11.9 米，高 6.8 米，中开一宽 3.8 米、深 5.7 米的拱券门洞，前后贯通。第二层为木构方亭，重檐歇山顶，正脊饰鳌鱼宝珠。面阔三间 11.83 米，进深 9.37 米共十一架，梁柱用材粗大，风格古拙简朴。除脊桁为圆桁外，其余为方桁。二楼正中悬挂一口明代青铜大钟，高 3.04 米，口径 2.1 米，钟底下以方形竖井直通门洞，形成一个巨大的共鸣器，这独具匠心的设计，不但可以使钟声洪亮悠扬，也有利于声浪传播，据说扣之可“声闻十里”。此钟是作为遇火警非常事故时召救之用，无事禁止撞击，因名“禁钟”。是本省现存最大最完整的古铜钟。1989 年 6 月，五仙观及岭南第一楼公布为广东省文物保护单位，2013 年与五仙观一同被国务院公布为全国重点文物保护单位。

27. 镇海楼

位于解放北路越秀公园越秀山小蟠龙岗上。明洪武十三年（1380 年），镇守广州的永嘉侯朱亮祖把宋代的东、西、中三城合而为一，并开拓北城 800 余丈，城墙横跨越秀山，又在城墙最高处建楼 1 座，楼高 5 层，坐北朝南，俗称五层楼。当时珠江水面宽阔，登楼远望，碧波荡漾，颇为壮观，故楼名“望海”，后取雄镇海疆之意，改称镇海楼。以后数次重修。民国十七年（1928 年）重修时，把原来楼内的木结构改为钢筋混凝土结构，砖石砌筑的外墙基本上为明代旧物。镇海楼被誉为“岭南第一胜概”，先后以“镇海层楼”和“越秀层楼”列为清代和现代的羊城八景之一。

广州博物院民国十八年（1929 年）成立时以该楼为院址，现为广州市博物馆所在。1989 年 6 月，公布为广东省文物保护单位。2013 年被国务院公布为全国重点文物保护单位。

28. 中华全国总工会旧址

位于越秀区越秀南路 89 号。原为“惠州会馆”。1925 年 5 月，在中国共产党领导下，第二次全国劳动大会（简称“全总”）在广州召开，建立了中国工人阶级全国统一的工会领导机关——中华全国总工会，制定和通过了中华全国总工会章程。会址周边有围墙，中间有一圆拱形大门和雕花铁栏栅门扇。由大门进入前院，为一座两层带地下室的砖、木结构西式洋房。坐西朝东，总建筑面积 1746 平方米。该旧址二楼是各部门的办公室，用木板间隔。首层仍为广州工人代表会使用。1927 年 2 月，“全总”

北迁汉口后，这里改为中华全国总工会广州办事处。

新中国成立后，人民政府拨款对旧址进行修缮，并辟为纪念馆。1984年，政府再次拨款对旧址进行全面修缮，并于1985年5月1日“全总”成立60周年纪念日重新开放。现为中华全国总工会旧址纪念馆。1988年1月，由国务院公布为全国重点文物保护单位。

29. 广州大元帅府旧址

位于广东省广州市纺织路东沙衔。中华民国军政府大元帅孙中山帅府，原为清末广东士敏土厂办公楼，建于清光绪二十一年（1895年），为前后两幢坐南朝北的三层楼房。砖木结构，金字架灰脊瓦面（现已改为平顶晒台）。前楼三层楼的四周有3米宽走廊，南北面均有9个半月形券拱，正中为楼梯上落间。后楼建筑格局同前楼，还有一座二层小楼，原是孙中山夫妇居室。

1983年8月孙中山大元帅府旧址被广州市人民政府公布为市级文物保护单位；1989年6月被广东省人民政府公布为省级文物保护单位；1996年11月被国务院公布为全国重点文物保护单位。大元帅府旧址主体建筑的已维修复原，原址筹建孙中山大元帅府纪念馆，已于2001年底对社会开放。

30. 黄花岗七十二烈士墓

黄花岗七十二烈士墓，位于先烈中路79号，是安葬辛亥“三·二九”广州起义牺牲的烈士墓园，是辛亥革命的重要史迹。坐西北朝东南，占地12.9万平方米，规模宏大，气魄雄伟。其主要建筑汇集在中轴线上，依托地形，逐级上升。墓平面呈正方形，前设一石拜桌，以花岗岩石砌成墓基，每边长17.5米，在石砌围栏的四周围着铁链栏杆。中央建一平面为正方形的石亭，亭顶形如钟。顶的四边设镌刻着革命党党徽的山花。亭中立着“七十二烈士之墓”墓碑，墓前右侧碑亭内立一碑石，碑文题《黄花岗七十二烈士之碑》，以下镌刻着72位烈士的姓名，左侧立一石碑，刻着1932年继续审查所得14位烈士姓名的《补书辛亥三月廿九广州革命烈士碑》。1961年3月，由国务院公布为全国重点文物保护单位。

31. 广州农民运动讲习所旧址

广州农民运动讲习所旧址位于中山四路42号。这是一处红墙黄瓦、古色古香的古建筑群，这里原是番禺学宫，是明清时期番禺县培养儒生和祭祀孔子的主要场所。占地面积约1.5万平方米。

广州农民运动讲习所（简称“农讲所”）是第一次国共合作时期培养农民运动干部的学校。学员在该所学习革命理论，接受严格的军事训练，参加社会重大政治活动，并到农村进行农民运动的考察和实习。农讲所对中国革命事业有着重要的影响。1953

年，人民政府对第六届农讲所旧址进行了修缮复原。1961 年 3 月，由国务院公布为全国重点文物保护单位。

32. 广州公社旧址

广州公社旧址位于起义路 200 号。民国十六年（1927 年）12 月 11 日，中国共产党领导广州起义，攻克公安局，并在此处建立了东亚第一个苏维埃政权——广州苏维埃政府，后人称为“广州公社”。当年广州苏维埃政府四面有两米多高的围墙，大门后有花园，正中为苏维埃政府办公楼，北楼为工农红军指挥部，南楼为警卫连连部，东北面为监狱，总面积 5992 平方米。

现在的大门楼面阔三间，进深一间，为公社起义后改建，横跨于人行道上，黄色外墙，正面明间顶部饰山花及波浪纹饰，两次间为券柱式。1961 年 3 月，由国务院公布为全国重点文物保护单位。当年苏维埃政府使用过的建筑于 1987、2005 年由政府拨款进行维修，并按原貌复原，辟为广州起义纪念馆。

33. 中共第三次全国代表大会会址

位于恤孤院路 3 号（原恤孤院后街 31 号）。该处原有一幢两层砖木结构金字瓦顶的房子，坐西朝东，门临大街，对面是“逵园”。建筑呈正方形，面阔、进深各约 20 米，高约 6 米，每层各有两间房子，靠北的一间较大。会址在抗日战争时期被日机炸毁。2004 年进行过发掘，会址的基础基本保存。

34. 国民党“一大”旧址

位于文明路 215 号（原 6 号），原广东高等师范学堂钟楼底层的礼堂。建于民国时期。总面积 300 多平方米。1924 年 1 月，孙中山在这里召开了有共产党人参加的中国国民党第一次全国代表大会。会上孙中山重新解释三民主义，阐述了国共两党合作的思想。大会正式通过了共产党员以个人资格参加国民党的决定，还通过了含有“联俄、联共、扶助农工”三大政策的中国国民党第一次全国代表大会宣言，标志着国共两党第一次合作的实现和反帝反封建的革命统一战线的形成。

其后，这里曾作为广东大学和中山大学校本部办公的地方。1984 年钟楼礼堂按“一大”的原貌复原。当时的全国政协主席邓颖超为会址题名。1988 年 1 月，由国务院公布为全国重点文物保护单位。

35. 中山纪念堂

位于东风中路。原是清代督军衙署，民国十年（1921 年）5 月孙中山就任非常大总统后曾在此办公。民国 11 年军阀陈炯明叛变时遭摧毁。1926 年 1 月，中国国民党第二次全国代表大会通过决议兴建中山纪念堂，以纪念孙中山。纪念堂由当时著名设计师吕彦直设计，民国 18 年（1929 年）1 月奠基，民国 20 年（1931 年）10 月建成。坐北朝南，整体建筑包括门楼、纪念堂及东西附楼，占地共 6 万平方米，建筑面积 1.2 万平方米，是仿古的宫殿式建筑，纪念堂前立孙中山全身青铜像。

新中国成立后，人民政府从 20 世纪 50 年代初开始至 1988 年曾 7 次拨出专款对各项设施进行修葺和完善。1998 年再次拨款 6000 万元，对纪念堂进行了全面的综合性大维修，堂前中山塑像改用铜材铸造。

1962 年，中山纪念堂（中山纪念碑）公布为广东省文物保护单位。2001 年 6 月，中山纪念堂（中山纪念碑）由国务院公布为全国重点文物保护单位。

36. 黄埔军校旧址（包括东征阵亡烈士墓园）

位于黄埔区长洲街梅园社区军校路。是孙中山在中国共产党和苏联帮助下，为培养军事干部而创办的。黄埔军校开办于 1924 年 6 月 16 日，初名陆军军官学校。1926 年 3 月改名中央军事政治学校。1928 年改名国民革命军军官学校。因校址设在市东郊黄埔的长洲岛上，故通称黄埔军校。黄埔军校以孙中山提出的“建立革命军，挽救中国的危亡”为宗旨，以“亲爱精诚”为校训，学习苏联的建军经验，采取军事与政治并重、理论与实践结合的教育方针，为革命培养军事和政治人才。军校学生在支援工农运动，传播革命思想，以及东征军阀陈炯明、统一广东革命根据地和北伐战争中，发挥了重大作用，成为国民政府的重要支柱。

新中国成立后，政府对黄埔军校旧址部分建筑做了维修复原。1962 年，黄埔军校旧址公布为广东省文物保护单位。1988 年 1 月，黄埔军校旧址包括东征阵亡烈士墓园由国务院公布为全国重点文物保护单位。

注　释

[1] 其中数据主要依据朱明敏《广州市不可移动文物保护与管理现状分析及保护对策初步研究》一文，以 2013 年 6 月之前（2013 年 5 月发布全国重点文物保护单位第七批）广州市普查工作得到的“政府认定并公布的不可移动文物”范围为准。广州市全国三普报告的数据及分析包括未认定的部分，没有用三普报告里的数据。

本文与王晓梅合撰

商丘古城与通济渠史地关系研究

一、绪　　言

2011年5月18日，河南省文物局陈爱兰局长因公赴京，在与笔者杜金鹏谈起河南文物考古工作时，提出商丘古城是否与古代大运河有关之问题，委托笔者就此进行研究。于是，确立了这个研究题目，当时叫做《商丘古城与大运河研究》。

这个题目不仅关系到商丘古城的历史地理，还与正在推进中的大运河“申遗”工作密切相关。很显然，如果商丘古城果真与古运河有关，那么，商丘古城就应该进入大运河“申遗”遗址名单，最终成为世界文化遗产。

为此，我们组成了由中国社会科学院考古研究所杜金鹏、岳洪彬、河南省文物考古研究所孙新民、刘海旺、商丘博物馆王良田、夏邑县博物馆张帆等科研人员组成的课题组，从查阅文献资料开始，继而进行实地调查，把古代文献资料和考古学资料充分结合起来，尊重历史，实事求是，形成一个初步认识。

二、商丘古城历史沿革与变迁

（一）商丘故城概况

首先明确两个概念。本文所说的“商丘古城”，指河南省商丘市商丘县县城一带的古代城址，而“商丘故城”则专指今商丘县城所在的商丘明清城址（图一）。

商丘故城始建于明代弘治年间，明清两代为归德府、商丘县治所。归德府衙在城内东中部，商丘县衙在城内西南部（图二、图三）[1]。

（二）历史文献所见商丘历史沿革

商丘古城见于文献记载的人文历史，至少可以上溯到夏商时期，据说先商时期的契（阏伯）和商王相土均居于此[2]。然就城市历史地理沿革而言，至迟可追溯到西周初年。

《史记·宋微子世家》：“周公既承成王命诛武庚、杀管叔、放蔡叔，乃命微子开代殷后，奉其先祀，作《微子之命》以申之，国于宋。”裴骃《集解》：“《世本》

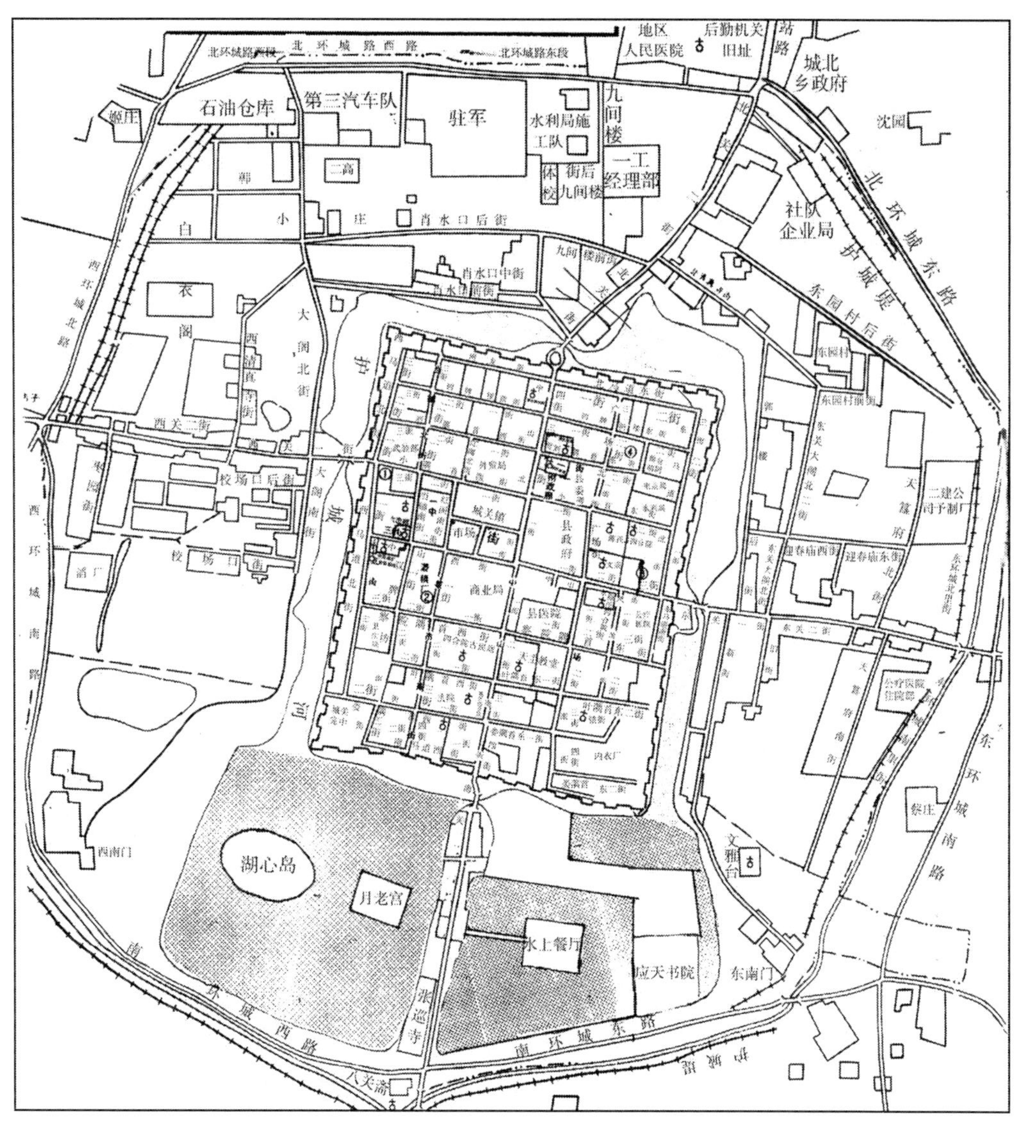

图一 商丘故城平面图

曰：‘宋更曰睢阳。’”

《汉书·地理志》：“周封微子于宋，今之睢阳是也。”“梁国……睢阳，故宋国，微子所封。”

《史记·货殖列传》：“……睢阳，亦一都会也。”唐张守节《正义》曰：“今宋州宋城也。”

《后汉书·郡国志二》：“梁国，秦砀郡，高帝改。”“睢阳，本宋国阏伯墟。”

《晋书·地理志上》：“梁国，汉置。”“睢阳，春秋时宋都。”

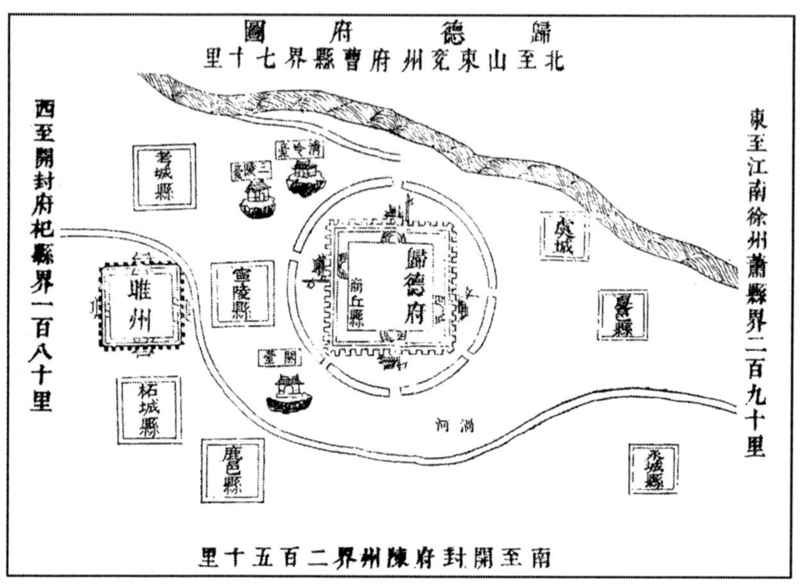

图二　明清归德府城位置图

［辑自顺治十七年（1660年）《河南通志》］

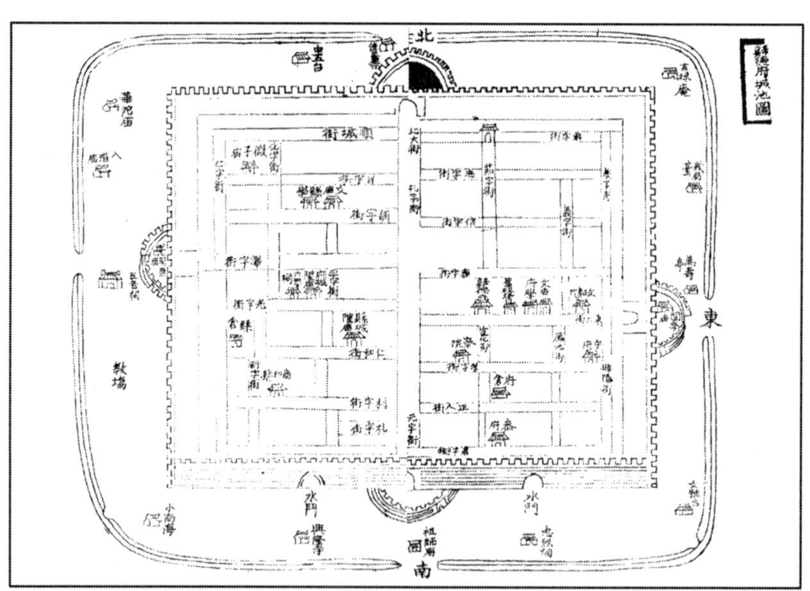

图三　归德府城池图

［辑自乾隆十九年（1754年）《归德府志》（光绪十九年重刊本）］

晋杜预《左传注》："梁国睢阳县南有横亭。"[3]

郦道元《水经·睢水注》："睢水又东径睢阳县故城南，周成王封微子启于宋，以嗣殷后，为宋都也。"

《隋书·地理志中》："梁郡（开皇十六年置宋州）统县十三"，"宋城，旧曰睢阳，置梁郡，开皇初郡废，十八年县改名焉。大业初又置郡。"

《旧唐书·地理志一》："宋州，望。隋之梁郡。武德四年平王世充，置宋州，领宋城、宁陵、柘城、谷熟、下邑、砀山、虞城七县。……天宝元年，改宋州为睢阳郡，乾元元年复为宋州。""宋城，郭下。治古睢阳城。汉曰睢阳，隋改为宋城。"

《新唐书·地理志二》："宋州睢阳郡，望。本梁郡，天宝元年更名。……县十。宋城，望。"

唐李吉甫《元和郡县图志》卷第七，河南道汴州："汉文帝以皇子武为梁王，都大梁，以其地卑湿，东徙睢阳，今宋州是也。""宋州，睢阳。……武王封微子于宋，自微子至君偃三十三世，为齐、楚、魏所灭，三分其地，魏得其梁、陈留，齐得济阴、东平，楚得沛。按：梁，即今州地。秦并天下，改为砀郡。后改为梁国，汉文帝封其子武为梁王，自汉至晋为梁国，属豫州。宋改为梁郡。隋于睢阳置宋州，大业三年又改为梁郡。隋乱陷贼，武德四年讨平王世充，又为宋州。""宋城县，望，郭下。汉睢阳县，属宋国，后属梁国。后魏属梁郡。隋开皇三年罢梁郡，以县属亳州。十六年，于此置宋州，睢阳属焉。十八年改为宋州城。……州城，古阏伯之墟，契孙相土亦都于此。春秋为宋国都。"

《十道记》曰："宋州睢阳郡理宋城县，虞舜十二州为豫州之境，周为青州之域，武王封微子之邑。"[4]

《宋史·地理志一》："南京，大中祥符七年，建应天府为南京。"

宋王应麟《通鉴地理通释》："南京应天府，阏伯所居商邱，周为宋国，汉为梁国。隋唐为宋州。太祖以归德军节度使即位，定有天下之号曰宋，景德四年升应天府，祥符七年升南京。高宗即位于此。"

宋罗泌《路史·国名记丙》："商丘，阏伯封，相土困之，宋是，今南京理宋城，汉之睢阳。"

宋王存等《元丰九域志》："南京应天府，睢阳郡，治宋城县。唐宋州，梁宣武军，后唐改归德军，皇朝景德三年升应天府，大中祥符七年升南京。"

宋欧阳忞《舆地广记》卷五："南京应天府，高辛氏子阏伯所居商丘也，周武王封微子启，是为宋国。战国时，齐楚魏灭之，三分其地。秦置砀郡，汉为梁国，东汉、晋因之。元魏为梁郡，后周置梁州，隋开皇初郡废，十六年置宋州，大业初州废，又为梁郡。唐复为宋州，天宝元年曰睢阳郡。梁号为宣武节度，后唐改归德军，皇朝景德四年升应天府，大中祥符七年升南京。宋城县，古商丘也。阏伯、微子、汉梁孝王皆都之。汉曰睢阳，后汉、晋、元魏因之，隋开皇十八年改曰宋城，唐属宋州，张巡、许远死节于此。有梁孝王兔园、平台、鴈鹜池。"

《金史・地理志中》："归德府……故宋州，宋南京应天府河南郡归德军，国初置宣武军。……睢阳，宋名宋州，承安五年更名。"

《元史・地理志二》："归德府，唐宋州，又为睢阳郡。后唐为归德军，宋升南京。金为归德府，金亡，宋复取之。旧领宋城、宁陵、下邑、虞城、谷熟、砀山六县。""睢阳，唐曰宋城，亦曰睢阳。金曰睢阳，宋曰宋城，元仍曰睢阳。"

《明史・地理志三》："归德府，元直隶河南江北行省。洪武元年五月降为州，属开封府。嘉靖二十四年六月升为府。领州一县八。""商丘，元曰睢阳，洪武初省。嘉靖二十四年六月 复置，更名。旧治在南，弘治十五年圮于河，十六年九月迁于今治，北滨河。"

清《商丘县志》卷一：商丘"旧城……弘治十五年圮于水，正德六年重筑，乃徙而北之，今南门即北门故址也"。

（三）考古所见商丘历史沿革

1991～1997年，根据美籍考古学家张光直先生的动议，中美两国考古学家组成联合考古队在河南商丘地区进行考古勘探与发掘，其目的主要是寻找先商文化遗址。经过多年的不懈努力，不仅在商丘地质考古方面获得可喜成绩，更在商丘故城一带发现了深埋地下的东周宋城和汉代梁国睢阳城、宋代以后的睢阳城，为商丘历史研究提供了极其珍贵的科学资料[5]。

据报道，东周城址平面略呈菱形，东城墙长 2900、西城墙长 3010 米，南城墙长 3550 米，北城墙长 3252 米，合计城墙周长约 12985 米，面积为 10.2 平方公里。城址的东南城角在今周台村，西南城角在今郑庄，西北城角在今董瓦房村东。在保存较好的城址西部城墙上，发现 5 座城门遗迹，其中西城墙 3 座、南城墙和北城墙各 1 座。根据现已发现城门的分布情况判断，该遗址似应有 9 座城门，即每面城墙各有 3 门。为了解城墙年代和结构，考古队在南城墙西段、西城墙南段、西城墙中段，分别布方发掘，探方编号 T1、T2、T3。发掘结果表明，城墙是由早晚有别的三部分夯土（一般均有上层、中层、下层共三大层夯土）构成的，证明城墙经过了始建、补建之多次修筑。根据对城墙的解剖发掘所出土文物的时代特征分析（在西城墙南段探方 T2 中，最底层城墙夯土中出土陶片多为绳纹，器形有鬲、罐、盆、圜底器等，时代特征不晚于西周），城墙的建造"年代下限似不应晚于春秋时期，而其上限或有可能推至商末周初"。中美联合考古队认为，这座东周城址的位置恰好与古文献记载的春秋时期宋国古城相合，且城址的规模也与列国都城相称，因此推测该城址应是春秋时期的宋城，其年代或可上推至西周初年，即为周初封微子于宋之城（图四）。

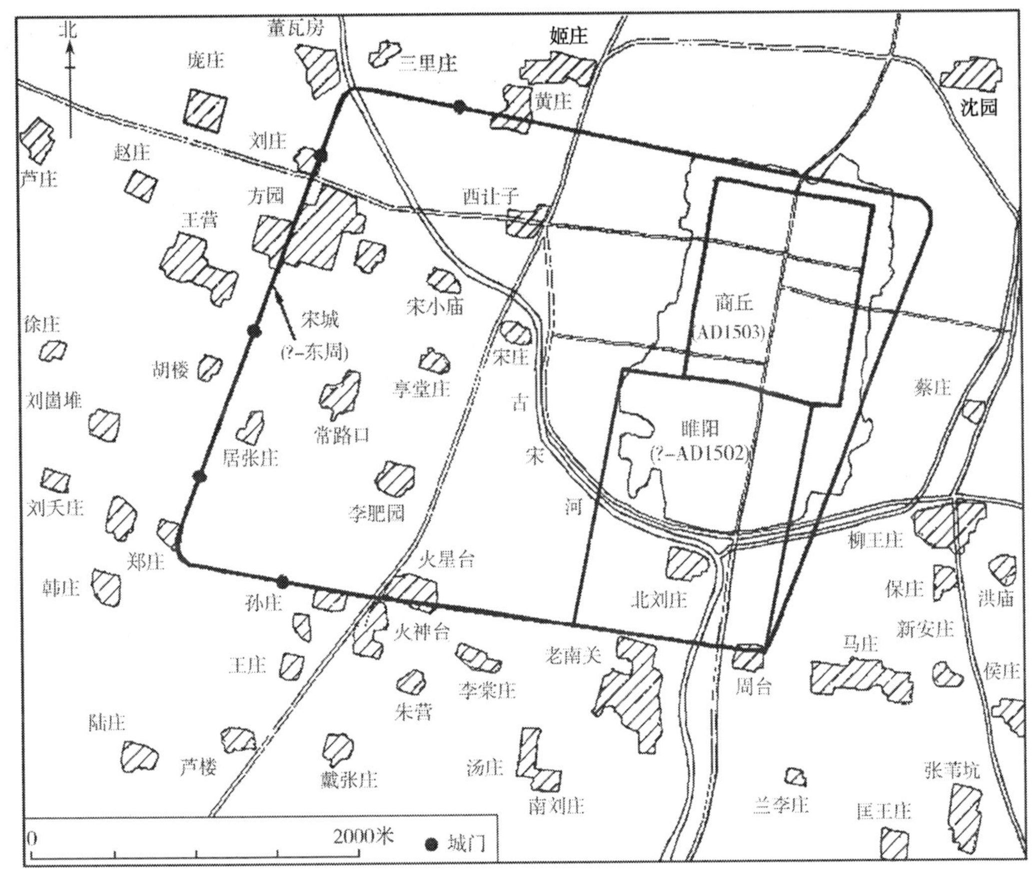

图四 商丘宋城、睢阳城、归德城平面图

中层城墙夯土被包含战国陶片的地层所打破，夯土内包含陶片年代最晚者为春秋时期，故中层夯土的“年代上限可能为春秋时期，下限至战国”。说明该城在东周时期曾经补筑过。

上层城墙夯土内包含的最晚文化遗物为汉代板瓦、筒瓦和五铢钱等，叠压该层夯土的文化层中出土有战国陶鬲口沿、隋代青瓷四系罐等，另外于城墙南坡上还发现一座唐代砖窑，出土有砖块、白瓷碗和三彩器碎片。发掘者据此推定，上层城墙夯土早于隋唐，其“年代当属汉代”。

结合文献记载可以认为，该城址应是周代宋国都城宋城遗址，汉代时该城经过补筑继续使用。晚至隋唐时候，该城址依然矗立在地面上。

那么，汉代时候该城性质是什么？

据前引《史记》《汉书》有关记载，汉梁国睢阳城亦即东周宋国都城。关于梁国都城的建设，文献中有一些记述。

《史记·梁孝王世家》：梁国“孝王，窦太后少子也，爱之，赏赐不可胜道。于是孝王筑东苑，方三百余里。广睢阳城七十里。大治宫室，为复道，自宫连属于平台三十余里”。裴骃《集解》：“徐广曰：‘睢阳有平台里。’骃案：如淳曰‘在梁东北，离宫所在也’。晋灼曰‘或说在城中东北角。’”司马贞《索隐》：“苏林云：‘广其径也。’《太康地理记》云：‘城方十三里，梁孝王筑之。’”平台，“如淳云‘在梁东北，离宫所在’者，按今城东二十里临新河，有故台址，不甚高，俗云平台，又一名 修竹苑。《西京杂记》云：‘有落猿岩、栖龙岫、凫洲、雁渚，连亘七十余里’是也”。

《汉书 · 文三王传》：梁国“孝王筑东苑，方三百余里，广睢阳城七十里。大治宫室，为复道，自宫连属于平台三十余里”。颜师古《注》曰：“更广大之也。《晋太康地记》云：‘城方十三里，梁孝王筑之。鼓倡节杵而后下和之者称《睢阳曲》’，今踵以为故。今之乐家《睢阳曲》是其遗音。”“今其城东二十里所有故台基，其处宽博，土俗云平台也。”

《后汉书 · 郡国志二》：“梁国……睢阳本宋国阏伯墟，有卢门亭，有鱼门。”刘昭注曰：“《北征记》曰：‘城周三十七里，南临涉水，凡二十四门。’《地道记》曰：‘梁孝王筑城十二里，小鼓唱节杵下而和之，称《睢阳曲》。’”

可见，汉代梁国睢阳城是在东周宋城基础上扩建而成的。睢阳城东有东苑（又称兔苑、竹苑、修竹园等），东苑内有离宫——平台是其标志性建筑物。据报道，考古勘探确实在宋城遗址以东（相距约 1.5 公里）的侯家庄村，发现地下有夯土台基，东西长百余米，南北宽 80 余米，总面积达 8000 平方米。从夯土中出土的陶片“时代似不会晚于东周，有少数陶片时代还显更早”，故考古学家推断该夯土建筑应该是与宋城同时的建筑物，汉代时可能经过修补继续沿用。

可以认为，汉代梁国睢阳城建立在东周宋国宋城基础上。只是，古人所谓梁孝王扩建周宋城的说法，尚未得到考古实证。

在周代宋城遗址内东南部，发现有一座古代城址，平面呈长方形，南、北城墙长约 1160 米，东、西城墙长约 1500 米，周长 5320 米。其中，南城墙是利用了周代宋城南城墙修筑而成的，其余三面城墙则是完全新建的。残存城墙的顶部宽约 15 米左右，城墙底部夯土内包含物比较单纯，除了东周及更早陶片以外，只有汉代前后的砖块和陶片，也有零星瓷片；城墙上部夯土中包含物较杂，包括不同时代瓷片。夯土土质也较杂，既有早期城墙夯土块，也有晚期黄泛泥砂。根据地层关系和出土文物特征，勘探者推测该城为北宋以后所建。由于商丘县从秦代到明代大部分时间内名为睢阳，因此把这座城址称为“睢阳城址”。现在的“老南关”村名应该是沿用了该城南关（南门）旧名。但是，勘探者也特别说明：“由于没有发掘材料，很难做细分和确定具体的年代范围，特别是其始建年代。”笔者认为，从城墙夯土明显分为上层、下层，且下层夯土中主要包含的是汉代及其以前陶片和砖块，只有零星的瓷片，上层夯土中包含的则主要是不同时代的瓷片等现象分析，该城址的始建年代或应更早——晚期城墙（城墙上层夯土）可能属北宋以后，早期城墙（下层夯土）则可能早至隋唐甚至更早时候。从唐人李泰《括地志》说“宋州外城本汉睢阳县也”[6]推测，唐代宋州城建在汉代睢阳城内，与上述城址的位置似可吻合。当然，确切的判断必须等到考古发掘之后才能做出。

据实地测量，商丘故城位于上述东周城址内东北角，而与此前的“睢阳城”南北并列，即现存商丘故城的南城墙与更早的“睢阳城”北城墙重合——前者借用了后者。按《明史·地理志三》：商丘县“旧治在南，弘治十五年圮于河，十六年九月 迁于今治”。清《商丘县志》卷一则说：商丘“旧城……弘治十五年圮于水，正德六年重筑，乃徙而北之，今南门即北门故址也”。

对照考古发现，可以认为坐落在东周以来的宋城（睢阳城）东南部的古城就是明代弘治十五年毁于洪水的睢阳旧城，坐落在东周以来的宋城（睢阳城）东北部、与水毁旧城南北邻接的就是明代弘治十六年（一说正德六年。推测是弘治十六年迁址，正德六年筑城）新建的商丘城，也就是目前的商丘故城。

（四）商丘城市史

商丘是中国历史上一座十分重要而繁华的都市。尽管限于资料我们不能详述历代商丘城的繁盛景象，但通过一些历史的片段还是可以窥见古代商丘的盛况。

1. 周代宋城

宋城之名最早见于《春秋左传》。据《左传》昭公二十一年：“庚午，宋城旧鄘及桑林之门而守之。”《左传》僖公十六年：“六鹢退飞，过宋都。”[7]所谓宋都即宋城。

宋国在春秋时期为重要国家，故《公羊传》僖公二年云：“大国言齐、宋”，《谷梁传》则曰：“中国称齐、宋。”

宋国故城的形制和规模与同时期的诸侯国鲁国故城[8]、滕国故城[9]、楚国纪南城[10]大体相仿。文献记载中宋城城门有庐门、桑林门[11]、杨门[12]、蒙门[13]、曹门[14]、桐门[15]、鱼门[16]等等。城外东南方有离宫曰“平台”[17]。

2. 汉代睢阳城

《史记·货殖列传》：“睢阳，亦一都会也。”

《史记·梁孝王世家》：梁孝王“广睢阳城七十里。大治宫室，为复道，自宫连属于平台三十余里”。

《后汉书·郡国志二》：“睢阳，本宋国阏伯墟。”刘昭注：“《北征记》曰：‘城周三十七里，南临水，凡二十四门。’《地道记》曰：‘梁孝王筑城十二里，小鼓唱节杵下而和之，称《睢阳曲》。’”

《太康地理记》云：“城方十三里，梁孝王筑之。鼓倡节杵而后下和之者，称《睢阳曲》。今踵以为故，所以乐家有《睢阳曲》，盖采其遗音也。”[18]依此计之，睢阳城城周约五十二里。

郦道元《水经·睢水注》："汉高祖尝以沛公为砀郡长，天下既定，五年为梁国，文帝十二年封少子武为梁王，太后之爱子也，景帝宠弟也，是以警卫貂侍，饰同天子，藏珍积宝多拟京师，招延豪杰，士咸归之，长卿之徒免官来游。广睢阳城七十里，大治宫观台苑屏榭，势并皇居，其所经构也，役夫流唱必曰《睢阳曲》，创传由此始也。……司马彪《郡国志》曰：睢阳县有卢门亭，城内有高台甚秀广，巍然介立，超焉独上，谓之蠡台，亦曰升台焉。……余按《汉书·梁孝王传》称王以功亲为大国，筑东苑，方三百里，广睢阳城七十里，大治宫室，为复道，自宫连属于平台三十余里。复道自宫东出杨之门左阳门，即睢阳东门也。""睢水又东南流，历于竹圃。水次绿竹阴渚，菁菁实望，世人言梁王竹园也。"

李泰《括地志》云："兔园在宋州宋城县东南十里。葛洪《西京杂记》云：'梁孝王苑中有落猿岩、栖龙岫、雁池、鹤州、凫岛。诸宫观相连，奇果佳树，瑰禽异兽，靡不毕备。'俗人言梁孝王竹园也。"[19]

李吉甫《元和郡县图志》卷第七："汉梁孝王广睢阳城七十里，开汴河，后汴水经州城南。兔园，县东南十里。汉梁孝王园。"

李昉等撰《太平御览》卷一五九："《图经》曰：梁王有修竹园，园中竹木天下之选集，诸方游士各为赋，故馆有邹、枚之号，又有雁鹜池，周回四里，亦梁王所凿。又有清泠池，有钓台，谓之清泠台。"[20]

对于梁孝王园囿最早也是最直接的记述，来自追随梁孝王长期游览梁园的枚乘、司马相如等人。当初，司马相如事汉孝景帝，官武骑常侍。会梁孝王携邹阳、枚乘等游士入朝，与司马相如投缘，司马相如因此托病辞职追随梁孝王归，"客游梁。梁孝王令与诸生同舍，相如得与诸生游士居数岁，乃著《子虚之赋》"，详细描绘了梁王苑囿之壮丽美景[21]。而枚乘所撰《梁王菟园赋》对梁园的山水植物禽兽描述甚详，对苑中歌舞游乐、美食酒宴，也述说形象。赋开头云："修竹檀栾，夹池水，旋菟园，并驰道，临广衍，长冗坂。""晚春早夏，邯郸、裴国、易阳之容丽及其燕饰子，相予杂而往焉。车马接轸相属，方轮错毂。接望何骖，披衔迹蹶。"梁王"羽盖繇起，被以红沫，濛濛若雨委雪。高冠扁焉，长剑闲焉，左夹弹焉，右执鞭焉。日移乐衰，游观西园。之芝芝成宫阙，枝叶荣茂。选择纯熟，挚取含苴，复取其次，顾赐从者。于是，从容安步，斗鸡走兔，俯仰钓射，煎熬炮炙，极乐到暮"[22]。枚乘又有《忘忧馆柳赋》，除了咏吟苑中柳景，也对梁王园囿中的欢宴做了描述："于是尊盈缥绿之酒，爵献金浆之醪，庶羞千族，盈满六庖。弱丝清管，与风霜而共雕，鎗鍠啾唧，萧条寂寥。"[23]

虽然，睢阳城城周长度有十三里、三十七里到七十里不等的说法，但从文献记载睢阳城系"广"宋城而来，又考古资料显示汉代睢阳城建筑在东周宋城基础上，则睢阳城显然不会小于东周宋城周长 12985 米（约合西汉 30 里左右）之规模[24]。

西汉时，吴、楚、齐、赵七国反，攻击梁国棘壁，杀人数万。“梁孝王城守睢阳，而使韩安国、张羽等为大将军，以距吴、楚。吴、楚以梁为限，不敢过而西，与太尉亚夫等相距三月。吴、楚破，而梁所破杀虏略与汉中分。”据说，“梁多作兵器弩弓矛数十万，而府库金钱且百巨万，珠玉宝器多于京师”[25]。可见梁国的军事与经济实力十分雄厚。

梁国王陵也已在商丘永城被发现。梁王陵墓可分为三个陵区，计有8处共 14座大墓[26]。其中梁孝王和王后墓位于保安山陵区内，“斩山作郭，穿石为藏”[27]。王墓由墓道、车马坑、甬道、主室、回廊、排水设施等构成。面积700平方米，容积达2800立方米。该墓已被盗掘一空。据《三国志 · 魏书 · 武帝纪》记载：曹操“盗掘梁孝王墓，破棺得金宝万斤”。梁孝王王后墓规模宏大，结构复杂，由2条墓道、3条甬道、前庭、前室、后室、34个侧室、回廊等构成，面积1600多平方米。陪葬坑出土有“梁后园”铜印章。保安山梁孝王墓南发现的柿园 1 号墓，随葬品十分丰厚，仅墓门西侧钱窖中出土铜钱就达225万枚重万余斤[28]。在僖山陵区发掘的1号墓，出土有金缕玉衣等珍贵 文物，专家考证是“西汉末期梁国的一位国君之墓”[29]。

由此可见汉代梁国睢阳城之城池宏伟、宫室壮丽、园囿广大、陵墓壮伟、经济繁盛、钱财充裕。

3. 唐代宋州城

唐李泰《括地志》：“宋州宋城县在州南二里外城中，本汉之睢阳县也。汉文帝封子武于大梁，以其地卑湿徙睢阳，故改曰梁也。”[30]可知唐代宋州城有内城、外城，外城即汉代睢阳城，宋城县在宋州城南城墙外二里处。推测唐代宋州城内城是新建的，规模小于汉睢阳城。

据清乾隆十九年《归德府志 · 城池》载：“唐建中时，亦为宣武军城。城有三。”即宣武军城平面呈“品”字形，南一城，北二城。目前，唐宋州城、宣武军城均未在考古工作中被发现、证实。

汉代睢阳城遗迹在唐代依然可见，故唐司马贞云：宋州城“今城东二十里临新河，有故台址，不甚高，俗云平台”[31]。唐颜师古云：宋州城“今其城东二十里所有故台基，其处宽博，土俗云平台也”[32]。

唐人李吉甫在《元和郡县图志》中言：“自扬、益、湘南至交、广、闽中等州，公家运漕，私行商旅，舳舻相继，隋氏作之虽苦，后代实受其利焉。”

通济渠开通航运后，宋州城市规模迅速扩大，城市人口显著增加，至唐代时已成为全国的大都市之一。文人墨客纷纷仿效司马相如客游睢阳（宋州），诗人李白、杜甫、高适等也慕名 前往游览[33]。并把宋城的都市繁华和文物古迹写进了诗词中。杜甫在《遣怀》诗中写道：“昔我游宋中，惟梁孝王都。名今陈留亚，剧则贝 魏俱。邑中九万家，高栋照通衢。舟车半天下，主客多欢娱……忆与高李辈，论交入酒垆。两公壮藻思，得我色敷腴。气酣登吹台，怀古视平芜。”李白在《梁园吟》中写道：“天长水阔厌远涉，访古始及平台间。平台为客忧思多，对酒遂作梁园歌。……玉盘杨梅为君设，吴盐如花皎白雪。持盐把酒但饮之，莫学夷齐事高洁。……梁王宫阙今安在?枚马先归不相待。舞影歌声散绿池，空余汴水东流海。沉吟此事泪满衣，黄金买醉未能归。连呼五白行六博，分曹赌酒酣驰辉。”唐人高适《宋中十首》对汉梁国遗迹感叹良多：“梁王昔全盛，宾客复多才。悠悠一千年，陈迹惟高台。寂寞向秋草，悲风千里来。”唐岑参《梁园歌送河南王说判官》：“君不见梁孝王修竹园，颓墙隐辚势仍存。娇娥曼脸成草蔓，罗帷珠帘空竹根。……梁园二月梨花飞，却似梁王雪下时。当时置酒延枚叟，肯料平台狐兔走?”[34]透过这些千古传诵的佳作，仿佛可以看到一座繁华大都市的景象：汴河（通济渠）略城而过直达东海，舟车来往，络绎不绝。城内街衢宽阔，楼宇林立，居民九万户，热闹非凡。每当夜幕降临，酒馆茶楼高朋满座，灯火通明，歌舞曼妙，觥筹交错！宋州的文物古迹也招来众多游客，是人们怀古抒情的绝好地方。唐代诗人杜牧有七言绝句曰：“锦缆龙舟隋炀帝，平台复道汉梁王。游人闲起前朝念，折柳孤吟断杀肠。”[35]

“安史之乱”时，“禄山乱两河郡县，多所陷没，唯张巡、许远、姚誾三人坚守睢阳，贼将尹子奇拼力攻围，逾年不克。……使贼锋挫衄，不至江淮，巡、远之力也”[36]。由此可见宋州城城池之坚固。

4. 宋代陪都南京

《宋史·地理志一》：真宗大中祥符七年，建应天府为南京，宫城周二里三百一十六步，殿曰归德，宫门曰重熙、颁庆。京城周回一十五里四十步。东、西各二门，南北各一门。“以太祖旧藩归德军在宋州，改宋州为应天府，至是建为南京，作鸿庆宫以奉太祖、太宗御容。”[37]

宋叶梦得《石林燕语》：“应天府艺祖肇兴之地。祥符七年建南京，诏即衙城为大内，正殿以归德为名。”《玉海》：“宋州，景德三年二月甲申升应天府，祥符七年正月丙辰升南京。诏曰：’洪惟艺祖，历试是邦，同豳土之始基，应春陵之王气，稽唐氏晋阳之制，肇建新都。’”[38]

作为宋高宗发祥之地，南京在宋代受到特别关照，自在情理中。

5. 明清归德府

据文献记载：金代归德府“城周十二里三百六十步，明初少裁四分之一，弘治十五年圮于水”[39]。

明代于谦《梁园》诗曰：“自古梁园佳丽地，于今寂寞减繁华。日长野店闻啼鸟，春暮山城见落花。绿柳两行侵洛远，黄河一带入淮赊。欲将尊酒舒高兴，锦帐风流愧党家。”[40]显然此地已无往昔为都邑时的繁盛了，但仍不失为历史古城，甚至汴河两岸的“绿柳”也还依然茂盛！

商丘归德府城呈长方形，坐北朝南，周长4.35公里。城墙初筑为夯土墙，明嘉靖三十七年始外包青砖[41]。砖城四面城墙各有一门，东曰宾阳门、西曰垤泽门、南曰拱阳门、北曰拱辰门。

城外围绕有护城河（湖）。据康熙《商丘县志》记载："池距城丈余，阔五丈二尺，深二丈。"后来城湖水面逐渐变大。现在城湖水面四面都很宽广，南面最大，最宽处约500米，水深5米左右，北面最窄处也有近百米。四面湖中都有一个小岛。

城湖外又有护城堤，平面近圆形，始建于明嘉靖年间[42]。明清两代对护城堤都进行过修葺。近代以来逐渐废弃，现存护城堤仅为高出附近地表的土岗，城门已不复存在。

商丘归德府城内街道为棋盘式布局，以大隅首为中心，93条街道布局规整，至今基本保留了明清时期的原有风貌。

6. 小结

根据古代文献的记载，商丘故城的城市历史最早可上溯至西周至春秋时期的宋国都城，此后，秦代为砀郡郡治，汉晋为梁国都城睢阳，隋代为梁郡（开皇十六年废梁郡置宋州）宋城县（开皇十八年改睢阳为宋城），唐代为宋州（天宝元年改宋州为睢阳郡，乾元元年复为宋州）、宋城县，后唐为归德军，北宋初年为宋州，旋改应天府，大中祥符七年升为陪都南京，金元二代为归德府、睢阳县，明清时期属归德府、商丘县。

考古发现则证明，周代宋城、汉代以来睢阳城，是一脉相承的。大约是北宋末年黄河泛滥河道南迁入淮，冲毁了这座具有两千年历史的古城，城市原地重建时规模大为缩小。至明代弘治年间黄河再次冲毁了睢阳城，新建城市位置稍微北移，规模亦稍缩减。

总之，宋城—睢阳—商丘是历经三千多年其地理位置不曾变更的历史名城[43]。

三、商丘古城自然地理及其变迁

（一）文献所见商丘古代水系

历史上，商丘一带有四条重要河道。一是流经商丘古城北的汳水（汴水），一是流经商丘古城南的睢水，三是从商丘古城南面横贯的通济渠（汴河）。以上三水均是源自蒗渠、从西北向东南流汇注泗水、淮河东流入海。四是先后从商丘南面和北面流过的黄河。

1. 汳水（汴水）

汳水是一条自然河流，但后来的人工河渠借用了其某些河段。《说文》《水经》作"汳水"，《元和郡县图志》作"汴水"（古人避讳"反"字故改"汳"为"汴"[44]），《宋史》作"汴河"。

《说文》："汳水受陈留浚仪阴沟，至蒙为雝水，东入于泗。"

桑钦《水经》："汳水出阴沟于浚仪县北。又东至梁郡蒙县为获水，余波南入睢阳城中。获水出汳水于梁郡蒙县北，又东过萧县南，睢水北流注之。又东至彭城县北东入于泗。"郦道元《注》："阴沟即蒗渠也，亦言汳受旃然水，又云丹沁乱流于武德绝河南入荥阳合汳，故汳兼丹水之称。河济水断，汳承旃然而东，自王贲灌大梁，水出县南而不径其北。夏水洪泛则是渎津通，故渠即阴沟也。于大梁北又曰浚水矣。故圈称著《陈留风俗传》曰浚水径其北者也。又东汳水出焉。故《经》云汳水出阴沟于浚仪县北也。汳水东径仓垣城南。……汳水又东径陈留县之鉼乡亭北。……汳水又东径小黄故城南。……汳水又东径鸣雁亭南。……汳水又东径宁陵县之沙阳亭北。……汳水又东径葛城北。……汳水又东径神坑坞，又东径夏侯长坞。……汳水又东径梁国睢阳县故城北，而东历襄乡坞南。……汳水又东径贯城南，……汳水又东径蒙县故城北，汳水自县南出，今无复有水，惟睢阳城南侧有小水，南流入于睢。……汳水又东径大蒙城北。"[45]

《元和郡县图志》卷八河南道阳武县："汴渠，一名蒗宕渠，今名通济渠。"

唐代诗人白居易《长相思》词曰："汴水流，泗水流，流到瓜洲古渡头。吴山点点愁。"所说汴水亦即唐代通济渠。

《金史·地理志中》："睢阳，宋名宋州，承安五年更名。有鹰鹭池，汴水、睢水、涣水。"

可见，汳水是上承阴沟水、流经睢阳城北、汇入泗水的河流。其上游河段后来被运河通济渠所利用，故通济渠也有汴渠、汴河之称。

2. 睢水

睢水（或写作涉水），《汉书》说源出陈留浚仪，《水经》则说源出梁郡鄢县。东南流过睢阳城南，又东南汇泗入淮。后来，通济渠借用其河道。

《后汉书·郡国志二》："睢阳，本宋国阏伯墟。"刘昭注："《北征记》曰：'城周三十七里，南临 水，凡二十四门。'"

《水经》："睢水出梁郡鄢县，东过睢阳县南，又东过相县南屈从城北东流，当萧县南入于陂。"郦道元《注》："睢水出陈留县西蒗 渠，东北流。《地理志》曰睢水首受陈留浚仪狼汤水也。《经》言出鄢，非矣。又东径高阳故亭北。……睢水又东，水积成湖，俗谓之白羊陂，陂方四十里，右则奸梁陂水注之，其水上承陂水东北径雍丘城北，又东分为两渎，谓之双沟，俱入白羊陂。陂水东合洛架口，水上承汳水，谓之洛架水，东南流入睢水。又东径襄邑县故城北，又东径雍丘县城北，睢水又东径宁陵县故城南，……历鄢县北，……故《经》有出鄢之文。……睢水又东径横城北（《春秋左传》昭公二十一年乐大心御华向于横，杜预曰：梁国睢阳县南有横亭，今在睢阳县西南，世谓之光城，盖光、横声相近，习传之，非也）。睢水又径新城北（即宋之新城亭也），……睢水又东径高乡亭北，又东径亳城北。……睢水又东径睢阳县故城南。……睢水于城之阳积而为逢洪陂，陂之西南有陂，又东合明水，水上承城南大池，池周千步，南流会睢，谓之明水，绝睢注涣。睢水又东南流，历于竹圃（水次绿竹阴渚，菁菁实望，世人言梁王竹园也）。”

唐李吉甫《元和郡县图志》：“宋城县……宋州城。睢水，西南自宁陵县界流入。……古阏伯之墟，契孙相土亦都于此。春秋为宋国都。汉梁孝王广睢阳城七十里，开汴河，后汴水经州城南。”

《金史·地理志中》：“睢阳，宋名宋州，承安五年更名。有鹰鹭池，汴水、睢水、涣水。”（图五）

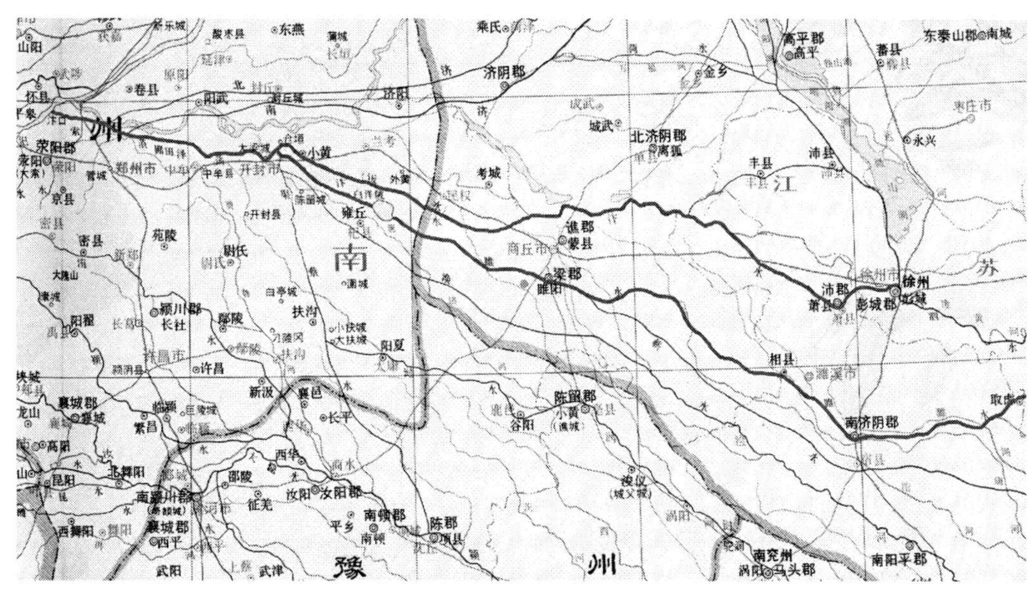

图五 北朝时期流经睢阳城南、北的睢水与汳水

中美联合考古队在商丘县南今朱营与老关庄之间，发现曾经存在过一条古河道，现已淤为平地。河道分为早晚有别的三条，位置上下叠压而逐步北移。专家根据地层关系和沉积物岩相特征判断，年代偏早的两条河道，“可能是黄河南泛第一阶段（北宋末年至明嘉靖后期）黄河分流的重要水道”，根据地貌继承性，专家推断最早的河道“应该于黄河南泛前便已存在，而且黄河南泛前商丘一带的地貌条件一直比较稳定，所以该古河道的历史可能比较早”。这条湮没于地下的古河道应该就是古代睢水[46]（图六）。

睢水本是自然河流，后来部分河道被利用为运河通济渠（详后），它就在商丘古城南面。周汉乃至唐宋的宋城、睢阳城，几乎紧挨睢水岸旁，后来商丘城虽然北移，但又有河道往南直通睢水（汴河）。

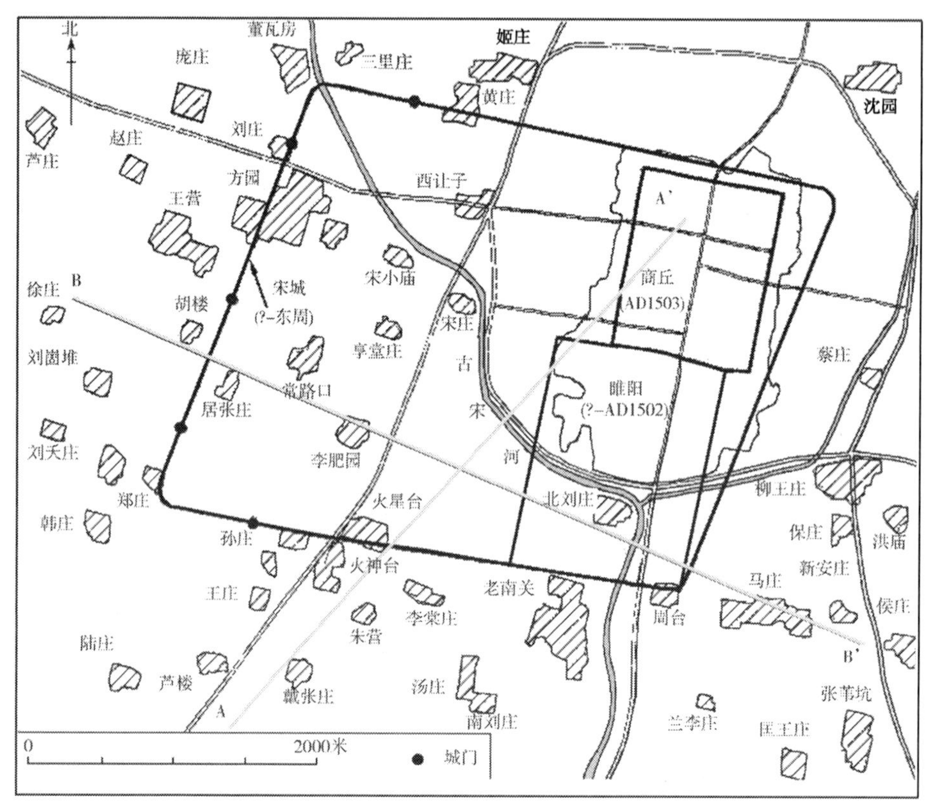

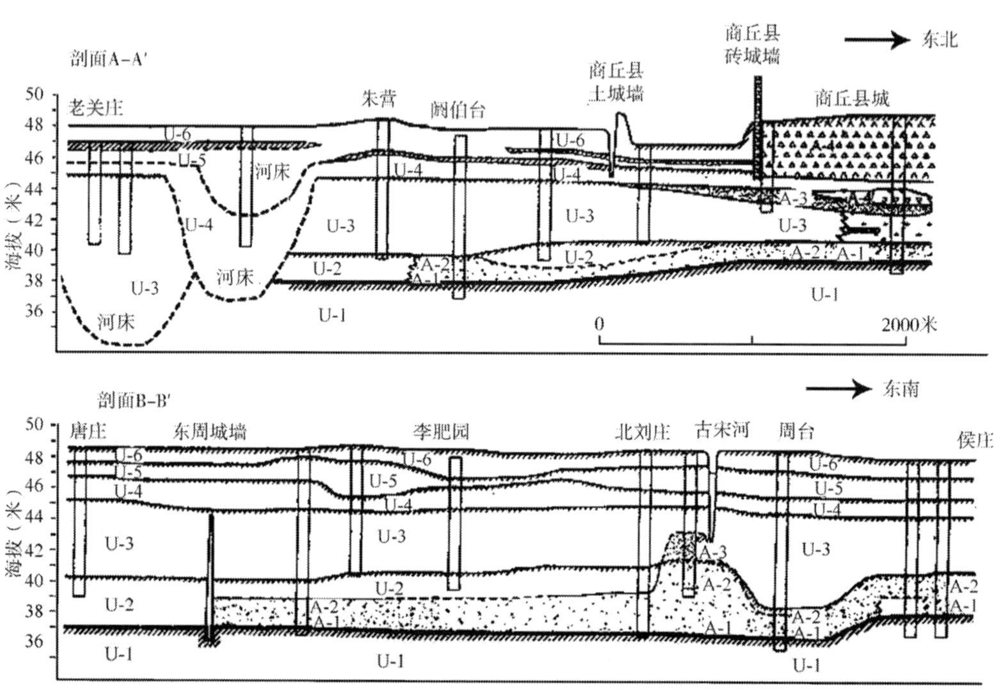

图六　商丘古城地层钻探示意图

上：探孔布列位置图；下：地层关系图

3. 黄河

北宋末年，黄河改道南流汇淮入海，流经睢阳城北。后来黄河也曾一度改道走睢阳城南（夺睢入淮）。今商丘城北尚有黄河故道。

《元史 · 地理志二》：“归德府……壤地平坦，数有河患。”

《明史 · 地理志三》：“商丘，元曰睢阳，洪武初省。嘉靖二十四年六月复置，更名。旧治在南，弘治十五年圮于河，十六年九月迁于今治，北滨河。正统后，河决而南，城尝在河北。正德后仍在河南。”

（二）考古所见商丘自然地理变迁

1991～1996 年，中国社会科学院考古研究所与美国哈佛大学合作在商丘地区（主要是商丘县城西、南、东南一带大约 6 公里 × 6 公里）开展地质考古，基本廓清了商丘地区自新石器时代以来的地貌变迁[47]。

文献和考古证明，对商丘地貌产生影响的因素主要是黄河改道南泛入淮。

历史上黄河下游河道变迁，主要分为三个阶段：北宋末年以前（1128 年前）流向东北入渤海；北宋末年至清咸丰五年（1855 年）南流由淮入海；咸丰五年以后又改道北流由山东利津入海[48]。

考古证明，自新石器时代至汉代，黄河远离商丘，商丘地区罕见洪水泛滥，地貌稳定性较好。直到北宋末年，商丘地区都属淮海水系影响范围，平原上土层沉积速度相当缓慢，平均每年只有 2～2.5 毫米，1200 年间堆积不到 2.5 米。专家推测，宋代以前，商丘地面上应能看到早期历史时代甚至史前时期的大型建筑物遗存，如城墙、宫殿基址等。

北宋末年，黄河开始改道南流，通过多条河道入淮，河水泛滥频繁且规模较大，对商丘地貌产生巨大影响。自明代嘉靖后期，黄河以单河道（商丘北面的明清黄河故道）形式入淮，黄河泛滥规模减小、频率减少，对商丘地貌影响减弱。北宋以来 700 年间，黄河的改道、决溢、泛滥，彻底改变商丘地区自然地貌和文化景观，商丘地区南部形成了 4～6 米（局部达 8～11 米）厚的黄泛沉积层。清代咸丰五年始，黄河北流，结束了对商丘的影响[49]（图七）。

正是因为黄河泛滥之故，到明代时汉唐遗迹已不可见。故明人李梦阳《梁园歌》曰：“荒烟白草古城没，登台望之令心哀!”王廷相《梁苑歌三首》曰：“黄河东来沙填海，陈留十山几山在? 梁王古苑九地深，岁岁龙蛇窟穴改。”[50]

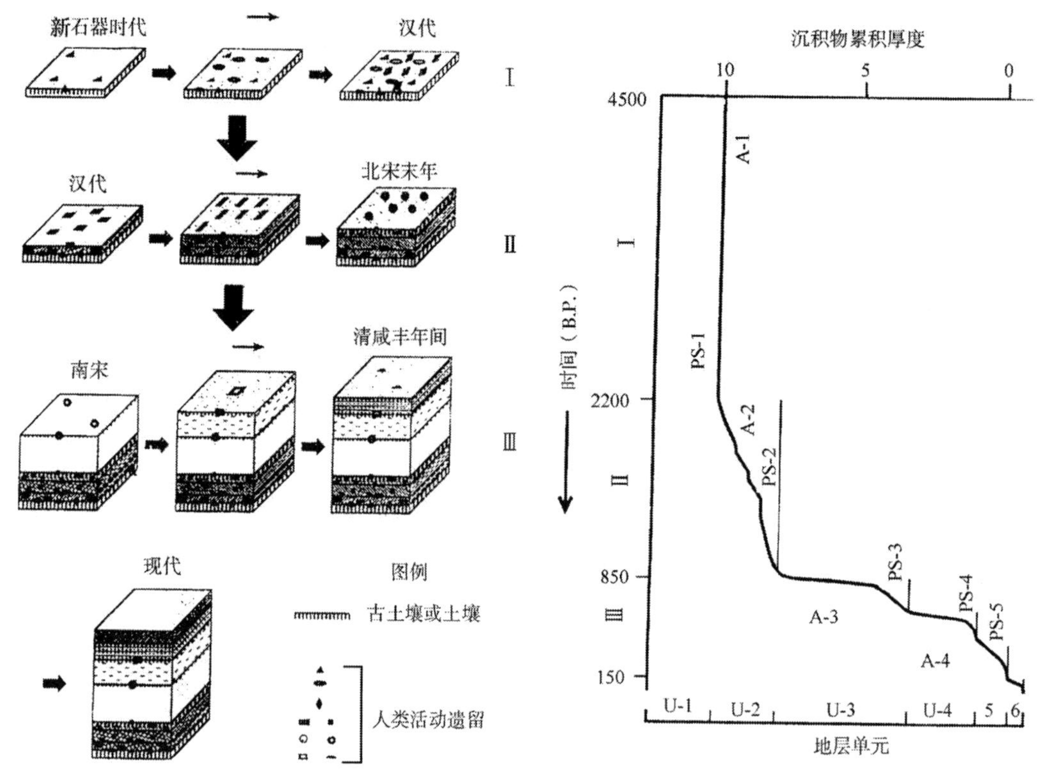

图七　商丘地区古代地貌变迁图

（三）小结

商丘地区自新石器时代至北宋时期，地形地貌相对比较稳定，这里地势平坦，土地肥沃，河流纵横，植被茂盛，是一个非常适合人类生活的地方，也是适合产生大型都邑的地方。因此，周代的诸侯国宋国、汉代诸侯国梁国，都建都于此，至唐宋时期依然是重要都会。

北宋以降，因黄河泛滥，商丘地区的地貌发生急剧变化，水灾频频，城市规模急剧缩小，但依然不失为重要的区域性中心城市。

四、商丘古城是运河之城

（一）商丘作为运河城市的自然条件

1. 商丘古城南北的河道网络

前文已述，商丘古城南面有一条著名的河流叫做睢水。在古文献中，我们发现商丘与睢水之间历史上发生过的几个故事。

据《左传》载：鲁成公十五年，宋国内乱，左师鱼石、大司寇向为人、少司寇鳞朱、大宰向带、少宰鱼府等五大夫，与右师华元不合，双方争斗，五大夫从国都出走，居睢水岸旁。后来，五大夫与华元开战，引 睢水灌城[51]。由此可知，宋国都城紧邻睢水。

《水经》："睢水出梁郡鄢县。东过睢阳县南。"郦道元《注》："睢水又东径睢阳县故城南，周成王封微子启于宋，以嗣殷后，为宋都也。""城西门即寇先鼓琴处也。先好钓，居睢水旁，宋景公问道，不告，杀之。后十年，止此门，鼓琴而去。宋人家家奉事之。"寇先家居睢水旁而鼓琴宋城西门，可见宋城去睢水不远。

《史记·宋微子世家》：宋湣公九年"宋水，鲁使臧文仲往弔水。湣公自 罪曰：'寡人以不能事鬼神，政不修，故水'"。宋国水患应来自于近旁的睢水[52]。

睢阳城与睢水之间，也有将二者联通起来的水道。

据《水经·睢水注》："睢水又东径睢阳县故城南……又东合明水，水上承城南大池，池周千步，南流会睢，谓之明水。"睢阳城南侧的"小水"应即"明水"。可见，睢阳城南有一条小河把睢阳城与睢水联通起来。

乾隆版《归德府志》"商丘县境图"，商丘城南有河曰古宋河（更早时候显然叫宋河），河之北段河道分岔为三，皆与护城河联通。河之南段往南在高辛集与贯通东西之河流沟通。

据考古勘探，商丘城南今北刘庄东面、周台村一带确实有一条南北向古河道，大体上与今古宋河相对应（河道有摆动，参见图五）[53]。有理由相信，古宋河与明水应该有历史渊源。通过明水（宋河），睢水中的舟船可直接驶抵睢阳城下甚至进入睢阳城内（考古发现的古宋河已在周宋城、汉睢阳城南部 ）。

商丘古城北面的汳水，虽然没有像睢水那样与商丘古城关系紧密，但二者亦有联系。据《水经·汳水》："汳水出阴沟于浚仪县北。又东至梁郡蒙县为获水，余波南入睢阳城中。"郦道元《注》："汳水又东径蒙县故城北，汳水自县南出，今无复有水，惟睢阳城南侧有小水，南流入于睢。"可知，汳水有支流（丹水，或曰获水的分支，详《水经·获水注》）南入睢阳城，其河道也许就是今古宋河故道。另外从乾隆《归德府志》"商丘县境图"（图八）、康熙《商丘县志》"城南新河图"（图九）看，城北确实有河通往商丘城护城河，从商丘城西沟通南北两大河流的小河，与今古宋河位置大体相符。

2. 商丘城外湖陂为天然港湾

在商丘古城附近，存在大型湖陂。

《水经·睢水注》："睢水又东径睢阳县故城南，睢水于城之阳积而为逢洪陂。"[54]

《归德府志》："南湖，在府城南五里。"[55]或即逢洪陂的遗迹。

2011年夏，河南省文物考古研究所考古专家在商丘老南关一带进行的考古勘探中，于通济渠南岸文化层底部发现湖相堆积层，推测这里曾是湖泊。也许，就是所谓逢洪陂或其前身。

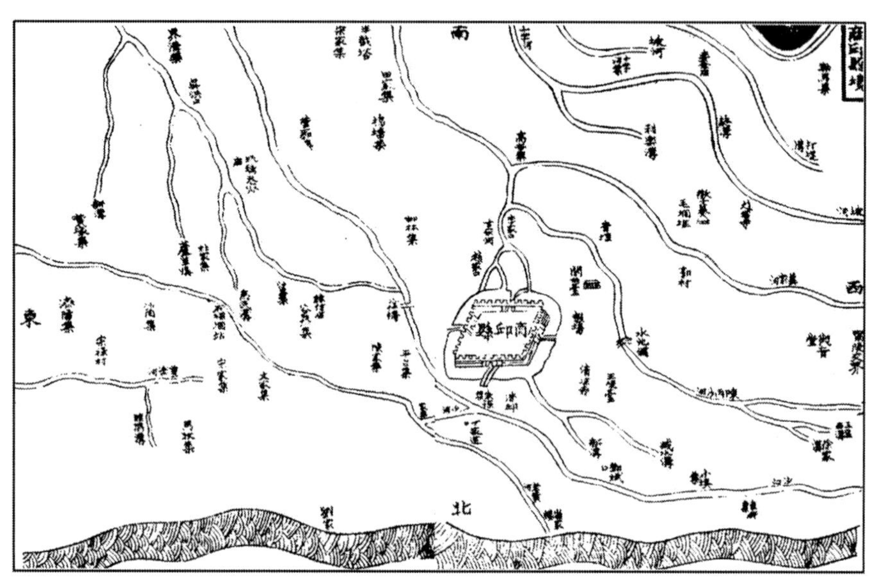

图八　商丘县境图

［辑自乾隆十九年（1754年）《归德府志》（光绪十九年重刊本）］

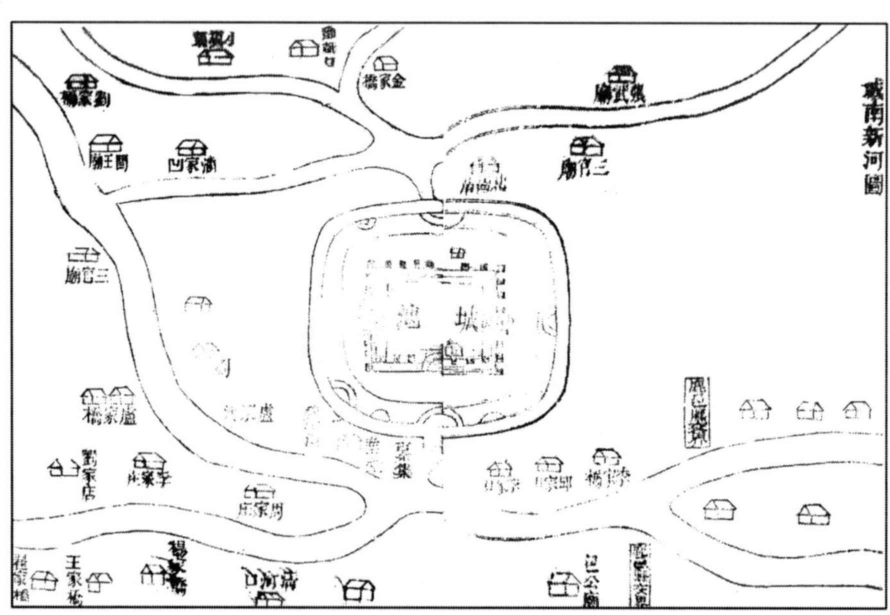

图九　商丘城南北水道图

［辑自康熙四十四年（1705年）《商丘县志》（光绪十一年重刊本）］

《尚书·禹贡》："道菏泽，被孟猪。"《左传》庄公十二年："宋万弑闵公于蒙泽。"杜预注："蒙泽，宋地。梁国有蒙县。"《史记·宋微子世家》：宋湣公与卿大夫南宫万狩猎，发生争执，南宫万"以局杀湣公于蒙泽"。《集解》："贾逵曰：'蒙泽，宋泽名也。'"《汉书·地理志》：梁国睢阳，"《禹贡》盟诸泽在东北"。《水经》："汳水出阴沟于浚仪县北。又东至梁郡蒙县为获水，余波南入睢阳城中。"郦道元《注》："阴沟即蒗渠也……汳水又东径梁国睢阳县故城北，而东历襄乡坞南。汳水又东径贯城南，……汳水又东径蒙县故城北。"《水经·济水注》："孟猪在睢阳县之东北。"孟猪、盟诸泽、蒙泽，实一泽而异名（孟、盟、蒙，同音通假；猪、诸皆即渚，亦同音通假），在睢阳城东北。清代学者孙星衍说："睢阳，今河南商邱县，自河决徙流，孟渚故迹不可考矣。"[56]

商丘故城南睢水汇积而成的湖面逢洪陂，恰好是天然港湾，适合于停泊大量舟船。而城东北的盟诸泽，应是联通汳水的湖面，也是天然港湾。总之，商丘故城外的湖陂，支持该城市作为大型港口。

（二）商丘与通济渠

《隋书·炀帝纪》：大业元年三月，"发河南诸郡男女百余万，开通济渠，自西苑引谷、洛水达于河，自板渚引河水通于淮"。

《隋书·食货志》：隋炀帝"开渠，引谷、洛水，苑西入，而东注于洛（河）。又自板渚引河，达于淮海，谓之御河。河畔筑御道，树以柳"。

李吉甫《元和郡县图志》卷第五："汴渠，在（河阴）县南二百五十步，亦名蒗荡渠。禹塞荥泽，开渠以通淮、泗。后汉初，汴河决坏，明帝永平中命王景修渠筑堤，十里立一水门，令更相注洄，无复溃漏之患。自宋武北征之后，复皆堰塞。隋炀帝大业元年更令开导，名通济渠，自洛阳西苑引谷、洛水达于河，自板渚引河入汴口，又从大梁之东引汴水入于泗，达于淮，自江都宫入于海，亦谓之御河，河畔筑御道，树之以柳，炀帝巡幸，乘龙舟而往江都。"卷第七则云："隋炀帝欲幸江都，自大梁城西南凿渠，引汴水，即蒗宕渠也。"卷八曰："汴渠，一名蒗宕渠，今名通济渠。"

清乾隆十九年《归德府志》引《旧府志》曰："汴河在府城南五里，或曰浪荡渠，""隋堤，在旧城外三里，即汴渠南堤也。"

通济渠是隋代对当时运河的总称。它可分为东、西两段。西段从洛阳城西引谷水、洛水通达于洛阳城东的黄河，东段自板渚[57]引黄河水通于淮河，中间则贯之以黄河。通济渠东段借用了睢水部分河道。

通济渠的全线开通，使睢阳城成为通济渠上的重要城市（图一〇）。

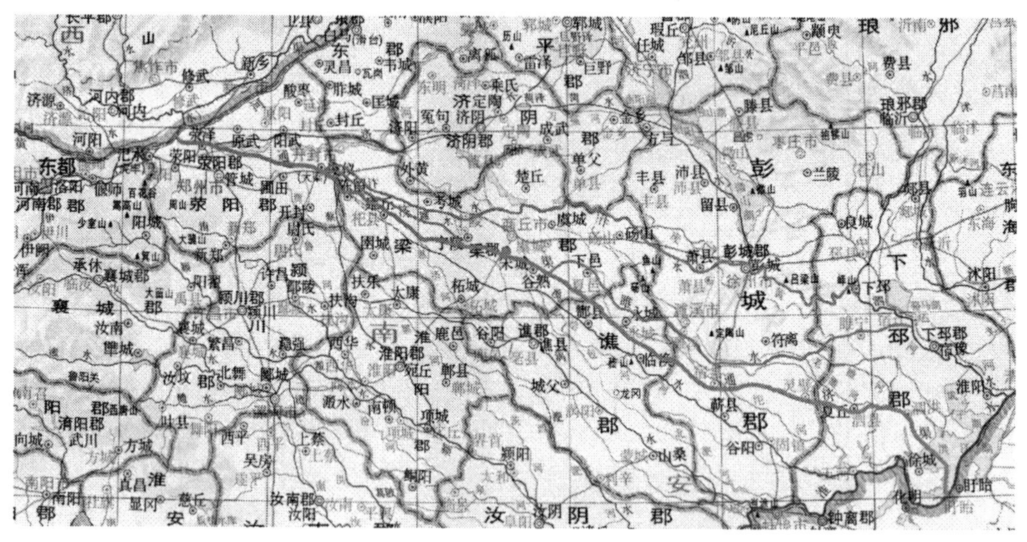

图一〇　隋代宋城与通济渠

通济渠历史上曾是事关国家经济命脉的交通要道，也是人们日常出行的重要水道。史书记载："至道元年九月，帝以汴河岁运江、淮米五七百万斛，以济京师，问侍臣汴水疏凿之由，令参知政事张洎讲求其事以闻。"张洎指出："唯汴水横亘中国，首受大河，漕引江、湖，利尽南海，半天下之财赋，并山泽之百货，悉由此路而进。"淳化二年六月，汴水决浚仪县，太宗皇帝亲自视察水灾，有臣下阻拦，"帝曰：东京养甲兵数十万，居人百万家，天下转漕，仰给在此一渠水，朕安得不顾！"[58]故宋人黄庶《汴河》诗云："汴都峨峨在平地，宋恃其德为金汤。先帝始初有深意，不使子孙生怠荒。万艘北来食京师，汴水遂作东南吭。甲兵百万以为命，千里天下之腑肠。人心爱惜此流水，不啻布帛与稻粱。"[59]宋人梅尧臣《汴渠》亦云："汴水源本清，随分黄河支。浊流方已盛，清派不可推。天王居大梁，龙举云必随。设无通舟航，百货当陆驰。人肩牛骡驴，定应无完皮！"[60]唐代诗人皮日休在《汴河铭》则说："隋之疏淇、汴，凿太行，在隋之民不胜其害也，在唐之民不胜其利也。"[61]

唐宋诗人咏吟中多有提及乘船抵达宋城者，如白居易《汴河路有感》曰："三十年前路，孤舟重往还。"[62]宋人梅尧臣有诗曰："八月过宋都，泊舟双庙侧。"[63]是知当时系乘船而来。

据记载，因泥沙沉积，疏浚不力，汴河在宋代已成为"地上河"[64]，故而商丘一带屡有汴河决溢之灾[65]，幸其漕运功能尚存。据康熙四十四年《商丘县志》记载，通济渠商丘段在明朝嘉靖年间（1522～1566 年）还在通航。清乾隆十九年《归德府志·水利略》记载："汴河在府城南五里，或曰即浪荡渠。元至元中淤，嘉靖中曾疏之，今复成平陆矣。"

（三）商丘与早期人工河

一般认为，通济渠（莨菪渠、汴渠、汴河）是隋炀帝开凿的人工运河，则商丘为运河古城始于隋代。其实，商丘在建城之初就是水岸都邑。

明代李濂曰："汴河在今县治南三十五步，即浚仪渠也。源出荥阳县大周山，合京、索、须、郑四水，东经京城内，合蔡河，名蒗荡渠，又名通济渠。自隋大业初，疏通济渠，引黄河通淮，至唐改名广济渠。"又说："隋炀帝大业元年，命尚书左丞相皇甫谊复西通济渠，作石陡门，引河水入汴，汴水入泗，以通于淮。筑堤树柳，御龙舟行幸，以达于江都，人称其堤曰隋堤。"[66]可见，李濂认为隋炀帝之于通济渠，主要是"疏"（复）而非"凿"。

清代学者赵一清指出："《禹贡锥指》曰'浮于淮泗达于河'，苏氏《传》曰'自淮泗入河必道于汴，世谓隋炀帝始通汴入泗，禹时无此水道，以疑《禹贡》之言。'按《汉书》项羽与汉约中分天下，割鸿沟以西为汉，以东为楚。文颖《注》云：'于荥阳下引河东南为鸿沟，以通宋、郑、陈、蔡、曹、卫，与济、汝、淮、泗会，即今官渡是也。'魏武与袁绍相持于官渡，乃楚汉分裂之处，盖自秦汉以来有之，安知非禹迹耶！""鸿沟、官渡、汴水之类，自禹以来有之明矣。"[67]对"隋炀帝始通汴入泗"之说提出强烈质疑。

确实，更早的文献记载说明黄河分流入淮泗，远在炀帝之前。

《史记·河渠书》："（大禹）功施于三代。自是之后，荥阳下引河东南为鸿沟，以通宋、郑、陈、蔡、曹、卫，与济、汝、淮、泗会。于楚，西方则通渠汉水、云梦之野，东方则通（鸿）沟江淮之间。"《索隐》："楚汉中分之界，文颖云即今官渡水也。盖为二渠，一南经阳武，为官渡水；一东经大梁城，即鸿沟，今之汴河是也。"这是鸿沟分流黄河，黄河与淮河沟通的明确记载。

《史记·项羽本纪》："汉王复使侯公往说项王，项王乃与汉约，中分天下，割鸿沟以西为汉，鸿沟而东者为楚。"《集解》："文颖曰：'于荥阳下引河东南为鸿沟，以通宋、郑、陈、蔡、曹、卫，与济、汝、淮、泗会于楚，即今官渡水也。'"《正义》："应劭云：'在荥阳东二十里。'张华云：'大梁城在浚仪县北，县西北渠水东经此城南，又北屈分为二渠。其一东南流，始皇凿引河水以灌大梁，谓之鸿沟，楚汉会此处也；其一渠东经阳武县南，为官渡水。'按张华此说是。"

《水经·河水》：河水"又东过荥阳县北，蒗渠出焉"。郦道元《注》曰："大禹塞荥泽，开之以通淮泗，即《经》所谓蒗荡渠也。汉平帝之世，河汴决坏，未及得修，汴渠东侵，日月弥广，门閭故处皆在水中。汉明帝永平十二年，议治汳渠，上乃引乐浪人王景问水形便。景陈利害应对敏捷，帝甚善之。乃赐《山海经》《河渠书》《禹贡图》及以钱帛。后作堤，发卒数十万，诏景与将作谒者王吴治渠，筑堤防修堨，起自荥阳东至千乘海口，千有余里。景乃商度地势，凿山开涧，防遏冲要，疏决雍积。十里一水门，更相洄注，无复渗漏之患。……顺帝阳嘉中，又自汴口以东缘河积石为堰通渠，咸曰金堤。”是汉代即已大规模整治过汴渠。《水经·济水注》：“昔大禹塞其淫水，而于荥阳下引河东南以通淮泗。”显然，郦氏认为大禹从荥阳挖渠沟通了黄河与淮、泗。

宋罗泌《路史·后纪》卷十二云：夏禹“引南河以通淮泗而注之海”。罗苹注：“南河，汴也。道元云：‘大禹瘗荥泽，开汴以通淮泗。’”

据《宋史·河渠志三》：“汴河，自隋大业初，疏通济渠，引黄河通淮，至唐改名广济渠。”（请注意：这里用“疏”而不用“凿”。）“至道元年九月，帝以汴河岁运江、淮米五七百万斛，以济京师，问侍臣汴水疏凿之由，令参知政事张洎讲求其事以闻。其言曰：……禹又于荥泽下分大河为阴沟，引注东南，以通淮、泗。至大梁浚仪县西北，复分为二渠：一渠元经阳武县中牟台下为官渡水；一渠始皇疏凿以灌魏都，谓之鸿沟，莨菪渠自荥阳五出池口来注之。其鸿沟即出河之沟，以曰莨菪渠。”“汉明帝时，乐浪人王景、谒者王吴始作浚仪渠，盖循河沟故渎也。……惟汴渠首受旃然水，谓之鸿渠。东晋太和中，桓温北伐前燕，将通之，不果。义熙十三年，刘裕西征姚秦，复浚此渠，始有湍流奔注，而岸善溃塞，裕更疏凿而漕运焉。隋炀帝大业三年，诏尚书左丞相皇甫谊发河南男女百万开汴水，起荥泽入淮千余里，乃为通济渠。又发淮南兵夫十余万开邗沟，自山阳淮至于扬子江三百余里，水面阔四十步，而后行幸焉。……初唐，改通济渠为广济渠。”[68]又据宋代陈师道考证：“自汉末河入于汳，灌注兖豫。永平中，道汳自荥阳，别而东北至千乘，入于海。而河复于是。故渎在新渠之南。《注》所谓‘绝河而受索’，自此始。隋开皇中，因汉之旧，道河入汴。大业初，合河、索为通济渠，别而东南，入于淮，而故道竭。”[69]

无疑，古人相信大禹时候已经导通黄河与泗、淮。秦始皇凿鸿沟引河水灌注大梁，再创黄河与淮泗沟通的早期人类杰作。至少，汉代时候分流黄河的鸿沟确实存在。鸿沟后来成为通济渠的一段，流经睢阳城南的睢水，便是通济渠更东面的河段。隋代以前，经鸿沟导河入泗的睢水，从商丘古城南侧流过；经鸿沟导河入泗的汳水，流经商丘古城的北面。

另唐代李吉甫云：“汉梁孝王广睢阳城七十里，开汴河，后汴水经州城南。”[70]李吉甫认为早在西汉时期梁孝王扩建睢阳城时便已“开汴河”，使睢阳城成为运河城市。清乾隆十九年《归德府志·地理略上·山川》云：“缪堤，自汴至宋三百余里，世传梁孝王徙居睢阳时筑。”[71]

因此，商丘古城（宋城、睢阳城），早在隋炀帝开凿通济渠之前，已被连接在黄河分流人工河道系统上。而据汉代学者见解，开凿河渠的主要目的包括漕运[72]。

根据前引文献并结合现代历史地理学者的研究成果[73]，我们可以勾画商丘古城与古代水道的关系图为：

春秋战国时期，睢水过睢阳南，丹水经睢阳北，二水均上承济水、东入泗水，沟通黄河、淮河（图一一）。两汉时期，汳水（又有甾获渠、获水、谷水之名）过睢阳北，睢水经睢阳南，东入泗水，形成沟通黄河、淮河的两个河道（图一二）。三国、西晋、北朝时期，汳水（汴水）、睢水同源，分别流过睢阳北、南，沟通黄河、淮河；睢阳紧邻睢水。隋代，汴水、睢水同源，分别流经宋城北、南；而睢水在宁陵、宋城、谷熟段，与通济渠合流。唐代通济渠又叫汴水，原汴水改称古汴河，睢水在宁陵、宋城、谷熟段与汴水合流。北宋时期，汴河东南流，经陈留、雍丘、襄邑、宁陵，过宋城（南京应天府）南；古汴河在宋城以北，东入泗水；陈留北又有濉水（古睢水）从汴河支出，东南流在宁陵西复入汴河，至宋城东又分支汴河而出，东南入泗水；金代黄河岔流东南过归德府宋城南，北折入黄河。在开封以东汴水曾与黄河岔流合流，过宋城、谷熟后，分支为：睢水在北，东入黄河，进入大运河水系；汴水在南，流入淮河；元代黄河从归德府前流过，睢水在睢阳东从黄河叉出，东流在宿迁北复入黄河。明代时，黄河从归德府北面东流；睢水从陈留东流，过归德府南，东流入黄河，与大运河联通；睢水在归德府南分支南流，名马尚河，入涡水南注淮河；汴河从归德府南流经，虽严重淤塞但经疏浚仍可通航。

总之，自东周至明代，商丘古城一直处在沟通了黄河与淮河的水道旁。尽管历史上发生一些河流改道、河名变迁，但是，商丘古城的运河（沟通黄河与淮河）城市之地位从未丧失。

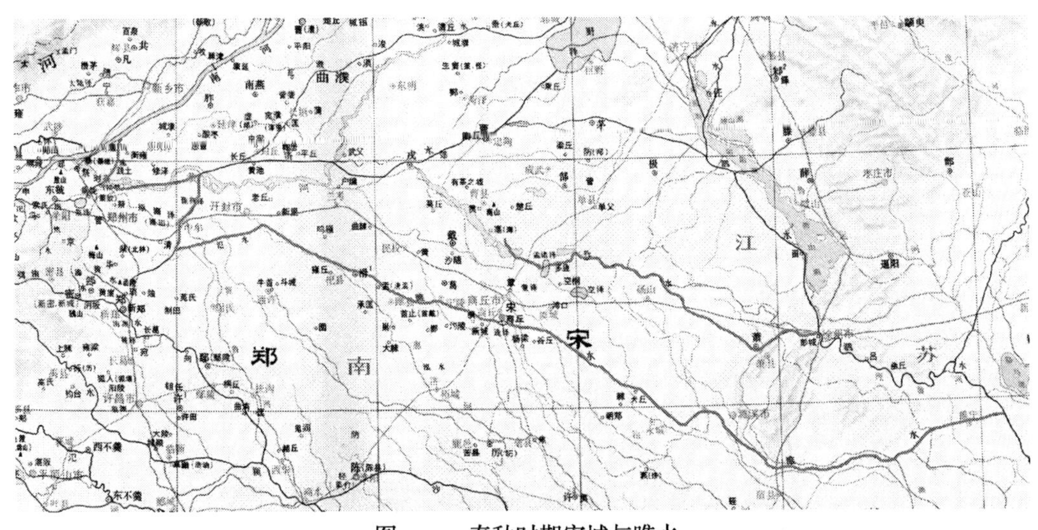

图一一　春秋时期宋城与睢水

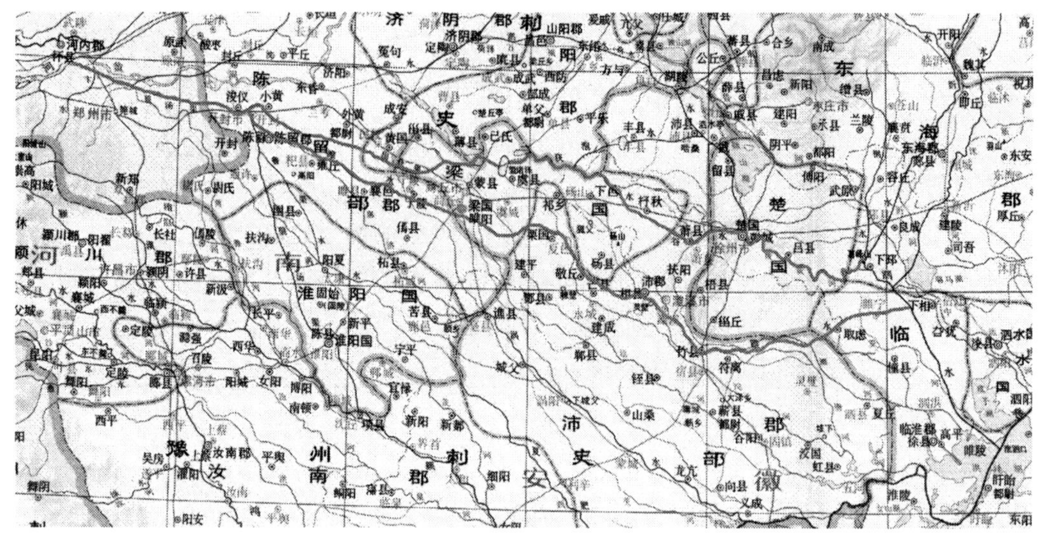

图一二　西汉睢阳城与睢水

（四）商丘古城城湖、水门包含的历史信息

作为运河城市的必要设施，商丘古城南有大型城湖，此一传统被代代沿袭。

据考古勘探，周代宋城城墙外侧"确实有城壕或城湖的存在"[74]。根据在南城墙西段的勘探，城壕宽度约 120 米（据考古简报插图测算，不很准确）（图一三）。

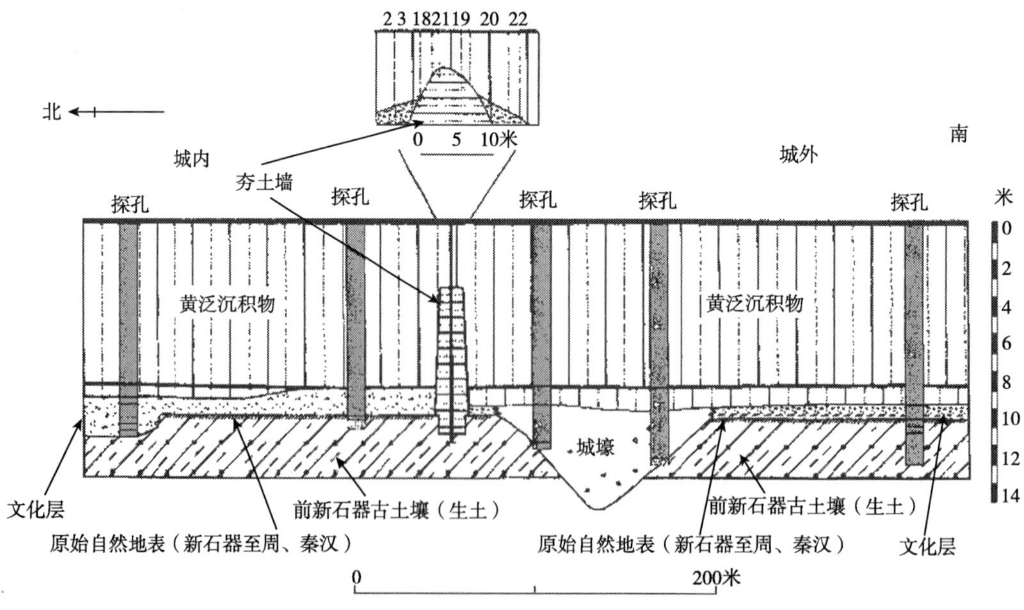

图一三　宋城城墙与护城河遗迹剖面图

《水经·睢水注》："睢水又东径睢阳县故城南，睢水于城之阳积而为逢洪陂，陂之西南有陂，又东合明水，水上承城南大池，池周千步，南流会睢，谓之明水，绝睢注涣。"这是睢阳城南有大水池的最早记载。

北宋人刘山老在其《满庭芳》中有词句曰："睢阳门外，有个大南湖。"[75]这是北宋睢阳城外有一较大南湖的明确记载。

乾隆十九年版《归德府志》"归德府城池图"中府城西南有地名曰"小南海"（参见图三），南城墙有两座水门（顺治版《归德府志》"归德府城池图"、康熙版《商丘县志》"商丘城图"南城墙亦有两座水门。从图上分析，东水门可通归德府府仓，西水门可通商丘县县仓）[76]，而其余三面城墙均无水门。可见城南面必有城湖或河渠通大河。今天的商丘城南依然存留有人工湖曰"南湖"，应即古代"城南大池""小南海"之遗孑。商丘故城虽然城市规模逐步缩小甚至稍微移位，但是城南设湖泊之传统一直未变。这与商丘故城与南面运河之密切联系有关。

（五）考古发现的商丘古城南面的运河及其码头

《水经·汳水注》："汳水又东径葛城北。汳水又东径神坑坞，又东径夏侯长坞。汳水又东径梁国睢阳县故城北，而东历襄乡坞南。"汳水在这一代屡屡经过的所谓"坞"，怀疑都与码头有关。

北宋熙宁五年十月五日晚，日本僧人成寻从台州府北行，经扬州溯汴河前往五台山参佛，行至南京应天府时在其日记中写道："……至南京大桥南，停船宿。……大桥上并店家灯火，大千万也。伎乐之声，遥闻之。……六日天晴。辰时，曳船，从桥下过。店家买卖，不可记尽。经二里，至次大桥外，停船。艄公宿积干姜取上市头了，五十石许上了。于宿州卅石许上市了。"[77]从这段记述可以想见当时应天府城南大运河南北两岸的繁荣程度及夜生活的丰富多彩：在二里之内，有两座大桥，大桥两端区域均可以泊船；大桥上下，店铺林立，夜晚灯火通明，伎乐声声；码头市场等级较其他一般州城为高，繁荣程度超过其他一般州县。

2007年夏，商丘市文物管理局组织全市文物工作者30余人，展开了通济渠商丘段考古调查，基本搞清了通济渠商丘段的走向、尺度等，探明商丘境内的大运河全长199.7公里，河床一般宽度为50米左右，夏邑县济阳镇河段河床最宽处达150米，商丘古城老南关外运河河床最宽处达300米，河床深6～10米。根据调查资料初步推测永城市老城、酂阳、夏邑县会亭镇、济阳镇、虞城县谷熟镇、商丘古城南关外、睢县城北关等处为通济渠疑似码头（图一四）。2011年8月，河南省文物考古研究所为配合连霍高速公路拓展工程，在商丘老南关一带进行考古勘探，再次验证了通济渠河道与码头遗址。

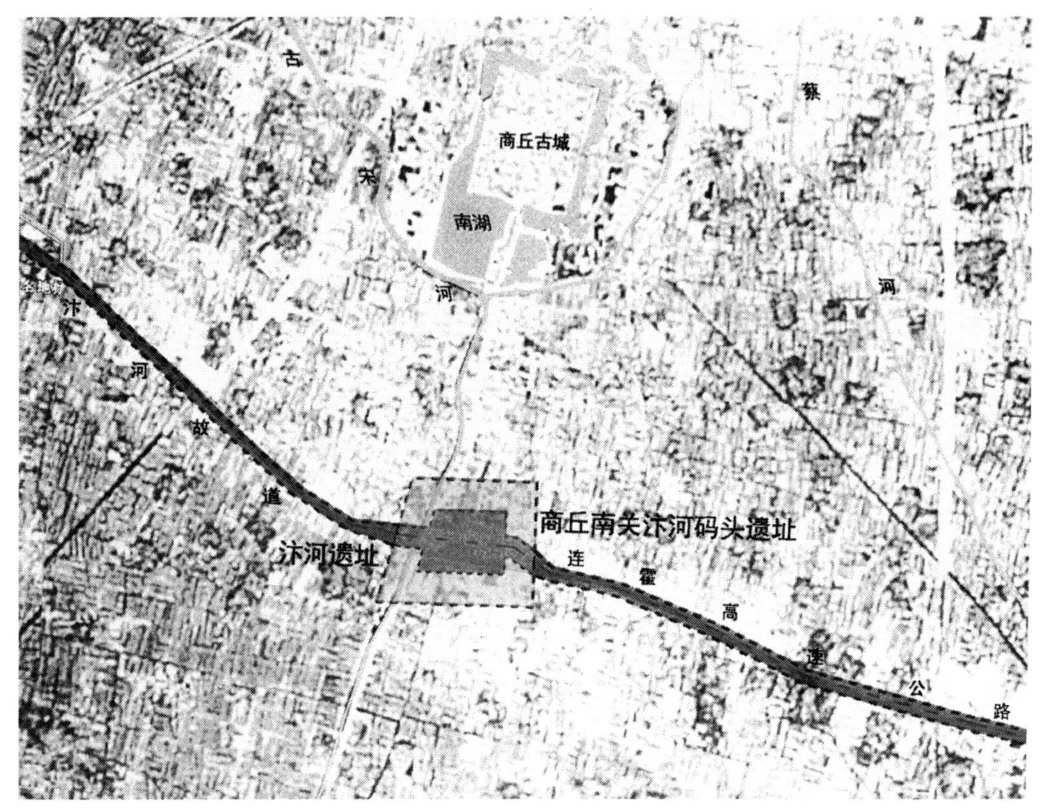

图一四 商丘故城南运河线路及其码头位置

据考古钻探资料，商丘故城南通济渠南北两岸均有码头遗存，北岸码头遗址位于古宋乡武庄村，发现有砖石结构和夯土结构两类遗存，砖石结构部分顶部距地表深5～5.5米，底部距地表深8米，东西长（沿河岸）约150米，从河口向外（北）宽52米。北岸码头及附属建筑遗存面积245000平方米，东西长700、南北宽（从河口向外）300余米，文化遗存距地表5～11米。南岸码头位于大郭庄村，东西长700、南北宽200余米，面积168000平方米。

2009年1月，在古宋乡武庄村试发掘码头遗址，发掘面积120平方米，发现倒塌房屋两处；烧火灶一处；木船板一块（长约5、宽0.4、厚0.045米）。出土北宋“熙宁元宝”铜钱一枚、两枚骨制骰子，一件造型精美的宋代红陶狗。此外，还出土大量北宋时期的砖瓦残块及陶瓷片，部分唐代瓷片。这一段码头面是用黑灰色黏土、白灰等混杂夯筑而成。从目前出土文物判断，这一段码头的废弃年代属于北宋时期。

考古工作者根据探查时获取的文化遗物判断，该码头遗址下面也许叠压有更早时期的码头遗址（图一五）。

据调查，在20世纪90年代，商丘地区通济渠故道的一些河段（自虞城县以东）

图一五　商丘通济渠码头遗址考古发掘现场

还保留着高出地面 3～5 米的河床。解放以来，在这一段河床上经常有隋、唐、宋等时期的文物出土。如：1996 年春，在永城侯岭运河故道发现一艘唐代木货船，船长 25、宽 5 米，出土文物 67 件；1997 年前后，在夏邑县济阳镇西街大运河故道内出两艘长约 20 米的古代木船，两船间距不足 100 米；2003、2004 年商（丘）永（城）公路南路拓宽改造工程中，通济渠故道内出土一大批隋、唐、宋等时期的陶瓷器。从夏邑县博物馆、永城市博物馆和商丘市个人收藏的情况看，这批陶瓷器主要有四个方面的特点：一是数量巨大，多达数万件（片）。二是窑口众多，目前能够鉴定出的窑口已有数十个。其中，唐代窑口主要有湖南长沙窑、浙江越窑、河南巩县窑、安徽寿州窑等，宋代窑口主要有江西景德镇窑、吉州窑、浙江龙泉窑、福建建窑、河北定窑、磁州窑、河南临汝窑、鹤壁窑和禹州钧窑等。三是品种丰富，应有尽有。陶器有灰陶、釉陶和三彩；瓷器有黄釉、酱釉、青釉、白釉、黑釉和青白釉；装饰有刻、划、剔、印、绘花等，如白釉珍珠地划花、青白釉划花、青釉瓷的刻、印花和白底黑花等；器类更是多样，基本涵盖了陶瓷器的所有品类。四是质量上乘，有不少是完整器。尽管这批陶瓷器不一定是中国南北各窑口最精产品，但应是当时各窑口生产的大众化畅销产品，是用于市场竞争和销售的陶瓷商品。其中不少产品制作质量较高，基本反映了唐宋时期陶瓷生产的制作水平，为研究陶瓷手工业的市场销售和南北流通意义重大。

2011 年夏秋之间，为配合连霍高速公路商丘段拓宽工程建设，河南省文物考古研究所使用地质探机在商鹿公路至大吴庄东北的高速公路两侧进行了考古勘探，东西向勘探范围约 2000 米，钻探 47 个探孔。后又沿商鹿公路两侧南北向钻探，从连霍高速公路探至华商大道，钻探范围约 2000 米，钻探 40 个探孔。勘探时，从地表以下 6 米开始用岩芯管钻探提取柱状土样，土样直径 10 厘米，探孔深度一般为 15 米。钻探表明，在距地表深约 12 米处，普遍存在一层厚约 1 米的包含有较多料姜石的黄灰色地层（碳酸钙盐积聚层），应为古土壤层；在距地表 10 米深上下，同样普遍存在一层厚度在 2 米左右的文化层；几乎每个探孔的该文化层中均出土有砖块、瓦片、陶器残片、瓷器残片、动物骨骼残块等遗物。各处文化层厚度不等，包含物多少亦不同，以通济渠南岸码头遗址文化层最厚，遗物最多。

此次勘探中，在今商丘市华商大道南距地表深约 10 米处，钻探发现有属于唐宋时期及以前的宽度约 300 米的湖相遗迹。这是否是当时的南大湖的一部分，尚需进一步考古发掘予以证实[78]。

（六）小结

上面的文献记载勾画出的历史景象是：睢水从睢阳城（宋城）南面穿行而过，睢水在睢阳城西南形成一陂，名曰逢洪陂（或即清代所谓南湖），恰是天然港湾。睢阳城南侧有大水池，周长千步，池南有河名明水，沟通城池与睢水。由睢水经明水可直通睢阳城下。

睢阳城北的汳水（丹水），亦有支流南通睢阳城，通过护城河往南与睢水沟通。

由考古发现结合古代文献则证明，商丘古城早在周代就是临河（睢水）都邑，唐宋时期，成为通济渠上的中枢城市，其运河及码头遗址已被发掘出来。从睢水到睢阳城，又有河道联通。金元时期，汴河虽曾淤塞，但商丘古城却直接傍临黄河。至明代，流经商丘的通济渠经疏浚还在使用中，明代商丘还通过睢水、黄河与京杭运河沟通，并经由马尚河联通淮河。

五、结　　语

古代文献和考古发现证明，商丘古城自西周宋国立国建都之日起，就是睢水岸旁的一大都邑。睢水至迟在东周时期已被连接到黄河分流的人工渠道上。至隋炀帝开凿通济渠，睢水变为大运河的主要河道，商丘古城成为著名的运河城市，直至明代。

如今，睢水已无踪迹，通济渠业已湮没，沿岸的城市一个个先后消沉以至消失。但，商丘，是少数至今矗立在神州大地上的运河古城之一。可以说，商丘古城是大运河通济渠古藤上的一枚尚未坠落的果实。

商丘古城与大运河，共同构成一项灿烂的文化遗产。商丘古城应与大运河一道，申请加入世界文化遗产名录。至少，与古运河联通一体不可分割、目前尚呈“活态”的商丘故城南湖，应与运河一道进入世界遗产名录。

注 释

[1] 采自王自强主编：《中国古地图辑录·河南省辑》(上卷)，星球地图出版社，2005年。

[2]《后汉书·郡国志二》："睢阳，本宋国阏伯墟。"(唐)李吉甫《元和郡县图志》河南道："宋州城......古阏伯之墟，契孙相土亦都于此。春秋为宋国都。"(据清光绪六年金陵书局初刊本刊印，中华书局，1983年。)

[3]《左传》昭公二十一年"御诸横"杜预注。

[4](宋)李昉等撰：《太平御览》，卷159，中华书局，1960年。

[5] 中国社会科学院考古研究所、美国哈佛大学皮保德博物馆中美联合考古队：《河南商丘县东周城址勘查简报》，《考古》1998年12期。本文关于商丘故城考古资料，凡未特别注明者均引据该文。

[6]《史记·项羽本纪》：项王"东至睢阳"，《正义》引。

[7]《史记·宋微子世家》："宋地陨星如雨，与雨偕下。六退飞，风疾也。"《集解》："贾逵曰：'风起于远，至宋都高而疾，故鹢逢风却退。'"

[8] 鲁国故城(西周至春秋)平面为不规则长方形，东城墙长2531、西城墙长2430、南城墙长3250、北城墙长3560米，城周长11771米(山东省文物考古研究所等：《曲阜鲁国故城》，齐鲁书社，1982年)。

[9] 滕州薛国故城早期城址(西周至春秋)东西长约913、南北宽约700米。建于战国时期的大城平面呈菱形，东城墙长2280、西城墙长2030、南城墙长3050、北城墙长3250米，周长10610米。经钻探，初步确认共有12座城门，即每面城墙有城门3座(山东省济宁市文物管理局：《薛国故城勘探和墓葬发掘报告》，《考古学报》1991年4期；山东省文物考古研究所：《薛故城勘探试掘获重大成果》，《中国文物报》1994年6月26日)。

[10] 楚纪南城平面呈长方形，东城墙长3706、西城墙长3751、南城墙长4502、北城墙长3547米，合计周长15506米。发现城门8座，每面城墙2门(湖北省博物馆：《楚都纪南城的勘查与发掘》，《考古学报》1982年3、4期)。

[11]《左传》昭公二十一年："华氏居庐门，以南里叛。六月，庚午，宋城旧鄘及桑林之门而守之。"杜预注："庐门，宋东城南门。""桑林，城门名。"《水经·睢水注》："宋都......南门曰庐门也。《春秋》华氏居庐门里，叛。杜预曰：庐门，宋城南门也。"

[12]《左传》昭公二十一年："公自杨门见之。"杜预注："见国人皆杨徽，睢阳正东门名杨门。"《水经·睢水注》："余按《汉书·梁孝王传》称王以功亲为大国，筑东苑，方三百里，广睢阳城七十里，大治宫室，为复道，自宫连属于平台三十余里。复道自宫东出杨之门左杨门，即睢阳东门也。"

[13]《左传》襄公二十七年："辛卯，将盟于宋西门之外"，"乙酉，宋公及诸侯之大夫盟于蒙门之外。"杜预注："蒙门，宋城门。"可知蒙门为西门。《水经·睢水注》："宋都也......城西门即寇先鼓琴处也。先好钓，居睢水旁，宋景公问道，不告，杀之。"不知此西门是否亦即蒙门。

[14]《左传・成公十八年》："郑伯侵宋及曹门外。"

[15]《左传・襄公十年》：楚、郑伐宋，"围宋门于桐门"；《左传・哀公二十六年》：宋襄公有养子得、启，景公卒，启继位。"得梦启北首而寝于卢门之外，己为鸟而集于其上，咮加于南门，尾加于桐门。"

[16]《后汉书・郡国志二》："睢阳，本宋国阏伯墟，有庐门亭，有鱼门。"

[17]《元和郡县图志》卷七河南道三："平台，（虞城）县西四十里。《左传》宋皇国父为宋平公所筑。汉梁孝王大治宫室，为复道，自宫连属于平台，三十余里，与邹、枚、相如之徒，并游其上，即此也。"

[18]《史记・梁孝王世家・索隐》引。颜师古《汉书・文三王传・注》引《晋太康地记》亦云：睢阳"城方十三里，梁孝王筑之"。

[19]《史记・梁孝王世家・正义》引。

[20]《太平御览》。

[21]《史记・司马相如列传》。

[22]（明）李濂《汴京遗迹志》卷十九引。按该书所引错误较多，今据费振刚等辑校《全汉赋》（北京大学出版社，1993 年）校改。

[23]《汴京遗迹志》卷十九载。

[24] 据考订，西汉里长约合 417.53 米。参见陈梦家：《亩制与里制》，《考古》1966 年 1 期。

[25]《史记・梁孝王世家》。

[26] 河南省文物考古研究所：《永城西汉梁国王陵与寝园》，中州古籍出版社，1996 年；杨育彬、袁广阔主编：《20 世纪河南考古发现与研究》，中州古籍出版社，1997 年，第 524～540 页。

[27]《水经・获水注》。

[28] 阎道衡：《永城芒山柿园发现梁国国王壁画墓》，《中原文物》1990 年 1 期。

[29] 商博：《永城芒山发现汉代梁国王室墓葬》，《中国文物报》1986 年 10 月 31 日。

[30]《史记・梁孝王世家・正义》引。《史记・项羽本纪・正义》引《括地志》云："宋州外城本汉睢阳县也。"

[31]《史记・梁孝王世家・索隐》。

[32]《汉书・文三王传・注》。

[33]《新唐书・杜甫传》：杜甫曾与李白、高适过汴州，"酒酣登吹台，慷慨怀古，人莫测也"。

[34]《汴京遗迹志》卷二十一。

[35]《汴京遗迹志》卷二十四引杜牧《汴河怀古》。

[36]《元和郡县图志》卷七河南道三。

[37]《汴京遗迹志》卷十三"宋四京"引《宋史》。

[38] 顾炎武：《历代宅京记》，卷十七宋州，中华书局，1984 年。

[39] 清乾隆十九年《归德府志・城池》。

[40]《汴京遗迹志》卷二十三。

[41] 清乾隆十九年《归德府志》记载："正德六年，知州杨泰修围七里二分五厘，共一千三百四丈二尺五寸，高二丈五尺，广一丈三尺。池深二丈，阔五丈二尺。嘉靖三十四年，知府王有为重修。又建西、北门楼各一，东南楼二俱加修葺。又建角楼四，敌楼一十三，警铺三十二。三十七年，巡抚章焕檄知府陈学夔，包以青砖。"

[42] 清康熙四十四年《商丘县志》记载："城堤距城一里许，围十六里，阔二丈，址阔六丈一尺。明嘉靖间，巡抚都御使魏有本檄知州李应奎筑。"清乾隆十九年《归德府志·城池》引明《李嵩护城堤记》记载："城故有护堤，然卑薄，环隍而近，久之坏为田。嘉靖丙申（1536年），河决大溃，荡我郭庐，几壑我城……庚子春（1540年），都御使余姚浅斋魏公，有本自大理被命抚河南，时嵩待罪禁垣，与魏公言堤障水事，公怃然是之，慨然趣所司以从事。堤四面环郭门，周十有六里，高视城之半，厚倍之，上树之柳，不数月而工竣，遂成巨障云。呜呼！堤之功用大矣哉……乃今未申，岁复大水，平野悉为津汇，然竟赖是堤以忘患。"

[43] 据最新研究成果，周成王在位时间为公元前1042～1021年（参见夏商周断代工程专家组：《夏商周断代工程1996～2000年阶段成果报告》，世界图书出版公司，2000年）。周公封微子约为成王初年。

[44] 《宋史·河渠志三》："汉明帝时，乐浪人王景、谒者王吴始作浚仪渠，盖循河沟故渎也。渠成流注浚仪，故以浚仪县为名。灵帝建宁四年，于敖城西北垒石为门，以遏渠口，故世谓之石门。渠外东合济水，济与河、渠浑涛东注，至敖山北，渠水至此又兼邲之水，即《春秋》晋、楚战于邲。邲又音汳，即'汴'字，古人避'反'字，改从'汴'字。"

[45] 郦道元：《水经注》，巴蜀书社，1985年（据光绪二十三年新化三味书室刊印清王先谦《合校水经注》）。

[46] 荆志纯、高天麟：《河南商丘全新世地貌演变及其对史前和早期历史考古遗址的影响》，《考古》1997年5期（该简报之插图存有错误和缺陷，不可完全依据）。

[47] 同[46]。

[48] 黄河下游河道变迁历史与黄河泛滥，文献记载较多，参见岑仲勉：《黄河变迁史》，人民出版社，1957年；邹逸麟：《黄河下游河道变迁及其影响》，《黄河史研究》，复旦大学出版社，1982年；清康熙四十四年版《商丘县志》；清乾隆十九年版《归德府志》。

[49] 同[46]，74页表一，78页图九。

[50] 《汴京遗迹志》卷二十二。

[51] 《左传》鲁成公十五年："鱼石、向为人、鳞朱、向带、鱼府，出舍于睢上"，五大夫与右师华元开战，"登丘而望之，则驰骋而从之，则决睢澨"。杜预注："睢，水名。五大夫畏同族罪及将出奔。""澨，水涯决坏也。"

[52] 《水经》："获水出汳水于梁郡蒙县北"，郦道元《注》："《汉书·地理志》曰获水首受甾获渠，亦兼丹水之称也。《竹书纪年》曰'宋杀其大夫黄瑗于丹水之上'，又曰'宋大水，丹水壅不流'，盖汳水之变名也。"按《水经注》，丹水东过虞城、下邑（今夏邑）、砀县（今永城）北，可知丹水是汳水向东南的支流，流经宋城北。据此，宋国曾有汳水之灾。

［53］同［46］，72 页图 3。

［54］《汴京遗迹志》卷八载："蓬池，在城东，春秋宋之蓬泽也，弥漫远阔，南入尉氏之境，其下有温泉也。《汉志》引《汲冢竹书》云，梁惠王发蓬、忌之薮以赐民，浚仪有蓬陂、忌泽是也。唐玄宗更名富源池，天宝初，士大夫禊饮于此，后累经黄河淤平，今不见其迹。"是其认为战国之蓬陂即春秋之蓬泽（逄洪陂），范围广大。

［55］清乾隆十九年《归德府志·地理略上·山川》据《旧府志》。

［56］孙星衍：《尚书今古文注疏》，中华书局，1986 年，第 170～171 页。

［57］板渚在荥阳西。《水经·河水注》："河水又东径板城北，有津谓之板城渚口。"

［58］《宋史·河渠志三》。

［59］《汴京遗迹志》卷二十二。

［60］《汴京遗迹志》卷二十一。

［61］《汴京遗迹志》卷十八。

［62］《汴京遗迹志》卷二十二。

［63］乾隆十九年《归德府志·祀典略下》。

［64］《汴京遗迹志·河渠二》引沈括《梦溪笔谈》："国朝汴渠，发京畿辅郡三十余县夫岁一浚。祥符中，閤门祗侯使臣谢德权领治京畿沟洫，权借浚汴夫，自是后三岁一浚，始令京畿民官皆兼沟洫河道，以为常职。久之，治沟洫之工渐弛，邑官徒带空名，而汴渠有二十年不浚，岁岁湮淀。……自汴流湮淀，京城东水门，下至雍丘、襄邑，河底皆高出堤外平地一丈二尺余，自汴堤下瞰民居，如在深谷。"

［65］据《宋史·五行志》《宋史·河渠志三》记载，宋太祖建隆二年，宋州汴河溢。开宝四年六月，汴水决宋州谷熟县济阳镇。开宝五年六月，宋州、郑州并汴水决。太平兴国二年七月，汴水溢坏开封大宁堤。淳化二年六月，汴水决浚仪县；同月，汴水又决于宋城县。至道二年七月，宋州汴河决谷熟县。景德元年九月，宋州汴水决。景德三年七月，应天府汴水决，南注亳州，合浪宕渠东注于淮。

［66］《汴京遗迹志》卷七，第 82、104 页。

［67］《水经·汳水注》："故《经》云汳出阴沟于浚仪县北也。"赵一清注。

［68］《汴京遗迹志》卷七引张洎所论为《论汴水疏凿之由》，并说"洎言汴河疏凿之由，最为明悉"（李濂：《汴京遗迹志》，中华书局，1999 年，第 86 页）。

［69］《汴京遗迹志》卷十五引陈师道《汳水新渠记》。

［70］《元和郡县图志》卷七。

［71］河南省商丘地区地方志编纂委员会：《河南旧志整理丛书》，中州古籍出版社，1994 年。

［72］《汉书·沟洫志》：汉哀帝时，待诏贾让奏书云："通渠有三利……转漕舟船之便。"

［73］中国历史地图集编辑组：《中国历史地图集》，中华地图学社，1974 年。

［74］同［5］，第 21 页。

［75］（唐）圭璋编：《全宋词》，中华书局，1965 年，第 635 页。

［76］参见《中国古地图辑录·河南省辑》100、101页。乾隆十九年《归德府志·建置略上》据《旧府志》：归德城有“水门二，一在南门东，知州王范建，一在南门西，指挥梅旻建”。经笔者现场查验，现归德城南城墙已无水门，应是河运功能断绝而予以废弃。

［77］〔日〕成寻著，王丽萍校点：《新校参天台五台山记》，上海古籍出版社，2009年，第263～264页；又见：〔日〕释成寻原著，白化文、李鼎霞校点：《参天台五台山记》，花山文艺出版社，2008年，第101～102页。

［78］河南省文物考古研究所资料。

本文与孙新民、岳洪彬、刘海旺、王良田、张帆合撰，原载于《文化遗产研究（第2辑）》，科学出版社，2013年

夏商都邑水利文化遗产的考古发现及其价值

夏商时期（约公元前 21 世纪至公元前 1046 年）是我国从新石器时代跨入青铜时代、从方国文明跨进王国文明的关键时期。中国古代文明的许多重要因素和礼仪制度均奠定于此时。其中，都城的选址、城内水利设施的规划建设和使用都体现了当时的水文化思想[1]。本文拟就偃师二里头、偃师商城、郑州商城、黄陂盘龙城、洹北商城、安阳殷墟等夏商都城或区域中的城邑遗址考古所见水利文化遗产，讨论夏商都邑水文化遗产的内涵及价值。

一、考古发现的夏代都邑水利设施

河南偃师二里头遗址被许多考古学家考证为夏代晚期都城遗址。遗址背靠邙山，前临洛河，处于山前高地。其核心是由四条干道呈井字形包围的宫城，宫城以南是手工业作坊区，东西两侧是贵族聚居区，北侧是祭祀区（图一）。遗址发现的沟渠，可能用于防卫或引水、排水。宫城城墙叠压的水沟可能是宫城早期界域和防卫设施[2]（图二）。

宫殿区的大量宫殿建筑基址有若干配套的水利设施，主要有水道、水井。水道见于二号宫殿，包括明沟和暗道。二号宫殿西侧的明沟底部北高南低，或用来排泄雨水。发掘长度 14.5、距离围墙 0.7、宽 1.25～0.7、深约 0.45 米（图三）。宫殿东庑北部发现地下排水管，现存长度 6 米，由陶制圆管套合，从庭院穿越东庑通向宫殿外（图四）。出土时保存完整的陶管有 11 件，陶管两端直径一大一小，长 52～58、直径 16.5～22 厘米。庭院东南部发现一条近“Z”形石板砌筑地下排水道，起点未发掘，但确定在庭院南部，随后东行南拐，再东折下穿东庑地，通向宫殿外。水道底部西高东低，北高南低，南北长 7.8、水腔宽 0.12～0.4、高 0.07～0.2 米。另外，三、五号宫殿间的南北向道路下发现木构地下水道，探明长度百余米。

南、北两口水井（H79、H83）发现于一号宫殿西侧。H79 口呈长方形，南北长 1.85、东西宽 1.1 米。早年发掘至 3.3 米深时出水，遂停止发掘，2001 年继续发掘，探知井底距地表 7.9 米。井壁有对称脚窝。出土陶水管、大口尊、高领罐等二里头文化第四期遗物。H83 东西长 1.5、南北宽 1.2、底距地表 7.15 米[3]。

一号宫殿附近的 H53、H82、H93 等灰坑也出土了陶水管，发掘者推测该宫殿应有地下排水管道，但未专门探查[4]。

一号宫殿主殿后面发现长圆形土坑 H80，口部埋葬 3 人，学者曾认为可能是墓葬或祭祀坑。2001年进行补充发掘，至距地表9.2米时因地下水过深终止发掘，经钻探知总深度可达10米。坑底铺一层厚0.02～0.03米的红烧土，其上又有厚0.8～1米的夯土。发掘者指出“该坑是迄今为止在二里头遗址发现的最深的遗迹，推测属‘凌阴’一类用于藏冰的窖穴的可能性较大”[5]。因深度超过常见窖穴，或为具有“冰窟”功能的特殊水井。

在贵族聚居区大型夯土台基建筑ⅢF1的院内发现1条南北向水沟，揭露长度13、宽0.3米，自房檐前通向院外，应是排水沟[6]。

水井在二里头遗址非常普遍，如手工业作坊区、居民区等。井口一般为长方形、井壁竖直。其中Ⅸ区发现的一口水井很有特点，建造时先在地上挖出方形坑，再用夹杂料姜石的黏土夯实，又在夯土上挖井[7]。推测坚硬的夯土井口曾凸出地表形成井台。

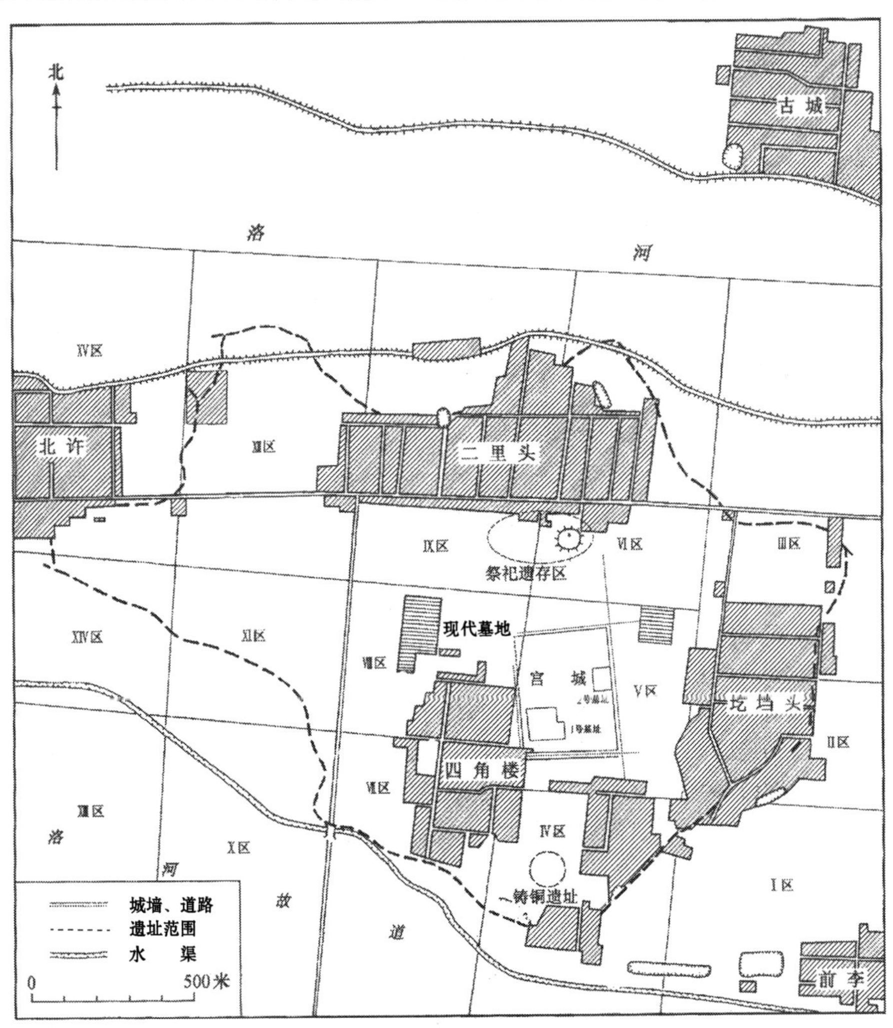

图一　偃师二里头遗址平面图

（改绘自许宏等：《二里头遗址聚落形态的初步考察》图一，《考古》2004年11期）

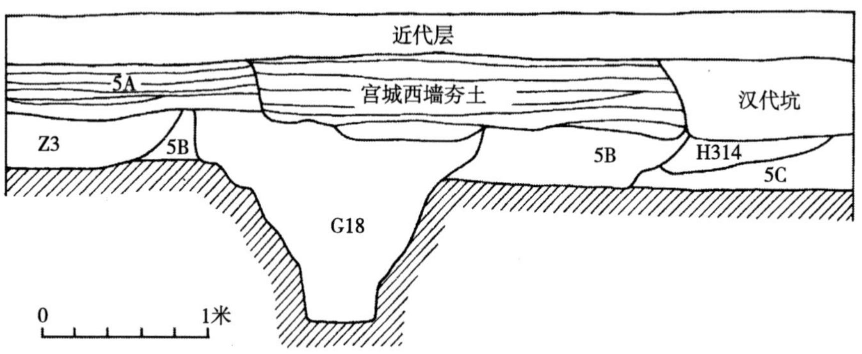

图二　偃师二里头遗址宫城西城墙下水沟剖面

（改绘自《河南省偃师市二里头遗址宫城及宫殿外围道路的勘察与发掘》图五）

5A、5B、5C为二里头文化早期层，其中5A为路土层

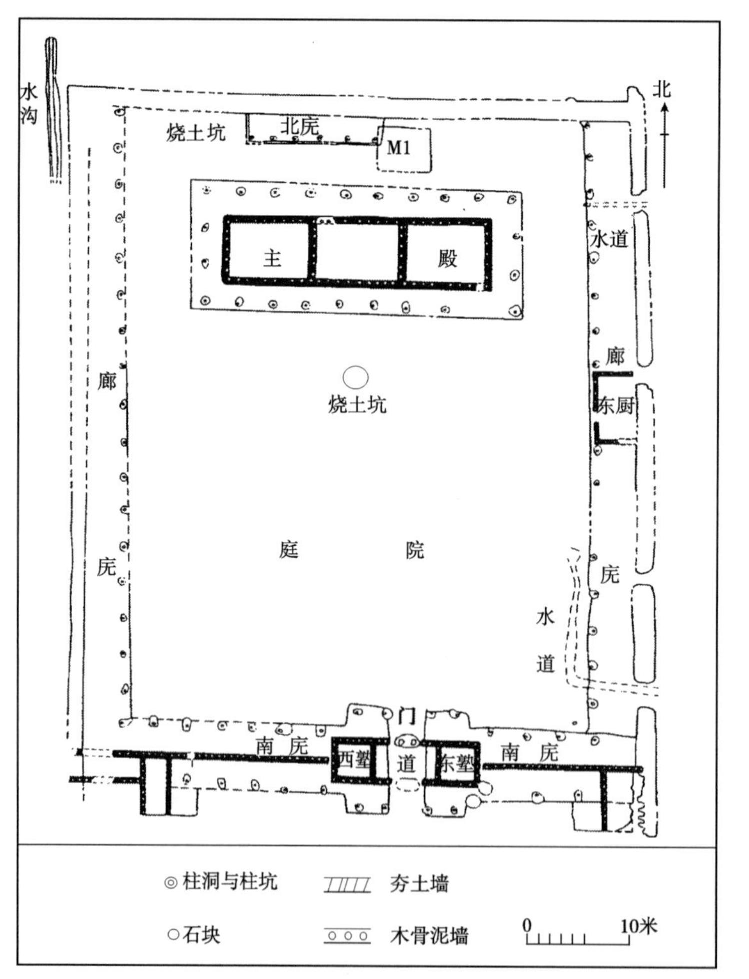

图三　偃师二里头遗址二号宫殿与排水设施

（改绘自《偃师二里头》图93）

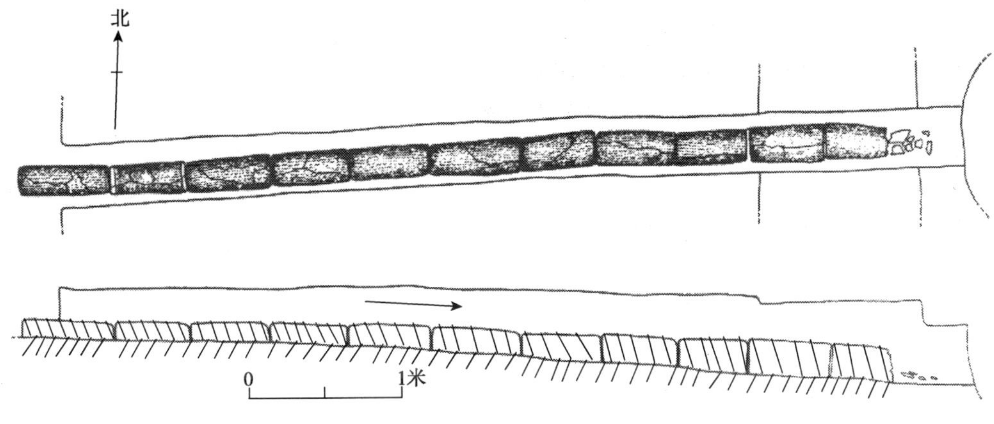

图四　二号宫殿地下排水管道平、剖面图
（引自《偃师二里头》图 94）

二、考古发现的商代都邑水利设施

（一）偃师商城

偃师商城位于河南省偃师市郊，系商代早期（约公元前 1600～1400 年）都城遗址，即后世所谓“商汤西亳”。城址北倚邙山，南临洛河，东南有湖泊，城北又有小河从邙山流下。该城先后建有小、大两重城垣，城内中央有宫城，宫城的西南和东北各有府库（图五）。水利设施主要有护城河、宫苑水池和水渠、地下排水道、防火水池、水井等。

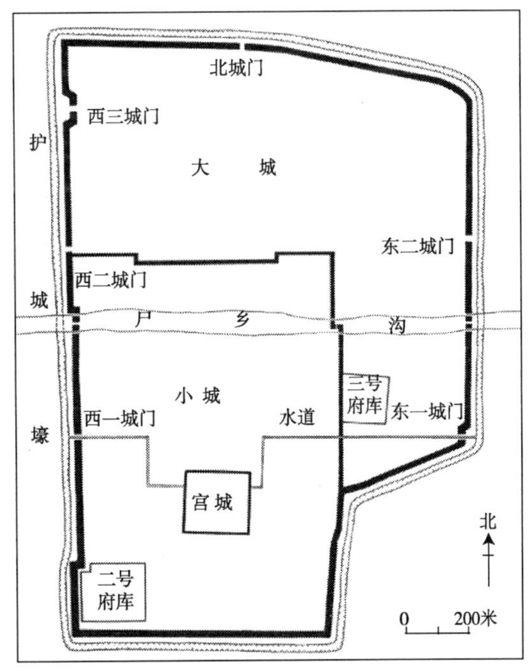

图五　偃师商城平面图
（改绘自《河南偃师商城西城墙 2007 与 2008 年勘探发掘报告》图一）

护城河围绕大城之外，宽约 20、深约 6 米。水源应是城北的河流。小城城外有窄沟，宽约 2～2.5、深 0.9 米，可能只有排水作用[8]。

宫城北部有长方形石砌水池，东西长 128、南北宽 20、深约 2 米。水池内出土大量螺蛳壳和陶、石质网坠，说明当年池内长期蓄水并有鱼[9]。水池有游乐、制造景观、改善小气候、防火、治冰等多重用途[10]。水池西端连接的供水渠和东端连接的排水渠均为石砌暗渠。渠道均分早、晚两个时期，早期水渠宽 1.5～1.6、深 1～1.4 米，两壁有木柱，可能是木质盖板；改建后收缩为宽 0.4～0.6 米，用石板盖顶（图六）。水池供水渠渠底比排水渠渠底高 0.5 米。供水渠始于城西 200 米以外的河道，跨护城河从大城西墙南起第一城门（X1）门道下进入城内，东行南折再东拐，从宫城西墙下进入水池。排水渠东行北折再东拐，从大城东城墙南起第一城门门道下穿过，与护城河贯通[11]。

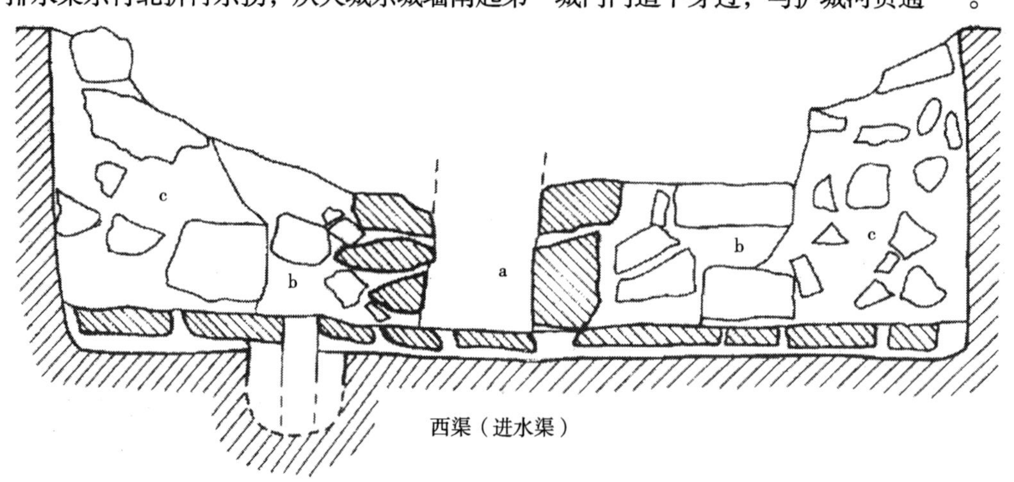

西渠（进水渠）

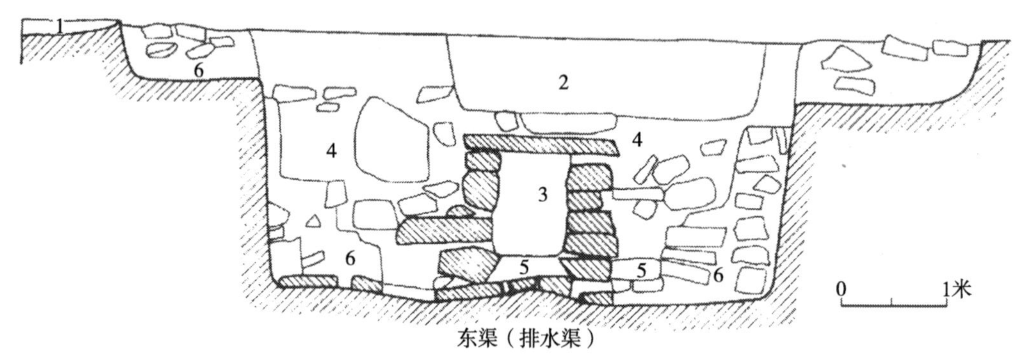

东渠（排水渠）

图六　偃师商城宫城大水池水渠剖面图

（改绘自《河南偃师商城宫城池苑遗址》图四、图五）

a. 改建后水道　b. 改建部分　c. 早期水渠石壁　1、2. 灰土层　3. 改建后水道　4. 改建部分　5. 早期水道内淤泥　6. 早期水道石壁

宫殿区有地下石砌排水渠道，构成一个排水网络，几乎每个宫殿院落的雨水都可由此排泄。这些暗渠大都自西向东排水，出宫城后汇入东一号城门下的水道再流进护城河。四号宫殿东北、东南、南面都发现排水道。宫殿东北方的水沟在宫城墙内侧，有长 1.3、高 0.45 米的石壁，应是主殿后面的排水道。宫殿东南角的水道通往宫城东墙外，底部铺设石板。宫殿南面水道的水腔高 0.47、宽 0.3 米，探明部分长逾百米，底部

西高东低，西起二号宫殿庭院，穿越一号宫殿院落，往东通往宫城外[12]。五号宫殿主殿后面有东西向地下水道[13]。此外，一至三号宫殿基址以及宫城北部祭祀区也发现了地下水道。八号宫殿西侧发现有一条南北向小水沟，在殿前有分支通向前院，与水井H416连通[14]。

在宫城西南府库（Ⅱ号建筑群基址）排列有序的库房建筑中间有纵横交错犹如棋盘的排水道，为宽约0.7～1.3、深0.3～0.5米的浅沟。还有1个大型长方形蓄水池，南北长25、东西宽8、深1.2～1.4米[15]。发掘者指出该池兼具积蓄雨水和防火的功能[16]。该池可能有专门的供水渠道，因没有全面发掘，尚未发现。此外，这里出土了6件陶水管，口径23～30、长63～70厘米。说明这里曾有地下管道。据现有考古发现推测该府库建筑群必定有完善的供水、排水体系。

水井在偃师商城比较常见。宫殿区四号宫殿主殿东西两侧各有1个（H31，H27），皆为长方形井口。H31口长2.1、宽1.2、深超过6米[17]。六号宫殿院内有两座（H25、H26），南北相距2.5米，其形制结构和深度基本相同。H25井口长2、宽1、深5.7米，井底出土很多破碎的汲水陶罐[18]。八号宫殿前院发现6口水井（H407、H409、H410、H411、H413、H416），多为常见的长方形竖坑。H411井口东西长2、南北宽1、深5.5米；H409口部坍塌成不规整的圆形，深2.6米处呈长方形，南北长1.45、东西宽1、深6.7米[19]。最近在一号宫殿院内发现一口水井，有木构井框和石砌井台，资料尚未发布。据笔者研究，八号宫殿为商王寝殿，而四号宫殿是宗庙，一、六号宫殿为东厨。值得注意是，宫城北部大水池的南岸发现多口水井，出土精美玉器和小麦等，说明水井与水池的功能有区别。

（二）郑州商城

郑州商城位于郑州市区，已发现内外两重城垣。宫殿区位于内城东北部，现已发现大型夯土建筑基址分布在南北约500、东西约800米范围内。内城外侧有护城河。内外城之间发现多处青铜冶铸、制陶、制骨作坊遗址（图七）。

宫殿区东北部发现1座大型石砌水池和1条石砌水渠遗迹，根据考古发掘和勘探资料，水池平面呈长方形，长约100、宽约20米。水池底部铺设石板，池壁用卵石垒砌[20]（图八、图九）。它对研究商代宫殿区的蓄水以及水利设施的布设等有十分重要的意义[21]。也有学者认为这是“供人们生活用水的蓄水池”[22]。水渠用青石板砌筑，顶部盖大石板，已经发掘部分长超过30、水腔宽0.55、高0.68米。渠道每隔8米还有用石板砌筑的竖井，已经发现4个，竖井平面为长方形，长2.5、宽1.5米，南侧设置二层台，发掘者认为是汲水井[23]。限于地面众多建筑物的阻碍，未能进行大面积发掘，水池与水渠的组合关系以及水渠走向尚不清楚。已知水渠位于水池东南约70米处，两者走向相同，初步测知二者基本在一条直线上，应为同一水利设施的两部分。

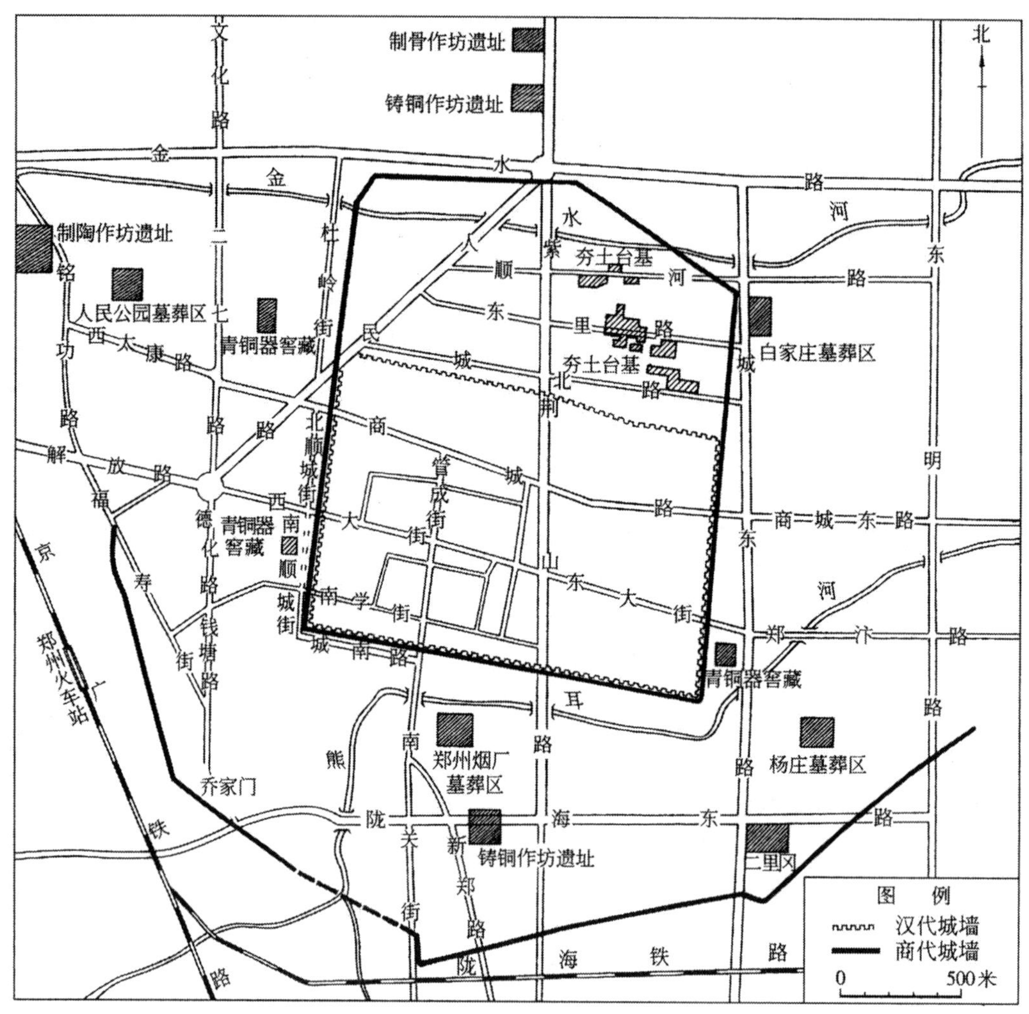

图七　郑州商城平面图

（改绘自《中国考古学·夏商卷》图 4-8，中国社会科学出版社，2013 年）

在郑州商城宫殿区东南部的郑州医疗器械厂发现一组宫殿建筑基址。三号宫殿（F3）西侧约 3 米处有东西向土沟（G1），已揭露部分长 5、宽 0.3～1 米，沟底东高西低。沟内有陶水管碎片，已复原 2 节[24]，均为圆筒状，口部分为两种。一种为直口，一端稍细、一端稍粗。G：2，表面有绳纹和划纹，长 45.5、直径 19.2～19.4 厘米。另一种一端为直口，一端呈小喇叭口。G1：1，表面有绳纹和划纹，长 49、直径 17.5～24.5 厘米。上述迹象表明这是一条地下水道，从位置关系和年代关系看，它应属宫殿建筑 F103 的地下排水管道。

郑州商城内城西墙外制陶作坊遗址出土了陶水管，一端粗，一端细。C11T103③：41，口径 21～24.6，长 39.5 厘米。C11H153：4，口径 18.8、残长 32 厘米[25]。推测是专为宫殿区烧制的地下水管道。

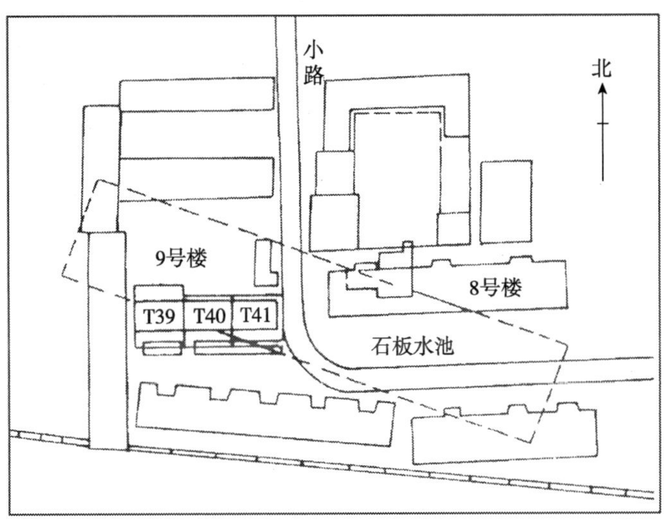

图八　郑州商城宫殿区水池平面示意图
（改绘自《1992 年度郑州商城宫殿区发掘收获》图二）

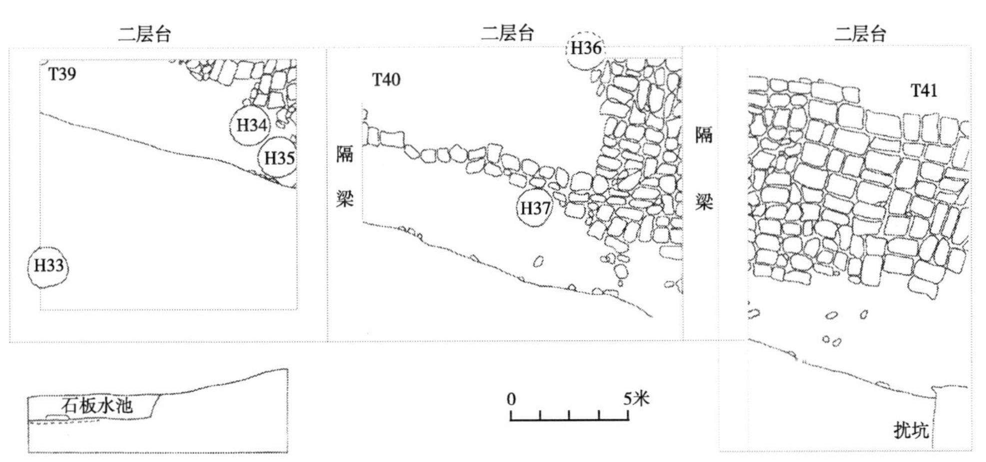

图九　郑州商城宫殿区水池遗址局部平面图
（改绘自《1992 年度郑州商城宫殿区发掘收获》图三）

郑州东里路郑州商城宫殿区发现 7 座商代前期的宫殿建筑基址，其中二里冈上层时期宫殿建筑 C8F10 中部发现 1 条人工挖掘的南北向壕沟，打破宫殿基址。沟横截面呈倒凸字形，口宽 2、底宽 0.4、发掘长度 15、深 1 米。沟内出土近百个人头骨，大体分做三堆，都是经人工锯切的头盖骨，多属青壮年男性。学者认为是制造器皿的废料。此外，沟内还出土完整牛、猪头骨以及带有加工痕迹的鹿角、牛骨，加工骨器的砺石，以及骨簪、骨镞、骨锥等。壕沟附近出土罕见的青铜簪和玉簪等。壕沟东侧可能是商代手工业作坊遗址[26]。该沟很可能是宫殿区的排水沟。

郑州商城南关外遗址发现1条大壕沟，口宽2.5～4，底宽0.8～1.1、已发掘部分长34、深超过2米。沟底有淤泥[27]，可能是排水设施。

郑州商城南关外铸铜作坊遗址“北区铸铜场地”发现一处“围沟”，平面围成长方形。其中北、西、南、东四条沟分别长19、14.5、16.5、5米，宽0.5～0.9、深1～1.5米。北沟东端有直径1米的圆坑，东沟东北部有缺口，应是出入口。南沟东段延伸出1条沟，南折，残长5，宽0.3～0.4、深0.8米。从底部的淤积土层推测该沟是排水设施。围沟内有若干铜锈面、烧土面、储沙坑、储物坑、溶铜炉等，还有一些溶铜炉残块等。可知围沟内是浇铸青铜器的工场。围沟东侧3米处发现水井H177，井口长方形，长2、宽1.25、深超过5.75米，未发掘到底，是铜器浇铸场附属的供水设施[28]（图一〇）。

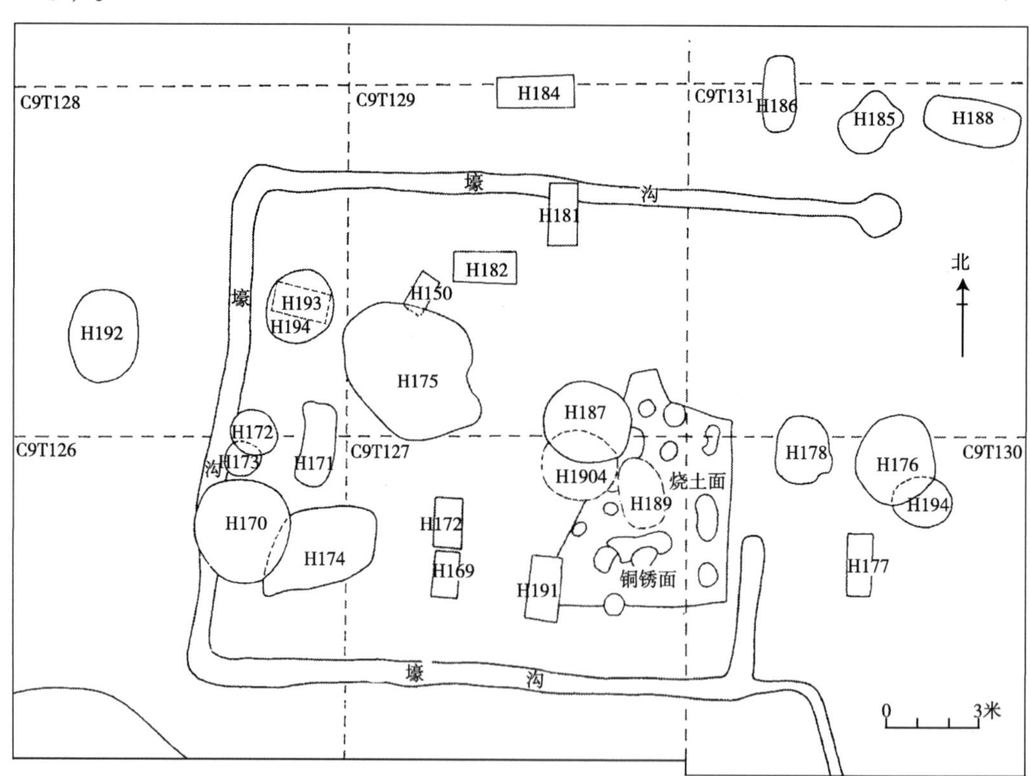

图一〇 郑州商城南关外铸铜作坊围沟与水井平面图
（改绘自《郑州商城》图二〇三）

郑州商城紫荆山制骨作坊遗址发现1座小型房基，旁边有2条东西向壕沟，南北并列，相距3米。G1残长4、宽0.84、深0.92米。G2残长5、宽0.3～0.5、深1.3米[29]。

郑州商城内城东墙外北部的白家庄发现商代壕沟，已揭露长度12、宽1.7、深约1.5米。斜壁，沟底有细沙和水流冲刷过的碎陶片。沟壁近底部发现两排密集的木桩遗迹，直径10～28厘米。发掘者推测这是排水沟，两排木桩是防止沟壁坍塌的设施[30]。

郑州商城内发现许多商代前期水井，平面一般为长方形，少量为圆形或椭圆形[31]。根据结构可分为无井坑的普通井和有井坑的特殊井两类。

普通井一般作长方形竖坑，口大底小，因井口坍塌，井口或呈不规整椭圆形。井壁往往有对称脚窝。如宫殿区南部水井C9H166，口长2.96、宽1.72、底长1.6、宽0.5、深超过4.16米。因地下水所限，未能发掘到底。南北井壁上有两排对称脚窝，已经清理5对。值得注意的是，井筒下部南北两壁上发现左右对应的两对窝坑，发掘者推测"与横插圆木棍有关"，可能用于"悬挂肉食或其他食物"[32]，该井兼有保鲜食物的冷库功能。

特殊井目前只见于宫殿区，修筑时先挖一个大而深的坑，夯实后再在上面挖井。有的井底还有木质井盘、井框。宫殿区东南部水电部十一工程局郑州办事处发现的水井，平面呈长方形，长2、宽1.5米，井壁外侧是一个直径约10米的夯土深坑[33]。宫殿区东北部河南省中医学院家属院发现的商代水井H104，在大型宫殿建筑基址F1后面。长方形井坑长7.2、宽6.65、深5米，坑内填土并夯打结实。井口椭圆形，最大口径2.7、底径4.4、深8.6米[34]。F1虽然与H105由直接叠压关系，但井口距离宫殿台基约3米。联系到偃师二里头遗址一、二号宫殿主殿后均有较大的井式深坑，推定水井应与宫殿为同期文化遗存，先挖井后建宫殿。内城东中部郑州电力学校的商代水井J3位于大型夯土建筑基址F1下面，夯土井坑H10平面为圆形，直径约7.2、深7.8米，水井为长方形，长2.1、宽1.3、底长2.68、宽1.24、深7.8米（图一一）。井底有木质井框，高约2米，底部用四块方木榫卯扣合构成井盘[35]。

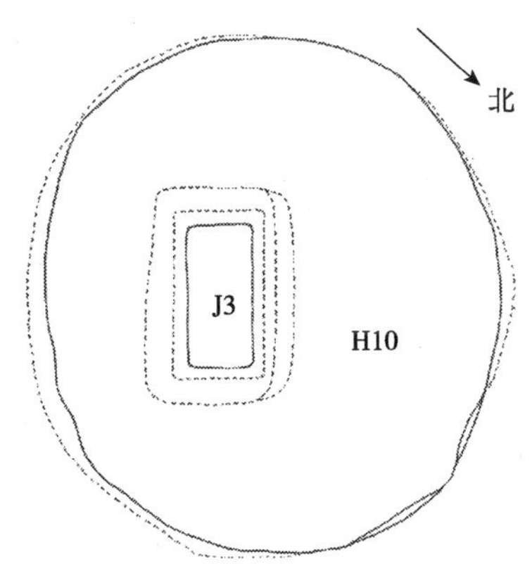

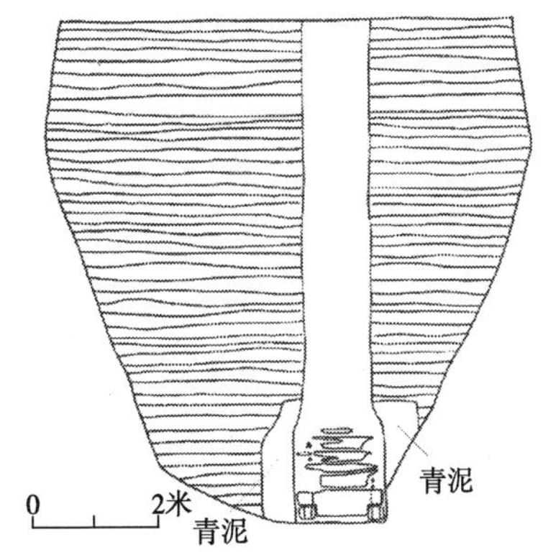

图一一　J3平、剖面图
（改绘自《郑州商城》图一八〇）

（三）黄陂盘龙城

盘龙城位于武汉市黄陂区，所在地点丘陵与湖泊交错，北望大别山余脉低山，南临江汉平原。府河从城南流过，城东是盘龙湖，东、南、北三面环水，仅西北与陆地

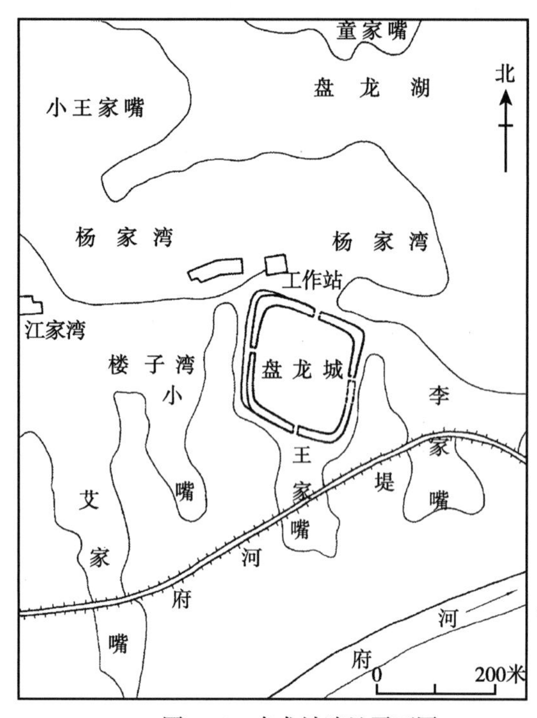

图一二　盘龙城遗址平面图

（改绘自《盘龙城——一九六三年～一九九四年考古发掘报告》图三）

相连。学者认为它是商代前期的军事重镇或诸侯国都。宫城平面近方形，南北长约 290、东西长约 260 米（图一二）。已在城南、城北发掘出护城河遗迹，河宽 6.8～12.8 米。城南河的两坡常见的木桩可能是船舶停靠或加固河岸的设施（图一三；图一四）。发掘者指出，护城河内上述设施应为水陆交通而设。南城壕东段内坡发现一片横竖排列的木板，推测是木桥遗迹。宫城内东北部高地有宫殿建筑，已揭露前后排列整齐的 3 座建筑基址。其中，二号宫殿在最前面的，主殿西门门道下有排水管道，系 11 节陶质水管套接而成，总长 5.4 米。陶管一般长 49、直径 24 厘米。因发掘面积有限，没有发现比较完善的水道系统[36]。

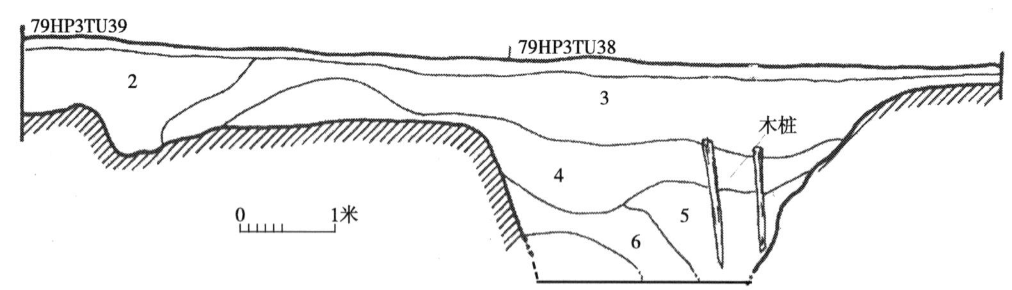

图一三　盘龙城南城壕东段西壁剖面图

（改绘自《盘龙城——一九六三年～一九九四年考古发掘报告》图一八）

1. 表土层　2. 黄褐斑土　3. 褐黑斑土　4. 褐黄夹灰白土　5. 灰白土　6. 灰色淤泥

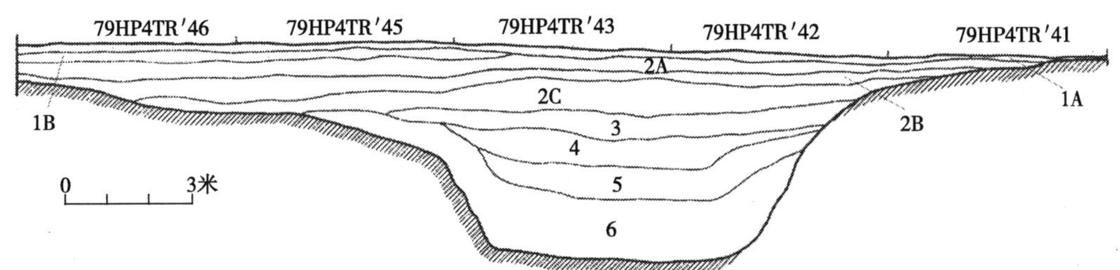

图一四　盘龙城北城壕西段东壁剖面图

（改绘自《盘龙城——一九六三年～一九九四年考古发掘报告》图一九）

1A. 地表淤泥　1B. 棕褐土　2A. 黄土　2B. 黄锈斑土　2C. 灰黄土　3.黄灰土
4. 灰斑土　5. 红黄斑土　6. 红褐土夹灰斑土

（四）洹北商城

洹北商城坐落在安阳市北郊的洹河北岸，郭城平面近方形，中部偏南是宫城，郭城西南角有小城。学者认为是商代中期都城遗址。宫城已发掘前后排列的一、二号宫殿基址[37]。两座宫殿均为四合院式建筑。二号宫殿东侧南部有附属小院落，院内北部有小型建筑，其西侧发现商代中期水井 J1，井口近圆形，直径约 3、深 8.5 米。井筒上部井壁陡直，下部斜收。推测上部原有木质井圈，已朽[38]（图一五）。笔者推测该小院可能是附属于二号宫殿的东厨。花园庄东地夯土建筑 F2 北侧有水沟，宽 0.7、深 0.65 米，应该是建筑的排水沟[39]。

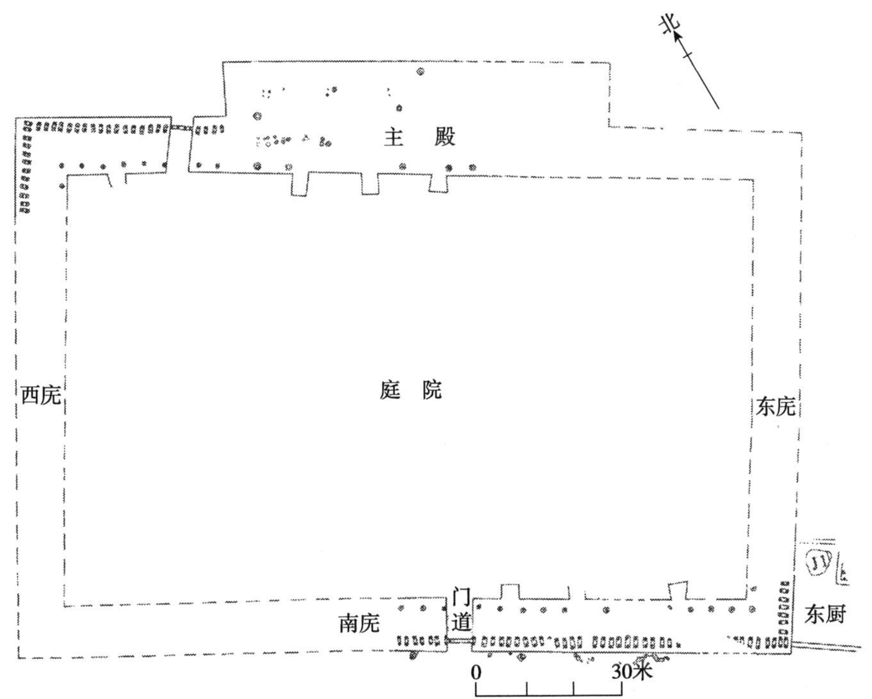

图一五　洹北商城二号宫殿平面图

（改绘自《河南安阳市洹北商城宫殿区二号基址发掘简报》图一）

（五）安阳殷墟

殷墟位于安阳市西北郊，是商代晚期都城遗址，洹河从遗址北、东面蜿蜒流过。目前发现了宫殿、宗庙和其他建筑，陵墓和其他墓葬，祭祀坑，车马坑，铸铜、制骨、制陶和制玉作坊等遗迹，出土了大量遗物（图一六）。殷墟发现的水文化遗存比较丰富，主要包括围沟、水渠、水池、水井、地下水道等。

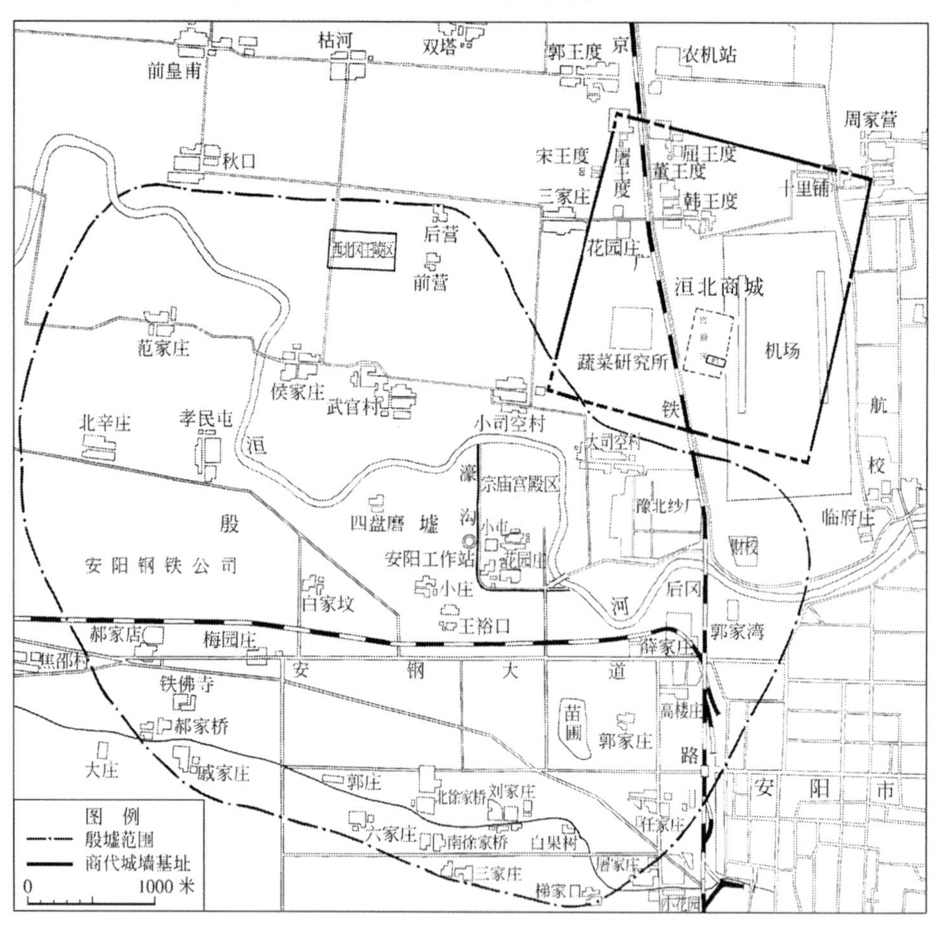

图一六　殷墟遗址平面图

（改绘自《殷墟宫殿区建筑基址研究》图 1-1）

围沟位于宫殿建筑群分布区的西面和南面，发现土沟遗迹，其北、东端与洹河联通，沟与洹河围出南北长约 1100、东西宽约 650 米的近椭圆形范围[40]。从位置不难看出围沟旨在保卫宫殿、宗庙，以及周围的贵族居住区。沟的走向经过精心规划[41]。有人认为这条围沟或为相连的沟、坑组成，并非一条水沟[42]，但是其排水、蓄水和一定防卫作用的功能殆无疑义。此外，今四盘磨村东一带探测到一条沟状遗迹，推测是宫殿宗庙区某个时期的西缘[43]。殷墟其他地点发现的多处环濠类遗存可能与各族邑聚落的防御有关[44]。

殷墟发现的几段水沟遗迹，学者复原为两条横贯都城、东南—西北走向、总长度约 2500 米以上的水渠 Q1、Q2，推测是“商代引水工程”[45]。

大型水池遗迹坐落在宫殿区甲组、乙组建筑西侧和丙组建筑西北侧，平面呈靴状，北面与洹河连通。探明南北总长 350 多米，其中主池南北宽约 170、东西长超过 250、深 12 米以上[46]（图一七）。笔者根据早年殷墟地形图推测水池南北总长 560 米，主体部分东西长约 430、南北宽约 250 米[47]。王都中一般族邑聚落也常见大大小小的水池，如殷墟白家坟、刘家庄北地[48]。估计它们原来是建房取土形成的土坑，后用来储水和排水，并形成水景，亦具消防作用。

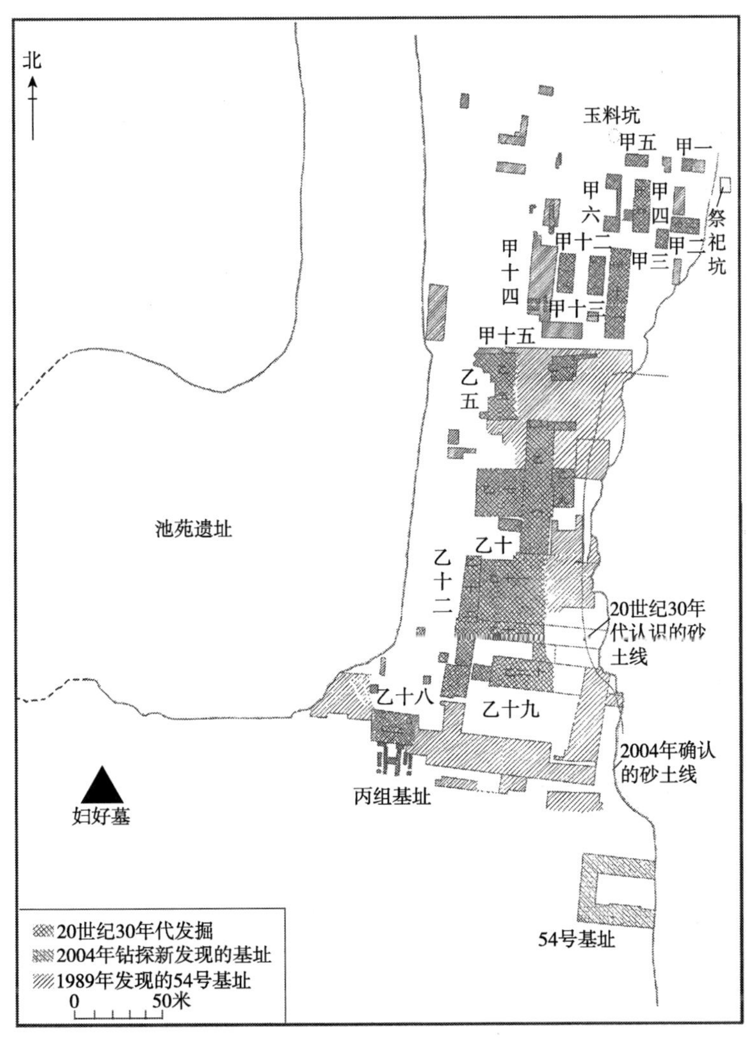

图一七　殷墟宫殿建筑与大型人工水池

（改绘自《2004～2005 年殷墟宫殿宗庙区的勘探和发掘》图二）

地下水道系统位于宫殿区南部，主要在乙组建筑分布区，由 31 条地下渠道、2 个小型水池等组成。水渠纵横交错，连成一体，总长 650 米（图一八）。其中，24 条主要渠道两岸有木桩。渠宽以 0.5～1 米为多，最宽者 1.5 米。有 12 条渠道深 1～1.5 米，11 条深 0.5 米以内，2 条深度超过 2.5 米，长度超过 30、10～30、小于 10 米者各占三分之一。水渠流向可根据沟底高度推定，其中由北向南的 6 条，由南向北的 10 条，由东向西的 3 条，由西向东的 9 条，斜向的 3 条。K17 中间筑有高台，台上有一对半便于开合的木桩，或用来调节水位。K14 是排水渠道，宽 0.7～1 米，中段底部铺鹅卵石，尾端挖在夯土上面，往西通向前述大水池。渠底往往有淤沙。水渠系统北端中部的水池 K1 与 3 条水渠相通，水池南北 6.3、发掘部分东西宽 4.2、深 1.1 米。小型水池 H10 远在西北端、乙五号宫殿建筑西侧，南与水渠 K31 相连。除极少数被破坏者，上述渠道大都互通，显然是有规划的设施。水沟附近窖穴稠密，水沟均在基址下层，未破坏基址，因此它们显然为早期遗迹，或为穴居时代排水遗迹[49]。有学者据此认为宫殿区地下水沟与其上的夯土基址存在着内在联系，应是夯土基址的排水设施，殷墟其他区域夯土建筑基址下常铺设陶排水管，但管内径较小，排水量较小，不适合小屯宫殿宗庙区这样规模宏大的建筑群[50]。笔者认为，该地下渠道系统是宫殿区早期的排水与消防设施。这里原本是宫殿区地下窖藏的分布区和主要宫殿前的大型广场。

地下水管道发现于殷墟白家坟西地。两条水管呈“T”字形交接。南北向管道保存 17 节，全长 7.9 米。东西向管道保存 11 节，全长 4.6 米。陶管每节直径 21、长 42 厘米。管道交接处用三通陶管连接，长度、直径与直管相同。往北 9 米又有一条地下管道，残长 3.36 米，有 8 节陶管对接[51]。苗圃北地商代铸铜作坊遗址也曾发现地下水道，残长 2.75 米，系筒状陶管套合而成，陶管每节长 33、大端口径 18、小端口径 15 厘米[52]。殷墟出土的陶水管有两种，一种是齐口式，两端口微侈，口径基本相同，使用时两两对接；另一种为插口式，一端外侈呈小喇叭口，一端收缩，使用时大小口套合（图一九）[53]。

水井发现较多，宫殿区、一般生活区、手工业作坊区皆有分布。一般为长方形口、竖壁。水井是商邑的重要设施，通常位于房址附近。底部往往出土束颈圜底汲水罐，可证水井可能用于居民生活用水[54]。宫殿区商王寝宫建筑群（甲组基址）发现有水井 2 眼。4：H16（E16）位于东厨建筑甲二基址西北侧约 2 米处，圆形，竖壁，深 7 米以上[55]。T3J1 位于甲组基址西南方，井口为长方形，东西长 1.6、南北宽 0.98、深 12.6 米，井壁陡直，逐渐内收，南北井壁有对称脚窝[56]。宫殿区西部小屯村北也发现了水井。殷墟文化第一期井 H58，井口呈椭圆形，直径 1.52～1.84 米，井筒呈长方形，东西长 1.4、南北宽 1.04、深 7 米。井壁上有两排脚窝，南壁 4 个、北壁 7 个[57]。殷墟文化第四期水井 H8，井口呈圆形，直径约 1.2～1.3 米。井筒为长方形，南北长 1.42、东西宽 0.92、深 7 米[58]。

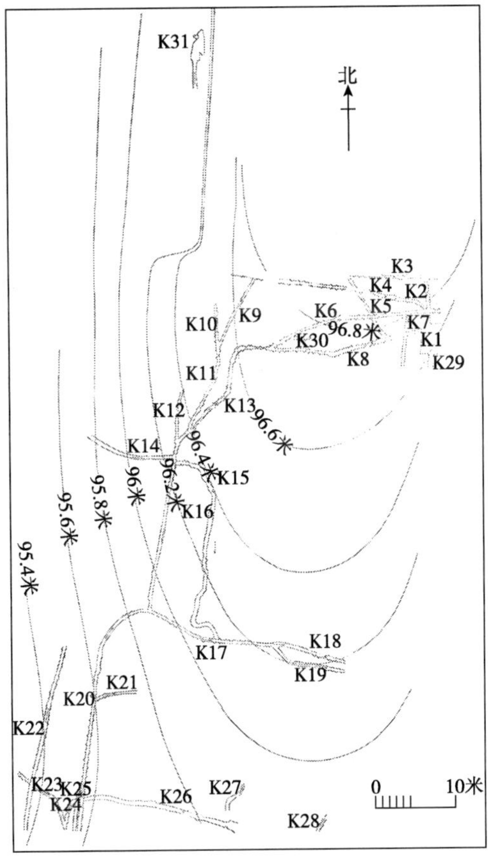

图一八 殷墟宫殿区地下水道平面图
（改绘自《小屯·第一本·殷墟建筑遗存》图七十九）

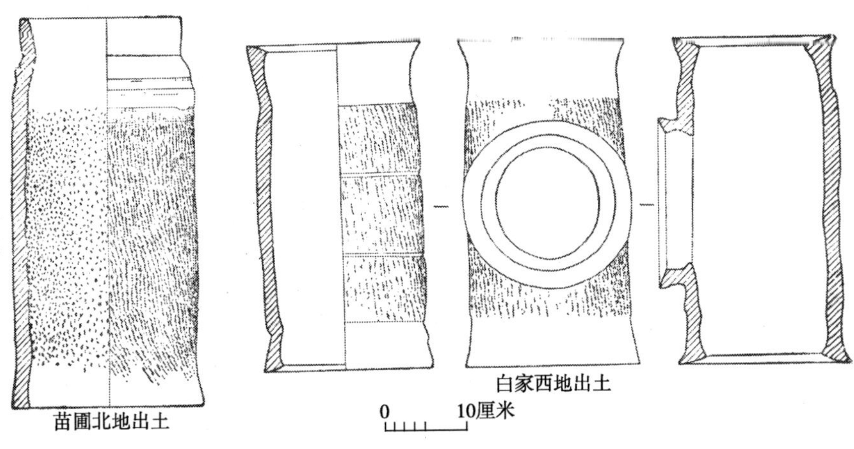

图一九 殷墟出土陶水管
（改绘自《殷墟的发现与研究》图一一七）

三、夏商都邑水利设施综述

综上所述，夏商都邑发现的人工水利设施主要包括护城河、壕沟、暗渠、水池、井、渡槽等，功能有城市防卫、城市供水和排水、营造城市景观、提供生产和生活水源等。

护城河见于偃师商城、郑州商城、盘龙城、洹北商城等，环绕在城墙外侧。偃师二里头遗址宫城外围的壕沟、安阳殷墟宫殿区发现的沟通洹河的壕沟也应该是防卫设施。护城河兼具泄洪防涝作用。

人工挖掘的水沟，一种用于向用水量较大的制陶和青铜冶铸手工业作坊供水，如殷墟内横贯城邑的水沟；一种用于排水，各个遗址几乎都有发现。

使用木材或石材构筑的地下水渠用于城市供水和排水。其中，偃师二里头遗址二号宫殿院内的石砌水道为雨水排泄渠道。偃师商城内横贯都城的石砌水渠分属宫城池苑大水池的供水和排水渠道。而宫城内到处可见的石砌、木构暗渠主要用于排泄雨水，或也包括生活废水。殷墟宫殿区的木构暗渠应该用来排泄雨水，以保护密集分布的大小窖穴。

陶管连接而成的水道多数是地下排水道，在偃师二里头、偃师商城、郑州商城、盘龙城、殷墟均有发现。

池塘分为两类。一类是宫室附近的池苑设施，见于偃师商城、郑州商城和安阳殷墟宫殿区，主要是营造景观，或兼收纳雨水。偃师二里头遗址宫殿区北部的大型灰坑可能也是这种设施。一类是民居附近的池塘，有雨水收纳和造景作用，安阳殷墟多见。

水井广泛见于各个城邑，多位于宫殿和民居旁，有的出现在手工业作坊区。功能是提供生活用水。偃师商城、安阳殷墟的大水池旁发现同时期的水井，证明水池和水井功能不相混淆。

渡槽目前只见于偃师商城，是城市供水渠道的中间环节。

除了上述人工营造的水利设施，夏商都邑的选址还十分注重利用自然河流。《管子·乘马》曰：“凡立国都，非于大山之下，必于广川之上。高勿近旱而水用足，下勿近水而沟防省。因天材，就地利。”《管子·度地篇》曰：“圣人之处国者，必于不倾之地，而择地形之肥饶者，乡山左右，经水若泽，内为落渠之写，因大川而注焉。”《汉书·沟洫志》曰：“古者立国居民，疆理土地，必遗川泽之分，度其水势所不及。”这是从山川环境与景观植被、抗旱防涝、适于农耕等方面提出建都立国的良好区域环境条件。《逸周书·度邑解》曰：“自洛汭延于伊汭，居阳无固，其有夏之居。”《史记·周本纪》作“自洛汭延于伊汭，居易无固，其有夏之居。”《史记·封禅书》曰：“昔三代之居皆在河洛之间，故嵩高为中岳。”《汉书·郊祀志》曰：“昔三代之居皆在河洛之间。”说明夏商时期都城无不与大河相伴，河流成为都城选址的重要因素。

二里头遗址所在洛阳盆地的主要河流为洛河、伊河，还有来自邙山、万安山的伊、洛河若干支流。盆地内土地肥沃，水源充足，物产丰富。二里头遗址前临洛河，后依邙山，雄踞于山前平原的高岗之上。临河而不忧涝，靠山而不忧旱。左右两翼地势开阔，宜于农耕。据古环境研究，这里夏代时水资源更为充沛，草木茂密，野生动物众多，种植作物有水稻、小麦、粟等。畜牧业也相当发达，主要饲养猪、牛、羊、狗等。渔业亦较活跃。可见，二里头遗址的地理位置十分优越，非常符合古代建都立国的条件。偃师商城位于二里头遗址东 6 公里处，二者地理条件几乎相同，都是依山傍水而建。郑州商城北面是邙山东端，南和西面则有嵩山余脉形成的丘陵高地。西、北面有来自荥阳的索须河和来自新密的贾鲁河，南面有来自新郑的七里河和潮河，城东为一片沼泽地。一条较小的河流金水河横贯城北部，另一条小河熊耳河则从内城南面蜿蜒而过。可见，郑州商城也是山水相伴。黄陂盘龙城建在盘龙湖岸边的半岛高地上，背依大别山余脉的低山岗地，前临府河。洹北商城建于洹河北岸，后来武丁废旧都建新都于洹河南岸，即殷墟。洹河在商代后期十分重要，殷墟出土甲骨文中专门有对“洹”水的记载。

四、夏商都邑水文化遗产的价值

考古发现的夏商都邑水利文化遗产，在当时均曾发挥过重要社会功能，是宝贵的文化遗产，具有极高历史、科学、艺术价值。

（一）历史价值

第一，城市防御。城墙和城壕是古代都城的重要标志。偃师商城、黄陂盘龙城、郑州商城、洹北商城都有护城河。二里头遗址和安阳殷墟即便没有发现环绕城市的完善护城河的，其规模不等的环壕遗迹也有防卫作用。

第二，改善人居环境。夏商都城中的壕沟、水塘、水池、水渠具有排水、供水、景观、消防等多重作用。夏商时期宫殿等重要礼制建筑普遍使用地下排水道排泄雨水和生活废水，以保证环境干燥整洁。以偃师商城为代表，地下水道采用了木质支护、石头垒砌、陶管连接等多种方式，说明至少商代都城已经具备了比较成熟的城市供水、排水系统。

第三，保障生活与生产水资源。水是生活生产的重要资源，水井和水渠是保障水资源的基础设施。偃师二里头遗址一、二号宫殿，偃师商城四、五号宫殿，洹北商城遗址二号宫殿均属大型四合院式建筑，一般认为，它们都是与祭祀有关的礼仪建筑。郑州商城宫殿区发现的商代水井工程复杂[59]。夏商时期似乎有在宫殿附近凿井的习惯或制度，水井多在宫殿后面或者旁侧。这里所说的宫殿是指大型礼仪建筑。宫殿区王寝建筑和东厨建筑旁也都有便利生活用水的水井。夏商时期普通居民的生活用水也主要靠凿井取水。而夏商时期手工业用水主要依靠河流和人工水渠供水，井水起辅助作用。如偃师二里头遗址铸铜作坊遗址南侧的水沟可能是手工业供水设施，兼具防卫作用，偃师商城早期铸铜作坊则临自然河流，郑州商城、安阳殷墟发现的一些人工水沟被认为是手工业作坊区的供水设施，偃师商城、郑州商城手工业作坊区内的水井可能也是工业水源，或手工业者生活用水设施。另外，偃师商城、安阳殷墟池苑类池渠中的水应该引自附近河流。郑州商城也应该与之类同。

（二）科学价值

夏商时期水利工程设施从多方面体现了当时的水利科技水平。

偃师商城宫城池苑引水渠道通过宫城城墙时采用石块砌筑翻水洞，巧妙解决了通水与安保的矛盾，既防止有人循水渠潜入宫城，又不妨碍水流。

偃师商城宫城大水池的引水渠自西一号城门入城，须跨越护城河。商代工匠发明了渡槽式渠道凌驾于护城河上，二者垂直相交。渡槽与护城河上桥梁同向并行[60]（图二〇）。这种立交水道是已知我国最早的立交水利设施，体现了很高的工程设计和施工水平。

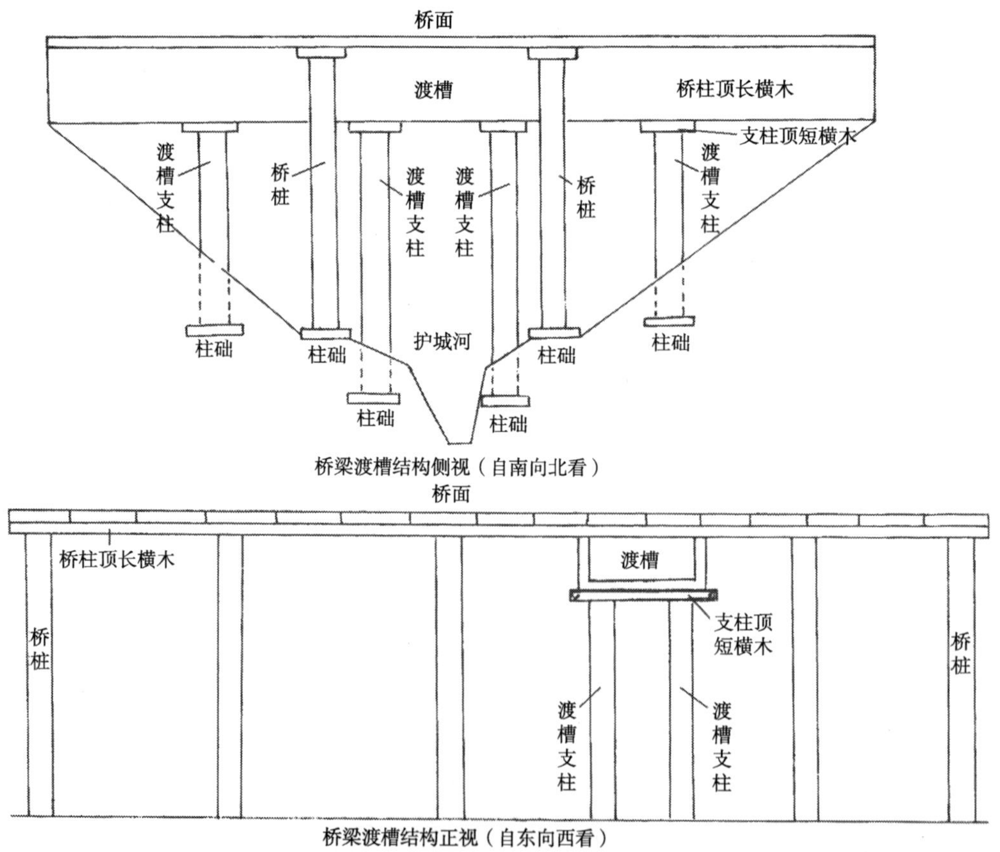

图二〇　偃师商城渡槽与护城河

（改绘自《关于偃师商城西一城门外护城壕内桥涵设施的复原设想》图五）

偃师二里头、偃师商城、郑州商城、安阳殷墟宫城宫殿建筑群使用的暗渠（或管道），很好地解决了排水设施与建筑景观之间的协调问题。

夏商都城发现的水渠和地下水管道实现了自流甚至可以设闸控制水流，体现了较高的高程测量技术。考古发现建造偃师商城、郑州商城城墙时利用了小水沟灌水测量地平（水工高程），与《考工记》所说“匠人营国，水地以县（悬）”相符[61]，可以推测夏商时期修建水利工程已解决了水平测量技术问题，甚至可能使用了原始测量工具。

中国的凿井技术起源于新石器时代。河姆渡文化时期的水塘就有了木构设施[62]，而河南汤阴白营遗址龙山文化水井已经使用了木质井盘[63]。偃师二里头、偃师商城、郑州商城的水井发现了夯土井台和井坑，有的还使用木质井盘、青膏泥或陶片等滤清材料，说明夏商时期的凿井技术达到了更高水平，较好地解决了井口、井壁坍塌以及井水过滤的问题。

夏商都城皆选址在河流近旁，取水便利，但是居民饮用水源主要还是井水。说明可知当时已经为水源分类，合理恰当利用。

（三）艺术价值

夏商时期的水利设施建设也是重要的建筑和景观艺术行为。

史书记载，夏商君王都热衷于营造池苑。《逸周书·史记解》载：“昔者有洛氏宫室无常，池囿广大……成商伐之，有洛以亡。”《韩诗外传》卷二载：“昔者桀为酒池糟堤，纵靡靡之乐，一鼓而牛饮者三千人。”《尚书·泰誓》载：武王伐纣，誓师曰“今商王受（纣）……惟宫室台榭陂池侈服，以残害于尔万姓”。《史记·殷本纪》载：商纣王“以酒为池，县肉为林，使男女裸，相逐其间，为长夜之饮”。利用木材和石材建造的水渠，尤其是偃师商城西城墙外建造的跨护城河并与桥梁巧妙结合的悬空输水“天渠”，无疑是当时的亮丽建筑艺术景观。

尽管偃师二里头遗址夏都宫城北部发现的大型坑状遗迹还不能最终证明为人工水池，但偃师商城、郑州商城和安阳殷墟商代宫殿区里确实发现了大型人造池苑，而且与自然河流连接形成水系。这是我国最早的帝王池苑考古发现和人工园林景观遗存。在宫殿附近营造池苑自此成为四千年来的都城制度。汉长安城未央宫沧池、建章宫太液池，唐长安城大明宫太液池、兴庆宫龙池，元大都和明清北京城太液池便是体现这一制度的例证，随着时间推移，池园艺术不断发展出新的理念和技艺[64]。

（四）社会价值

如今北京城著名的中南海、北海以及什刹海等前身就是明清北京城的太液池及其附属水系。新建的西安唐大明宫国家考古遗址公园恢复展示了唐代太液池，成为西安的重要水景。毋庸置疑，人工水景一直是古代都城的重要景观，将来在古代遗址，尤其是都城遗址的保护展示中，对水利设施的展示利用必将成为景观亮点。偃师商城宫城保护展示中，已对大水池原址进行了复原展示，效果很好。如果能在偃师商城遗址展示城西的立交水系工程，在郑州商城宫城遗址展示水池、水渠、水井遗迹，在安阳殷墟宫殿遗址区模拟展示大型水池，定会起到画龙点睛的作用。

注　释

［1］关于夏商都邑水文化遗存的考古发现及其研究成果，多散见于一些考古报告和研究论著中，也有专门的综合研究成果，如徐良高先生的《先秦城市聚落中的水与水系》(《三代考古(三)》，科学出版社，2009年）就先秦时期城市水遗存的有关考古发现做过比较系统的探讨，论述了先秦城市水系的构成和功能。

［2］中国社会科学院考古研究所二里头工作队：《河南偃师市二里头遗址宫城及宫殿区外围道路的勘探与发掘》，《考古》2004年11期。

［3］许宏、陈国梁：《偃师二里头遗址宫殿区》，《中国考古学年鉴·2002》，文物出版社，2003年。

［4］中国社会科学院考古研究所：《偃师二里头》，中国大百科全书出版社，1999年，第146页。

［5］同［3］。

［6］中国社会科学院考古研究所二里头工作队：《偃师二里头遗址1980～1981年Ⅲ区发掘简报》，《考古》1984年7期。

［7］1987年笔者在发掘中发现，资料未发表。

［8］中国社会科学院考古研究所河南第二工作队：《河南偃师商城小城发掘简报》，《考古》1999年2期。

［9］杜金鹏、张良仁：《偃师商城发现商早期帝王池苑》，《中国文物报》1999年6月9日；中国社会科学院考古研究所河南第二工作队：《河南偃师商城宫城池苑遗址》，《考古》2006年6期。

［10］杜金鹏：《偃师商城王宫池渠的发现及其源流》，《偃师商城初探》，中国社会科学出版社，2003年；《试论商代早期王宫池苑考古发现》，《考古》2006年11期。

［11］中国社会科学院考古研究所河南第二工作队：《河南偃师商城西城墙2007与2008年勘探发掘报告》，《考古学报》2011年3期。

［12］中国社会科学院考古研究所河南第二工作队：《1984年春偃师尸乡沟商城宫殿遗址发掘简报》，《考古》1985年4期。

［13］中国社会科学院考古研究所河南第二工作队：《河南偃师尸乡沟商城第五号宫殿基址发掘简报》，《考古》1988年2期。

［14］ 中国社会科学院考古研究所河南第二工作队：《河南偃师商城宫城第八号宫殿建筑基址的发掘》图二，《考古》2006年6期。

［15］ 中国社会科学院考古研究所河南第二工作队：《偃师商城第Ⅱ号建筑群遗址发掘简报》，《考古》1995年11期。

［16］ 王学荣：《河南偃师商城第Ⅱ号建筑群遗址研究》，《华夏考古》2000年1期。

［17］ 同［12］。

［18］ 同［13］。

［19］ 同［14］。

［20］ 河南省文物研究所：《1992年度郑州商城宫殿区发掘收获》，《郑州商城考古新发现与研究（1985～1992）》，中州古籍出版社，1993年；河南省文物考古研究所：《郑州商城》，文物出版社，2001年。

［21］ 宋国定：《1985～1992年度郑州商城考古发现综述》，《郑州商城考古新发现与研究（1985～1992）》，中州古籍出版社，1993年。

［22］ 曾晓敏：《郑州商代石板蓄水池及其相关问题》，《郑州商城考古新发现与研究（1985～1992）》，中州古籍出版社，1993年。

［23］ 曾晓敏、宋国定：《郑州商城考古又有重大收获》，《中国文物报》1995年7月30日。

［24］ 河南省文物研究所：《郑州医疗器械厂考古发掘简报》，《郑州商城考古新发现与研究（1985～1992）》，中州古籍出版社，1993年。

［25］ 同［20］b，第673页。

［26］ 河南省博物馆：《郑州商城遗址内发现商代夯土台基和奴隶头骨》，《文物》1974年9期；河南省文物考古研究所：《郑州商城》，文物出版社，2001年，第476～482页。

［27］ 河南省博物馆：《郑州南关外商代遗址的发掘》，《考古学报》1973年1期；河南省文物考古研究所：《郑州商城》，文物出版社，2001年，第121～122页。

［28］ 河南省文物考古研究所：《郑州商城》，文物出版社，2001年，第327～332页。

［29］ 同［28］，第466页。

［30］ 同［28］，第849～850页。

［31］ 宋国定：《试论郑州商代水井的类型》，《郑州商城考古新发现与研究》，中州古籍出版社，1993年。

［32］ 同［28］，第527～528页。

［33］ 同［21］。

［34］ 河南省文物研究所：《1992年度郑州商城宫殿区发掘收获》，《郑州商城考古新发现与研究（1985～1992）》，中州古籍出版社，1993年；同［28］，第530～531页。

［35］ 河南省文物研究所：《郑州电力学校考古发掘简报》，《郑州商城考古新发现与研究（1985～1992）》，中州古籍出版社，1993年；同［28］，第531～534页。

［36］湖北省文物考古研究所：《盘龙城——一九六三年～一九九四年考古发掘报告》，文物出版社，2001年。

［37］中国社会科学院考古研究所安阳工作队、中加洹河流域区域考古调查课题组：《河南安阳市洹北商城遗址2005～2007年勘察简报》，《考古》2010年1期；中国社会科学院考古研究所安阳工作队：《河南安阳市洹北商城的勘探与试掘》《河南安阳市洹北商城宫殿区1号基址发掘简报》，《考古》2003年5期。

［38］中国社会科学院考古研究所安阳工作队：《河南安阳市洹北商城宫殿区二号基址发掘简报》，《考古》2010年1期。

［39］中国社会科学院考古研究所安阳工作队：《1998～1999年安阳洹北商城花园庄东地发掘报告》，《考古学集刊（第15集）》，文物出版社，2004年。

［40］中国社会科学院考古研究所：《殷墟的发现与研究》，科学出版社，1994年，第44页。

［41］郑振香：《论安阳殷墟围沟的发现及其意义》，《殷墟与商文化——殷墟科学发掘80周年纪念文集》，科学出版社，2011年。

［42］唐际根、荆志纯：《安阳的“商邑”与“大邑商”》，“纪念世界文化遗产殷墟科学发掘80周年考古与文化遗产论坛会议论文”，2008年。

［43］岳洪彬、何毓灵、岳占伟：《殷墟都邑布局研究中的几个问题》，《三代考古（四）》，科学出版社，2011年。

［44］同［43］。

［45］同［42］。

［46］中国社会科学院考古研究所安阳工作队：《2004～2005年殷墟宫殿宗庙区的勘探和发掘》，《考古学报》2009年2期。

［47］杜金鹏：《殷墟宫殿区建筑基址研究》，科学出版社，2010年，第36页。

［48］同［43］。

［49］石璋如：《小屯·第一本·殷墟建筑遗存》，历史语言研究所，1959年。

［50］同［43］。

［51］中国科学院考古研究所安阳工作队：《殷墟出土的陶水管和石磬》，《考古》1976年1期。

［52］中国社会科学院考古研究所：《殷墟发掘报告》图一九，文物出版社，1987年。

［53］中国社会科学院考古研究所：《殷墟的发现与研究》，科学出版社，1994年，第240～241页。

［54］同［42］。

［55］同［49］，第31～32页。

［56］同［46］。

［57］中国社会科学院考古研究所：《安阳小屯》图三五，世界图书出版公司北京公司，2004年。

［58］同［57］，图四五。

［59］在郑州商城宫殿区东北部河南省中医学院家属院发现的商代水井H104坐落在大型宫殿建筑

基址 F1 后面，从地层关系看，F1 虽然叠压了井坑 H105 的南边缘（据此叠压关系或可判定二者之间有先后关系），但是井口离开宫殿台基约 3 米远。而 F1 和 H104 出土陶器，均属于郑州商城二里冈下层一期遗物（河南省文物研究所：《1992 年度郑州商城宫殿区发掘收获》图三〇，1、6、9、11、12、19、20、23，4、15、16、17、24，图三一，2、11、14，《郑州商城考古新发现与研究》，中州古籍出版社，1993 年）。可以认为，它们之间的叠压关系只是建造顺序的证据而非不同时期工程遗迹的证据。

[60] 同 [11]；谷飞：《关于偃师商城西一城门外护城壕内桥涵设施的复原设想》，《三代考古（四）》，科学出版社，2011 年。

[61] 杜金鹏、王学荣、张良仁：《试论偃师商城小城的几个问题》，《考古》1999 年 2 期。

[62] 浙江省文物管理委员会、浙江省博物馆：《河姆渡遗址第一期发掘报告》，《考古学报》1978 年 1 期。

[63] 河南省安阳地区文物管理委员会：《汤阴白营河南龙山文化村落遗址发掘报告》，《考古学集刊（第 3 集）》，中国社会科学出版社，1983 年。

[64] 杜金鹏：《偃师商城王宫池渠的发现及其源流》，《偃师商城初探》，中国社会科学出版社，2003 年。

原载于《考古》2016 年 1 期

湮没的墨宝　永恒的纪念
——胡绳院长为偃师二里头遗址题词有感

日前，考古所科研处送来一份装在文件袋里的“珍贵礼物”，展阅之下惊喜不能自已：这是胡绳院长于1995年春为偃师二里头遗址题写的词句，上书“天下第一都偃师二里头遗址　胡绳”。这件湮没12年之久的墨宝，有着一个曲折动人的故事。

1959年，我院考古所著名古史学家徐旭生先生在河南偃师县发现了二里头遗址，他推断说这里很可能就是商朝第一王成汤的“西亳”。后来，考古所在此进行的考古发掘中，发现了迄今所知我国最早的宫殿建筑和青铜器冶铸作坊遗址，出土了大量铜器、玉器等珍贵文物。据此，学术界比较一致的认为，偃师二里头遗址确系古代都邑遗墟，有学者指其为夏代晚期都城（所谓斟鄩），有学者推定为商代早期都城（所谓西亳），从而引发了一场跨世纪的学术争鸣。但二里头遗址是我国现知最早的王都遗址，则是大家的共识。可以说，偃师二里头遗址在夏商考古研究和中国文明形成研究中，意义重大。1983年，我院考古所在偃师县城西又发现一座掩埋于地下的古代城址，经发掘，学术界认为这是一座商代早期的城址，它有宽厚的城墙、规整的宫城、巍峨的宫殿、大片的府库，对其性质，学者意见不一，或谓成汤西亳，或曰太甲桐宫，或说早商别都，因其关涉到我国夏商考古的有关重大问题，遂成为考古、历史学界关注的焦点。

偃师二里头遗址和偃师商城遗址相距仅有6公里，在中国夏商考古与历史研究中，具有无可替代的重要作用。这两处早期都邑遗址均系我院考古所发现、发掘，它们的考古工作，牵引着中国夏商考古前进的步伐。鉴于偃师二里头遗址和偃师商城遗址的重大学术价值、学术界关于这两座遗址的年代、性质等激烈辩论，考古所决定于1995年夏季在偃师县召开“中国商文化国际学术讨论会”，重点就偃师商城和二里头遗址展开讨论。

笔者于1982年考入考古所工作，随即奉派来到二里头考古队，在这里默默发掘，苦苦探索，开始了考古生涯。获知要在偃师召开商文化国际会议，自是兴奋不已。也就在这时（1994年），我受命为二里头考古队领队，负责进行一次有分量的考古发掘，以供会议中学者参观。为此，我开始了夜以继日的工作：白天，忙于考古发掘和考古队驻地修缮；夜晚，领人布置文物标本展览。此间，我设想请胡绳院长为二里头遗址题词，铭刻在考古队院中花岗岩景石上，既为二里头遗址增彩，也为本次会议添景。电话打到胡绳院长家中，说明所请，特意强调了推动考古研究和遗址保护用意，胡绳院长仔细询问了二里头遗址考古发掘与研究状况，欣然同意题词，并征询写什么好，我奉上了自己的意见。院长斟酌后说“写‘天下第一都’吧”，并说写好后会派人送到考古所来。

院长在百忙中为二里头遗址题词，充分说明他对考古事业的支持、对二里头遗址的重视，同时也是对青年科研人员的鼓励。受此鼓舞，我们的干劲更加高涨，发掘工地也迭有重要发现，揭示了当时一组祭祀遗存，包括祭祀场、随葬铜器和高级陶器的墓葬等。当中外学者来到二里头遗址参观考古发掘现场，看到如此丰富而珍贵的遗迹遗物，大加赞叹。然而，胡绳院长为二里头遗址的题词因某种原因，没能如期展现在遗址上。当时，我觉得很是对不起胡院长。

当年请胡院长题词，并无拉旗私己之意，但却有借助院长名望的想法。因为二里头遗址长期遭受蚕食，虽有我等极力保护，但收效有限。又因二里头遗址具有如此重大的学术价值和历史价值，在社会上的影响却相当微小，十分不利于遗址保护和研究。当地有识之士曾想借助自身的全国人大代表身份呼吁保护二里头遗址，我们也愿意全力襄助。故此，希望借助于胡院长的题词，引起有关方面和人士的重视，推动遗产保护。二里头遗址的保护一直进展不大，成了我的一块心病。

1997年，我荣获首届“胡绳青年学术奖”，手捧奖牌，更难释怀于胡院长题词。所幸，随着国家对于文化遗产保护的日益重视，二里头遗址保护终于出现重大转机。2006年，国家文物局把二里头遗址保护列为重点工作，二里头遗址保护规划业已通过审批，当地政府已采取了一些得力的保护措施，并树立了“华夏第一王都”的石碑，遗址保护初见曙光。我想，胡绳院长的题词一定会矗立在二里头遗址，发挥出应有的作用！

今借胡绳院长为二里头遗址题词重现盛事，写下这段文字，纪念远去的先院长，也希望借此推动二里头遗址保护工作更向纵深发展。

原载于《中国社会科学院院长报》2007年7月24日第2版

义乌市文化遗产保护利用“十三五”规划

“十三五”时期是我国深入推进社会主义文化强国建设发展战略的重要时期，也是义乌加快经济社会转型升级、建设国际商贸特区的关键时期。在新的形势和任务下，历史文化遗产保护面临着新的机遇和挑战。为切实贯彻李克强总理在视察义乌时所做的“深入挖掘义乌历史文化”的重要指示，按照市委、市政府“新丝路新义乌”的战略思想和建设“文化强市”战略部署，秉承文化遗产保护“古为今用”“让文物活起来”等宗旨和理念，结合义乌历史文化遗产保护利用工作实际，特制定本规划。

一、“十二五”情况回顾

截至“十二五”期末，全市登录不可移动文物共1659处，公布各级各类文物保护单位157处，其中全国重点文物保护单位2处，省级文物保护单位11处，义乌市级文物保护单位144处。登记并公布义乌市级文物保护点337处。拥有义乌市级以上非遗项目67个。佛堂镇被国务院公布为全国历史文化名镇，赤岸镇被公布为省级历史文化名镇，倍磊和田心被省政府公布为省级历史文化名村。尚阳被公布为浙江省级历史文化村落。缸窑、朱店等被公布为义乌市历史文化村落。

1. 历史文化遗产保护工作的保障体系得到加强，建立和完善工作管理机构

2012年挂牌成立义乌市非物质文化遗产保护中心，配备专门工作人员从事非遗传承与保护工作。2014年成立了文物保护管理办公室。制订和完善文物保护政策，“十二五”期间，先后出台了《义乌市人民政府办公室关于印发〈义乌市古建筑抢修三年行动计划（2013～2015）实施方案〉的通知》（义政办发〔2013〕59号）、《义乌市人民政府办公室关于印发〈义乌市古建筑保护管理实施办法〉的通知》(义政办发〔2013〕115号)，市财政局和文广新局联合印发《义乌市文物保护项目与资金管理实施办法》（义财建发〔2015〕115号），对文物保护用地、资金等做出明确的政策规定，从政策层面上改善了文物保护的软环境。

2. 文物保护工作基础得到夯实，文物推荐申报工作卓有成效

新增市级文物保护单位104处，新公布市级文物保护点两批共计149处。2011年，容安堂、陈望道故居、朱店朱宅、大安寺塔、方大宗祠、佛堂吴宅6处不可移动文物，被省政府公布为第六批省级文物保护单位。完善文物保护资料档案工作，完成了不可移动文物“三普”调查数据的汇总和数据分析工作，摸清了家底，增加了各级各类文物保护单位的数量。完成了第六批省保单位的文保区划工作，并报省政府公布，设立了保护标志碑。完成了陈望道故居、朱店朱宅、容安堂3处第六批省保单位的“四有”建档工作，报省文物局审查通过。依法划定并公布了104处市级文物保护单位的保护范围与建控地带，并设立保护标志碑。对一些重要文物，还设立了保护界桩。同时补充完成了以前未划定公布的各级各类文物保护单位的保护范围与建控地带，编印了《义乌市各级各类文物保护单位文保区划图录》。编纂了《义乌家园文化》《义乌文物图集》等书刊。加强文物消防、安防、技防工作，在新公布的文保单位和文保点，及时配备了消防灭火器材，设立了保护标志牌；在13处重要文保建筑内，安装了电子监控设备，并与当地派出所的治安监控系统实行联网；与文物的使用管理人签订了文物安全管理责任书。

3. 田野考古调查取得重大新发现

2013年底，我市文物工作者在田野考古调查中，在城西街道桥头村发现了距今9000年的上山文化晚期遗址，通过考古发掘，发现了保存较完整的环壕聚落遗址，对稻作农业的起源研究具有重大的考古学价值。同年，还在观音塘村后岩头山发现了距今1亿年前的恐龙足迹化石遗迹，经过科考调查和试掘，发现该遗迹分布区具有层位多、品种丰富的特点，还发现了翼龙类、鸟类等珍稀品种的古生物足迹化石。2015年，还首次发现了恐龙骨骼化石残片，科考工作取得新的突破性进展。目前正委托相关单位编制《义乌观音塘村恐龙足迹化石地质遗迹自然保护区总体规划》。

4. 文物抢修工程取得显著成效。实施古建筑抢修三年行动计划

共投入文物保护专项经费约2亿元，修缮文物预计137处。从整个面上改善了全市不可移动文物的保护现状，文物保护单位的完好率由“十一五”期间的不足二成，提升到八成以上，绝大多数文保单位得到了修缮保护。有效推进国保、省保单位的修缮保护工作，黄山八面厅、古月桥保护规划、黄山八面厅木雕保护工程等重大项目列入国家文物局项目库。实施了冯雪峰故居、陈望道故居和朱店朱宅大夫第门楼及周边环境整治工程等，完成省保单位双林铁塔科技保护修复方案的编制和方案审批。

5. 文化遗产保护协同效应初步显现，联合开展古村落调查保护工作

2013年，开展义乌市传统村落调查；2014年根据《住房城乡建设部办公厅关于开展传统民居建造技术初步调查的通知》，配合规划住建部门开展“义乌市传统民居建造技术调查”。参与倍磊、田心历史文化名村保护规划评审，着重在传统村落内实施古建筑修缮工程。近3年在历史文化名镇、名村及历史风貌保存较好、古建筑集中连片的传统村落内实施古建筑抢修工程40多项，投入资金1亿多元。广泛开展历史文化遗产社会宣传教育。每年的全国文化遗产日，都会开展一些普法宣传、文物保护知识宣讲活动，举办了“义乌市历史文化遗产保护成果展”“义乌市古建筑装饰艺术图片展”，收到良好的社会效果。非物质文化遗产传承与保护成果丰富。在重视物质文化遗产保护的同时，注重非物质文化遗产的保护利用。“十二五”期间，多次举行非遗调研工作、进行了四批非遗项目名录的申报、两次非遗代表性传承人的申报、两次非遗传承基地的申报。2014 年成功申报义乌红糖制作技艺为国家级非遗项目名录，这是第一个以义乌冠名的国家级非遗项目。

二、“十三五”时期的工作思路和原则

（一）基本思路

坚持“保护为主，抢救第一，合理利用，加强管理”的文物工作方针，紧紧围绕文物保护与利用这一中心工作，强化规划引导，明确保护目标，通过有效保护，维护文物应有的尊严；通过合理利用，拓展文物保护与经济发展双赢的途径。在资金和人力的投入机制方面，探索一条以政府投入为主、民间积极参与、社会共同关注的保护与利用相结合的良性循环路径。

（二）基本原则

文化遗产保护利用是一项重大的、复杂的课题，在推进新型城镇化和新农村建设过程中，要正确处理文化遗产保护与经济发展、文化遗产保护与合理利用、文化遗产保护与改善民生的关系。立足于与经济社会协调可持续发展，“十三五”期间文化遗产保护利用必须坚持以下原则：

1. 坚持原址保护原则

各级文物保护单位和文物保护点，应当尽可能实施原址保护，完整地体现文物的历史、科学、艺术价值。在推进历史文化名镇、历史文化街区、历史文化名村保护过程中，在保护和延续其传统格局和风貌特色的同时，注重挖掘和保护当地非物质文化遗产，尽力保存历史信息的真实性。

2. 坚持不改变文物原状原则

文物具有不可再生性。在文物保护工作中，要最大限度地保护文物的原真性、完整性和历史延续性。对不可移动文物，不仅要保护文物及其附属物的安全，同时也要保护不可移动文物所处的原生环境，延续其历史文脉。

3. 坚持规划优先原则

要把文物保护工作纳入政府的各项规划中，以规划引领保护工作，通过制订科学的文化遗产保护规划，以规划促发展，避免无序开发建设造成文物破坏。

4. 坚持协调发展原则

在历史文化名镇、名村保护以及新型城镇化、新农村建设工作中，要充分发挥群众对文化遗产保护的积极性，不能把文物当作静态的物品或者古建筑管死，要树立动态的活态管理的观念，正确处理遗产保护与改善民生的关系，统筹协调遗产保护与社会发展的关系，通过基础设施更新改造、产权置换，创新文化遗产的再利用方式，引导群众产业升级转换，促进遗产保护与经济发展和谐共赢。

5. 坚持依法保护与科学保护原则

在文物保护与利用中，严格依据我国的文物保护法律法规，制定科学可行的保护规划与保护方案。跟踪和推广、应用文物保护的前沿科技成果，积极采取新科技化手段，提高文物保护的科学技术水平。

三、“十三五”时期的规划目标

（一）总体目标

建立和完善文化遗产保护利用的各项政策；提升文物保护单位的层级，从整个面上提升文物保护单位的完好率；组织实施“亿万千文化记忆工程”，加强重大考古发掘项目及遗址保护工作；推进非物质文化遗产项目申报和传承基地建设；加强文化遗产保护的社会化工作，实现遗产保护与利用的良性循环、互促共赢。

（二）具体目标

研究制定古村落保护和古建筑产权置换等实施办法，每年落实文物保护经费2000万元以上；继续实施文物保护工程，市级以上文物保护单位得到良好保护，争取实现抢救性保护修缮覆盖率 95%以上；有序开展文保单位的晋级申报工作，省保、国保单位的数量有较大幅度提升，争取“十三五”期间，国保单位达到 3 处，省保单位达到14 处以上，新增各级各类非遗项目 10 个以上、非遗传承人 20 人以上；2017 年底前“亿万千文化记忆工程”争取取得阶段性成果，“十三五”期间完成观音塘遗址、桥头遗址等 2 处重大考古遗址保护规划编制工作，制定科学完善的保护和展示利用方案；协同规划、农林等部门推进古村落保护工作，争取打造 2 处以上在省内外有较大影响的传统村落保护利用项目；文物基础工作得到进一步巩固与完善，建立和健全各项管理制度，杜绝重大安全责任事故发生。

四、“十三五”规划的重点工作

1. 加强国保、省保单位管理和科技保护工作

加强国保单位的保护规划编制工作，完成黄山八面厅、古月桥两处国保单位的保护规划，报国家文物局审查批准后实施；实施古月桥修缮工程，委托专业单位设计安装古月桥实时监测设备；实施黄山八面厅木雕保护与展示提升工程，完成立项报批、方案设计和审查批复工作，通过3D扫描等数字化技术，建立黄山八面厅木雕艺术信息化数据库，争取在“十三五”期末完成黄山八面厅木雕科技保护与展示工程、双林铁塔保护修复工程、萃和堂梁架彩画保护工程。

2. 推进遗址保护项目建设

推进桥头遗址考古发掘和保护工作，完成保护规划编制工作，争取向国家文物局申报桥头遗址公园。根据考古发掘工作进展情况，计划在2016年召开一次“稻作农业起源——义乌桥头上山文化晚期环壕聚落遗址国际学术研讨会”，参与“全国十大考古新发现”的评选；完成《义乌市观音塘恐龙足迹地质遗迹省级自然保护区保护与利用总体规划》的编制工作，配合国土、环保等相关部门开展省级、国家级自然保护区的申报工作，根据保护与展示利用项目的进度，启动恐龙足迹博物馆建设项目的前期准备工作，同时，有计划地开展恐龙足迹化石的重点考古发掘工作；积极开展双林禅寺遗址的考古调查工作；实施春秋战国古井保护与景观改造工程，提升朝阳门区块的文化景观利用档次，为提升义乌城市文化品位发挥积极作用。

3. 加强文保单位申报、建档

继续开展第六批省保单位的四有建档工作，完善各类文保单位的档案；根据省文物局工作部署，开展第八批国保、第七批省保单位的申报工作，争取“十三五”规划期间，我市新增国保单位1处、省保单位3处以上。

4. 提高文物完好率

加强博物馆可移动文物的保护和修复；实施双林铁塔等省保单位的保护维修工程，全面提升我市各级各类文物保护单位的保存状况，争取在“十三五”期末，省级以上文物保护单位的文物完好率达到95%，市级以上文物保护单位的文物完好率达到85%；重视古村落保护工作，会同规划局等部门做好历史文化名村申报以及保护规划编制落实等工作，在古村落内实施一批文物修缮重点工程项目。

5. 推进历史文化遗产的保护利用

设法将容安堂、朱店朱宅、培德堂、仪性堂、雅留楼下厅等5处以上古建筑的产权置换为集体所有或国有，通过合理利用，提升文物的展陈利用方式，使这些精美的建筑文化遗产真正为全民所共享；有计划地开展双林寺遗址的考古调查工作，摸清南朝至唐代的双林寺遗址的大致情况，为我市开展双林文化研究和双林寺遗址保护利用提供强有力的科学依据。

6. 大力发展博物馆事业

博物馆新馆和美术馆计划在2019年建成并投入使用，突出商贸特色，丰富各类藏品，提升展陈水平。争取民间博物馆审批权限下放，积极培育民间博物馆、艺术馆、展示馆，通过各种展示平台，使历史文化遗产更好地服务社会大众。

7. 加强非遗项目和传承人保护、传承和开发利用

“十三五”时期非物质文化遗产保护工作，重点做好项目名录、传承基地、代表性传承人及非遗展馆建设等工作。计划申报国家级项目2项（丹溪红曲制作技艺、义乌南蜜枣加工技艺），省级项目6项（百子灯制作技艺、义乌剪纸、义乌木雕、青柴棍酒酿造、头梗饼制作、义乌白糖加工技艺），金华市级10项（杂技绝活、刺绣、东塘高粱烧、吴店馒头、索面加工等）。计划申报国家级宣传展示基地1个、生产性基地1个，省级宣传展示基地1个、生产性基地1个、传承教学基地2个，金华市级宣传展示基地2个、生产性基地2个、传承教学基地4个。计划申报国家级非遗传承人1人，省级6人，金华市级11人，义乌市级20人。在新文化馆设立非遗展示馆，用实物和展板的形式展出各级非遗项目。把国家级、省级的非物质文化遗产项目编辑成书，宣传非物质文化遗产保护工作，让非物质文化遗产保护深入人心，推动非遗项目产业化发展。

五、保障措施

（一）组织保障

加快建立党委和政府统一领导，相关职能部门密切配合，企业和社会各种力量参与的文化遗产保护机制。各镇街党委、政府要把文化遗产保护工作摆在重要的位置，切实加强对所辖区内文化遗产的保护工作，研究制定文化遗产保护综合评价体系，并将其作为全市干部工作实绩考核的重要内容。建立以分管副市长挂帅，文化、财政、住建、规划、国土、公安、旅游、发改委及各镇街分管领导参加的“义乌市文化遗产保护管理委员会”，负责分工协调全市境内文化遗产保护工作中的重大事项，研究制定相关的政策。

（二）体制保障

进一步理顺文化遗产保护管理体制，特别是镇街文化站的管理体制。将文化遗产保护工作纳入各镇街文化站工作的重要内容，建立和完善文化遗产保护“属地管理”的体制、机制，尽快建立一支分布全市范围的、由文化遗产所在村镇主要负责人或热心人士参加的业余文保员队伍，真正建立全社会共同参与文化遗产保护的网格化管理的群防、联防机制。市文物行政主管部门对全市境内文化遗产保护实施监督管理。

（三）资金保障

市财政设立文物保护专项资金，对文物保护项目予以重点投入。市财政每年根据文化遗产保护项目安排专项资金，对文化遗产保护资金给予足额保障。

（四）政策保障

落实中央和省市关于加强文化遗产保护的各项扶持政策。在文保资金、用地、人才引进和古村落保护等方面制订出台专项政策和实施办法，推动本市文化遗产保护工作。

（五）法制保障

加强文化遗产保护法制宣传，加大文物执法力度，推进依法行政，有效查处和整治文物盗卖、盗掘和其他违法案件，推动文化遗产保护利用的法治化、规范化进程。

本文系浙江省义乌市委托中国社会科学院人文公司承担的《义乌市文化遗产保护利用“十三五”规划》成果，该规则项目由作者担纲，2015 年立项

附　　录

杜金鹏主持或参与的文物保护规划设计项目

一、不可移动文物保护规划设计

偃师二里头遗址保护总体规划
偃师二里头遗址保护展示详细规划
偃师商城北城墙遗址保护方案
偃师商城宫殿区保护规划
偃师商城宫殿区保护展示方案
偃师商城遗址保护规划
安阳殷墟遗址展示方案
大遗址保护总体规划纲要
新密新砦遗址保护规划
郑州大师姑遗址保护规划
郑州织机洞遗址保护规划
濮阳五代城墙西段保护展示方案
平江县委旧址保护规划
献县汉墓群保护规划纲要
南县厂窖惨案遗址保护规划
濮阳西水坡遗址保护规划
平和县庄上大楼保护规划
双排县岁圆楼保护规划
汨罗市罗子国遗址保护规划
广利桥保护规划
昆山玉燕堂保护规划
濮阳戚城遗址保护规划
安阳市文物保护规划（纲要）
义乌市文化遗产保护利用“十三五”规划
洛阳龙门石窟东山万佛沟修缮工程方案
商丘南关大运河遗址保护展示方案
西安大明宫丹凤门遗址保护展示方案

二、考古遗址公园规划设计

偃师商城考古遗址公园规划
安阳殷墟考古遗址公园规划

三、文物影响评估

陶寺考古遗址公园建设文物影响评估
殷墟重要遗迹保护馆建设文物影响评估

四、可移动文物保护修复设计

邺城遗址出土石佛像保护修复方案
洛阳博物馆藏宫廷花鸟挂屏保护修复方案
汉魏洛阳城遗址文物保管所可移动文物清查及保护修复方案

五、其他

南昌墎墩汉墓发掘现场回填保护方案
献县汉墓群考古勘探工作方案
偃师商城考古研究与遗址保护 30 年成果展展陈方案

后　　记

我从事考古工作已经35个年头，按照我的“文化遗产科学”概念，这35年也是我从事文化遗产科学研究的历程。虽然，在从事考古发掘和研究的过程中，很早就注意遗址保护，探索考古遗址展示利用，但真正把考古资产保护利用作为专业来对待，应该从2007年中国社会科学院考古研究所文化遗产保护研究中心正式挂牌成立，我全面主持该研究中心工作算起，至今恰好十年。

十年来，我穿梭在考古与文保两个专业之间，力求两个学科之间的融合。我认为，考古是文保的起始与基础，文保是考古的保障与延伸，二者构成文化遗产科学体系基本框架的两个支点。基于此，十年中对于考古学的创新发展、考古资产的保护管理，都做了一些粗浅的探讨，对于文化遗产科学体系，也有初步探索。虽然是些散碎粗糙的成果，但敝帚自珍，谨收集整理成册，算是对于自己从事文化遗产保护研究的一个阶段性回顾与总结，也是树立一块职业生涯与退休生活的界桩吧。

对于一个考古出身的人，从事考古资产保护研究似乎顺理成章——对于考古学理论与方法、目标与任务以及学科价值，理解和把握不会有大的偏差，因而对于考古成果的理解、评价，应该比较合乎实际；但毕竟是两个学科的跨越，要完成不同学科的叠加与融合，绝非易事！十年来所做探索，只是一个新型综合科学研究的开端，其完善发展，任重道远，寄望后贤！

本书所收论文，大部分已经公开发表过了，也有一部分尚未发表。其中少数文稿是十多年前的成果。无论是否曾经发表，其观点、结论在今天看来，有的容或有过时之处，需要修订，但为了尊重历史，一概不做修正（除了文字上的勘误），欢迎学界同仁批评指正。

忆往昔，老一辈考古学家对于考古资产的高度珍视，深深影响着我辈；看今朝，新一代考古人的考古资产保护意识与日俱增，保护能力日新月异。可以相信，将来中国的考古资产保护以及活化利用，必将前途广阔，文化遗产科学的最终形成，不会遥远！

借此机会，感谢对我的考古、文保事业给予过各种指导和帮助的前辈、师友、同事，感谢家人的理解和支持。

感谢老朋友闫向东先生的信任，为我学术抱负的实现再助一臂之力。师妹刘能是本书责编，与弟子于龙成一起，辛苦校勘编辑，方能有此一书呈现诸君面前，在此一并致谢！

2016年12月12日记于北京官书院